関西大学東西学術研究所　資料集刊二十九―四―一

# 藤澤南岳日記

一

――泊園書院資料集成　四―一――

吾妻　重二　編著

関西大学出版部

藤澤南岳（関西大学泊園記念会蔵）

# 『藤澤南岳日記』の刊行によせて

このたび、関西大学の吾妻重二教授によって、無事に『藤澤南岳日記』が刊行の運びとなったことにお喜び申し上げたい。

関西大学、および東西学術研究所のルーツは、よく知られているように大阪の漢学塾であった泊園書院である。泊園書院は、江戸時代の文政年間に藤澤東畡によって始められた漢学塾である。泊園書院では明治、大正、昭和期にわたって多くの人材を輩出し、大阪のみならず、日本の文化全体に大きな影響を及ぼした。泊園書院の蔵書や文物は、のちに関西大学に寄贈された。これをもとに昭和二十六年（一九五一）に東西学術研究所が設立された。現在でも、泊園の志は引き継がれ、さかんに研究活動が行われている。

藤澤南岳は東畡の子で、泊園書院を受け継いで大きく発展させた人物である。「仁丹」や「通天閣」への命名で知られている。解説にもある通り、本書は南岳の日記であるが、稿本のタイトルには『不苟書室日録』『七香斎日録』などとあり、一定の書名がない。総称して『藤澤南岳日記』と命名されたことにより、本書の性格がより明確になったと考える。解説にある通り、この日記はそもそも公開を前提として整理されたもののようである。このたび、活字に起こされて出版されたことで、まさにその意志に沿ったものとなったのではないだろうか。

本書は漢文によって記されており、当時の様子を残すものとして、大変貴重なものであると考える。内容を見るに、南岳の活動が細かく記されており、非常に興味深い。訪れた人物、訪ねてきた人物、見聞きしたものの感想など、様々な出来事が記されている。また、日記という形式でありながらも、深い教養に裏付けられた文章となっている。

なかでも「電気線説」という文章は、当時の最新技術であった電信技術についてふれたものであり、こういった技術に興味を持つ様子がうかがえ、興味深い。また、何度も本町にあった産土神の坐摩神社を訪れているようで、これは意外に思えた。

いずれにせよ、このような貴重な記録が刊行されたことによる学界への寄与は大きいものがあると確信する。今後とも、泊園書院に関わる資料が多く公開されることを望む次第である。

二〇二五年一月吉日

関西大学東西学術研究所
所長　二階堂 善弘

# はじめに

江戸時代後期の文政八年（一八二五）、四国高松藩出身の藤澤東畡《とうがい》によって大阪に開かれた漢学塾泊園《はくえん》書院は、以来、東畡の子の藤澤南岳《なんがく》、南岳の子の藤澤黄鵠《こうこく》・藤澤黄坡《こうは》という「三世四代」の院主、および黄坡義弟の石濱純太郎により維持・発展し、昭和二十三年（一九四八）年に閉塾されるまで百二十年余りの歴史を歩んだ。

この間、泊園書院には全国から学生が雲集するとともに有為の人材をあまた輩出する。特に幕末から明治期、大阪を代表する私塾として懐徳堂や適塾以上に隆盛したことは近年の調査によってますます明らかになりつつある。当時、泊園書院は名実ともに「大阪ナンバーワンの学問所」であったのである。

関西大学はこの泊園書院の伝統を受け継ぎ、漢学・中国学・東アジア学を展開するとともに、その過程で泊園書院の研究にも取り組んできた。

これまで「泊園書院資料集成」として東西学術研究所から刊行した次の三種はその成果の一部をなすものであり、泊園書院研究のための基礎資料を提供したものである。

『泊園書院歴史資料集――泊園書院資料集成　一』吾妻重二編著、関西大学東西学術研究所資料集刊二十九―一（関西大学出版部、二〇一〇年）
『泊園文庫印譜集――泊園書院資料集成　二』吾妻重二編著、関西大学東西学術研究所資料集刊二十九―二（同、二〇一三年）
『新聞「泊園」附記事名・執筆者一覧　人名索引――泊園書院資料集成　三』吾妻重二編著、関西大学東西学術研究所資料集刊二十九―三（同、二〇一七年）

また、筆者はこれらの成果発信と並行して、十数年の間、さまざまな助成のもとで研究や資料撮影を進め、またデータベースを蓄積してきた。この間の主な関連プロジェクトや組織を列挙すれば次のとおりである。

ＩＣＩＳ（文化交渉学教育研究拠点、二〇〇七年度～二〇一一年度）

CSACⅡ（関西大学アジア文化研究センター、二〇一一年度～二〇一五年度）
関西大学創立百三十周年記念特別研究費（なにわ大阪研究、二〇一四年度および二〇一五年度～二〇一六年度）
科学研究費補助金「泊園書院を中心とする日本漢学の研究とアーカイブ構築」（基盤研究（B）（一般）、研究代表者：吾妻重二、二〇一八年度～二〇二一年度）
KU-ORCAS（関西大学アジア・オープン・リサーチセンター、二〇一七年度～二〇二一年度）
関西大学東西学術研究所
関西大学泊園記念会

さて、泊園書院の第二代院主だった藤澤南岳（一八四二―一九二〇）こそは泊園書院の存在を全国に知らしめた稀代の人物であった。志士、漢学者、漢詩人、書家、教育者として大きな足跡を残した南岳はまた、漢文で書いた膨大な日記を残している点でも注目される。ここに公開するのは、上記の研究プロジェクトを通して撮影し、また翻字してきた成果にほかならない。撮影は白い合紙《あいし》を一葉ずつ挿れて行なったため、相当な手間を要した。

南岳の日記は、明治八年（一八七五）三十四歳の時から大正九年（一九二〇）七十九歳で死去する直前まで、途中いくらか中断を挟みながら約四十五年にわたって書き継がれており、明治・大正期の泊園書院はもちろん、当時の漢学や大阪の文化、世相を知る貴重な資料となっている。長く待望されていたこの『藤澤南岳日記』の全文を上述の「泊園書院資料集成」三種に続く第四種としてここに初めて出版できることはまことに大きな悦びであり、資料整理もやっとここまで来たとの感を強くする次第である。翻刻作業にあたっては、関西大学大学院東アジア文化研究科後期課程の郭凝恩氏（現：内蒙古師範大学外国語学院講師）および陳路氏（現：保山学院人文学院講師）にも手伝っていただいた。この場を借りて感謝申し上げる。また画像の撮影と転載に関しては関西大学総合図書館に御礼申し上げたい。

『藤澤南岳日記』は今後、数冊に分けて刊行していく予定である。日本漢学史、学芸史、書画芸術史、日本近代史、関西文化史など諸分野研究のために活用されることを願うものである。最終冊には人名索引を付す予定である。

なお『藤澤南岳日記』全般の書誌情報等については巻末の解説で詳細に紹介したので、ついて見られたい。

二〇二四年十二月

吾妻重二

# 凡例

一、本冊には『藤澤南岳日記』一として、『不苟書室日録《ふこうしょしつにちろく》』甲部十冊を影印、翻刻した。上段に影印を、下段にその翻刻を載せた。

二、底本は関西大学総合図書館「泊園文庫」に蔵する南岳自筆稿本であり、十冊の請求記号は次のとおり。
LＨ２＊甲＊206＊１〜10

三、日記は明治八年の冒頭部分を除き、みな句読点や返り点などの訓点のない漢文スタイル、いわゆる白文で記されるが、翻刻にあたって適宜、句読点を付した。

四、日記の見開きが白紙であるときは、原則としてこれを除外した。

五、上部欄外や行右側の書入れはおおむね日記本文の訂正であり、翻刻ではその訂正を反映して載せたため、これらの書入れは翻字していない。

六、朱点や墨点が文字上に打ってある場合は、その字を削除するの意であり、翻刻にあたってはこれに従って文字を削除した。

七、第三者のコメントなど、本文の訂正以外の上部欄外書入れがいくらかあるが、それらは巻末の「欄外書入れ　翻刻」にまとめて載せた。

八、冊子中の挟みものやメモについては、重要と思われるものを翻字した。甲部第六冊末尾（本書二〇八頁）に挟まれる藤澤黄鵠の名刺は別出して撮影・翻字した。

九、南岳の日記は、かつてその一部が『不苟書室日録鈔』一冊（著作兼発行者：藤澤元造、大阪、一九二一年）として刊行されたことがあり、また泊園文庫には南岳の長子、藤澤黄鵠（元造）が南岳日記を抄録し浄書した『不苟書室日録』十冊が蔵されている。前者には句点や返り点、小字注がついており、またいずれも対校用テキストとして有用なので、これら二書に収載されている記事については当該条の上に★と☆をつけておいた。

★：『不苟書室日録鈔』一冊（刊本、一九二一年）に収載される条

☆：『不苟書室日録』十冊（写本、藤澤黄鵠浄書、LＨ２＊甲＊214＊１〜10）に収載される条

十、漢字翻刻の方針は次のとおりである。

・基本的に常用漢字体を用いた。

南岳は略字（いわゆる常用漢字体）を用いる場合も多く、これを正字（旧漢字）にわざわざ直す意味がないこと、また、すべてを正字に直すのはＰＣ処理上不可能であることなどのためである。もとの漢字の字体については上段掲載の影印によって確認せられたい。

・略字や俗字、異体字、当て字も常用漢字に直した。

〔例〕弃→棄　㠯→以　旹→時　夛→多　恠→怪　楳・槑→梅　叓→事　悳→徳

・ただし、別字の場合はこれを区別して翻字した。

〔例〕余―餘　芸―藝　台―臺　艸―草　刱―創　歿―没　付―附　丰―豊

・踊り字（ゝ）は原則としてそのままとしたが、句点や読点をまたいで用いられる場合はもとの漢字を使用した。

〔例〕「二則曰簡、ゝ便之声」→「二則曰簡、簡便之声」（本書六頁）

「到教行寺街。ゝ坊稍佳」→「到教行寺街。街坊稍佳」（本書一五頁）

・不用意な誤字と思われる場合もあるが、基本的にそのまま翻字した。

〔例〕陽暦八月望　→　陰暦八月望が正しい（本書二六六頁）

暢斎　→　惕斎が正しい（同三四〇頁）

# 目次

# 不苟書室日録　甲部

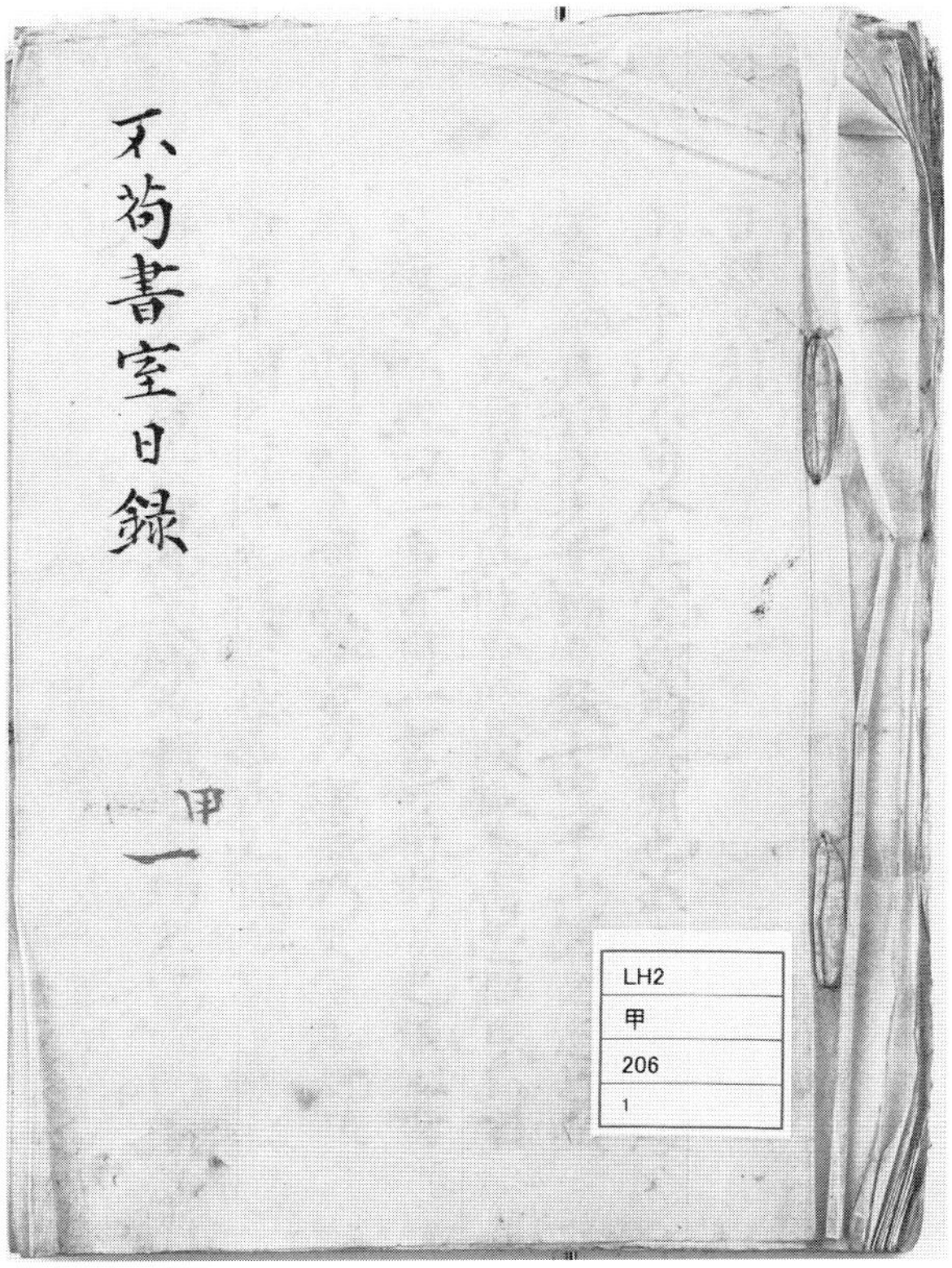


# 不苟書室日録

甲一

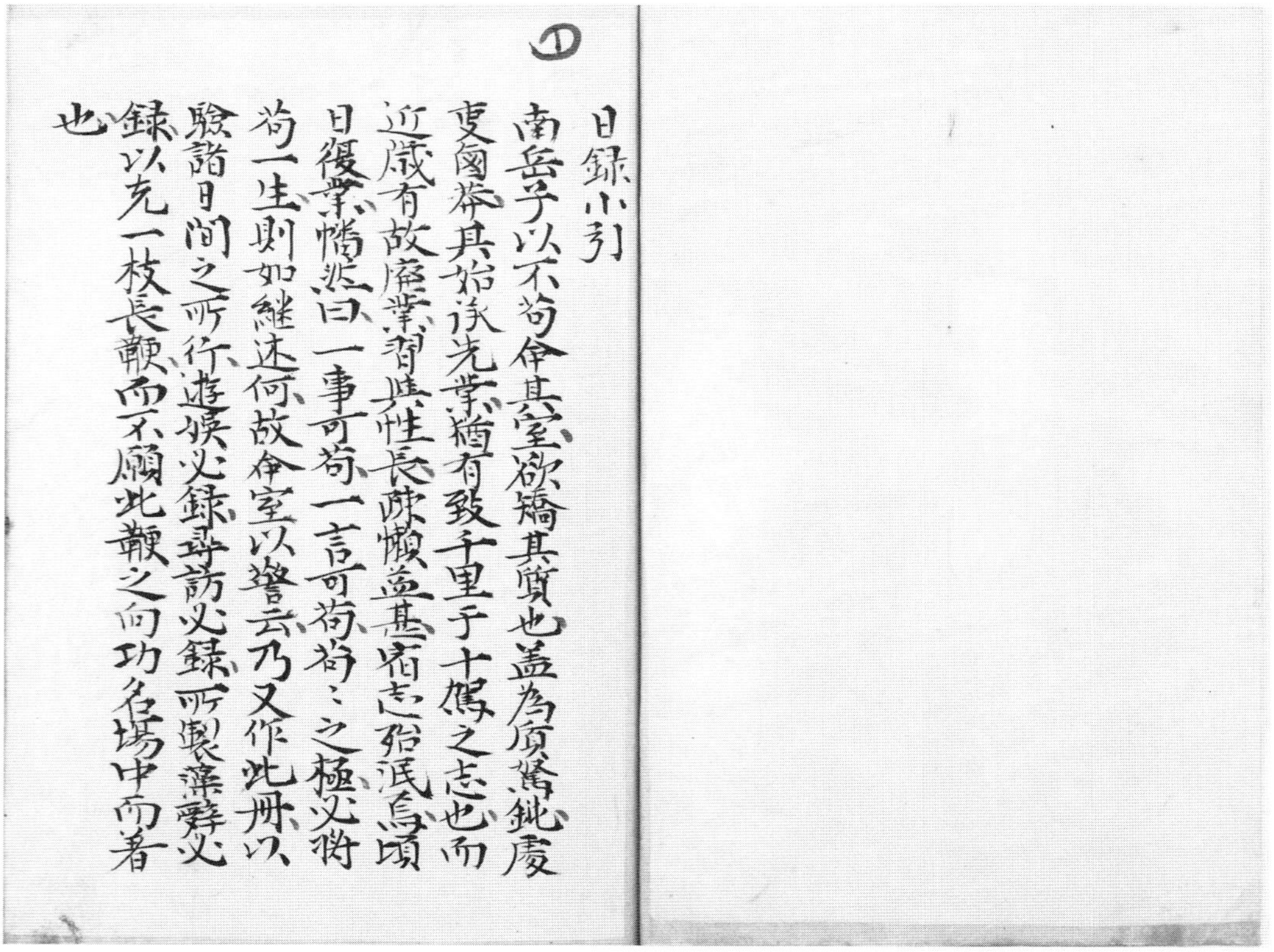
日録小引
南岳子以不苟命其室欲矯其質也蓋為質駑鈍処
事鹵莽其始承先業猶有致千里于十駕之志也而
近歳有故廃業習与性長疎懶益甚宿志殆泯焉頃
日復業幡然曰一事可苟一言可苟苟ゝ之極必将
苟一生則如継述何故命室以警云乃又作此冊以
験諸日間之所行遊娯必録尋訪必録所製藻辞必
録以充一枝長鞭而不願此鞭之向功名場中而著
也

日録小引

南岳子以不苟命其室、欲矯其質也。蓋為質駑鈍、処事鹵莽、其始承先業、猶有致千里于十駕之志也。而近歳有故廃業、習与性長、疎懶益甚、宿志殆泯焉。頃日復業、幡然曰、一事可苟、一言可苟、苟ゝ之極、必将苟一生、則如継述何。故命室以警云。乃又作此冊、以験諸日間之所行、遊娯必録、尋訪必録、所製藻辞必録、以充一枝長鞭、而不願此鞭之向功名場中而著也。

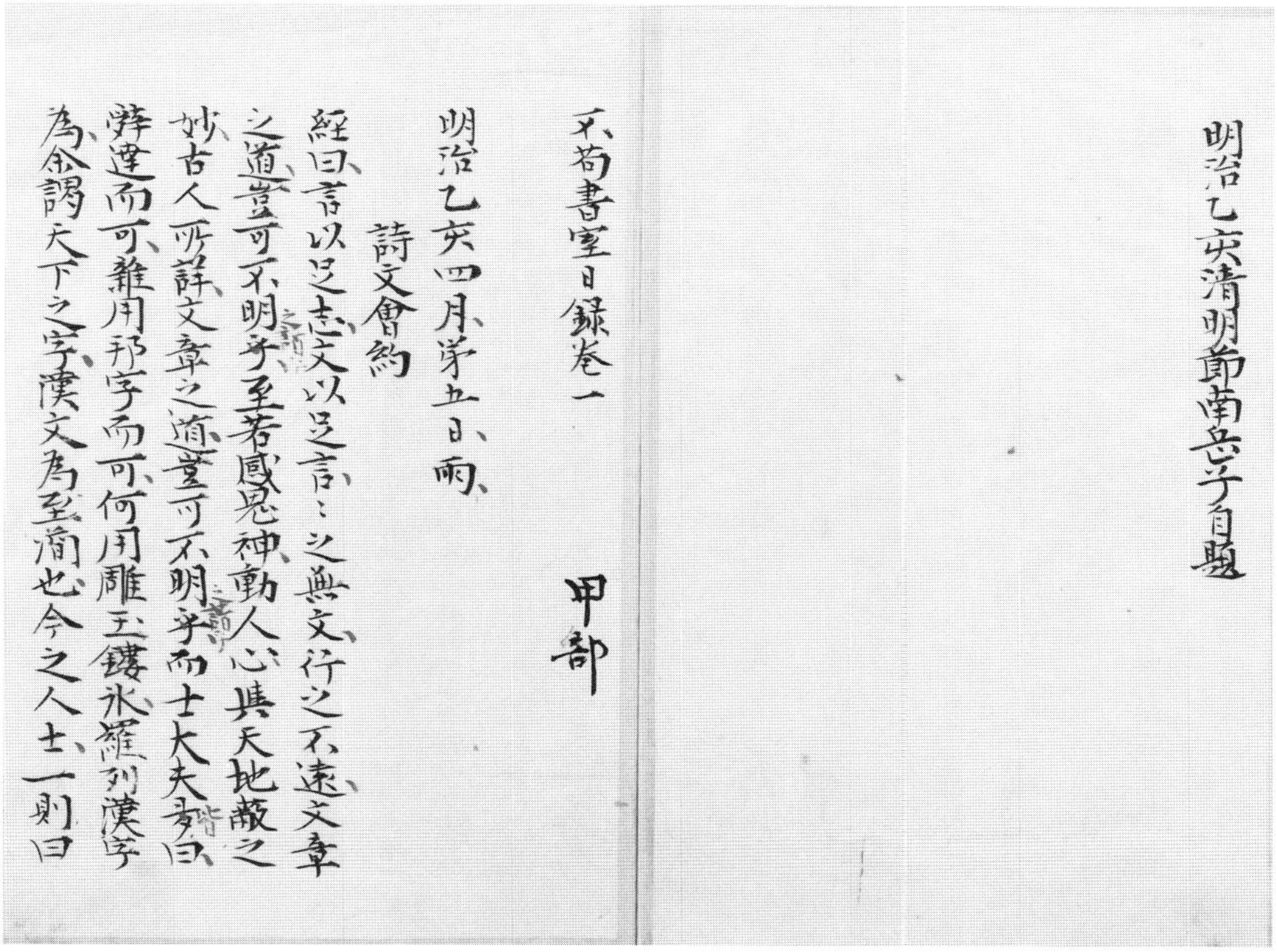

明治乙亥清明節、南岳子自題

不苟書室日録巻一　　　甲部

明治乙亥四月、第五日。雨。

詩文会約

経曰、言以足志、文以足言、言之無文、行之不遠、文章之道、豈可不明之乎。至若感鬼神、動人心、与天地蔽之妙、古人所詳、文章之道、豈可不明之乎。而士大夫皆曰、辞達而可、雑用邦字而可、何用雕玉鏤氷、羅列漢字為。余謂天下之字、漢文為至簡也。今之人士、一則曰

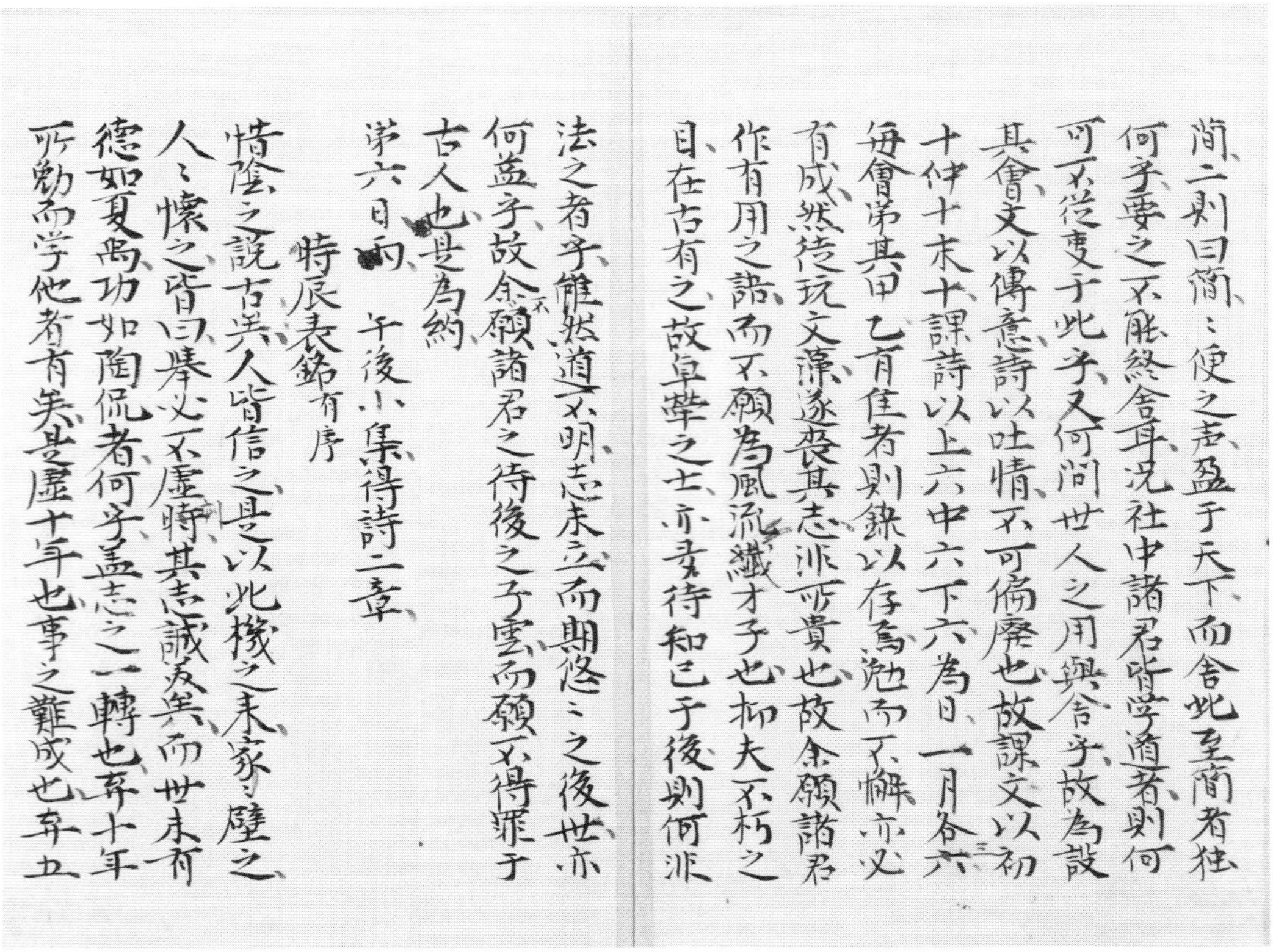

簡、二則曰簡、簡便之声、盈于天下、而舎此至簡者独何乎。要之不能終舎耳。況社中諸君皆学道者、則何可不従事于此乎。又何問世人之用与舎乎。故為設其会、文以伝意、詩以吐情、不可偏廃也。故課文以初十・仲十・末十、課詩以上六・中六・下六為日、一月各三。毎会第其甲乙、有佳者則録以存焉。勉而不懈、亦必有成。然徒玩文藻、遂喪其志、非所貴也。故余願諸君作有用之語、而不願為風流繊才子也。抑夫不朽之目、在古有之、故卓犖之士、亦多待知己于後、則何非法之者乎。雖然道不明、志未立、而期悠ゝ之後世、亦何益乎。故余不願諸君之待後之子雲、而願不得罪于古人也。是為約。

第六日。雨。午後小集、得詩二章。

　時辰表銘有序

惜陰之説古矣、人皆信之。是以此機之来、家ゝ壁之、人人懐之、皆曰、挙必不虚刻。其志誠美矣。而世未有徳如夏禹、功如陶侃者、何乎。蓋志之一転也、棄十年所勉而学他者有矣。是虚十年也。事之難成也、棄五

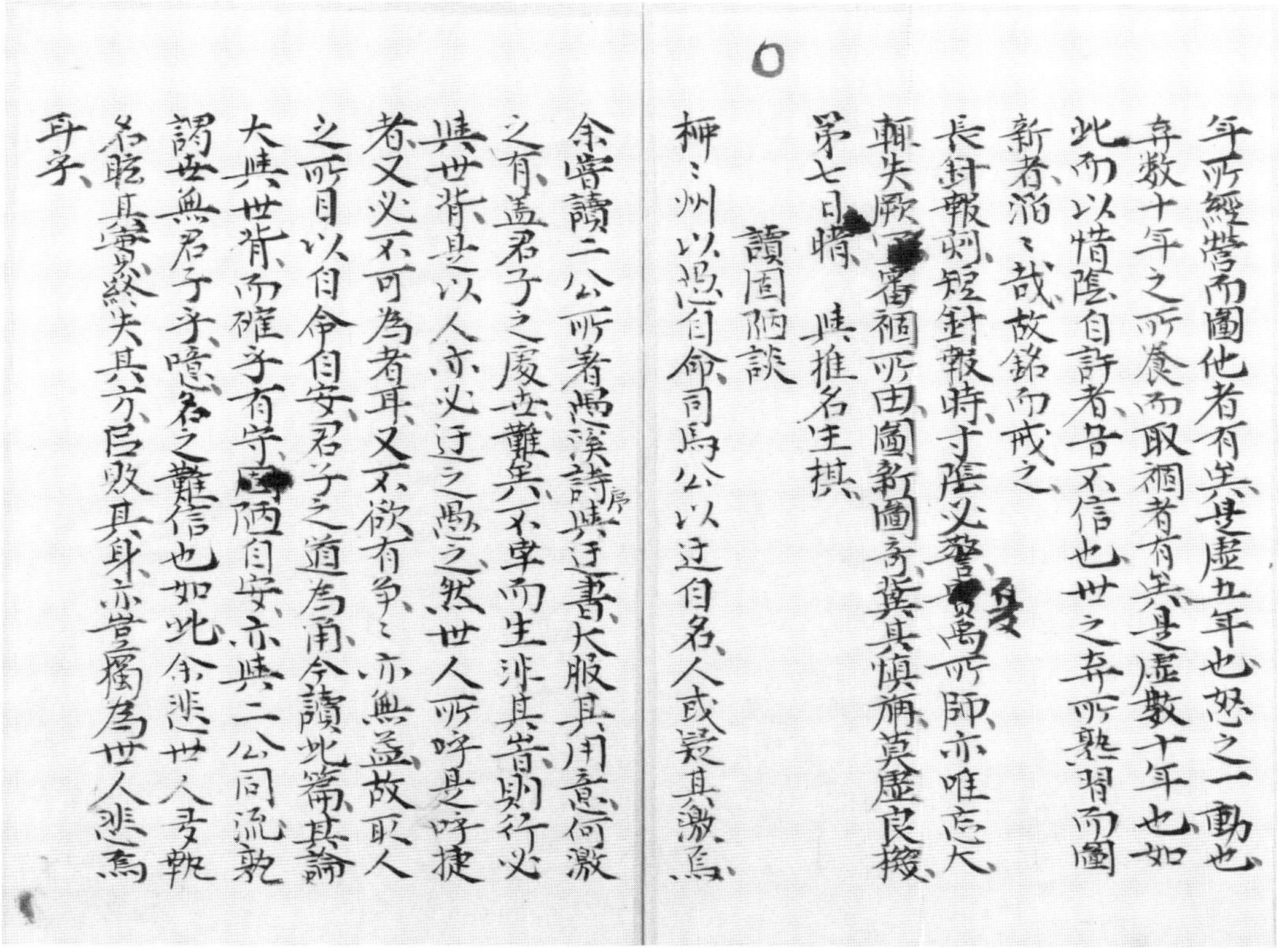

年所経営而図他者有矣。是虚五年也。怒之一動也、棄数十年之所養而取禍者有矣。是虚数十年也。如此而以惜陰自許者、吾不信也。世之棄所熟習而図新者、滔〻哉。故銘而戒之。

長針報刻、短針報時。寸陰必警、夏禹所師。亦唯忘大、輒失厥宜。審禍所由、図新図奇。冀其慎旃、莫虚良機。

第七日。晴。　与椎名生棋。

読固陋談

柳〻州以愚自命、司馬公以迂自名、人或疑其激焉。余嘗読二公所著愚溪詩序与迂書、大服其用意、何激之有。蓋君子之処世、難矣。不幸而生非其時、則行必与世背、是以人亦必迂之愚之。然世人所呼是呼捷者、又必不可為者耳。又不欲有争、争亦無益。故取人之所目以自命自安、君子之道為爾。今読此篇、其論大与世背、而確乎有守。固陋自安、亦与二公同流、孰謂世無君子乎。噫、名之難信也如此。余悲世人多執名眩其実、終失其方、以敗其身、亦豈独為世人悲焉耳乎。

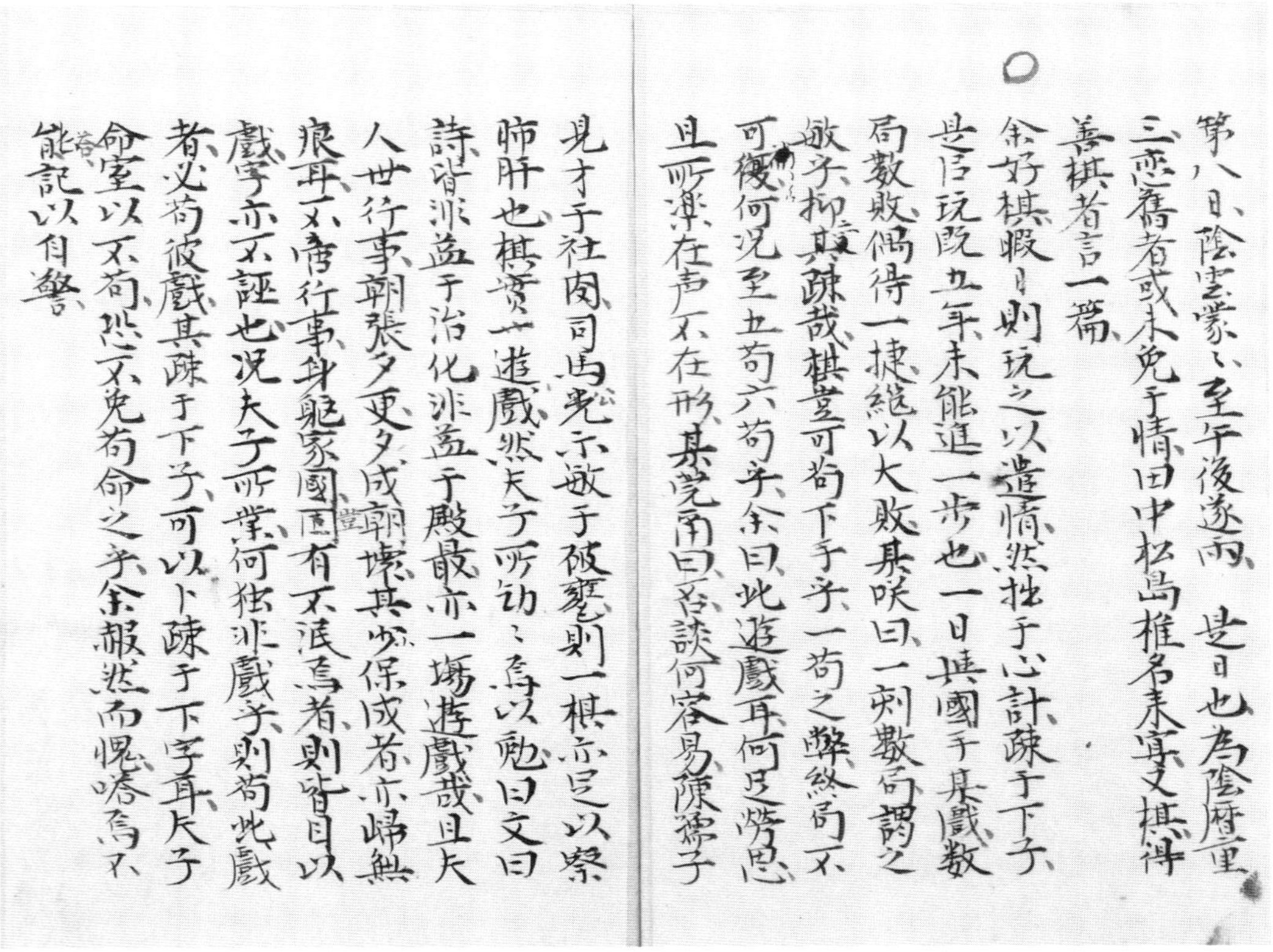
第八日陰雲蒙〻至午後遂雨　是日也為陰暦重
三恋舊者或未免于情田中松島椎名来宴又棋得
善棋者言一篇
余好棋暇日則玩之以遣情然拙于心計疎于下子
是以玩既五年未能進一歩也一日與國手某戯数
局数敗偶得一捷継以大敗某咲曰一刻数局謂之
敏乎抑亦其疎哉棋豈可苟下手乎一苟之弊終局不
可補何況至五苟六苟乎余曰此遊戯耳何足労思
且所楽在声不在形某莞爾曰否談何容易陳孺子
見才于社肉司馬光示敏于破甕則一棋亦足以察
肺肝也棋實遊戯然夫子所劬〻焉以勉曰文曰
詩皆非益于治化非益于殿最亦一場遊戯哉且夫
人世行事朝張夕更夕成朝壊其小保成者亦帰無
痕耳不啻行事身軀家國豈有不泯焉者則皆目以
戯亦不誣也況夫子所業何独非戯乎則苟此戯
者必苟彼戯其疎于下子可以卜疎于下字耳夫子
命室以不苟恐不免苟命之乎余赧然而愧嗒焉不
能答記以自警

第八日。陰雲蒙〻、至午後遂雨。是日也、為陰暦重三、恋旧者或未免于情。田中・松島・椎名来宴、又棋。得善棋者言一篇。

余好棋、暇日則玩之以遣情。然拙于心計、疎于下子、是以玩既五年、未能進一歩也。一日与国手某戯、数局数敗、偶得一捷、継以大敗。某咲曰、一刻数局、謂之敏乎、抑亦其疎哉、棋豈可苟下手乎。一苟之弊、終局不可補、何況至五苟六苟乎。余曰、此遊戯耳、何足労思。且所楽在声不在形。某莞爾曰、否、談何容易。陳孺子見才于社肉、司馬公示敏于破甕、則一棋亦足以察肺肝也。棋実遊戯、然夫子所劬〻焉以勉、曰文曰詩、皆非益于治化、非益于殿最、亦一場遊戯哉。且夫人世行事、朝張夕更、夕成朝壊、其小保成者、亦帰無痕耳。不啻行事、身軀家国、豈有不泯焉者、則皆目以戯、亦不誣也。夫子所業、何独非戯乎。則苟此戯者、必苟彼戯、其疎于下子、可以卜疎于下字耳。夫子命室以不苟、恐不免苟命之乎。余赧然而愧、嗒焉不能答、記以自警。

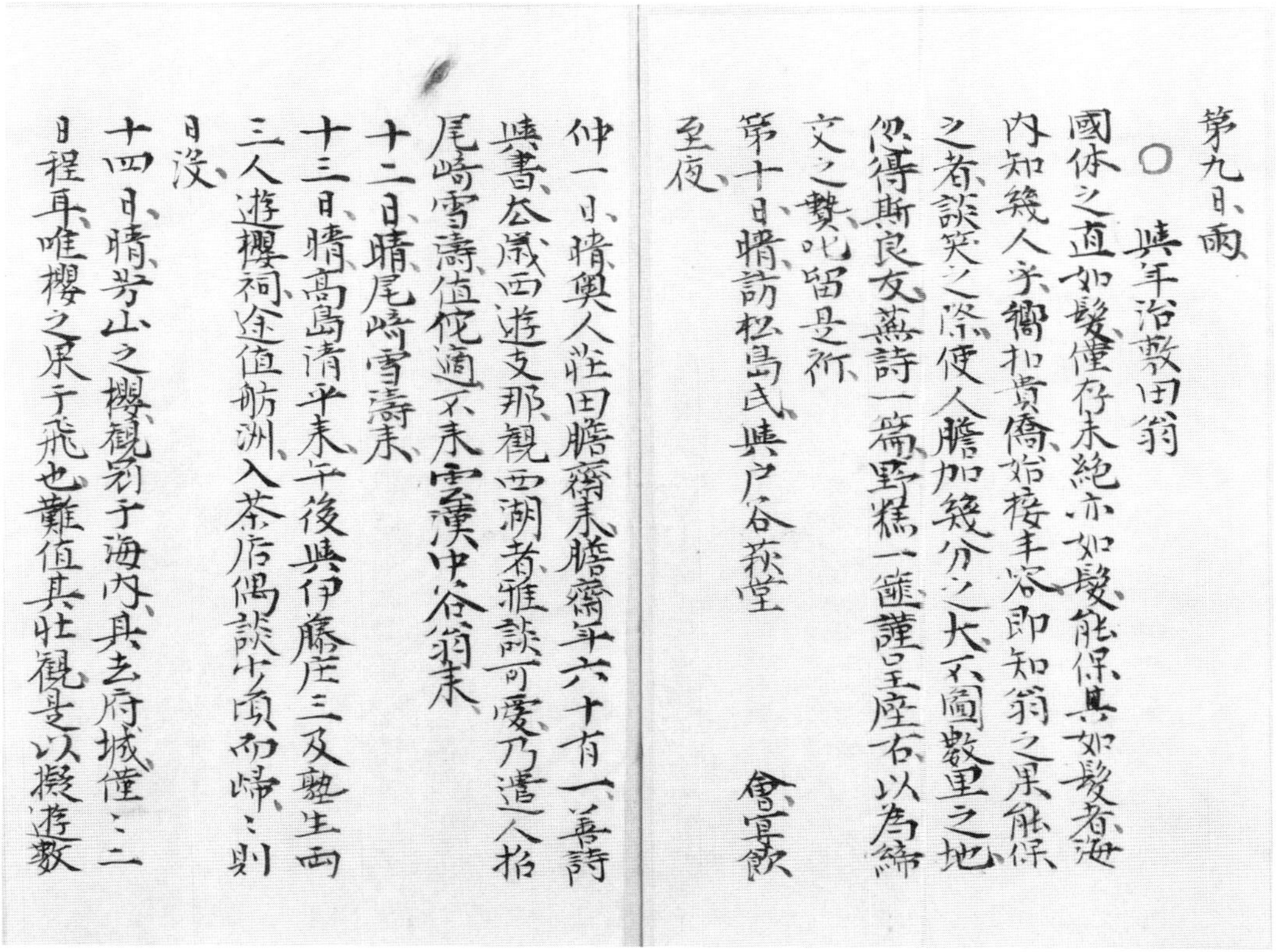

第九日。雨。

与年治敷田翁

国体之直如髪、僅存未絶亦如髪、能保其如髪者、海
内知幾人乎。嚮扣貴僑、始接丰容、即知翁之果能保
之者。談笑之際、使人胆加幾分之大、不図数里之地、
忽得斯良友。蕪詩一篇、野糕一筐、謹呈座右、以為締
交之贄、叱留是祈。

第十日。晴。訪松島氏、与戸谷萩堂　　会、宴飲
至夜。

仲一日。晴。奥人荘田胆斎来。胆斎年六十有一、善詩
与書、去歳西遊支那、観西湖者、雅談可愛。乃遣人招
尾崎雪濤、値佗適、不来。雲漢中谷翁来。

十二日。晴。尾崎雪濤来。

十三日。晴。高島清平来。午後与伊藤庄三及塾生両
三人遊桜祠。途値舫洲、入茶店偶談少頃而帰。帰則
日没。

☆十四日。晴。芳山之桜、観冠于海内、其去府城、僅ゝ二
日程耳。唯桜之果于飛也、難値其壮観、是以擬遊数

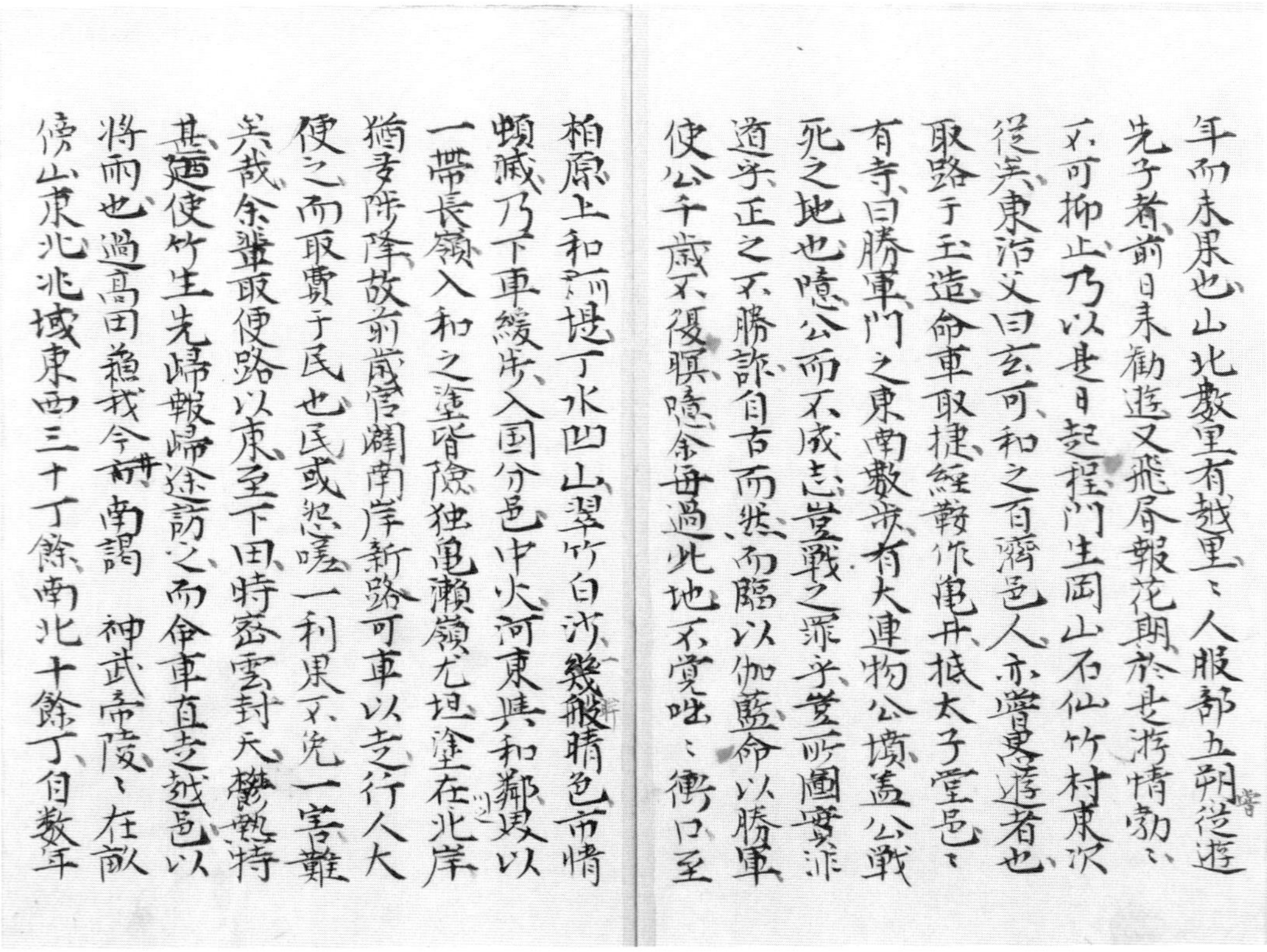

年而未果也。山北数里有越里、里人服部五朔嘗従遊先子、前日来勧遊、又飛書報花期、於是游情勃ゝ、不可抑止、乃以是日起程。門生岡山石仙、竹村東次従矣。東治父曰玄可、和之百済邑人、亦嘗憑遊者也。取路于玉造、命車取捷、経鞍作亀井、抵太子堂邑。邑有寺、曰勝軍、門之東南数歩、有大連物公墳、蓋公戦死之地也。噫、公而不成志、豈戦之罪乎、豈所図実非道乎。正之不勝詐、自古而然。而臨以伽藍、命以勝軍、使公千歳不復瞑。噫、余毎過此地、不覚咄ゝ衝口。至柏原、上和川堤、丁水凹山、翠竹白沙、一眸晴色、市情頓滅。乃下車緩歩、入国分邑、中火。河東与和鄰、界以一帯長嶺、入和之塗皆険、独亀瀬嶺尤坦、塗在川之北岸、猶多陟降。故前歳官闢南岸新路、可車以走、行人大便之、而取費于民也。民或怨嗟、一利果不免一害、難矣哉。余輩取便路以東、至下田、時密雲封天、鬱熱特甚、廼使竹生先帰報帰途訪之。而命車直走越邑、以将雨也。過高田蘇我今井、南謁　神武帝陵。陵在畝傍山東北、兆域東西三十丁餘、南北十餘丁、自数年

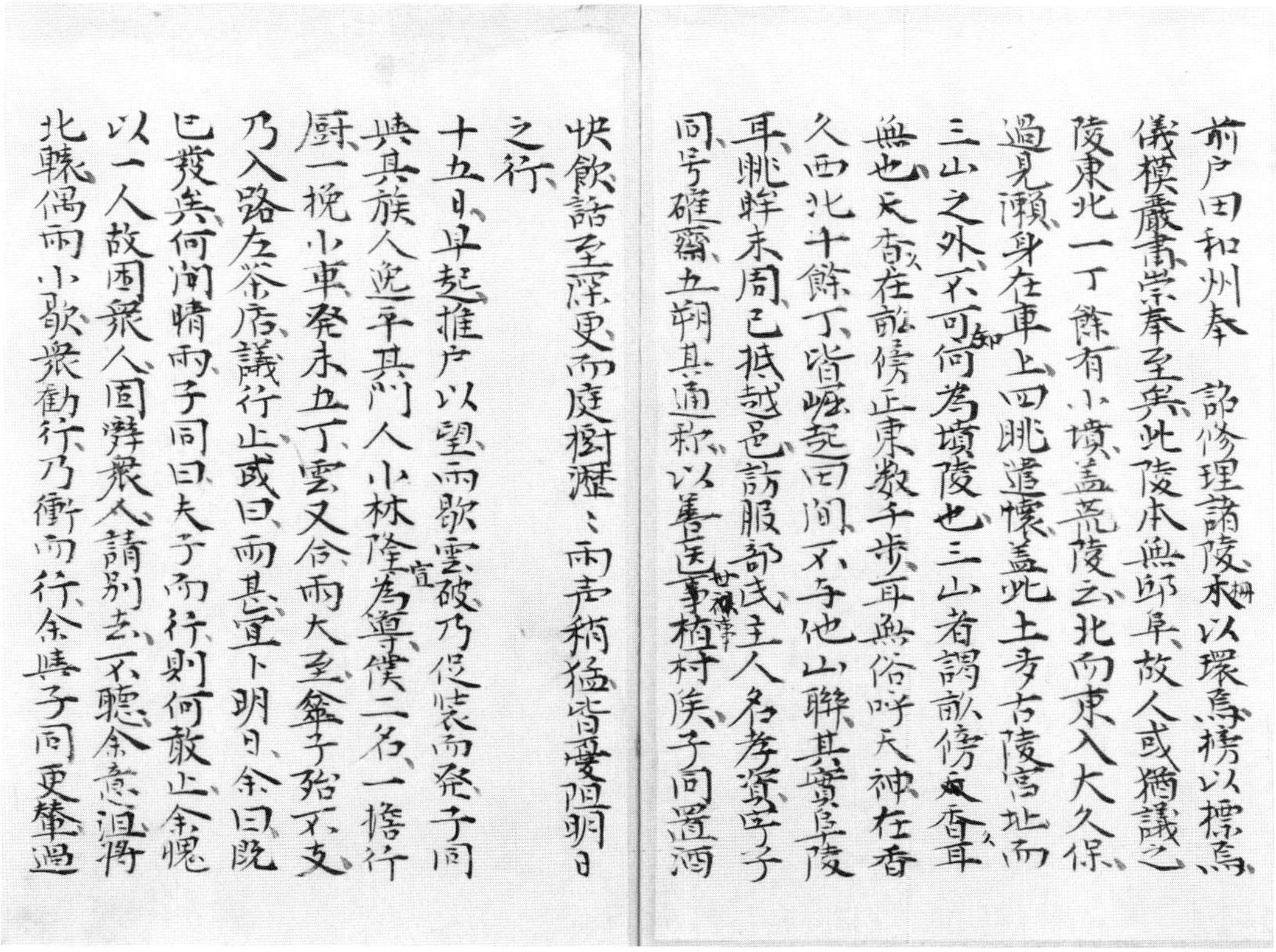

前戸田和州奉　詔修理諸陵、柵以環焉、榜以標焉、儀模厳粛、崇奉至矣。此陵本無邱阜、故人或猶議之、陵東北一丁餘有小墳、蓋荒陵云。北而東入大久保、過見瀬、身在車上、四眺遺懐、蓋此土多古陵宮址、而三山之外、不可知何為墳陵也。三山者謂畝傍・香久・耳無也。香久在畝傍正東数千歩、耳無俗呼天神、在香久西北十餘丁、皆崛起田間、不与他山聯、其実阜陵耳。眺眸未周、已抵越邑、訪服部氏。主人名孝資、字子同、号確斎、五朔其通称、以善医世事植村侯。子同置酒快飲、話至深更、而庭樹瀝ゝ雨声稍猛、皆憂阻明日之行。

☆十五日。早起、推戸以望、雨歇雲破、乃促装而発。子同与其族人逸平・其門人小林隆宣為導。僕二名、一担行厨、一挽小車。発未五丁、雲又合、雨大至、傘子殆不支、乃入路左茶店、議行止。或曰、雨甚、宜卜明日。余曰、既已発矣、何問晴雨。子同曰、夫子而行、則何敢止。余愧以一人故困衆人、固辞、請別去、不聴。余意沮、将北轅、偶雨小歇、衆勧行、乃衝而行。余与子同更輦、過

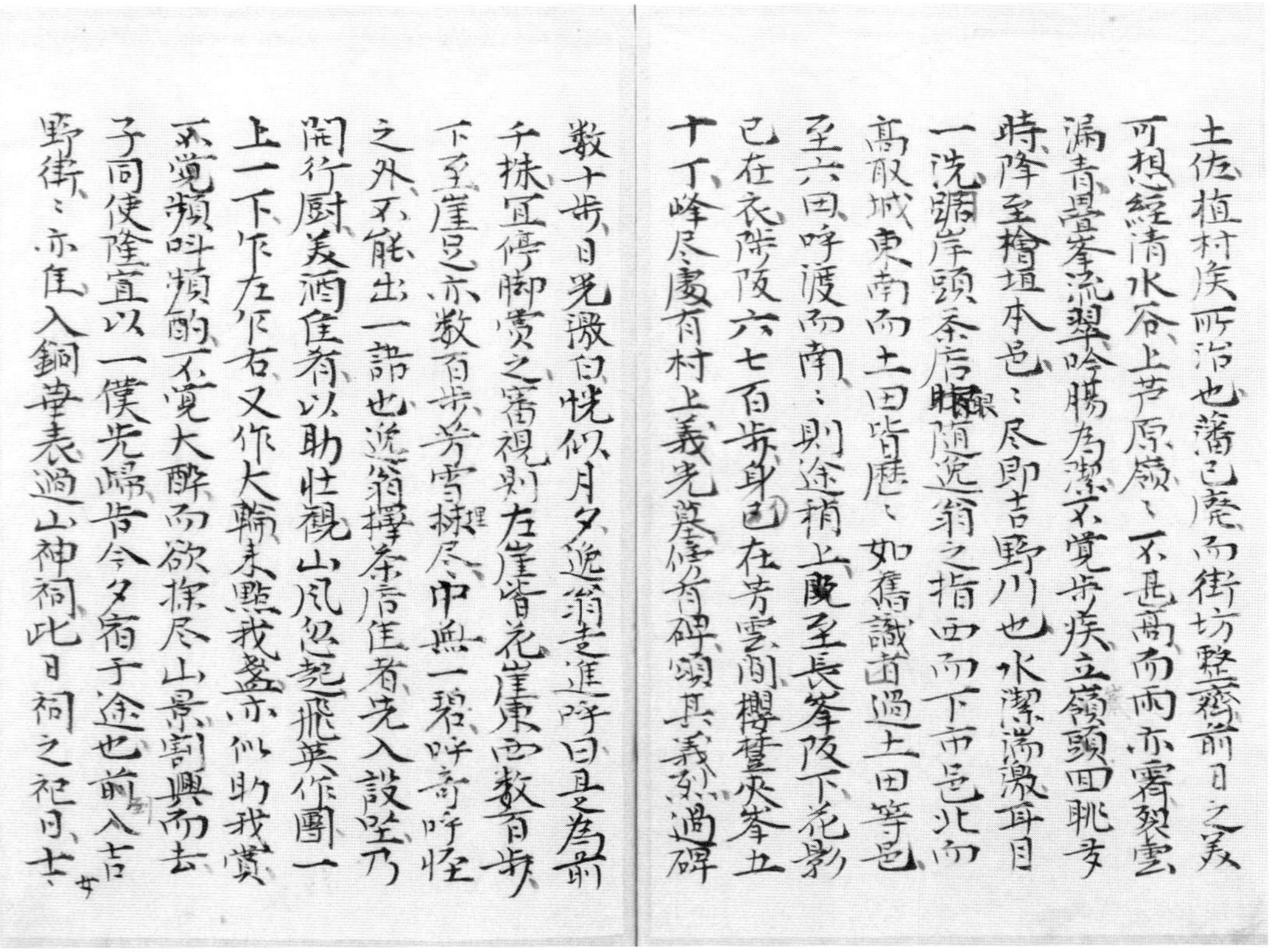

土佐、植村侯所治也。藩已廃、而街坊整斉、前日之美可想。経清水谷、上芦原嶺、嶺不甚高、而雨亦霽、裂雲漏青、畳峰流翠、吟腸為潔、不覚歩疾、立巓回眺多時。降至檜垣本邑、邑尽即吉野川也。水潔湍激、耳目一洗、「踞岸頭茶店、眼随逸翁之指、西而下市邑、北而高取城、東南而土田、皆歴ゝ如旧識者。」過土田等邑、至六田、呼渡而南。南則途稍上、至長峰阪下、花影已在衣、陟阪六七百歩、身已在芳雲間。桜樹夾峰五十丁、峰尽処有村上義光墓、傍有碑、頌其義烈。過碑数十歩、日光激白、恍似月夕、逸翁走進呼曰、是為前千株、宜停脚賞之。審視則左崖皆花、崖東西数百歩、下至崖足、亦数百歩、芳雪埋尽、中無一碧、呼奇呼怪之外、不能出一語也。逸翁択茶店佳者、先入設坐、乃開行厨、美酒佳肴、以助壮観。山風忽起、飛英作団、一上一下、乍左乍右、又作大輪、来点我盞、亦似助我賞。頻叫頻酌、不覚大酔、而欲探尽山景、割興而去。子同使隆宜以一僕先帰、告今夕宿于途也。到吉野街、街亦佳。入銅華表、過山神祠、此日祠之祀日、士女

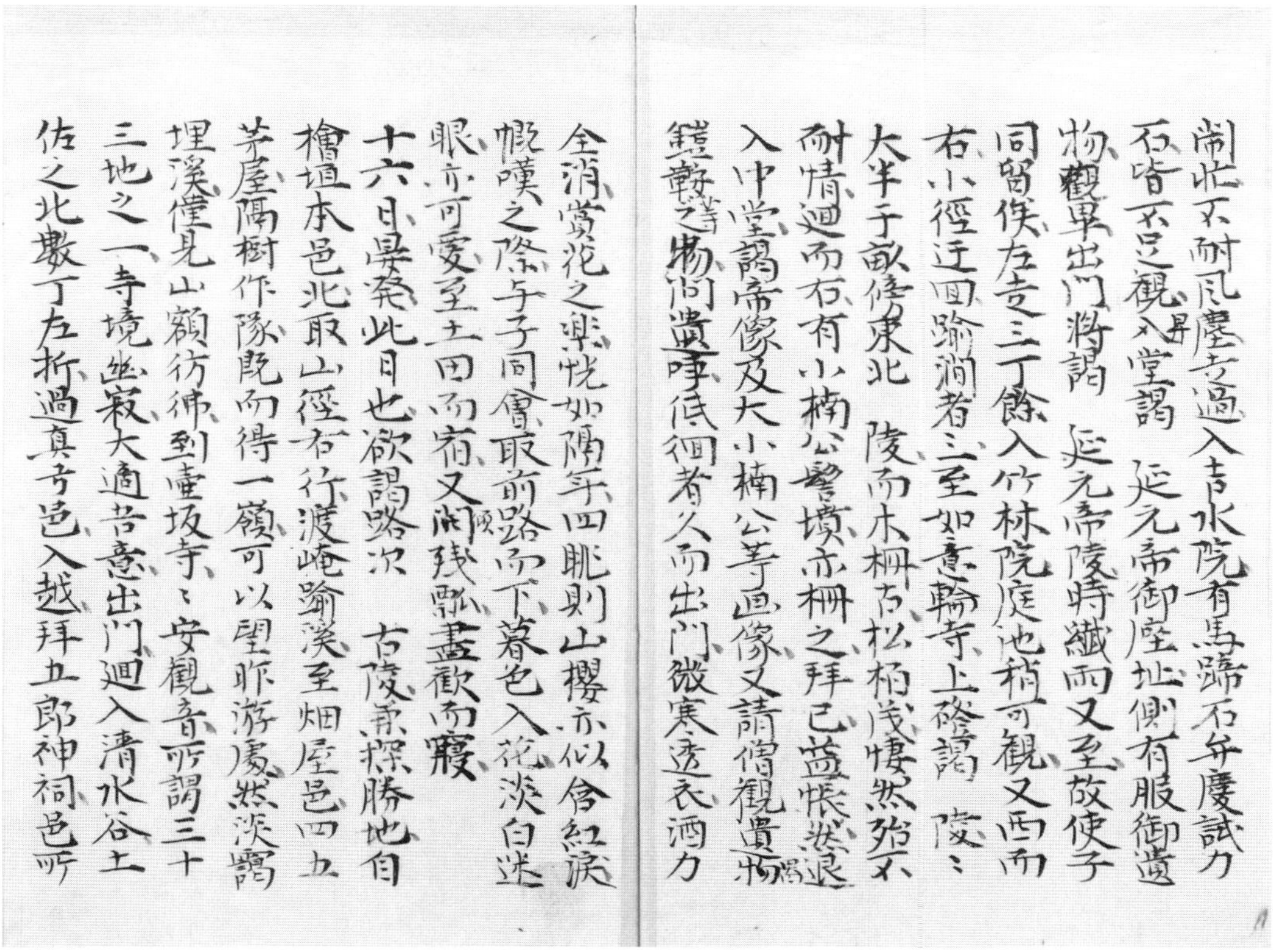

鬧忙、不耐風塵、走過、入吉水院。有馬蹄石・弁慶試力石、皆不足観。昇堂謁　延元帝御座址、側有服御遺物。観畢、出門、将謁　延元帝陵、時繊雨又至、故使子同留俟。左走三丁餘、入竹林院、庭池稍可観、又西而右、小径迂回、踰澗者三、至如意輪寺。上磴謁　陵。陵大半于畝傍東北　陵、而木柵古、松栢茂、悽然殆不耐情。廻而右、有小楠公髻墳、亦柵之、拝已、益悵然。退入中堂、謁帝像及大小楠公等画像、又請僧観遺器鎧鞍等之物。問遺事。低徊者久而出門、微寒透衣、酒力全消、賞花之楽、恍如隔年。四眺則山桜亦似含紅涙、慨嘆之際、与子同会、取前路而下。暮色入花、淡白迷眼、亦可愛。至土田而宿、又傾残瓢、尽歓而寝。

☆十六日。晏発。此日也、欲謁路次　古陵、兼探勝地。自檜垣本邑北、取山径右行、渡崦踰渓、至畑屋邑、四五茅屋、隔樹作隊。既而得一嶺、可以望昨游処。然淡靄埋渓、僅見山額彷彿。到壷坂寺、寺安観音、所謂三十三地之一。寺境幽寂、大適吾意。出門、廻入清水谷、土佐之北数丁左折、過真弓邑。入越、拝五郎神祠、邑所

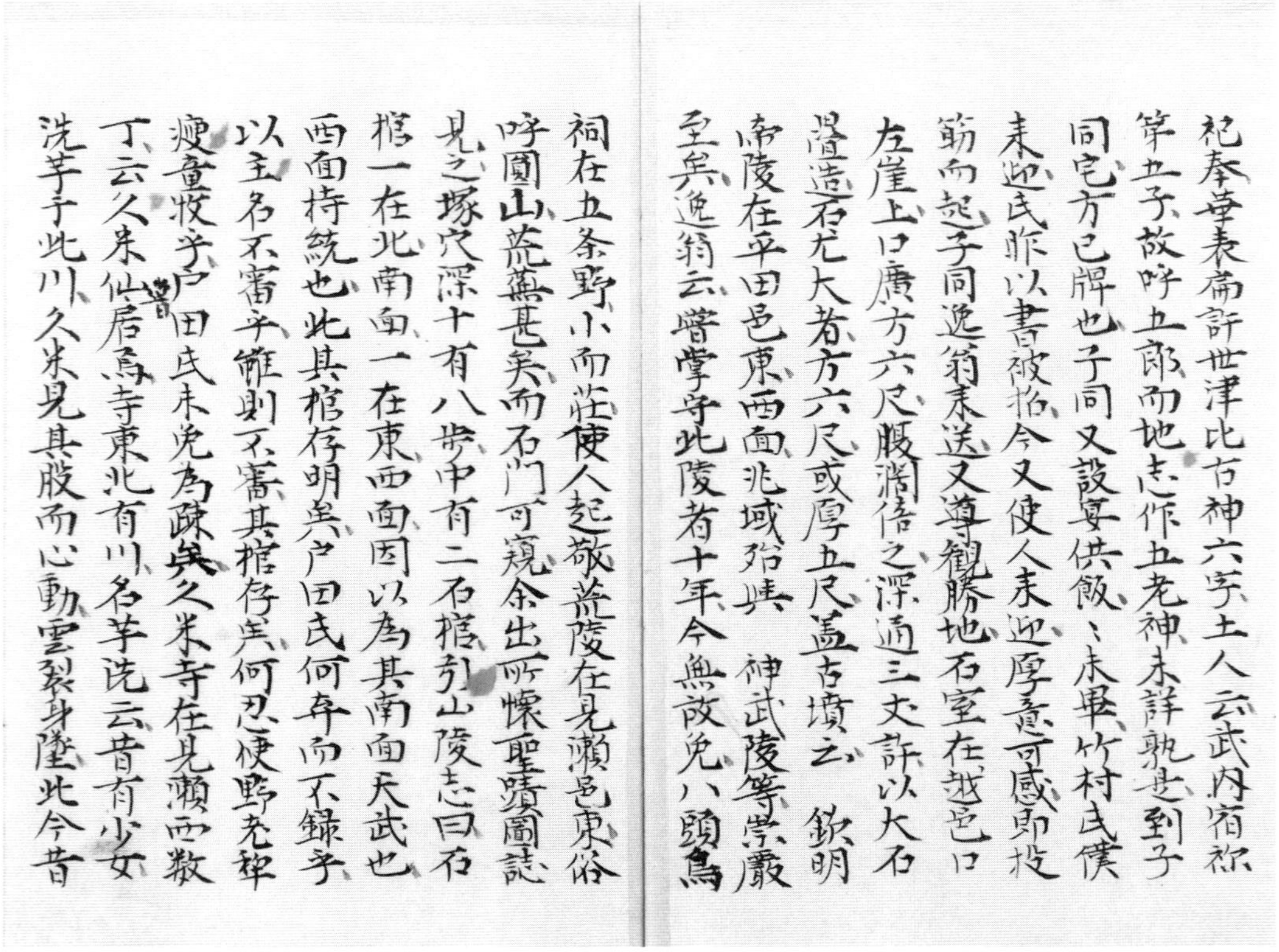

祀奉、華表扁許世津比古神六字。土人云、武内宿禰第五子、故呼五郎、而地志作五老神、未詳孰是。到子同宅、方巳牌也。子同又設宴供飯、飯未畢、竹村氏僕来迎。氏昨以書被招、今又使人来迎、厚意可感。即投筯而起。子同・逸翁来送、又導観勝地。石室在越邑口左崖上、口広方六尺、腹闊倍之、深通三丈許、以大石畳造。石尤大者、方六尺、或厚五尺、蓋古墳云。欽明帝陵在平田邑東、西面、兆域殆与　神武陵等、崇厳至矣。逸翁云、嘗掌守此陵者十年、今無故免。八頭鳥祠在五条野、小而荘、使人起敬。荒陵在見瀬邑東、俗呼円山、荒蕪甚矣、而石門可窺。余出所懐聖蹟図誌見之、塚穴深十有八歩、中有二石棺、引山陵志曰、石棺一在北、南面、一在東、西面、因以為其南面天武也、西面持統也、此其棺存明矣。戸田氏何棄而不録乎。以主名不審乎。雖則不審、其棺存矣、何忍使野老犂瘦童牧乎。戸田氏未免為疎矣。久米寺在見瀬西数丁、云久米仙嘗居焉。寺東北有川、名芋洗云。昔有少女、洗芋于此川、久米見其股而心動、雲裂身墜、此今昔

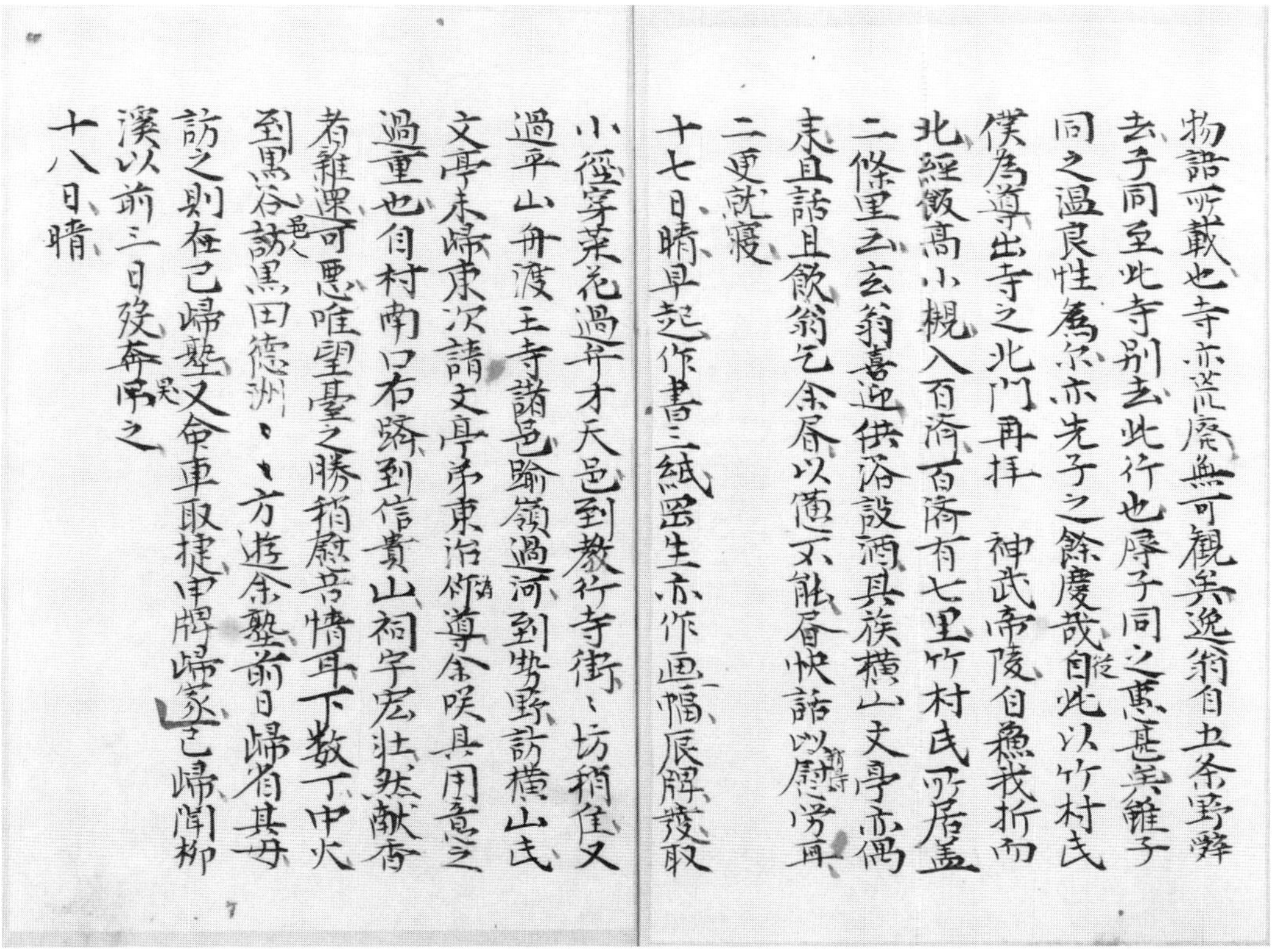

物語所載也。寺亦荒廃、無可観矣。逸翁自五条野辞去、子同至此寺別去。此行也、辱子同之恵甚矣。雖子同之温良性為爾、亦先子之餘慶哉。従此以竹村氏僕為導、出寺之北門、再拝　神武帝陵、自蘇我折而北、経飯高小槻入百済。百済有七里、竹村氏所居。蓋二條里云。玄翁喜迎、供浴設酒。其族横山文亭亦偶来、且話且飲。翁乞余書、以憊不能、快話稍得慰労耳。二更就寝。

☆十七日。晴。早起、作書三紙、岡生亦作画幅。辰牌、発。取小径、穿菜花、過弁才天邑、到教行寺街。街坊稍佳、又過平山舟渡王寺諸邑、踰嶺過河、到勢野、訪横山氏。文亭未帰。東次請文亭弟東治為導、余咲其用意之過重也。自村南口右蹐、到信貴山、祠宇宏壮、然献香者雑遝、可悪、唯望臺之勝稍慰吾情耳。下数丁、中火。到黒谷、邑人黒田徳洲方遊余塾、前日帰省其母、訪之則已帰塾。又命車取捷、申牌帰家。已帰、聞柳渓以前三日歿、奔哭之。

十八日。晴。

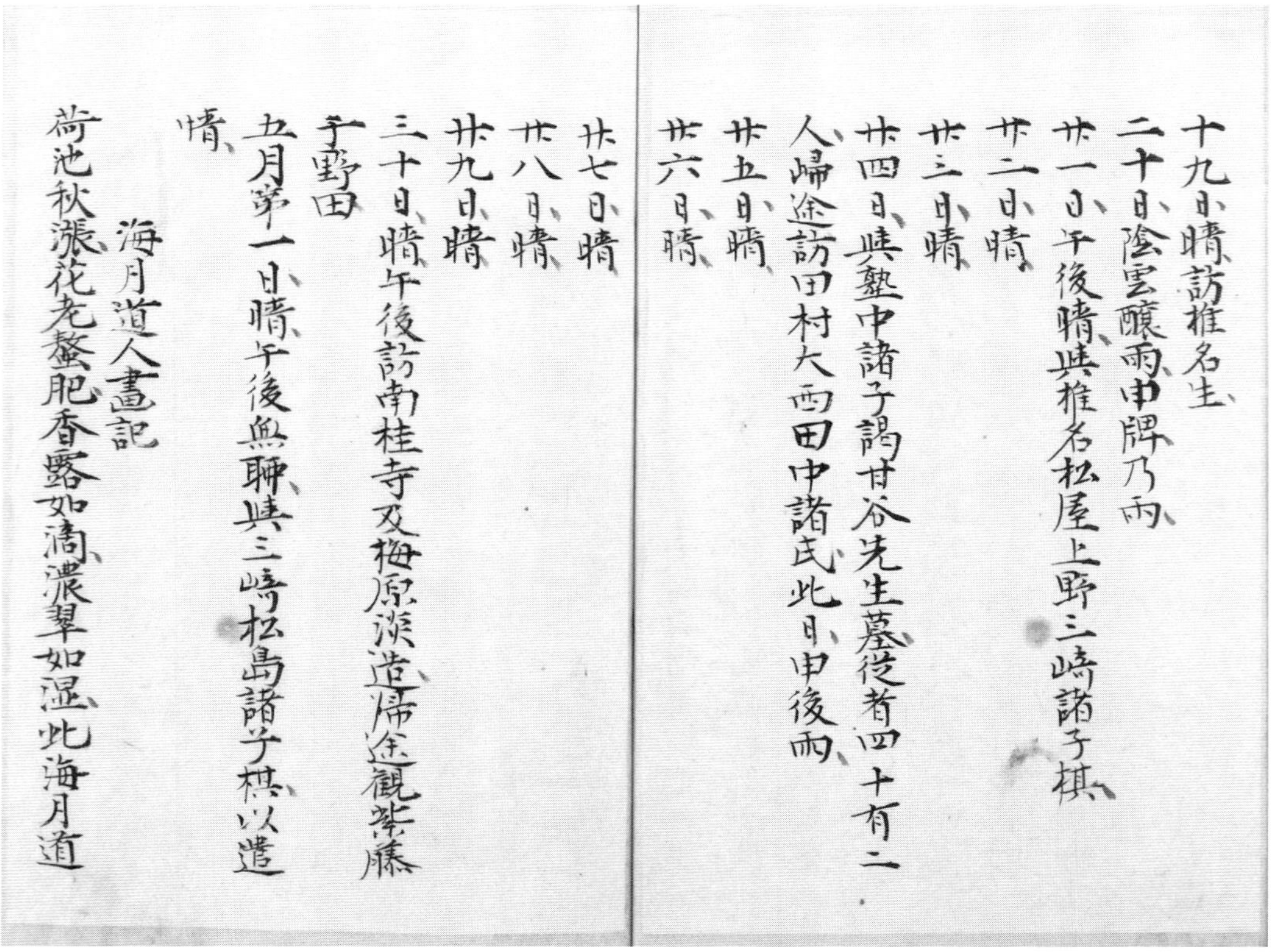

十九日。晴。訪椎名生。
二十日。陰雲醸雨。申牌、乃雨。
廿一日。午後晴。与椎名・松屋・上野・三崎諸子棋。
廿二日。晴。
廿三日。晴。
廿四日。与塾中諸子謁甘谷先生墓、従者四十有二
人、帰途訪田村・大西・田中諸氏。此日申後雨。
廿五日。晴。
廿六日。晴。
廿七日。晴。
廿八日。晴。
廿九日。晴。
三十日。晴。午後訪南桂寺及梅原淡造。帰途観紫藤
于野田。
五月、第一日。晴。午後無聊、与三崎・松島諸子棋、以遣
情。

海月道人画記

荷池秋漲、花老螯肥、香露如滴、濃翠如湿、此海月道

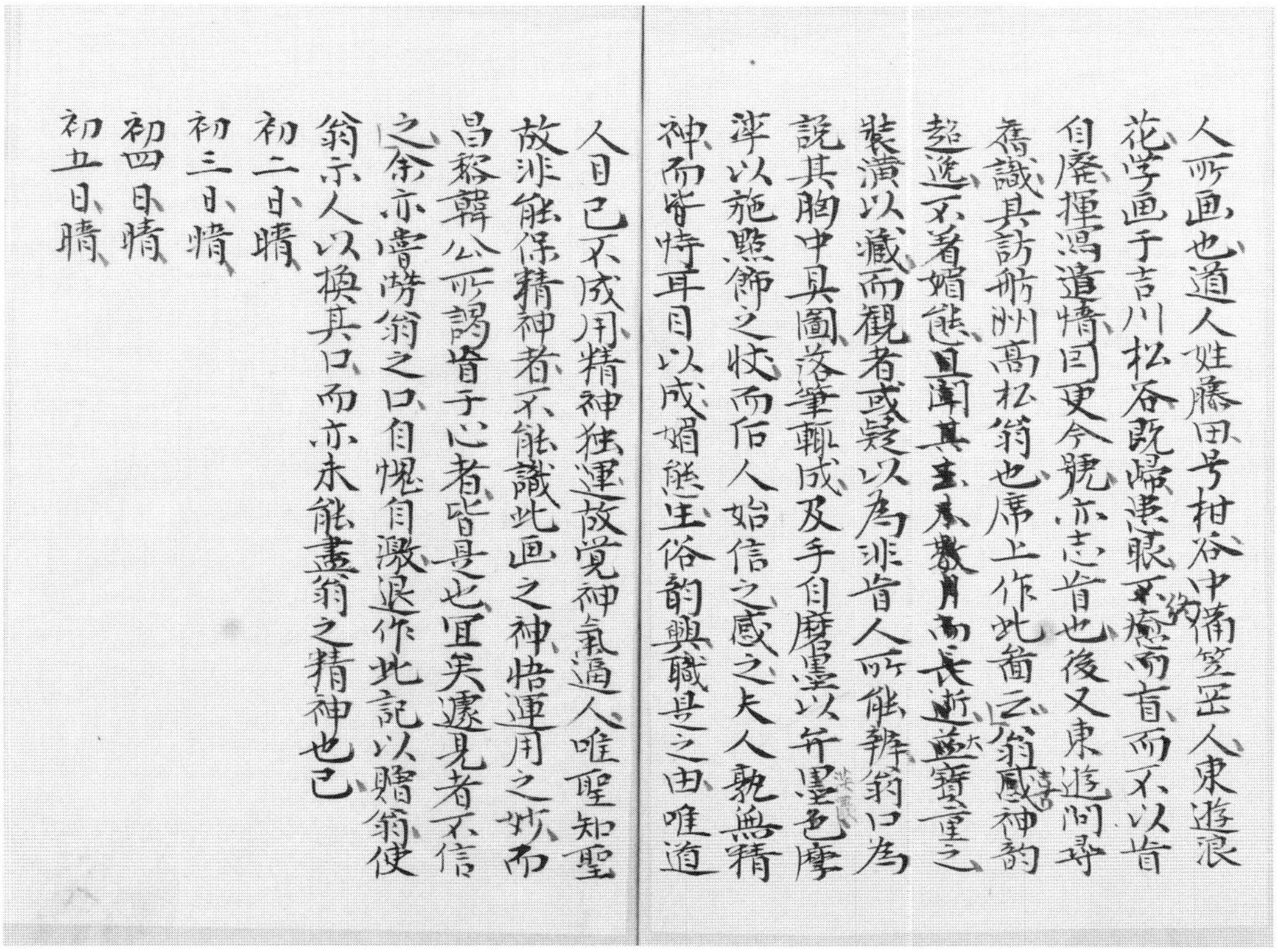

人所画也。道人姓藤田、号柑谷、中備笠岡人。東遊浪花、学画于吉川松谷。既帰、患眼、終盲、而不以盲自廃、揮写遺情、因更今号、亦志盲也。後又東遊、問尋旧識。其訪舫洲高松翁也、席上作此図云。翁喜神韻超逸、不著媚態、大宝重之、

装潢以蔵、而観者或疑以為非盲人所能辨。翁曰為説其胸中具図、落筆輙成、及手自磨墨以弁淡濃、摩挲以施点飾之状、而後人始信之、感之。夫人孰無精神、而皆恃耳目以成、媚態生、俗韻興、職是之由、唯道人目已不成用、精神独運、故覚神気逼人、唯聖知聖、故非能保精神者、不能識此画之神、悟運用之妙。而昌黎韓公所謂盲于心者、皆是也、宜矣遽見者不信之。余亦嘗労翁之口、自愧自激、退作此記以贈翁、使翁示人以換其口、而亦未能尽翁之精神也已。

初二日。晴。

初三日。晴。

初四日。晴。

初五日。晴。

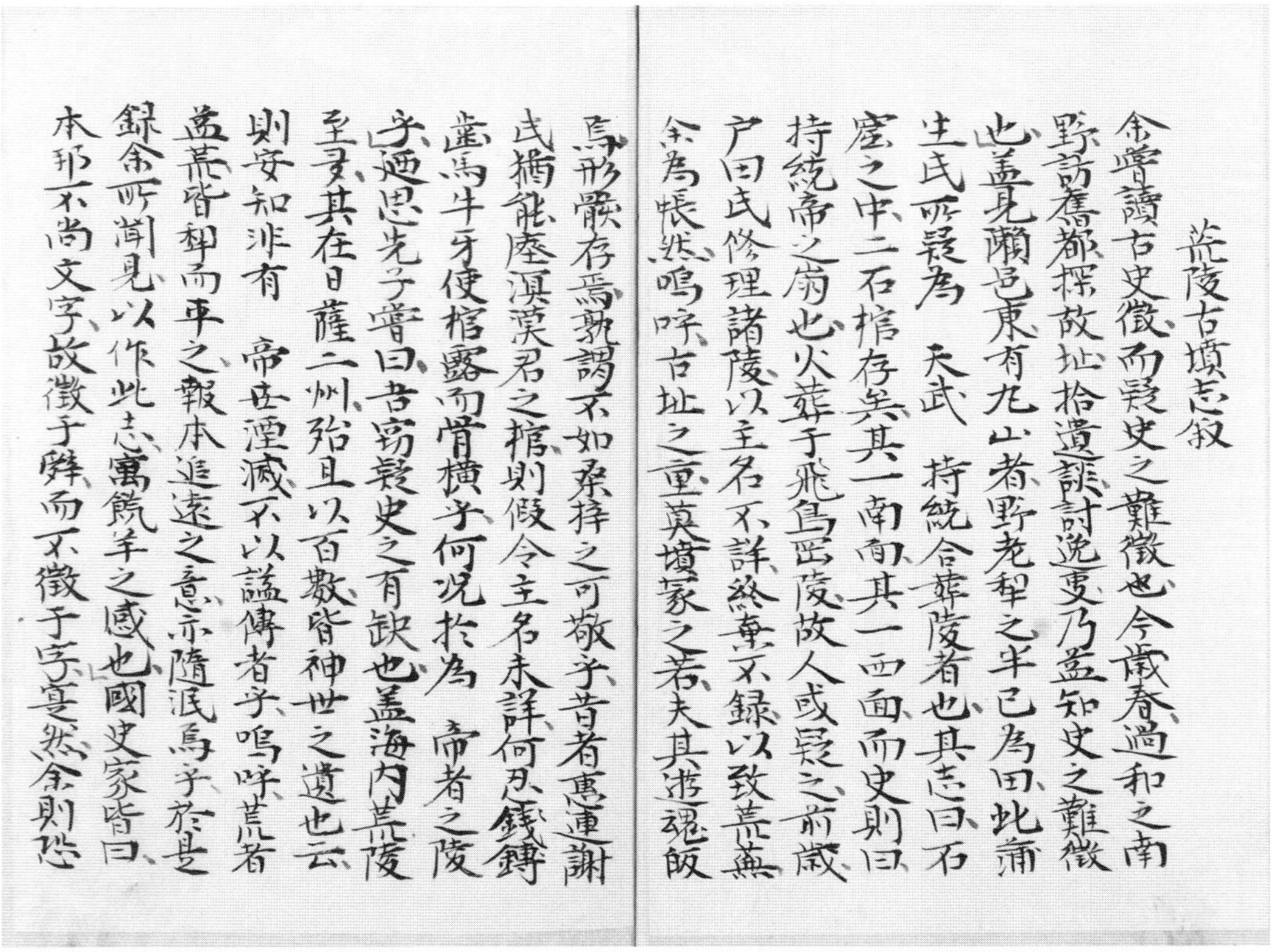

## 荒陵古墳志叙

余嘗読古史徴、而疑史之難徴。今歳春、過和之南野、訪旧都、探故址、拾遺談、討逸事、乃益知史之難徴也。蓋見瀬邑東、有丸山者、野老犂之、半已為田。此蒲生氏所疑為　天武　持統合葬陵者也。其志曰、石窟之中、二石棺存矣。其一南面、其一西面、而史則曰、持統帝之崩也、火葬于飛鳥岡陵、故人或疑之。前歳、戸田氏修理諸陵、以主名不詳、終棄不録、以致荒蕪、余為悵然。嗚呼、古址之重、莫墳冢之若、夫其遊魂帰焉、形骸存焉、孰謂不如桑梓之可敬乎。昔者恵連謝氏猶能瘞溟漠君之棺、則仮令主名未詳、何忍銭鏄歯馬牛牙使棺露而骨横乎。何況於為　帝者之陵乎。廼思先子嘗曰、吾窃疑史之有缺也。蓋海内荒陵至多、其在日薩二州、殆且以百数、皆神世之遺也云、則安知非有　帝世湮滅、不以謚伝者乎。嗚呼、荒者益荒、皆犂而平之、報本追遠之意、亦随泯焉乎。於是録余所聞見、以作此志、寓餼羊之感也。国史家皆曰、本邦不尚文字、故徴于辞、而不徴于字。寔然。余則恐

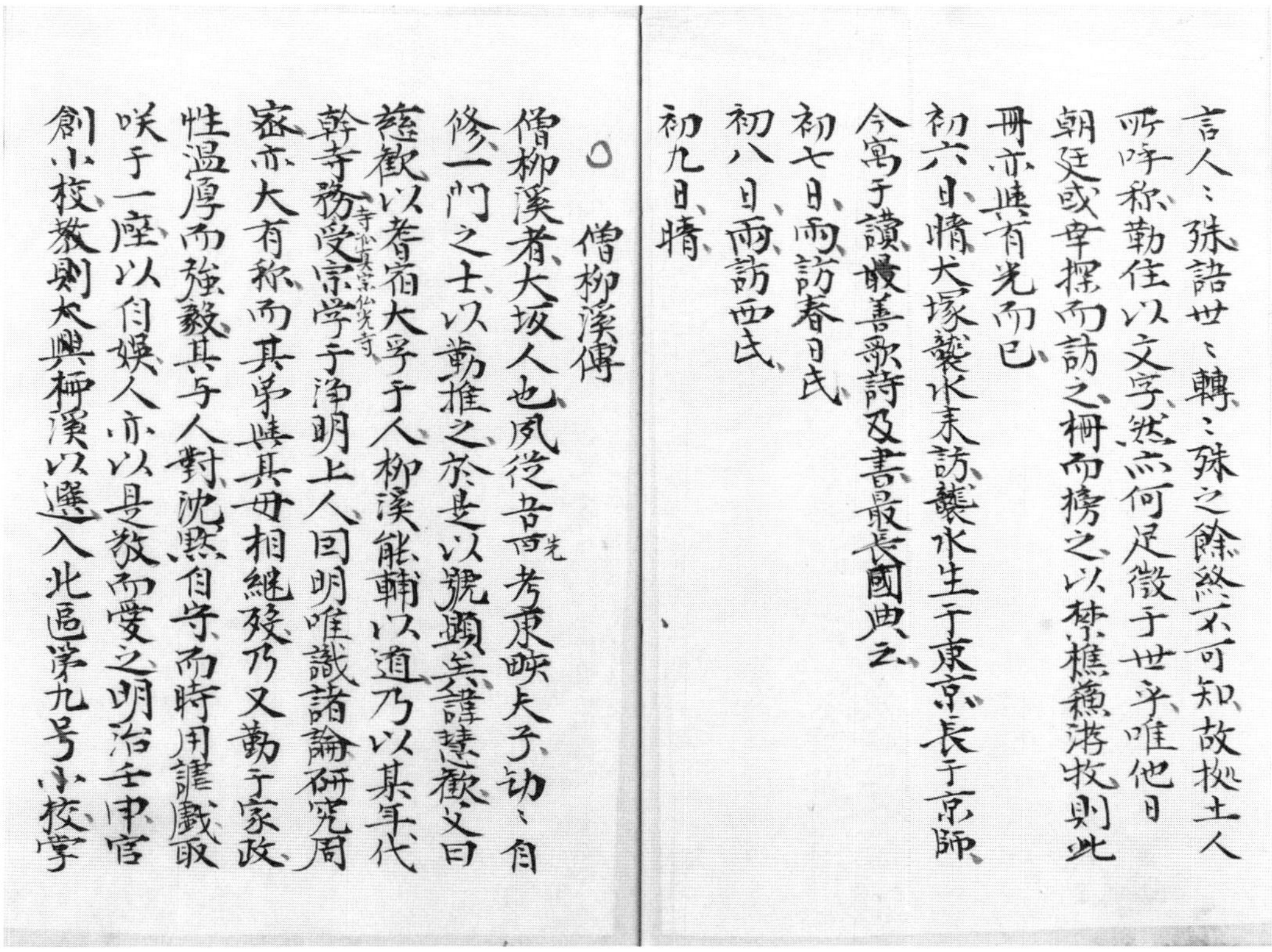

言人〻殊、語世〻転、転殊之餘、終不可知。故拠土人所呼称、勒住以文字、然亦何足徴于世乎。唯他日朝廷或幸探而訪之、柵而榜之、以禁樵蘇游牧、則此冊亦与有光而已。

初六日。晴。犬塚襲水来訪。襲水生于東京、長于京師、今寓于讃、善歌詩及書、最長国典云。

初七日。雨。訪春日氏。

初八日。雨。訪西氏。

初九日。晴。

僧柳渓伝

僧柳渓者、大坂人也、夙従吾先考東畡夫子。劬〻自修、一門之士、以勤推之、於是以号顕矣。諱慧歓、父曰慈歓、以耆宿大孚于人。柳渓能輔以道、乃以某年代幹寺務（寺派真宗仏光寺）、受宗学于浄明上人、因明唯識諸論、研究周密、亦大有称。而其弟与其母相継殁、乃又勤于家政。性温厚而強毅、其与人対、沈黙自守、而時用諧戯、取咲于一座、以自娯、人亦以是敬而愛之。明治壬申、官創小校、柳渓以選、入北区第九校、掌

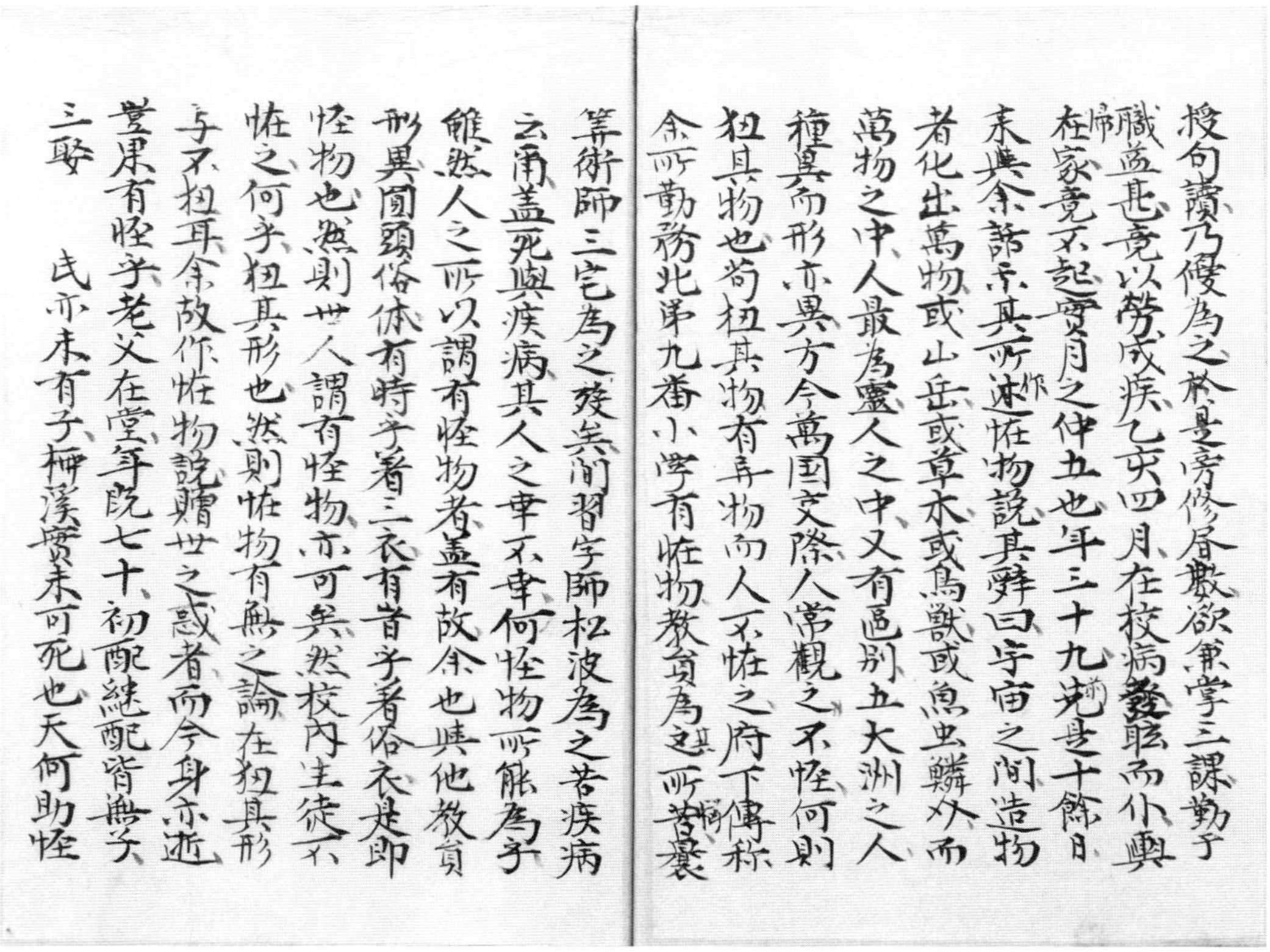

授句読、乃優為之。旁修書数、欲兼掌三課、勤于
職益甚、竟以労成疾。乙亥四月、在校病発、眩而仆、輿
帰家、竟不起、実月之仲五也。年三十九。前是十餘日、
作怪物説、其辞曰、宇宙之間、造物
者化出万物、或山岳、或草木、或鳥獣、或魚虫鱗介、而
万物之中、人最為霊。人之中、又有区別、五大洲之人、
種異而形亦異。方今万国交際、人常観之不怪、何則
狃其物也。苟狃其物、有異物而人不怪之。府下伝称
余所勤務北第九番小学有怪物、教員為其所悩。曩
算術師三宅為之歿矣、間習字師松波為之苦疾病
云爾。蓋死与疾病、其人之幸不幸、何怪物所能為乎。
雖然人之所以謂有怪物者、蓋有故。余也与他教員
形異、円頭俗体、有時乎著三衣、有時乎著俗衣、是即
怪物也。然則世人謂有怪物、亦可矣。然校内生徒不
怪之、何乎。狃其形也、然則怪物有無之論、在狃其形
与不狃耳。余故作怪物説、贈世之惑者。而今身亦逝、
豈果有怪乎。老父在堂、年既七十、初配継配皆無子、
三娶　　氏亦未有子。柳渓実未可死也、天何助怪

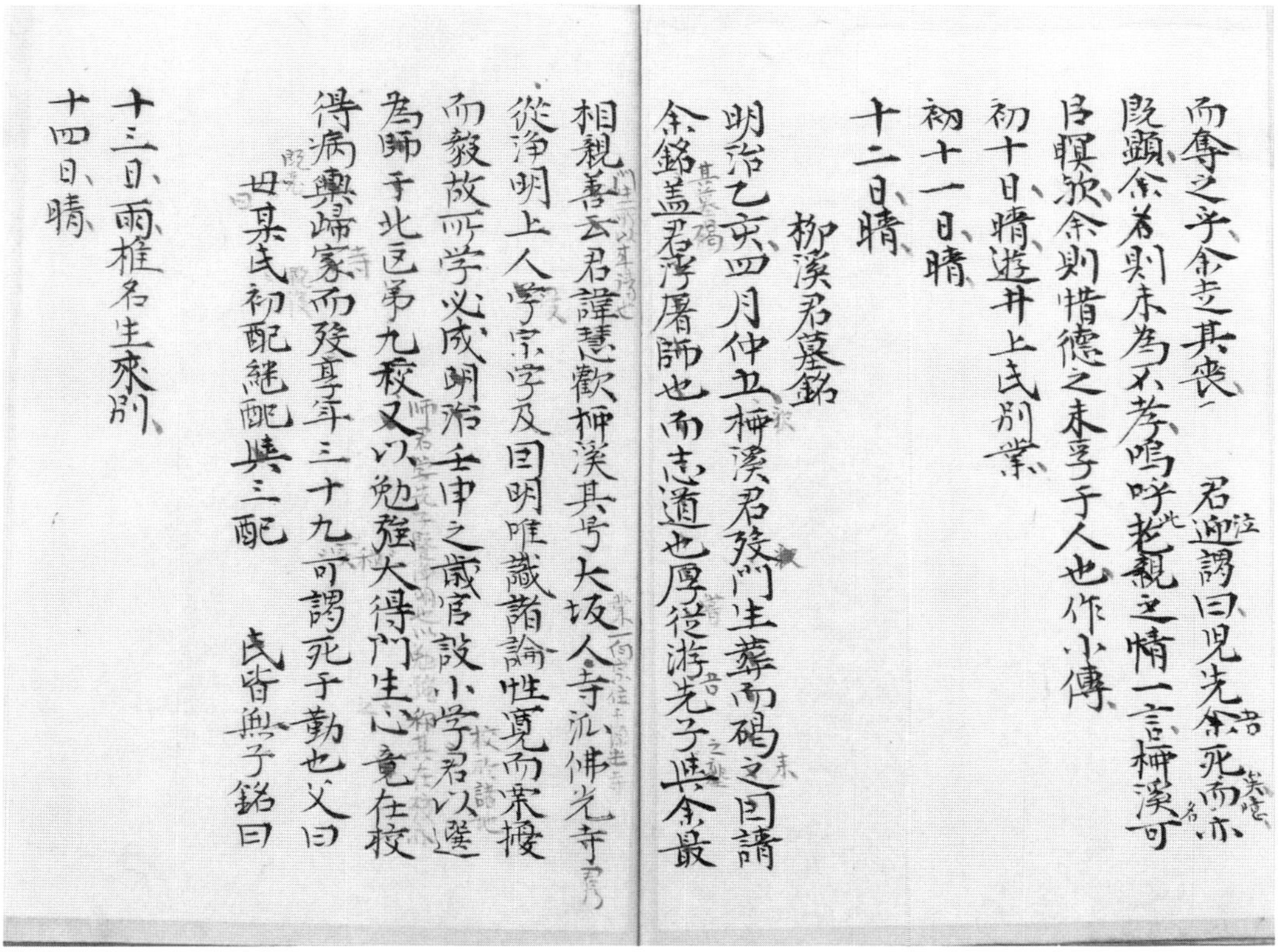

而奪之乎。余走其喪、　君泣謂曰、児先吾死矣、噫。而亦
既顕、則未為不孝。嗚呼、此一言、柳渓名可
以瞑歟。余則惜徳之未孚于人也。作小伝。
初十日。晴。遊井上氏別業。
初十一日。晴。
十二日。晴。

柳渓君墓銘

明治乙亥、四月仲五、釈柳渓君歿。門生来請
余銘其墓碣。蓋君嘗游吾先子之塾、与余
相親、門生所以来請也。君諱慧歡、柳渓其号、大坂人。業
一向宗、住于源光寺、寺派佛光寺。君乃
従浄明上人受宗学及因明唯識諸論。性寛而栗、擾
而毅、故所学必成。壬申之歳、官設小学校於諸地、君以選
為北区第九校師。君学先子曁浄明也、以勉強称、其在校亦
以勉強称、大得門生之心。在校
得病、帰寺而歿、享年三十九、実可謂死于勤也。父曰
既老、母曰某氏、既没。初配継配三配　皆無子。銘曰、
十三日。雨。椎名生来別。
十四日。晴。

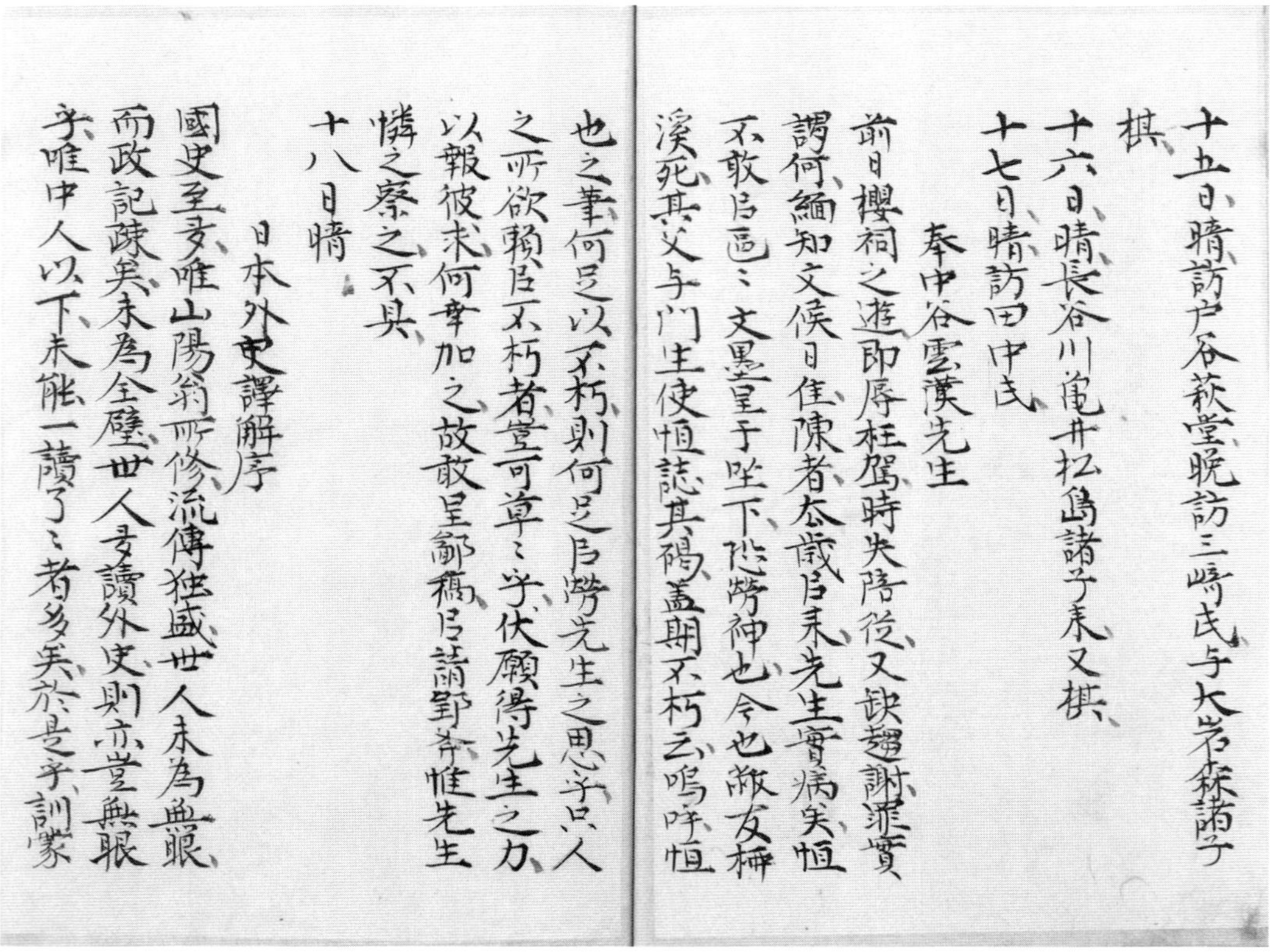

十五日。晴。訪戸谷萩堂。晩訪三崎氏、与大岩・森諸子棋。
十六日。晴。長谷川・亀井・松島諸子来、又棋。
十七日。晴。訪田中氏。

奉中谷雲漢先生

前日桜祠之遊、即辱枉駕、時失陪従、又缺趨謝、罪実謂何。緬知文候日佳。陳者、去歳以来、先生実病矣。恒不敢以区〻文墨呈于坐下、恐労神也。今也敝友柳渓死、其父与門生使恒誌其碣、蓋期不朽云。嗚呼、恒也之筆、何足以不朽、則何足以労先生之思乎。只人之所欲頼以不朽者、豈可草〻乎。伏願得先生之力、以報彼求、何幸加之。故敢呈鄙稿、以請郢斧。惟先生憐之察之。不具。

十八日。晴。

日本外史訳解序

国史至多、唯山陽翁所修、流伝独盛。世人未為無眼、而政記疎矣、未為全璧。世人多読外史、則亦豈無眼乎。唯中人以下、未能一読了〻者多矣。於是乎、訓蒙

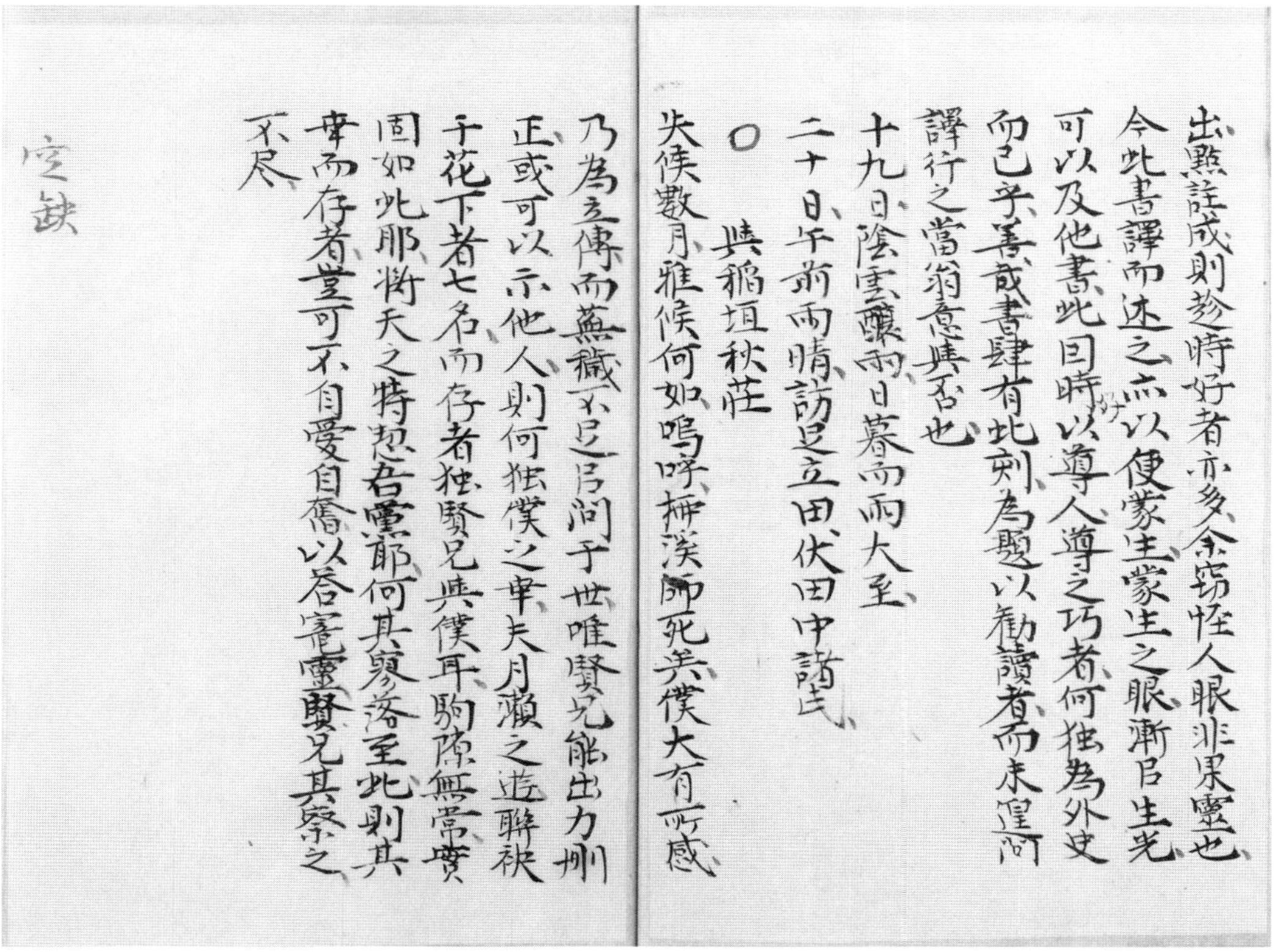

出、点註成、則趁時好者亦多、余窃怪人眼非果霊也。今此書訳而述之、亦以便蒙生、蒙生之眼、漸以生光、可以及他書。此因時好以導人、導之巧者、何独為外史而已乎。善哉、書肆有此刻、為題以勧読者、而未遑問訳行之当翁意与否也。

十九日。陰雲醸雨、日暮而雨大至。

二十日。午前雨晴。訪足立・田伏・田中諸氏。

与稲垣秋荘

失候数月、雅候何如。嗚呼、柳渓死矣。僕大有所感、乃為立伝、而蕪穢不足以問于世。唯賢兄能出力刪正、或可以示他人、則何独僕之幸。夫月瀬之遊、聯袂于花下者七名、而存者独賢兄与僕耳。駒隙無常、実固如此耶、将天之特惄吾党耶、何其寥落至此。則其幸而存者、豈可不自愛自奮、以答寵霊。賢兄其察之。不尽。

空缺

義直有膂力、喜武技、而性温克好学、聘明人陳元贇、師事之。元贇、字義都、号既白山人。虎林人

LH2
甲
206
1
関西大学図書館
a210938056a

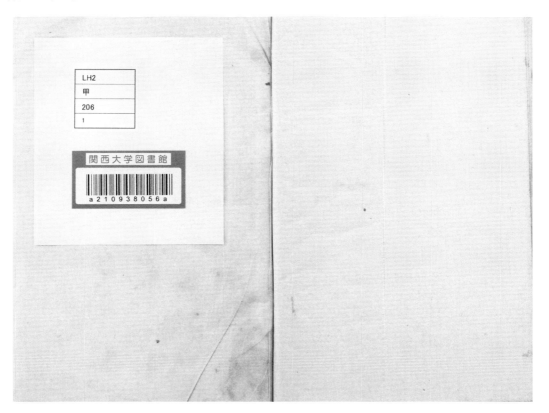

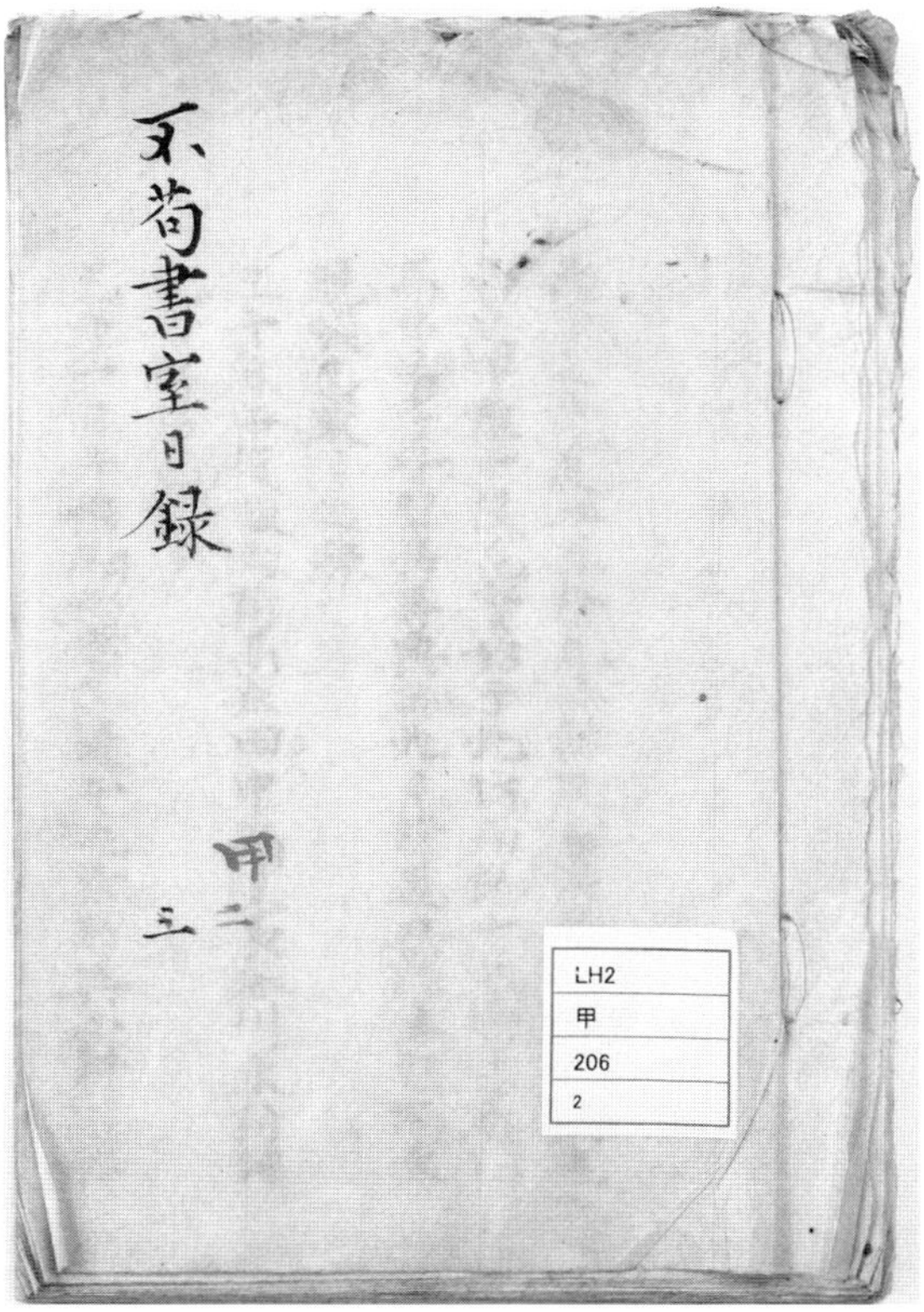


# 不苟書室日録

# 甲　二

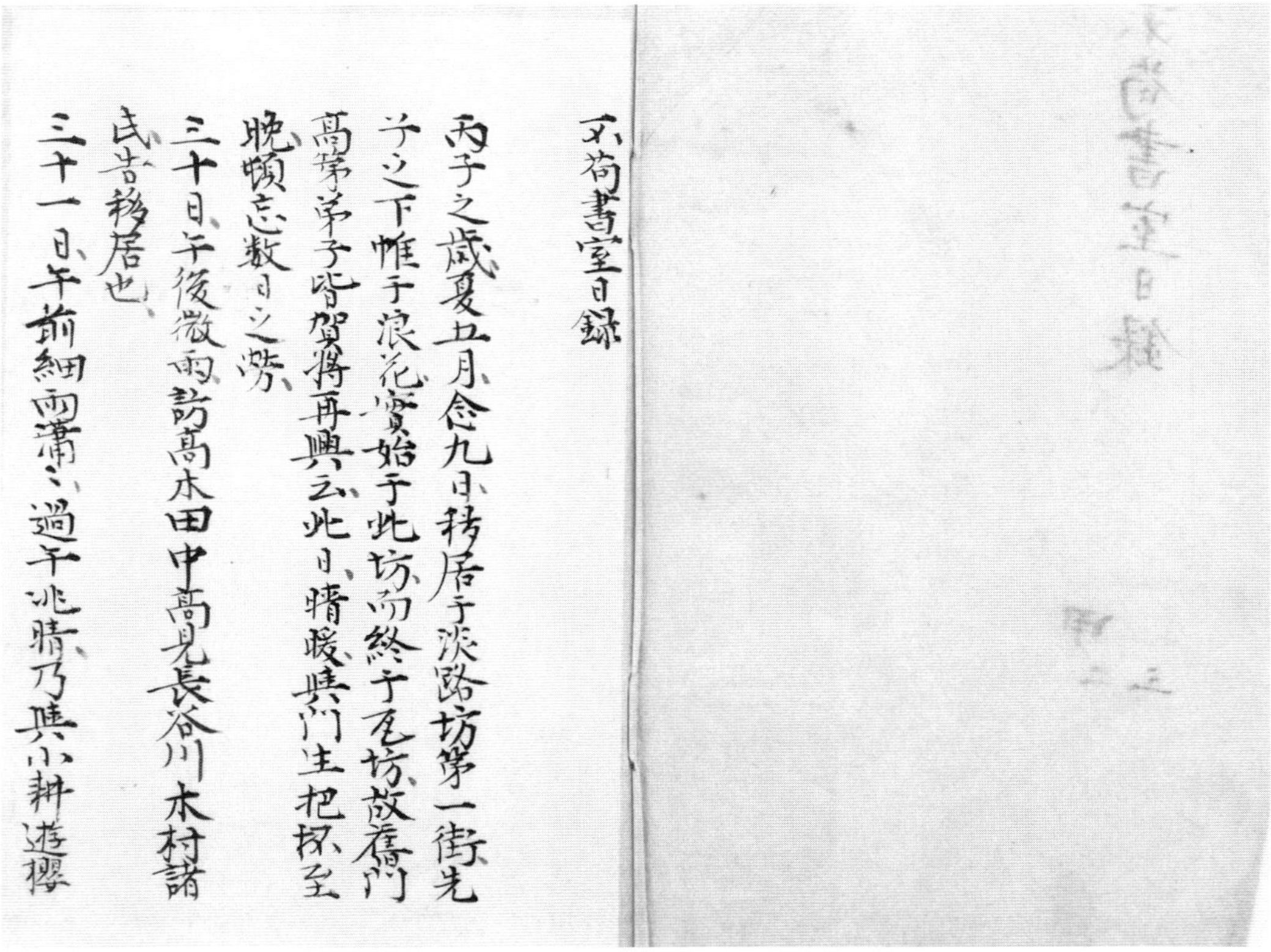

不苟書室日録

★☆丙子之歳、夏五月、念九日。移居于淡路坊第一街。先子之下帷于浪花、実始于此坊、而終于瓦坊。故旧門高第弟子皆賀将再興云。此日、晴暖、与門生把杯至晩、頓忘数日之労。

三十日。午後微雨。訪高木・田中・高見・長谷川・木村諸氏、告移居也。

三十一日。午前細雨瀟〻、過午兆晴。乃与小耕遊桜

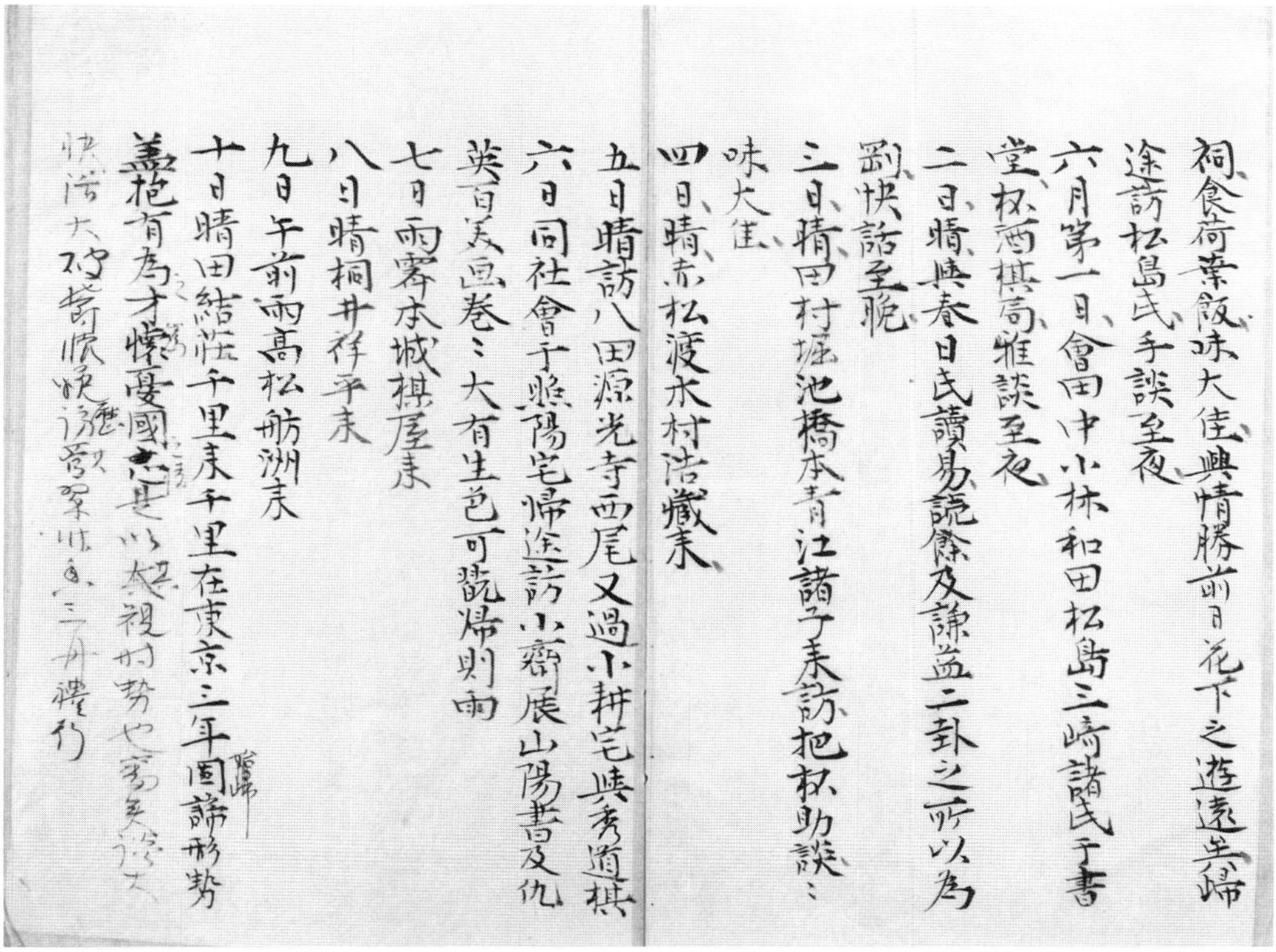

祠、食荷葉飯。味大佳、興情勝前日花下之遊遠矣。帰途訪松島氏、手談至夜。

六月、第一日。会田中・小林・和田・松島・三崎諸氏于書堂、杯酒棋局、雅談至夜。

二日。晴。与春日氏読易、読餘及謙益二卦之所以為剛、快話至晩。

三日。晴。田村・堀池・橋本・青江諸子来訪。把杯助談、談味大佳。

四日。晴。赤松渡・木村浩蔵来。

五日。晴。訪八田源光寺西尾、又過小耕宅、与秀道棋。

六日。同社会于照陽宅。帰途訪小斎、展山陽書及仇英百美画巻。巻大有生色可翫。帰則雨。

七日。雨霽。本城梅屋来。

八日。晴。桐井祥平来。

九日。午前雨。高松舫洲来。

十日。晴。田結荘千里来。千里在東京三年、蓋抱有為之才、篤憂国之情、是以其視時勢也審矣。談大快活、大破鬱懐。晩、歴訪菅其翠・竹香・三舟・礼行。

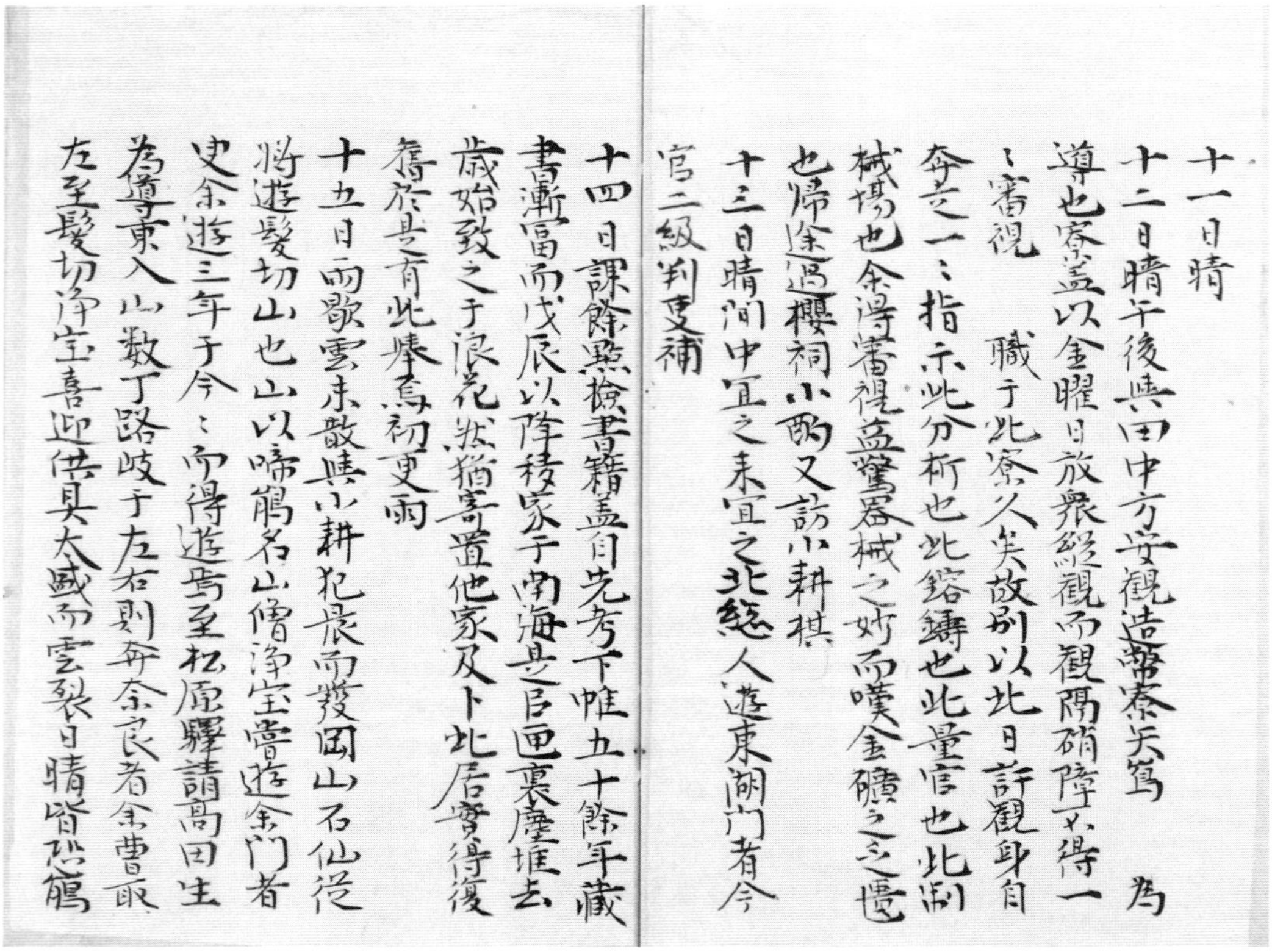

十一日。晴。
十二日。晴。午後与田中方安観造幣寮、矢島　　為導也。寮蓋以金曜日放衆縦観、而観隔硝障、不得一ヽ審視。　　職于此寮久矣、故別以此日許観。身自奔走、一ヽ指示。此分析也、此鎔鑄也、此量官也、此制械場也、余得審視、益驚器械之妙、而嘆金礦之乏匱也。帰途過桜祠小酌、又訪小耕棋。
十三日。晴。間中宜之来。宜之、北総人、遊東湖門者。今官二級判事補。
★☆十四日。課餘点検書籍。蓋自先考下帷五十餘年、蔵書漸富、而戊辰以降移家于南海、是以匣裏塵堆。去歳始致之于浪花、然猶寄置他家。及卜此居、実得復旧、於是有此挙焉。初更雨。
☆十五日。雨歇、雲未散。与小耕犯晨而発、岡山石仙従。将遊髪切山也。山以啼鵑名、山僧浄宝嘗遊余門者、与余遊三年、于今ヽ而得遊焉。至松原駅、請高田生為導、東入山数丁、路岐于左、右則奔奈良者。余曹取左至髪切。浄宝喜迎、供具太盛、而雲裂日晴、皆恐鵑

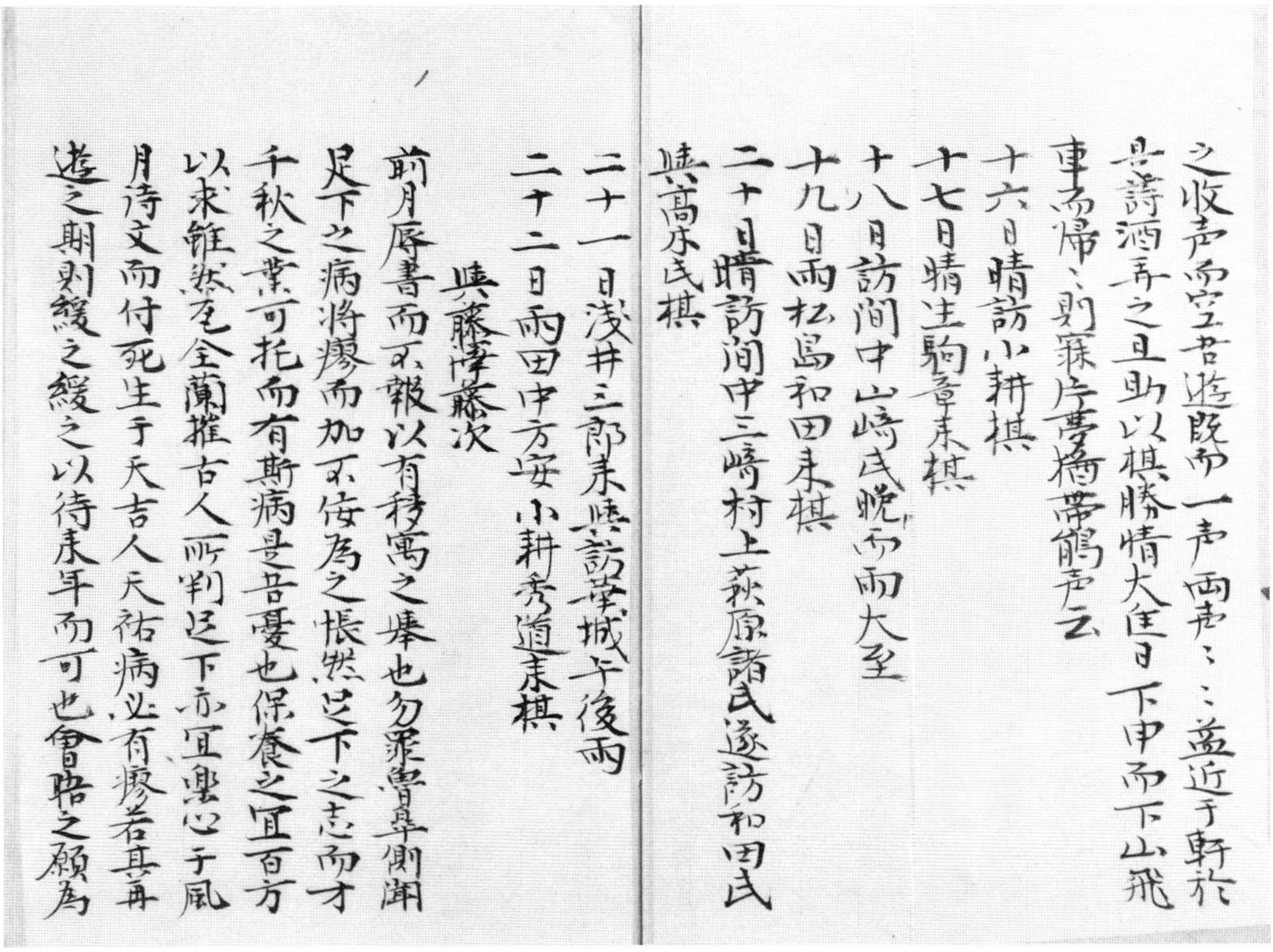

之収声而空吾遊。既而一声両声、声〻益近于軒、於
是詩酒弄之、且助以棋、勝情大佳。日下申而下山、飛
車而帰。帰則寐、片夢猶帯鵑声云。
十六日。晴。訪小耕棋。
十七日。晴。生駒章来棋。
十八日。訪間中・山崎氏。晩而雨大至。
十九日。雨。松島・和田来棋。
二十日。晴。訪間中・三崎・村上・萩原諸氏、遂訪和田氏、
与高木氏棋。
二十一日。浅井三郎来、与訪華城。午後雨。
二十二日。雨。田中方安・小耕・秀道来棋。

与藤澤藤次

前月辱書而不報、以有移寓之挙也。勿罪魯皐。側聞
足下之病将瘳而加、不佞為之悵然。足下之志而才、
千秋之業可托、而有斯病、是吾憂也。保養之宜、百方
以求、雖然瓦全蘭摧、古人所判、足下亦宜楽心于風
月詩文、而付死生于天。吉人天祐、病必有瘳。若其再
遊之期則緩之、緩之以待来年而可也。会晤之願為

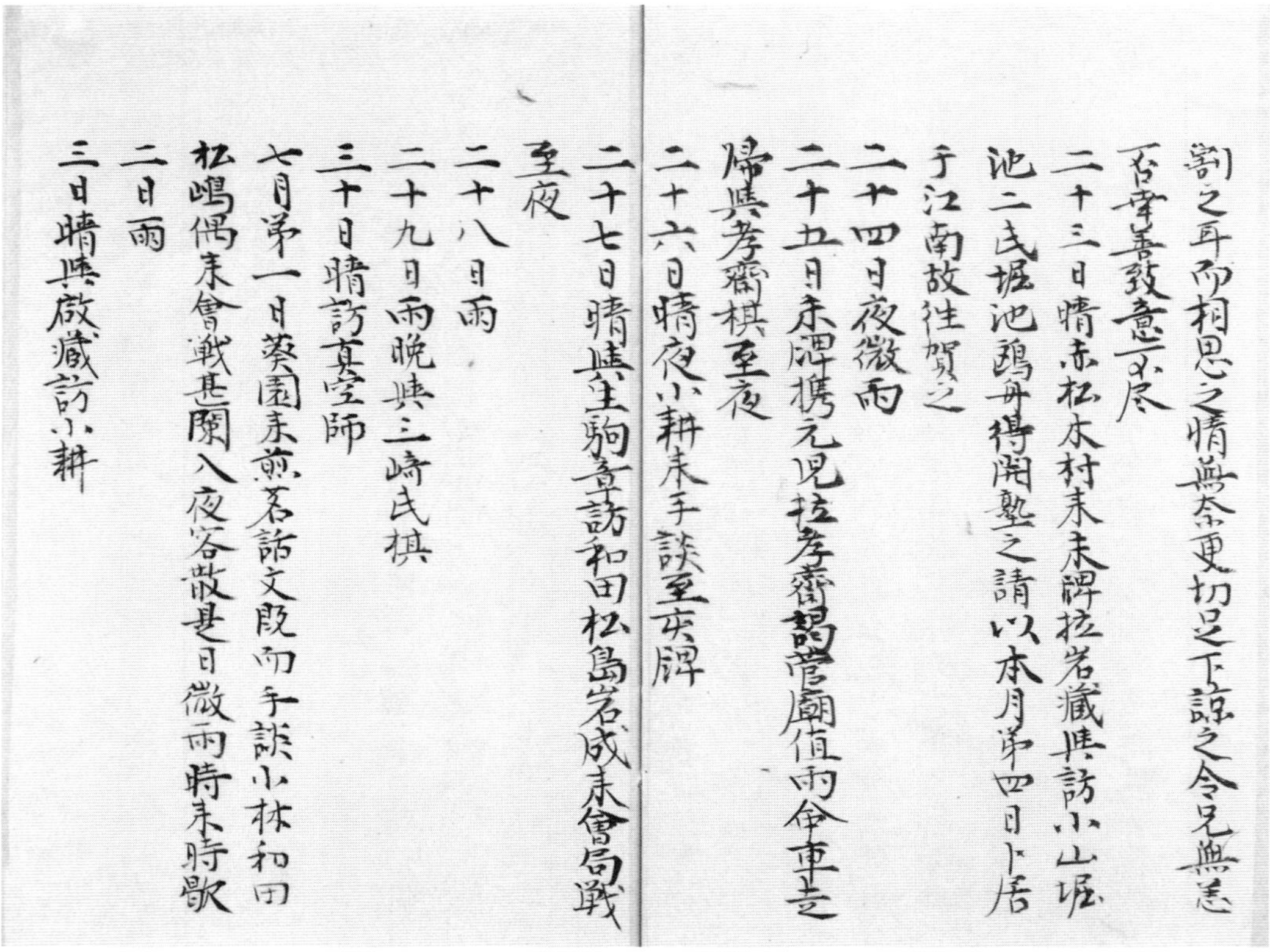

割之耳。而相思之情無奈更切、足下諒之。令兄無恙否。幸善致意。不尽。

二十三日。晴。赤松・木村来。未牌、拉岩蔵与訪小山・堀池二氏。堀池鷗舟得開塾之請、以本月第四日卜居于江南、故往賀之。

二十四日。夜微雨。

二十五日。未牌、携元児拉孝斎謁菅廟、値雨、命車走帰。与孝斎棋至夜。

二十六日。晴。夜、小耕来、手談至亥牌。

二十七日。晴。与生駒章訪和田・松島、岩成来会、局戦至夜。

二十八日。雨。

二十九日。雨。晩与三崎氏棋。

三十日。晴。訪真空師。

七月、第一日。葵園来、煎茗話文、既而手談。小林・和田・松嶋偶来、会戦甚闌、入夜客散。是日微雨、時来時歇。

二日。雨。

三日。晴。与啓蔵訪小耕。

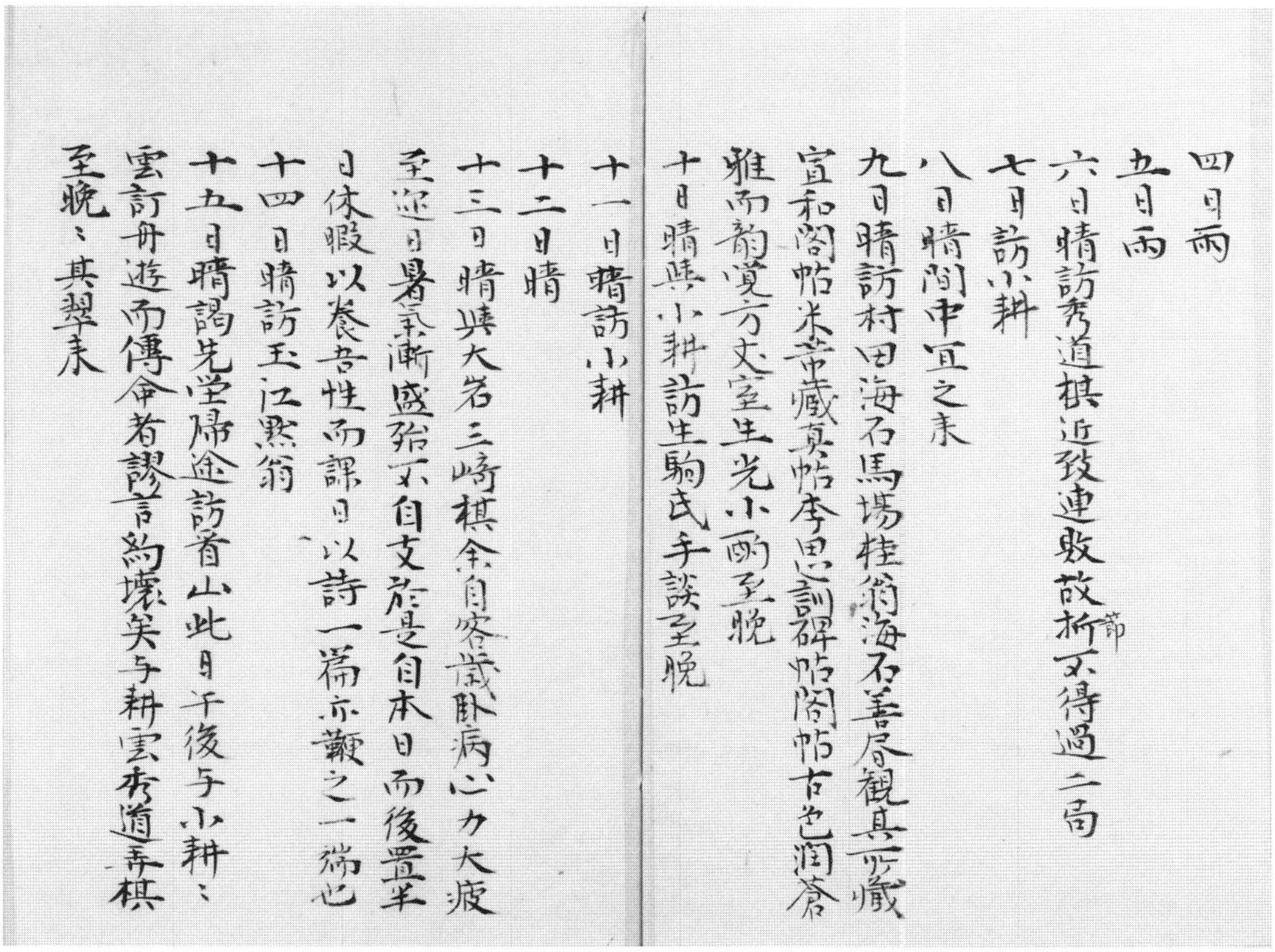

四日。雨。
五日。雨。
六日。晴。訪秀道棊。、近致連敗、故節不得過二局。
七日。訪小耕。
八日。晴。間中宜之来。
九日。晴。訪村田海石・馬場桂翁。海石善書、観其所蔵、
宣和閣帖、米芾蔵真帖、李思訓碑帖、閣帖、古色潤蒼、
雅而韻、覚方丈室生光。小酌至晩。
十日。晴。与小耕訪生駒氏、手談至晩。

十一日。晴。訪小耕。
十二日。晴。
十三日。晴。与大岩・三崎棊。余自客歳臥病、心力大疲。
至邇日、暑気漸盛、殆不自支。於是自本日而後置半
日休暇、以養吾性、而課日以詩一篇、亦鞭之一端也。
十四日。晴。訪玉江黙翁。
十五日。晴。謁先塋、帰途訪看山。此日午後与小耕・耕
雲訂舟遊、而伝命者謬言、約壊矣。与耕雲・秀道弄棊
至晩。晩、其翠来。

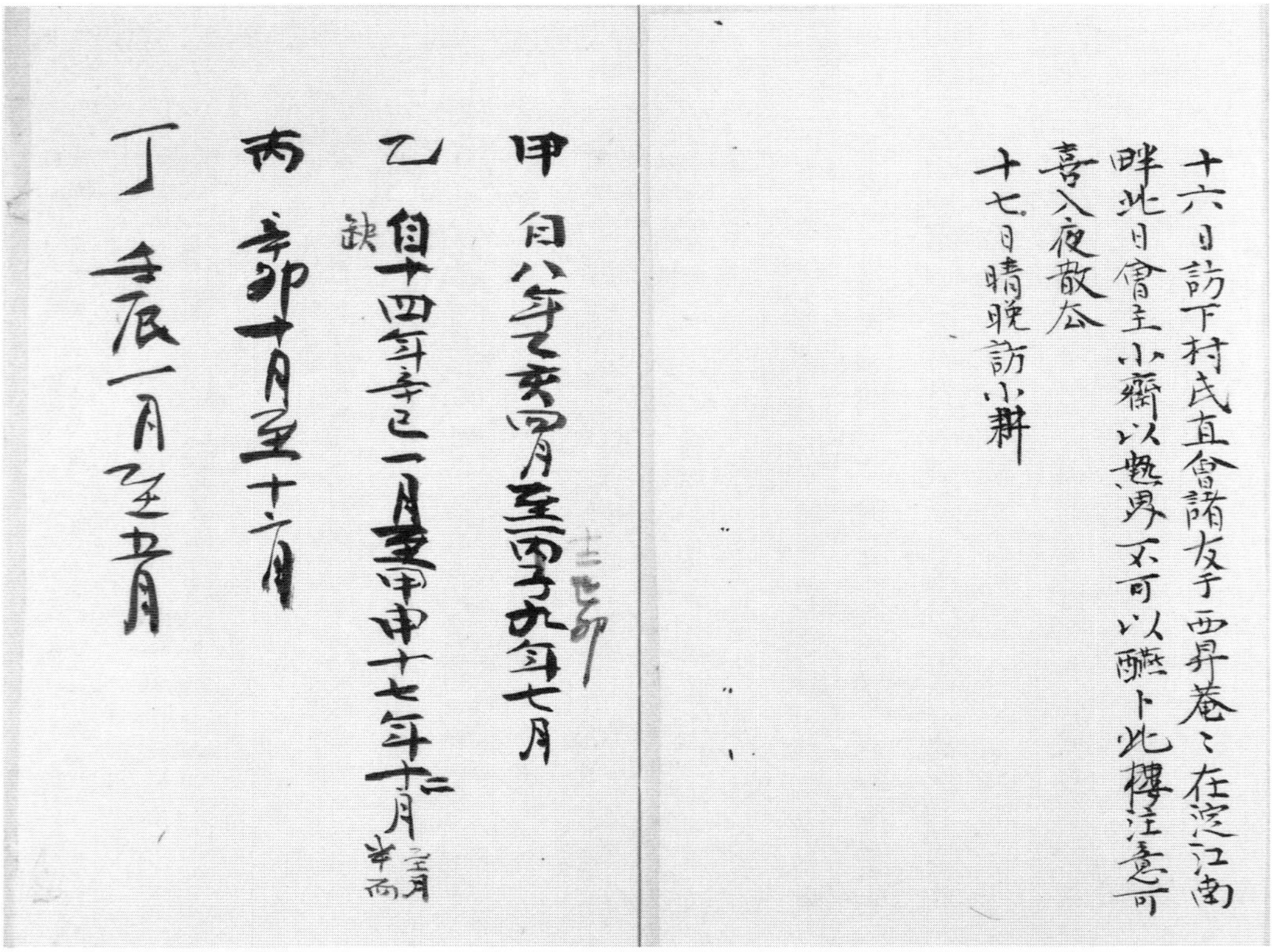

十六日。訪下村氏、直会諸友于西昇菴、菴在淀江南畔。此日会主小斎、以熱界不可以醼、卜此楼、注意可喜。入夜散去。

十七日。晴。晩訪小耕。

甲　自八年乙亥四月至十二己卯七月

乙　缺　自十四年辛巳一月至甲申十七年十二月至月半而

丙　辛卯十月至十二月

丁　壬辰一月至五月

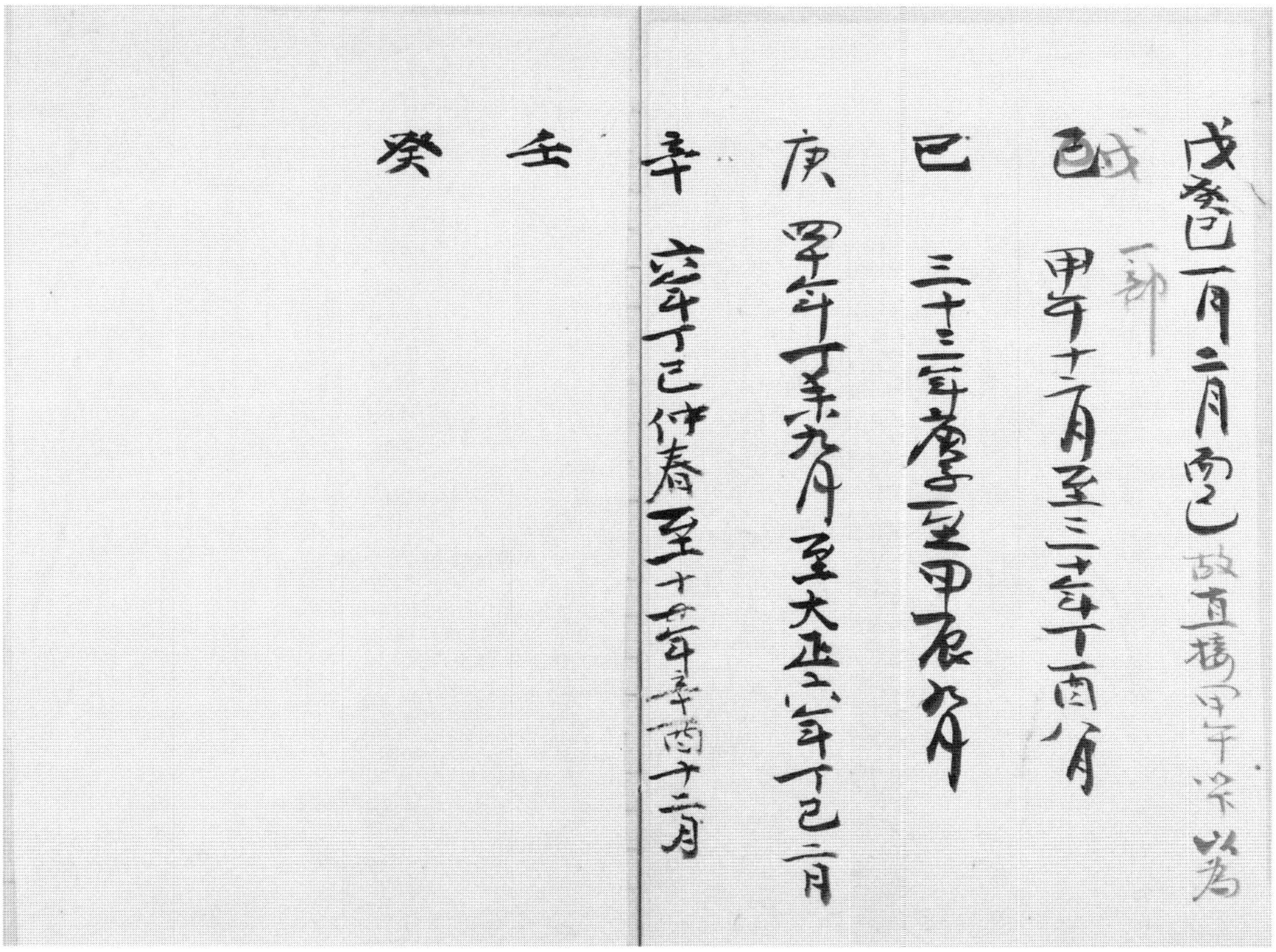

戊　癸巳一月二月而已　故直接甲午以下、以為一部

戊　甲午十二月至三十年丁酉八月

己　三十三年庚子至甲辰九月

庚　四十年丁未九月至大正六年丁巳二月

辛　六年丁巳仲春至十年辛酉十二月

壬

癸

LH2
甲
206
2
関西大学図書館
a210938064a

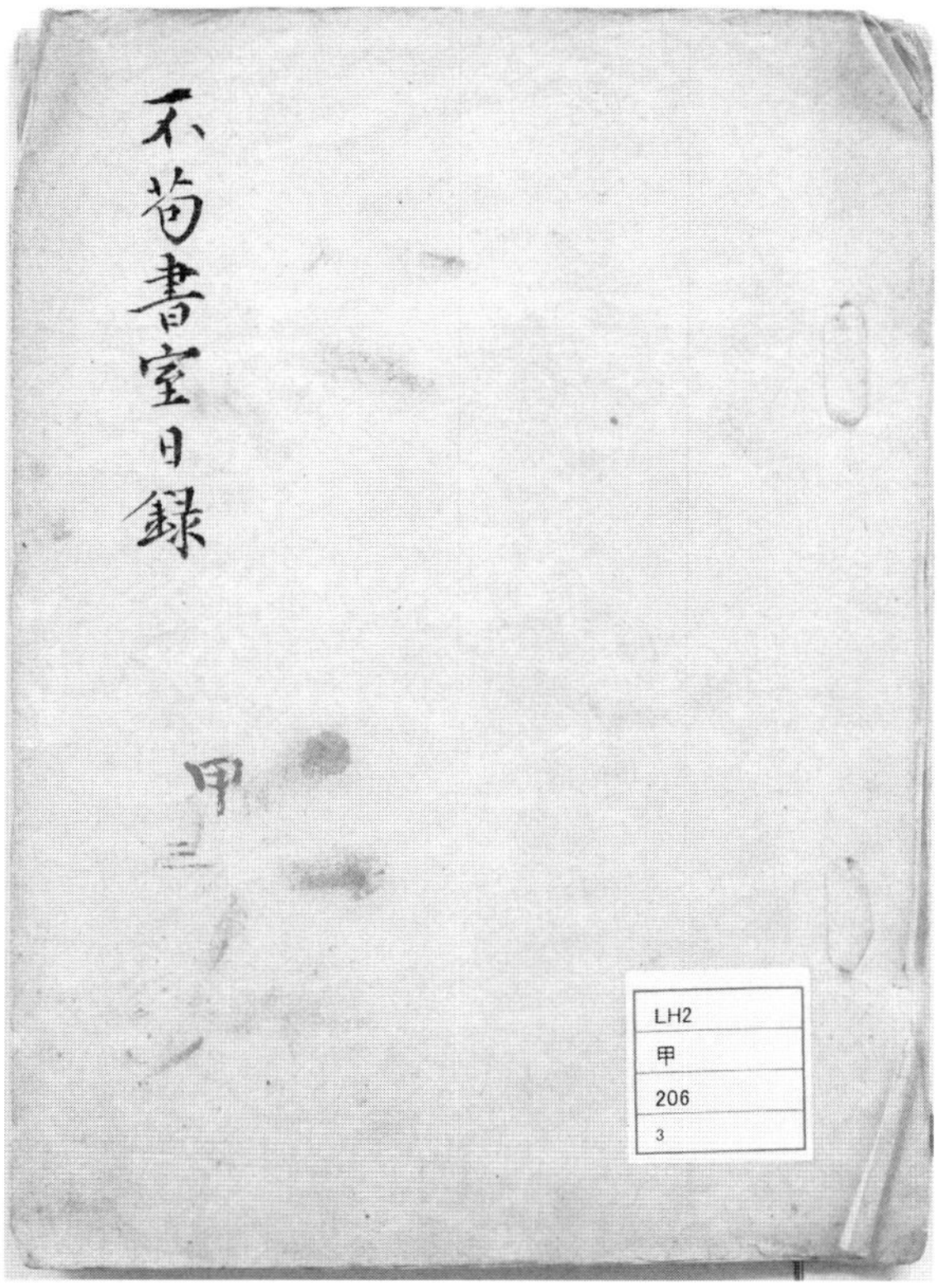


# 不苟書室日録

甲　三

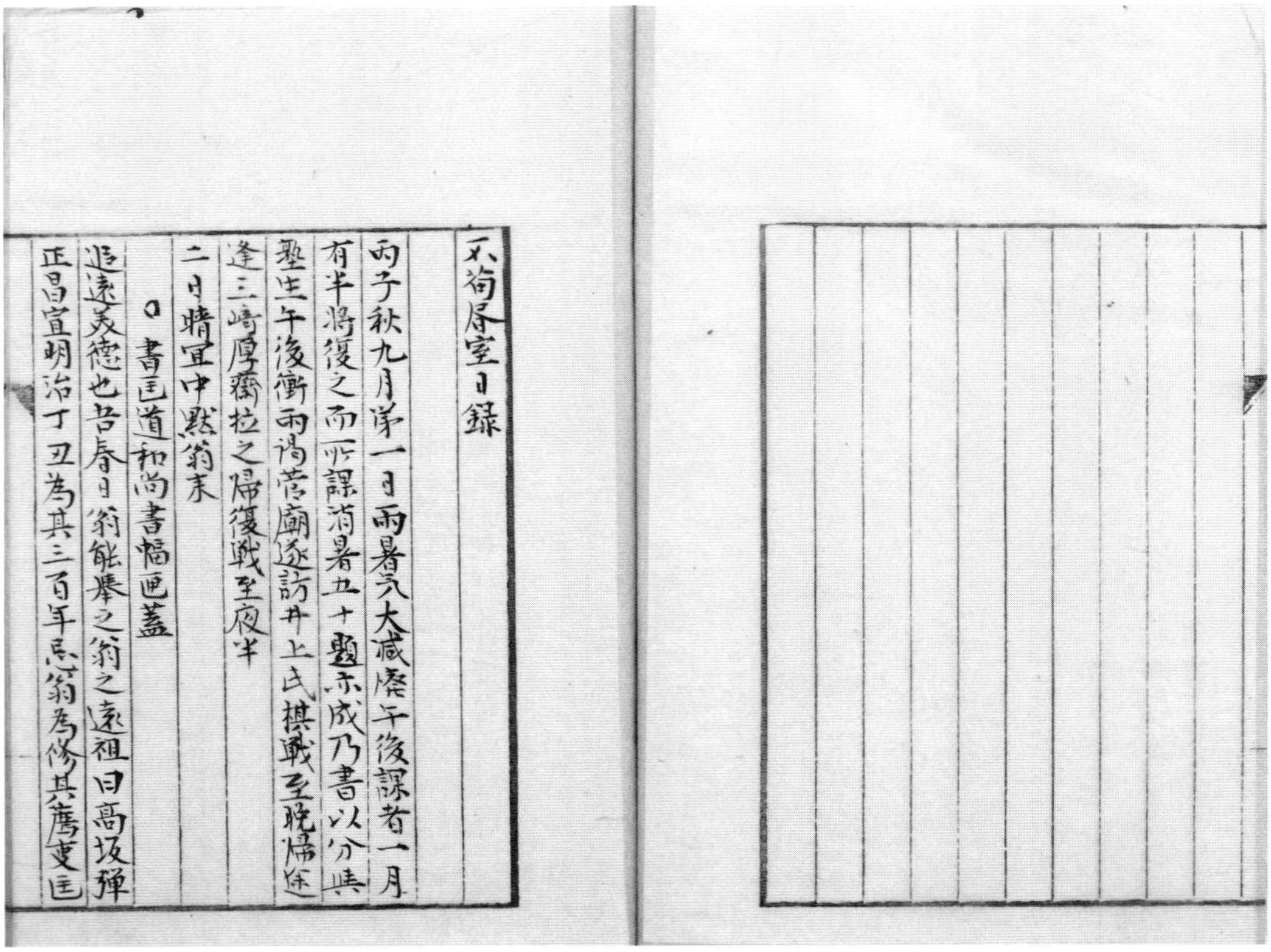

不苟書室日録

丙子秋、九月、第一日。雨。暑気大減、廃午後課者一月有半、将復之、而所課消暑五十題亦成、乃書以分与塾生。午後衝雨謁菅廟、遂訪井上氏、棋戦至晩。帰途逢三崎厚斎、拉之帰、復戦至夜半。

二日。晴。宜中默翁来。

　書匡道和尚書幅匣蓋

追遠、美徳也。吾春日翁能挙之。翁之遠祖日高坂弾正昌宣、明治丁丑為其三百年忌、翁為修其薦事。匡

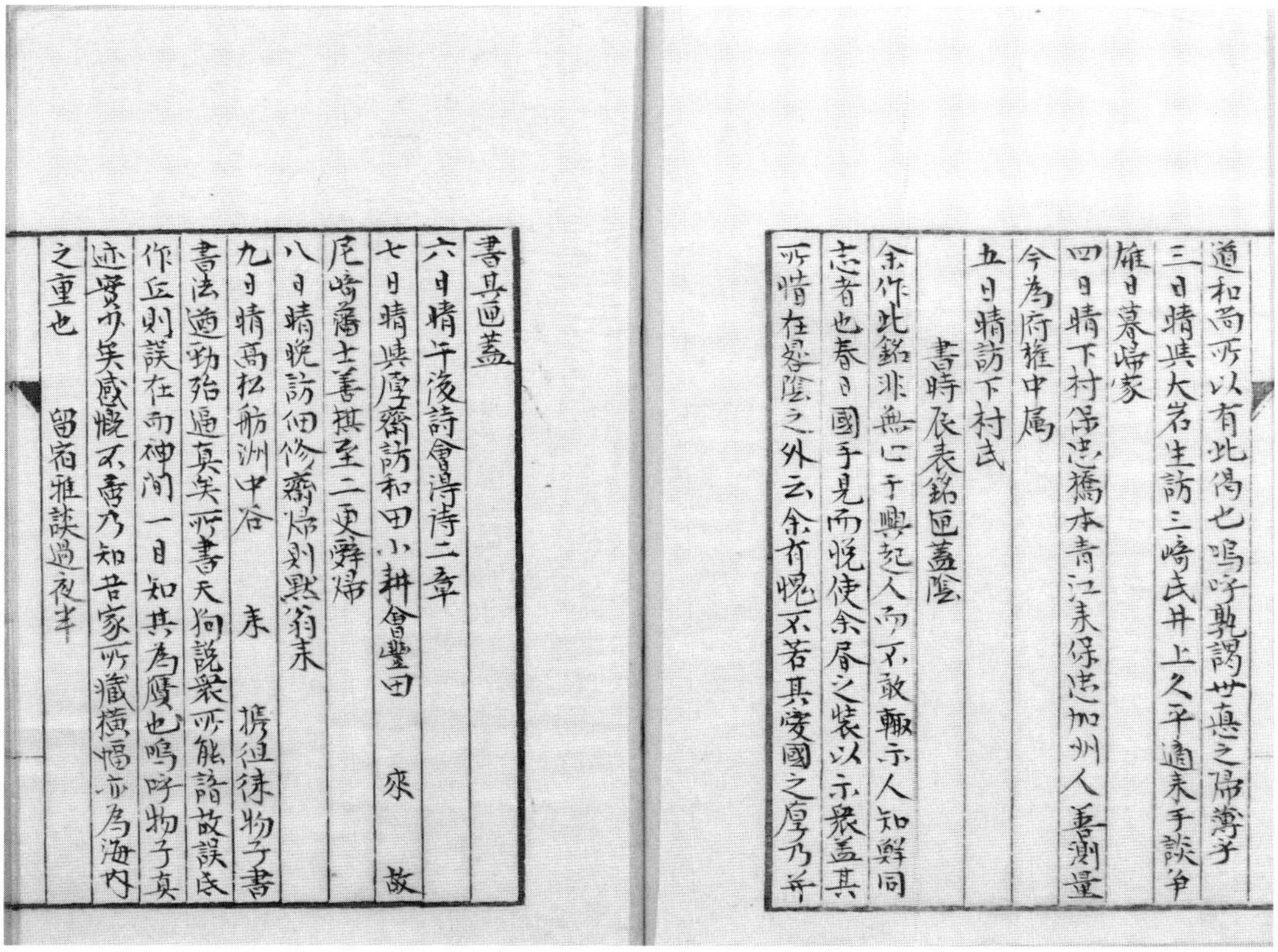

道和尚所以有此偈也。嗚呼、孰謂世徳之帰薄乎。
三日。晴。与大岩生訪三崎氏、井上久平適来、手談争
雄。日暮帰家。
四日。晴。下村保忠・橋本青江来。保忠、加州人、善測量、
今為府権中属。
五日。晴。訪下村氏。
　書時辰表銘匣蓋陰
余作此銘、非無心于興起人、而不敢輙示人、知鮮同
志者也。春日国手見而悦、使余書之、装以示衆。蓋其
所惜在晷陰之外云。余有愧不若其愛国之厚、乃并
書其匣蓋。
六日。晴。午後詩会、得詩二章。
七日。晴。与厚斎訪和田小耕、会豊田　　来　　故
尼崎藩士、善棋、至二更辞帰。
八日。晴。晩訪佃修斎、帰則黙翁来。
九日。晴。高松舫洲、中谷　　来、　　携徂徠物子書。
書法遒勁、殆逼真矣。所書天狗説、衆所能諳、故誤氐
作丘、則誤在而神間一日知其為贋也。嗚呼、物子真
迹実少矣、感慨不啻、乃知吾家所蔵横幅亦為海内
之重也。　留宿、雅談過夜半。

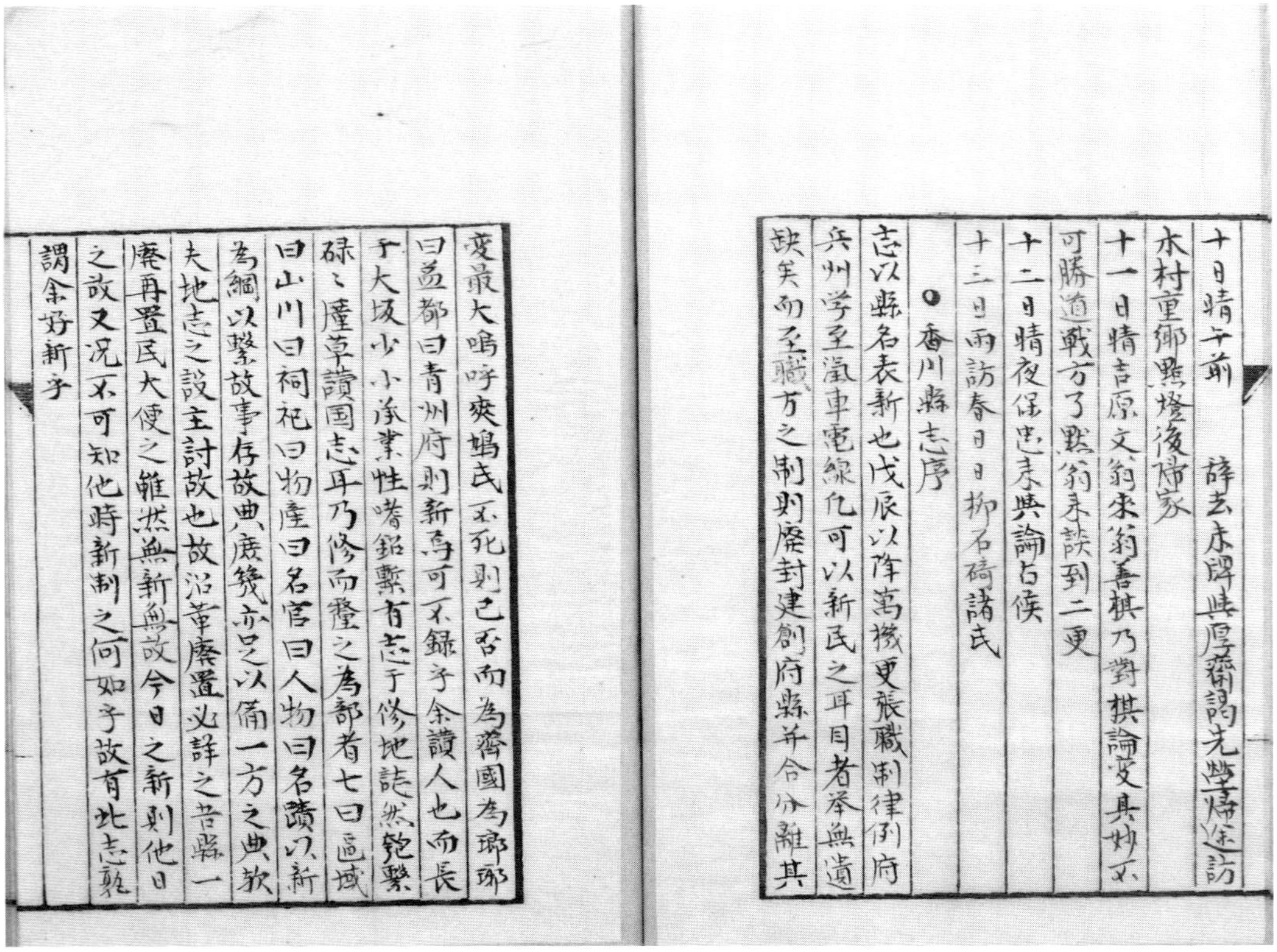

十日。晴。午前　　辞去。未牌与厚斎謁先塋。帰途訪木村重郷、点灯後帰家。

十一日。晴。吉原文翁来。翁善棋、乃対棋論変、其妙不可勝道。戦方了、黙翁来、談到二更。

十二日。晴。夜、保忠来、与論占候。

十三日。雨。訪春日・日柳・石碕諸氏。

香川県志序

志以県名、表新也。戊辰以降、万機更張、職制律例、府兵州学、至瀛車電線、凡可以新民之耳目者、挙無遺缺矣。而至職方之制、則廃封建、創府縣、并合分離、其変最大。嗚呼、爽鳩氏不死則已、否而為斉国、為瑯琊、曰益都、曰青州、府則新焉、可不録乎。余、讃人也。而長于大坂、少小承業、性嗜鉛槧、有志于修地誌。然匏繋碌ゝ、僅草讃国志耳。乃修而釐之、為部者七、曰区域、曰山川、曰祠祀、曰物産、曰名官、曰人物、曰名蹟、以新為綱、以繫故事、存故典、庶幾亦足以備一方之典歟。夫地志之設、主討故也。故沿革廃置必詳之。吾県一廃再置、民大便之。雖然無新無故、今日之新則他日之故、又況不可知他時新制之何如乎。故有此志、孰謂余好新乎。

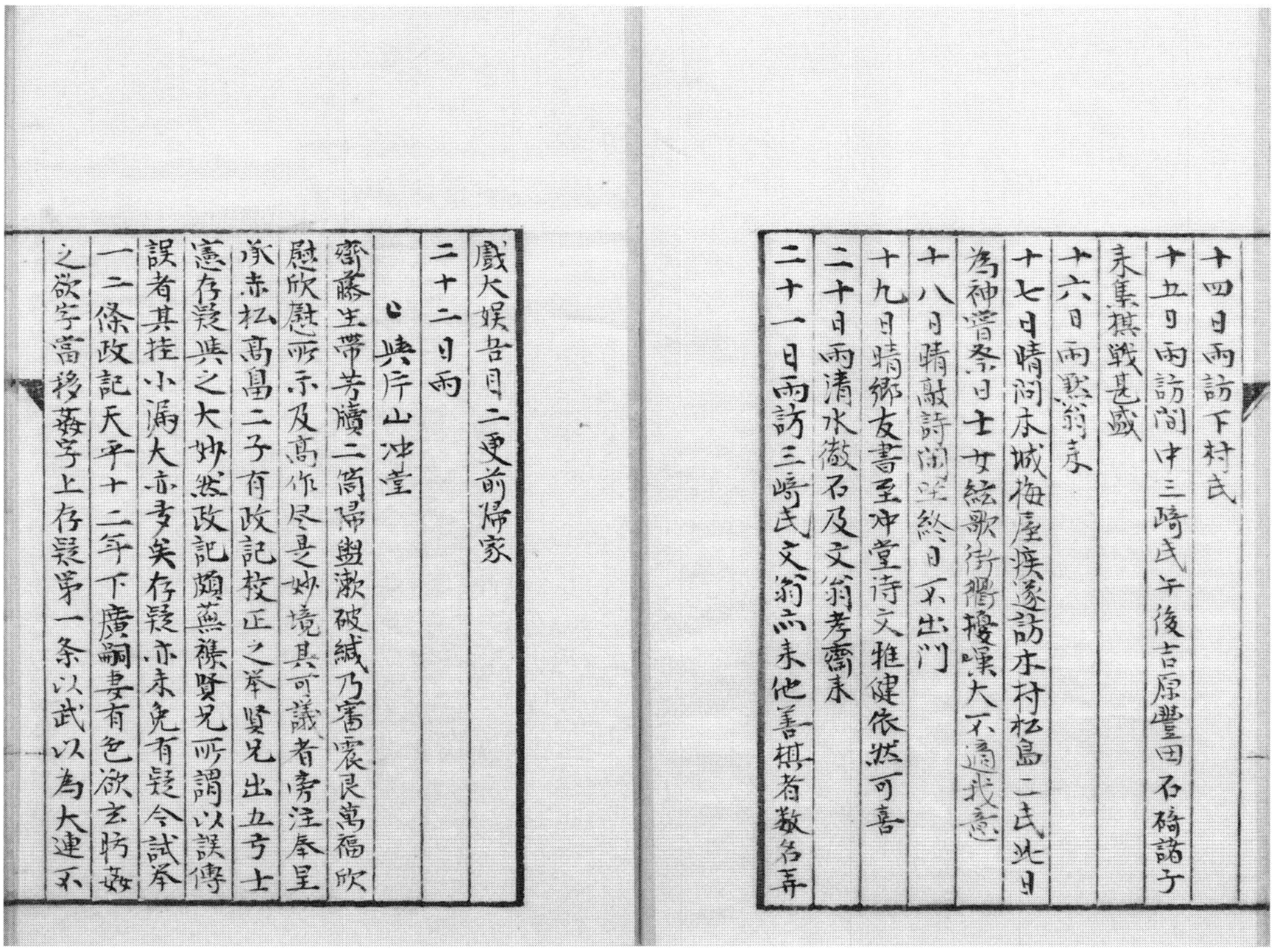

十四日。雨。訪下村氏。
十五日。雨。訪間中・三崎氏。午後吉原・豊田・石碕諸子来集、棋戦甚盛。
十六日。雨。黙翁来。
十七日。晴。問本城梅屋疾、遂訪木村・松島二氏。此日為神嘗祭日、士女絃歌、街衢擾噪、大不適我意。
十八日。晴。敲詩閑坐、終日不出門。
十九日。晴。郷友書至、冲堂詩文雅健、依然可喜。
二十日。雨。清水徹石及文翁・孝斎来。
二十一日。雨。訪三崎氏、文翁亦来。他善棋者数名、弄戯大娯吾目、二更前帰家。
二十二日。雨。
　　与片山冲堂
斎藤生帯芳牘二筒帰。盥漱破緘、乃審震艮万福、欣慰欣慰。所示及高作、尽是妙境、其可議者、旁注奉呈。承赤松・高畠二子有政記校正之挙、賢兄出五弓士憲存疑与之、大妙。然政記頗蕪雑、賢兄所謂以誤伝誤者、其挂小漏大亦多矣。存疑亦未免有疑。今試挙一二條。政記天平十二年下、広嗣妻有色欲、玄昉姦之、欲字当移姦字上。存疑第一条、以武以為大連、不

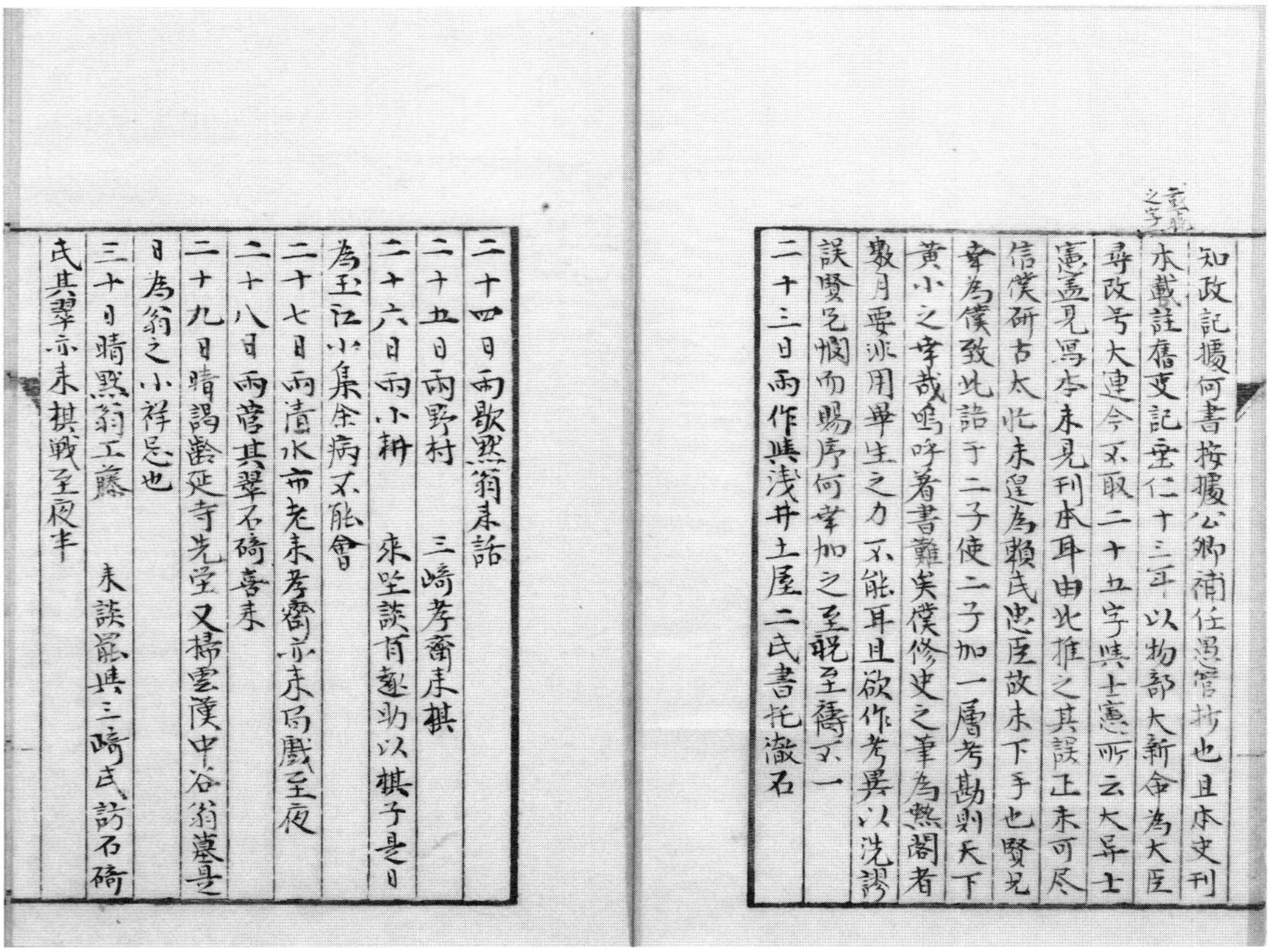

知政記拠何書。按、拠公卿補任愚管抄也。且本史刊本載之、註、旧事記、垂仁十三年、以物部大新命為大臣、尋改号大連。今不取二十五字、与士憲所云大異。士憲蓋見写本、未見刊本耳。由此推之、其誤正未可尽信。僕研古太忙、未遑為頼氏忠臣、故未下手也。賢兄幸為僕致此語于二子、使二子加一層考勘、則天下黄小之幸哉。嗚呼、著書難矣。僕修史之筆為熱閣者数月、要非用畢生之力不能耳。且欲作考異以洗謬誤、賢兄憫而賜序、何幸加之。至祝至禱、不一。

二十三日。雨。作与浅井・土屋二氏書、托徹石。

二十四日。雨歇。黙翁来話。

二十五日。雨。野村　三崎孝斎来棋。

二十六日。雨。小耕　來、坐談有趣、助以棋子。是日為玉江小集、余病、不能会。

二十七日。雨。清水市老来、孝斎亦来、局戯至夜。

二十八日。雨。菅其翠・石碕喜来。

二十九日。晴。謁齢延寺先塋、又掃雲漢中谷翁墓。是日為翁之小祥忌也。

三十日。晴。黙翁・工藤　来。談罷、与三崎氏訪石碕氏。其翠亦来、棋戦至夜半。

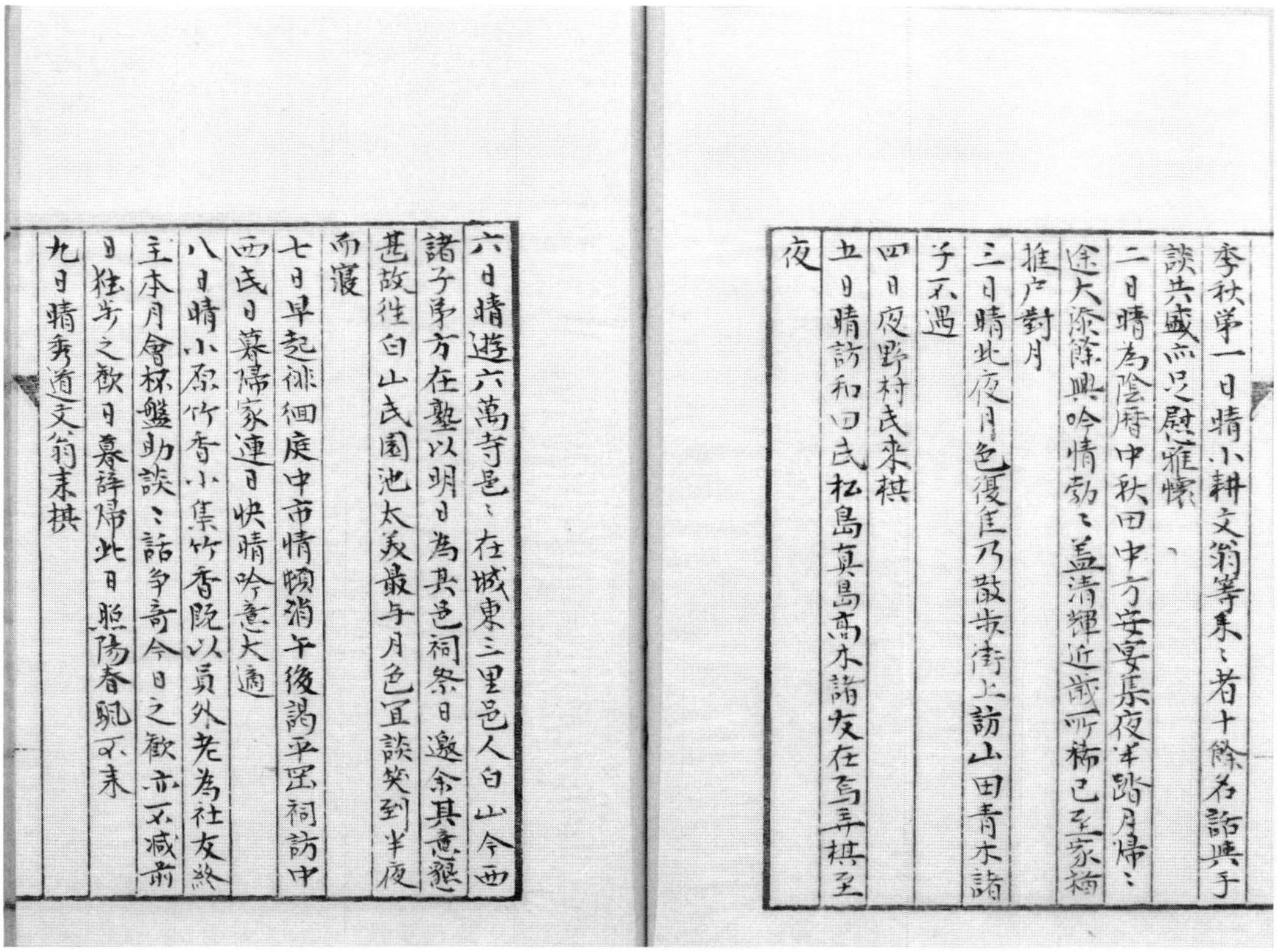

季秋、第一日。晴。小耕・文翁等来。来者十餘名、話与手談共盛、亦足慰雅懐。
二日。晴。為陰暦中秋。田中方安宴集、夜半踏月帰。帰途大添餘興、吟情勃〻、蓋清輝近歳所稀。已至家、猶推戸対月。
三日。晴。此夜月色復佳、乃散歩街上、訪山田・青木諸子、不遇。
四日。夜、野村氏来棋。
五日。晴。訪和田氏。松島・真島・高木諸友在焉。弄棋至夜。
六日。晴。遊六万寺邑。邑在城東三里、邑人白山・今西諸子弟方在塾、以明日為其邑祠祭日邀余、其意懇甚、故往。白山氏園池太美、最与月色宜、談笑到半夜而寝。
七日。早起、徘徊庭中、市情頓消。午後謁平岡祠、訪中西氏、日暮帰家。連日快晴、吟意大適。
八日。晴。小原竹香小集、竹香既以員外老為社友、終主本月会。杯盤助談、談話争奇、今日之歓亦不減前日独歩之歓。日暮辞帰。此日照陽・春颿不来。
九日。晴。秀道・文翁来棋。

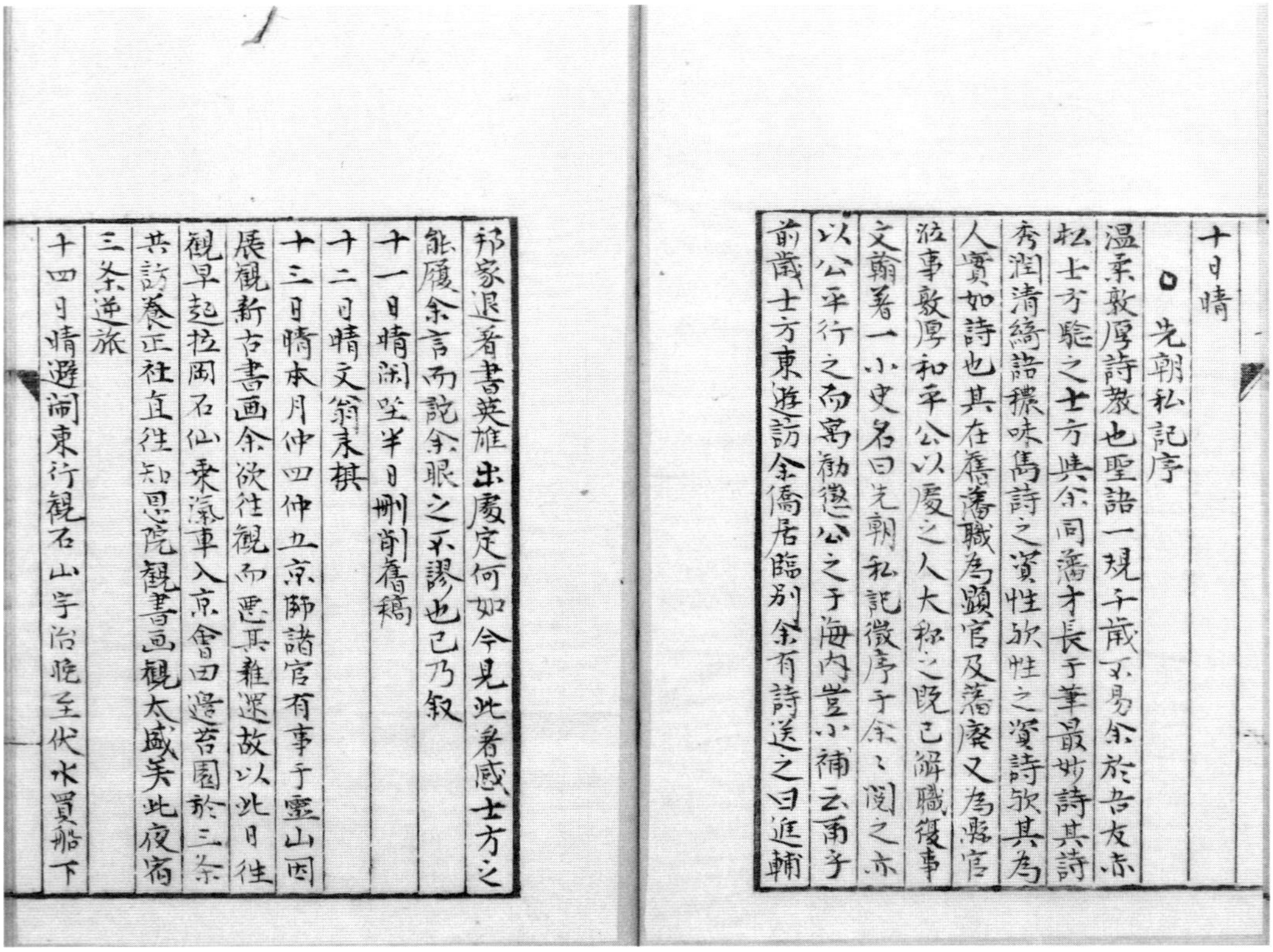

十日。晴。

先朝私記序

温柔敦厚、詩教也。聖語一規、千歳不易。余於吾友赤松士方験之。士方与余同藩、才長于筆、最妙詩。其詩秀潤清綺、語穠味雋。詩之資性歟、性之資詩歟、其為人、実如詩也。其在旧藩、職為顕官、及藩廃、又為県官、涖事敦厚和平、公以処之、人大称之。既已解職、復事文翰、著一小史、名曰先朝私記、徴序于余。余閲之、亦以公平行之、而寓勧懲、公之于海内、豈小補云爾乎。前歳、士方東遊、訪余僑居、臨別、余有詩送之、曰、進輔邦家退著書、英雄出処定何如。今見此著、感士方之能履余言、而詑余眼之不謬也已、乃叙。

十一日。晴。閑坐半日、刪削旧稿。

十二日。晴。文翁来棋。

十三日。晴。本月仲四・仲五、京師諸官有事于霊山、因展観新古書画。余欲往観、而悪其雑遝、故以此日往観。早起、拉岡石仙乗滊車入京、会田辺苔園於三条、共訪養正社、直往知恩院、観書画、観太盛矣。此夜宿三条逆旅。

十四日。晴。避閙、東行観石山・宇治、晩至伏水、買船下

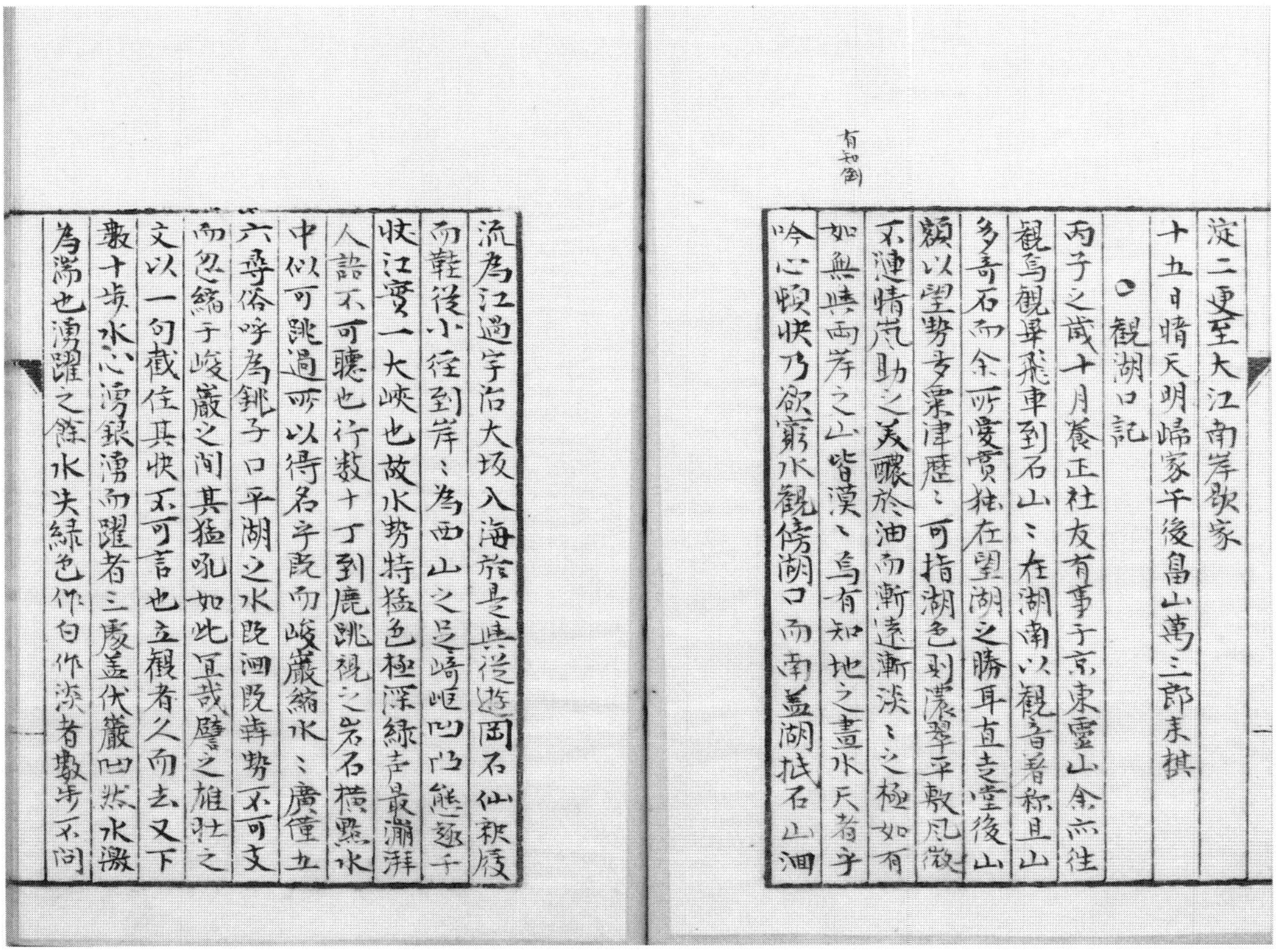

淀、二更至大江南岸、歇家。
十五日。晴。天明帰家、午後畠山万三郎来棊。

観湖口記

丙子之歳十月、養正社友有事于京東霊山、余亦往観焉。観畢、飛車到石山。山在湖南、以観音著称、且山多奇石、而余所愛賞、独在望湖之勝耳。直走堂後山額以望、勢多粟津、歴ゝ可指。湖色則濃翠平敷、風微不漣、晴嵐助之、美醲於油、而漸遠漸淡、淡之極、如有如無、与両岸之山皆漠ゝ焉、知有地之画水天者乎。吟心頓快、乃欲窮水観、傍湖口而南、蓋湖抵石山、洄流為江、過宇治・大坂入海。於是与従遊岡石仙、釈屐而鞋、従小径到岸。岸為西山之足、崎嶇凹凸、態趣千状。江実一大峡也、故水勢特猛、色極深緑、声最瀰湃、人語不可聴也。行数十丁、到鹿跳視之、岩石横点水中、似可跳過、所以得名乎。既而峻巌縮水、水広僅五六尋、俗呼為銚子口。平湖之水既洄既奔、勢不可支、而忽縮于峻巌之間、其猛吼如此。宜哉、譬之雄壮之文、以一句截住、其快不可言也。立観者久而去、又下数十歩、水心湧銀、湧而躍者三処、蓋伏巌凹然、水激為湍也。湧躍之餘、水失緑色、作白作淡者数歩、不問

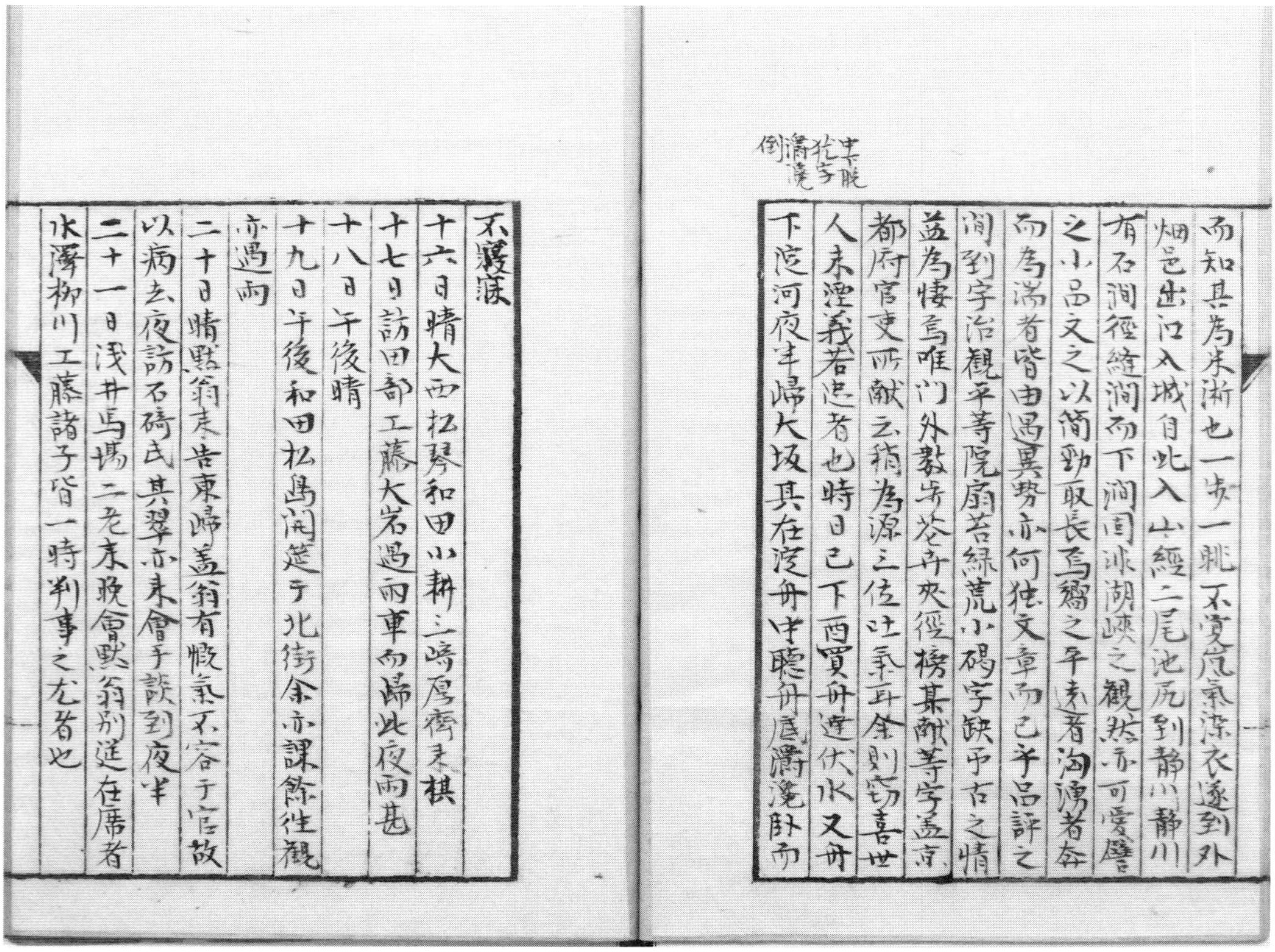

而知其為米淅也。一歩一眺、不覚嵐気染衣、遂到外畑邑。自此入山、経二尾、池尻到静川。静川有石澗、径縫澗而下、澗固非湖峡之観、然亦可愛。譬之小品文之以簡勁取長焉。嚮之平遠者、洶湧者、奔而為湍者、皆由遇異勢、亦何独文章而已乎。品評之間、到宇治、観平等院、扇苔緑荒、小碣字缺、弔古之情益為悽焉。唯門外数歩、花卉夾径、榜某献等字、蓋京都府官吏所献云。稍為源三位吐気耳。余則窃喜、世人未湮義若忠者也。時日已下酉、買舟達伏水、又舟下淀河、夜半帰大坂。其在淀舟中、猶聴舟底瀺灂、臥而不寐。

十六日。晴。大西松琴・和田小耕・三崎厚斎来棋。

十七日。訪田部・工藤・大岩、遇雨、車而帰。此夜雨甚。

十八日。午後晴。

十九日。午後、和田・松島開筵于北街、余亦課餘往観、亦遇雨。

二十日。晴。黙翁来、告東帰。蓋翁有慨気、不容于官、故以病去。夜訪石碕氏、其翠亦来会、手談到夜半。

二十一日。浅井・馬場二老来、晩会黙翁別筵、在席者水澤・柳川・工藤諸子、皆一時判事之尤者也。

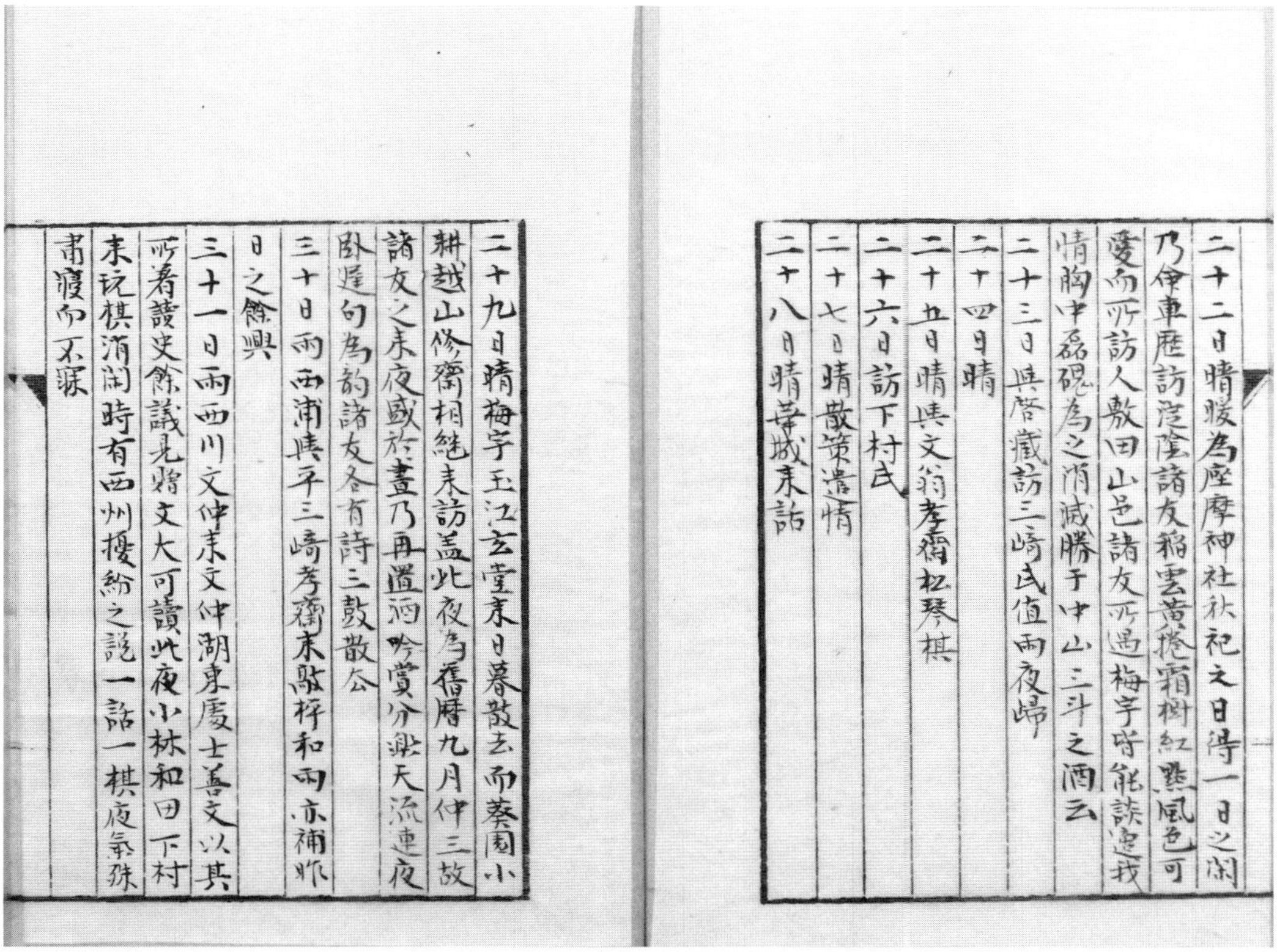

二十二日。晴暖。為座摩神社秋祀之日、得一日之閑。乃命車、歴訪淀陰諸友、稲雲黄捲、霜樹紅点、風色可愛。而所訪人敷田・山邑諸友、所遇梅宇、皆能談適我情、胸中磊磈為之消滅、勝于中山三斗之酒云。
二十三日。与啓蔵訪三崎氏、値雨、夜帰。
二十四日。晴。
二十五日。晴。与文翁・孝斎・松琴棋。
二十六日。訪下村氏。
二十七日。晴。散策遣情。
二十八日。晴。華城来話。
二十九日。晴。梅宇・玉江・玄堂来、日暮散去。而葵園・小耕・越山・修斎相継来訪。蓋此夜為旧暦九月仲三、故諸友之来、夜盛於昼、乃再置酒吟賞、分楽天流連夜臥遅句為韻、諸友各有詩。三鼓散去。
三十日。雨。西浦与平・三崎孝斎来。敲枰和雨、亦補昨日之餘興。
三十一日。雨。西川文仲来。文仲、湖東処士、善文、以其所著読史餘議見贈、文大可読。此夜小林・和田・下村来、玩棋消閑。時有西州擾紛之説、一話一棋、夜気殊粛、寝而不寐。

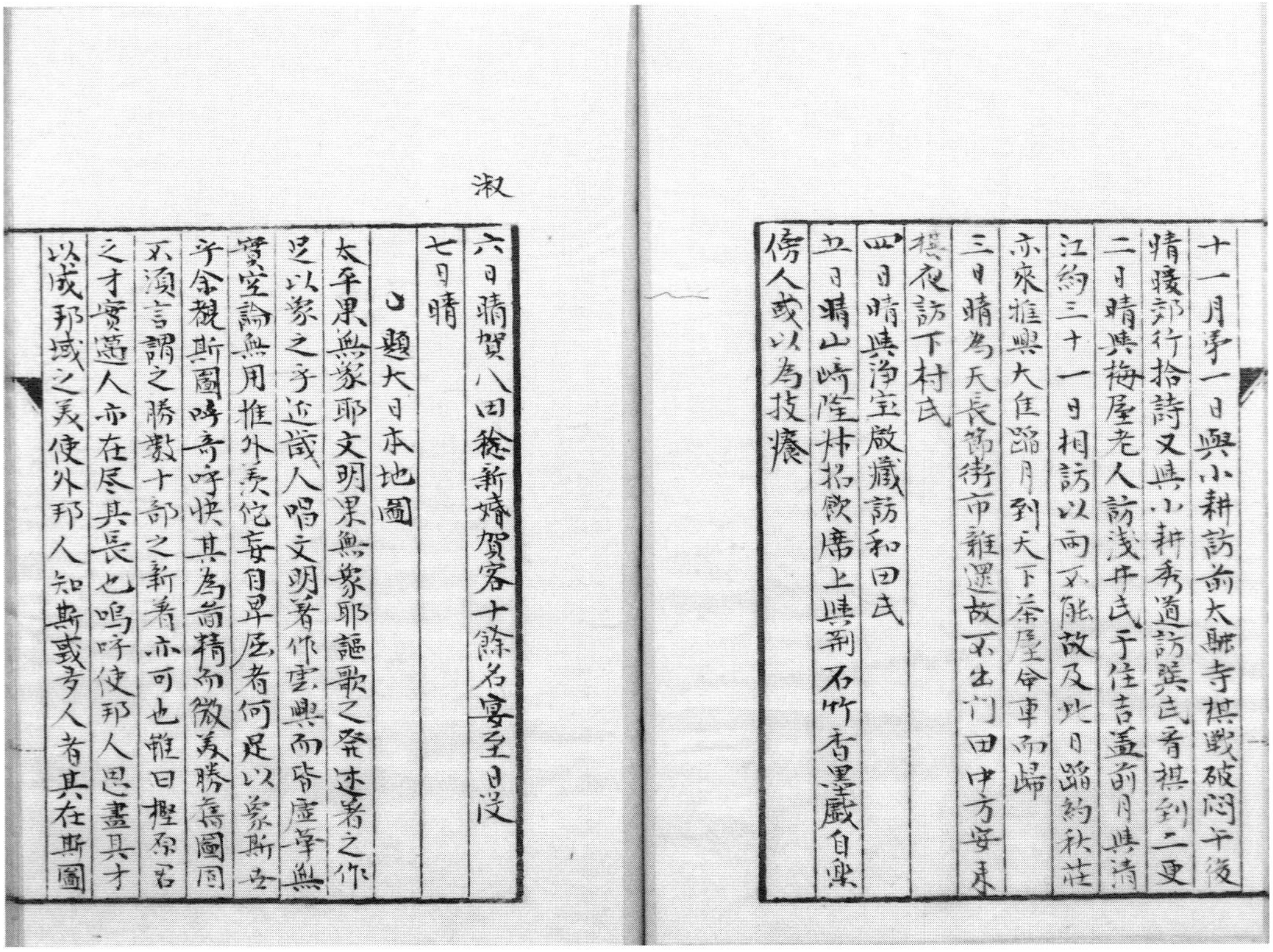

十一月、第一日。与小耕訪前太融寺、棋戦破悶。午後晴暖、郊行拾詩。又与小耕・秀道訪巽氏、看棋到二更。
二日。晴。与梅屋老人訪浅井氏于住吉。蓋前月与清江約三十一日相訪、以雨不能、故及此日蹈約。秋荘亦來、雅興大佳。蹈月到天下茶屋、命車而帰。
三日。晴。為天長節、街市雑遝、故不出門。田中方安来棋。夜訪下村氏。
四日。晴。与浄宝・啓蔵訪和田氏。
五日。晴。山崎隆叔招飲、席上与荊石・竹香墨戯自楽、傍人或以為技癢。
六日。晴。賀八田淑新婚、賀客十餘名、宴至日沒。
七日。晴。

　題大日本地図

太平果無象耶、文明果無象耶、謳歌之発、述著之作、足以象之乎。近歳人唱文明、著作雲興、而皆虚華無実、空論無用、推外羨佗、妄自卑屈者、何足以象斯世乎。余睹斯図、呼奇呼快、其為図、精而微、美勝旧図、固不須言、謂之勝数十部之新著亦可也。雖曰樫原君之才実邁人、亦在尽其長也。嗚呼、使邦人思尽其才、以成邦域之美、使外邦人知斯域多人者、其在斯図

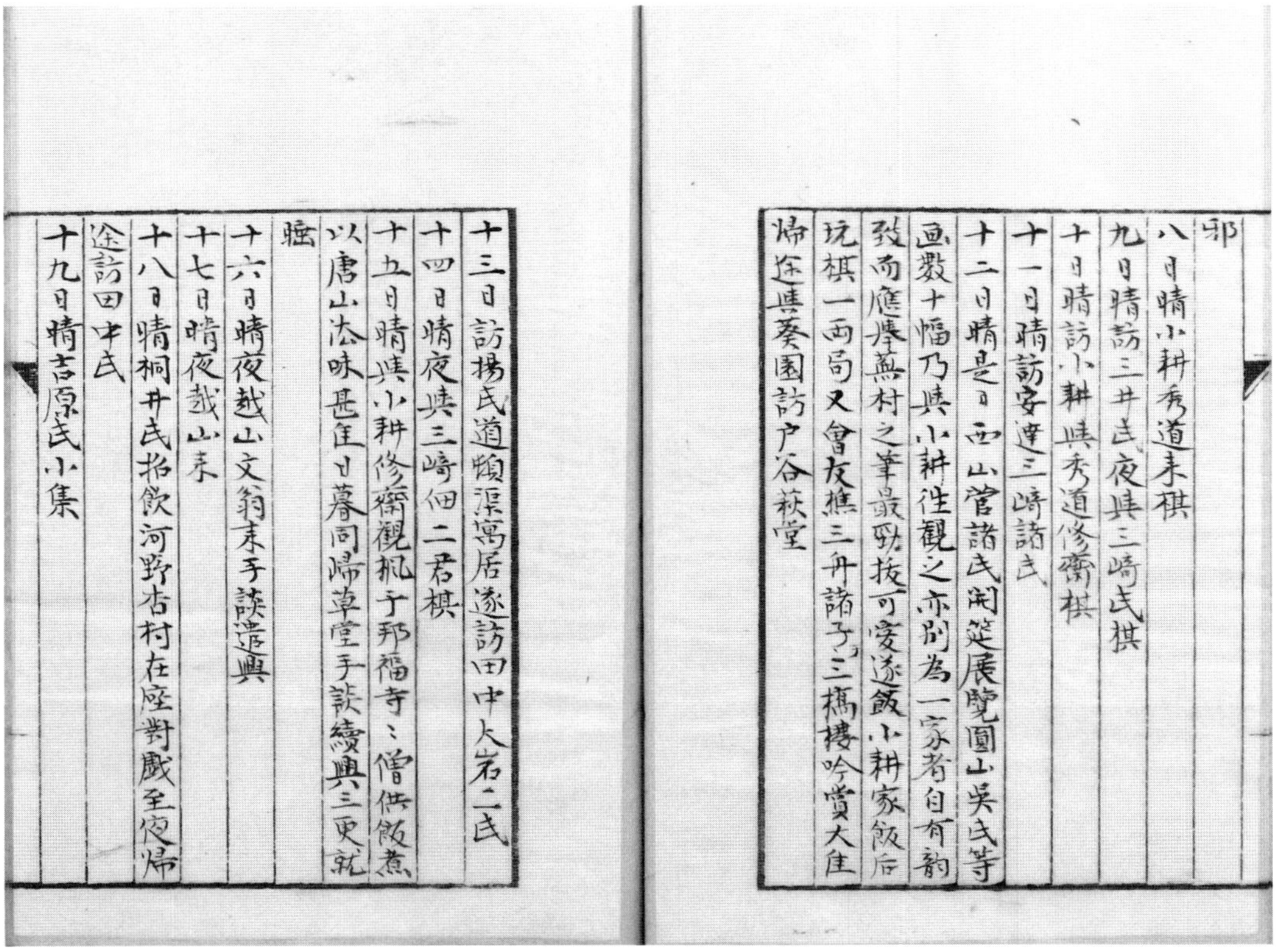

邪。
八日。晴。小耕・秀道来棋。
九日。晴。訪三井氏、夜与三崎氏棋。
十日。晴。訪小耕、与秀道・修斎棋。
十一日。晴。訪安達・三崎諸氏。
十二日。晴。是日、西山菅諸氏開筵、展覧円山呉氏等画数十幅、乃与小耕往観之。亦別為一家者、自有韻致、而応挙・蕪村之筆最勁抜可愛。遂飯小耕家、飯後玩棋一両局、又会友樵・三舟諸子于三橋楼、吟賞大佳。帰途与葵園訪戸谷萩堂。
十三日。訪揚氏道頓渠寓居、遂訪田中・大岩二氏。
十四日。晴。夜与三崎・佃二君棋。
十五日。晴。与小耕・修斎観楓于邦福寺。寺僧供飯、煮以唐山法、味甚佳。日暮同帰草堂、手談続興、三更就睡。
十六日。晴。夜、越山・文翁来、手談遣興。
十七日。晴。夜、越山来。
十八日。晴。桐井氏招飲、河野杏村在座。対戯至夜、帰途訪田中氏。
十九日。晴。吉原氏小集。

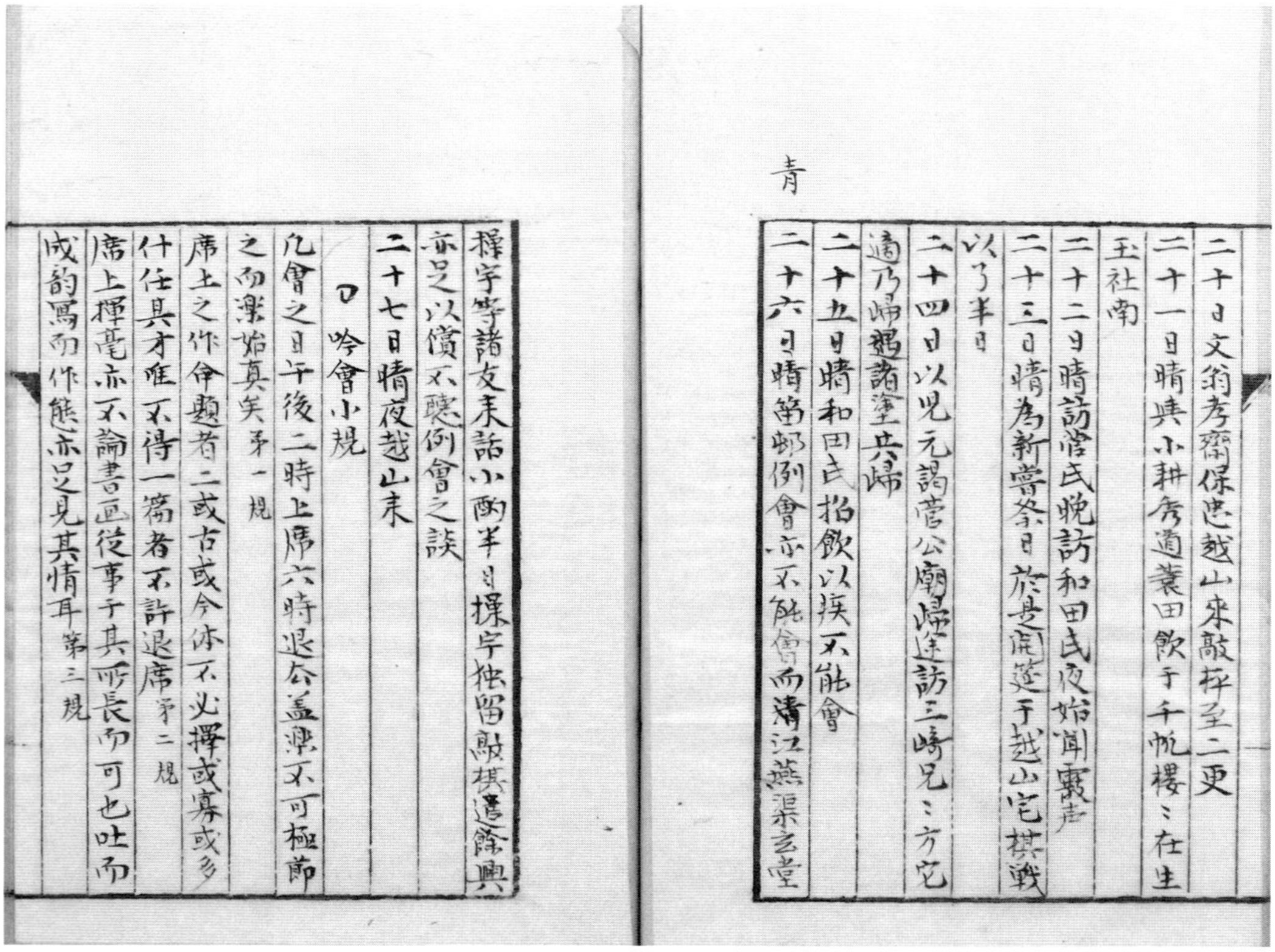

二十日。文翁・孝斎・保忠・越山來、敲枰至二更。
二十一日。晴。与小耕・秀道・蓑田飲于千帆楼、楼在生玉社南。
二十二日。晴。訪菅氏、晩訪和田氏。夜、始聞霰声。
二十三日。晴。為新嘗祭日、於是開筵于越山宅、棋戦以了半日。
二十四日。以児元謁菅公廟、帰途訪三崎兄。兄方它適、乃帰。遇諸塗、共帰。
二十五日。晴。和田氏招飲、以疾不能会。
二十六日。晴。笛郁例会、亦不能会。而青江・燕渠・玄堂・操宇等諸友来話、小酌半日。操宇独留、敲棋遣餘興、亦足以償不聴例会之談。
二十七日。晴。夜、越山来。

吟会小規

凡会之日、午後二時上席、六時退去。蓋楽不可極、節之而楽、始真矣。第一規
席上之作、命題者二、或古或今、体不必択、或寡或多、什任其才、唯不得一篇者不許退席。第二規
席上揮毫、亦不論書画、従事于其所長而可也。吐而成韻、写而作態、亦足見其情耳。第三規

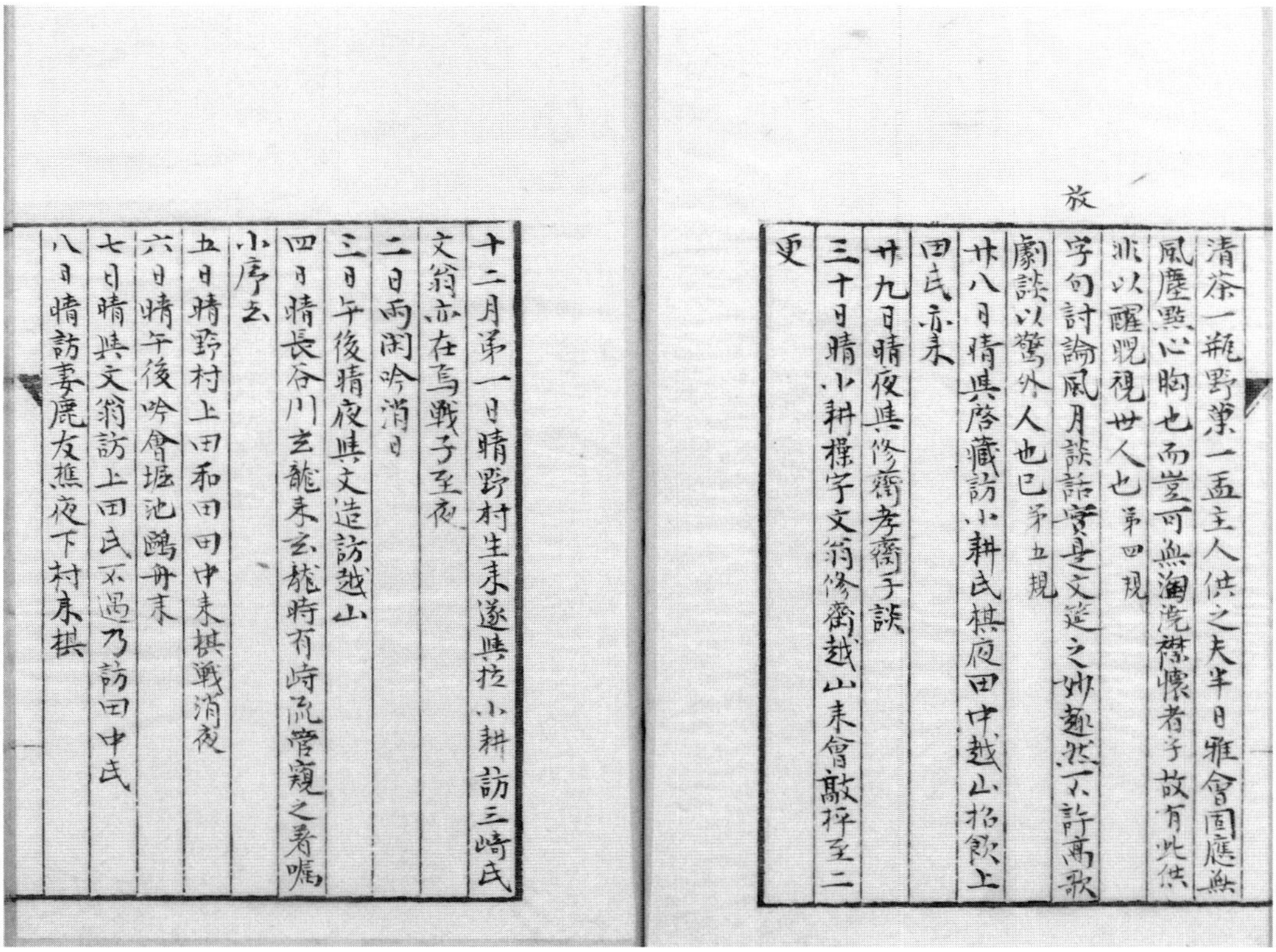
清茶一瓶野菓一盂主人供之夫半日雅会固応無
風塵点心胸也而豈可無淘澆襟懐者乎故有此供
非以醒睨視世人也第四規
字句討論風月談話実是文筵之妙趣然不許放歌
劇談以驚外人也已第五規
廿八日晴与啓蔵訪小耕氏棋夜田中越山招飲上
田氏亦来
廿九日晴夜与修斎孝斎手談
三十日晴小耕操宇文翁修斎越山来会敲枰至二
更
十二月第一日晴野村生来遂与拉小耕訪三崎氏
文翁亦在焉戦子至夜
二日雨閑吟消日
三日午後晴夜与文造訪越山
四日晴長谷川玄龍来玄龍時有峙流管窺之著嘱
小序云
五日晴野村上田和田田中来棋戦消夜
六日晴午後吟会堀池鷗舟来
七日晴与文翁訪上田氏不遇乃訪田中氏
八日晴訪妻鹿友樵夜下村来棋

清茶一瓶、野菓一盂、主人供之。夫半日雅会、固応無風塵点心胸也、而豈可無淘澆襟懐者乎。故有此供、非以醒睨視世人也。第四規

字句討論、風月談話、実是文筵之妙趣。然不許放歌劇談、以驚外人也已。第五規

廿八日。晴。与啓蔵訪小耕氏棋。夜、田中越山招飲、上田氏亦来。

廿九日。晴。夜与修斎・孝斎手談。

三十日。晴。小耕・操宇・文翁・修斎・越山来会、敲枰至二更。

十二月、第一日。晴。野村生来、遂与拉小耕訪三崎氏、文翁亦在焉、戦子至夜。

二日。雨。閑吟消日。

三日。午後晴。夜与文造訪越山。

四日。晴。長谷川玄龍来。玄龍時有峙流管窺之著、嘱小序云。

五日。晴。野村・上田・和田・田中来、棋戦消夜。

六日。晴。午後吟会、堀池鷗舟来。

七日。晴。与文翁訪上田氏、不遇、乃訪田中氏。

八日。晴。訪妻鹿友樵。夜、下村来棋。

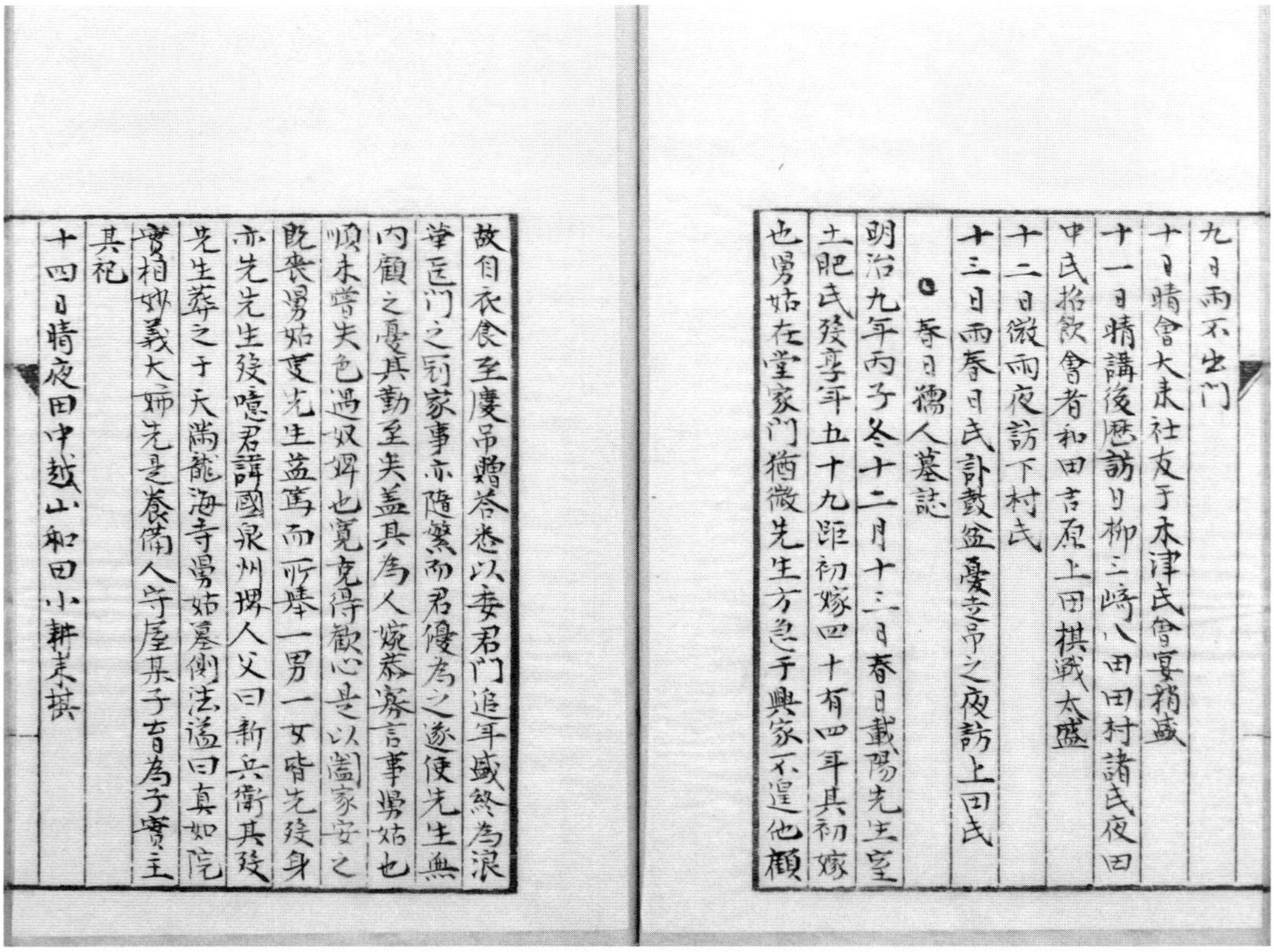

九日。雨。不出門。

十日。晴。会大来社友于木津氏、会宴稍盛。

十一日。晴。講後歴訪日柳・三崎・八田・田村諸氏。夜、田中氏招飲、会者和田・吉原・上田、棋戦太盛。

十二日。微雨。夜訪下村氏。

十三日。雨。春日氏訃、鼓盆憂走弔之。夜訪上田氏。

春日孺人墓誌

明治九年丙子冬十二月十三日、春日載陽先生室土肥氏歿、享年五十九。距初嫁四十有四年。其初嫁也、舅姑在堂、家門猶微。先生方急于興家、不遑他顧、故自衣食至慶弔贈答、悉以委君。門追年盛、終為浪華医門之冠、家事亦随繁、而君優為之、遂使先生無内顧之憂、其勤至矣。蓋其為人、婉恭寡言、事舅姑也順、未嘗失色。遇奴婢也寛、克得歓心、是以闔家安之。既喪舅姑、事先生益篤、而所挙一男一女皆先歿、身亦先先生歿。噫、君諱国、泉州堺人。父曰新兵衛。其歿、先生葬之于天満龍海寺舅姑墓側、法謚曰真如院実相妙義大姉。先是、養備人守屋某子育為子、実主其祀。

十四日。晴。夜、田中越山・和田小耕来棋。

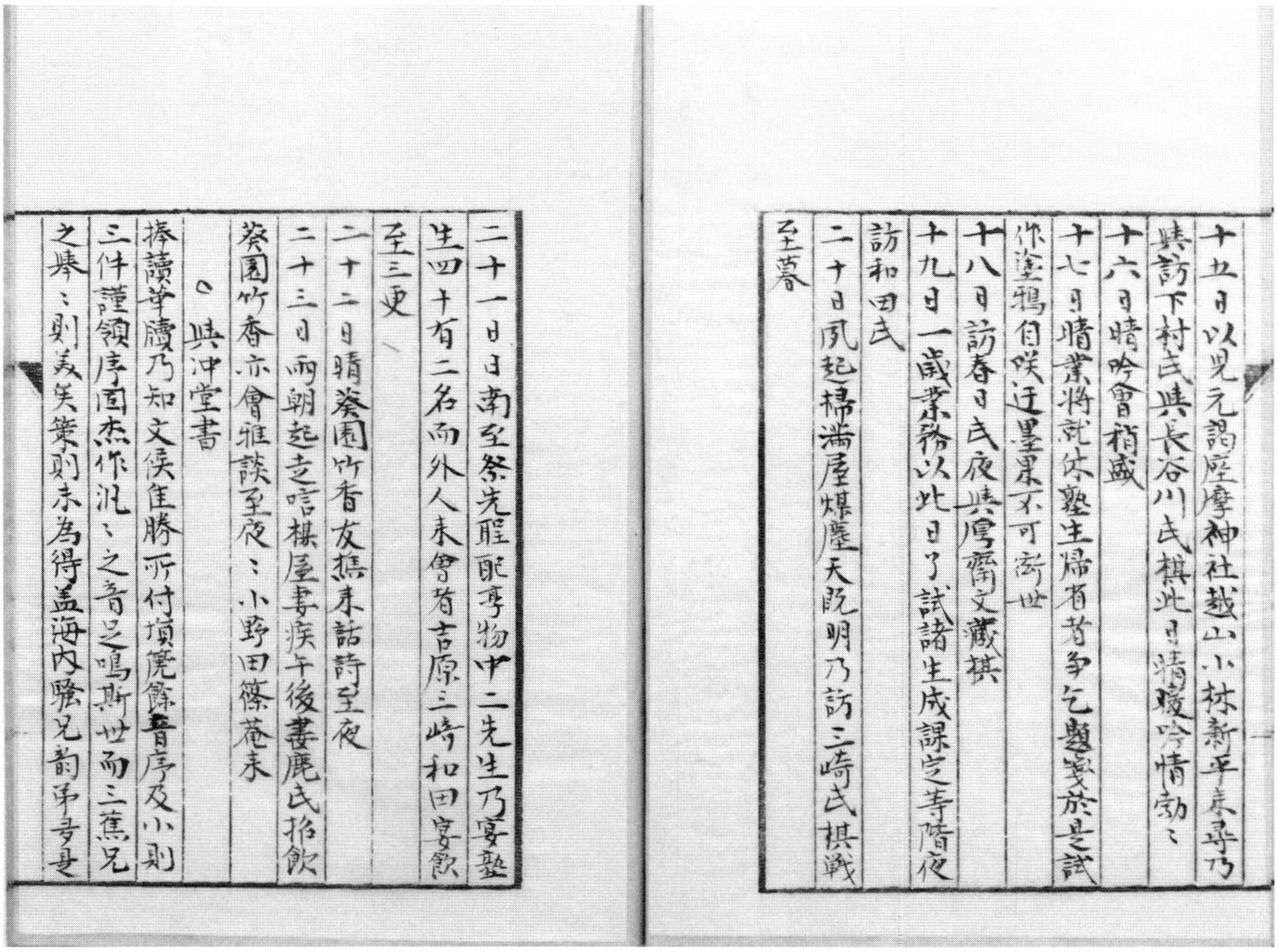

十五日。以児元謁座摩神社、越山・小林新平来尋、乃与訪下村氏、与長谷川氏棋。此日晴暖、吟情勃ゝ。

十六日。晴。吟会稍盛。

十七日。晴。業将就休、塾生帰省者、争乞題箋。於是試作塗鴉、自咲迂墨、果不可衒世。

十八日。訪春日氏。夜与厚斎・文蔵棋。

十九日。一歳業務以此日了、試諸生成課、定等階。夜訪和田氏。

二十日。夙起、掃満屋煤塵。天既明、乃訪三崎氏、棋戦至暮。

二十一日。日南至、祭先聖、配享物中二先生、乃宴塾生四十有二名。而外人来会者、吉原・三崎・和田。宴飲至三更。

二十二日。晴。葵園・竹香・友樵来、話詩至夜。

二十三日。雨。朝起走唁、梅屋妻疾。午後、妻鹿氏招飲、葵園・竹香亦会、雅談至夜。夜、小野田篠菴来。

　与冲堂書

捧読華牘、乃知文候佳勝、所付塤篪餘音序及小則三件、謹領。序固杰作、汎ゝ之音、足鳴斯世、而三蕉兄之挙、挙則美矣、策則未為得。蓋海内騒兄韻弟、多是

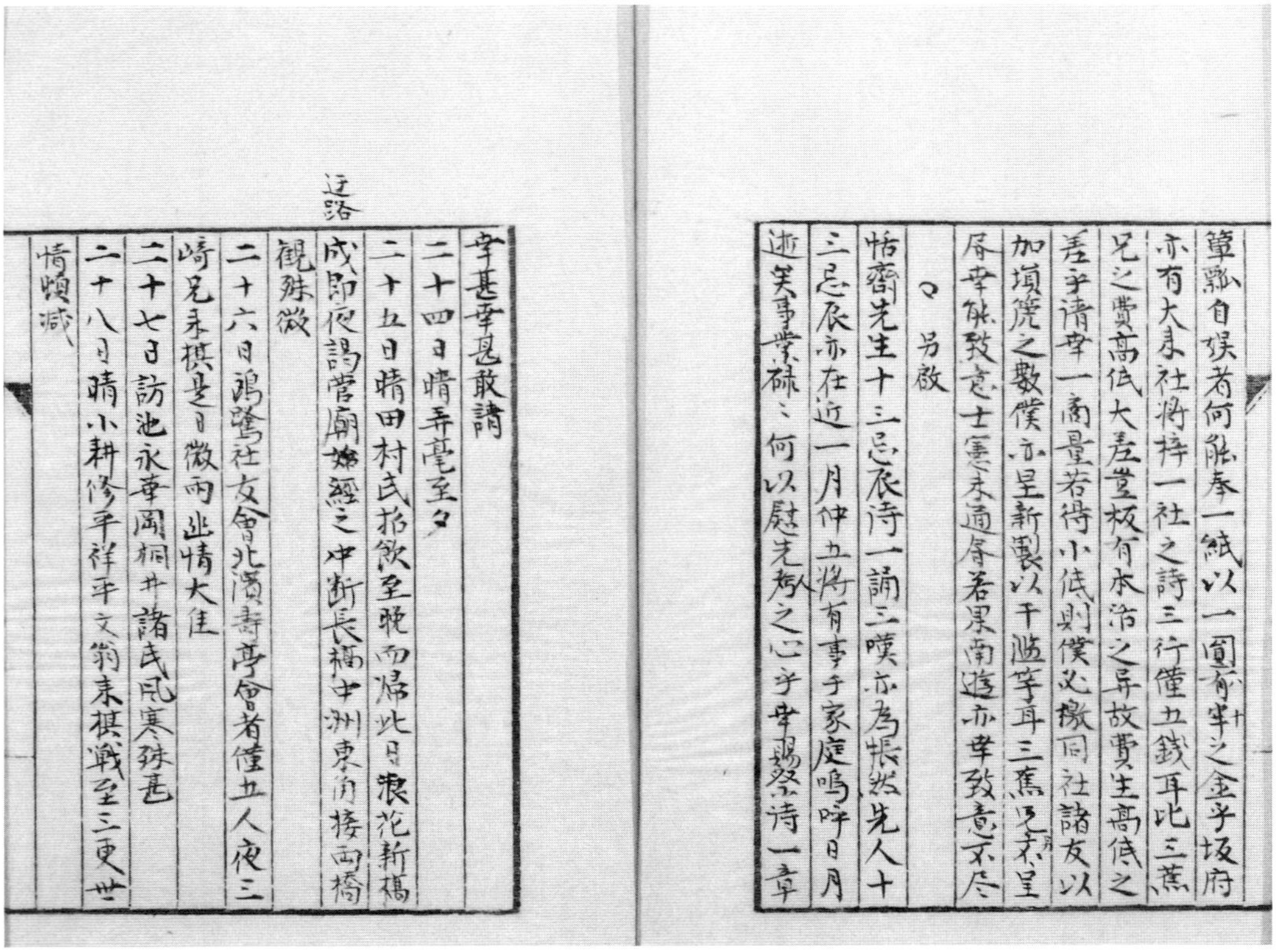

箪瓢自娯者、何能奉一紙以一円八十之金乎。坂府亦有大来社将梓一社之詩、三行僅五銭耳。比三蕉兄之費、高低大差。豈板有本活之異、故費生高低之差乎。請幸一商量。若得小低、則僕必檄同社諸友、以加塤篪之数、僕亦呈新製以干濫竽耳。三蕉兄另不呈書、幸能致意。士憲未通書、若果南遊、亦幸致意。不尽。

　　另啓

恬斎先生十三忌辰、詩一誦三嘆、亦為悵然。先人十三忌辰亦在近一月仲五、将有事于家庭。嗚呼。日月逝矣、事業碌ゝ、何以慰先人之心乎。幸賜祭詩一章、幸甚幸甚、敢請。

二十四日。晴。弄毫至夕。

二十五日。晴。田村氏招飲、至晩而帰。此日浪花新橋成、即夜謁菅廟。迂路経之、中断長橋、中洲東角接両橋、観殊微。

二十六日。鷗鷺社友会北浜寿亭、会者僅五人。夜、三崎兄来棋。是日微雨、幽情大佳。

二十七日。訪池永・華岡・桐井諸氏。風寒殊甚。

二十八日。晴。小耕・修平・祥平・文翁来。棋戦至三更、世情頓減。

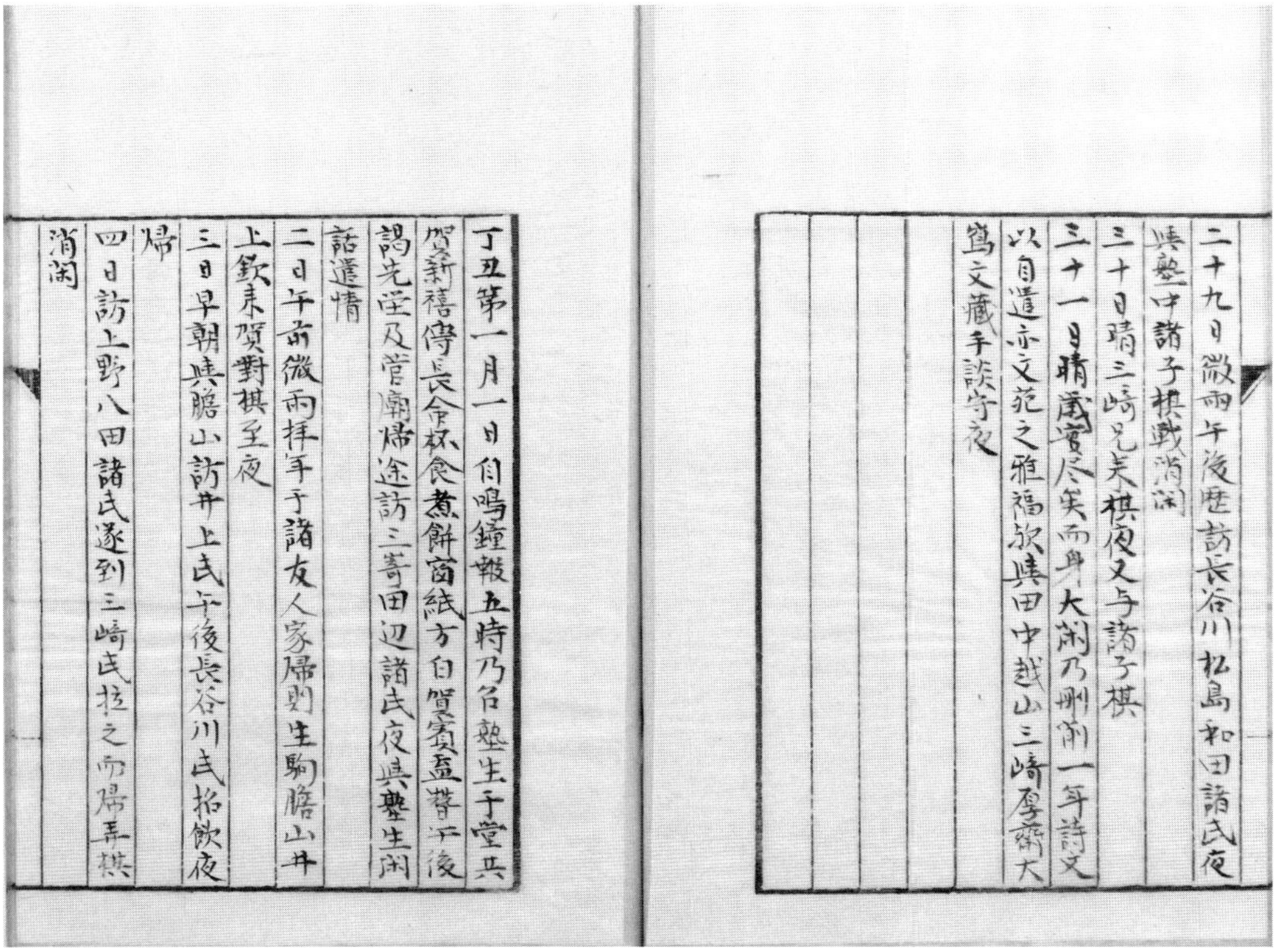

二十九日。微雨。午後、歴訪長谷川・松島・和田諸氏。夜与塾中諸子棋戦消閑。
三十日。晴。三崎兄来棋。夜又与諸子棋。
三十一日。晴。歳実尽矣。而身大閑、乃删削一年詩文以自遣、亦文苑之雅福歟。与田中越山・三崎厚斎・大島文蔵手談守夜。

丁丑第一月、一日。自鳴鐘報五時、乃召塾生于堂、共賀新禧。伝長命杯、食煮餅、窓紙方白、賀賓盍簪。午後、謁先塋及菅廟、帰途訪三崎・田辺諸氏。夜与塾生閑話遣情。
二日。午前微雨。拝年于諸友人家。帰則生駒胆山・井上欽来賀、対棋至夜。
三日。早朝与胆山訪井上氏、午後長谷川氏招飲、夜帰。
四日。訪上野・八田諸氏、遂到三崎氏、拉之而帰、弄棋消閑。

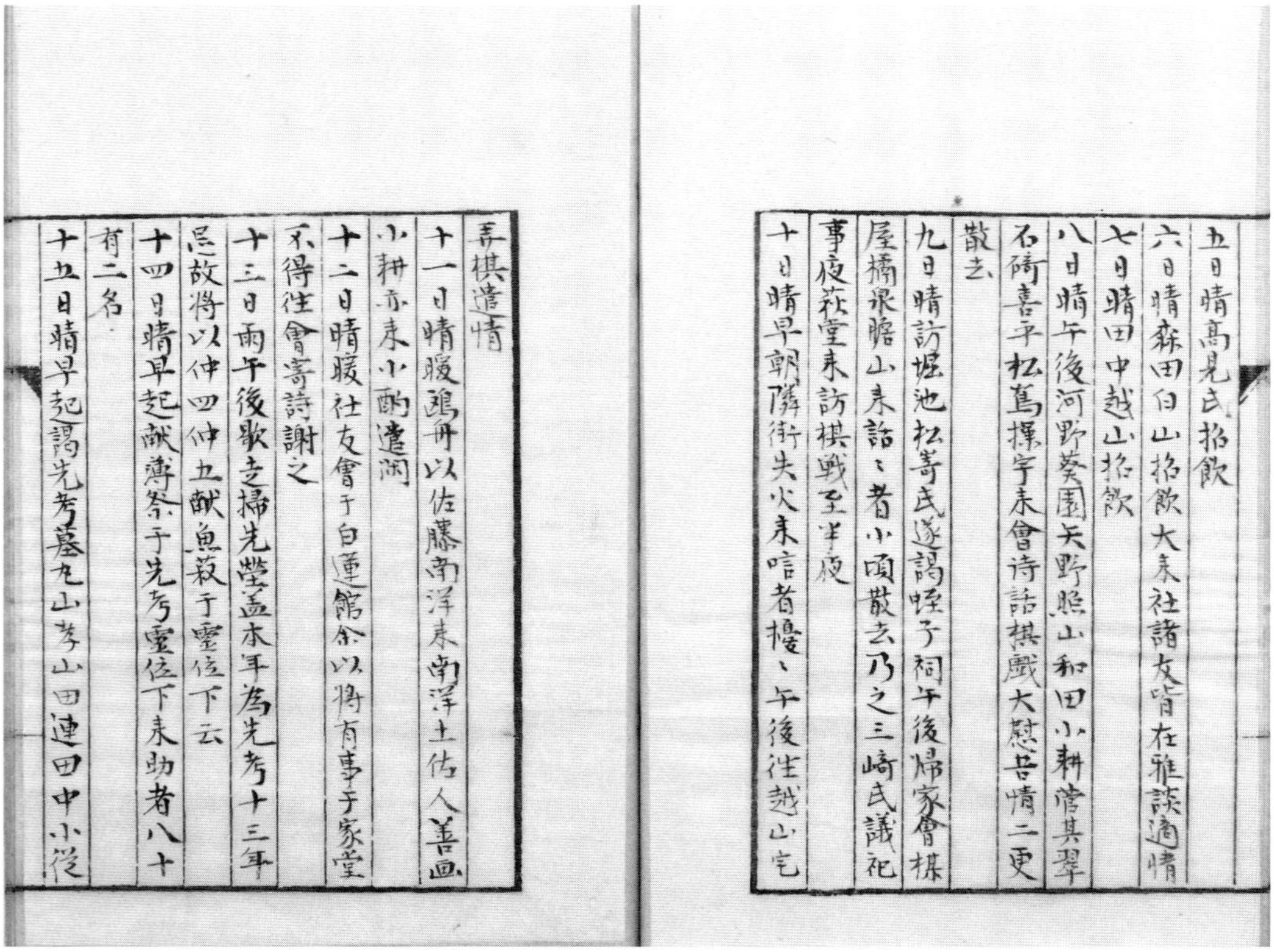

五日。晴。高見氏招飲。

六日。晴。森田・白山招飲。大来社諸友皆在、雅談適情。

七日。晴。田中越山招飲。

八日。晴。午後、河野葵園・矢野照山・和田小耕・菅其翠・石碕喜平・松島操宇来会。詩話棋戯、大慰吾情。二更散去。

九日。晴。訪堀池・松崎氏、遂謁蛭子祠。午後帰家、会梅屋・橘泉・胆山来話。話者小頃、散去、乃之三崎氏、議祀事。夜、萩堂来訪、棋戦至半夜。

十日。晴。早朝隣街失火、来唁者擾ゝ。午後、往越山宅、弄棋遣情。

十一日。晴暖。鷗舟以佐藤南洋来。南洋、土佐人、善画。小耕亦来、小酌遣閑。

十二日。晴暖。社友会于白蓮館。余以将有事于家堂、不得往会、寄詩謝之。

十三日。雨。午後歇。走掃先塋。蓋本年為先考十三年忌、故将以仲四・仲五献魚菽于霊位下云。

十四日。晴。早起、献薄祭于先考霊位下。来助者八十有二名。

十五日。晴。早起、謁先考墓。丸山孝・山田連・田中小従

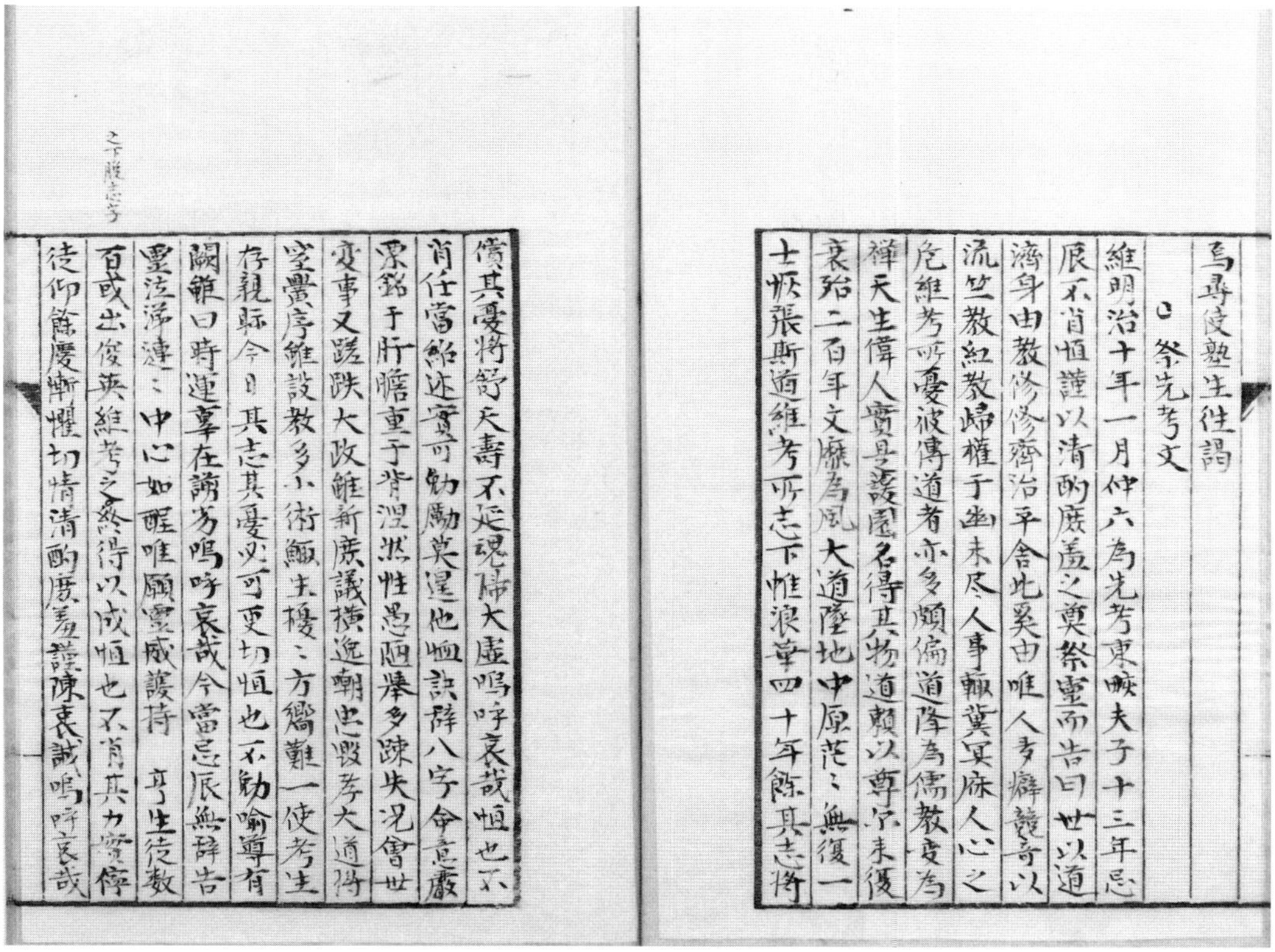

焉、尋使塾生往謁。

祭先考文

維明治十年一月仲六為先考東畡夫子十三年忌辰。不肖恒、謹以清酌庶羞之奠祭霊而告曰、世以道済、身由教修、修斉治平、舍此奚由。唯人多癖、競奇以流、竺教紅教、帰権于幽。未尽人事、輙冀冥庥、人心之危、維考所憂。彼伝道者、亦多頗偏、道降為儒、教変為禅。天生偉人、実是蘐園、名得其物、道頼以尊。爾来復衰、殆二百年、文靡為風、大道墜地。中原茫〻、無復一士、恢張斯道、維考所志。下帷浪華、四十年餘、其志将償、其憂将舒、天寿不延、魂帰大虚。嗚呼哀哉。恒也不肖、任當紹述、実可勉勵、莫遑他恤。訣辞八字、命意厳栗、銘于肝胆、重于背涅。然性愚陋、挙多疎失、況会世変、事又蹉跌。大政雖新、庶議横逸、嘲忠毀孝、大道将窒。黌序雖設、教多小術、鯫生擾〻、方嚮難一。使考生存、親睎今日、其志其憂、必可更切。恒也不勉、喩導有闕、雖曰時運、辜在譾劣。嗚呼哀哉。今当忌辰、無辞告霊、泣涕漣〻、中心如酲。唯願霊威、護持　亨、生徒数百、或出俊英。維考之志、終得以成、恒也不肖、其力実停。徒仰餘慶、慚懼切情、清酌庶羞、謹陳衷誠。嗚呼哀哉。

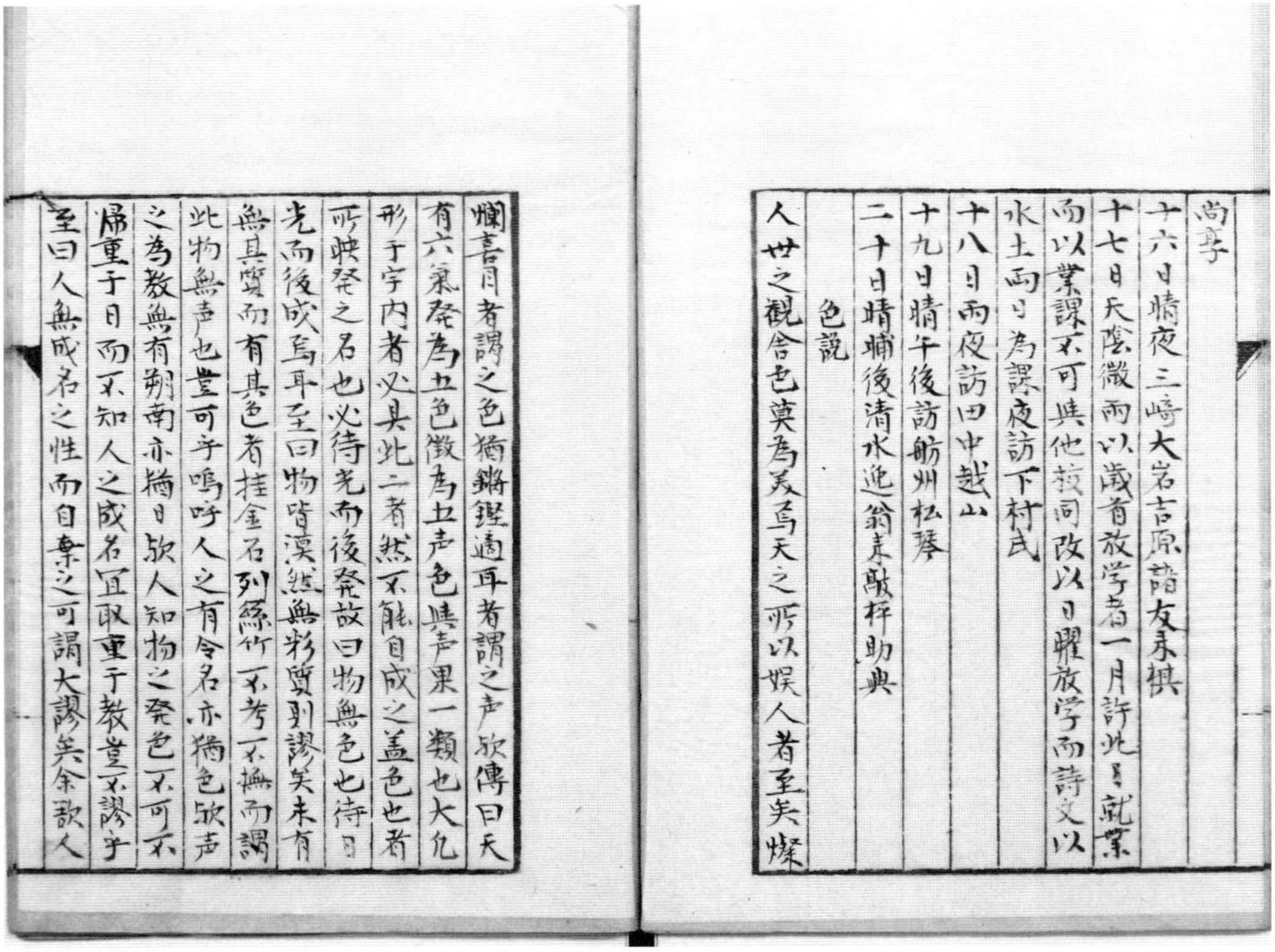

尚享。
十六日。晴。夜、三崎・大岩・吉原諸友来棋。
十七日。天陰、微雨。以歳首放学者一月許、此日就業、而以業課不可与他校同改以日曜放学、而詩文以水土両日為課。夜訪下村氏。
十八日。雨。夜訪田中越山。
十九日。晴。午後訪舫州・松琴。
二十日。晴。晡後、清水逸翁来、敲枰助興。

色説

人世之観、舎色莫為美焉。天之所以娯人者、至矣。燦爛喜目者、謂之色。猶鏘鏗適耳者、謂之声歟。伝曰、天有六気、発為五色、徴為五声。色与声果一類也。大凡形于宇内者、必具此二者、然不能自成之。蓋色也者、所映発之名也、必待光而後発。故曰、物無色也、待日光而後成焉耳。至曰、物皆漠然無彩質、則謬矣。未有無其質而有其色者。挂金石、列絲竹、不考不撫、而謂此物無声也、豈可乎。嗚呼、人之有令名、亦猶色歟。声之為教、無有朔南、亦猶日歟。人知物之発色、不可不帰重于日、而不知人之成名、宜取重于教、豈不謬乎。至曰人無成名之性、而自棄之、可謂大謬矣。余欲人

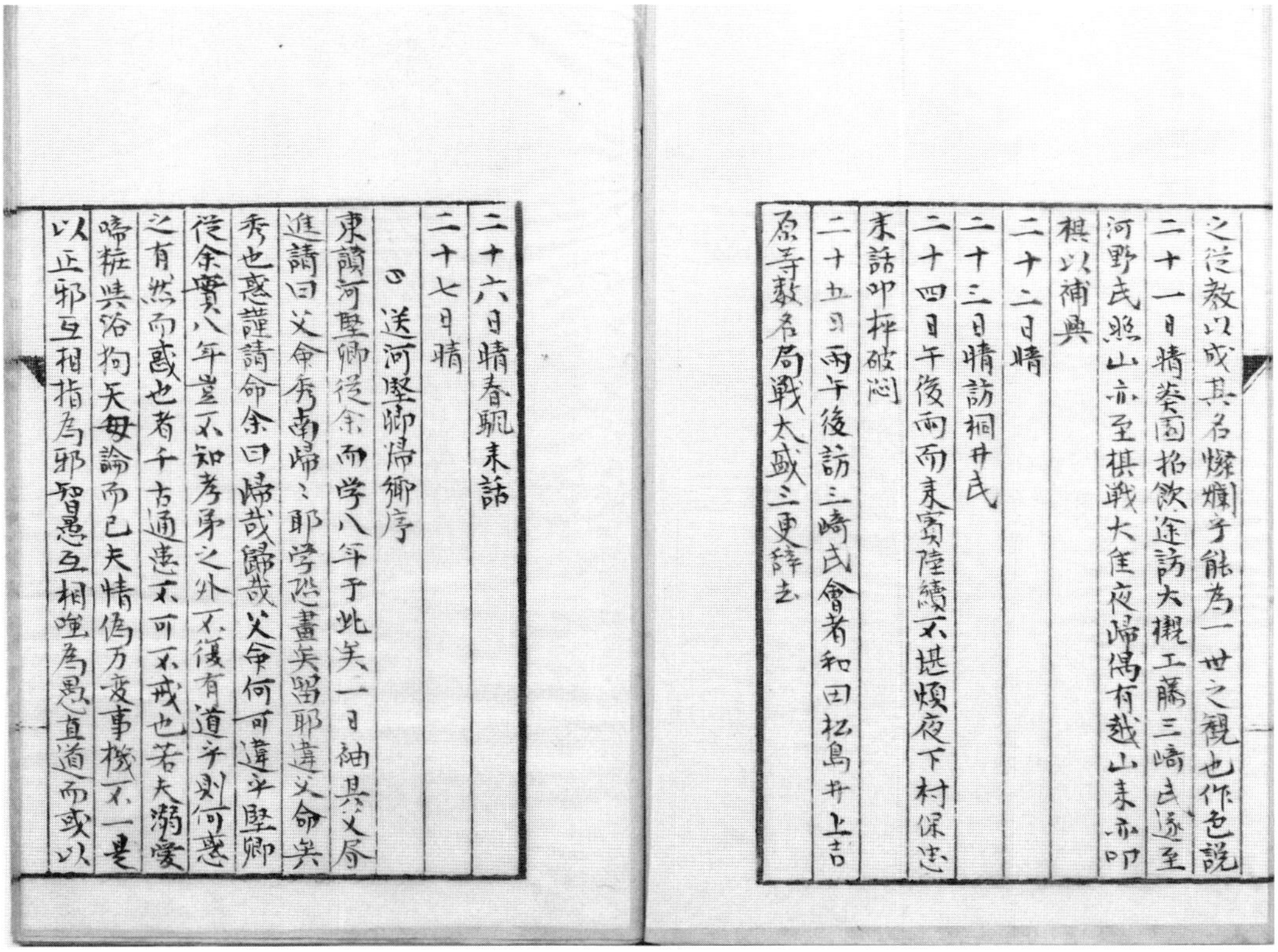

之従教以成其名、燦爛乎能為一世之観也。作色説。
二十一日。晴。葵園招飲、途訪大槻・工藤・三崎氏。遂至河野氏、照山亦至。棋戦大佳、夜帰。偶有越山来、亦叩棋以補興。
二十二日。晴。
二十三日。晴。訪桐井氏。
二十四日。午後、雨。而来賓陸続、不堪煩。夜、下村保忠来話、叩枰破悶。
二十五日。雨。午後訪三崎氏。会者和田・松島・井上・吉原等数名、局戦太盛、三更辞去。
二十六日。晴。春颿来話。
二十七日。晴。
送河堅卿帰郷序
東讃河堅卿従余而学八年于此矣。一日、袖其父書進請曰、父命秀南帰。帰耶、学恐画矣、留耶、違父命矣。秀也惑、謹請命。余曰、帰哉、帰哉、帰哉、父命何可違乎。堅卿従余実八年、豈不知孝弟之外不復有道乎、則何惑之有。然而惑也者、千古通患、不可不戒也。若夫溺愛啼粧、与浴狗矢、毋論而已。夫情偽万変、事機不一、是以正邪互相指為邪、智愚互相嗤為愚、直道而或以

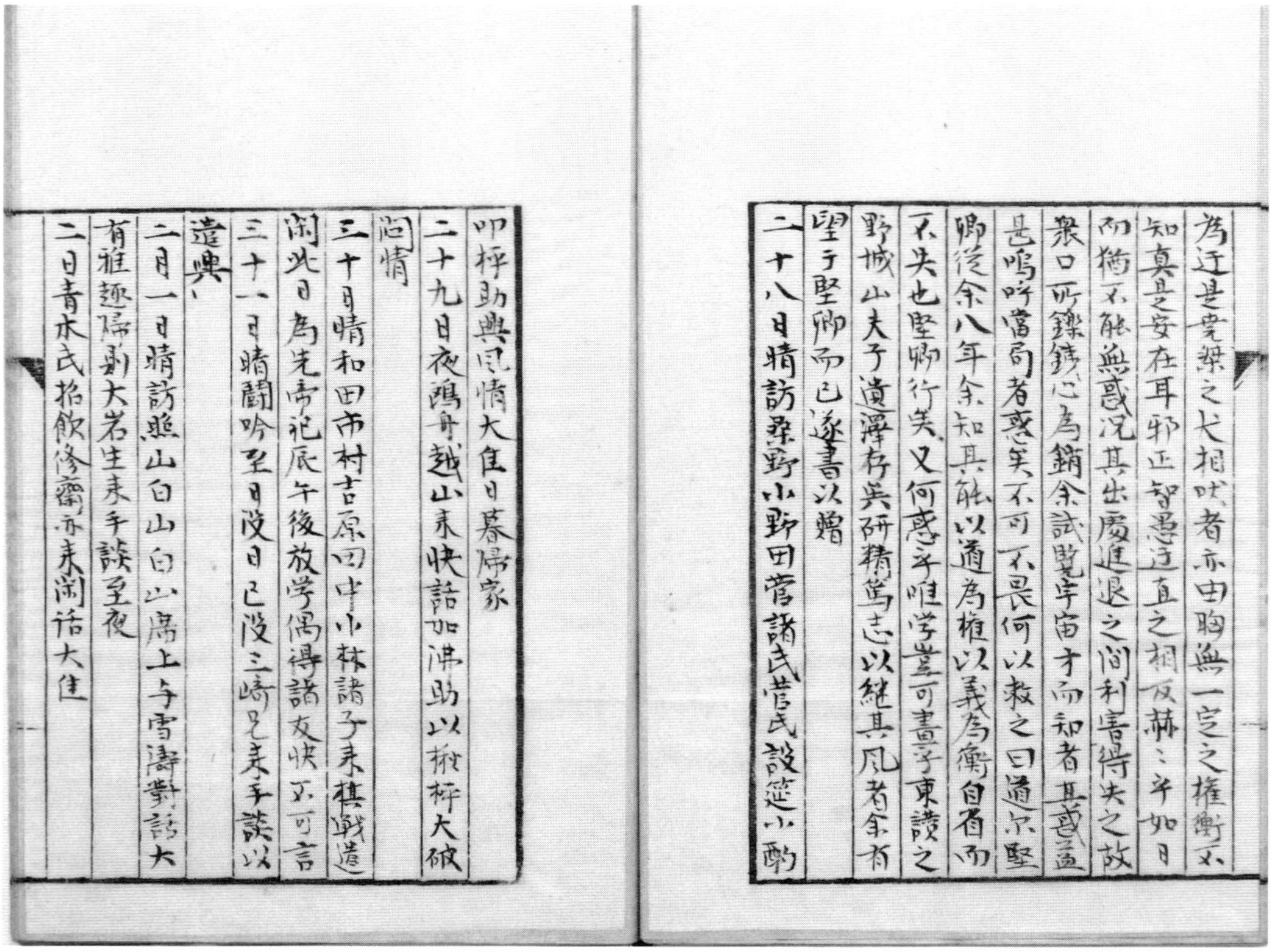

為迂、是堯桀之犬相吠者、亦由胸無一定之権衡、不知真是安在耳。邪正、智愚、迂直之相反、赫ゝ乎如日、而猶不能無惑、況其出処進退之間、利害得失之故、衆口所鑠、鉄心為銷。余試覧宇宙、才而知者、其惑益甚。嗚呼、当局者惑矣、不可不畏、何以救之。曰道爾。堅卿従余八年、余知其能以道為権、以義為衡、自省而不失也。堅卿行矣、又何惑乎。唯学豈可画乎。東讃之野、城山夫子遺沢存矣。研精篤志、以継其風者、余有望于堅卿而已。遂書以贈。

二十八日。晴。訪桑野・小野田・菅諸氏。菅氏設筵小酌、叩枰助興、風情大佳。日暮帰家。

二十九日。夜、鷗舟・越山来。快話加沸、助以楸枰、大破悶情。

三十日。晴。和田・市村・吉原・田中・小林諸子来、棋戦遣閑。此日為先帝祀辰、午後放学、偶得諸友、快不可言。

三十一日。晴。闘吟至日没。日已没、三崎兄来、手談以遣興。

二月、一日。晴。訪照山・白山。白山席上与雪濤対話、大有雅趣。帰則大岩生来、手談至夜。

二日。青木氏招飲、修斎亦来、閑話大佳。

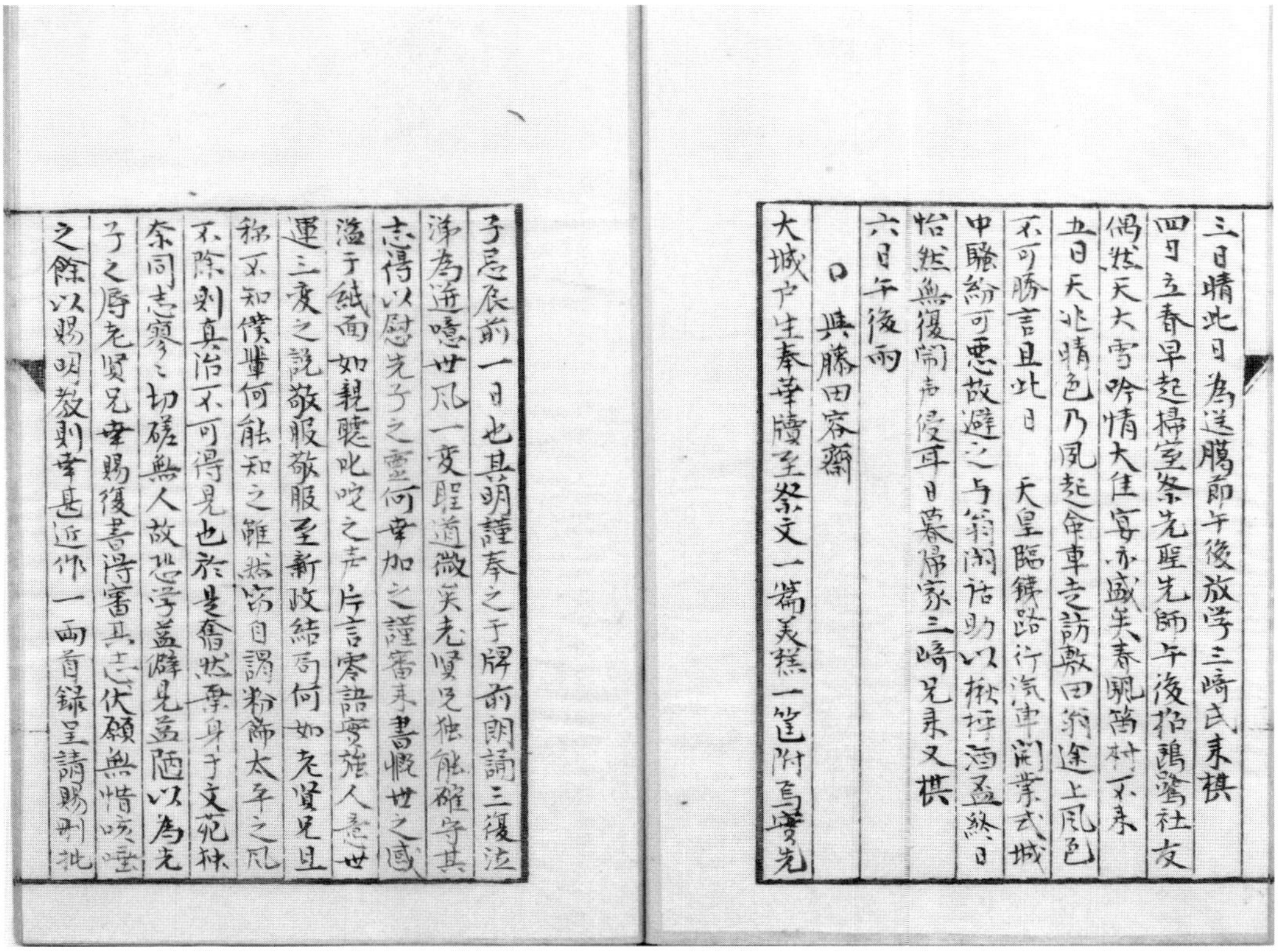

三日。晴。此日為送臘節、午後放学、三崎氏来棋。
四日。立春。早起、掃室祭先聖先師。午後、招鷗鷺社友。
偶然天大雪、吟情大佳、宴亦盛矣。春颿・笛村不来。
五日。天兆晴色、乃夙起、命車走訪敷田翁。途上風色
不可勝言。且此日　天皇臨鉄路行瀛車開業式、城
中騒紛可悪、故避之。与翁閑話、助以楸枰酒盃、終日
怡然、無復閙声侵耳。日暮、帰家。三崎兄来、又棋。
六日。午後、雨。
　与藤田容斎
大城戸生奉華牘至、祭文一篇、美糕一筐附焉、実先
子忌辰前一日也。其明、謹奉之于牌前、朗誦三復、泣
涕為迸。噫、世風一変、聖道微矣。老賢兄独能確守其
志、得以慰先子之霊、何幸加之。謹審来書、慨世之感、
溢于紙面、如親聴叱咤之声、片言零語、実強人意。世
運三変之説、敬服、敬服。至新政結局何如、老賢兄且
称不知、僕輩何能知之。雖然窃自謂粉飾太平之風
不除、則真治不可得見也。於是奮然棄身于文苑、独
奈同志寥ゝ、切磋無人、故恐学益僻、見益陋、以為先
子之辱。老賢兄幸賜復書、得審其志、伏願無惜、咳唾
之餘、以賜明教、則幸甚。近作一両首録呈、請賜刪批。

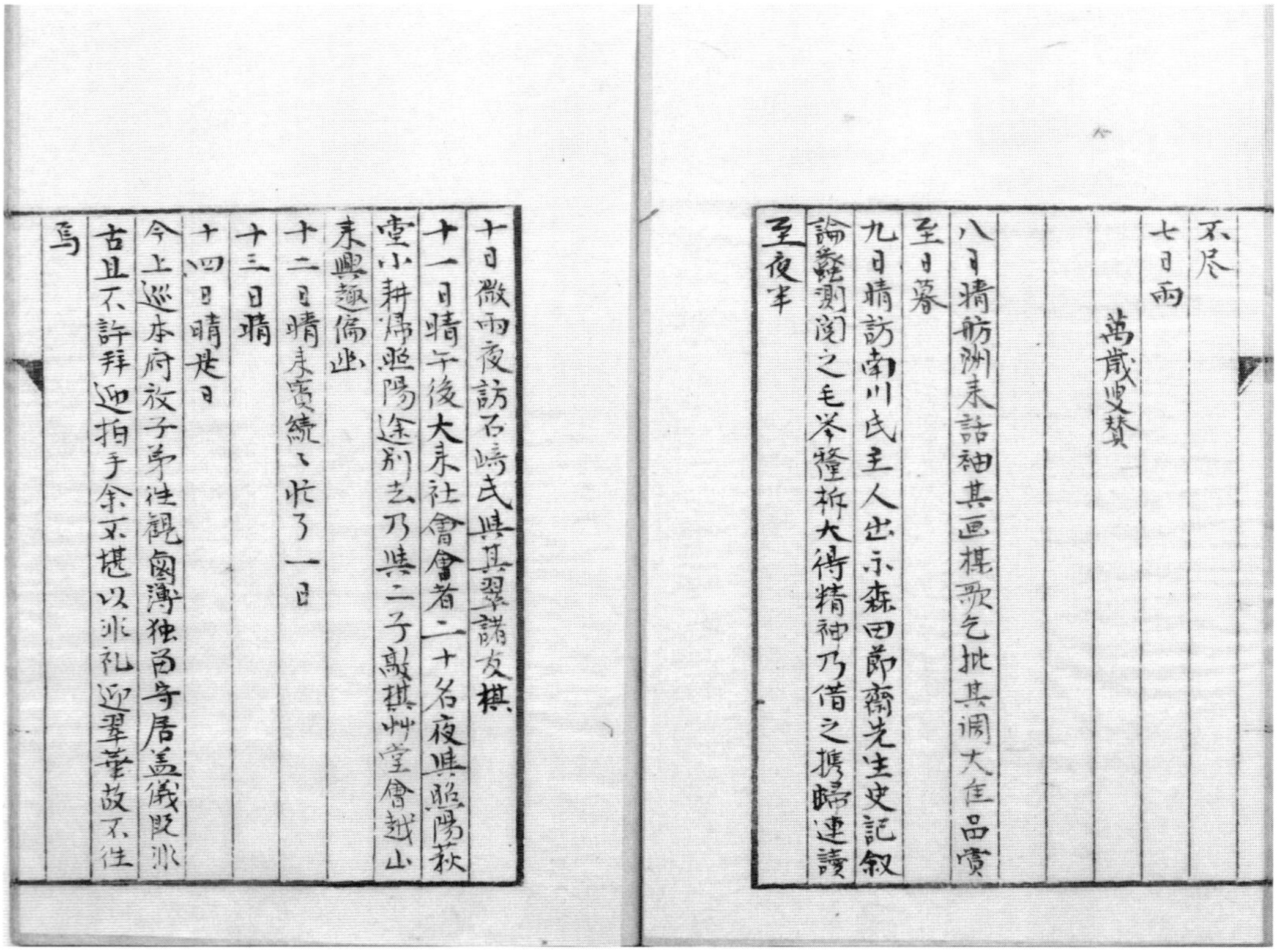

不尽。

七日。雨。

　万歳叟賛

八日。晴。舫洲来話、袖其画梅歌乞批。其調大佳、品賞至日暮。

九日。晴。訪南川氏、主人出示森田節斎先生史記叙論蠡測。閲之、毛挙釐析、大得精神、乃借之携帰。連読至夜半。

十日。微雨。夜訪石崎氏、与其翠諸友棋。

十一日。晴。午後、大来社会。会者二十名。夜与照陽・萩堂・小耕帰。照陽途別去、乃与二子敲棋艸堂。会越山来、興趣偏幽。

十二日。晴。来賓続ゝ、忙了一日。

十三日。晴。

十四日。晴。是日

今上巡本府、放子弟往観鹵薄、独留守居。蓋儀既非古、且不許拝迎拍手。余不堪以非礼迎翠華、故不往焉。

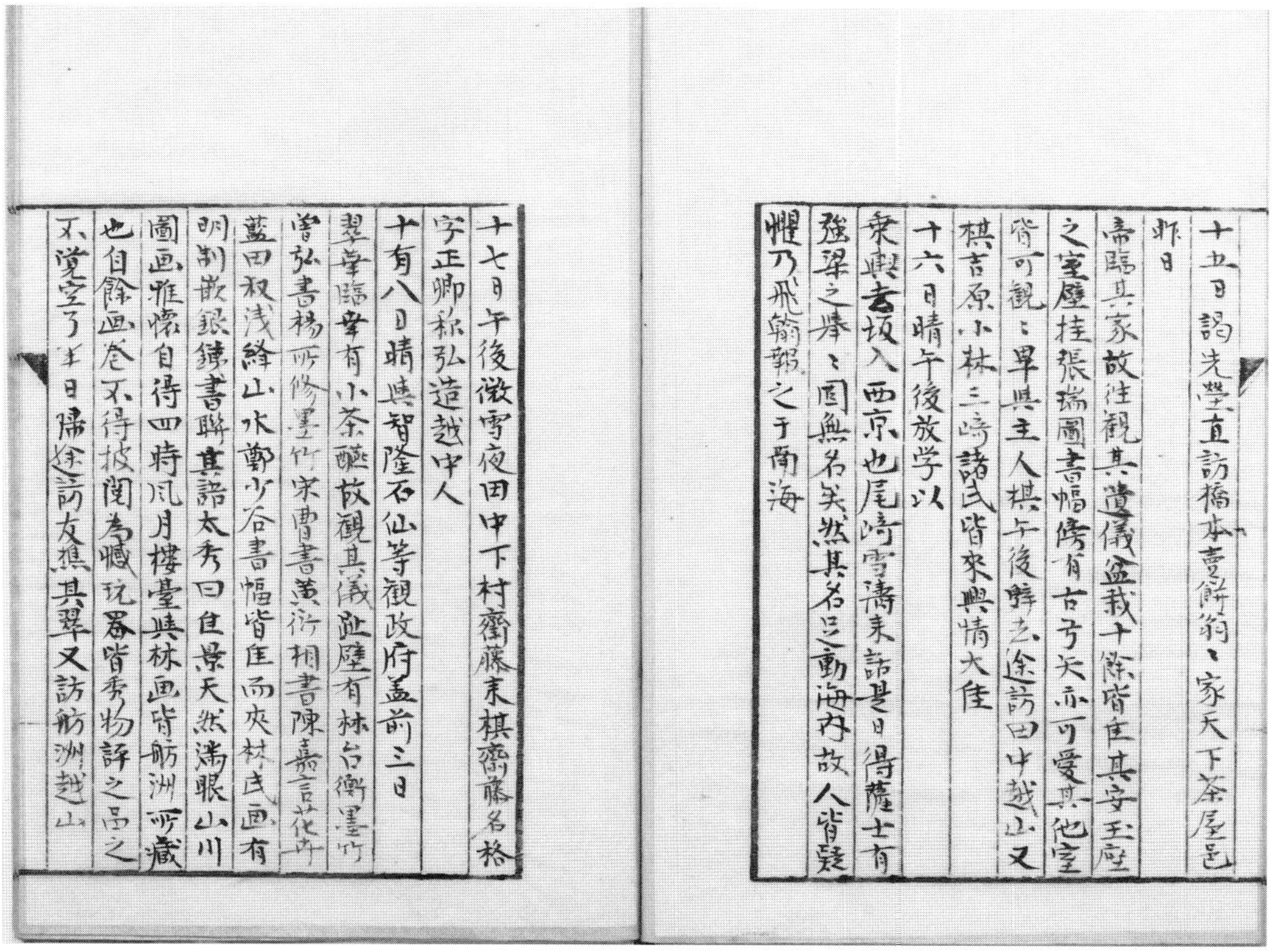

十五日。謁先塋、直訪橋本売餅翁。翁家天下茶屋邑。
昨日
帝臨其家、故往観其遺儀。盆栽十餘皆佳、其安玉座
之室、壁挂張瑞図書幅、傍有古弓矢、亦可愛。其他室
皆可観。観畢、与主人棋。午後、辞去。途訪田中越山、又
棋。吉原・小林・三崎諸氏皆来、興情大佳。
十六日。晴。午後放学、以
乗輿去坂入西京也。尾崎雪濤来話。是日、得薩士有
強梁之挙、挙固無名矣。然其名足動海内、故人皆疑
懼、乃飛翰報之于南海。

十七日。午後、微雪。夜、田中・下村・斎藤来棋。斎藤、名格、
字正卿、称弘造、越中人。
十有八日。晴。与智隆・石仙等観政府。蓋前三日
翠華臨幸、有小茶醼、故観其儀趾。壁有林台衡墨竹、
曾弘書、楊所修墨竹、宋曹書、黄衍相書、陳嘉言花卉、
藍田叔浅絳山水、鄭少谷書幅、皆佳。而夾林氏画有
明制嵌銀鉄書聯、其語太秀、曰、佳景天然、満眼山川、
図画雅懐、自得四時風月楼臺。与林画皆舫洲所蔵
也。自餘画巻、不得披閲為憾、玩器皆秀物、評之品之、
不覚空了半日。帰途訪友樵・其翠、又訪舫洲・越山。

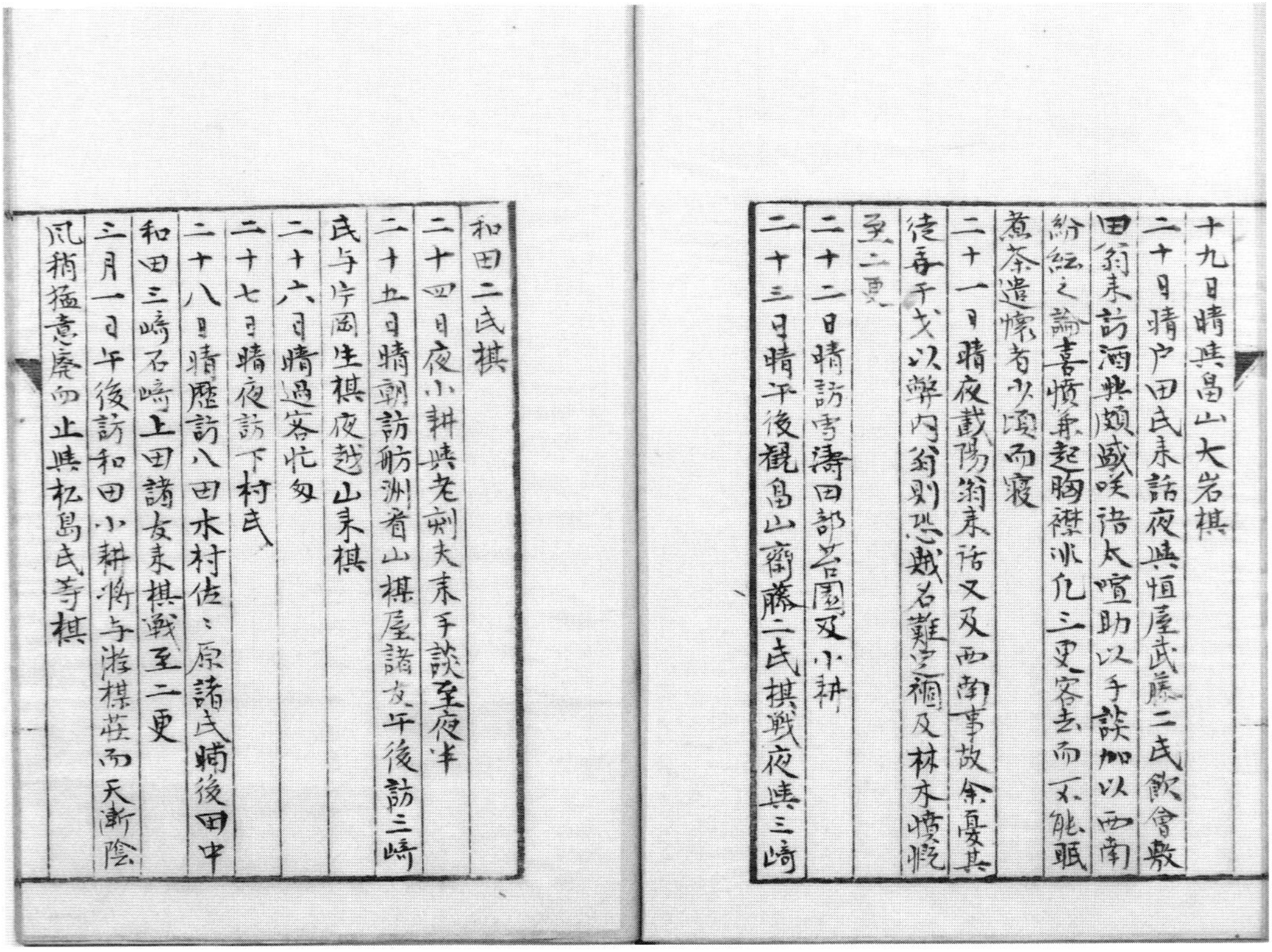

十九日。晴。与畠山・大岩棋。
二十日。晴。戸田氏来話。夜与恒屋・武藤二氏飲。会敷田翁来訪、酒興頗盛。咲語太喧、助以手談、加以西南紛紜之論、喜憤兼起、胸襟非凡。三更客去、而不能眠、煮茶遣懐者少頃而寝。
二十一日。晴。夜、載陽翁来話、又及西南事。故余憂其徒弄干戈以弊内。翁則恐賊名難定、禍及林木、憤慨至二更。
二十二日。晴。訪雪濤・田部苔園及小耕。
二十三日。晴。午後、観畠山・斎藤二氏棋戦。夜与三崎・和田二氏棋。
二十四日。夜、小耕与老刻夫来、手談至夜半。
二十五日。晴。朝訪舫洲・看山・梅屋諸友。午後訪三崎氏、与片岡生棋。夜、越山来棋。
二十六日。晴。過客忙匆。
二十七日。晴。夜訪下村氏。
二十八日。晴。歴訪八田・木村・佐ゝ原諸氏。晡後、田中・和田・三崎・石崎・上田諸友来、棋戦至二更。
三月、一日。午後、訪和田小耕、将与游梅荘、而天漸陰、風稍猛、意廃而止。与松島氏等棋。

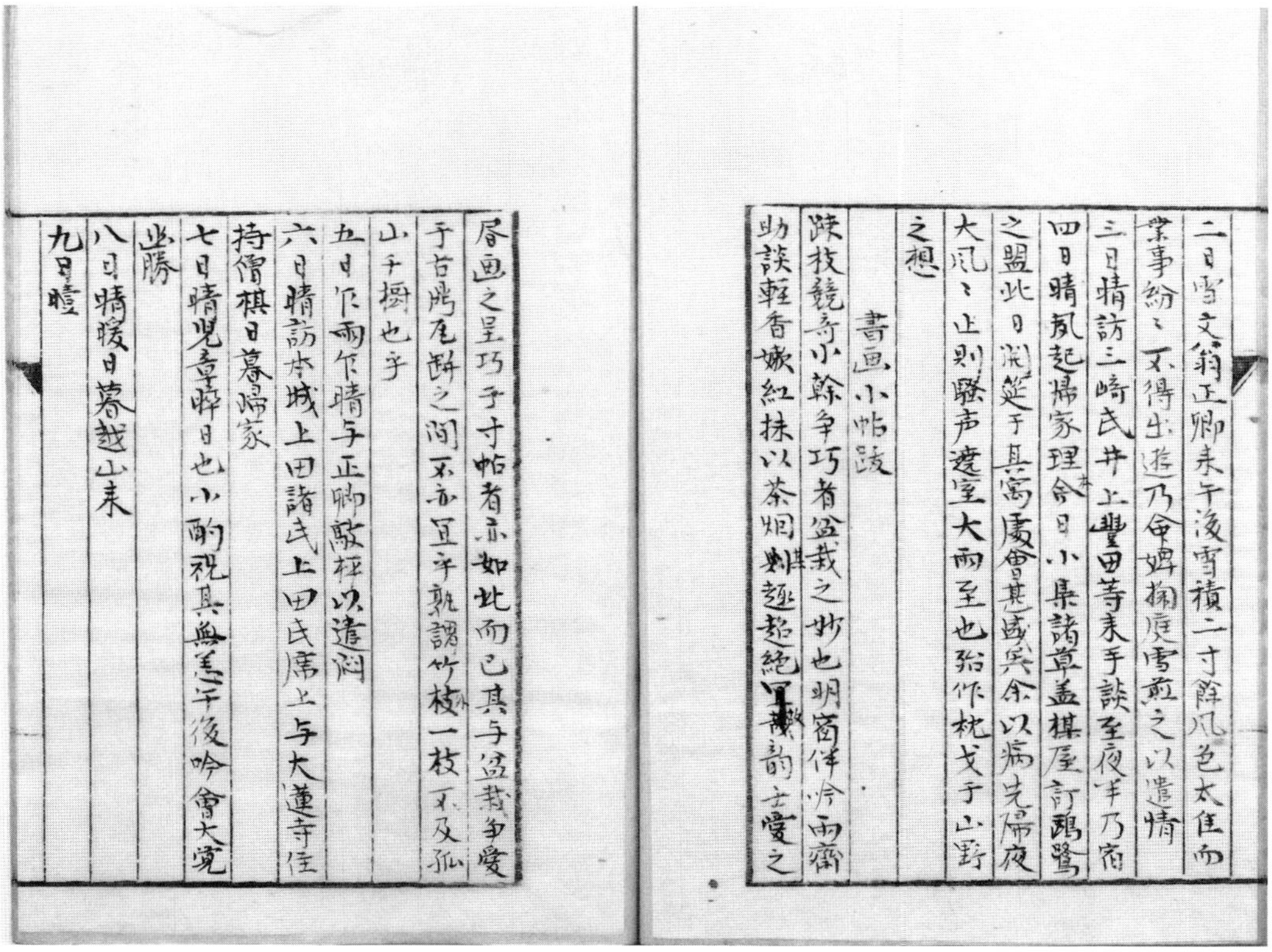

二日。雪。文翁・正卿来。午後、雪積二寸餘、風色太佳。而業事紛〻、不得出遊、乃命婢掬庭雪、煎之以遣情。
三日。晴。訪三崎氏、井上・豊田等来、手談至夜半、乃宿。
四日。晴。夙起、帰家、理本日小集諸草。蓋梅屋訂鷗鷺之盟、此日開筵于其寓処。会甚盛矣、余以病先帰。夜、大風。風止則騒声遶室、大雨至也、殆作枕戈于山野之想。

　書画小帖跋

疎枝競奇、小幹争巧者、盆栽之妙也。明窓伴吟、雨斎助談、軽香嫩紅、抹以茶煙、其趣超絶、故韻士愛之。書画之呈巧于寸帖者、亦如此而已。其与盆栽、争愛于古鼎瓦缾之間、不亦宜乎。孰謂竹外一枝不及孤山千樹也乎。
五日。乍雨乍晴。与正卿敲枰以遣悶。
六日。晴。訪本城・上田諸氏。上田氏席上与大蓮寺住持僧棋。日暮、帰家。
七日。晴。児章晬日也。小酌祝其無恙。午後吟会、大覚幽勝。
八日。晴暖。日暮、越山来。
九日。曀。

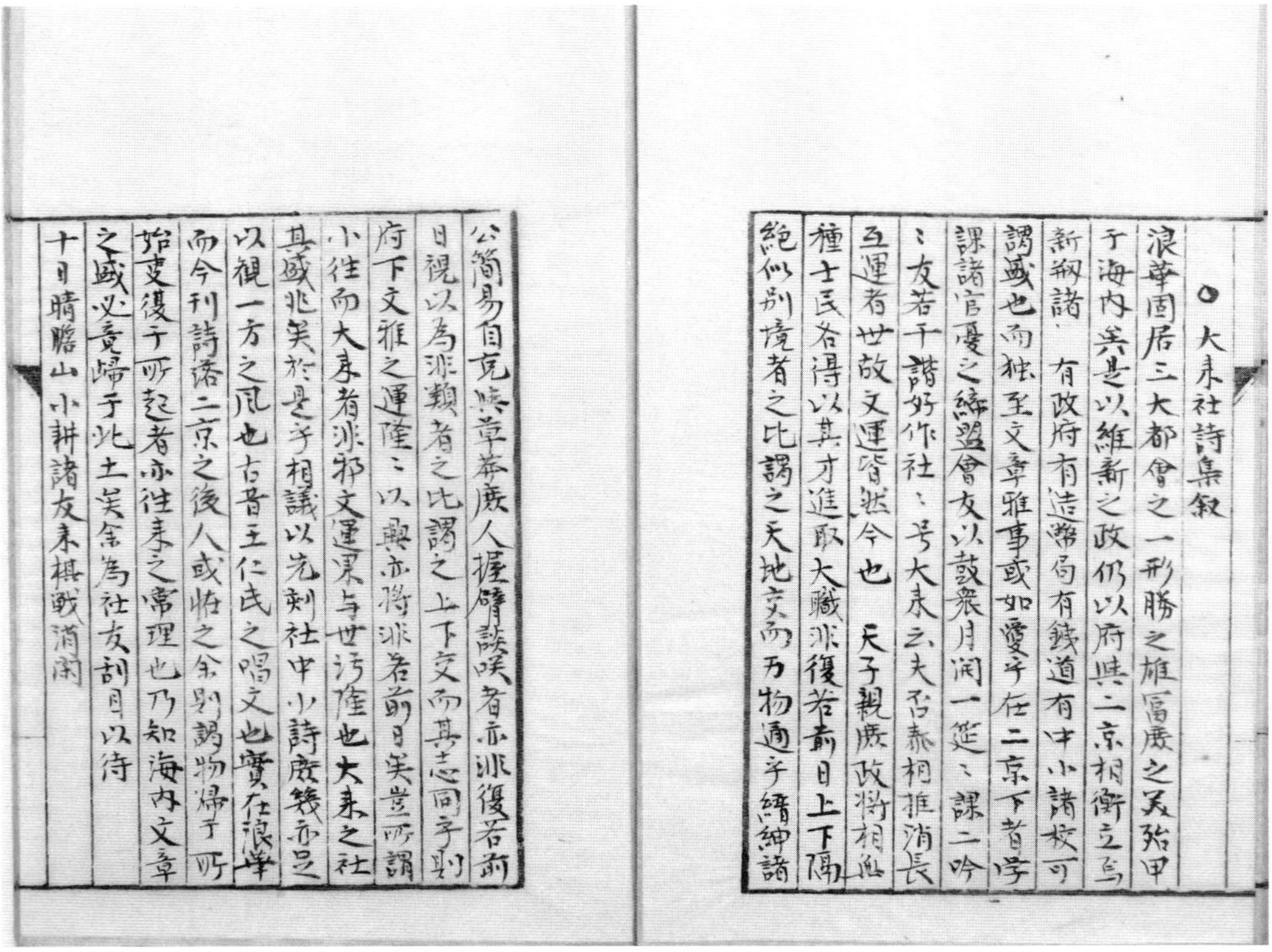

大来社詩集叙

浪華固居三大都会之一、形勝之雄、富庶之美、殆甲于海内矣。是以維新之政、仍以府与二京相衡立焉。新瓤諸　有政府、有造幣局、有鉄道、有中小諸校、可謂盛也。而独至文章雅事、或如夐乎在二京下者。学課諸官憂之、締盟会友以鼓衆。月開一筵、筵課二吟、吟友若干、譜好作社、社号大来云。夫否泰相推、消長互運者、世故文運皆然。今也　天子親庶政、将相無種、士民各得以其才進取大職、非復若前日上下隔絶、似別境者之比。謂之天地交而万物通乎。縉紳諸公、簡易自克、与草莽庶人握臂談咲者、亦非復若前日視以為非類者之比。謂之上下交而其志同乎。則府下文雅之運、隆ゝ以興、亦将非若前日矣。豈所謂小往而大来者、非邪。文運果与世汚隆也。大来之社其盛兆矣。於是乎相議以先刻社中小詩、庶幾亦足以観一方之風也。古昔王仁氏之唱文也、実在浪華、而今刊詩落二京之後、人或怪之。余則謂物帰于所始、事復于所起者、亦往来之常理也。乃知海内文章之盛、必竟帰于此土矣。余為社友刮目以待。

十日。晴。胆山・小耕諸友来、棋戦消閑。

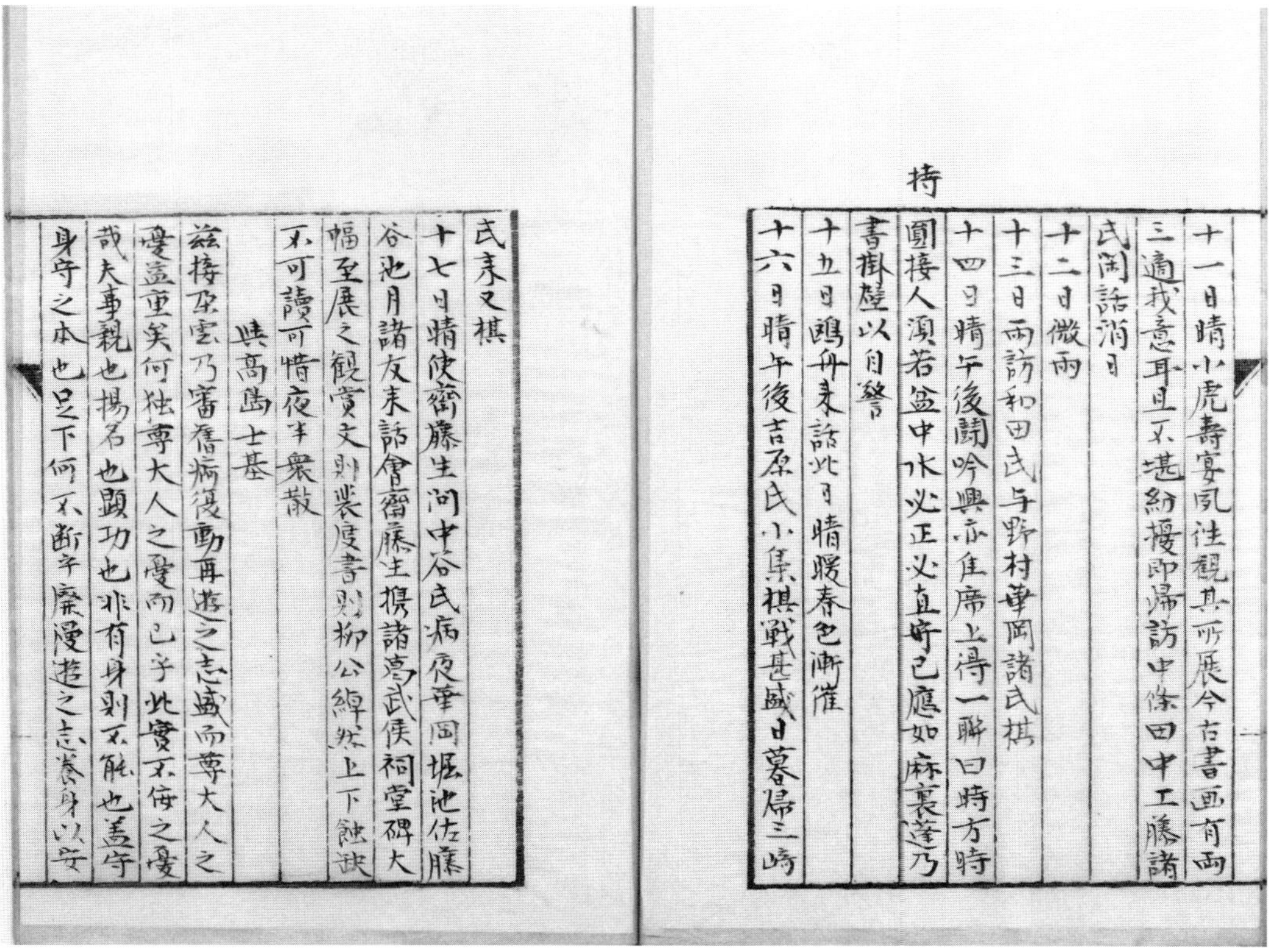

十一日。晴。小虎寿宴、夙往観。其所展今古書画、有両
三適我意耳。且不堪紛擾、即帰。訪中條・田中・工藤諸
氏、閑話消日。
十二日。微雨。
十三日。雨。訪和田氏、与野村・華岡諸氏棋。
十四日。晴。午後闘吟、興亦佳。席上得一聯、曰、時方時
円、接人須若盆中水、必正必直、持己応如麻裏蓬。乃
書掛壁以自警。
十五日。鷗舟来話。此日晴暖、春色漸催。
十六日。晴。午後、吉原氏小集。棋戦甚盛、日暮、帰。三崎
氏来、又棋。
十七日。晴。使斎藤生問中谷氏病。夜、華岡・堀池・佐藤・
谷池月諸友来話。会斎藤生携諸葛武侯祠堂碑大
幅至。展之観賞、文則裴度、書則柳公綽。然上下蝕缺、
不可読、可惜。夜半衆散。

与高島士基

兹接朶雲、乃審旧痾復動、再遊之志盛、而尊大人之
憂益重矣。何独尊大人之憂而已乎、此実不佞之憂
哉。夫事親也、揚名也、顕功也、非有身則不能也。蓋守
身、守之本也、足下何不断乎廃漫遊之志、養身以安

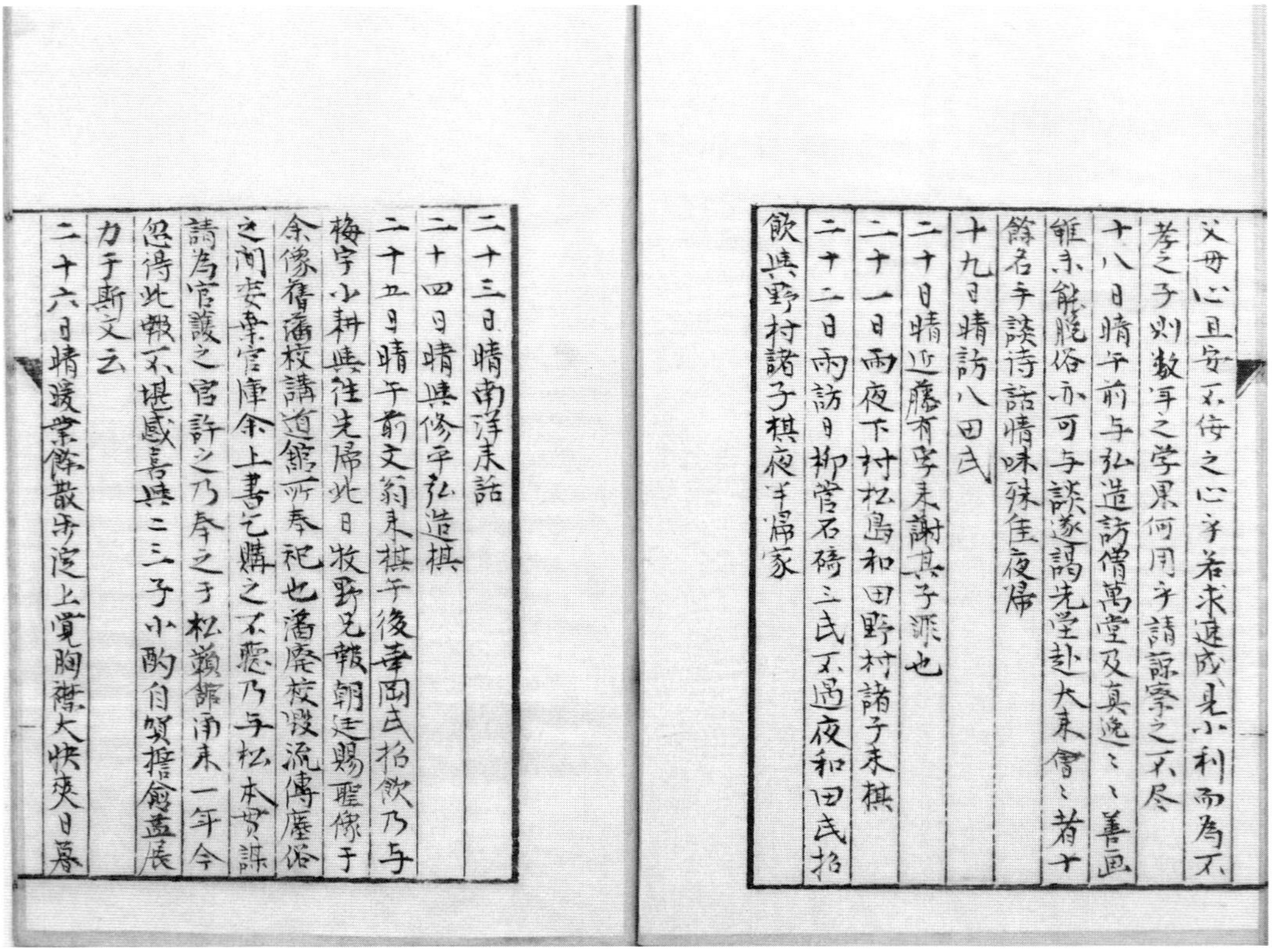

父母心、且安不佞之心乎。若求速成、見小利而為不孝之子、則数年之学果何用乎。請諒察之。不尽。

十八日。晴。午前与弘造訪僧万堂及真逸。真逸善画、雖未能脱俗、亦可与談。遂謁先塋、赴大来会。会者十餘名、手談詩話、情味殊佳。夜帰。

十九日。晴。訪八田氏。

二十日。晴。近藤有孚来、謝其子罪也。

二十一日。雨。夜、下村・松島・和田・野村諸子来棋。

二十二日。雨。訪日柳・菅・石碕三氏、不遇。夜、和田氏招飲、与野村諸子棋。夜半帰家。

二十三日。晴。南洋来話。

二十四日。晴。与修平・弘造棋。

二十五日。晴。午前、文翁来棋。午後、華岡氏招飲。乃与梅宇・小耕与往、先帰。此日牧野兄報、朝廷賜聖像于余、像旧藩校講道館所奉祀也。藩廃校毀、委棄官庫。余上書乞購之、不聴。乃与松本貫謀、請為官護之。官許之、乃奉之于松籟館。爾来一年、今忽得此報、不堪感喜、与二三子小酌自賀、誓愈益展力于斯文云。

二十六日。晴暖。業餘、散歩淀上、覚胸襟大快爽。日暮、

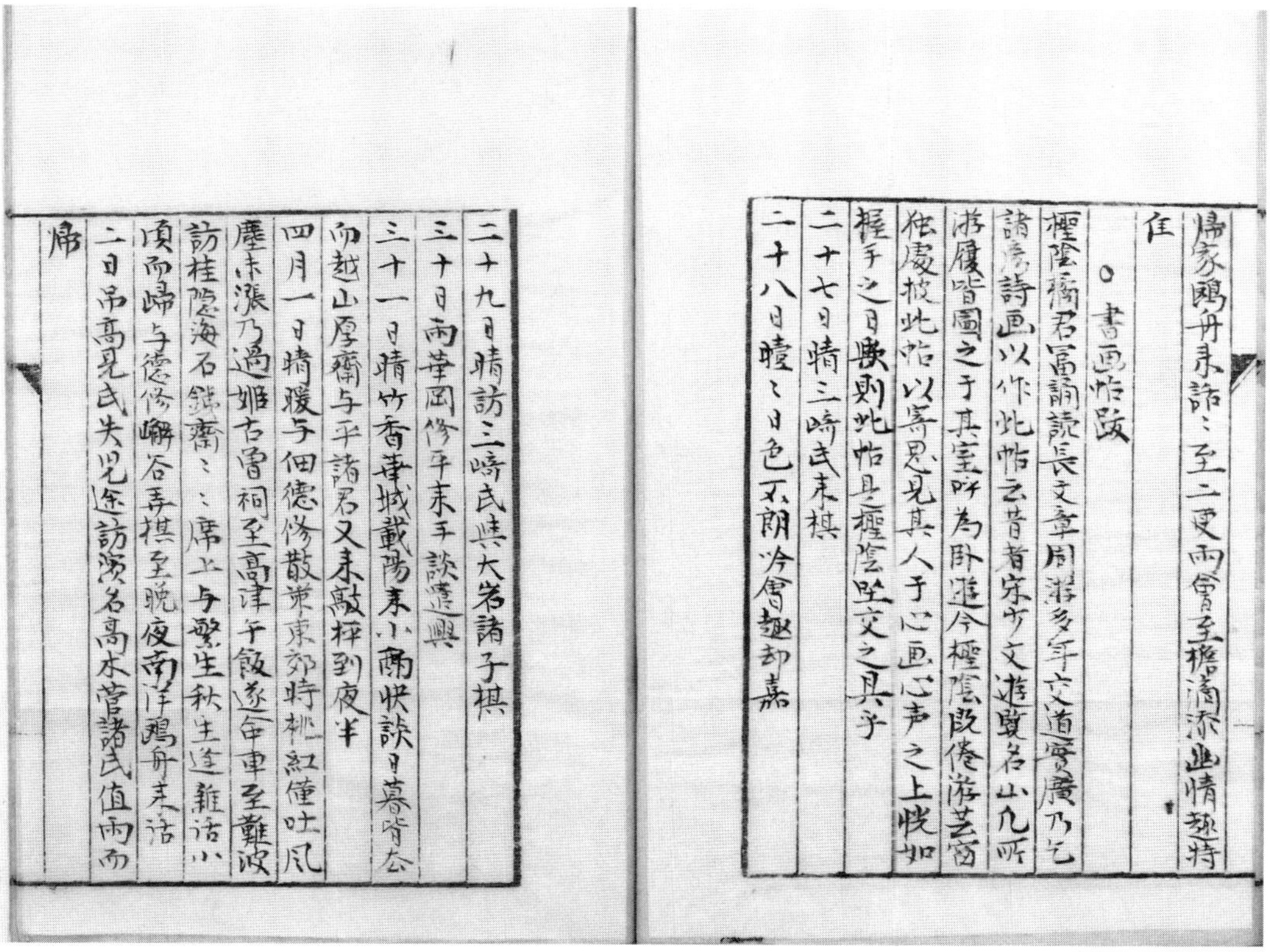

帰家。鷗舟来話、話至二更。雨会至、檐滴添幽情、趣特佳。

書画帖跋

樫陰橘君、富誦読、長文章、周游多年、交道実広、乃乞諸彦詩画以作此帖云。昔者、宋少文遊覧名山、凡所游履、皆図之于其室、呼為臥遊。今樫陰既倦游、芸窓独処、披此帖以寄思、見其人于心画心声之上、恍如握手之日歟。則此帖是樫陰坐交之具乎。

二十七日。晴。三崎氏来棋。

二十八日。曀ゝ、日色不朗。吟会趣却嘉。

二十九日。晴。訪三崎氏、与大岩諸子棋。

三十日。雨。華岡修平来、手談遣興。

三十一日。晴。竹香・華城・載陽来。小酌快談、日暮皆去。而越山・厚斎・与平諸君又来、敲枰到夜半。

四月、一日。晴暖。与佃徳修散策東郊。時桃紅僅吐、風塵未漲、乃過姫古曾祠、至高津、午飯、遂命車至難波、訪桂隠・海石・鉄斎。鉄斎席上、与繁生・秋生逢、雑話、小頃而帰。与徳修・嶰谷弄棋至晩。夜、南洋・鷗舟来話。

二日。弔高見氏失児。途訪浜名・高木・菅諸氏、値雨而帰。

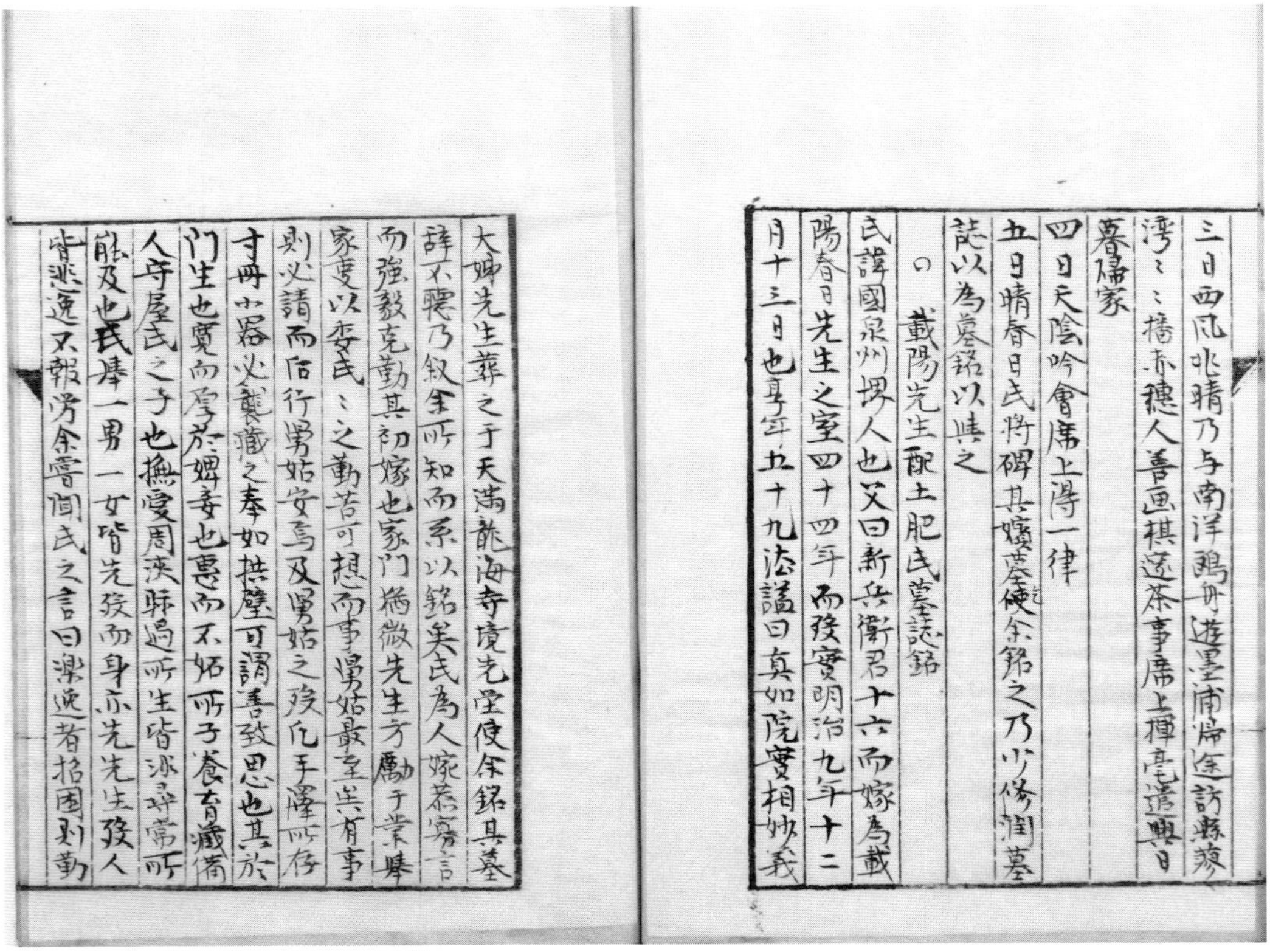

三日。西風、兆晴。乃与南洋・鷗舟遊墨浦。帰途訪県蓼湾。蓼湾、播赤穂人、善画棋、邃茶事。席上揮毫遺興、日暮、帰家。

四日。天陰。吟会席上得一律。

五日。晴。春日氏将碑其嬪墓、乞余銘之。乃少修潤墓誌、以為墓銘、以与之。

　載陽先生配土肥氏墓誌銘

氏諱国、泉州堺人也。父曰新兵衛。君十六而嫁、為載陽春日先生之室。四十四年而歿、実明治九年十二月十三日也。享年五十九。法謚曰真如院実相妙義大姉。先生葬之于天満龍海寺境先塋、使余銘其墓。辞、不聴。乃叙余所知而系以銘矣。氏為人婉恭寡言而強毅克勤。其初嫁也、家門猶微、先生方励于業、挙家事以委氏、氏之勤苦可想。而事舅姑最至矣、有事則必請而後行、舅姑安焉。及舅姑之歿、凡手沢所存、寸冊小器、必襲蔵之、奉如拱璧、可謂善致思也。其於門生也寛而厚、於婢妾也恵而不妬。所子養育蔵、備人守屋氏之子也。撫愛周浹、駈過所生、皆非尋常所能及也。氏挙一男一女、皆先歿、而身亦先先生歿、人皆悲逸不報労。余嘗聞氏之言、曰、楽逸者招困、則勤

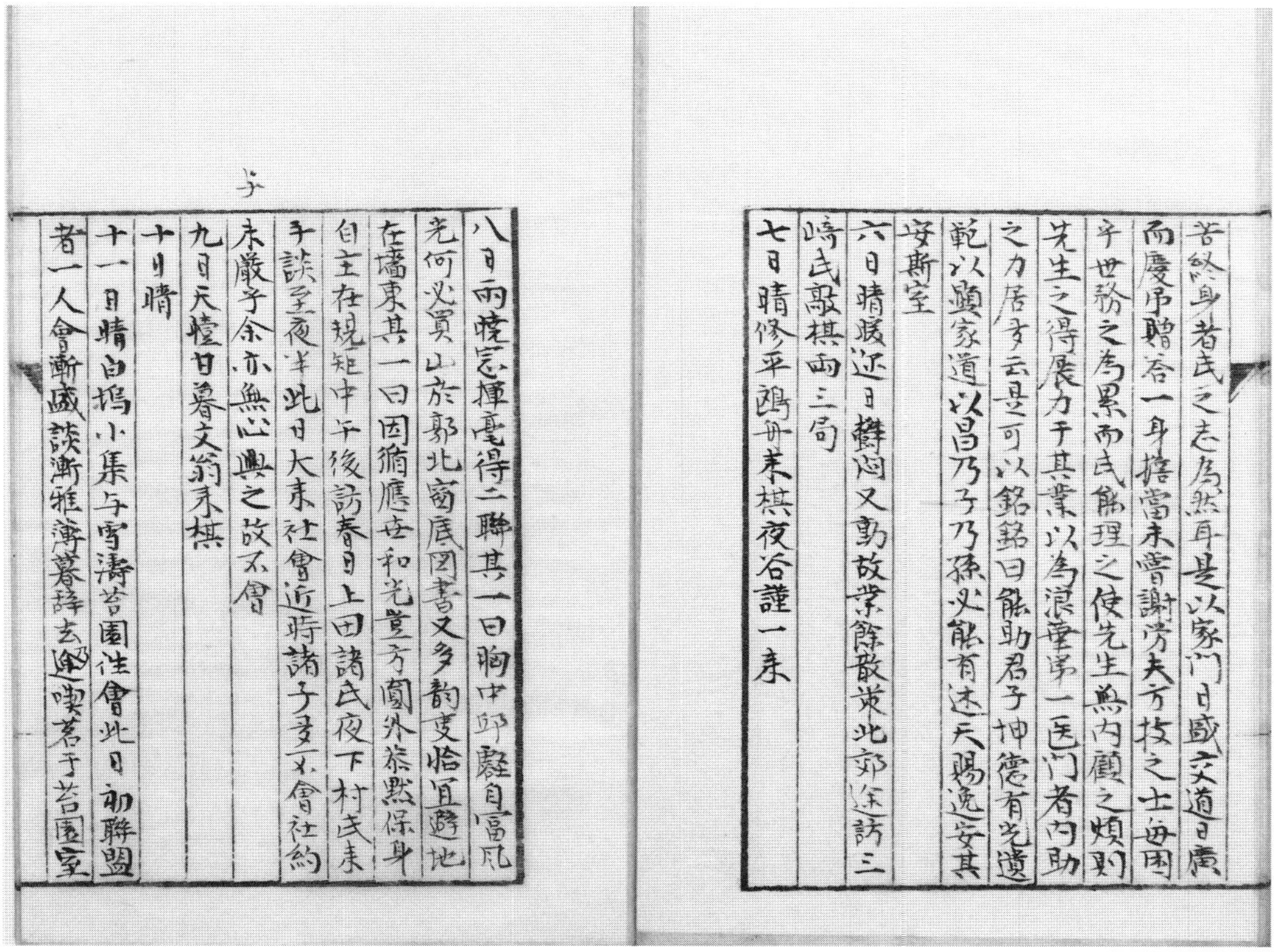

苦終身者、氏之志為然耳。是以家門日盛、交道日広、而慶弔贈答、一身担当、未嘗謝労。夫方技之士、毎困乎世務之為累、而氏能理之、使先生無内顧之煩、則先生之得展力于其業、以為浪華第一医門者、内助之力居多云。是可以銘。銘曰、能助君子、坤徳有光。遺範以顕、家道以昌。乃子乃孫、必能有述。天賜逸安、其安斯室。

六日。晴暖。邇日鬱悶又動、故業餘散策北郊、途訪三崎氏、敲棋両三局。

七日。晴。修平・鷗舟来棋。夜、谷謹一来。

八日。雨。暁窓揮毫、得二聯。其一曰、胸中邱壑自富風光、何必買山於郭北、窓底図書又多韻事、恰宜避地在牆東。其一曰、因循応世、和光豈方円外、恭黙保身、自主在規矩中。午後訪春日・上田諸氏。夜、下村氏来、手談至夜半。此日大来社会。近時諸子多不会、社約未厳乎。余亦無心与之、故不会。

九日。天曀。日暮、文翁来棋。

十日。晴。

十一日。晴。白塢小集、与雪濤・苔園往会。此日初聯盟者一人、会漸盛、談漸雅。薄暮辞去、乃喫茗于苔園室

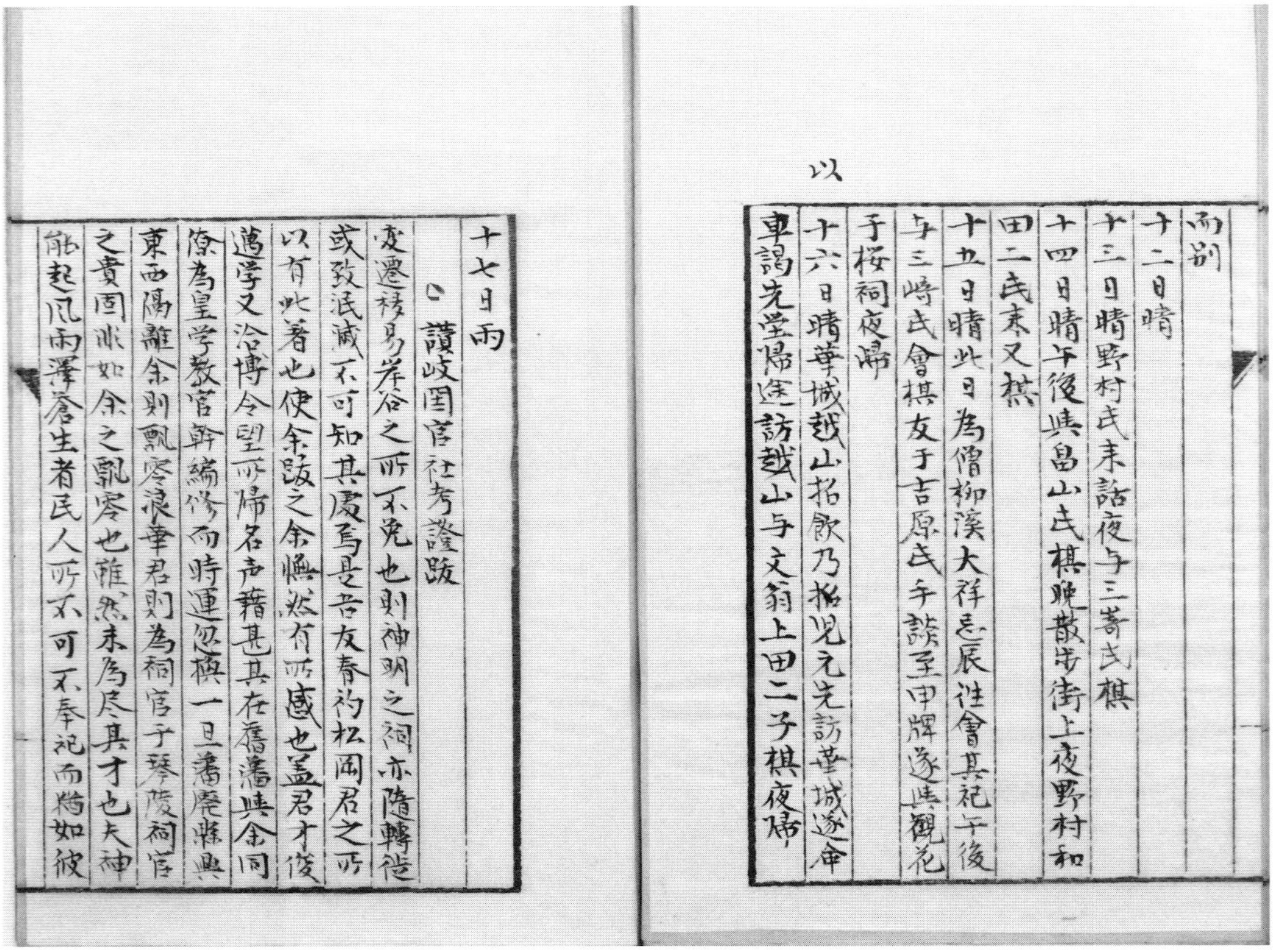

而別。
十二日。晴。
十三日。晴。野村氏来話。夜与三崎氏棋。
十四日。晴。午後与畠山氏棋。晩散歩街上。夜、野村・和田二氏来、又棋。
十五日。晴。此日為僧柳渓大祥忌辰、往会其祀。午後与三崎氏会棋友于吉原氏。手談至申牌、遂与観花于桜祠、夜帰。
十六日。晴。華城・越山招飲。乃以児元先訪華城、遂命車謁先塋。帰途訪越山、与文翁・上田二子棋、夜帰。
十七日。雨。

讃岐国官社考証跋

変遷移易、岸谷之所不免也。則神明之祠、亦随転徙、或致泯滅、不可知其処焉。是吾友春祠松岡君之所以有此著也。使余跋之、余憮然有所感也。蓋君才俊邁、学又洽博、令望所帰、名声藉甚。其在旧藩、与余同僚、為皇学教官、幹編修。而時運忽換、一旦藩廃県興、東西隔離、余則飄零浪華、君則為祠官于琴陵。祠官之貴、固非如余之飄零也。雖然未為尽其才也。夫神能起風、雨沢蒼生者、民人所不可不奉祀而猶如彼。

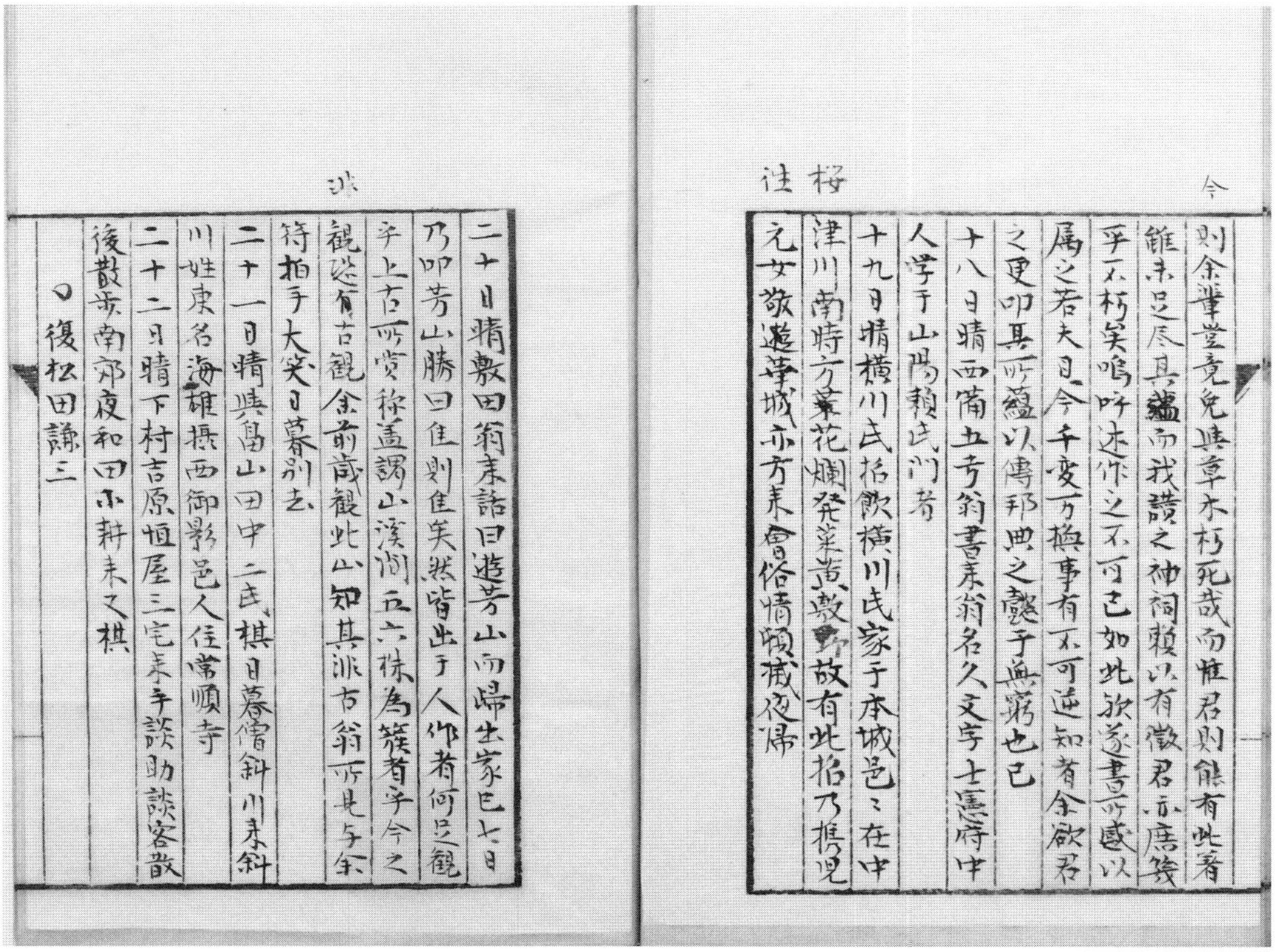

則余輩豈竟免与草木朽死哉。而今君則能有此著、
雖未足尽其蘊、而我讃之神祠頼以有徴、君亦庶幾
乎不朽矣。嗚呼、述作之不可已、如此歟。遂書所感以
属之。若夫目今千変万換、事有不可逆知者、余欲君
之更叩其所蘊、以伝邦典之懿于無窮也已。
十八日。晴。西備五弓翁書来。翁、名久文、字士憲、府中
人、学于山陽頼氏門者。
十九日。晴。横川氏招飲。横川氏家于本城邑、邑在中
津川南。時方桜花爛発、菜黄敷野、故有此招。乃携児
元・女敬往。華城亦方来会、俗情頓滅、夜帰。
二十日。晴。敷田翁来話、曰、遊芳山而帰、出家已七日。
乃叩芳山勝。曰、佳則佳矣、然皆出于人作者、何足観
乎。上古所賞称、蓋謂山渓間五六株為簇者乎。今之
観、恐非古観。余前歳観此山、知其非古。翁所見与余
符、拍手大笑。日暮、別去。
二十一日。晴。与畠山・田中二氏棋。日暮、僧斜川来。斜
川、姓東、名海雄、摂西御影邑人、住常順寺。
二十二日。晴。下村・吉原・恒屋・三宅来、手談助談。客散
後、散歩南郊。夜、和田・小耕来、又棋。
復松田謙三

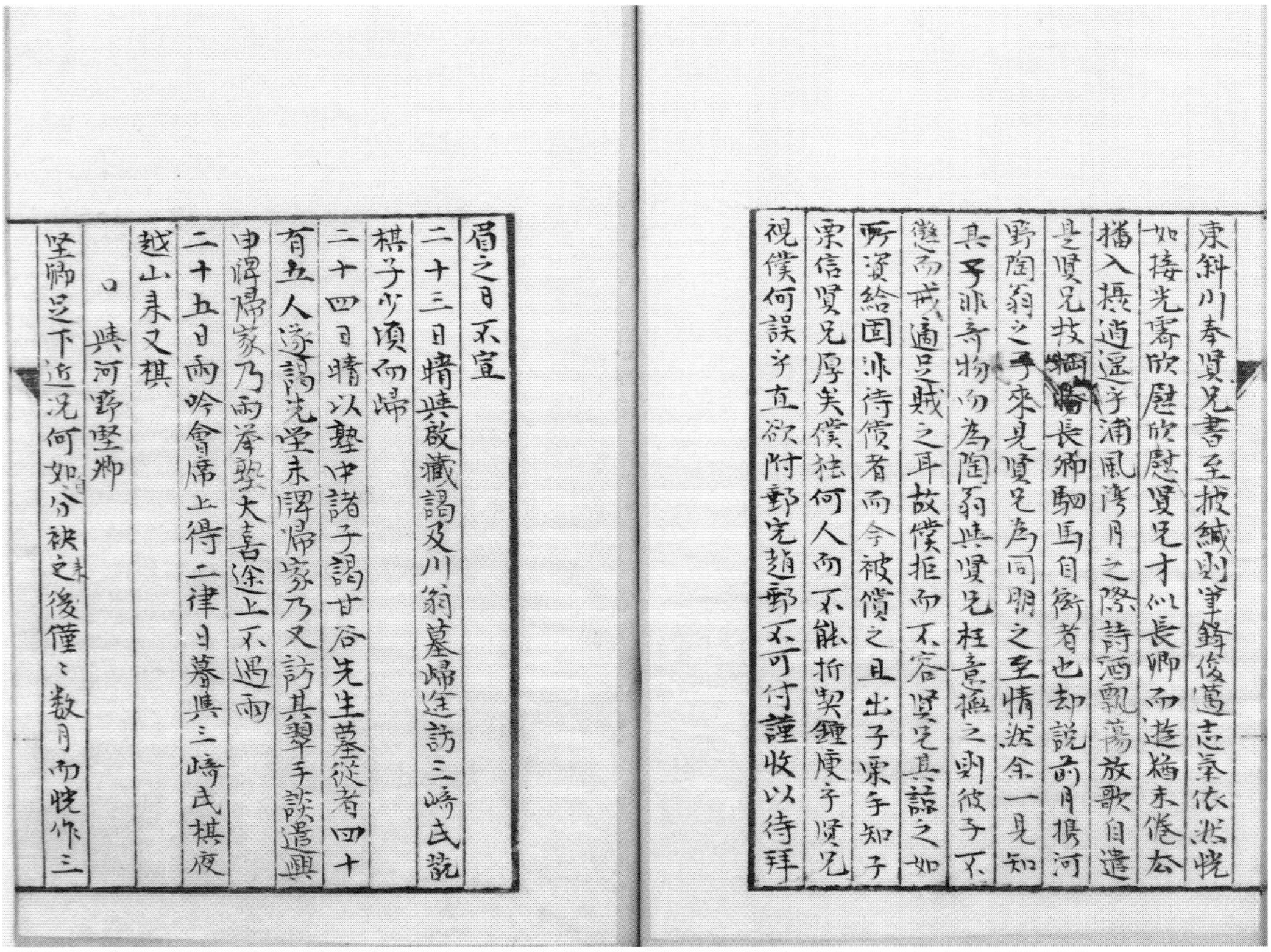

東斜川賢兄書至。披緘、則筆鋒俊邁、志気依然、恍如接光霽、欣慰、欣慰。賢兄才似長卿、而遊猶未倦、去播入摂、逍遥乎浦風湾月之際、詩酒飄蕩、放歌自遣、是賢兄技両勝長卿、駟馬自衒者也。却説、前月携河野陶翁之子来見、賢兄為同朋之至情。然余一見知其非奇物、而為陶翁与賢兄枉意撫之、則彼子不懲、而戒適足賊之耳。故僕拒而不容、賢兄其諒之。如所資給、固非待償者、而今被償之、且出子栗手知子栗信、賢兄厚矣。僕独何人而不能折契鍾庾乎。賢兄視僕何誤乎。直欲附郵完趙、郵不可付。謹収以待拝眉之日。不宣。

二十三日。晴。与啓蔵謁及川翁墓。帰途訪三崎氏、翫棋子、少頃而帰。

二十四日。晴。以塾中諸子謁甘谷先生墓、従者四十有五人、遂謁先塋、未牌帰家。乃又訪其翠、手談遺興。申牌帰家乃雨、挙塾大喜、途上不遇雨。

二十五日。雨。吟会、席上得二律。日暮、与三崎氏棋。夜、越山来、又棋。

与河野堅卿

堅卿足下近況何如。自分袂来、僅ゝ数月、而恍作三

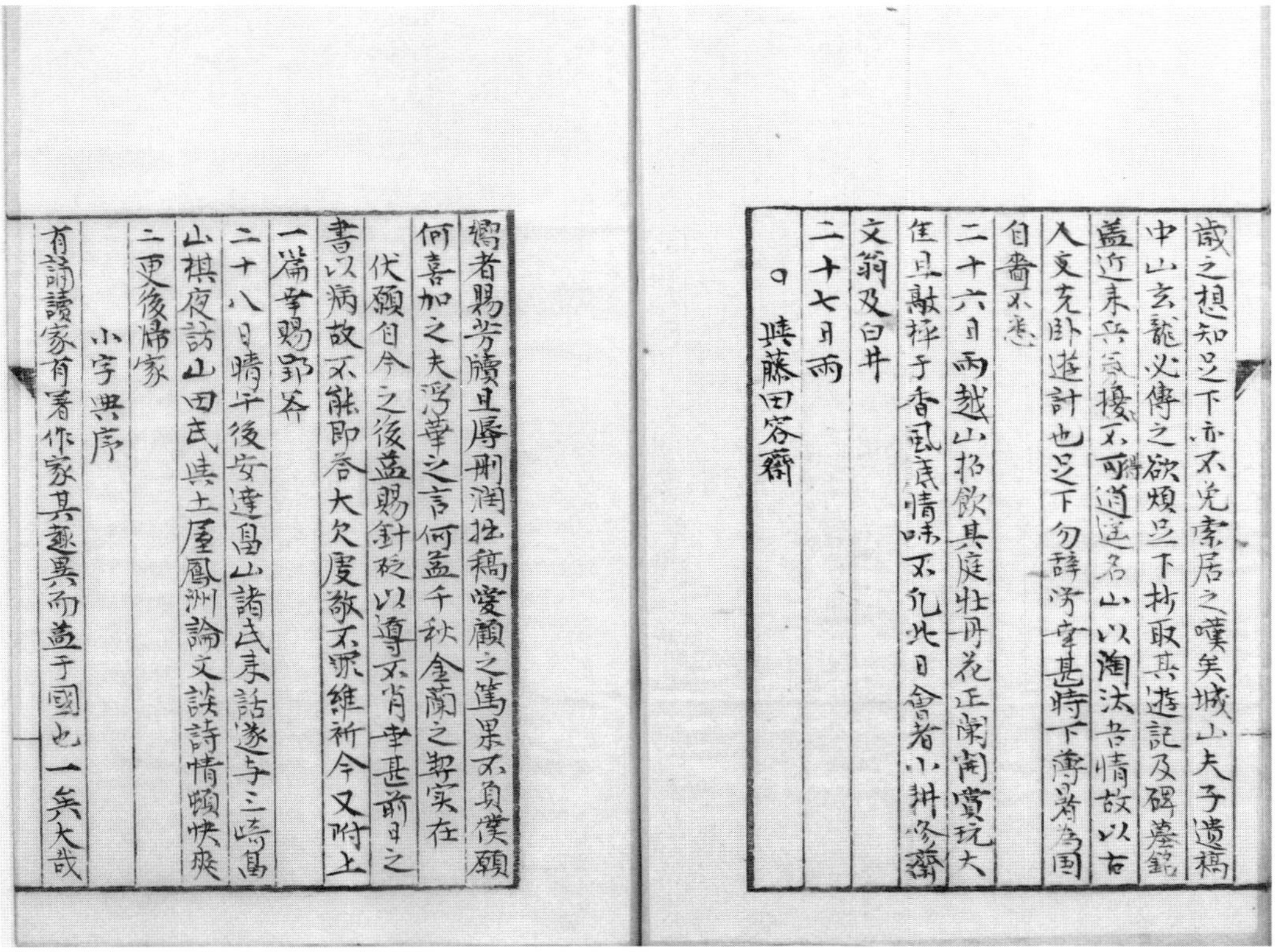

歳之想、知足下亦不免索居之嘆矣。城山夫子遺稿、中山玄龍必伝之、欲煩足下抄取其遊記及碑墓銘。蓋近来兵氛擾ゝ、不得逍遥名山以淘汰吾情。故以充臥遊也。足下勿辞労、幸甚。時下薄暑、為国自嗇。不悉。

二十六日。雨。越山招飲。其庭牡丹花正闌開、賞玩大佳、且敲枰于香風底、情味不凡。此日会者、小耕・修斎・文翁及白井。

二十七日。雨。

　与藤田容斎

嚮者賜芳牘、且辱刪潤拙稿、愛顧之篤、果不負僕願、何喜加之。夫浮華之言何益。千秋金蘭之契実在。

　伏願自今之後、益賜針砭、以導不肖、幸甚。前日之書、以病故不能即答、大欠虔敬、不罪維祈。今又附上一篇、幸賜郢斧。

二十八日。晴。午後、安達・畠山諸氏来話、遂与三崎・畠山棋。夜訪山田氏、与土屋鳳洲論文談詩、情頓快爽。二更後帰家。

　　小字典序

有誦読家、有著作家、其趣異而益于国也一矣。大哉、

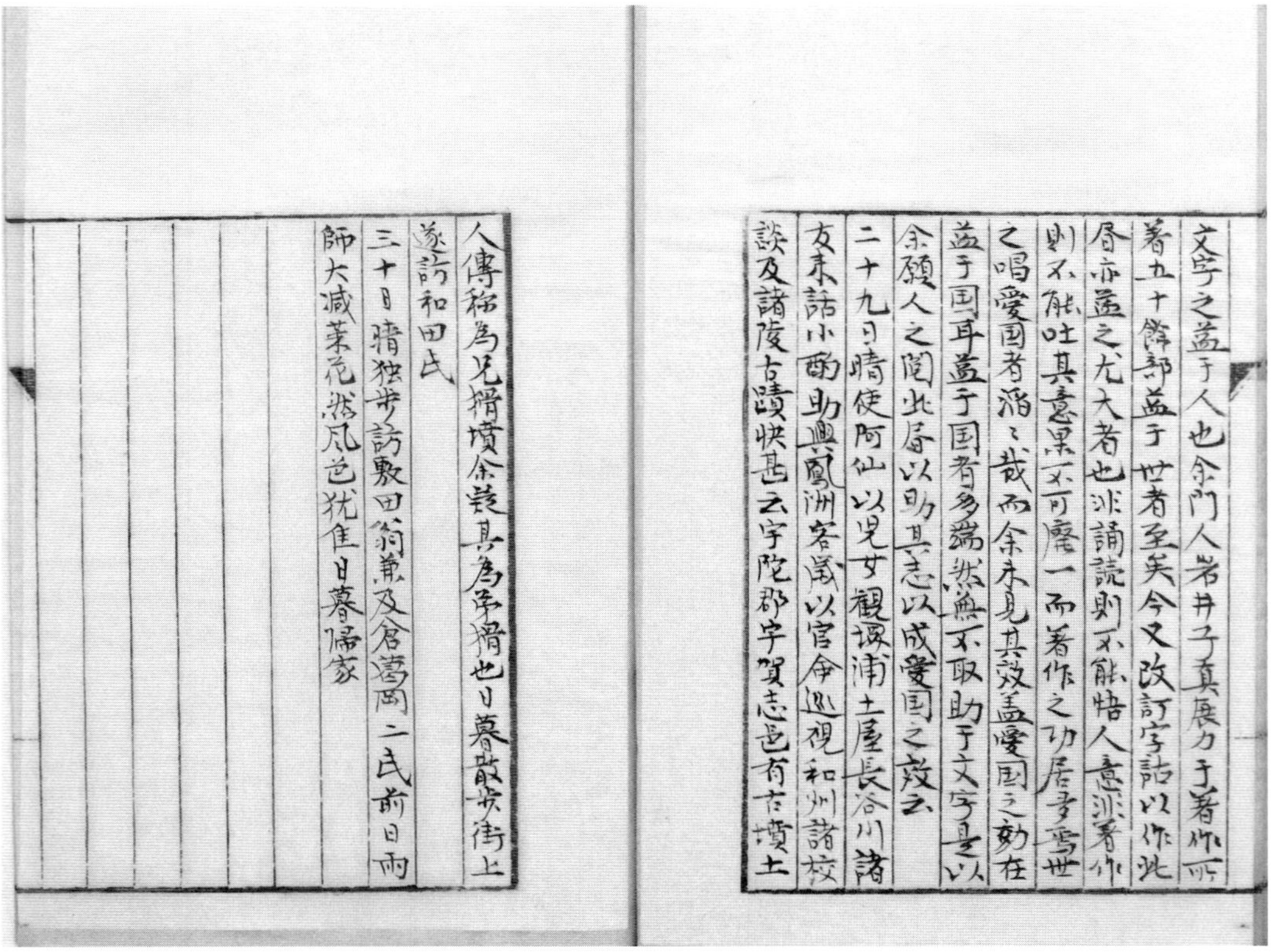

文字之益于人也。余門人岩井子真展力于著作、所著五十餘部、益于世者至矣。今又改訂字詁、以作此書、亦益之尤大者也。非誦読、則不能悟人意、非著作、則不能吐其意、果不可廃一、而著作之功居多焉。世之唱愛国者、滔ゝ哉。而余未見其効。蓋愛国之効、在益于国耳。益于国者多端、然無不取助于文字。是以余願人之閲此書、以助其志、以成愛国之効云。

二十九日。晴。使阿仙以児女観堺浦。土屋・長谷川諸友来話、小酌助興。鳳洲客歳以官命巡視和州諸校、談及諸陵古蹟、快甚。云、宇陀郡宇賀志邑有古墳、土人伝称為兄猾墳。余疑其為弟猾也。日暮、散歩街上、遂訪和田氏。

三十日。晴。独歩訪敷田翁、兼及倉・葛岡二氏。前日雨師大減菜花、然風色犹佳。日暮、帰家。

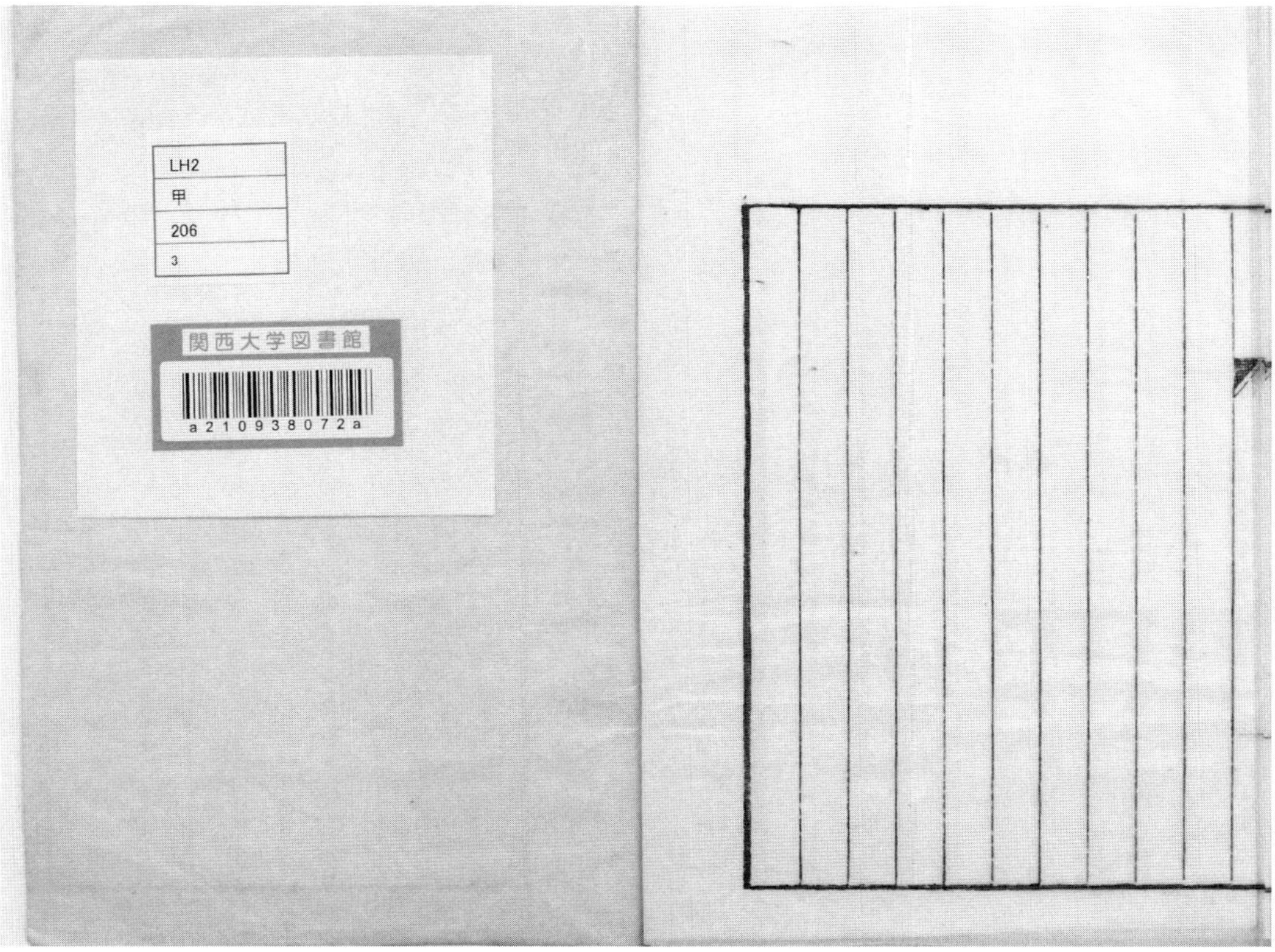
LH2
甲
206
3
関西大学図書館
a210938072a

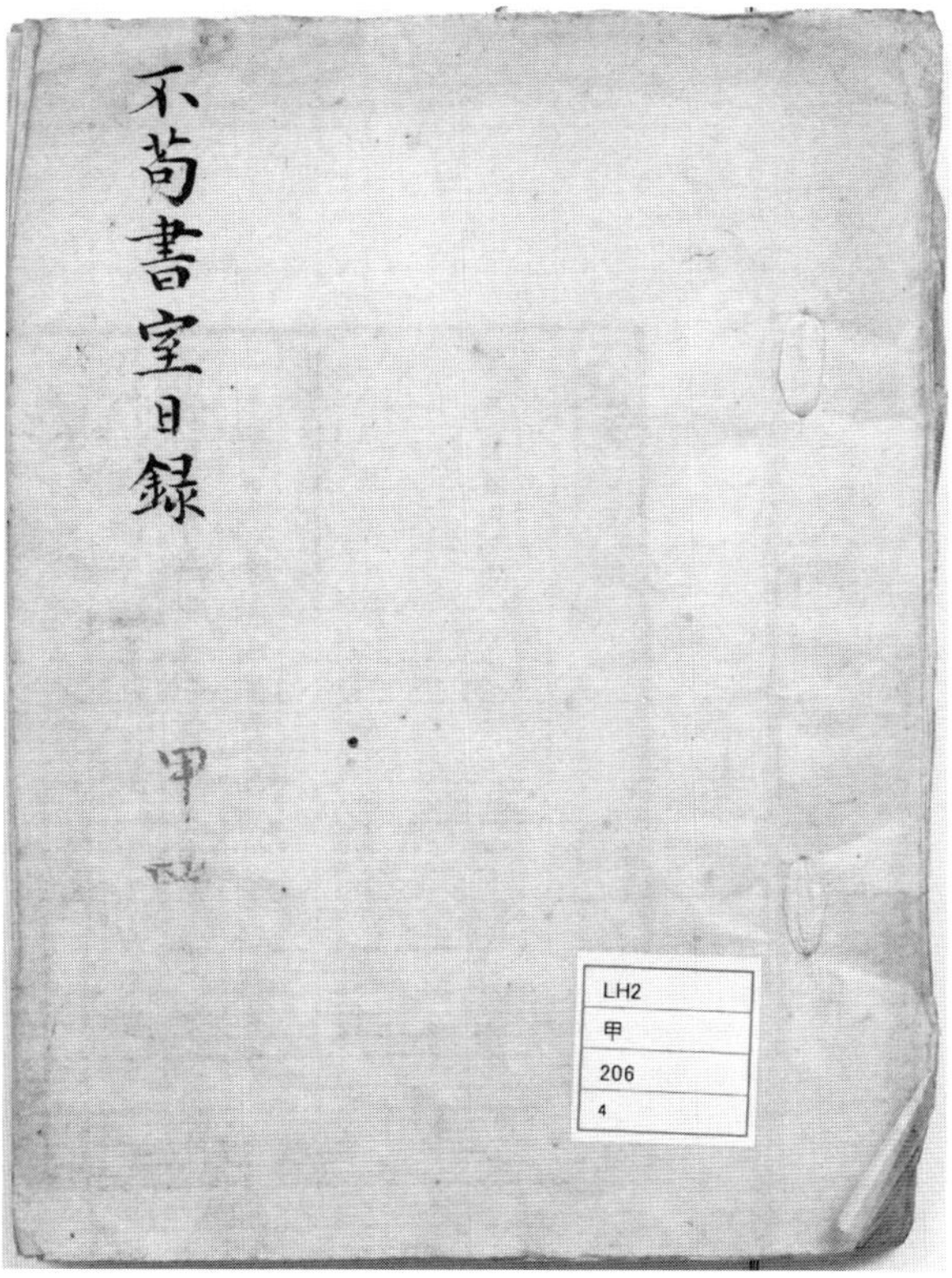


# 不苟書室日録

甲
四

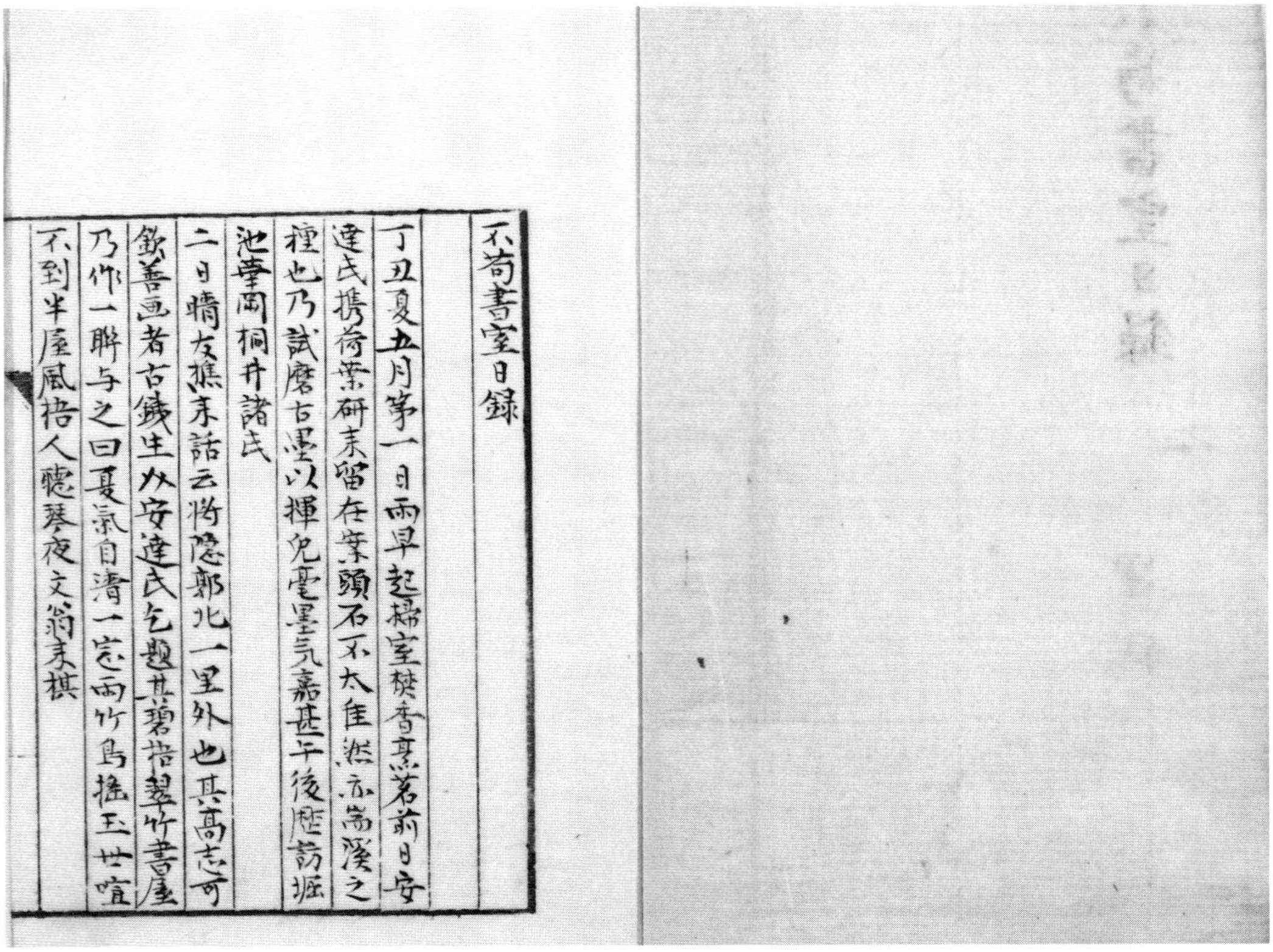

不苟書室日録

丁丑夏、五月、第一日。雨。早起、掃室、焚香、烹茗。前日安
達氏携荷葉研来、留在案頭。石不太佳、然亦嵩溪之
種也。乃試磨古墨以揮兎毫、墨気嘉甚。午後歴訪堀
池・華岡・桐井諸氏。
二日。晴。友樵来話、云、将隠郭北一里外也。其高志可
欽。善画者古鉄生、介安達氏乞題其碧梧翠竹書屋、
乃作一聯与之、曰、夏気自清、一窓雨竹鳥搖玉、世喧
不到、半屋風梧人聴琴。夜、文翁来棋。

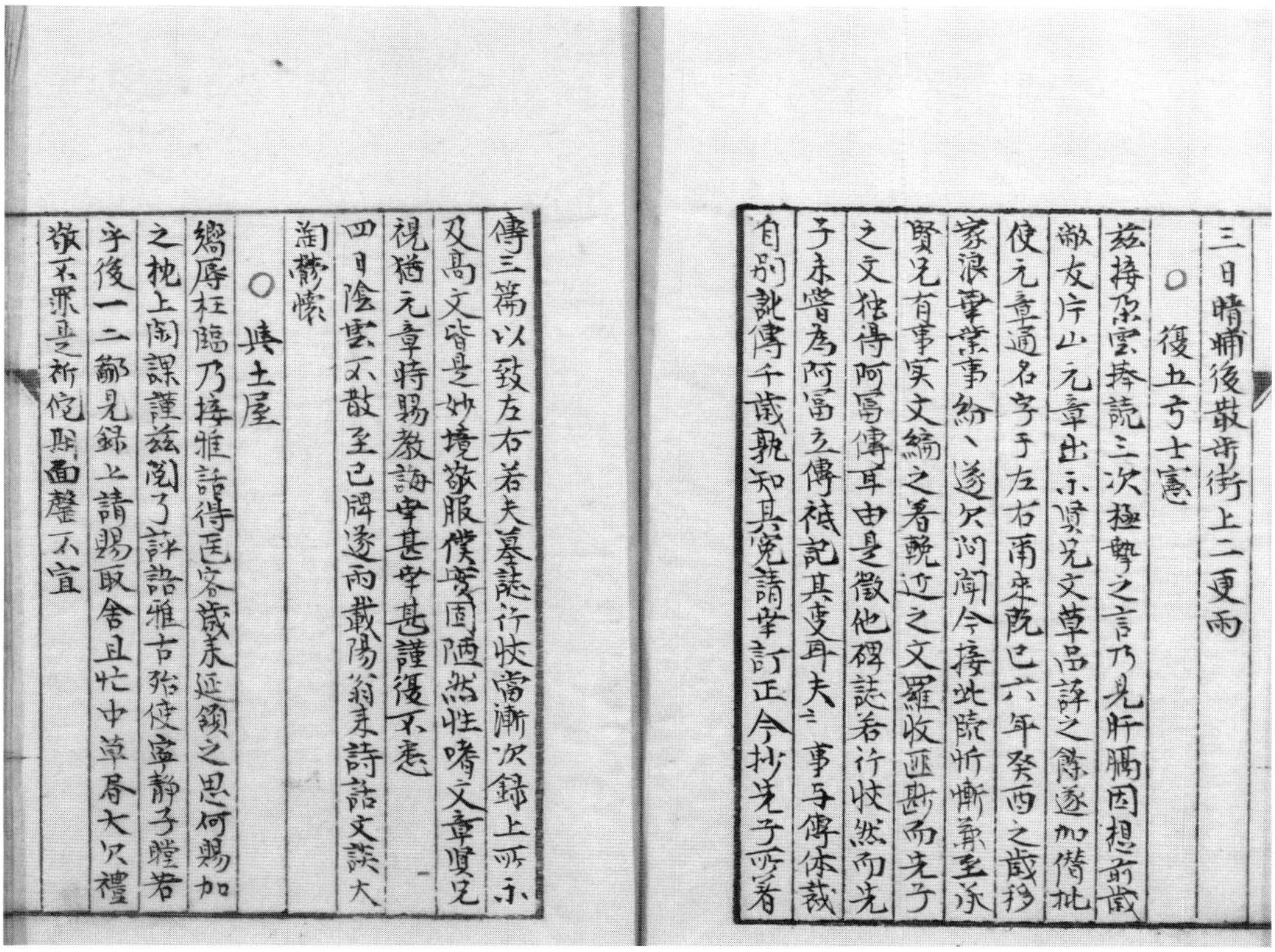

三日。晴。晡後散歩街上。二更、雨。
　　復五弓士憲
茲接朶雲、捧読三次、極摯之言、乃見肝膈。因想前歳
敝友片山元章出示賢兄文草。品評之餘、遂加僭批、
使元章通名字于左右。爾来既已六年。癸酉之歳、移
家浪華、業事紛ゝ、遂欠問聞。今接此牘、忻慚兼至。　承
賢兄有事実文編之著、輓近之文、羅收匪尠、而先子
之文独得阿富伝耳。由是徴他碑誌若行状、然而先
子未嘗為阿富立伝、祇記其事耳。夫□事与伝、体裁
自別、訛伝千歳、孰知其冤、請幸訂正。今抄先子所著
伝三篇以致左右。若夫墓誌行状、当漸次録上。所示
及高文皆是妙境、敬服。僕実固陋、然性嗜文章。賢兄
視猶元章、時賜教誨、幸甚幸甚、謹復。不悉。
四日。陰雲不散。至巳牌、遂雨。載陽翁来、詩話文談、大
淘鬱懐。
　　与土屋
嚮辱枉臨、乃接雅話得医。客歳来延領之思、何賜加
之。枕上閑課、謹茲閲了、評語雅古、殆使寧静子瞠若
乎。後一二鄙見録上、請賜取舍。且忙中草書、大欠礼
敬、不罪是祈、侘期面罄。不宣。

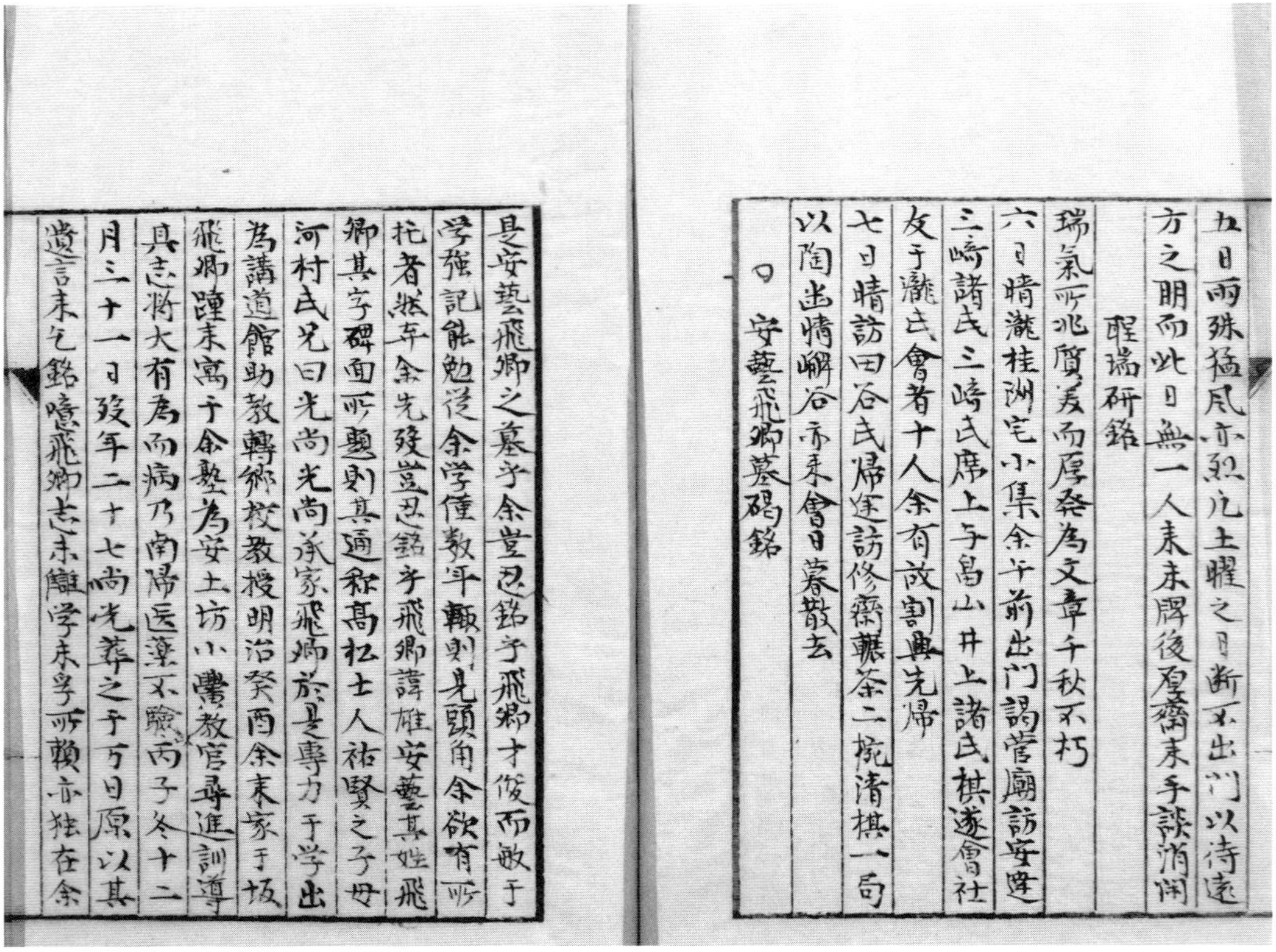

五日。雨殊猛、風亦烈。凡土曜之日、断不出門、以待遠方之朋、而此日無一人来。未牌後、厚斎来、手談消閑。

聖瑞研銘

瑞氣所兆、質美而厚。発為文章、千秋不朽。

六日。晴。瀧桂洲宅小集。余午前出門、謁菅廟、訪安達・三崎諸氏。三崎氏席上、与畠山・井上諸氏棋。遂会社友于瀧氏、会者十人。余有故、割興先帰。

七日。晴。訪田谷氏。帰途訪修斎、輾茶二椀、清棋一局以陶幽情。嶰谷亦来会。日暮、散去。

安藝飛卿墓碣銘

是安藝飛卿之墓乎。余豈忍銘乎。飛卿才俊而敏于学、強記能勉、従余学僅数年、輙則見頭角。余欲有所托者、然棄余先歿、豈忍銘乎。飛卿諱雄、安藝其姓、飛卿其字。碑面所題、則其通称。高松士人祐賢之子、母河村氏、兄曰光尚。光尚承家、飛卿於是専力于学、出為講道館助教、転郷校教授。明治癸酉、余来家于坂、飛卿踵来、寓于余塾、為安土坊小黌教官、尋進訓導。其志将大有為、而病乃南帰、医薬不験、以丙子冬十二月三十一日歿、年二十七。光尚葬之于万日原、以其遺言来乞銘。噫、飛卿志未雠、学未孚、所頼亦独在余

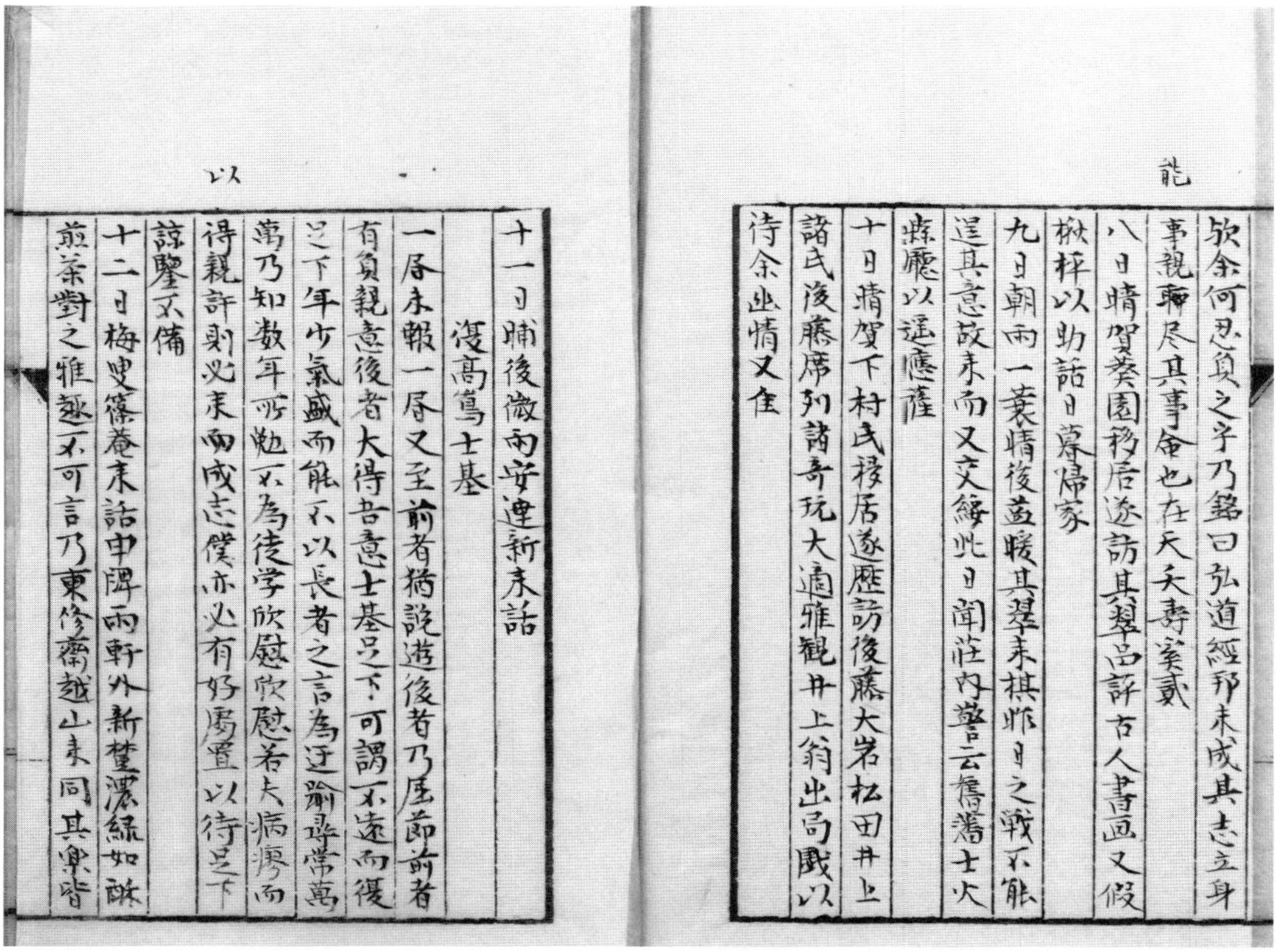

歟。余何忍負之乎。乃銘曰、弘道経邦、未成其志。立身
事親、能尽其事。命也在天、夭寿奚弐。
八日。晴。賀葵園移居、遂訪其翠、品評古人書画、又仮
楸枰以助話。日暮、帰家。
九日。朝雨一簑、晴後益暖。其翠来棋。昨日之戦不能
逞其意、故来而又交綏。此日聞荘内警云、旧藩士火
県庁以遥応薩。
十日。晴。賀下村氏移居。遂歴訪後藤・大岩・松田・井上
諸氏。後藤席列諸奇玩、大適雅観。井上翁出局、戯以
待余、幽情又佳。

十一日。晡後微雨。安達新来話。
　復高島士基
一書未報、一書又至。前者猶説遊、後者乃屈節、前者
有負親意、後者大得吾意。士基足下可謂不遠而復。
足下年少気盛、而能不以長者之言為迂、踰尋常万
万、乃知数年所勉不為徒学。欣慰、欣慰。若大病瘳而
得親許、則必来以成志。僕亦必有好処置以待足下。
諒鑑、不備。
十二日。梅叟・篠菴来話。中牌、雨軒外新樹濃緑如酥、
煎茶対之、雅趣不可言。乃東修斎・越山来、同其楽、皆

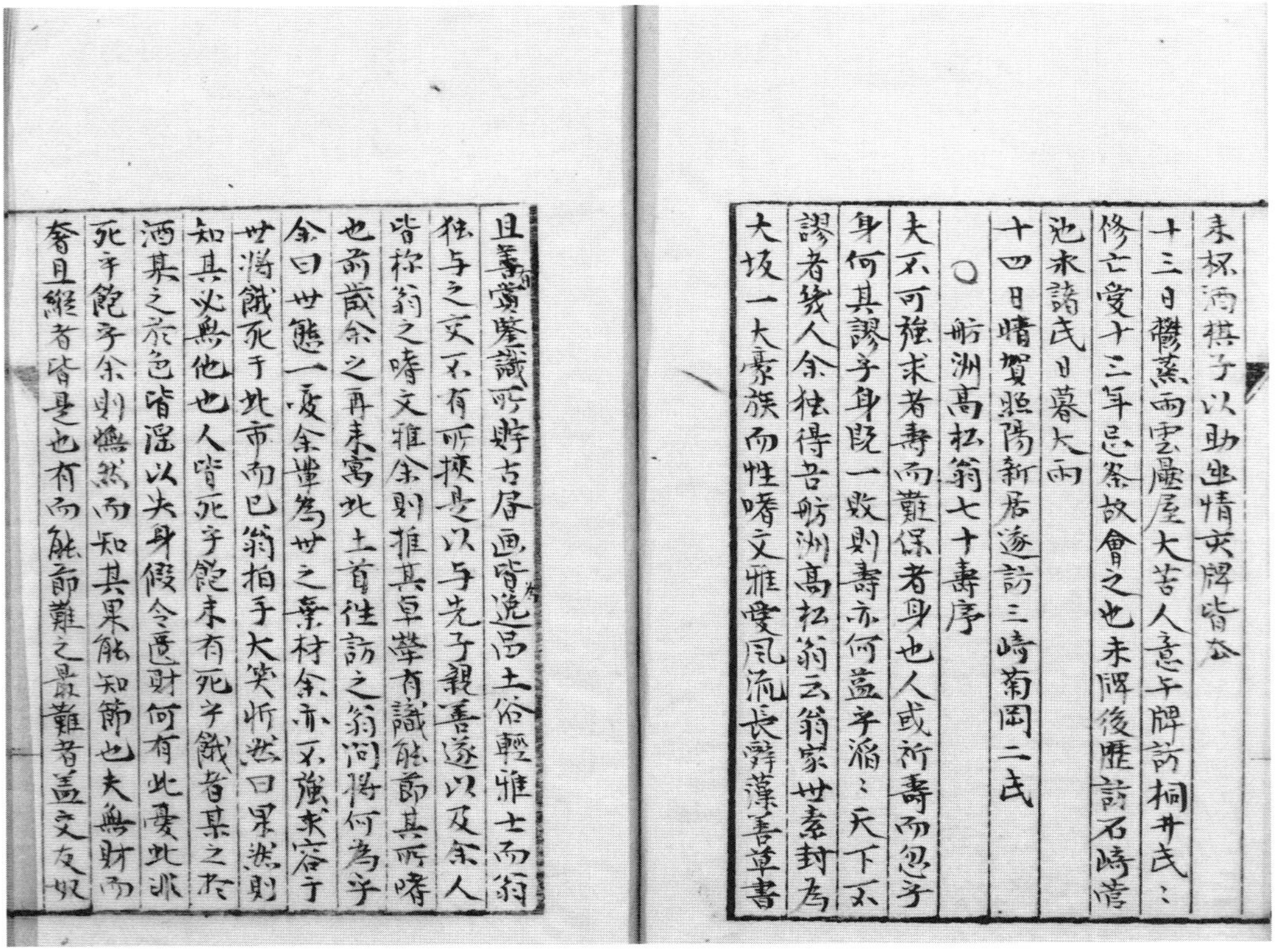

来杯酒棋子以助幽情。亥牌、皆去。
十三日。鬱蒸、雨雲圧屋、大苦人意。午牌、訪桐井氏。氏修亡愛十三年忌祭、故会之也。未牌後、歴訪石崎・菅・池永諸氏。日暮、大雨。
十四日。晴。賀照陽新居、遂訪三崎・菊岡二氏。

舫洲高松翁七十寿序

夫不可強求者寿而難保者身也。人或祈寿而忽乎身、何其謬乎。身既一敗、則寿亦何益乎。滔ゝ天下、不謬者幾人。余独得吾舫洲高松翁云。翁家世素封為大坂一大豪族、而性嗜文雅、愛風流、長辞藻、善草書、且有鑑識、所貯古書画皆為逸品。土俗軽雅士、而翁独与之交、不有所挾、是以与先子親善、遂以及余。人皆称翁之嗜文雅、余則推其卓犖有識、能節其所嗜也。前歳、余之再来寓此土、首往訪之。翁問、将何為乎。余曰、世態一変、余輩為世之棄材、余亦不強求容于世、将餓死于此市而已。翁拍手大笑、忻然曰、果然則知其必無他也。人皆死乎飽、未有死乎餓者。某之於酒、某之於色、皆淫以失身。仮令匱財、何有此憂。此非死乎、飽乎。余則憮然、而知其果能知節也。夫無財而奢且縦者、皆是也。有而能節、難之最難者。蓋交友奴

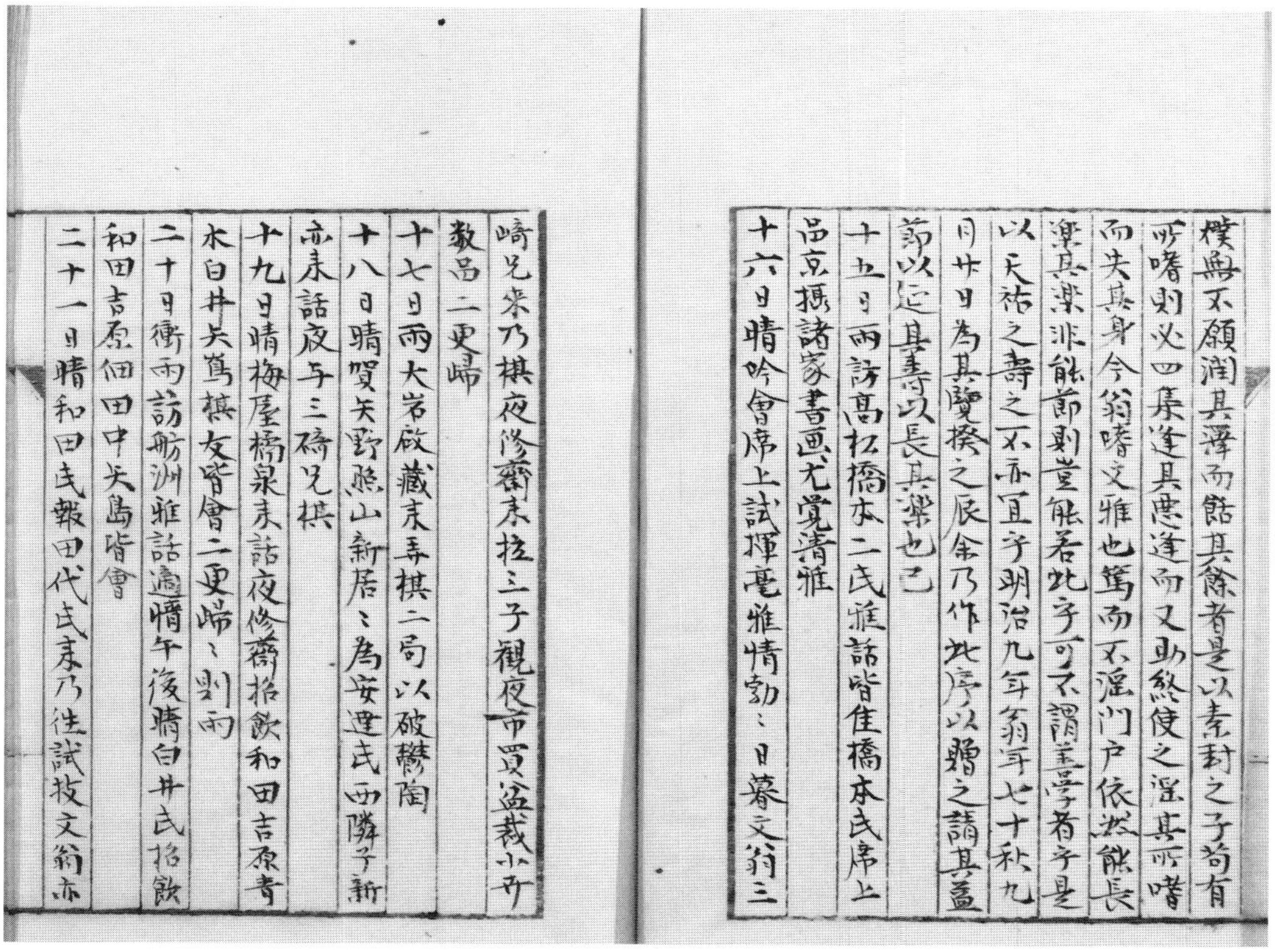

僕、無不願潤其沢而餂其餘者。是以素封之子苟有所嗜、則必四集、逢其悪、逢而又助、終使之淫其所嗜而失其身。今翁嗜文雅也、篤而不淫、門戸依然、能長楽其楽、非能節、則豈能若此乎。可不謂善学者乎。是以天祐之、寿之、不亦宜乎。明治九年、翁年七十、秋九月廿日為其覧揆之辰。余乃作此序以贈之、請其益節以延其寿、以長其楽也已。

十五日。雨。訪高松・橋本二氏。雅話皆佳。橋本氏席上品京摂諸家書画、尤覚清雅。

十六日。晴。吟会、席上試揮毫、雅情勃々。日暮、文翁・三崎兄来、乃棋。夜、修斎来、拉三子観夜市、買盆栽小卉数品、二更帰。

十七日。雨。大岩啓蔵来。弄棋二局、以破鬱陶。

十八日。晴。賀矢野照山新居。居為安達氏西隣、子新亦来話。夜与三碕兄棋。

十九日。晴。梅屋・橋泉来話。夜、修斎招飲、和田・吉原・青木・白井・矢島、棋友皆会。二更帰、帰則雨。

二十日。衝雨訪舫洲、雅話適情。午後晴、白井氏招飲、和田・吉原・佃・田中・矢島皆会。

二十一日。晴。和田氏報田代氏来、乃往試技。文翁亦

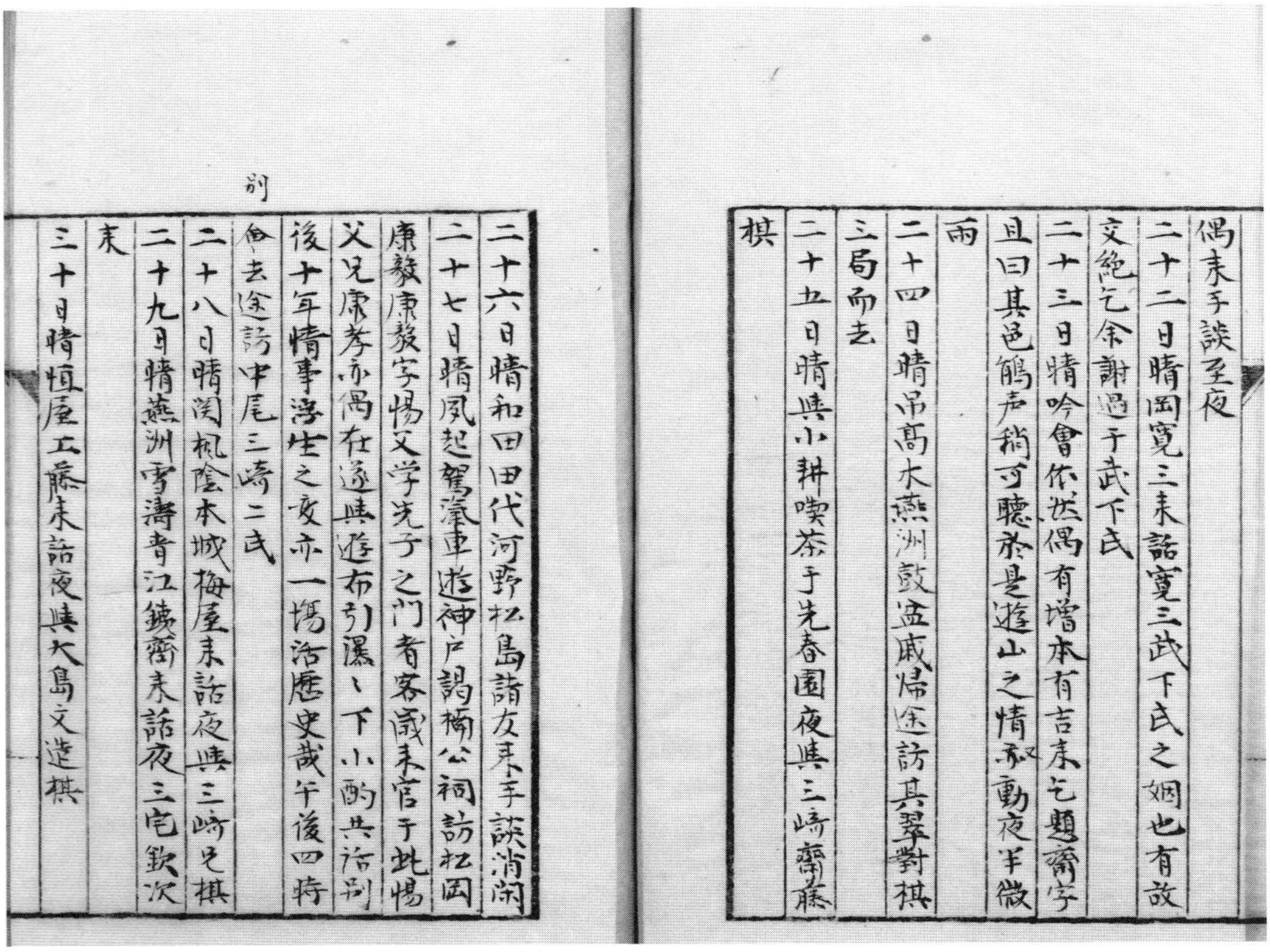

偶来。手談至夜。
二十二日。晴。岡寛三来話。寛三、武下氏之姻也。有故交絶、乞余謝過于武下氏。
二十三日。晴。吟会依然。偶有増本有吉来、乞題斎字、且曰、其邑鵑声稍可聴、於是遊山之情又動。夜半微雨。
二十四日。晴。弔高木燕洲鼓盆戚。帰途訪其翠、対棋三局而去。
二十五日。晴。与小耕喫茶于先春園。夜与三崎・斎藤棋。
二十六日。晴。和田・田代・河野・松島諸友来、手談消閑。
二十七日。晴。夙起、駕瀛車遊神戸、謁楠公祠、訪松岡康毅。康毅、字惕父、学先子之門者、客歳来官于此。惕父兄康孝亦偶在、遂与遊布引瀑。瀑下小酌、共話別後十年情事。浮生之変、亦一場活歴史哉。午後四時別去、途訪中尾・三崎二氏。
二十八日。晴。関楓陰・本城梅屋来話。夜与三崎兄棋。
二十九日。晴。燕洲・雪濤・青江、鉄斎来話。夜、三宅欽次来。
三十日。晴。恒屋・工藤来話。夜与大島文造棋。

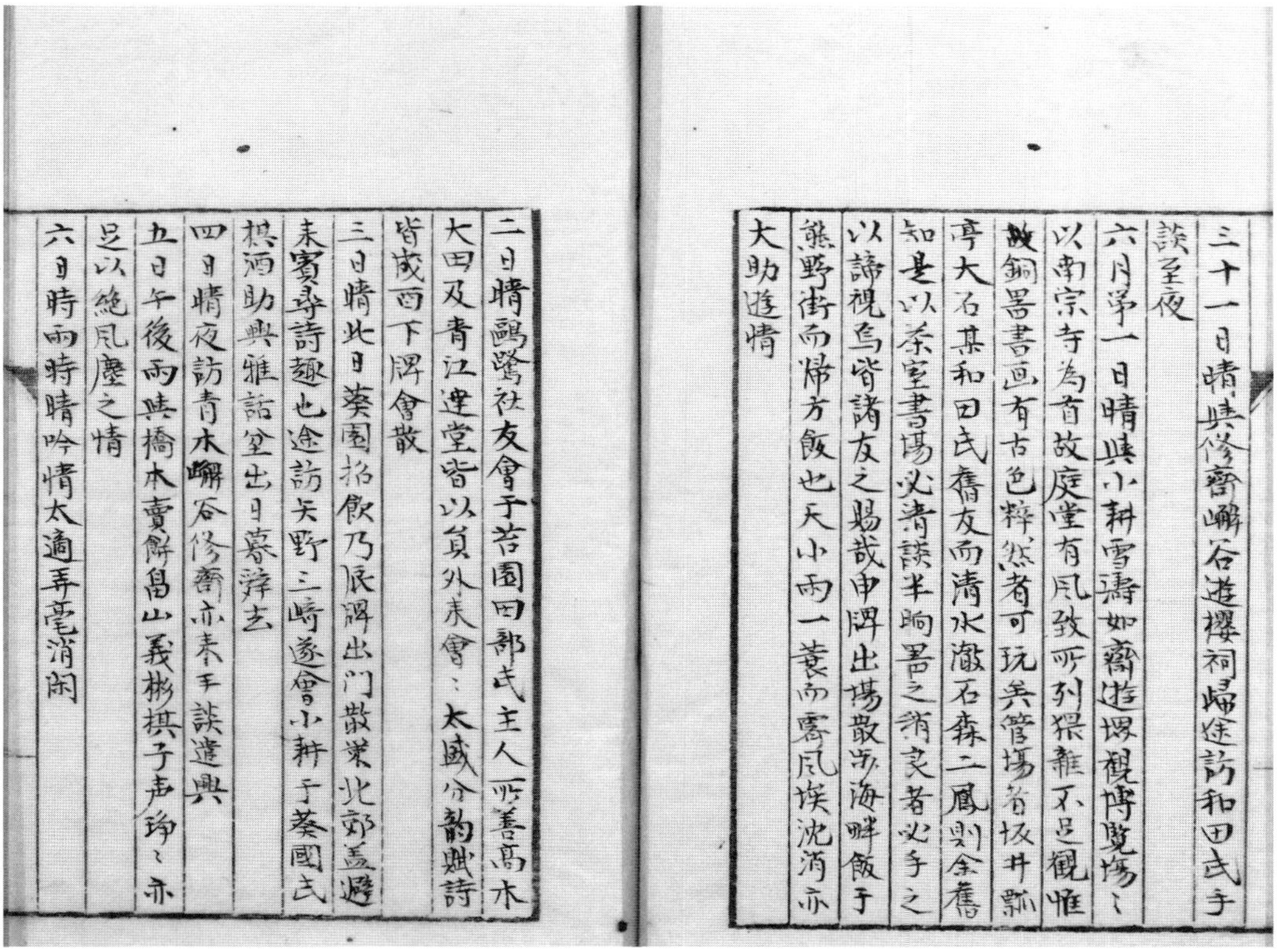

三十一日。晴。与修斎・嶰谷遊桜祠。帰途訪和田氏、手談至夜。

六月、第一日。晴。与小耕・雪濤・如斎遊堺、観博覧場。場以南宗寺為首、故庭堂有風致。所列猥雑、不足観、惟銅器書画有古色粋然者可玩矣。管場者坂井瓢亭・大石某・和田氏旧友、而清水澈石・森二鳳則余旧知、是以茶室・書場必清談半晌、器之稍良者、必手之以諦視焉、皆諸友之賜哉。申牌出場、散歩海畔、飯于熊野街而帰。方飯也、天小雨、一蓑而霽、風埃沈消、亦大助遊情。

二日。晴。鷗鷺社友会于苔園田部氏。主人所善高木・大田及青江・達堂皆以員外来会。会太盛、分韻賦詩皆成、酉下牌、会散。

三日。晴。此日葵園招飲、乃辰牌出門、散策北郊。蓋避来賓、尋詩趣也。途訪矢野・三崎、遂会小耕于葵国氏、棋酒助興、雅話坌出。日暮、辞去。

四日。晴。夜訪青木嶰谷。修斎亦来、手談遣興。

五日。午後雨。与橋本売餅・畠山義彬棋。子声琤ゝ、亦足以絶風塵之情。

六日。時雨、時晴。吟情太適、弄毫消閑。

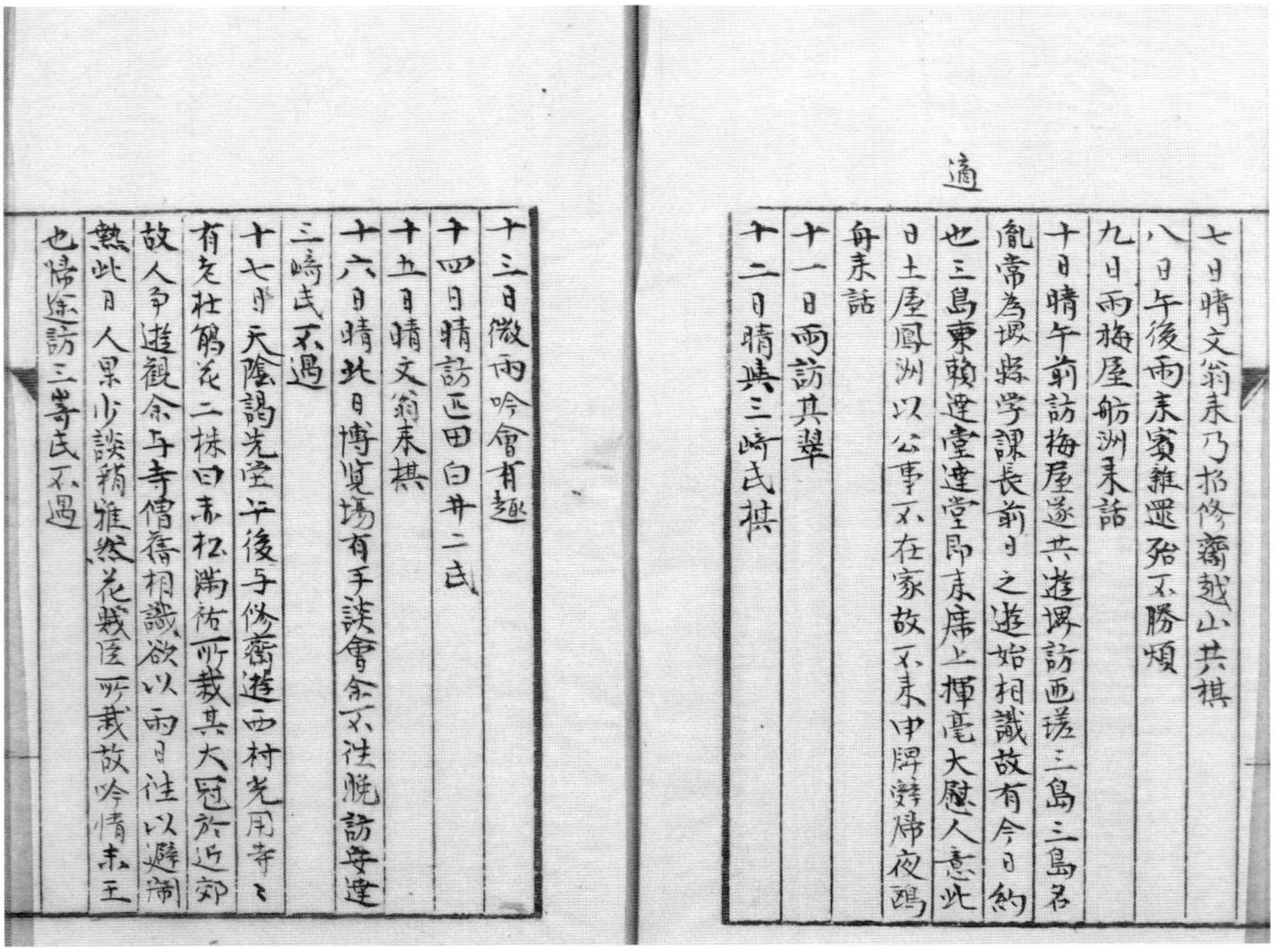

七日。晴。文翁来、乃招修斎・越山共棋。
八日。午後雨。来賓雑遝、殆不勝煩。
九日。雨。梅屋・舫洲来話。
十日。晴。午前訪梅屋、遂共遊堺、訪匜瑳三島。三島名胤常、為堺県学課長、前日之遊始相識、故有今日約也。三島柬頼達堂、達堂即来、席上揮毫、大適人意。此日土屋鳳洲以公事不在家、故不来。申牌、辞帰。夜、鷗舟来話。
十一日。雨。訪其翠。
十二日。晴。与三崎氏棋。
十三日。微雨。吟会有趣。
十四日。晴。訪匹田・白井二氏。
十五日。晴。文翁来棋。
十六日。晴。此日博覧場有手談会、余不往。晩訪安達・三崎氏、不遇。
十七日。天陰。謁先塋。午後与修斎遊西村光用寺。寺有老杜鵑花二株、曰赤松満祐所栽。其大冠於近郊、故人争遊観。余与寺僧旧相識、欲以雨日往以避閙熱、此日人果少、談稍雅。然花賊臣所栽、故吟情未王也。帰途訪三崎氏、不遇。

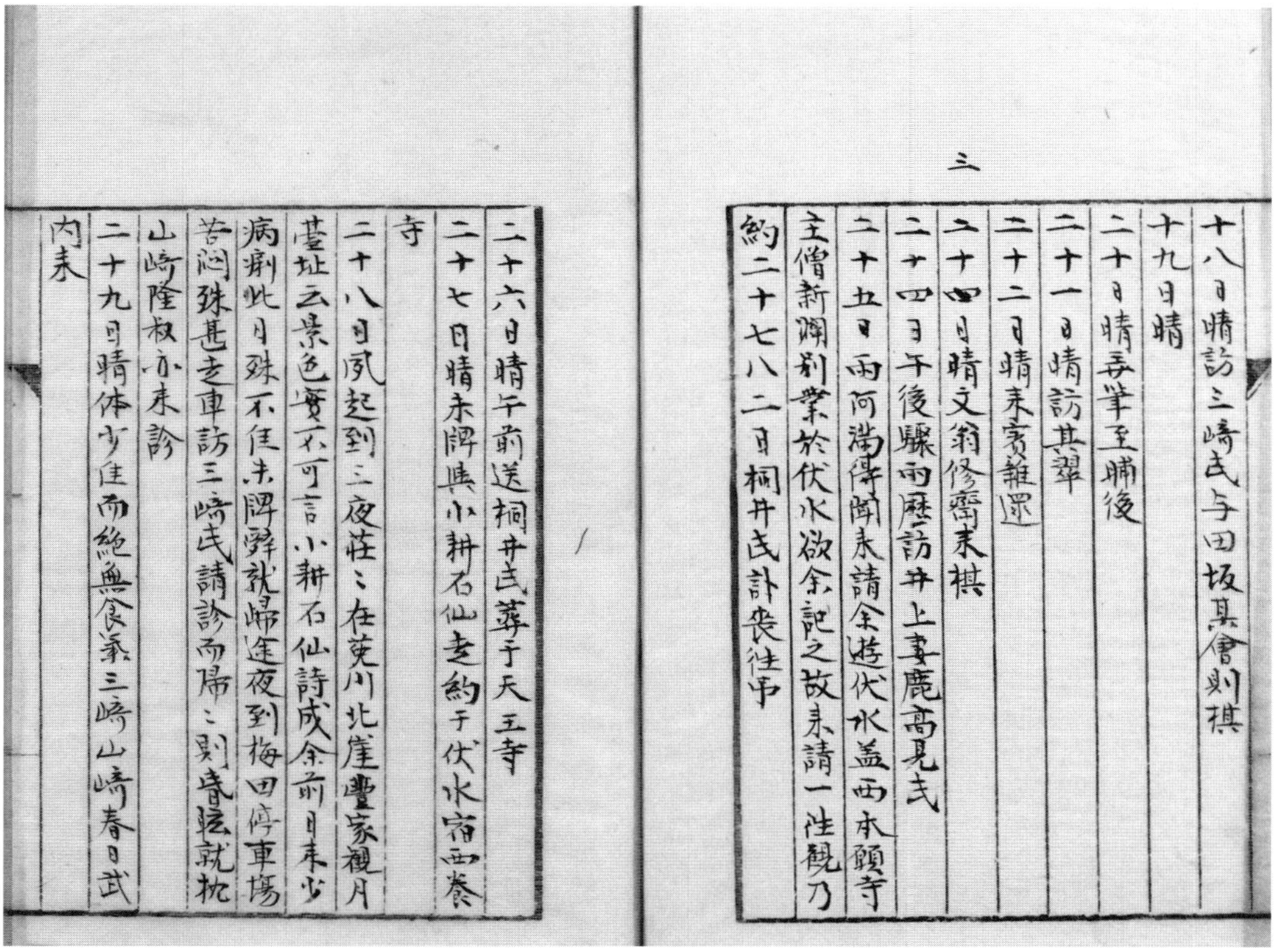

十八日。晴。訪三崎氏、与田坂某会則棋。
十九日。晴。
二十日。晴。弄筆至晡後。
二十一日。晴。訪其翠。
二十二日。晴。来賓雑遝。
二十三日。晴。文翁・修斎来棋。
二十四日。午後驟雨。歴訪井上・妻鹿・高見氏。
二十五日。雨。阿満得聞来、請余遊伏水。蓋西本願寺主僧新闢別業於伏水、欲余記之、故来請一往観。乃約二十七・八、二日。桐井氏訃喪、往弔。
二十六日。晴。午前送桐井氏葬于天王寺。
二十七日。晴。未牌、与小耕・石仙走約于伏水、宿西養寺。
二十八日。夙起、到三夜荘。荘在菟川北崖、豊家観月臺址云。景色実不可言。小耕・石仙詩成、余前日来少病痢、此日殊不佳。未牌、辞就帰途、夜到梅田停車場、苦悶殊甚。走車訪三崎氏、請診而帰。帰則昏眩就枕、山崎隆叔亦来診。
二十九日。晴。体少佳而絶無食気。三崎・山崎・春日・武内来。

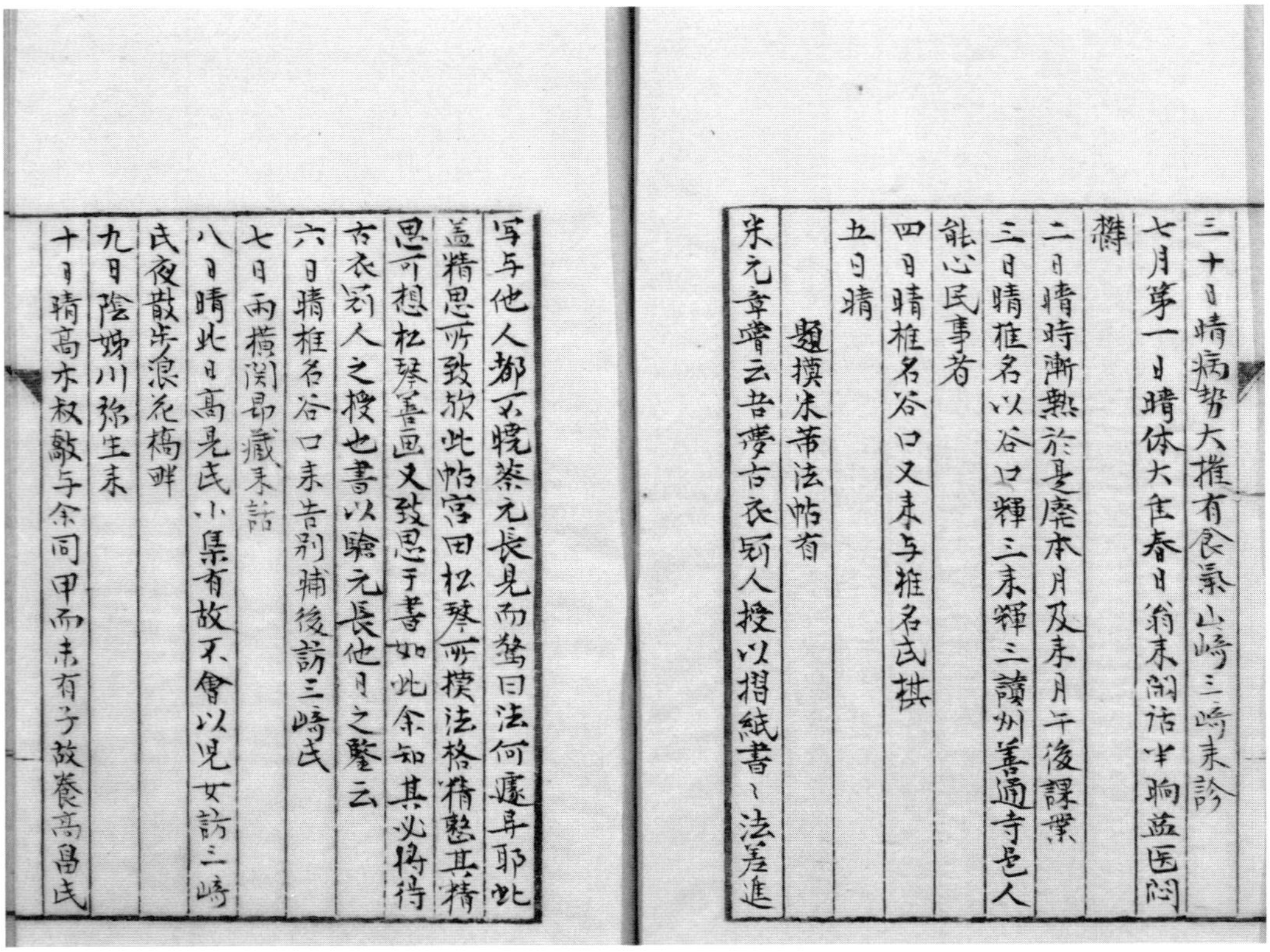

三十日。晴。病勢大摧、有食気。山崎・三崎来診。
七月、第一日。晴。体大佳。春日翁来、閑話半晌、益医悶鬱。
二日。晴。時漸熱。於是廃本月及来月午後課業。
三日。晴。椎名以谷口輝三来。輝三、讃州善通寺邑人、能心民事者。
四日。晴。椎名・谷口又来。与椎名氏棋。
五日。晴。

　題摸米芾法帖首

米元章嘗云、吾夢古衣冠人授以摺紙書、書法差進。写与他人都不暁、蔡元長見而驚曰、法何遽異耶。此蓋精思所致歟。此帖宮田松琴所摸、法格精整、其精思可想。松琴善画、又致思于書如此。余知其必将得古衣冠人之授也、書以験元長他日之鑑云。

六日。晴。椎名・谷口来告別。晡後、訪三崎氏。
七日。雨。横関昴蔵来話。
八日。晴。此日高見氏小集、有故不会、以児女訪三崎氏。夜、散歩浪花橋畔。
九日。陰。姉川弥生来。
十日。晴。高木叔敵与余同甲而未有子、故養高畠氏

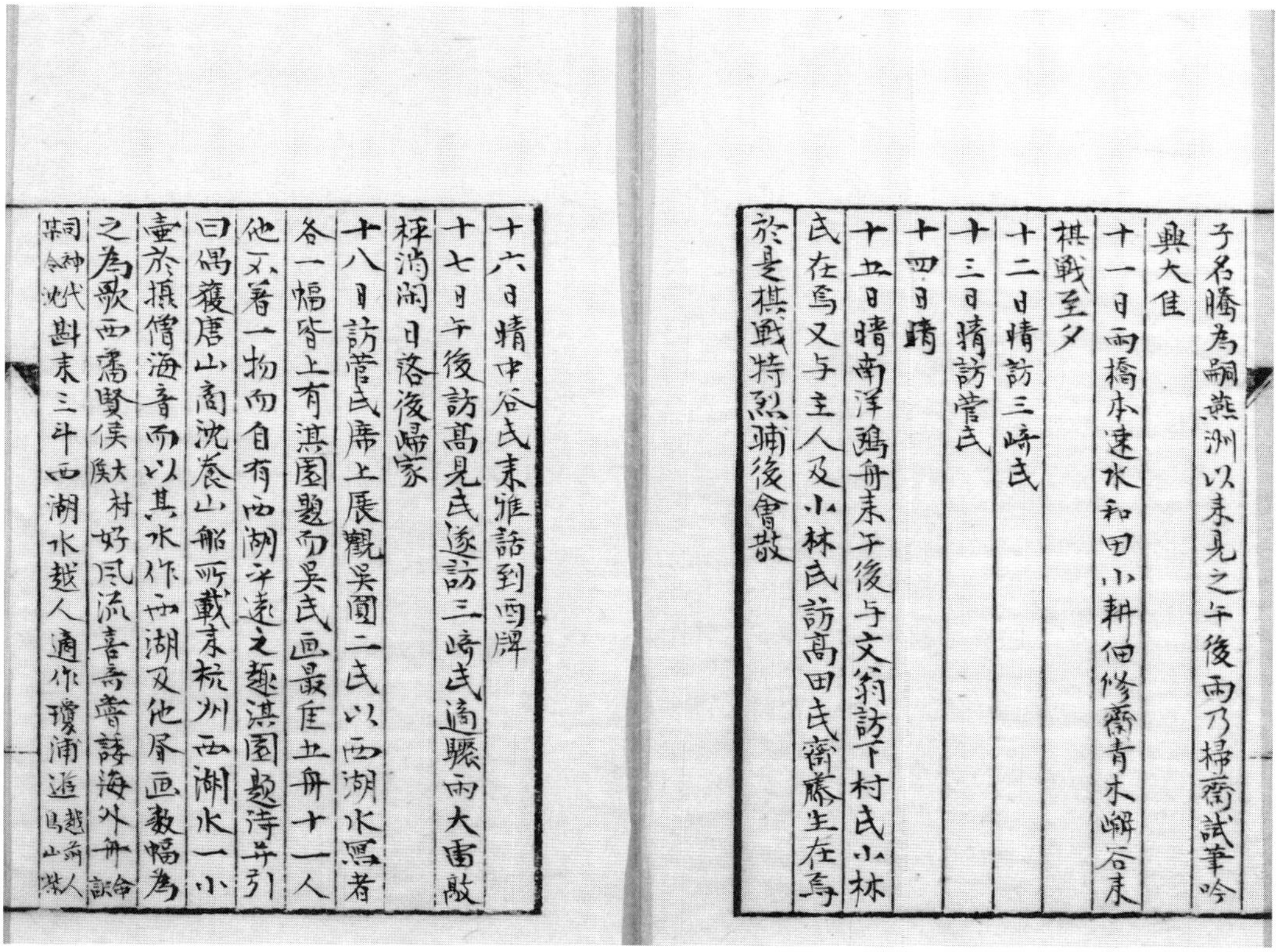

子名騰為嗣。燕洲以来見之。午後雨、乃掃斎試筆、吟興大佳。
十一日。雨。橋本速水・和田小耕・佃修斎・青木嶰谷来。棋戦至夕。
十二日。晴。訪三崎氏。
十三日。晴。訪菅氏。
十四日。晴。
十五日。晴。南洋・鷗舟来。午後与文翁訪下村氏、小林氏在焉。又与主人及小林氏訪高田氏、斎藤生在焉。於是棋戦特烈。晡後、会散。

十六日。晴。中谷氏来、雅話到酉牌。
十七日。午後訪高見氏、遂訪三崎氏。適驟雨大雷、敲枰消閑。日落後、帰家。
☆十八日。訪菅氏。席上展観呉円二氏以西湖水写者各一幅。皆上有淇園題、而呉氏画最佳。五舟十一人、他不着一物、而自有西湖平遠之趣。淇園題詩并引曰、偶獲唐山商沈養山船所載来杭州西湖水一小壺於摂僧海音、而以其水作西湖及他書画数幅、為之為歌。西藩賢侯大村侯好風流、喜奇嘗誘海外舟命訳司神代某令沈斟来三斗西湖水、越人越前人鳥山柴適作瓊浦遊、

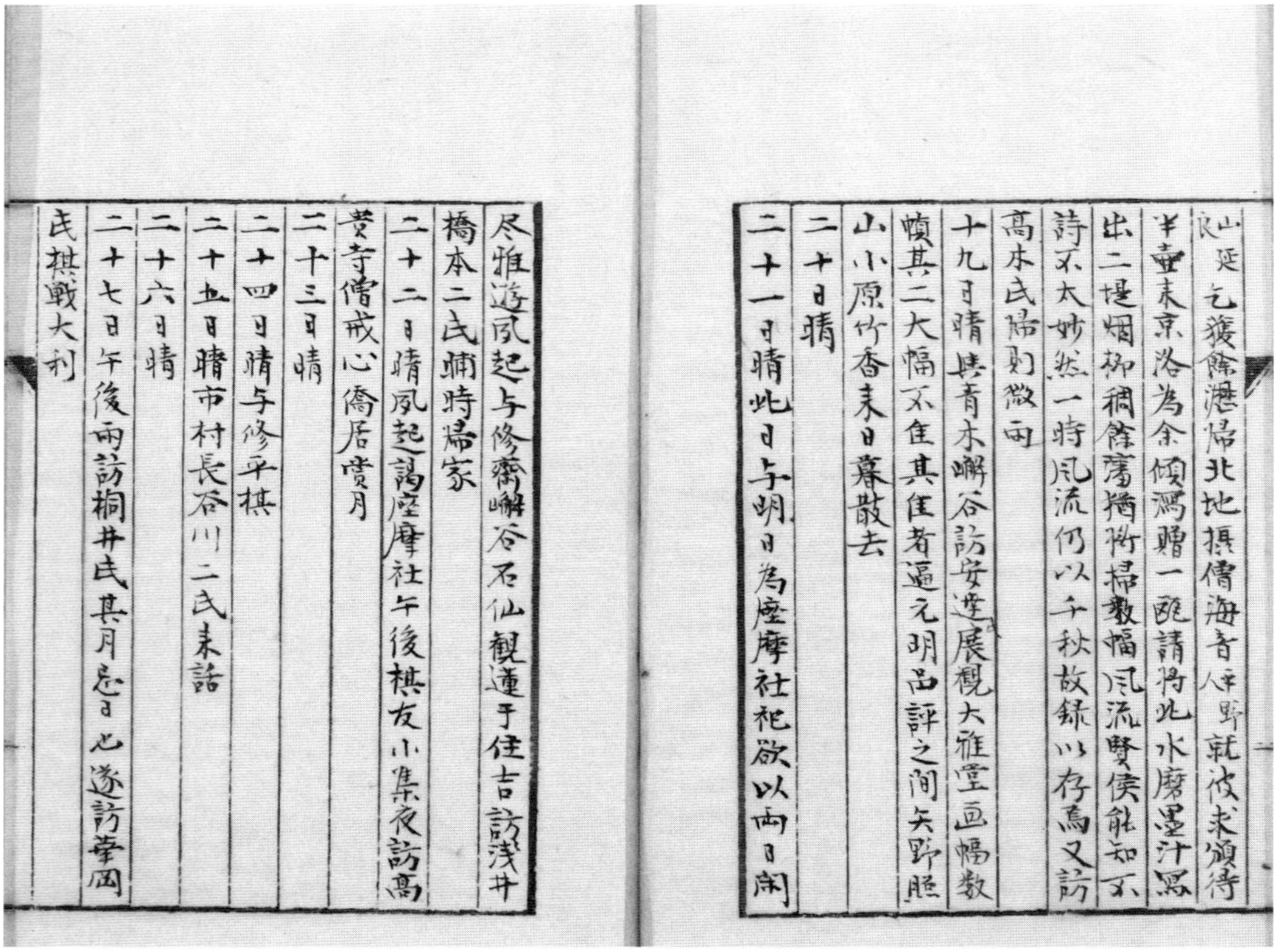

山延良乞獲餘瀝帰北地、摂僧海音平野人就彼求、頒得半壺来京洛、為余傾瀉贈一甌、請将此水磨墨汁、写出二堤煙柳稠、餘瀋猶将掃数幅、風流賢侯能知不。詩不太妙、然一時風流、仍以千秋、故録以存焉。又訪高木氏、帰則微雨。
十九日。晴。与青木嶰谷訪安達氏、展観大雅堂画幅数幀。其二大幅不佳、其佳者逼元明。品評之間、矢野照山・小原竹香来。日暮、散去。
二十日。晴。
二十一日。晴。此日与明日為座摩社祀、欲以両日閑尽雅遊。夙起、与修斎・嶰谷・石仙観蓮于住吉、訪浅井・橋本二氏。晡時、帰家。
二十二日。晴。夙起、謁座摩社。午後棋友小集。夜訪高貴寺僧戒心僑居、賞月。
二十三日。晴。
二十四日。晴。与修平棋。
二十五日。晴。市村・長谷川二氏来話。
二十六日。晴。
二十七日。午後雨。訪桐井氏、其月忌日也。遂訪華岡氏、棋戦大利。

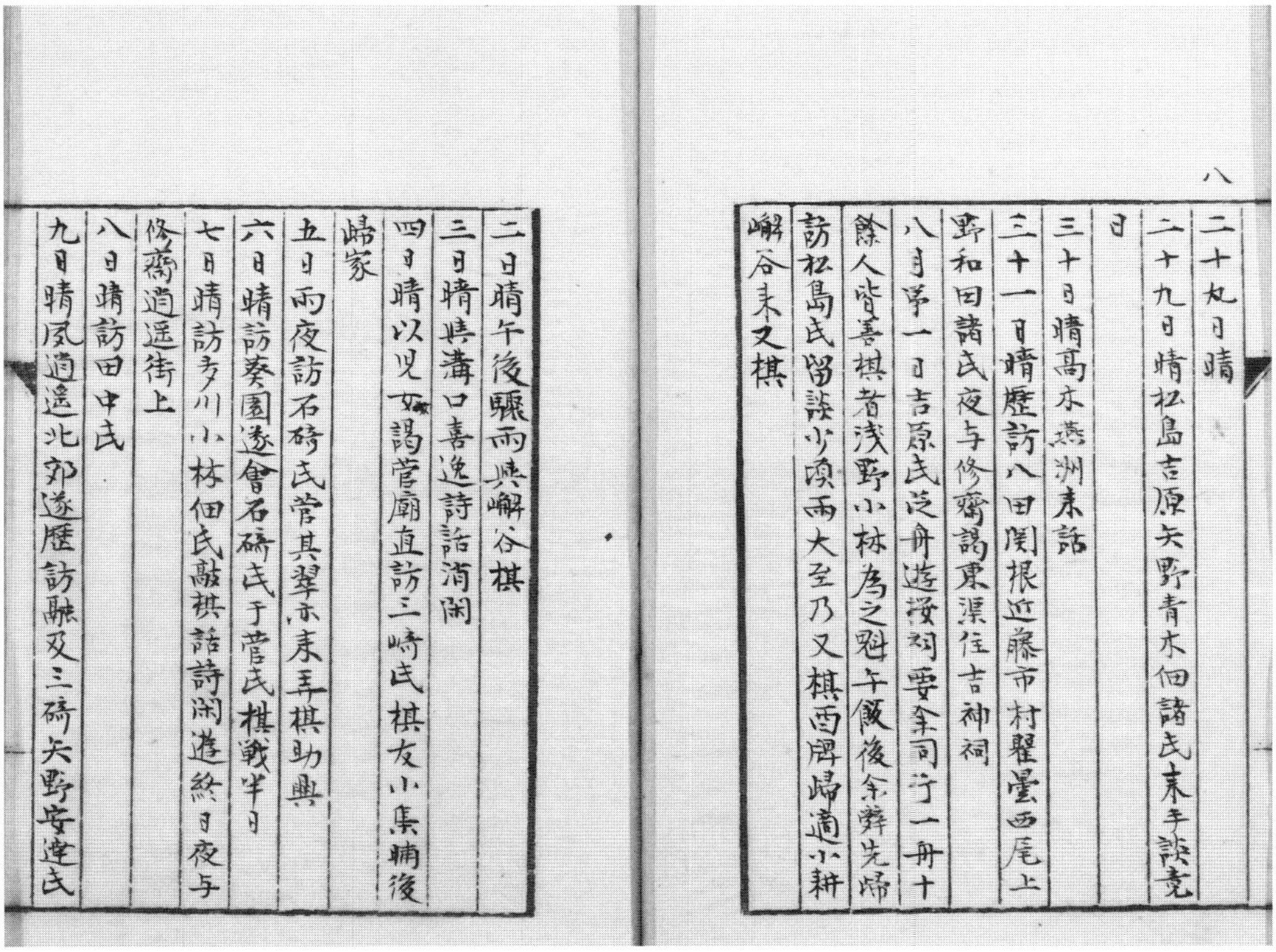

二十八日。晴。
二十九日。晴。松島・吉原・矢野・青木・佃諸氏来、手談竟日。
三十日。晴。高木燕洲来話。
三十一日。晴。歴訪八田・関根・近藤・市村・瞿曇・西尾・上野・和田諸氏。夜与修斎謁東渠住吉神祠。
八月、第一日。吉原氏泛舟遊浚祠、要余同行。一舟十餘人、皆善棋者。浅野・小林為之魁。午飯後、余辞、先帰、訪松島氏、留談少頃、雨大至、乃又棋。酉牌帰、適小耕・嶰谷来、又棋。
二日。晴。午後驟雨、与嶰谷棋。
三日。晴。与溝口喜逸詩話消閑。
四日。晴。以児女謁菅廟、直訪三崎氏、棋友小集。晡後、帰家。
五日。雨。夜訪石碕氏。菅其翠亦来、弄棋助興。
六日。晴。訪葵園、遂会石碕于菅氏、棋戦半日。
七日。晴。訪多川・小林・佃氏、敲棋話詩、閑遊終日。夜与修斎逍遥街上。
八日。晴。訪田中氏。
九日。晴。夙逍遥北郊、遂歴訪融及三碕・矢野・安達氏。

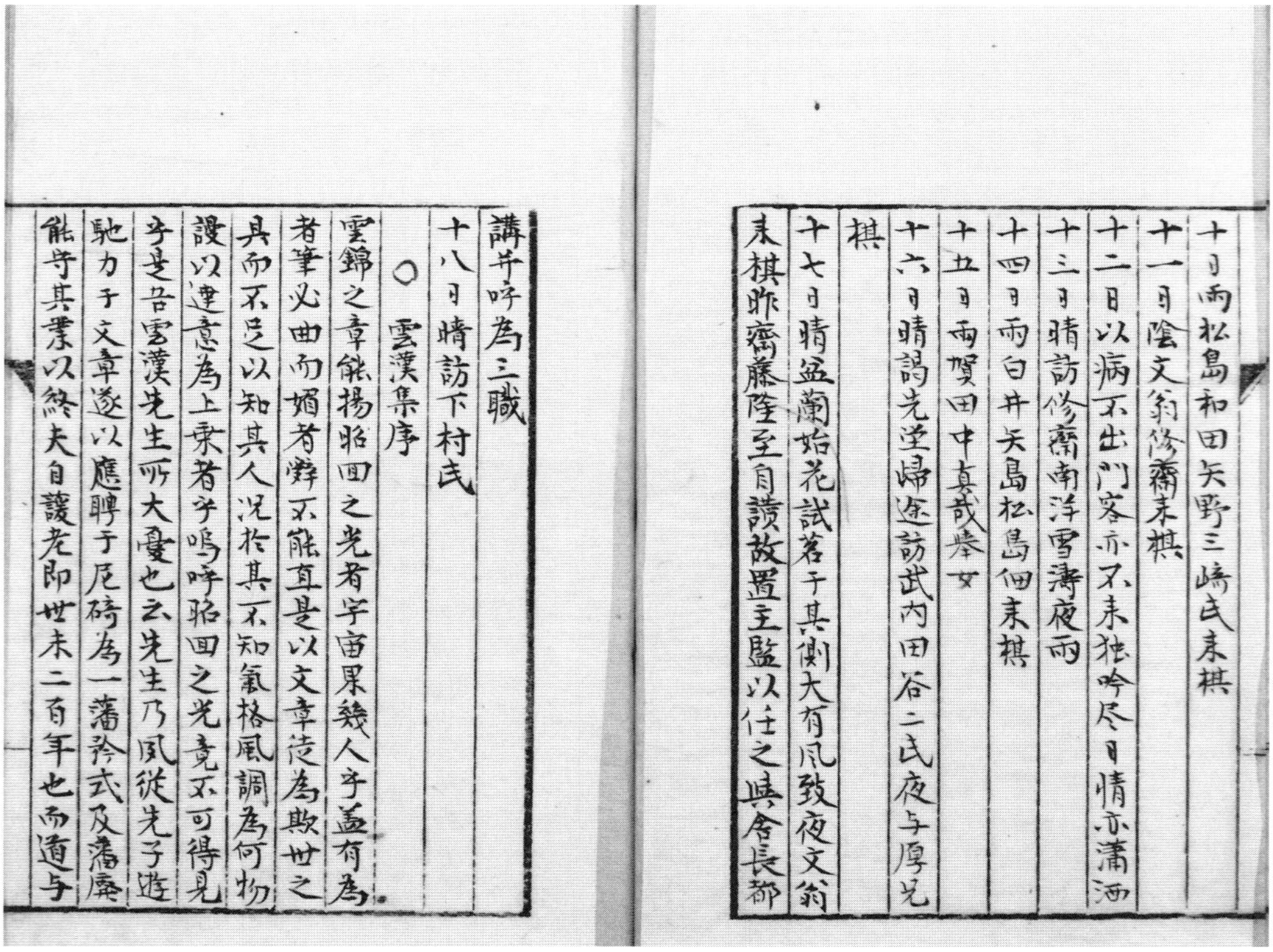

十日。雨。松島・和田・矢野・三崎氏来棋。
十一日。陰。文翁・修斎来棋。
十二日。以病不出門、客亦不来、独吟尽日、情亦瀟洒。
十三日 晴。訪修斎・南洋・雪濤。夜雨。
十四日。雨。白井・矢島・松島・佃来棋。
十五日。雨。賀田中真哉挙女。
十六日。晴。謁先塋、帰途訪武内・田谷二氏。夜与厚兄棋。
十七日。晴。盆蘭始花、試茗于其側、大有風致。夜、文翁来棋。昨斎藤隆至自讃、故置主監以任之、与舎長・都講并呼為三職。
十八日。晴。訪下村氏。

雲漢集序

雲錦之章、能揚昭回之光者、宇宙果幾人乎。蓋有為者筆必曲、而媚者辞不能直。是以文章徒為欺世之具、而不足以知其人。況於其不知気格風調爲何物、謾以達意為上乗者乎。嗚呼、昭回之光、竟不可得見乎。是吾雲漢先生所大憂也云。先生乃夙従先子遊、馳力于文章、遂以応聘于尼碕、為一藩矜式。及藩廃、能守其業以終。夫自蘐老即世、未二百年也、而道与

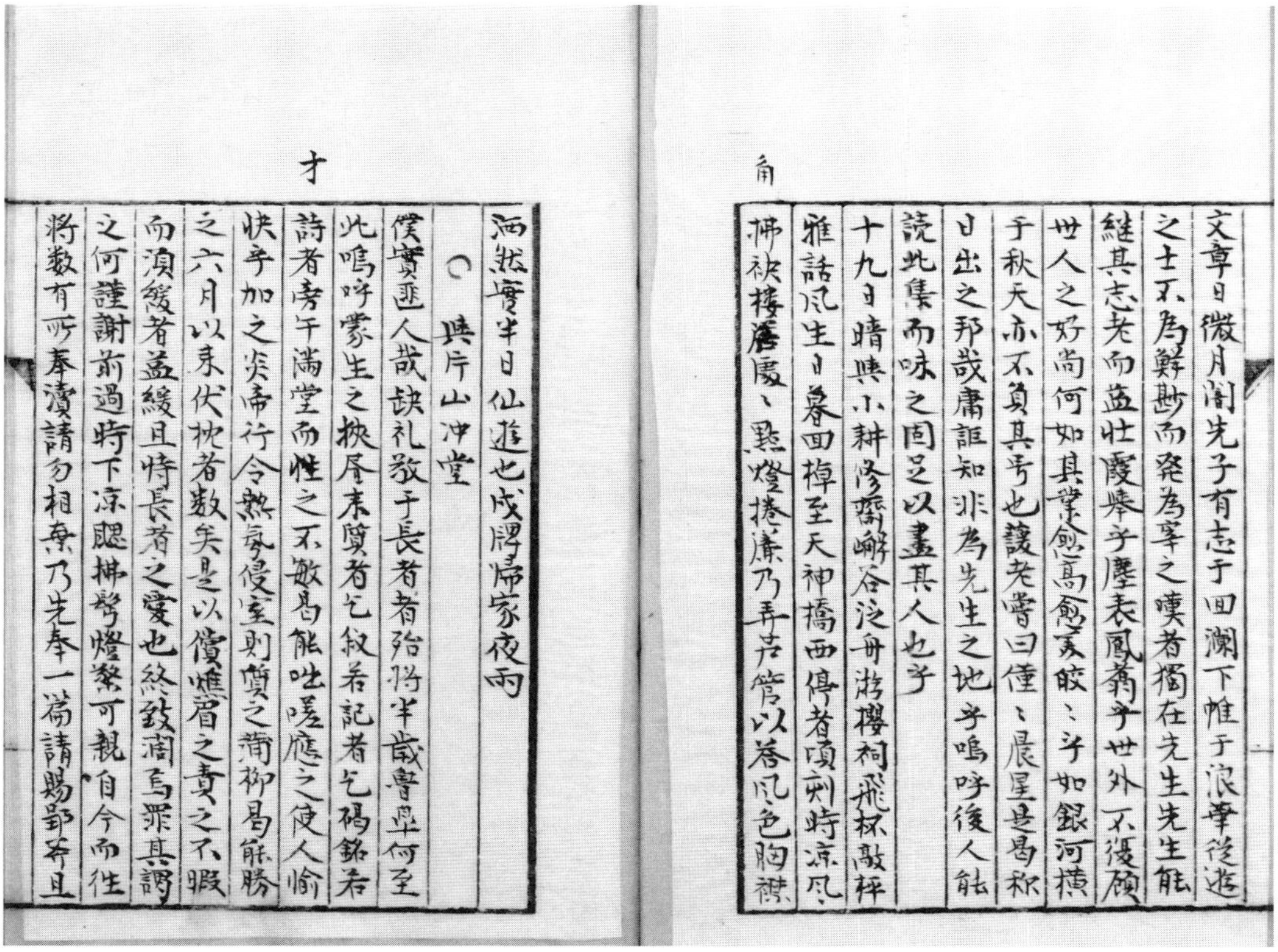

文章日微月闇。先子有志于回瀾、下帷于浪華、従遊之士、不為鮮尠、而発為宰之嘆者、独在先生。先生能継其志、老而益壮、霞挙乎塵表、鳳翥乎世外、不復顧世人之好尚何如。其業愈高愈美、皎ゝ乎如銀河横于秋天、亦不負其号也。譺老嘗曰、僅ゝ晨星、是曷称日出之邦哉。庸詎知非為先生之地乎。嗚呼、後人能読此集而味之、固足以尽其人也乎。

十九日。晴。与小耕・修斎・嶰谷泛舟游桜祠、飛杯敲枰、雅話風生。日暮、回棹至天神橋西、停者頃刻。時涼風拂袂、楼角処ゝ点灯捲簾、乃弄芦管以答風色、胸襟洒然、実半日仙遊也。戊牌帰家。夜雨。

与片山冲堂

僕実匪人哉、缺礼敬于長者者、殆将半歳、魯皐何至此。嗚呼、蒙生之挾書来質者、乞叙若記者、乞碣銘若詩者、旁午満堂、而才之不敏、曷能咄嗟応之、使人愉快乎。加之炎帝行令、熱氛侵室、則質之蒲柳、曷能勝之。六月以来、伏枕者数矣。是以償憔眉之責之不暇、而須緩者益緩、且恃長者之愛也、終致闊焉。罪其謂之何。謹謝前過。時下涼颸拂鬢、灯檠可親。自今而往、将数有所奉瀆、請勿相棄、乃先奉一篇、請賜郢斧。且

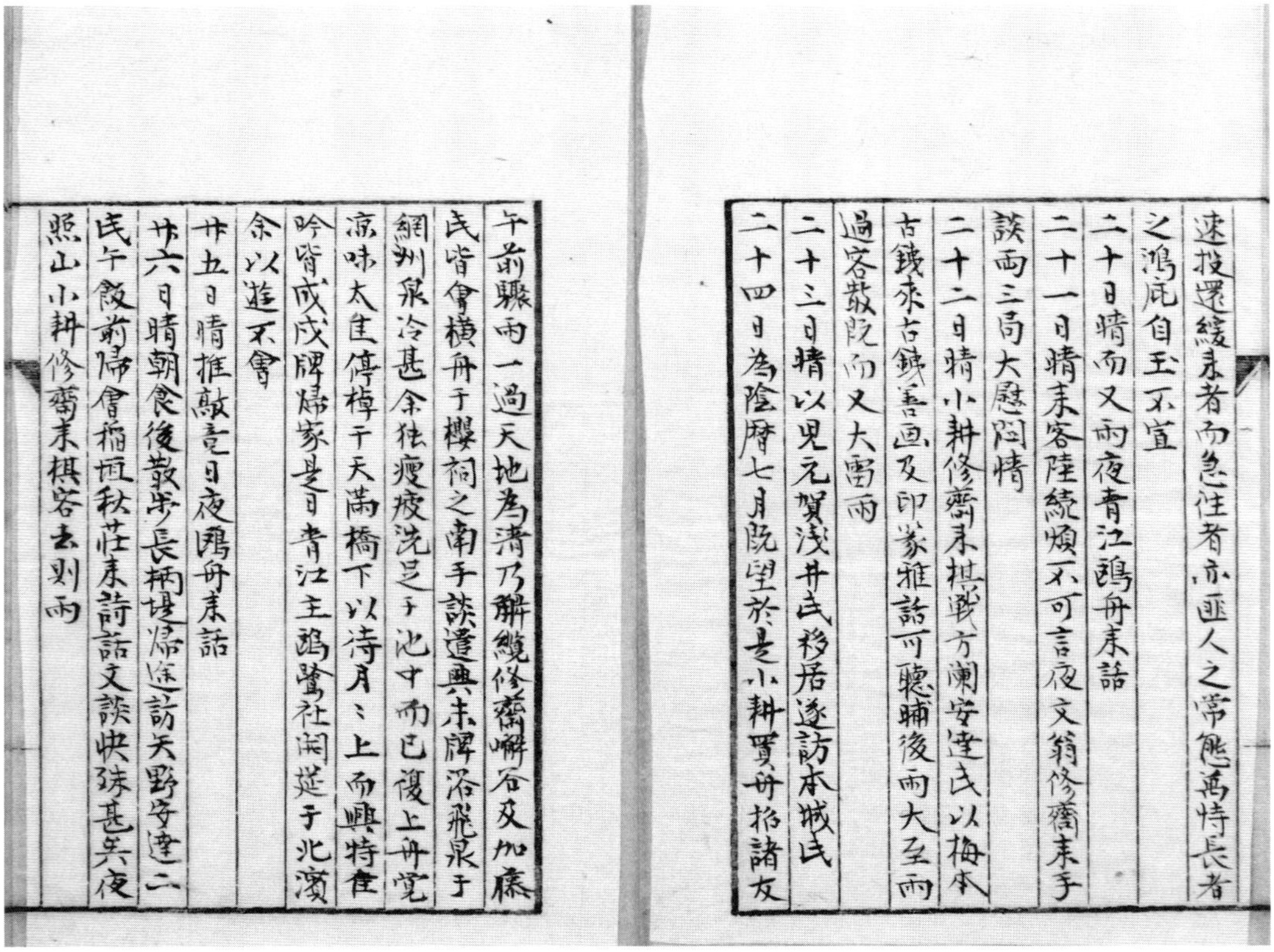

速投還、緩来者而急往者、亦匪人之常態。万恃長者之鴻庇自玉。不宣。
二十日。晴而又雨。夜、青江・鷗舟来話。
二十一日。晴。来客陸続、煩不可言。夜、文翁・修斎来、手談両三局、大慰悶情。
二十二日。晴。小耕・修斎来、棋戦方闌、安達氏以梅本古鉄来。古鉄善画及印篆、雅話可聴。晡後、雨大至。雨過客散、既而又大雷雨。
二十三日。晴。以児元賀浅井氏移居、遂訪本城氏。
二十四日。為陰暦七月既望、於是小耕買舟招諸友。午前、驟雨一過、天地為清、乃解纜。修斎・嶰谷及加藤氏皆会、横舟于桜祠之南、手談遣興。未牌、浴飛泉于網洲。泉冷甚、余独痩疲、洗足于池中而已。復上舟、覚涼味太佳、停棹于天満橋下、以待月。月上而興特佳、吟皆成。戌牌、帰家。是日、青江主鷗鷺社、開筵于北浜、余以遊不会。
廿五日。晴。推敲竟日。夜、鷗舟来話。
廿六日。晴。朝食後、散歩長柄堤、帰途訪矢野・安達二氏。午飯前帰、会稲垣秋荘来、詩話文談、快殊甚矣。夜、照山・小耕・修斎来棋。客去則雨。

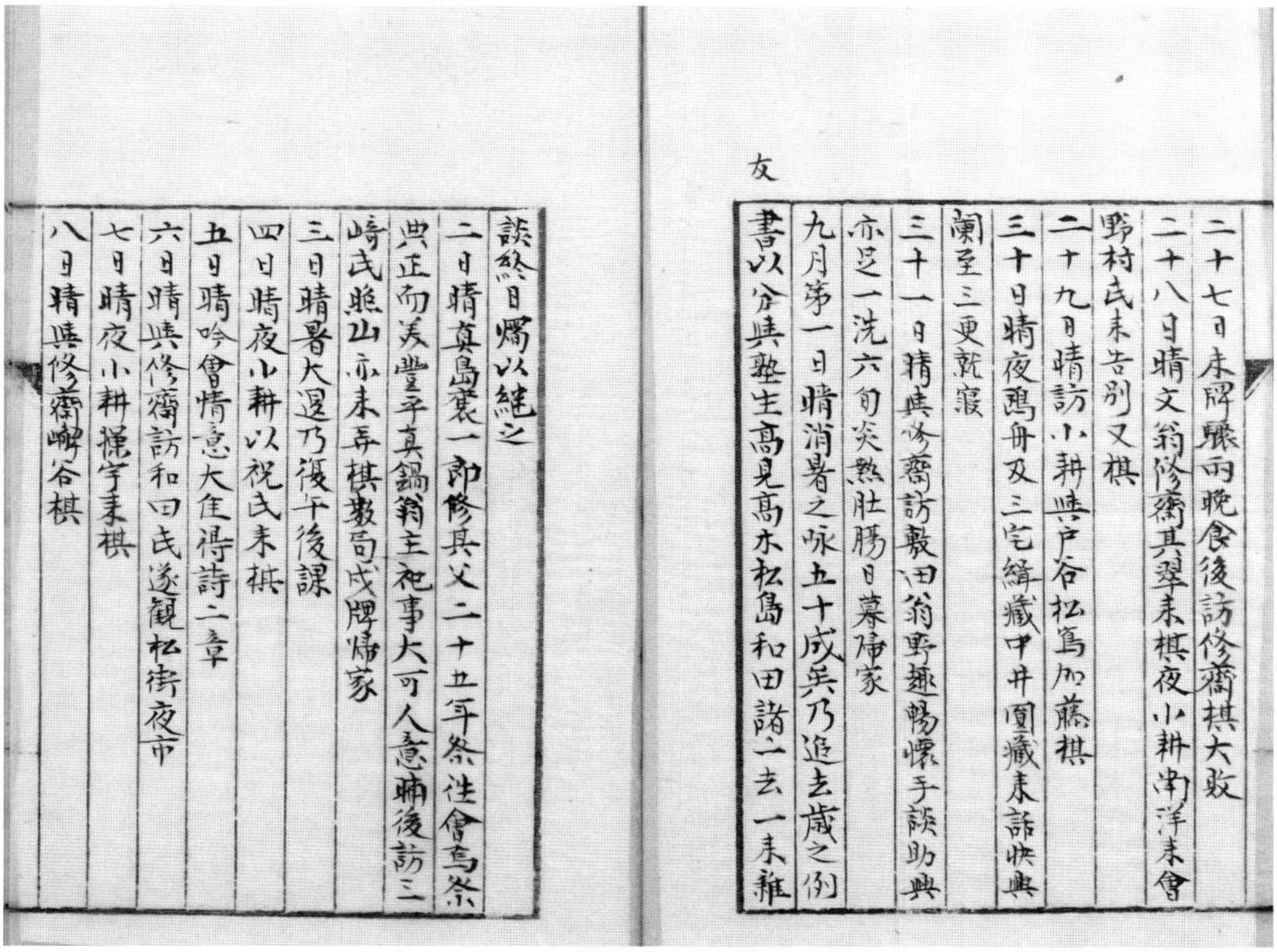

二十七日。未牌驟雨、晩食後訪修斎、棋大敗。
二十八日。晴。文翁・修斎・其翠来棋。夜、小耕・南洋来。会野村氏来告別、又棋。
二十九日。晴。訪小耕、与戸谷・松島・加藤棋。
三十日。晴。夜、鷗舟及三宅緝蔵・中井円蔵来、話快興闌、至三更就寝。
三十一日。晴。与修斎訪敷田翁、野趣暢懐、手談助興、亦足一洗六旬炎熱肚腸。日暮、帰家。
九月、第一日。晴。消暑之咏五十成矣、乃追去歳之例、書以分与塾生。高見・高木・松島・和田諸友、一去一来、雑談終日、燭以継之。
二日。晴。真島襄一郎、修其父二十五年祭、往会焉。祭典正而美。豊平真鍋翁主祀事、大可人意。晡後、訪三崎氏、照山亦来、弄棋数局。戌牌、帰家。
三日。晴。暑大退、乃復午後課。
四日。晴。夜、小耕以祝氏来棋。
五日。晴。吟会、情意大佳、得詩二章。
六日。晴。与修斎訪和田氏、遂観松街夜市。
七日。晴。夜、小耕・操宇来棋。
八日。晴。与修斎・嶰谷棋。

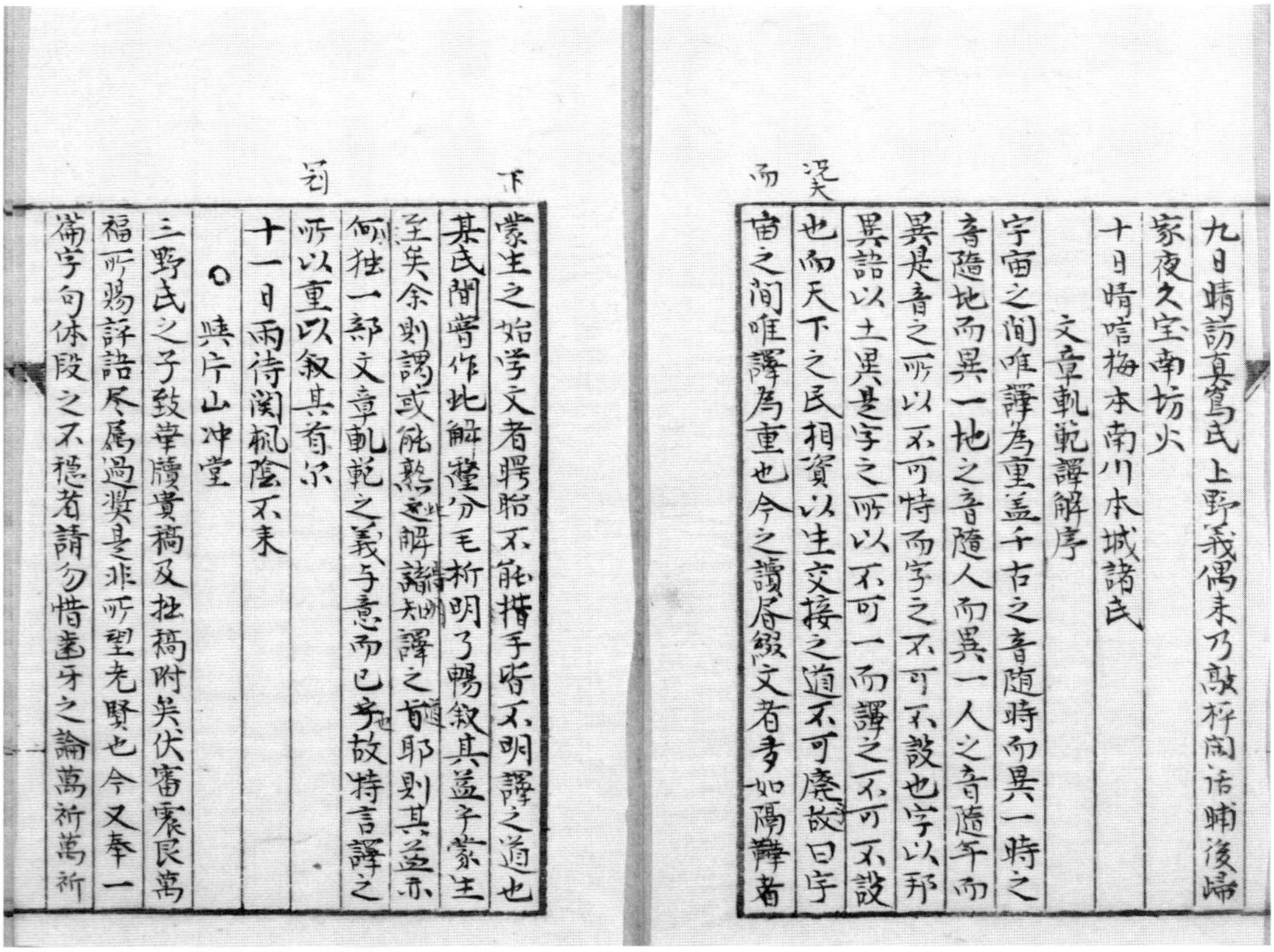

九日。晴。訪真島氏、上野義偶来、乃敲枰閑話。晡後、帰家。夜、久宝南坊火。

十日。晴。唁梅本・南川・本城諸氏。

　文章軌範訳解序

宇宙之間、唯訳為重。蓋千古之音、随時而異。一時之音、随地而異。一地之音、随人而異。一人之音、随年而異。是音之所以不可恃而字之不可不設也。字以邦異、語以土異、是字之所以不可一而訳之不可不設也。況夫天下之民、相資以生、交接之道、不可廃乎。故曰、宇宙之間、唯訳為重也。今之読書綴文者、多如隔靴、而蒙生之始学文者、愕眙不能下手、皆不明訳之道也。某氏間嘗作此解、鼇分毛析、明了暢叙、其益乎蒙生至矣。余則謂、或能熟此解、得明訳之道耶。則其益亦非独一部文章軌範之義与意而已也。故特言訳之所以重、以冠其首爾。

十一日。雨。待関楓陰、不来。

　与片山冲堂

三野氏之子致華牘、貴稿及拙稿附矣。伏審震艮万福。所賜評語尽属過奨、是非所望老賢也。今又奉一篇、字句体段之不穏者、請勿惜歯牙之論。萬祈、萬祈。

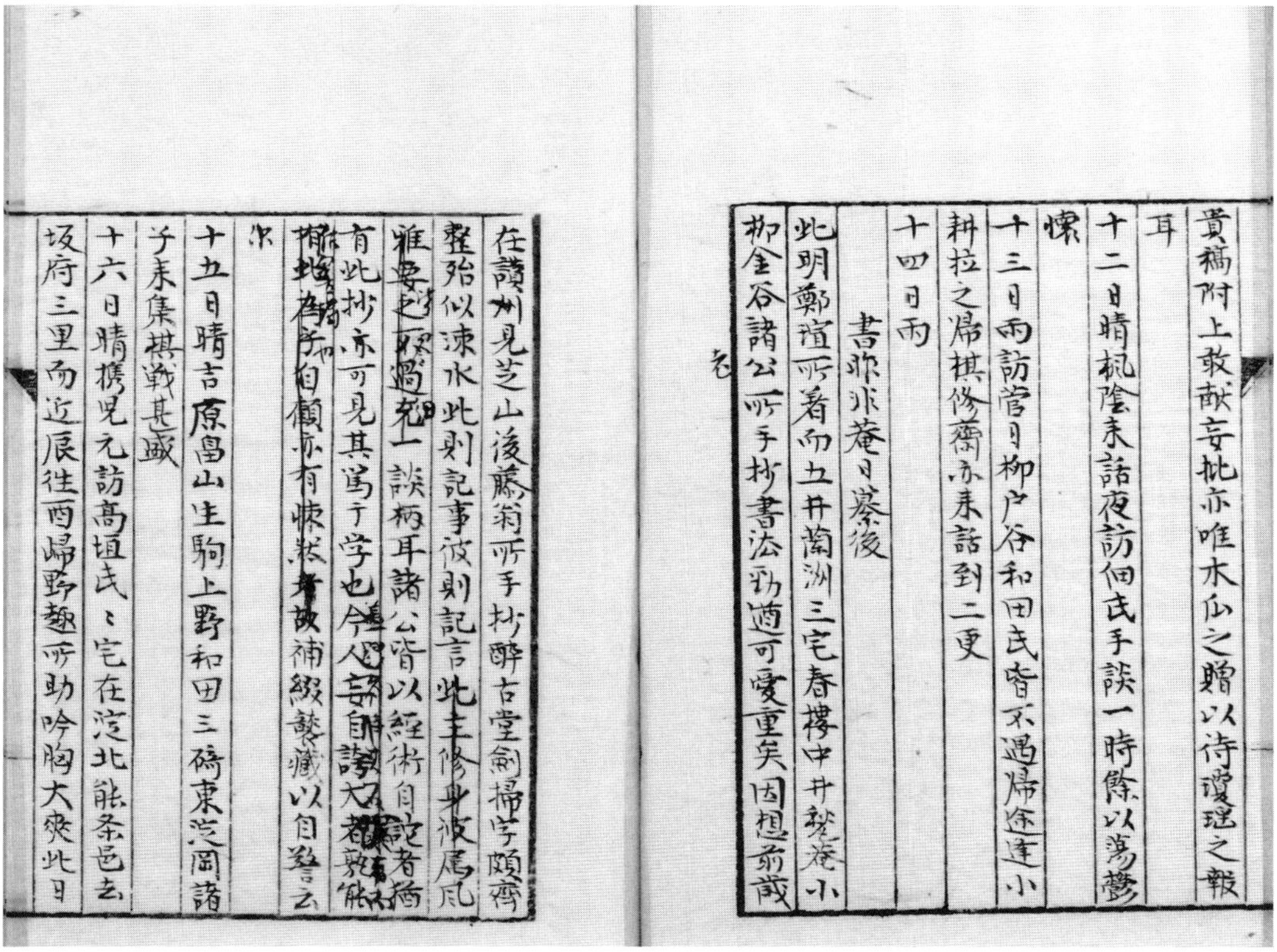

貴稿附上、敢献妄批、亦唯木瓜之贈、以待瓊瑤之報
耳。
十二日。晴。楓陰来話。夜訪佃氏、手談一時餘、以蕩鬱
懐。
十三日。雨。訪菅・日柳・戸谷・和田氏、皆不遇。帰途逢小
耕・拉之帰棋、修斎亦来、話到二更。
十四日。雨。
　書昨非庵日纂後
此明鄭瑄所著、而五井蘭洲・三宅春楼・中井甃庵・小
柳金谷諸老所手抄。書法勁遒、可愛重矣。因想前歳
在讃見芝山後藤翁所手抄酔古堂剣掃、字頗斉
整、殆似涑水。此則記事、彼則記言、
皆零細談柄耳。諸公皆以経術自詑者、猶
有此抄、可見其篤于学也。蓋践者恃其不碾者而
後善博也。故補綴襲蔵以自警云。
十五日。晴。吉原・畠山・生駒・上野・和田・三碕・東淀岡諸
子来集、棋戦甚盛。
十六日。晴。携児元訪高垣氏。氏宅在淀北能条邑、去
坂府三里而近。辰往酉帰、野趣所助、吟胸大爽。此日

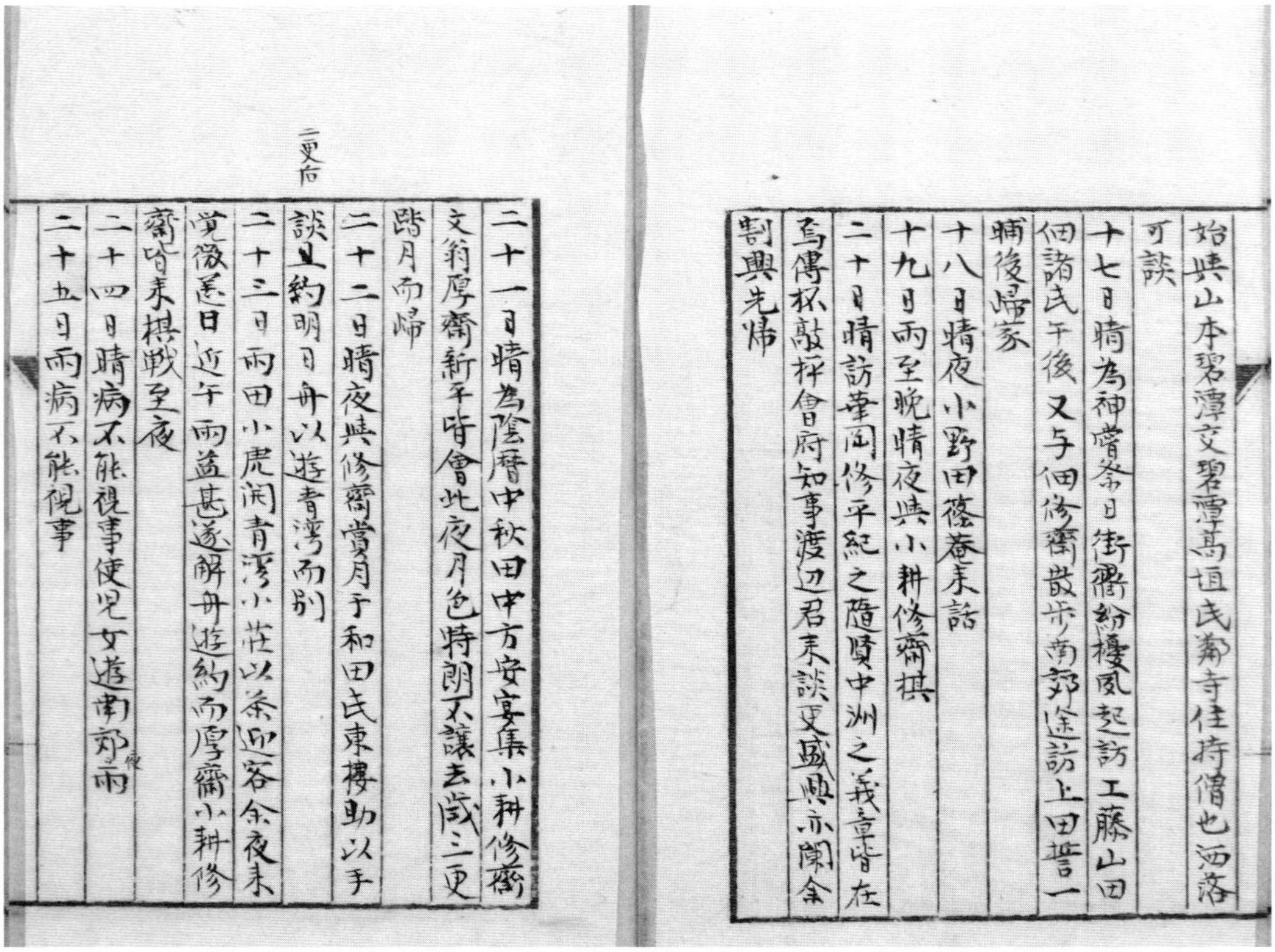
始與山本碧潭交碧潭高垣氏鄰寺住持僧也洒落
可談
十七日晴為神嘗祭日街衢紛擾夙起訪工藤山田
佃諸氏午後又與佃修齋散步南郊途訪上田誓一
晡後帰家
十八日晴夜小野田篠菴来話
十九日雨至晩晴夜與小耕修齋棋
二十日晴訪華岡修平紀之随賢中洲之義章皆在
焉傳杯敲枰會府知事渡辺君来談更盛興亦闌余
割興先帰
二更后
二十一日晴為陰暦中秋田中方安宴集小耕修齋
文翁厚齋新平皆會此夜月色特朗不讓去歳三更
踏月而帰
二十二日晴夜與修齋賞月于和田氏東樓助以手
談且約明日舟以遊青湾而別
二十三日雨田小虎開青湾小荘以茶迎客余夜来
覚微恙日近午雨益甚遂解舟遊約而厚齋小耕修
齋皆来棋戦至夜
二十四日晴病不能視事使児女遊南郊夜雨
二十五日雨病不能視事

始与山本碧潭交。碧潭、高垣氏隣寺住持僧也。洒落可談。
十七日。晴。為神嘗祭日、街衢紛擾。夙起、訪工藤・山田・佃諸氏。午後又与佃修斎散歩南郊、途訪上田誓一。晡後、帰家。
十八日。晴。夜、小野田篠庵来話。
十九日。雨。至晩晴。夜与小耕・修斎棋。
二十日。晴。訪華岡修平、紀之随賢・中洲之義章皆在焉、伝杯敲枰。会府知事渡辺君来、談更盛、興亦闌、余割興先帰。

二十一日。晴。為陰暦中秋。田中方安宴集、小耕・修斎・文翁・厚斎、新平皆会。此夜月色特朗、不譲去歳。三更、踏月而帰。
二十二日。晴。夜与修斎賞月于和田氏東楼、助以手談、二更後、約明日舟以遊青湾而別。
二十三日。雨。田小虎開青湾小荘、以茶迎客。余夜来覚微恙。日近午、雨益甚、遂解舟遊約。而厚斎・小耕・修斎皆来、棋戦至夜。
二十四日。晴。病不能視事、使児女遊南郊。夜雨。
二十五日。雨。病不能視事。

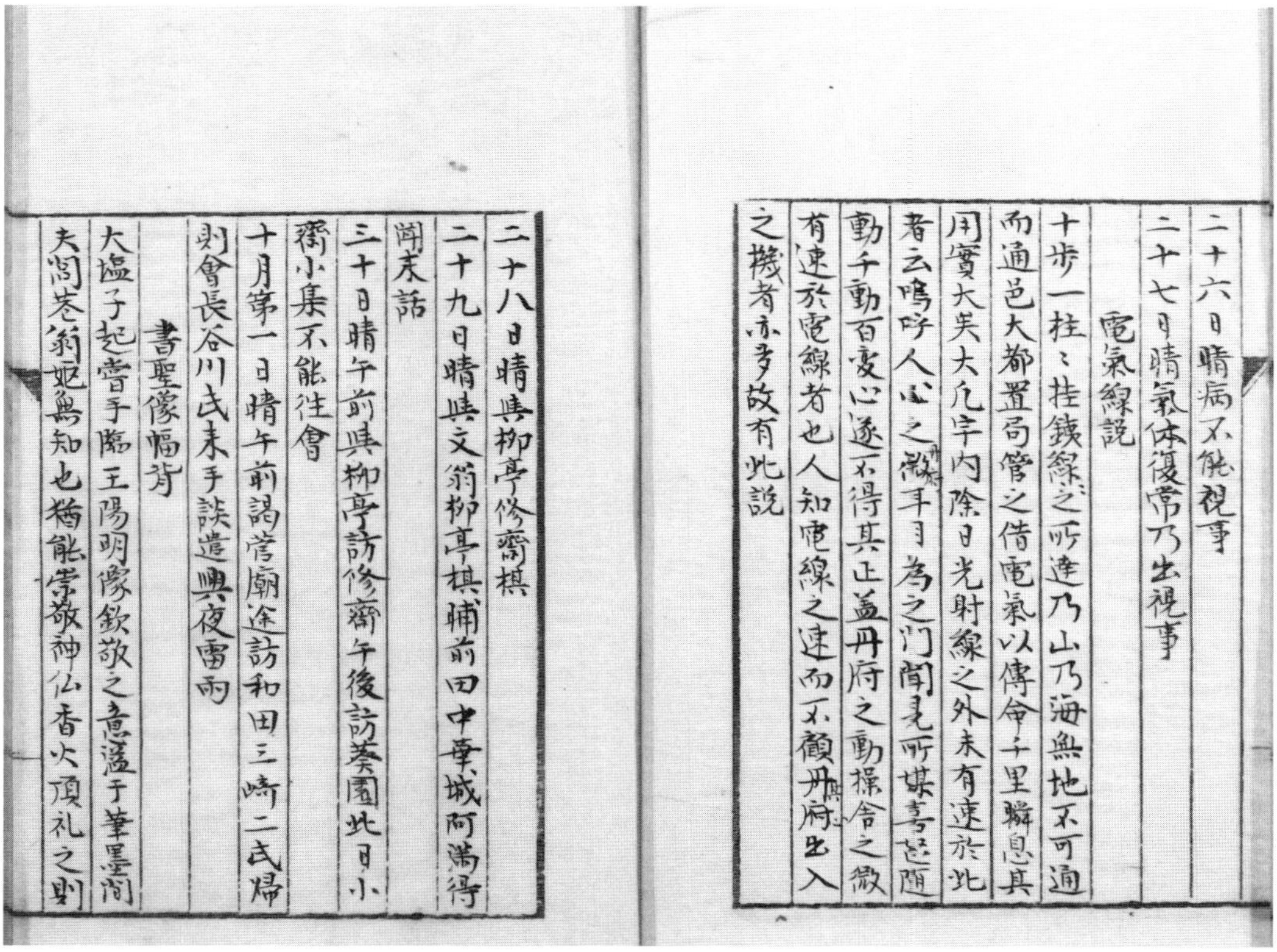

二十六日。晴。病不能視事。
二十七日。晴。気体復常、乃出視事。
　電気線説
十歩一柱、柱挂鉄線、線之所達、乃山乃海、無地不可通。
而通邑大都、置局管之、借電気以伝命、千里瞬息、其
用実大矣。大凡宇内、除日光射線之外、未有速於此
者云。嗚呼。人之丹府、耳目為之門、聞見所媒、喜怒随
動、千動百変、心遂不得其正。蓋丹府之動、操舎之微、
有速於電線者也。人知電線之速、而不顧其心出入
之機者亦多、故有此説。

二十八日。晴。与柳亭・修斎棋。
二十九日。晴。与文翁・柳亭棋。晡前、田中華城・阿満得
聞来話。
三十日。晴。午前与柳亭訪修斎、午後訪葵園。此日小
斎小集、不能往会。
十月、第一日。晴。午前謁菅廟、途訪和田・三崎二氏。帰
則会長谷川氏来、手談遺興。夜、雷雨。
　書聖像幅背
大塩子起嘗手臨王陽明像、欽敬之意、溢于筆墨間。
夫閭巷翁嫗無知也、猶能崇敬神仏、香火頂礼之、則

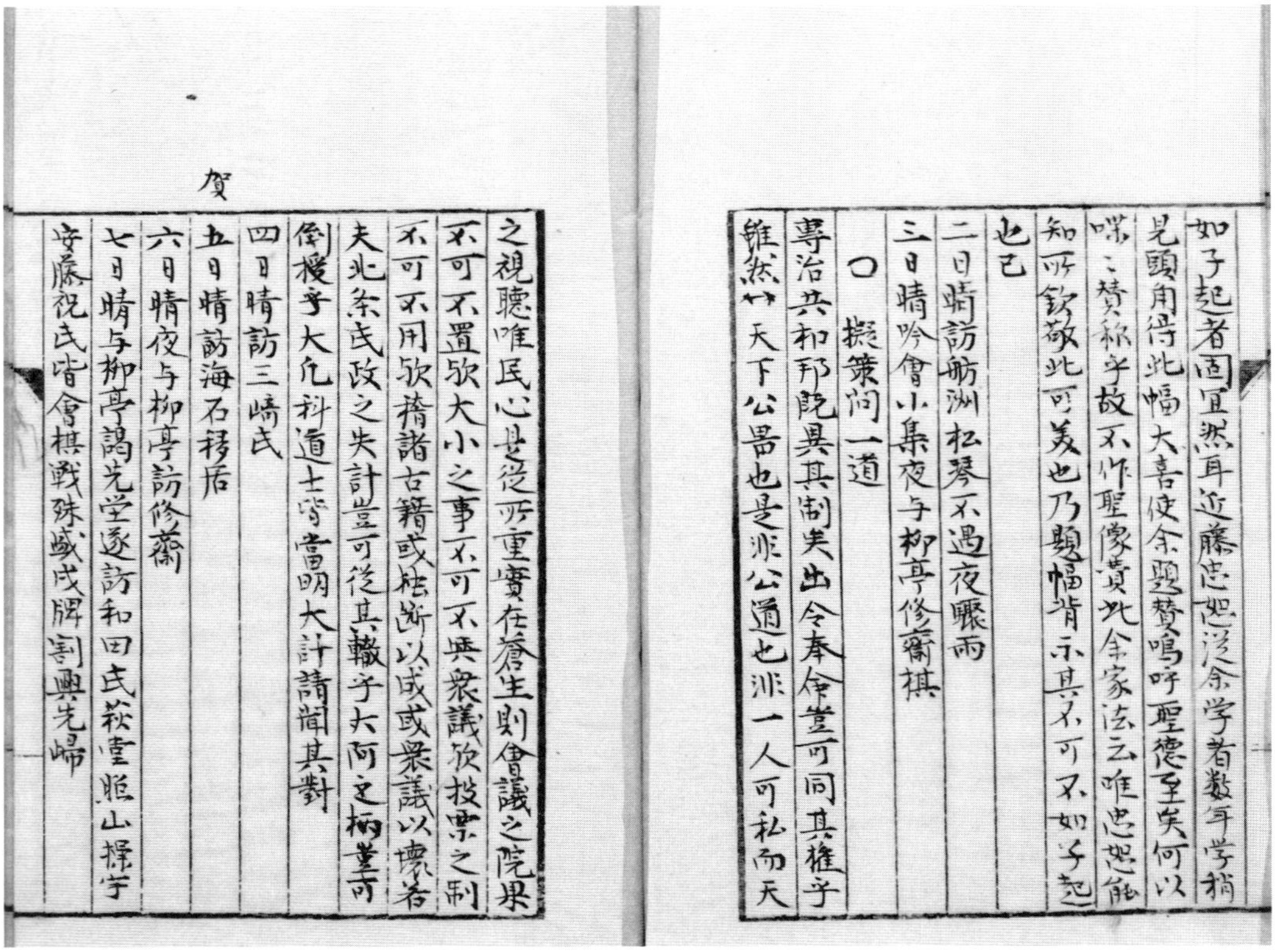

如子起者、固宜然耳。近藤忠恕従余学者数年、学稍見頭角、得此幅、大喜、使余題賛。嗚呼、聖徳至矣。何以喋ゝ賛称乎。故不作聖像賛、此余家法云。唯忠恕能知所欽敬、此可美也。乃題幅背、示其不可不如子起也已。

二日。晴。訪舫洲・松琴、不遇。夜、驟雨。

三日。晴。吟会小集。夜与柳亭・修斎棋。

擬策問一道

専治共和邦、既異其制矣、出令奉命、豈可同其権乎。雖然□天下公器也、是非公道也、非一人可私。而天之視聴、唯民心是従。所重実在蒼生、則会議之院、果不可不置歟。大小之事、不可不与衆議歟。投票之制、不可不用歟。稽諸古籍、或独断以成、或衆議以壊、若夫北条氏政之失計、豈可従其轍乎。大凡科道、士皆当明大計、請聞其対。

四日。晴。訪三崎氏。

五日。晴。賀海石移居。

六日。晴。夜与柳亭訪修斎。

七日。晴。与柳亭謁先塋、遂訪和田氏。萩堂・照山・操宇・安藤・祝氏皆会、棋戦殊盛。戊牌、割輿先帰。

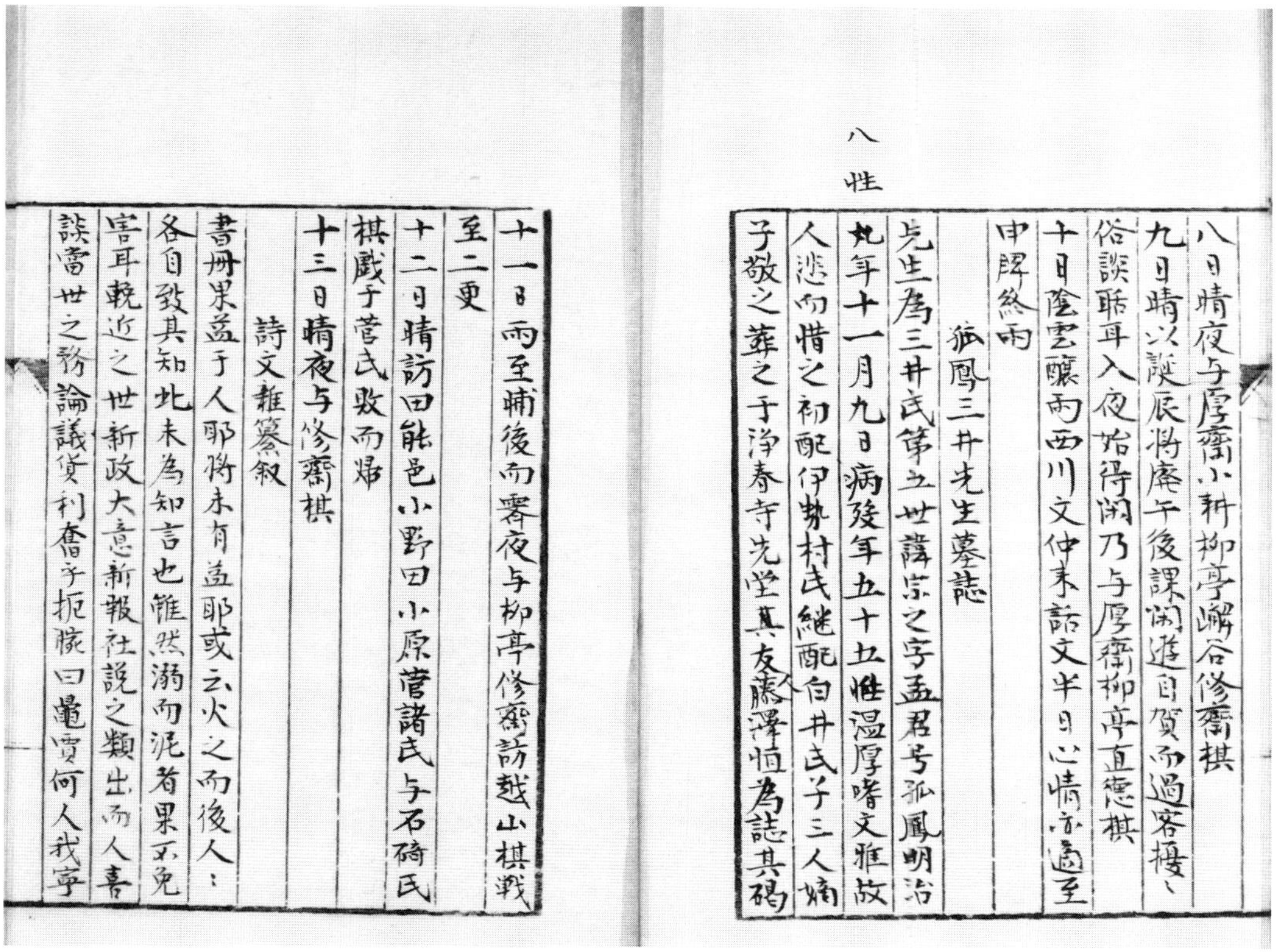

八日。晴。夜与厚斎・小耕・柳亭・嶰谷・修斎棋。
九日。晴。以誕辰将廃午後課、閑遊自賀、而過客擾ゝ、
俗談聒耳。入夜、始得閑、乃与厚斎・柳亭・直徳棋。
十日。陰雲醸雨。西川文仲来、話文半日、心情亦適。至
申牌、終雨。

　孤鳳三井先生墓誌

先生為三井氏第五世、諱宗之、字孟君、号孤鳳。明治
八年十一月九日病歿、年五十五。性温厚、嗜文雅、故
人悲而惜之。初配伊勢村氏、継配白井氏、子三人。嫡
子敬之、葬之于浄春寺先塋、其友人藤澤恒為誌其碣。

十一日。雨至、晡後而霽。夜与柳亭・修斎訪越山、棋戦
至二更。
十二日。晴。訪田能邑小野田・小原・菅諸氏。与石碕氏
棋、戯于菅氏、敗而帰。
十三日。晴。夜与修斎棋。

　詩文雑纂叙

書冊果益于人耶、将未有益耶。或云、火之而後人ゝ
各自致其知。此未為知言也。雖然、溺而泥者、果不免
害耳。輓近之世、新政大意、新報社説之類出而人喜
談當世之務、論議貨利、奮乎扼腕曰、鼂賈何人、我寧

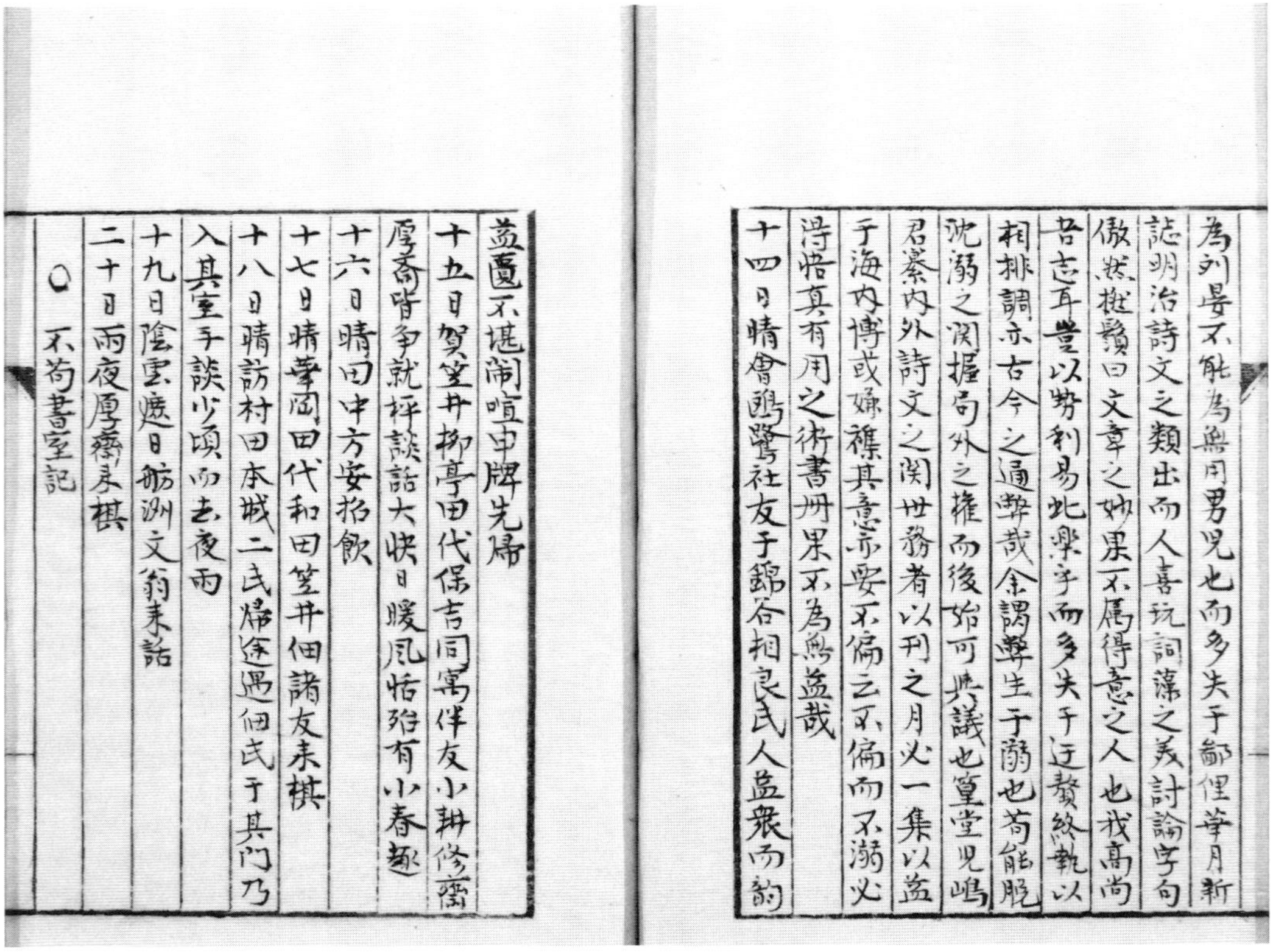
為劉晏不能為無用男児也而多失于鄙俚華月新
誌明治詩文之類出而人喜玩詞藻之美討論字句
傲然撚鬚曰文章之妙果不属得意之人也我高尚
吾志耳豈以勢利易此楽乎而多失于迂贅終執以
相排調亦古今之通弊哉余謂弊生于溺也苟能脱
沈溺之関握局外之権而後始可与議也篁堂児島
君纂内外詩文之関世務者以刊之月必一集以益
于海内博或嫌雑其意亦要不偏云不偏而不溺必
得悟真有用之術書冊果不為無益哉
十四日晴会鷗鷺社友于錦谷相良氏人益衆而韻
益匱不堪鬧喧中牌先帰
十五日賀笠井柳亭田代保吉同寓伴友小耕修斎
厚斎皆争就枰談話大快日暖風恬殆有小春趣
十六日晴田中方安招飲
十七日晴華岡田代和田笠井佃諸友来棋
十八日晴訪村田本城二氏帰途遇佃氏于其門乃
入其室手談少頃而去夜雨
十九日陰雲遮日舫洲文翁来話
二十日雨夜厚斎来棋
○　不苟書室記

為劉晏、不能為無用男児也、而多失于鄙俚。華月新誌、明治詩文之類出、而人喜玩詞藻之美、討論字句、傲然撚鬚曰、文章之妙、果不属得意之人也。我高尚吾志耳、豈以勢利易此楽乎。而多失于迂贅、終執以相排調、亦古今之通弊哉。余謂弊生于溺也。苟能脱沈溺之関、握局外之権、而後始可与議也。篁堂児島君纂内外詩文之関世務者以刊之、月必一集、以益于海内、博或嫌雑、其意亦要不偏云。不偏而不溺、必得悟真有用之術、書冊果不為無益哉。

十四日。晴。会鷗鷺社友于錦谷相良氏。人益衆而韻益匱、不堪鬧喧。中牌、先帰。

十五日。賀笠井柳亭・田代保吉同寓伴友。小耕・修斎・厚斎皆争就枰談話、大快。日暖風恬、殆有小春趣。

十六日。晴。田中方安招飲。

十七日。晴。華岡・田代・和田・笠井・佃諸友来棋。

十八日。晴。訪村田・本城二氏。帰途遇佃氏于其門、乃入其室、手談少頃而去。夜、雨。

十九日。陰雲遮日。舫洲・文翁来話。

二十日。雨。夜、厚斎来棋。

　不苟書室記

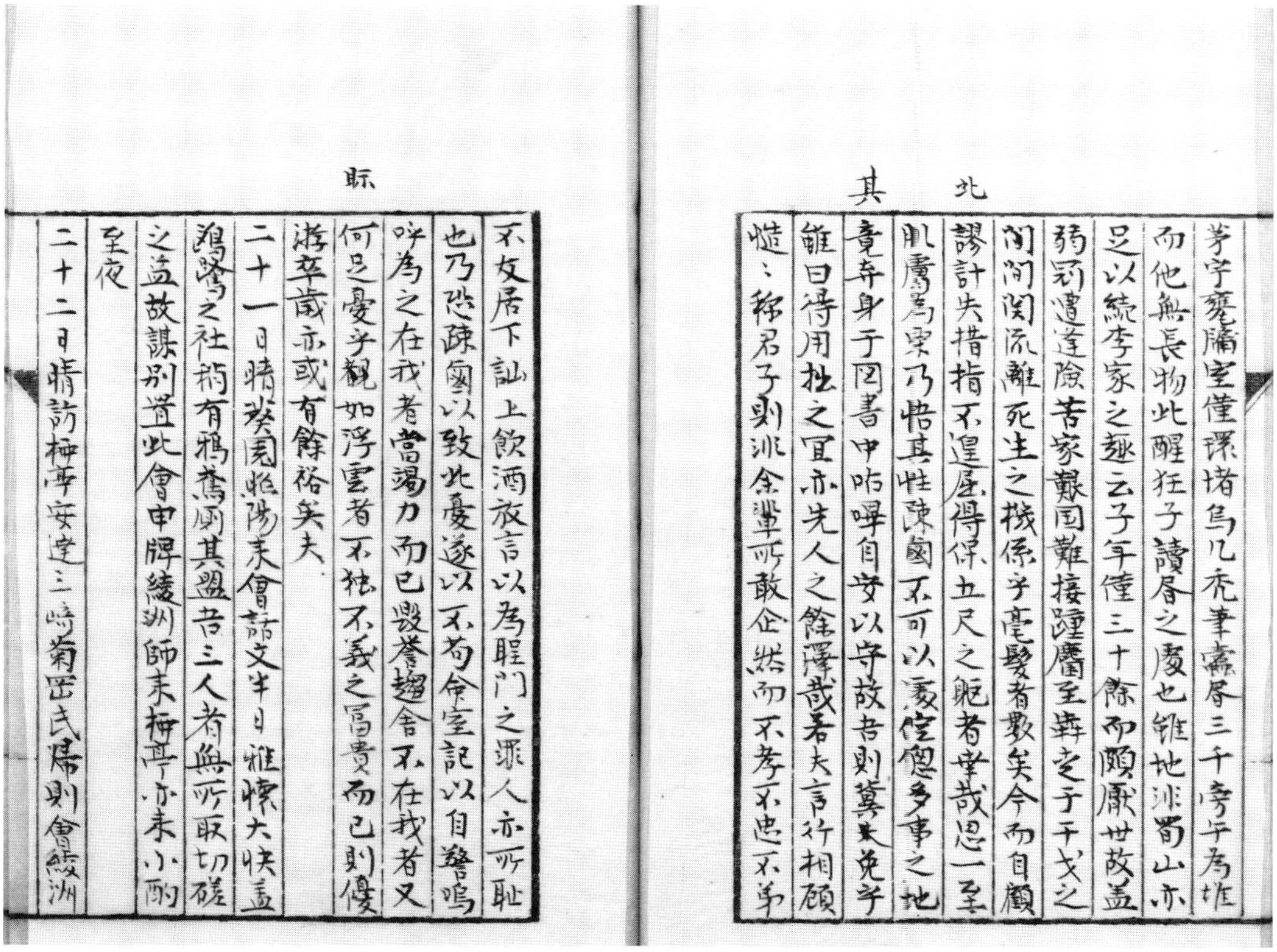

茅宇甕牖、室僅環堵、烏几禿筆、蠹書三千、旁午為堆、而他無長物、此醒狂子読書之処也。雖地非蜀山、亦足以続李家之趣云。子年僅三十餘、而頗厭世故、蓋弱冠遭逢険苦、家艱国難、接踵麕至、奔走于干戈之間、関流離死生之機、係乎毫髪者数矣。今而自顧、謬計失措、指不遑屈、得保五尺之軀者、幸哉。思一至此、肌膚為栗、乃悟其性疎鹵、不可以処倥偬多事之地、竟棄身于図書中、呫嗶自安以守、故吾則冀其免乎。雖曰得用拙之宜、亦先人之餘沢哉。若夫言行相顧、慥ゝ称君子、則非余輩所敢企。然而不孝、不忠、不弟、不友、居下訕上、飲酒放言、以為聖門之罪人、亦所恥也。乃恐疎鹵以致此憂、遂以不苟命室、記以自警。嗚呼、為之在我者、当竭力而已。毀誉趨舎、不在我者、又何足憂乎。眂如浮雲者、不独不義之富貴而已、則優游卒歳、亦或有餘裕矣夫。

★☆二十一日。晴。葵園・照陽来会、話文半日、雅懐大快。蓋鷗鷺之社、稍有鴉鳶厠其盟、吾三人者無所取切磋之益、故謀別置此会。申牌、綾洲師来、柳亭亦来、小酌至夜。

二十二日。晴。訪柳亭・安達・三崎・菊岡氏。帰則会綾洲・

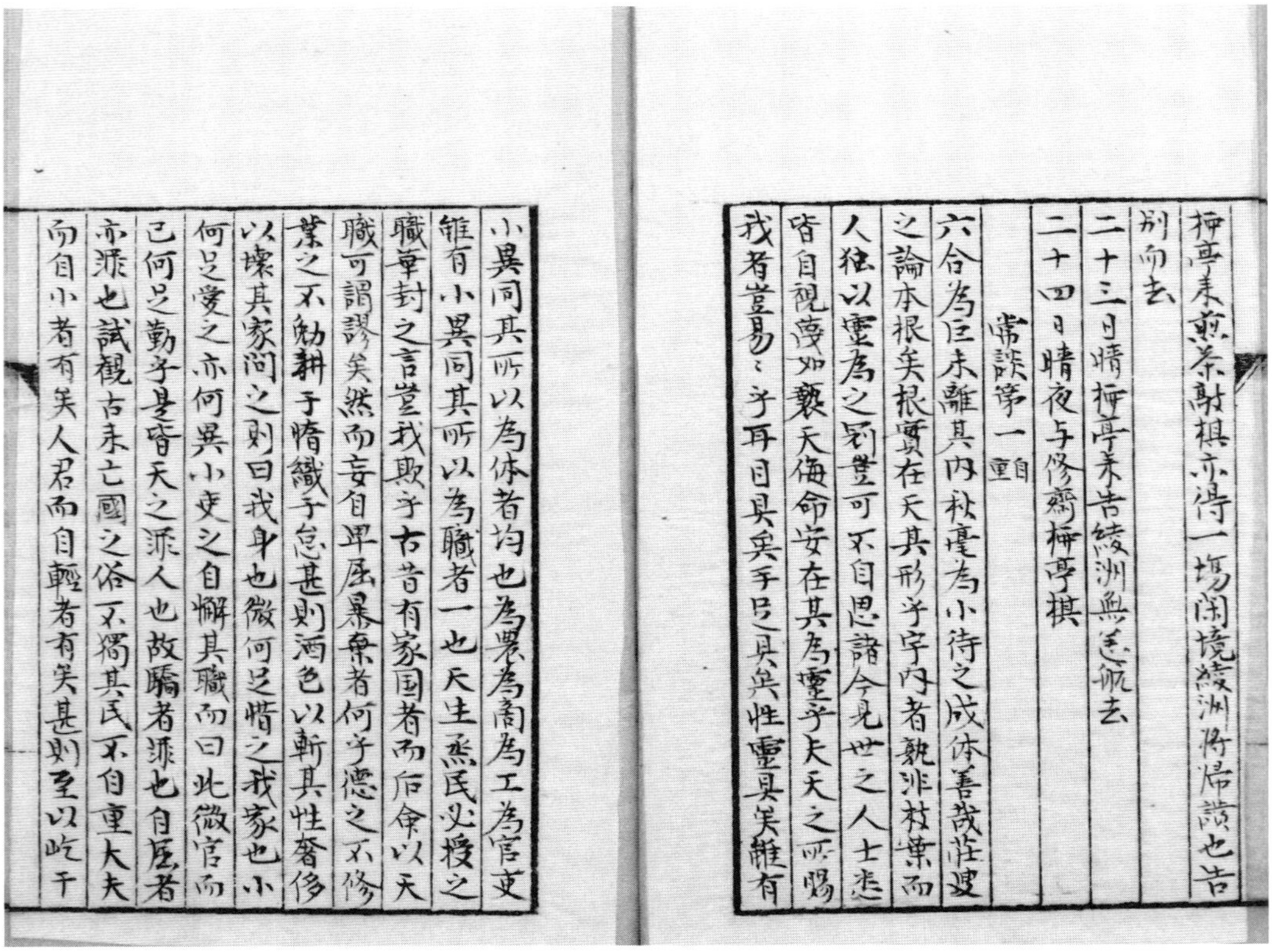

柳亭来、煎茶敲棋、亦得一場閑境。綾洲将帰讃也、告別而去。

二十三日。晴。柳亭来告、綾洲無恙航去。

二十四日。晴。夜与修斎・柳亭棋。

常談第一 自重

六合為巨、未離其内、秋毫為小、待之成体。善哉。荘叟之論本根矣、根実在天、其形乎宇内者、孰非枝葉。而人独以霊為之冠、豈可不自思。諸今見世之人士、悉皆自視蔑如、褻天侮命、安在其為霊乎。夫天之所賜我者、豈易〻乎。耳目具矣、手足具矣、性霊具矣。雖有小異同、其所以為体者均也。為農、為商、為工、為官吏、雖有小異同、其所以為職者一也。天生烝民、必授之職、華封之言、豈我欺乎。古昔有家国者而後命以天職、可謂謬矣。然而妄自卑屈暴棄者、何乎徳之不修、業之不勉、耕于惰、織于怠。甚則酒色以斬其性、奢侈以壊其家、問之則曰、我身也微、何足惜之。我家也小、何足愛之。亦何異小吏之自懈其職而曰、此微官而已、何足勤乎。是皆天之罪人也。故驕者罪也、自屈者亦罪也。試観古来亡国之俗、不独其民不自重、大夫而自小者有矣、人君而自軽者有矣。甚則至以屹于

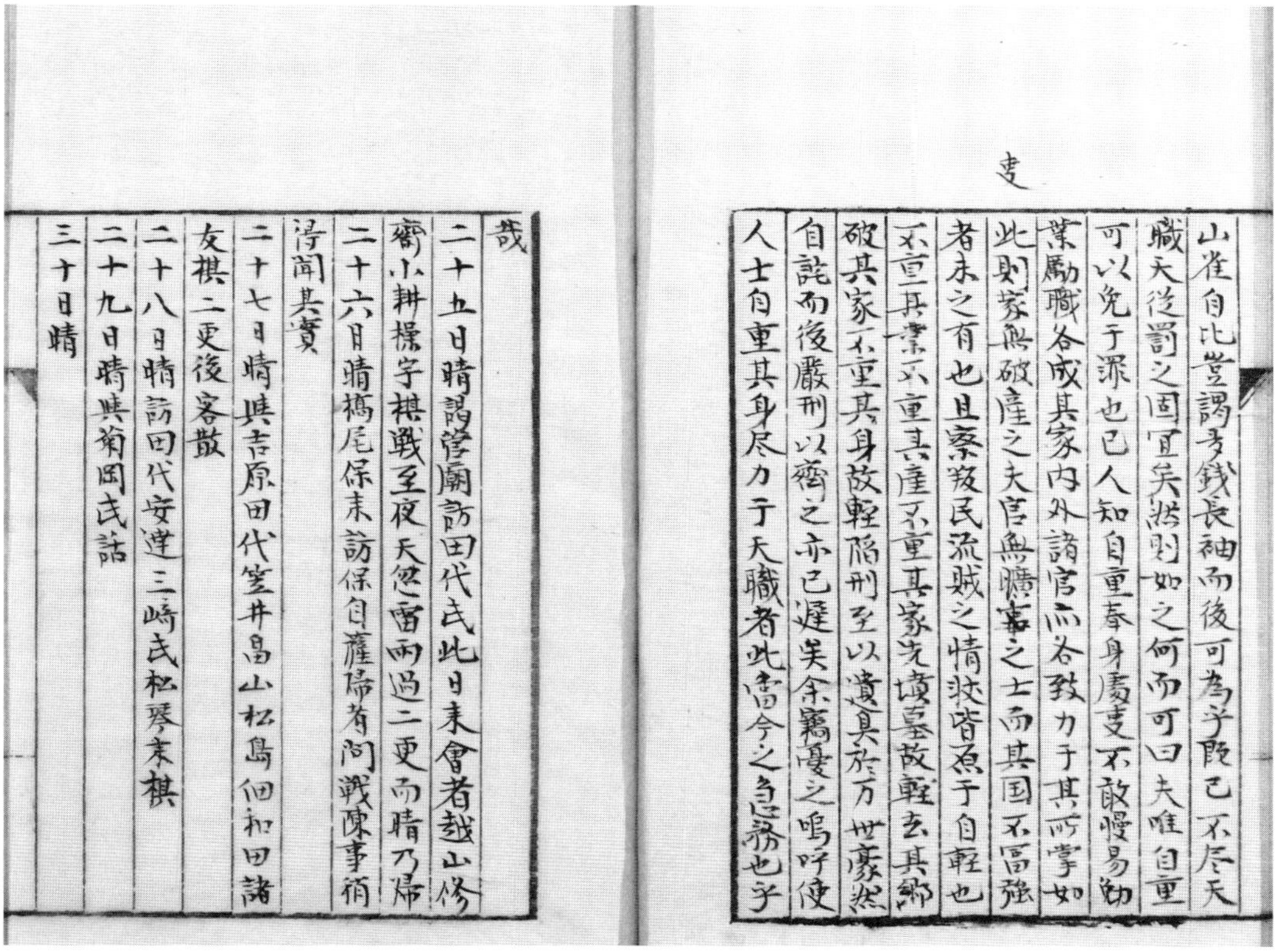

山雀自比、豈謂多銭長袖而後可為乎。既已不尽天職、天従罰之、固宜矣。然則如之何而可。曰、夫唯自重、可以免于罪也已。人知自重、奉身処事、不敢慢易、勉業励職、各成其家。内外諸官亦各致力于其所掌、如此則家無破産之夫、官無曠事之士、而其国不富強者、未之有也。且察叛民流賊之情状、皆原于自軽也。不重其業、不重其産、不重其家先墳墓、故軽去其郷、破其家、不重其身。故軽陥刑、至以遺臭於万世、豪然自詫、而後厳刑以斉之、亦已遅矣。余窃憂之。嗚呼、使人士自重其身、尽力于天職者、此当今之急務也乎哉。

二十五日。晴。謁管廟、訪田代氏。此日来会者、越山・修斎・小耕・操宇。棋戦至夜、天忽雷雨、過二更而晴、乃帰。

二十六日。晴。橋尾保来訪。保自薩帰者、問戦陣事、稍得聞其実。

二十七日。晴。与吉原・田代・笠井・畠山・松島・佃・和田諸友棋、二更後客散。

二十八日。晴。訪田代・安達・三崎氏。松琴来棋。

二十九日。晴。与菊岡氏話。

三十日。晴。

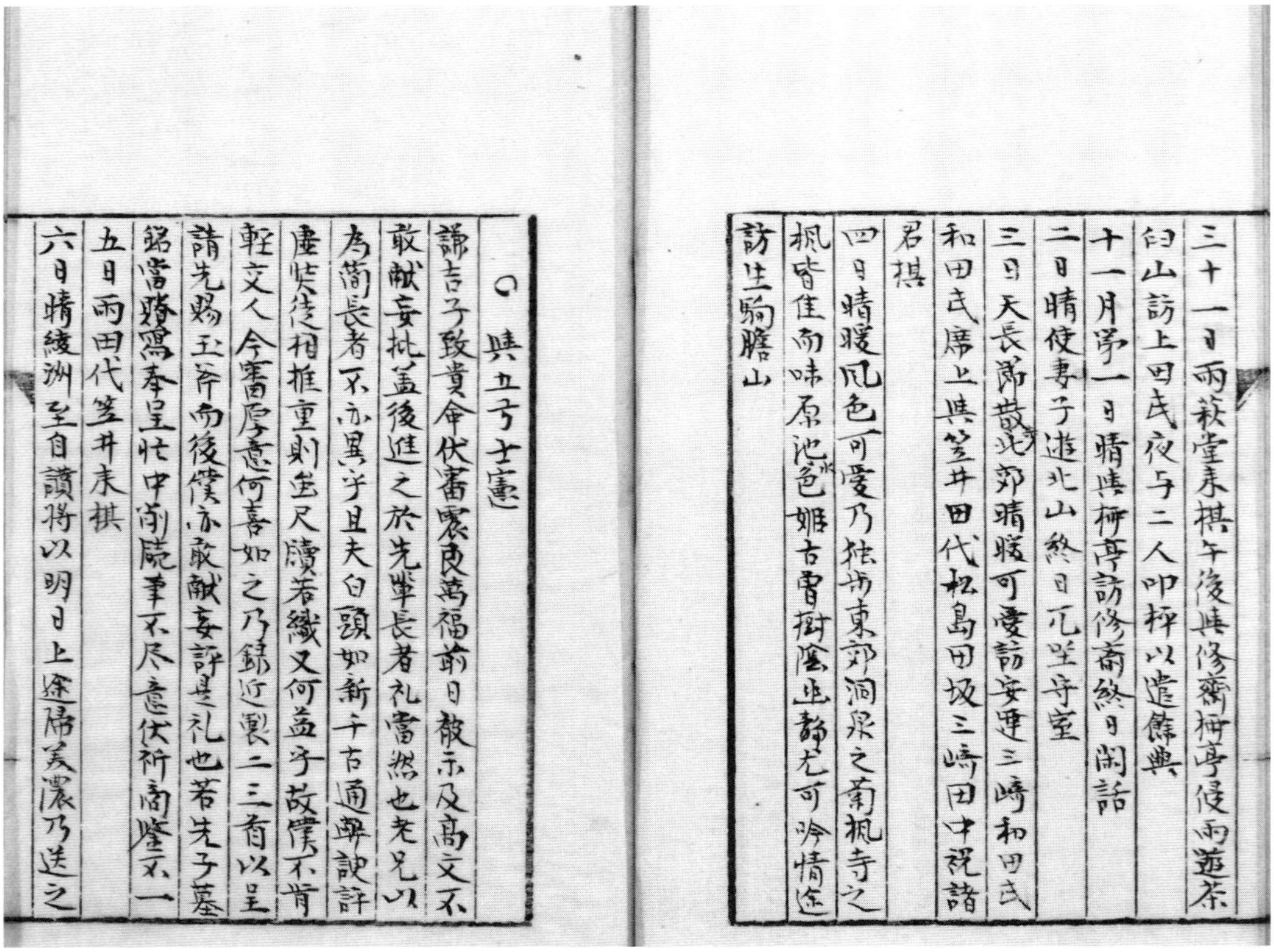

三十一日。雨。萩堂来棋。午後、与修斎・柳亭侵雨遊茶臼山、訪上田氏。夜与二人叩枰、以遣餘興。

十一月、第一日。晴。与柳亭訪修斎、終日閑話。

二日。晴。使妻子遊北山、終日兀坐守室。

三日。天長節。散歩北郊、晴暖可愛。訪安達・三崎・和田氏。和田氏席上、与笠井・田代・松島・田坂・三崎・田中・祝諸君棋。

四日。晴暖、風色可愛。乃独歩東郊。洞泉之菊、楓寺之楓皆佳。而味原池水色、姫古曾樹陰幽静、尤可吟情。途訪生駒胆山。

与五弓士憲

謙吉子致貴命、伏審震艮万福。前日被示及高文、不敢献妄批。蓋後進之於先輩長者、礼当然也。老兄以為簡長者、不亦異乎。且夫白頭如新、千古通弊、訣評虚奘、徒相推重、則雖尺牘若織、又何益乎。故僕不肯軽交人、今審厚意、何喜如之。乃録近製二三首以呈、請先賜玉斧、而後僕亦敢献妄評、是礼也。若先子墓銘、当謄写奉呈。忙中削読、筆不尽意、伏祈商鑑。不一。

五日。雨。田代・笠井来棋。

六日。晴。綾洲至自讃、将以明日上途、帰美濃。乃送之

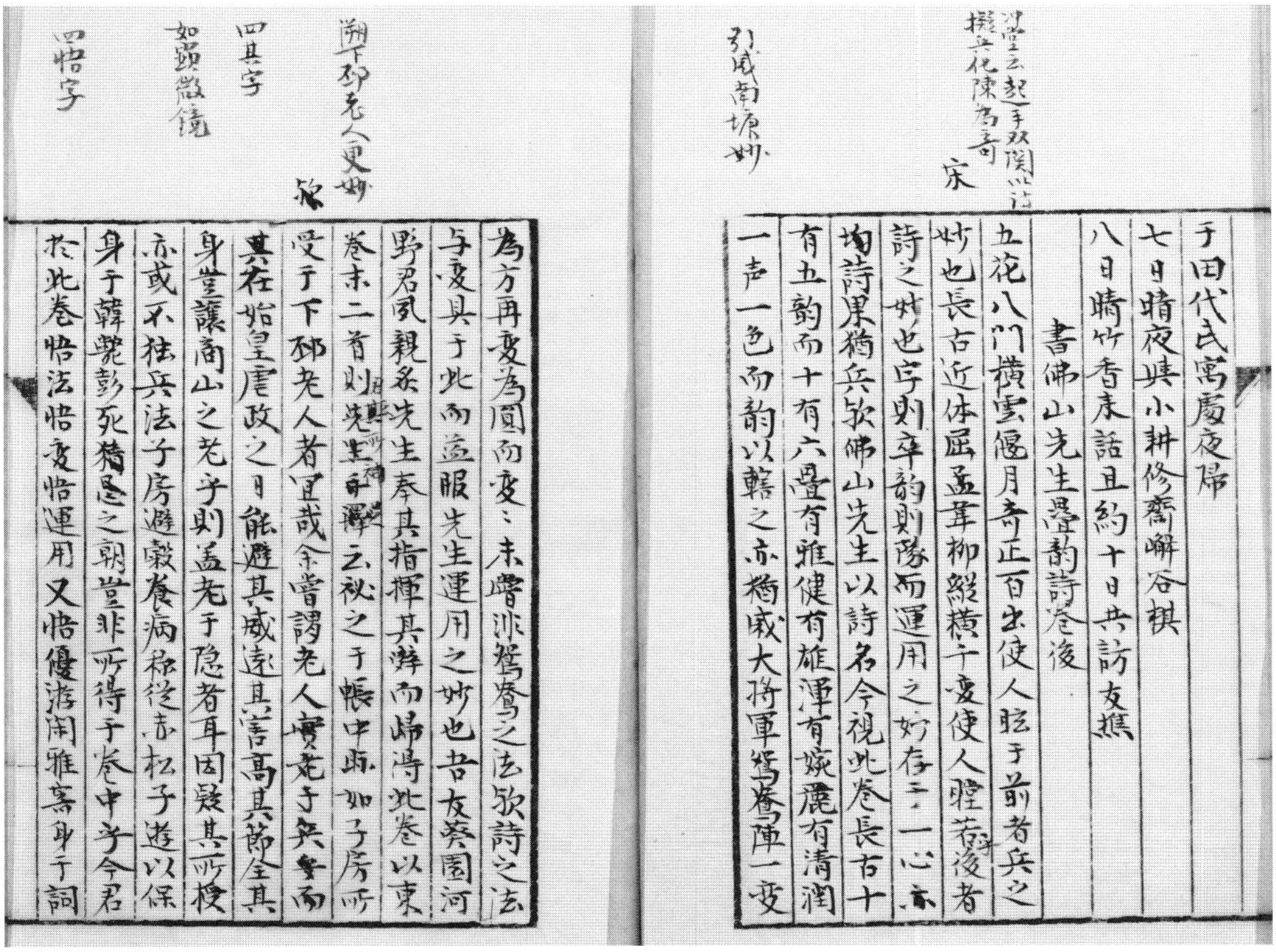

于田代氏寓処。夜帰。
七日。晴。夜与小耕・修斎・嶰谷棋。
八日。晴。竹香来話、且約十日共訪友樵。

書仏山先生畳韻詩巻後

五花八門、横雲偃月、奇正百出、使人眩于前者、兵之妙也。長古近体、屈宋韋柳、縦横千変、使人瞠若乎後者、詩之妙也。字則卒、韻則隊、而運用之妙、存于一心、詩果猶兵歟。仏山先生以詩名、今視此巻、長古十有五韻而十有六畳。有雅健、有雄渾、有婉麗、有清潤、一声一色而韻以轄之、亦猶威大将軍鷙鶱陣、一変為方、再変為円、而変ゝ未嘗非鷙鶱之法歟。詩之法与変具于此、益服先生運用之妙也。吾友葵園河野君夙親炙先生、奉其指揮、其辞而帰、得此巻以東。巻末二首則君之所補足云。祕之于帳中、眎如子房所受于下邳老人者、宜哉。余嘗謂老人在始皇虐政之日、能避其威、遠其害、高其節、全其身、豈譲商山之老乎。則蓋老于隠者耳。因疑其所授亦或不独兵法。子房避穀養病、称従赤松子遊、以保身于韓甕彭死之朝、豈非所得于巻中乎。今君於此巻悟法、悟変、悟運用、又悟優游閑雅、寄身于詞

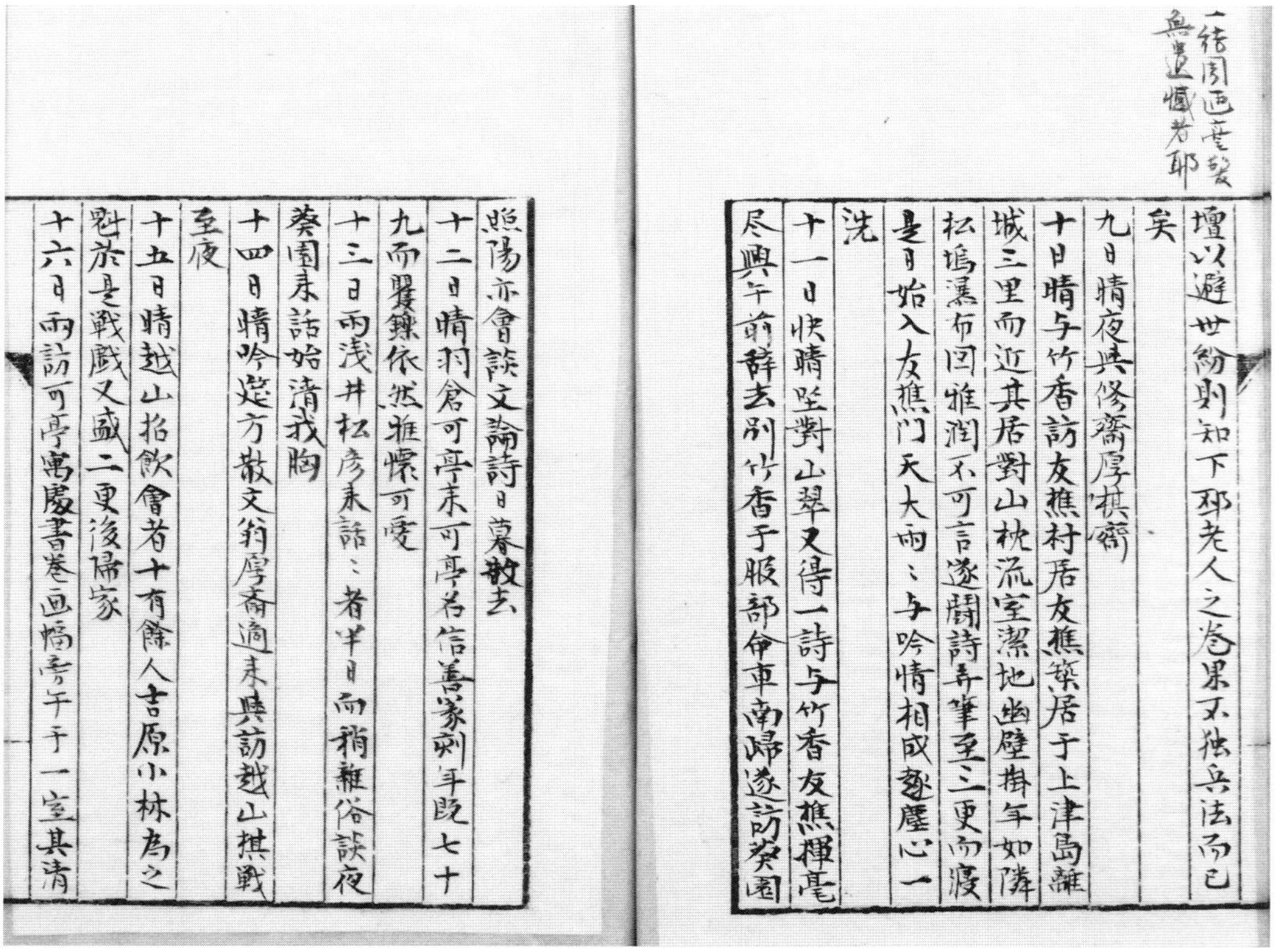

壇、以避世紛、則知下邳老人之巻、果不独兵法而已矣。

九日。晴。夜与修斎・厚斎棋。

十日。晴。与竹香訪友樵村居。友樵築居于上津島、離城三里而近。其居対山枕流、室潔地幽、壁掛年如隣松塢瀑布図、雅潤不可言。遂闘詩弄筆、至三更而寝。是日、始入友樵門、天大雨、雨与吟情相成趣、塵心一洗。

十一日。快晴。坐対山翠、又得一詩。与竹香・友樵揮毫尽興。午前辞去。別竹香于服部、命車南帰、遂訪葵園、照陽亦会、談文論詩。日暮、散去。

十二日。晴。羽倉可亭来。可亭、名信、善篆刻、年既七十九、而矍鑠依然、雅懐可愛。

十三日。雨。浅井松彦来話。話者半日而稍雑俗談。夜、葵園来話、始清我胸。

十四日。晴。吟筵方散、文翁・厚斎適来、与訪越山、棋戦至夜。

十五日。晴。越山招飲。会者十有餘人、吉原・小林為之魁、於是戦戯又盛。二更後、帰家。

十六日。雨。訪可亭寓処、書巻画幅、旁午于一室、其清

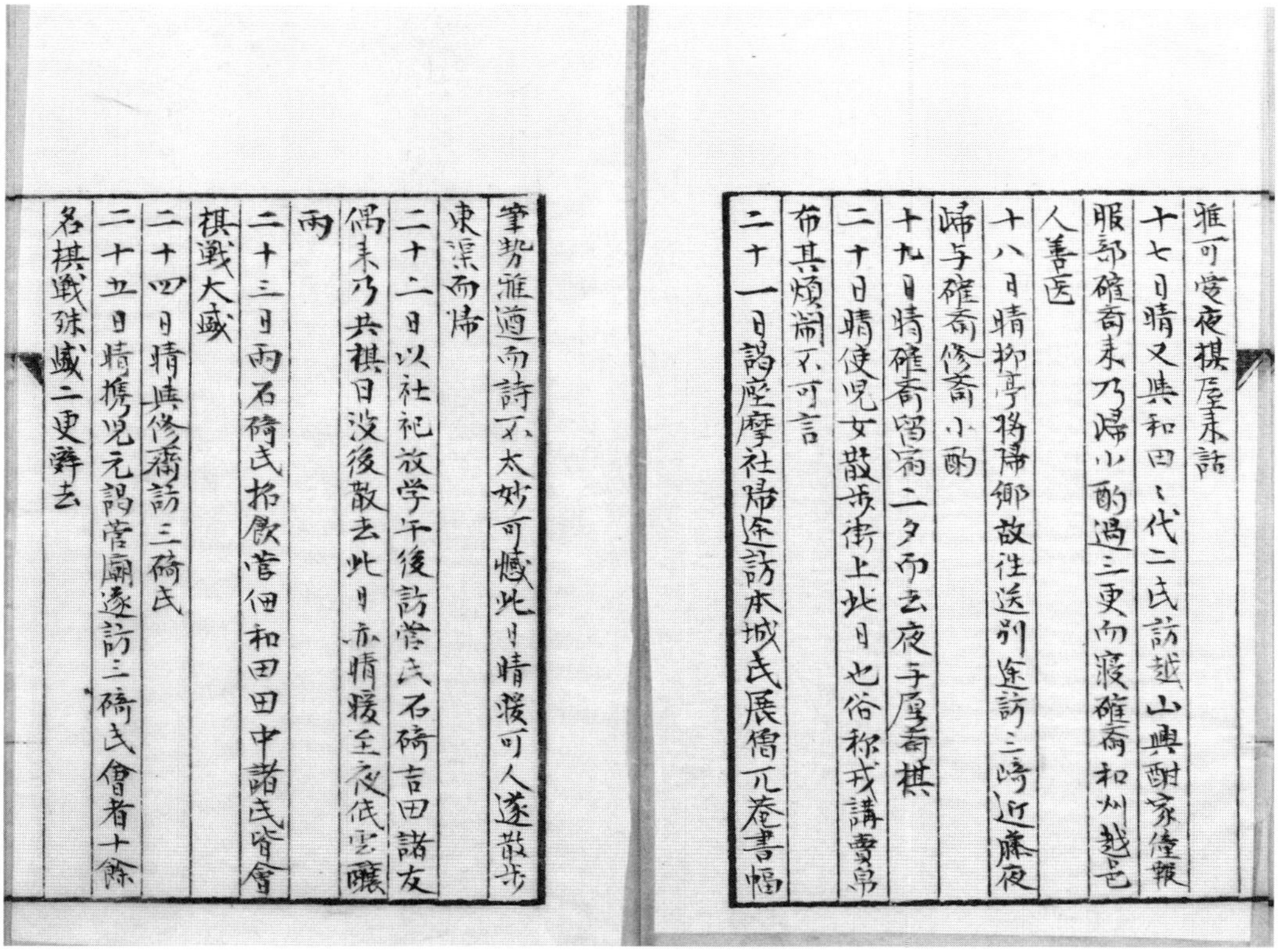

雅可愛。夜、梅屋来話。
十七日。晴。又与和田・田代二氏訪越山。興酣、家僮報服部確斎来。乃帰、小酌、過三更而寝。確斎、和州越邑人、善医。
十八日。晴。柳亭将帰郷、故往送別。途訪三崎・近藤。夜帰、与確斎・修斎小酌。
十九日。晴。確斎留宿二夕而去。夜与厚斎棋。
二十日。晴。使児女散歩街上。此日也、俗称戎講、売帛布、其煩鬧不可言。
二十一日。謁座摩社、帰途訪本城氏、展僧兀菴書幅、筆勢雅適、而詩不太妙、可憾。此日晴暖可人、遂散歩東渠而帰。
二十二日。以社祀放学。午後訪菅氏。石碕・吉田諸友偶来、乃共棋。日没後、散去。此日亦晴暖、至夜低雲醸雨。
二十三日。雨。石碕氏招飲。菅・佃・和田・田中諸氏皆会、棋戦大盛。
二十四日。晴。与修斎訪三碕氏。
二十五日。晴。携児元謁菅廟、遂訪三碕氏。会者十餘名、棋戦殊盛。二更、辞去。

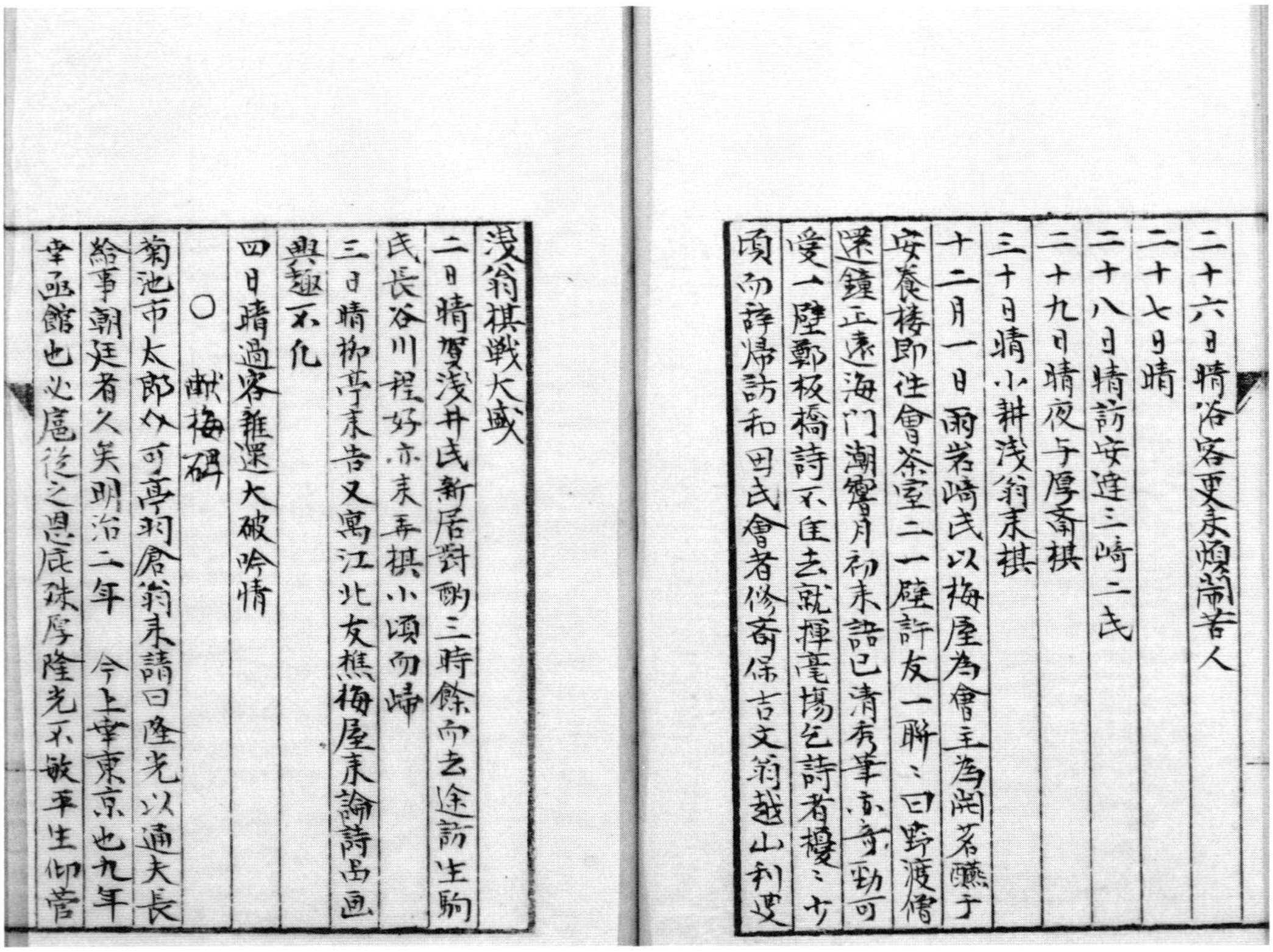

二十六日。晴。俗客更来、煩鬧苦人。
二十七日。晴。
二十八日。晴。訪安達・三崎二氏。
二十九日。晴。夜与厚斎棋。
三十日。晴。小耕・浅翁来棋。
十二月、一日。雨。岩崎氏以梅屋為会主、為開茗醮于安養楼、即往会。茶室二、一壁許友一聯。聯曰、野渡僧還鐘正遠、海門潮響月初来。語已清秀、筆亦奇勁可愛。一壁鄭板橋詩、不佳。去就揮毫場、乞詩者擾〻、少頃而辞。帰訪和田氏、会者修斎・保吉・文翁・越山・利叟・浅翁、棋戦大盛。
二日。晴。賀浅井氏新居、対酌三時餘而去。途訪生駒氏。長谷川程好亦来、弄棋小頃而帰。
三日。晴。柳亭来告、又寓江北。友樵・梅屋来、論詩品画、興趣不凡。
四日。晴。過客雑遝、大破吟情。

献梅碑

菊池市太郎介可亭羽倉翁来。請曰、隆光以通夫長給事朝廷者久矣。明治二年、　今上幸東京也。九年、幸函館也。必扈従之、恩庇殊厚。隆光不敏、平生仰菅

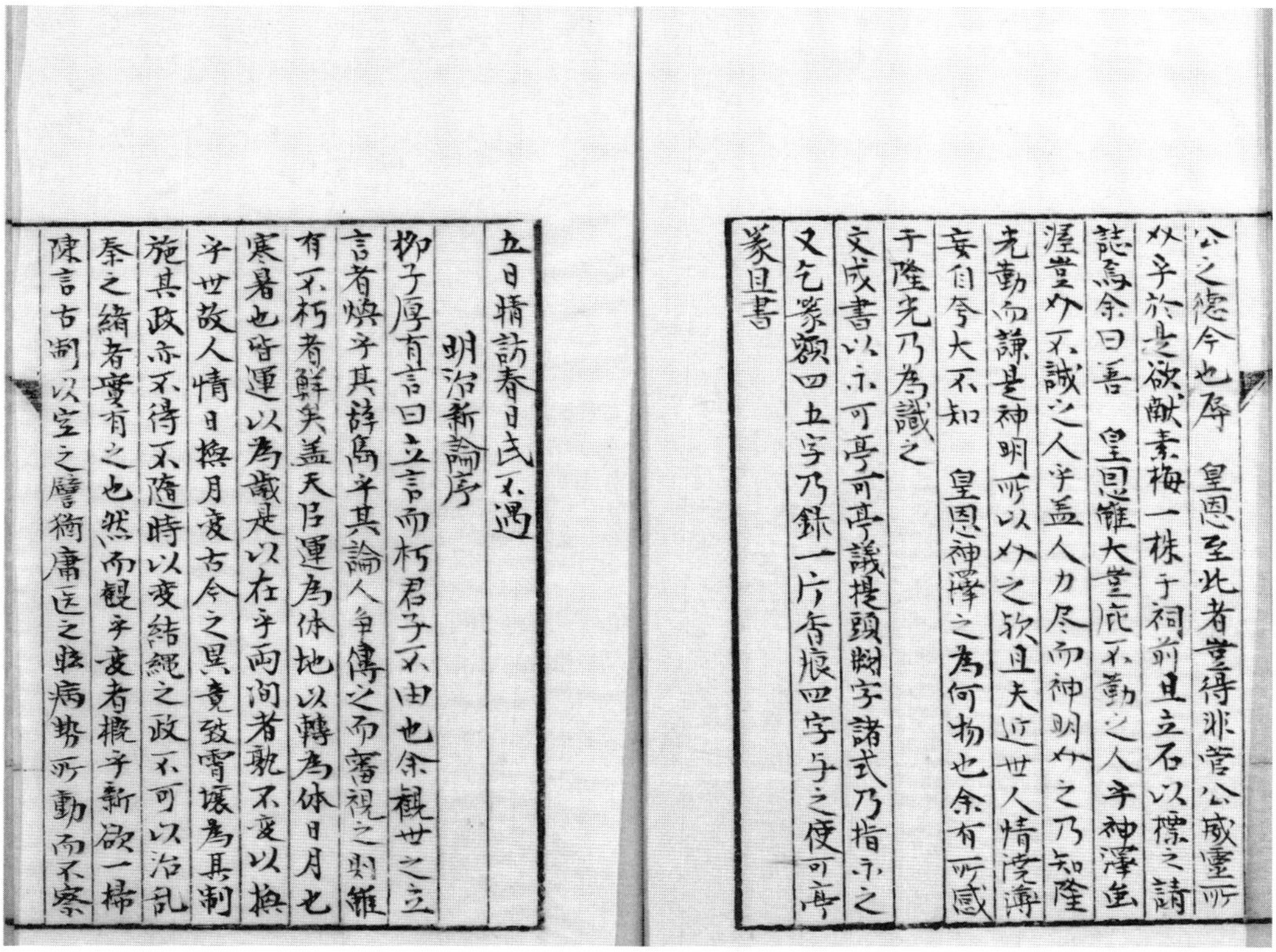

公之徳、今也辱　皇恩至此者、豈得非菅公威霊所介乎。於是欲献素梅一株于祠前、且立石以標之、請誌焉。余曰、善。　皇恩雖大、豈庇不勤之人乎。神沢雖渥、豈介不誠之人乎。蓋人力尽而神明介之、乃知隆光勤而謙、是神明所以介之歟。且夫近世、人情澆薄、妄自夸大、不知　皇恩神沢之為何物也。余有所感于隆光、乃為識之。

文成、書以示可亭、可亭議提頭闕字諸式乃指示之。又乞篆額四五字、乃録一片香痕四字与之、使可亭篆且書。

五日。晴。訪春日氏、不遇。

明治新論序

柳子厚有言、曰、立言而朽、君子不由也。余観世之立言者、煥乎其辞、雋乎其論、人争伝之、而審視之、則雖有不朽者、鮮矣。蓋天以運為体、地以転為体、日月也、寒暑也、皆運以為歳。是以在乎両間者、孰不変以換乎。世故人情、日換月変、古今之異、竟致霄壌。為其制、施其政、亦不得不随時以変。結縄之政、不可以治乱、秦之緒者、実有之也。然而観乎変者、概乎新欲一掃陳言古制以空之、譬猶庸医之眩病勢所動、而不察

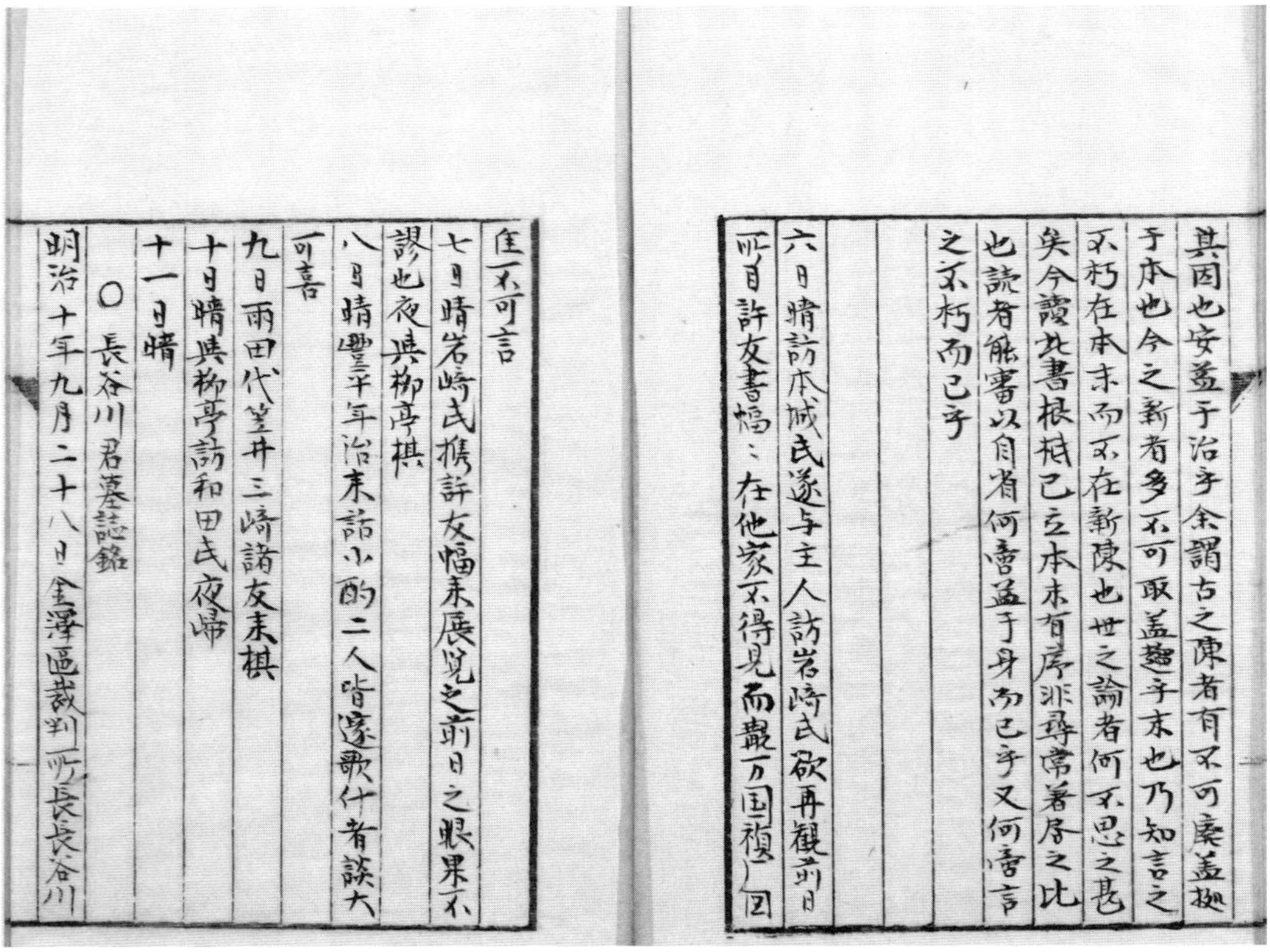

其因也。安益于治乎。余謂古之陳者、有不可廃。蓋拠于本也。今之新者、多不可取。蓋趨乎末也。乃知言之不朽在本末、而不在新陳也。世之論者、何不思之甚矣。今読此書、根柢已立、本末有序、非尋常著書之比也。読者能審以自省、何啻益于身而已乎、又何啻言之不朽而已乎。

六日。晴。訪本城氏、遂与主人訪岩崎氏、欲再観前日所目許友書幅。幅在他家、不得見、而覩万国禎厂図、佳不可言。
七日。晴。岩崎氏携許友幅来、展覧之。前日之眼、果不謬也。夜与柳亭棋。
八日。晴。豊平・年治来話、小酌。二人皆邃歌什者、談大可喜。
九日。雨。田代・笠井・三崎諸友来棋。
十日。晴。与柳亭訪和田氏。夜帰。
十一日。晴。

長谷川君墓誌銘

明治十年九月二十八日、金沢区裁判所長長谷川

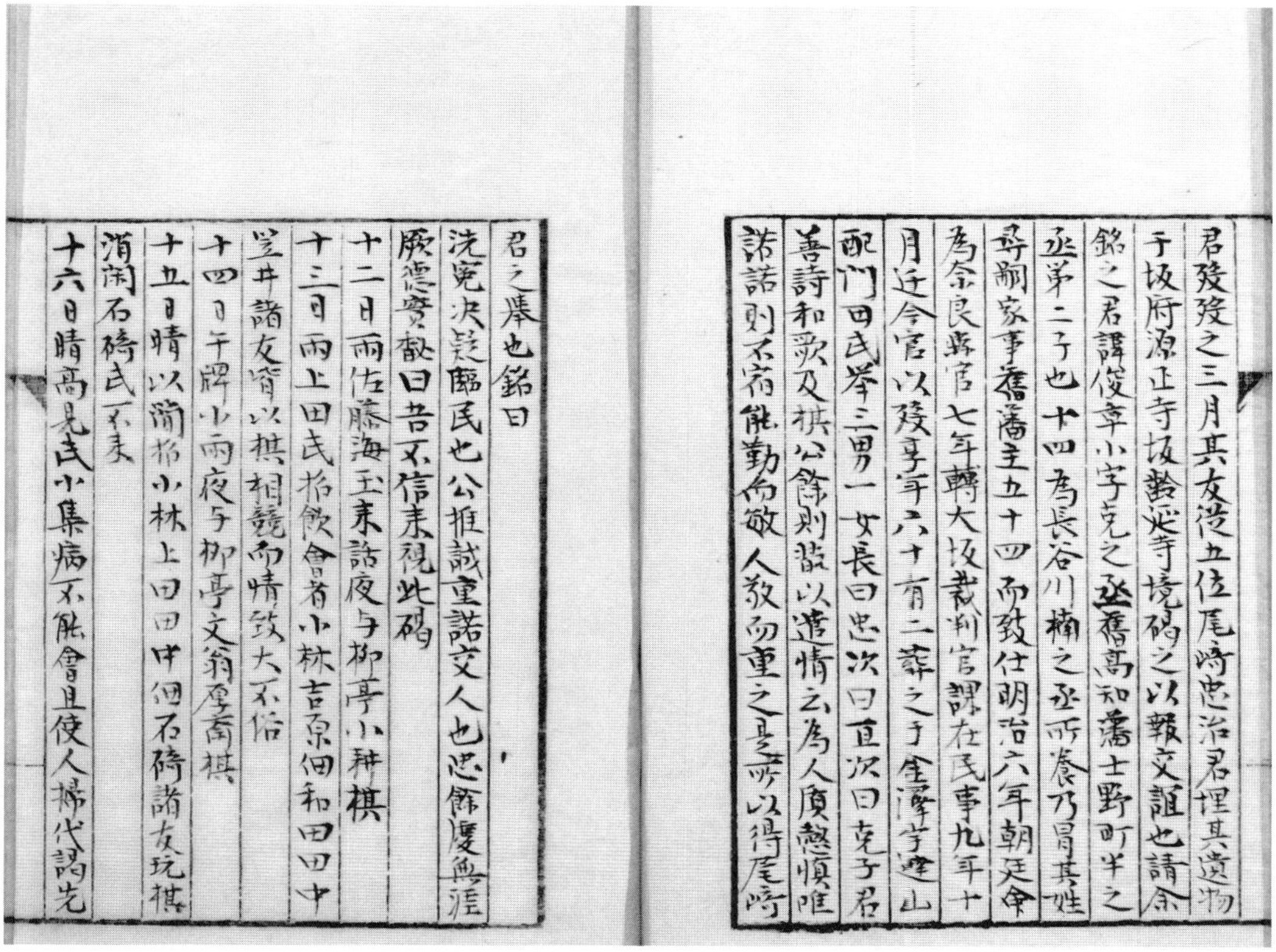

君歿。歿之三月、其友従五位尾崎忠治君埋其遺物于坂府源正寺坂齢延寺境、碣之以報交誼也、請余銘之。君諱俊章、小字克之丞、旧高知藩士野町半之丞第二子也。十四為長谷川楠之丞所養、乃冒其姓、尋嗣家、事旧藩主、五十四而致仕。明治六年、朝廷命為奈良県官。七年、転大坂裁判官、課在民事。九年十月、遷今官以歿。享年六十有二、葬之于金沢宇達山。配門田氏、挙三男一女。長曰忠、次曰亘、次曰克子。君善詩・和歌及棋、公餘則翫以遣情云。為人質愨慎、唯諾諾則不宿、能勤而敏、人敬而重之、是所以得尾崎君之挙也。銘曰、

洗冤決疑、臨民也公。推誠重諾、交人也忠。餘慶無涯、厥徳実謚。曰吾不信、来視此碣。

十二日。雨。佐藤海玉来話。夜与柳亭・小耕棋。

十三日。雨。上田氏招飲。会者小林・吉原・佃・和田・田中・笠井諸友。皆以棋相競、而情致大不俗。

十四日。午牌、小雨。夜与柳亭・文翁・厚斎棋。

十五日。晴。以簡招小林・上田・田中・佃・石碕諸友、玩棋消閑。石碕氏不来。

十六日。晴。高見氏小集、病不能会、且使人代謁先

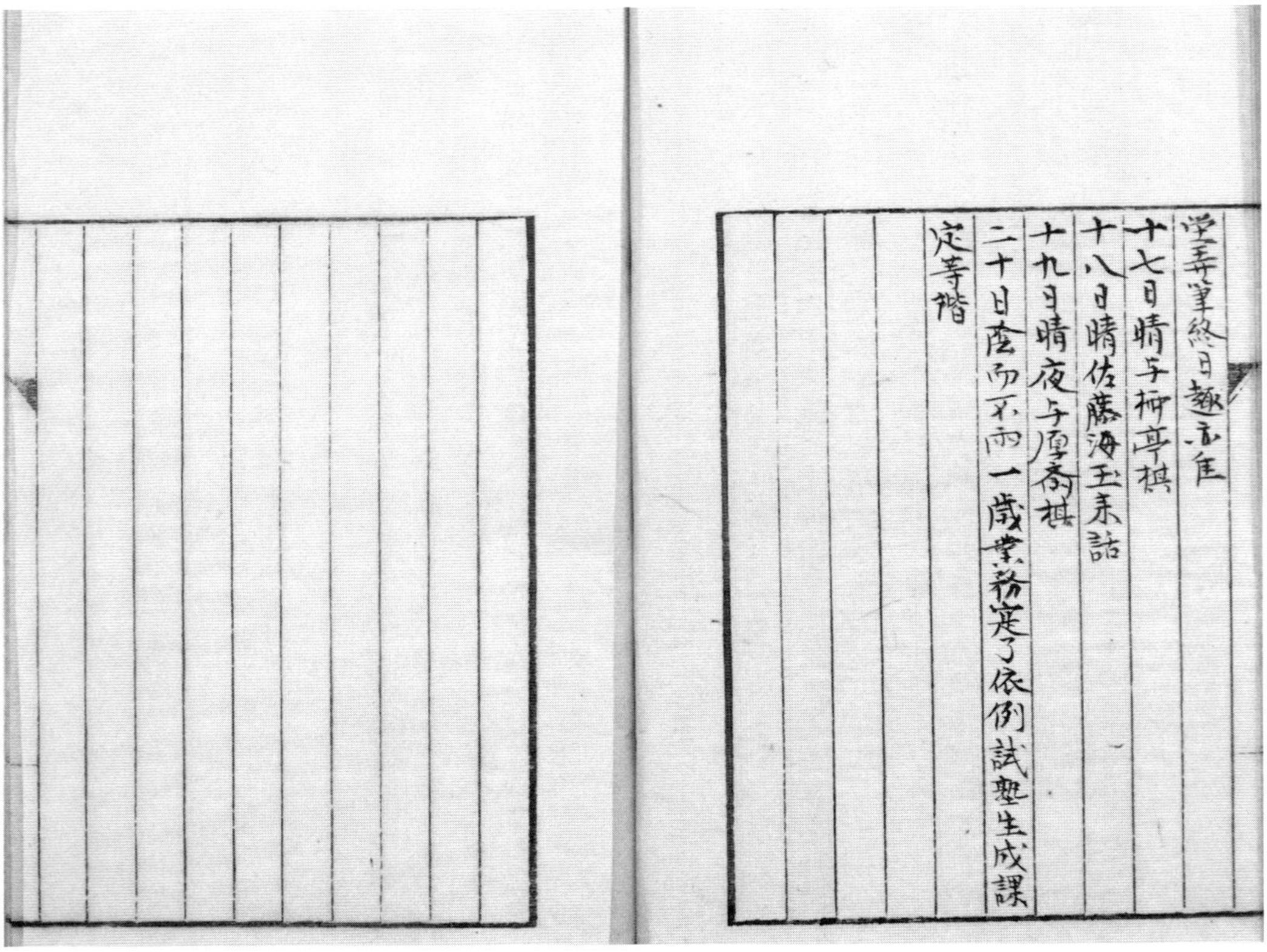

瑩。弄筆終日、趣亦佳。
十七日。晴。与柳亭棋。
十八日。晴。佐藤海玉来話。
十九日。晴。夜与厚斎棋。
二十日。陰而不雨。一歳業務寔了、依例試塾生成課、
定等階。

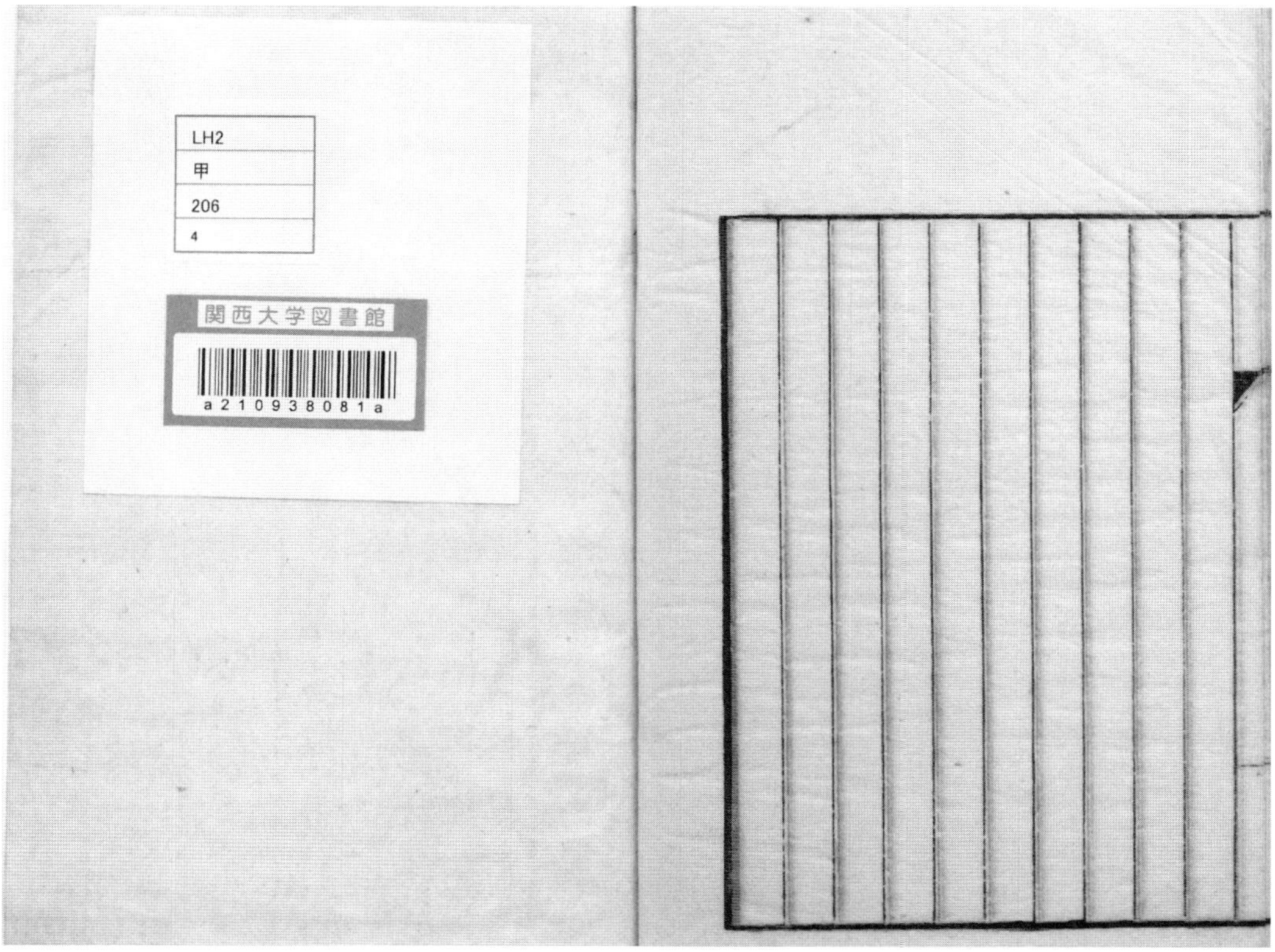
LH2
甲
206
4
関西大学図書館
a210938081a

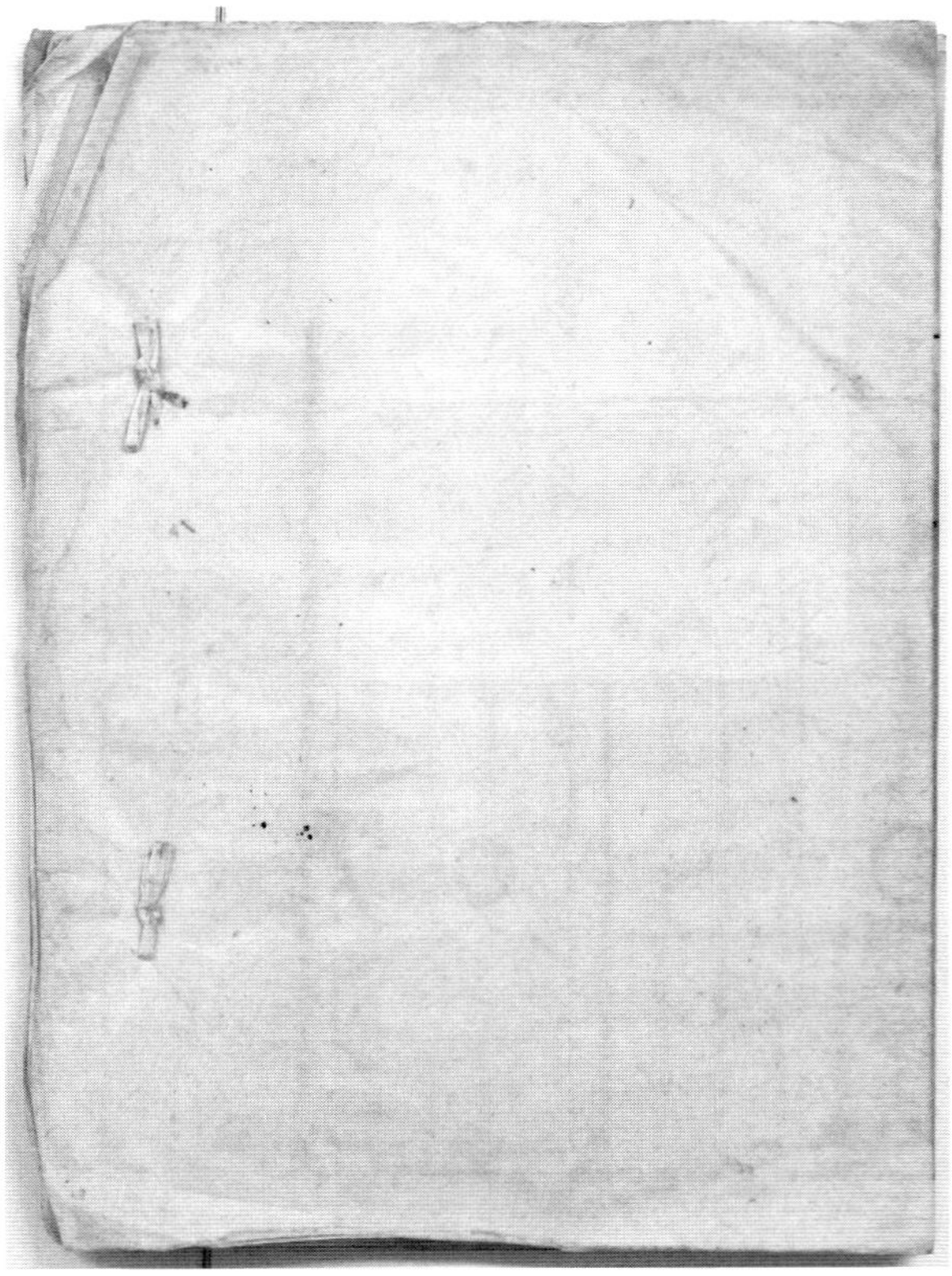

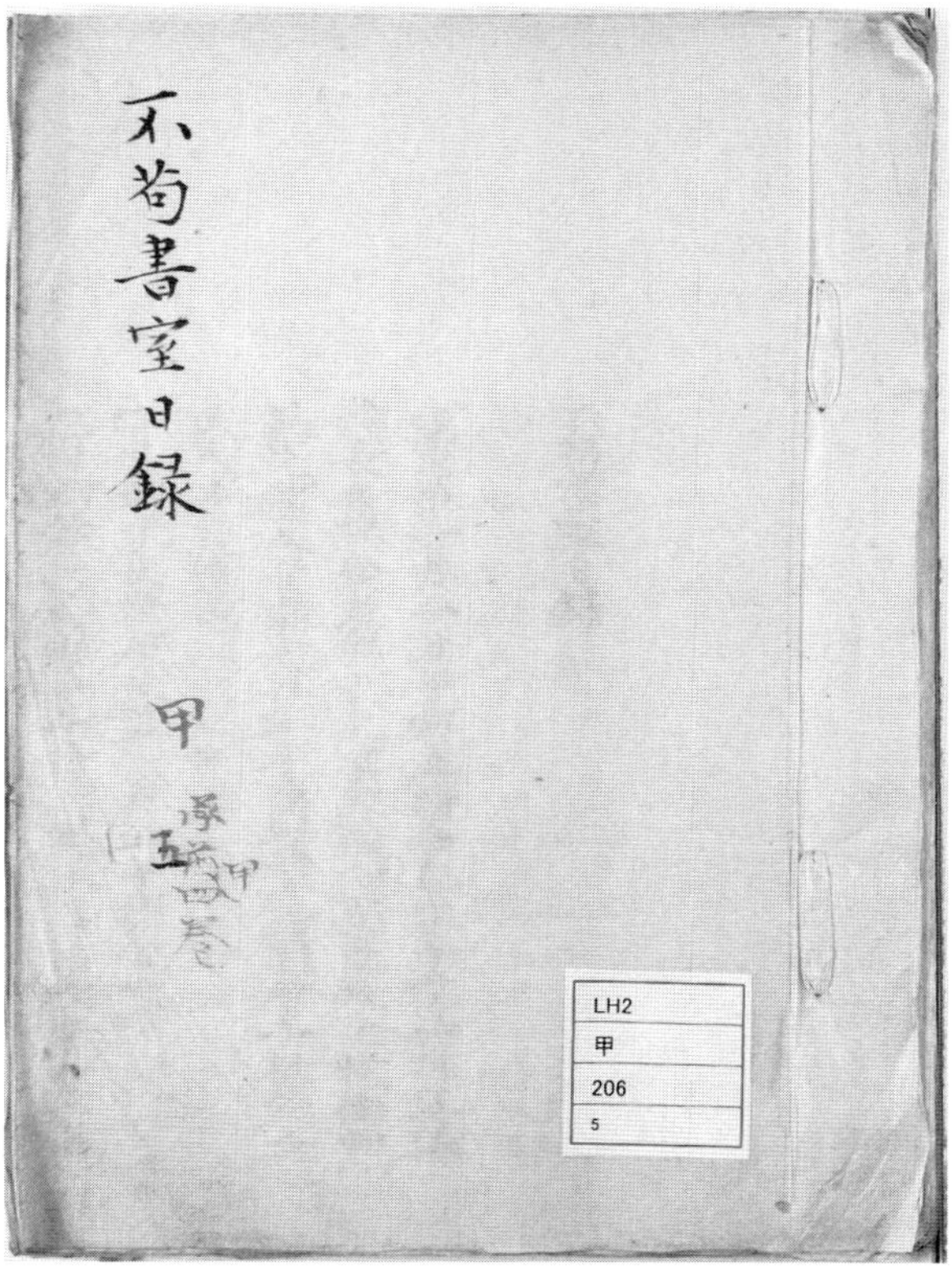


# 不苟書室日録

甲

五　承前甲四巻

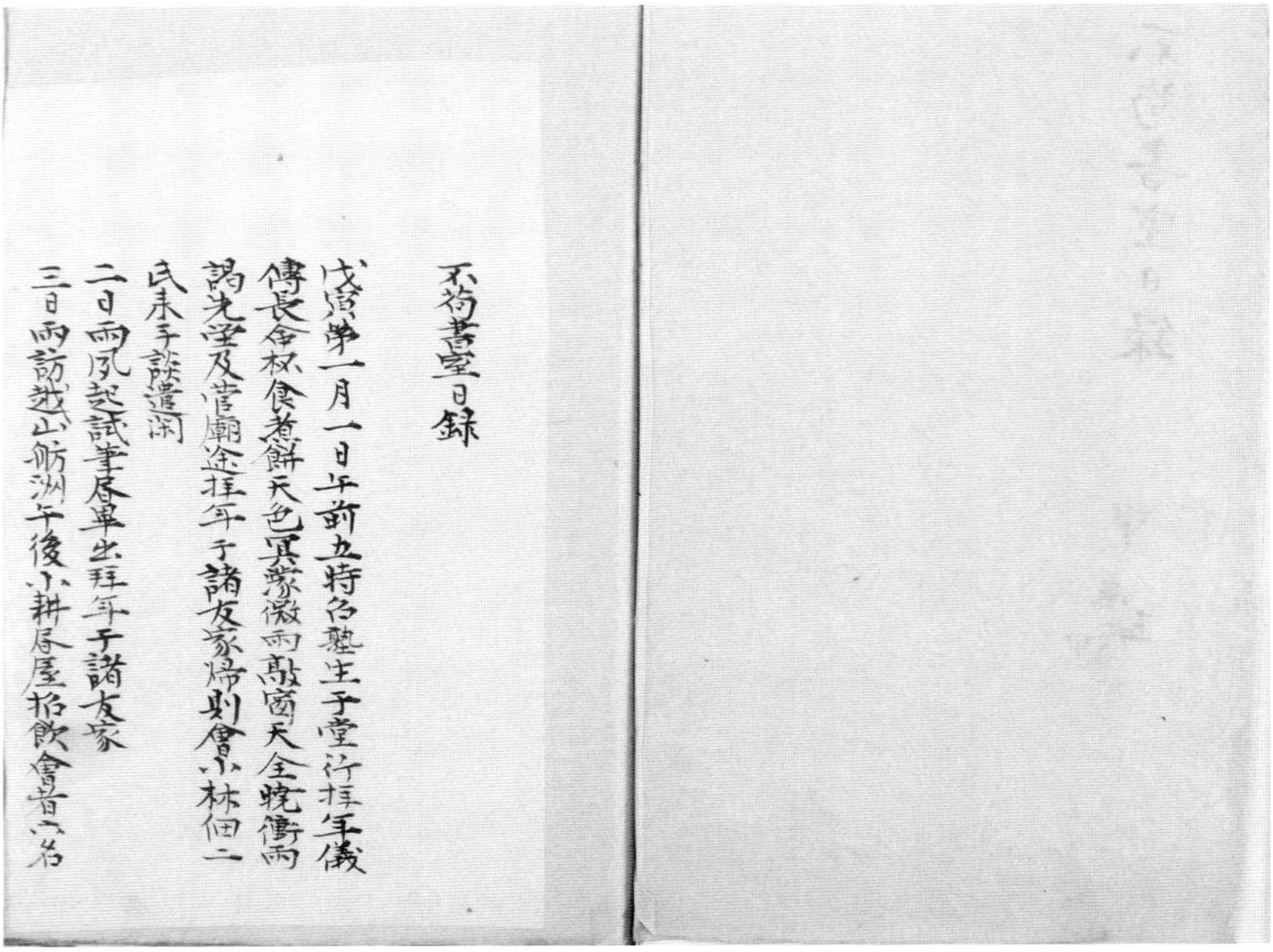

不苟書室日録

戊寅第一月、一日。午前五時、召塾生于堂、行拝年儀、伝長命杯、食煮餅。天色冥濛、微雨敲窓。天全暁、衝雨謁先塋及菅廟、途拝年于諸友家。帰則会小林・佃二氏来、手談遣閑。

二日。雨。夙起試筆。書畢出、拝年于諸友家。

三日。雨。訪越山・舫洲。午後、小耕書屋招飲、会者六名、

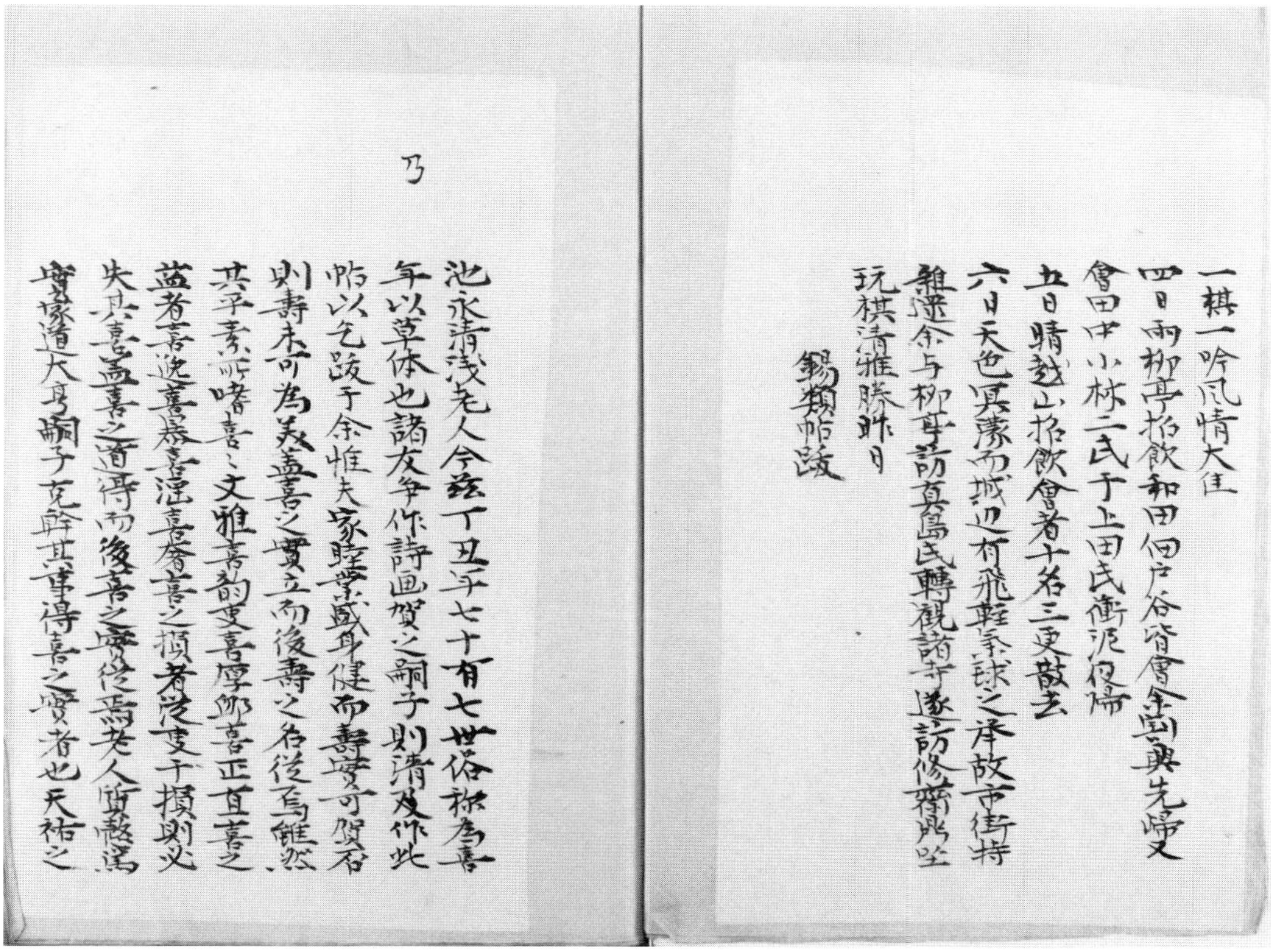

一棋一吟、風情大佳。

四日。雨。柳亭招飲、和田・佃・戸谷皆会、余割輿先帰。又会田中・小林二氏于上田氏。衝泥夜帰。

五日。晴。越山招飲、会者十名。三更散去。

六日。天色冥濛、而城辺有飛軽気毬之挙、故市街特雑遝。余与柳亭訪真島氏、転観諸寺、遂訪修斎、鼎坐玩棋。清雅勝昨日。

錫類帖跋

池永清浅老人、今茲丁丑年七十有七。世俗称為喜年、以草体也。諸友争作詩画賀之、嗣子則清乃作此帖以乞跋于余。惟夫家睦業盛、身健而寿、実可賀、否則寿未可為美。蓋喜之実立、而後寿之名従焉。雖然、其平素所嗜喜、喜文雅、喜韻事、喜厚恤、喜正直、喜之益者。喜逸、喜暴、喜淫、喜奢、喜之損者。従事于損、則必失其喜。蓋喜之道得而後喜之実従焉。老人質愨篤実、家道大亨、嗣子克幹其事、得喜之実者也。天祐之

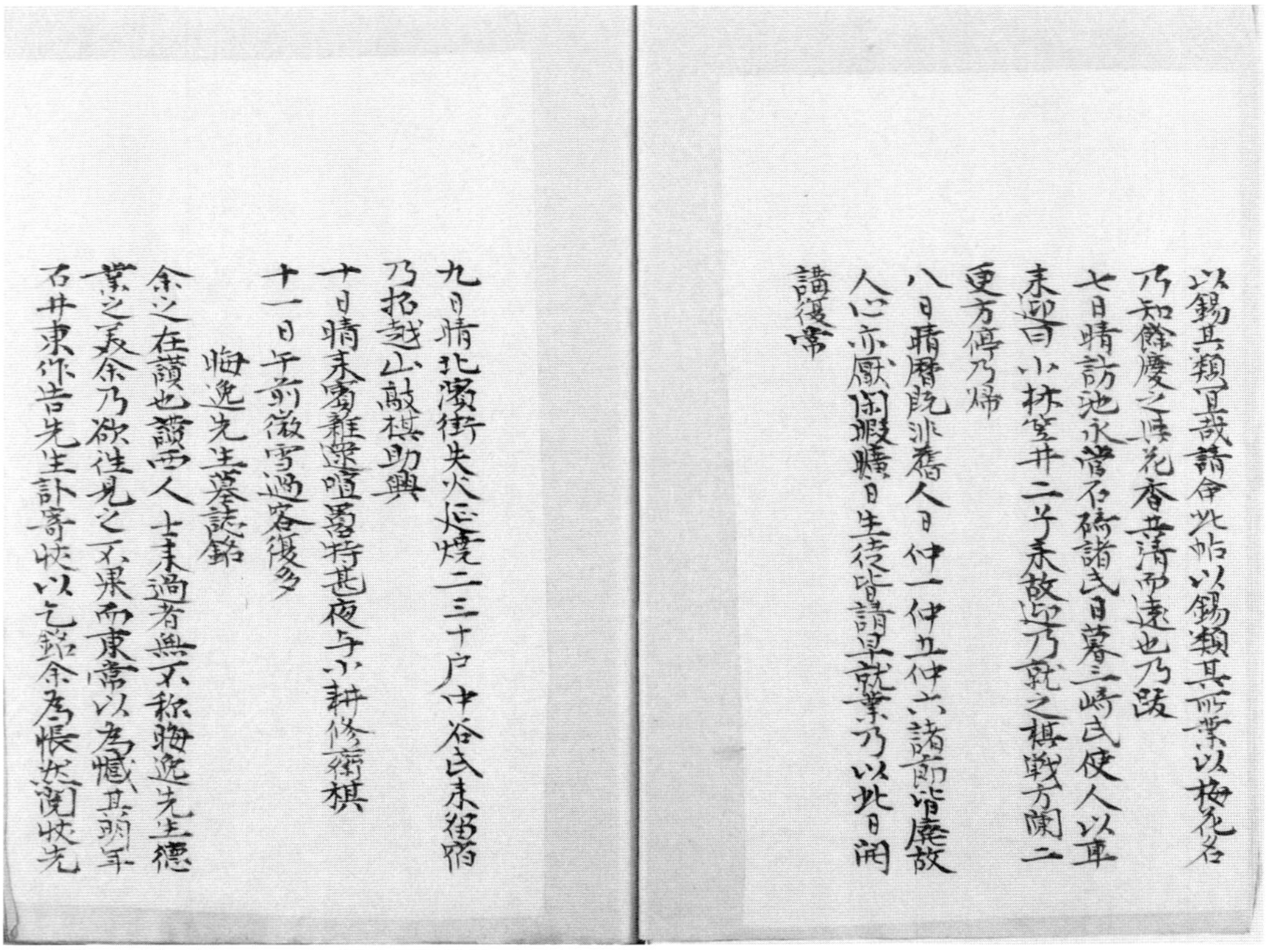

以錫其類、宜哉、請命此帖以錫類。其所業以梅花名、
乃知餘慶之与花香共清而遠也。乃跋。
七日。晴。訪池永・菅・石碕諸氏。日暮、三崎氏使人以車
来迎、曰、小林・笠井二子来故迎、乃就之。棋戦方闌、二
更方停、乃帰。
八日。晴。暦既非旧、人日・仲一・仲五・仲六諸節皆廃、故
人心亦厭閑暇曠日、生徒皆請早就業、乃以此日開
講復常。
九日。晴。北浜街失火、延焼二三十戸。中谷氏来留宿、
乃招越山、敲棋助興。
十日。晴。来賓雑遝、喧囂特甚。夜与小耕・修斎棋。
十一日。午前微雪。過客復多。
　梅逸先生墓誌銘
余之在讃也、讃西人士来過者、無不称梅逸先生徳
業之美。余乃欲往見之、不果而東、常以為憾。其明年、
石井東作告先生訃、寄状以乞銘、余為悵然閲状。先

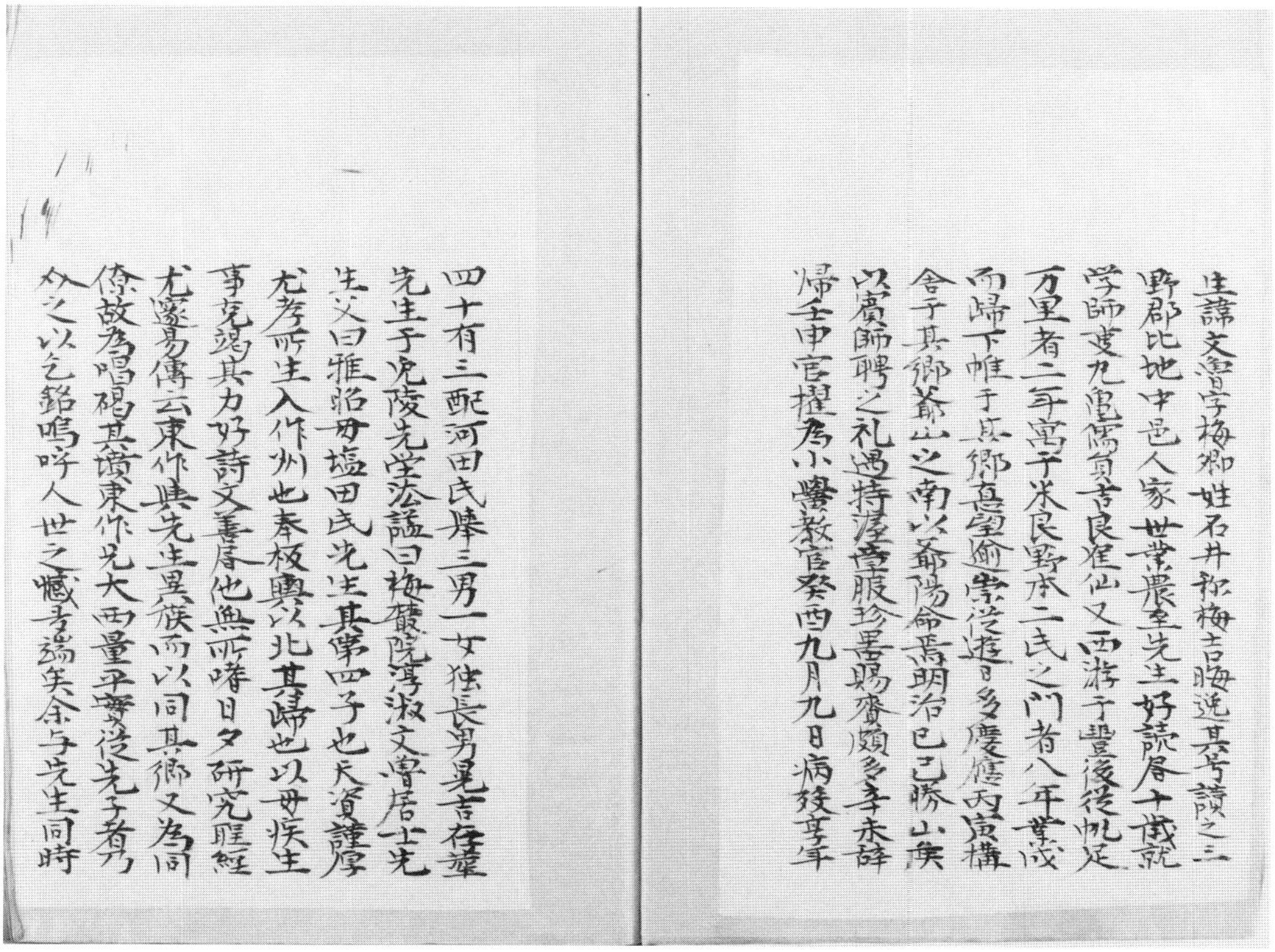

生諱文魯、字梅卿、姓石井、称梅吉、晦逸其号。讃之三野郡比地中邑人。家世業農、至先生好読書、十歳就学、師事丸亀儒員吉良鶴仙、又西游于豊後、従帆足万里者二年、寓于米良・野本二氏之門者八年。業成而帰、下帷于其郷、徳望逾崇、従遊日多。慶応丙寅、構舎于其郷翁山之南、以翁陽命焉。明治己巳、勝山侯以賓師聘之、礼遇特渥、章服珍器、賜賚頗多。辛未辞帰。壬申官擢為小黌教官。癸酉九月九日病歿、享年四十有三。配河田氏、挙三男一女、独長男晃吉存、葬先生于兎陵先塋、法諡曰、梅叢院淳淑文魯居士。先生父曰雅昭、母塩田氏、先生其第四子也。天資謹厚、尤孝所生。入作州也、奉板輿以北、其帰也、以母疾、生事克竭其力。好詩文、善書、他無所嗜。日夕研究聖経、尤邃易伝云。東作与先生異族而以同其郷、又為同僚、故為唱碣其墳。東作兄大西量平、実従先子者、乃介之以乞銘。嗚呼、人世之憾、多端矣。余与先生同時

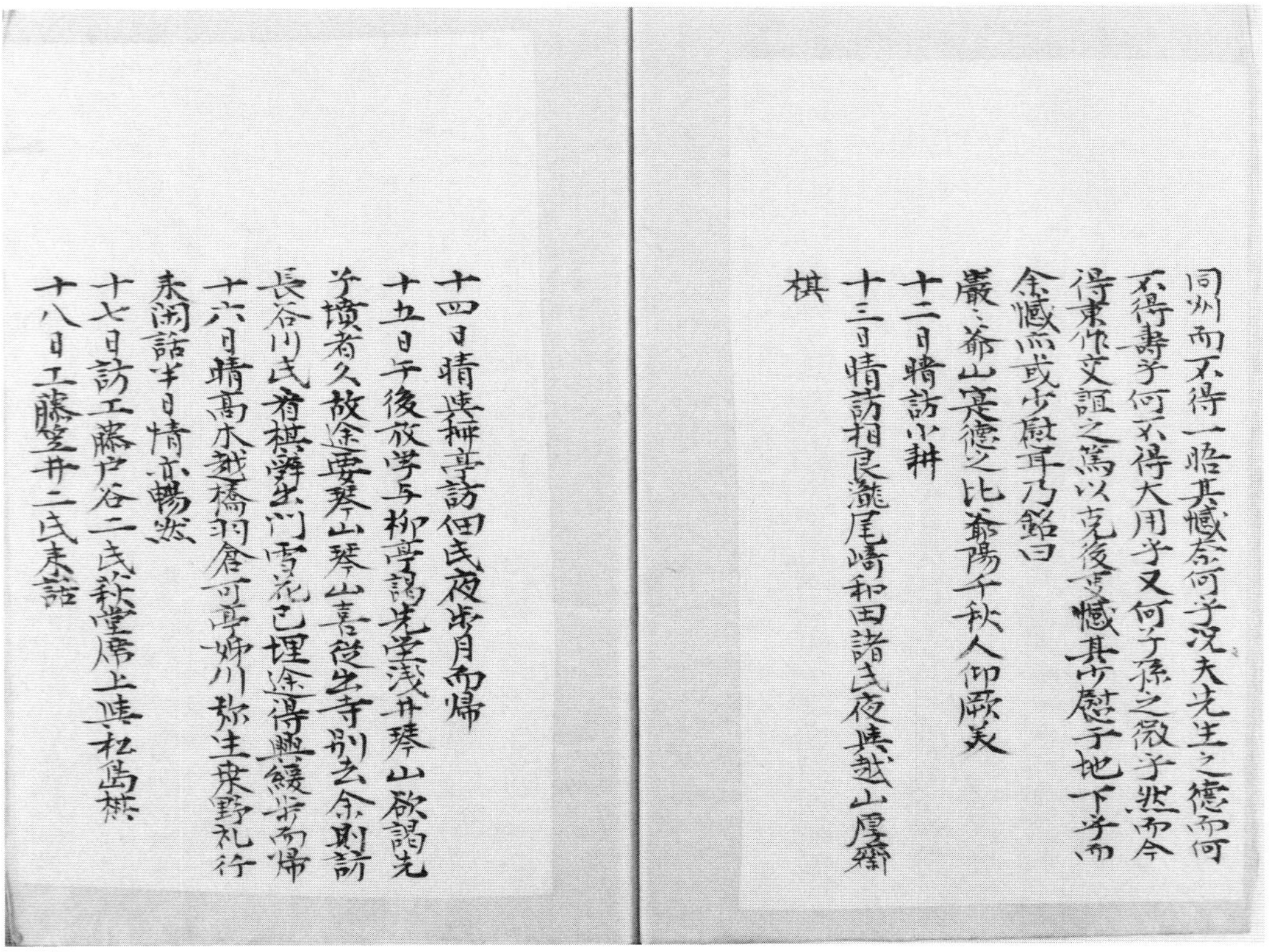

同州、而不得一晤、其憾奈何乎。況夫先生之徳、而何
不得寿乎、何不得大用乎、又何子孫之微乎。然而今
得東作交誼之篤、以克後事、憾其少慰于地下乎。而
余憾亦或少慰耳。乃銘曰、
巖ゝ翁山、寔徳之比。翁陽千秋、人仰厥美。
十二日。晴。訪小耕。
十三日。晴。訪相良・瀧・尾崎・和田諸氏。夜与越山・厚斎
棋。
十四日。晴。与柳亭訪佃氏。夜、歩月而帰。
十五日。午後、放学。与柳亭謁先坣、浅井琴山欲謁先
子墳者久、故途要琴山、琴山喜従。出寺、別去。余則訪
長谷川氏、看棋。辞、出門、雪花已埋途、得興、緩歩而帰。
十六日。晴。高木越橋・羽倉可亭・姉川弥生、桑野礼行
来。閑話半日、情亦暢然。
十七日。訪工藤・戸谷二氏。萩堂席上、与松島棋。
十八日。工藤・笠井二氏来話。

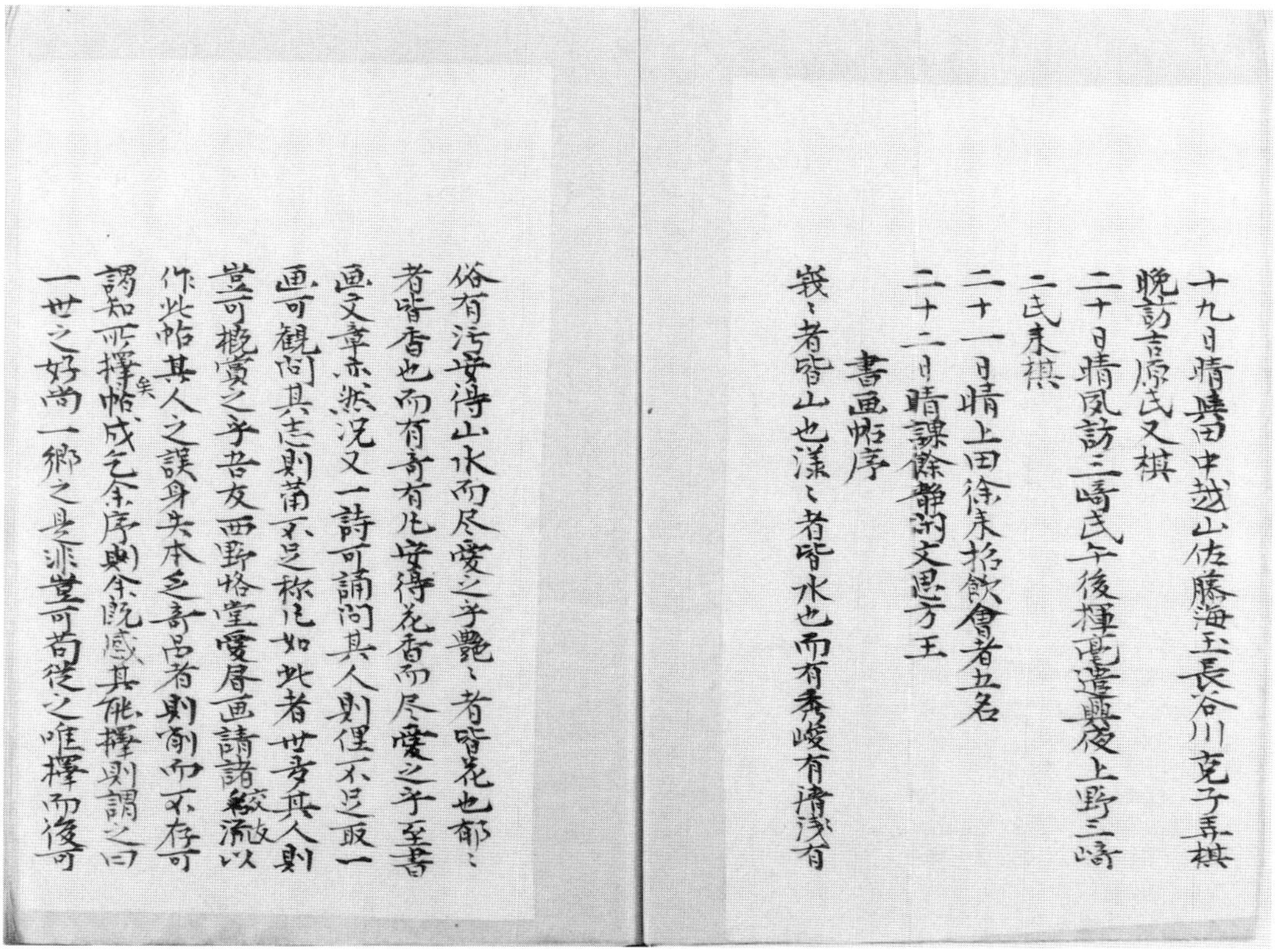

十九日。晴。与田中越山・佐藤海玉・長谷川克子弄棋。
晩訪吉原氏、又棋。
二十日。晴。夙訪三崎氏。午後、揮毫遣興。夜、上野・三崎
二氏来棋。
二十一日。晴。上田徐来招飲、会者五名。
二十二日。晴。課餘静閑、文思方王。

書画帖序

峩〻者、皆山也。漾〻者、皆水也。而有秀峻、有清浅、有俗、有汚、安得山水而尽愛之乎。艶〻者、皆花也。郁〻者、皆香也。而有奇、有凡、安得花香而尽愛之乎。至書画文章亦然、況又一詩可誦、問其人、則俚不足取。一画可観、問其志、則藺不足称。凡如此者、世多其人、則豈可概賞之乎。吾友西野恪堂愛書画、請諸交友以作此帖。其人之誤身失本、乏奇品者、則削而不存、可謂知所択矣。帖成、乞余序。余既感其能択、則謂之曰、一世之好尚、一郷之是非、豈可苟従之。唯択而後可

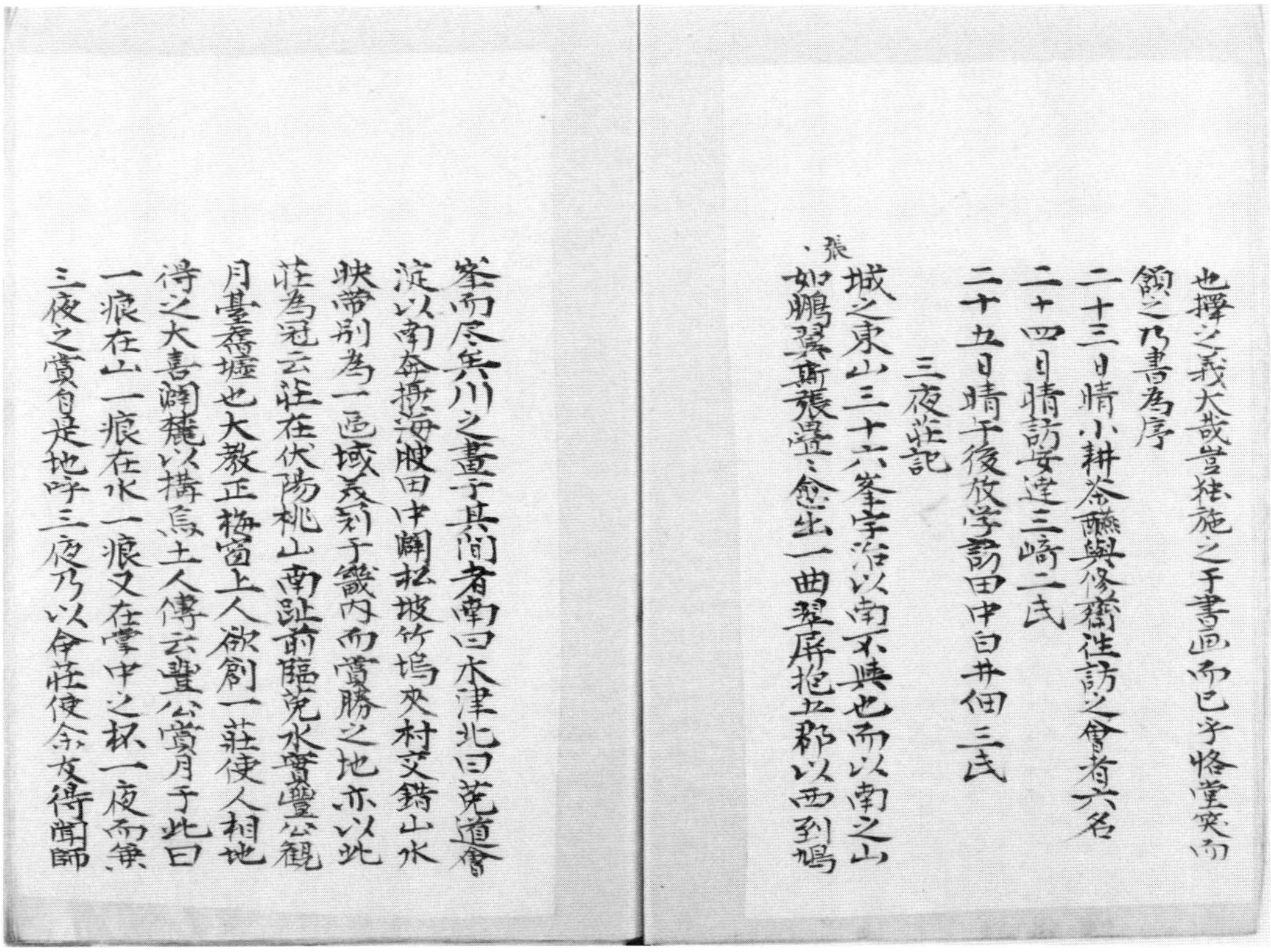

也。択之義、大哉。豈独施之于書画而已乎。恪堂笑而
頷之。乃書為序。

二十三日。晴。小耕茶醺、与修斎往訪之。会者六名。

二十四日。晴。訪安達・三崎二氏。

二十五日。晴。午後、放学。訪田中・白井・佃三氏。

三夜荘記

城之東山三十六峰、宇治以南不与也。而以南之山、張如鵬翼、畳ゝ愈出、一曲翠屏、抱五郡以西、到鳩峰而尽矣。川之画于其間者、南曰木津、北曰菟道。会淀以南、奔摂海。腴田中闢、松坡竹塢、夾村交錯、山水映帯、別為一区。域美冠于畿内、而賞勝之地、亦以此荘為冠云。荘在伏陽桃山南趾、前臨菟水、実豊公観月臺旧墟也。大教正梅窓上人欲創一荘、使人相地、得之大喜、闢麓以搆焉。土人伝云、豊公賞月于此、曰、一痕在山、一痕在水、一痕又在掌中之杯、一夜而兼三夜之賞。自是地呼三夜、乃以命荘、使余友得聞、師

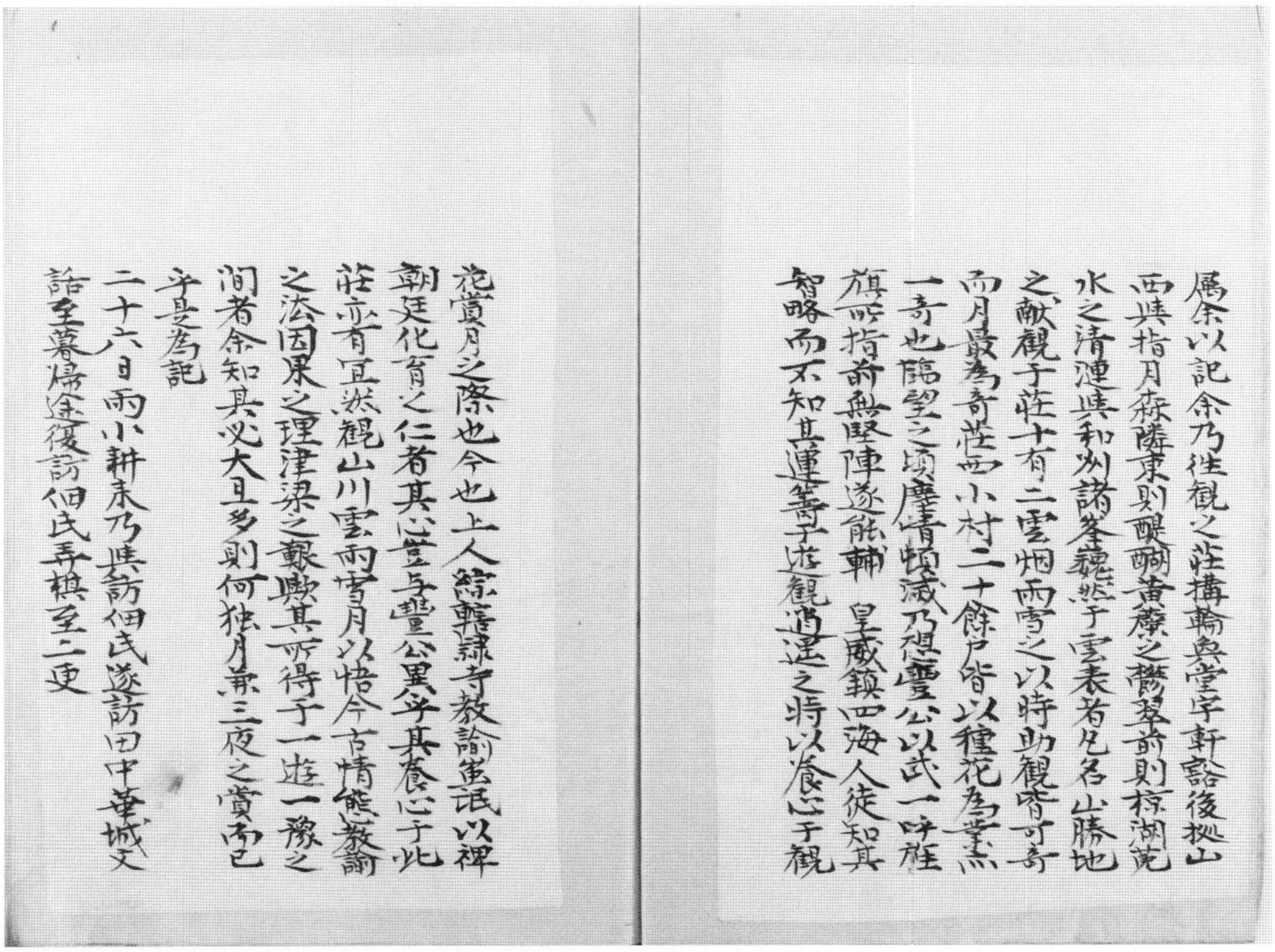

属余以記。余乃往観之、荘搆輪奐、堂宇軒豁、後拠山西、与指月森隣、東則醍醐黄蘗之鬱翠、前則椋湖菟水之清漣、与和州諸峰、巍然于雲表者。凡名山勝地之献観、于荘十有二、雲烟雨雪之以時助観、皆可奇、而月最為奇。荘西小村二十餘戸、皆以種花為業、亦一奇也。臨望之頃、塵情頓減、乃想豊公以武一呼、旌旗所指、前無堅陣、遂能輔 皇威、鎮四海。人徒知其智略、而不知其運籌于遊観逍遥之時、以養心于観花賞月之際也。今也上人綜轄隷寺、教諭蚩氓以禅朝廷化育之仁者、其心豈与豊公異乎。其養心于此荘亦有宜。然観山川・雲雨・雪月以悟今古情態、教諭之法、因果之理、津梁之艱歟。其所得于一遊一豫之間者、余知其必大且多、則何独月兼三夜之賞而已乎。是為記。

二十六日。雨。小耕来、乃与訪佃氏。遂訪田中華城、文話至暮。帰途復訪佃氏、弄棋至二更。

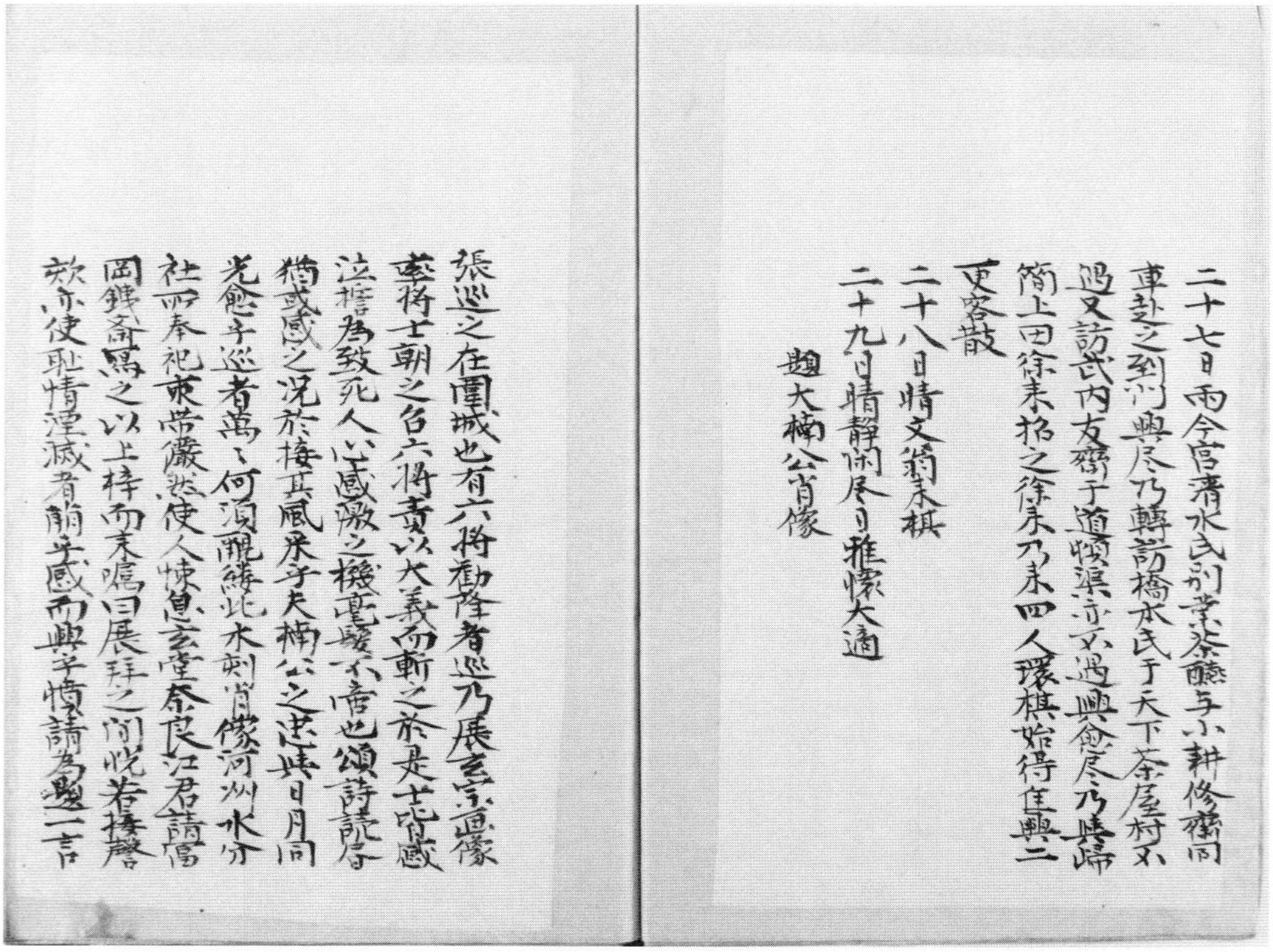

二十七日。雨。今宮清水氏別業茶醼、与小耕・修斎同車赴之。到門興尽、乃転訪橋本氏于天下茶屋村、不遇、又訪武内友斎于道頓渠、亦不遇。興愈尽、乃与帰、簡上田徐来招之。徐来乃来、四人環棋、始得佳興。二更、客散。

二十八日。晴。文翁来棋。

二十九日。晴。静閑尽日、雅懐大適。

題大楠公肖像

張巡之在囲城也、有六将勧降者。巡乃展玄宗画像、率将士朝之、召六将、責以大義而斬之。於是士皆感泣、誓為致死。人心感激之機、毫髪不啻也。頌詩読書、猶或感之、況於接其風采乎。夫楠公之忠、与日月同光、愈乎巡者万〻、何須覶縷。此木刻肖像、河州水分社所奉祀、束帯儼然、使人悚息。玄堂奈良江君請富岡鉄斎写之以上梓、而来嘱曰、展拝之間、恍若接謦欬、亦使恥情湮滅者、萌乎感而興乎憤、請為題一言。

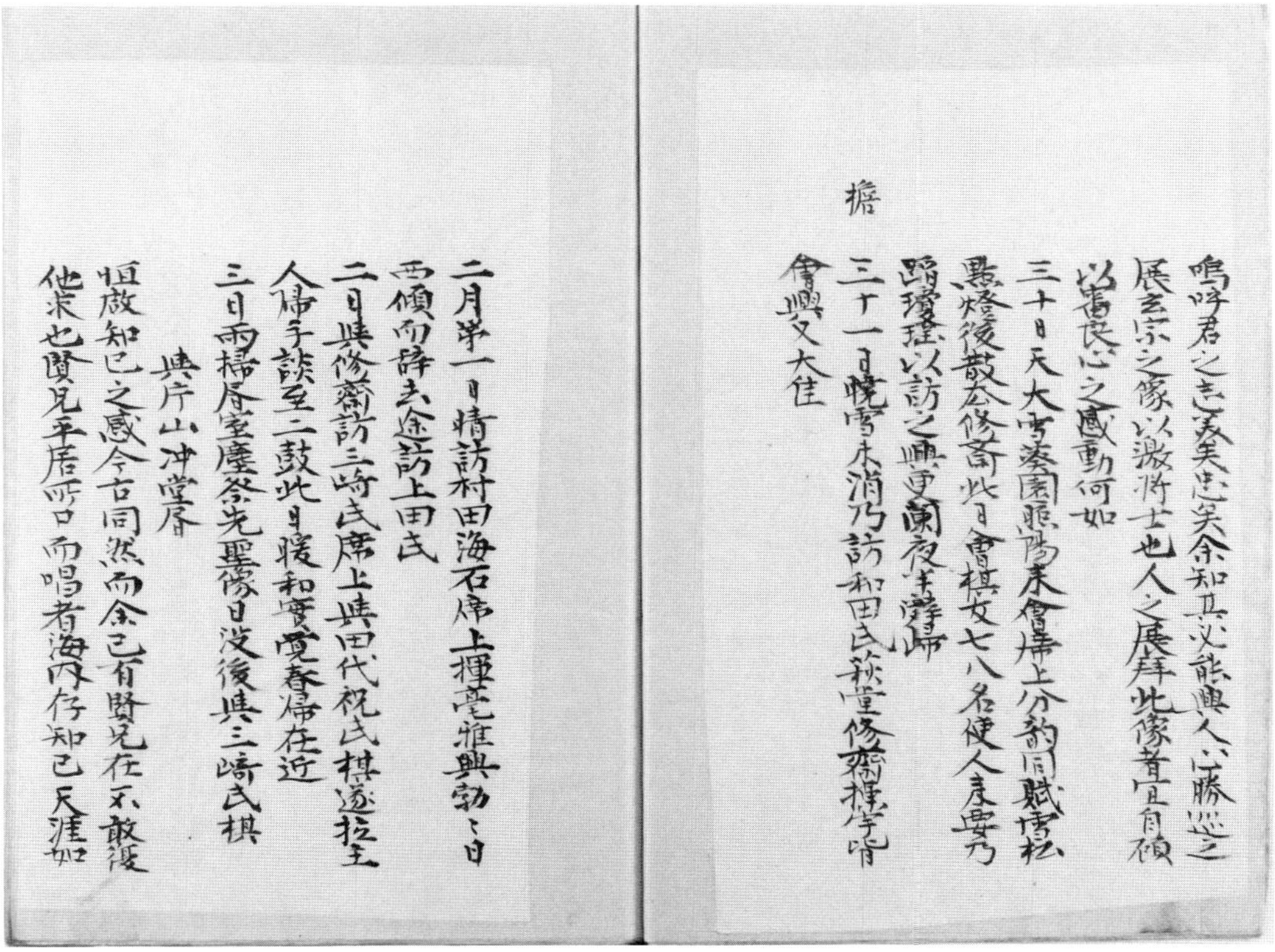

嗚呼、君之志美矣、忠矣。余知其必能興人心、勝巡之展玄宗之像以激将士也。人之展拝此像者、宜自顧以審、良心之感動何如。

三十日。天大雪。葵園・照陽来会。席上分韻、同賦雪松、点灯後散去。修斎此日会棋友七八名、使人来要、乃蹈瓊瑶以訪之、興更闌。夜半、辞帰。

三十一日。檐雪未消、乃訪和田氏。萩堂・修斎・操宇皆会、興又大佳。

二月、第一日。晴。訪村田海石、席上揮毫、雅興勃〻。日西傾而辞去、途訪上田氏。

二日。与修斎訪三崎氏、席上与田代・祝氏棋、遂拉主人帰、手談至二鼓。此日暖和、実覚春帰在近。

三日。雨。掃書室塵、祭先聖像。日没後、与三崎氏棋。

与片山冲堂書

恒啓、知己之感、今古同然、而余已有賢兄在、不敢復他求也。賢兄平居所口而唱者、海内存知己、天涯如

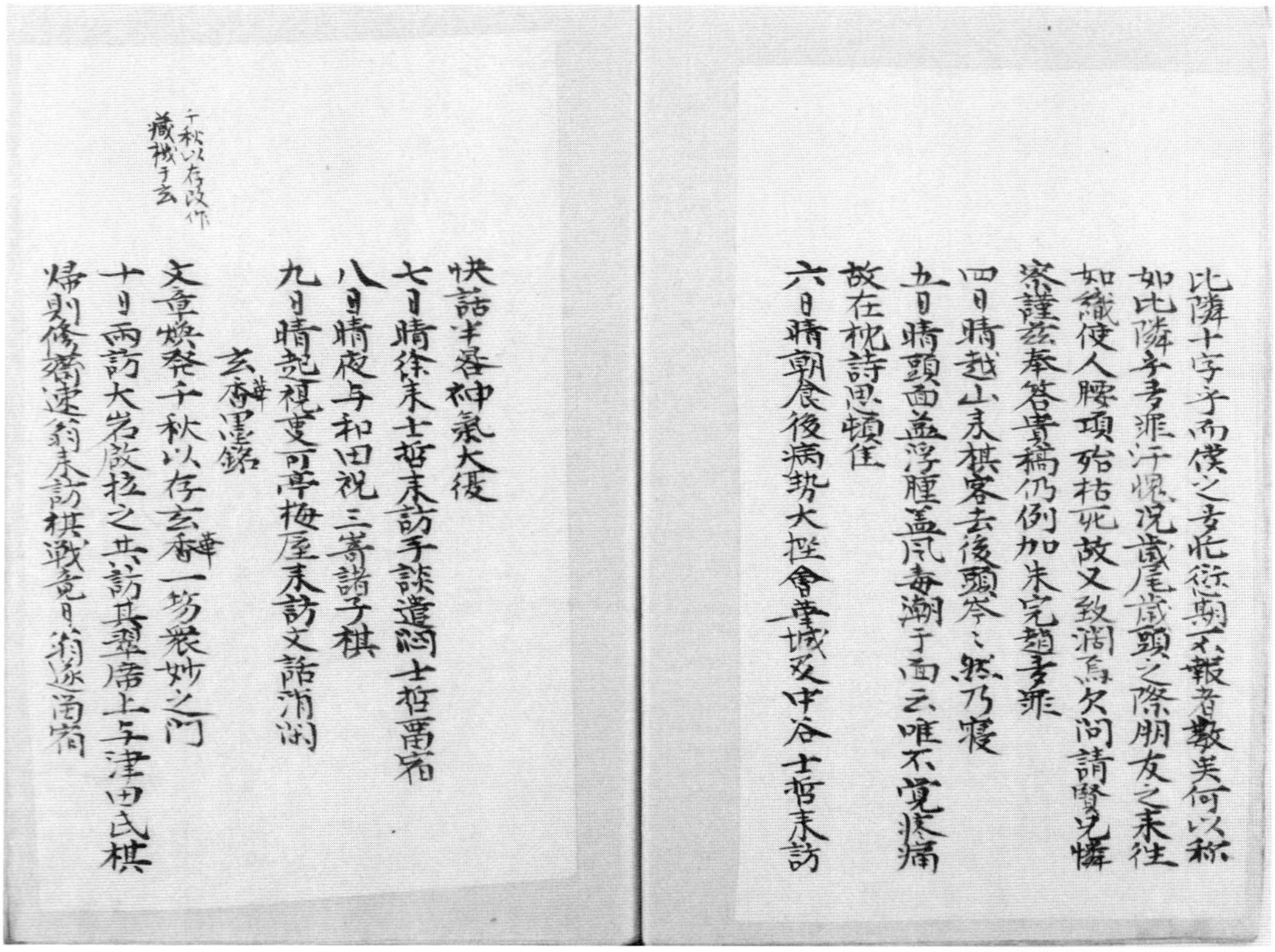

比隣十字乎。而僕之多忙、愆期不報者数矣。何以称如比隣乎。多罪汗愧。況歳尾歳頭之際、朋友之来往如織、使人腰項殆枯死、故又致闊焉。欠問、請賢兄憐察。謹茲奉答。貴稿仍例加朱完趙。多罪。

四日。晴。越山来棋。客去後、頭岑ゝ然、乃寝。

五日。晴。頭面益浮腫、蓋風毒潮于面云。唯不覚疼痛、故在枕、詩思頓佳。

六日。晴。朝食後、病勢大挫。会華城及中谷士哲来訪、快話半晷、神気大復。

七日。晴。徐来・士哲来訪、手談遣悶。士哲留宿。

八日。晴。夜与和田・祝・三崎諸子棋。

九日。晴。起視事。可亭・梅屋来訪、文話消閑。

玄華墨銘

文章煥発、蔵機于玄、玄華一笏、衆妙之門。

☆十日。雨。訪大岩啓、拉之共訪其翠。席上与津田氏棋。帰則修斎・速翁来訪。棋戦竟日、翁遂留宿。

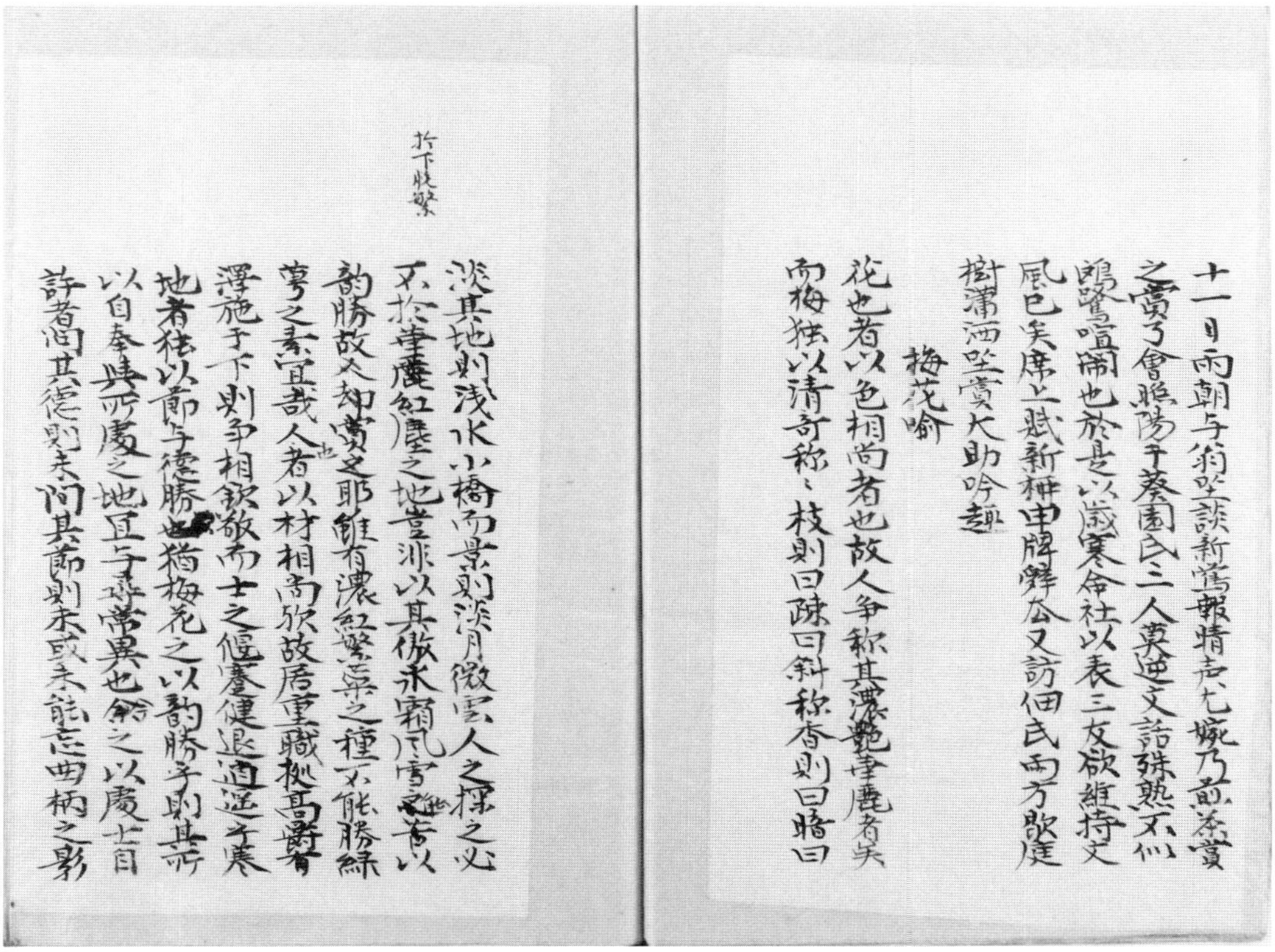

☆十一日。雨。朝与翁坐談、新鴬報晴、声尤婉。乃煎茶賞之。賞了、会照陽于葵園氏、三人莫逆、文話殊熟、不似鷗鷺喧鬧也。於是以歳寒命社、以表三友欲維持文風已矣。席上賦新柳、申牌、辞去。又訪佃氏。雨方歇、庭樹瀟洒、坐賞、大助吟趣。

梅花喩

花也者、以色相尚者也。故人争称其濃艶華麗者矣。而梅独以清奇称。称枝則曰疎、曰斜。称香則曰暗、曰淡。其地則浅水小橋、而景則淡月微雲。人之採之、必不於繁華紅塵之地。豈非以其傲氷霜風雪、能以韻勝故耶。雖有濃紅繁蕊之種、不能勝緑萼之素、宜哉。人也者、以材相尚歟。故居重職拠高爵、有沢施于下、則争相欽敬。而士之偃蹇健退、逍遥乎寒地者、独以節与徳勝、猶梅花之以韻勝乎。則其所以自奉与所処之地、宜与尋常異也。今之以処士自許者、問其徳則未、問其節則未、或未能忘曲柄之影

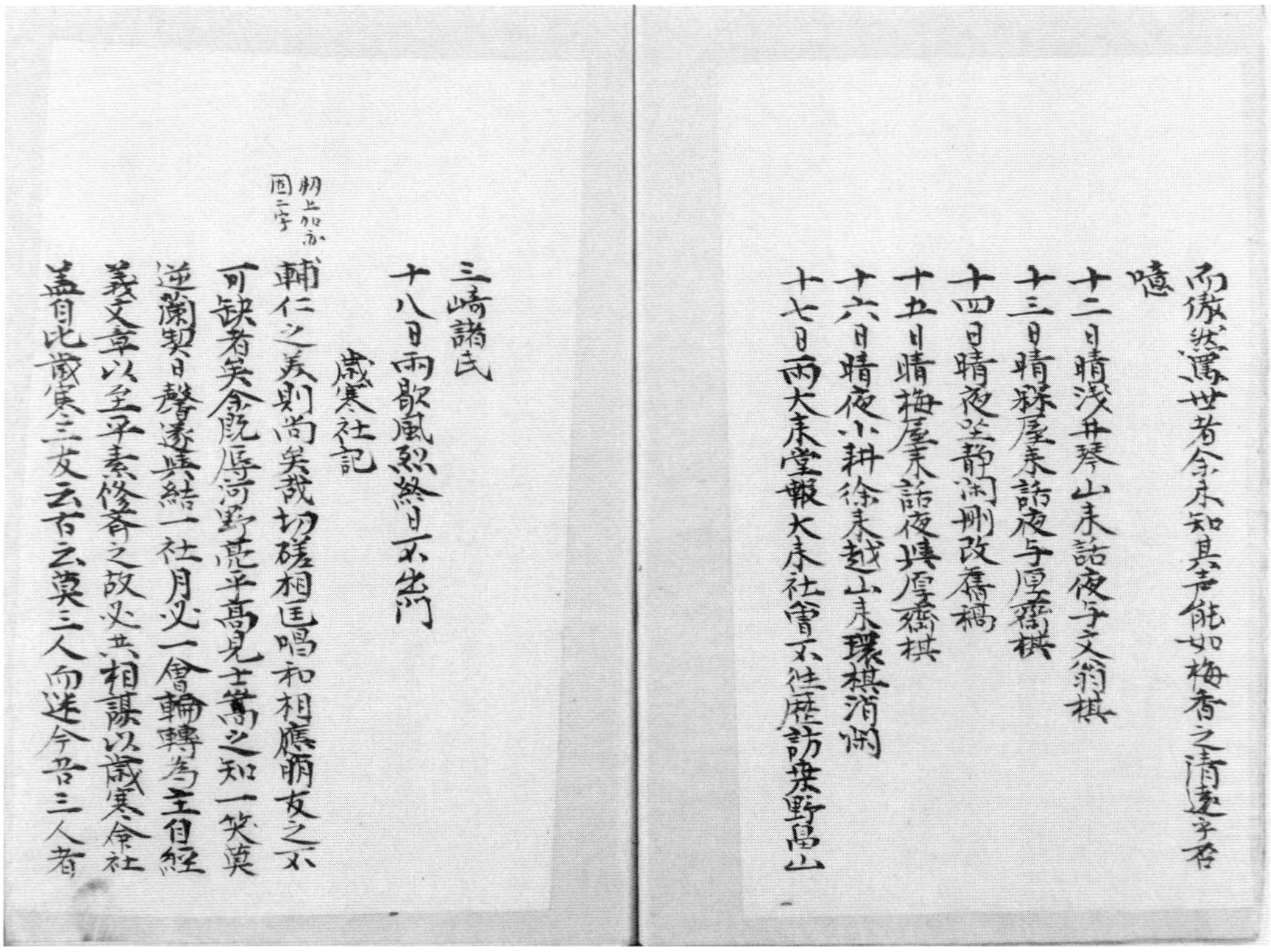

而傲然罵世者。余未知其声能如梅香之清遠乎否。

噫。

十二日。晴。浅井琴山来話。夜与文翁棋。

十三日。晴。梅屋来話。夜与厚斎棋。

十四日。晴。夜坐静閑、删改旧稿。

十五日。晴。梅屋来話。夜与厚斎棋。

十六日。晴。夜、小耕・徐来・越山来、環棋消閑。

十七日。雨。大来堂報大来社会、不往。歴訪桑野・畠山・三崎諸氏。

十八日。雨歇風烈。終日不出門。

歳寒社記

輔仁之美、則尚矣哉。切磋相匡、唱和相応、亦固朋友之不可缺者矣。余既辱河野亮平・高見士□之知、一笑莫逆、蘭契日馨、遂与結一社。月必一会、輪転為主、自経義文章、以至平素修斉之故、必共相謀。以歳寒命社。蓋自比歳寒三友云。古云、莫三人而迷。今吾三人者、

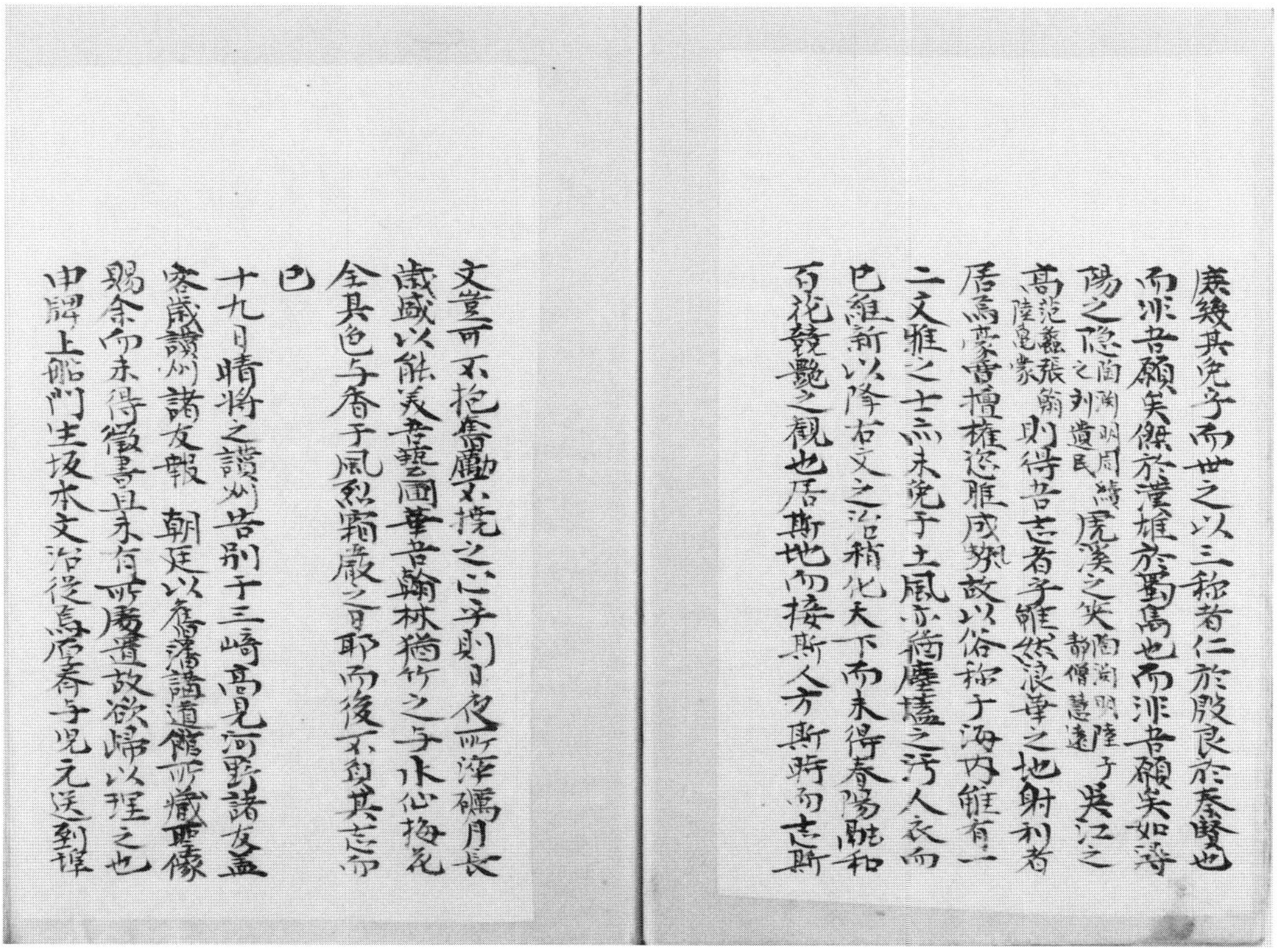

庶幾其免乎。而世之以三称者、仁於殷、良於秦、賢也、而非吾願矣。傑於漢、雄於蜀、雋也、而非吾願矣。如潯陽之隠（陶渊明、周続之、劉遺民）虎溪之笑（陶淵明、陸子静、僧慧遠）呉江之高（范蠡、張翰、陸亀蒙）則得吾志者乎。雖然、浪華之地、射利者居焉。豪賈擅権、恣睢成風、故以俗称于海内。雖有一二文雅之士、亦未免于土風、亦猶塵壒之汚人衣而已。維新以降、右文之治稍化天下、而未得春陽融和、百花競艶之観也。居斯地而接斯人、方斯時而志斯文、豈可不抱奮励不撓之心乎。則日夜所淬礪、月長歳盛、以能美吾藝圃、華吾翰林、猶竹之与水仙梅花、全其色与香于風烈霜厳之日耶、而後不負其志而已。

☆十九日。晴。将之讃州、告別于三崎・高見・河野諸友。蓋客歳讃州諸友報　朝廷、以旧藩講道館所蔵聖像賜余、而未得徴書、且未有所処置、故欲帰以理之也。申牌、上船。門生坂本文治従焉。厚斎与児元送到埠

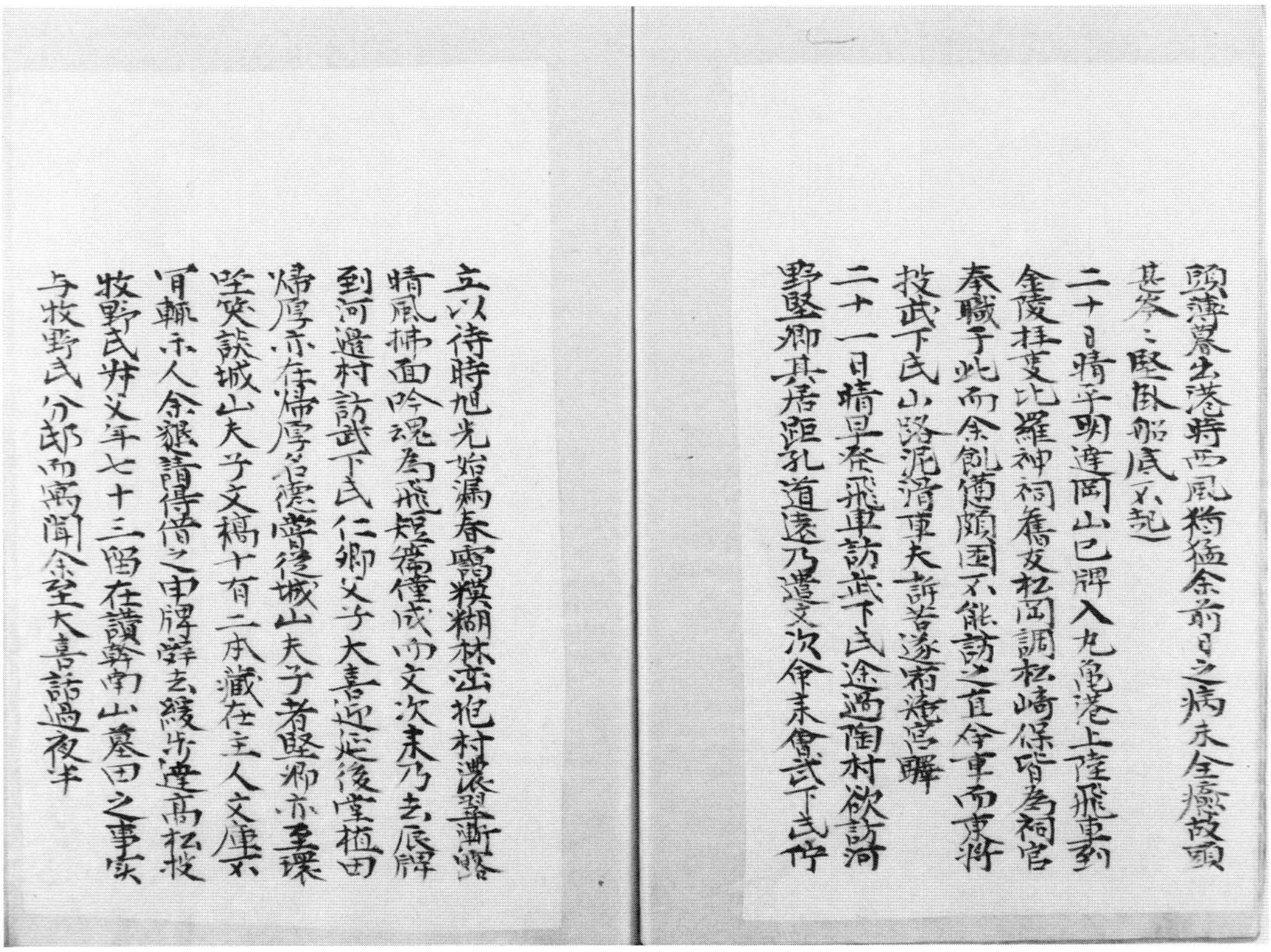

頭。薄暮出港、時西風猶猛、余前日之病未全癒、故頭甚岑〻、堅臥船底不起。

☆二十日。晴。平明達岡山、巳牌入丸亀港。上陸飛車到金陵、拝事比羅神祠。旧友松岡調・松崎保皆為祠官、奉職于此。而余飢憊頗困、不能訪之、直命車而東、将投武下氏。山路泥滑、車夫訴苦、遂宿滝宮駅。

☆二十一日。晴。早発、飛車訪武下氏。途過陶村、欲訪河野堅卿。其居距孔道遠、乃遣文次、命来会武下氏、佇立以待。時旭光始漏、春靄糢糊、林巒抱村、濃翠漸露、晴風拂面、吟魂為飛。短篇僅成而文次来、乃去。辰牌、到河辺村、訪武下氏。仁卿父子大喜、迎延後堂。植田帰厚亦在。帰厚、名徳、嘗従城山夫子者。堅卿亦至、環坐笑談。城山夫子文稿、十有二本蔵在主人文庫、不肯輒示人、余懇請得借之。申牌、辞去、緩歩達高松、投牧野氏。叔父年七十三、留在讃、幹南山墓田之事、実与牧野氏分邸而寓。聞余至、大喜、話過夜半。

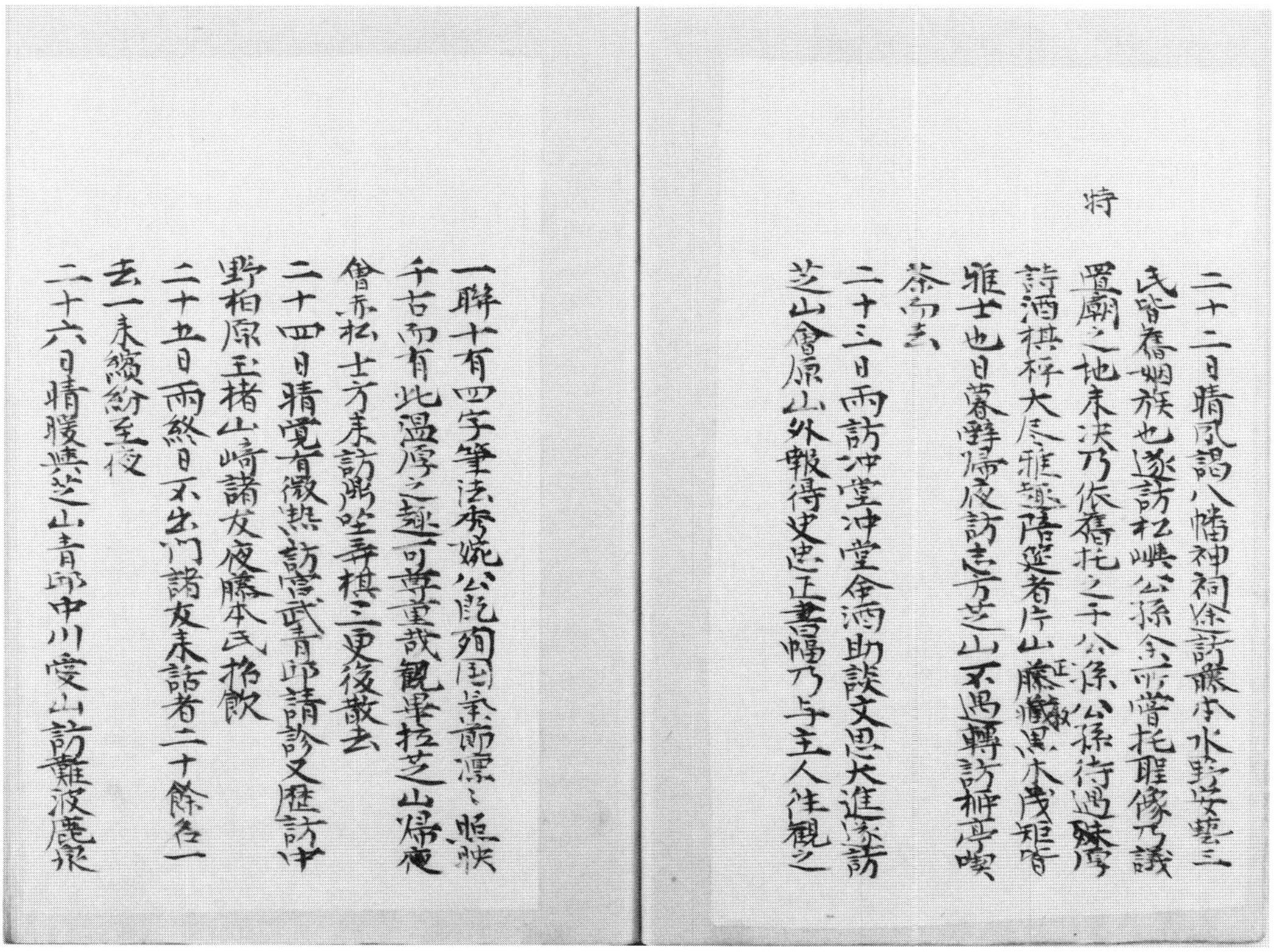

☆二十二日。晴。夙謁八幡神祠。途訪藤本・水野・安藝三氏、皆旧姻族也。遂訪松嶼公孫、余所嘗托聖像、乃議置廟之地、未決。乃依旧托之于公孫。公孫待遇特厚、詩酒棋枰、大尽雅趣。陪筵者、片山正敦・黒木茂矩、皆雅士也。日暮、辞帰。夜訪志方芝山、不遇。転訪柳亭、喫茶而去。

☆二十三日。雨。訪冲堂。冲堂命酒助談、文思大進、遂訪芝山。会原山外報得史忠正書幅、乃与主人往観之。一聯十有四字、筆法秀婉。公既殉国、気節凛ゝ、照映千古、而有此温厚之趣、可尊重哉。観畢、拉芝山帰。会赤松士方来訪、鼎坐弄棋、三更後散去。

☆二十四日。晴。覚有微熱、訪宮武青邱請診、又歴訪中野・柏原・玉楮・山崎諸友。夜、藤本氏招飲。

☆二十五日。雨。終日不出門、諸友来話者、二十餘名。一去一来、繽紛至夜。

☆二十六日。晴暖。与芝山・青邱・中川愛山訪難波鹿泉。

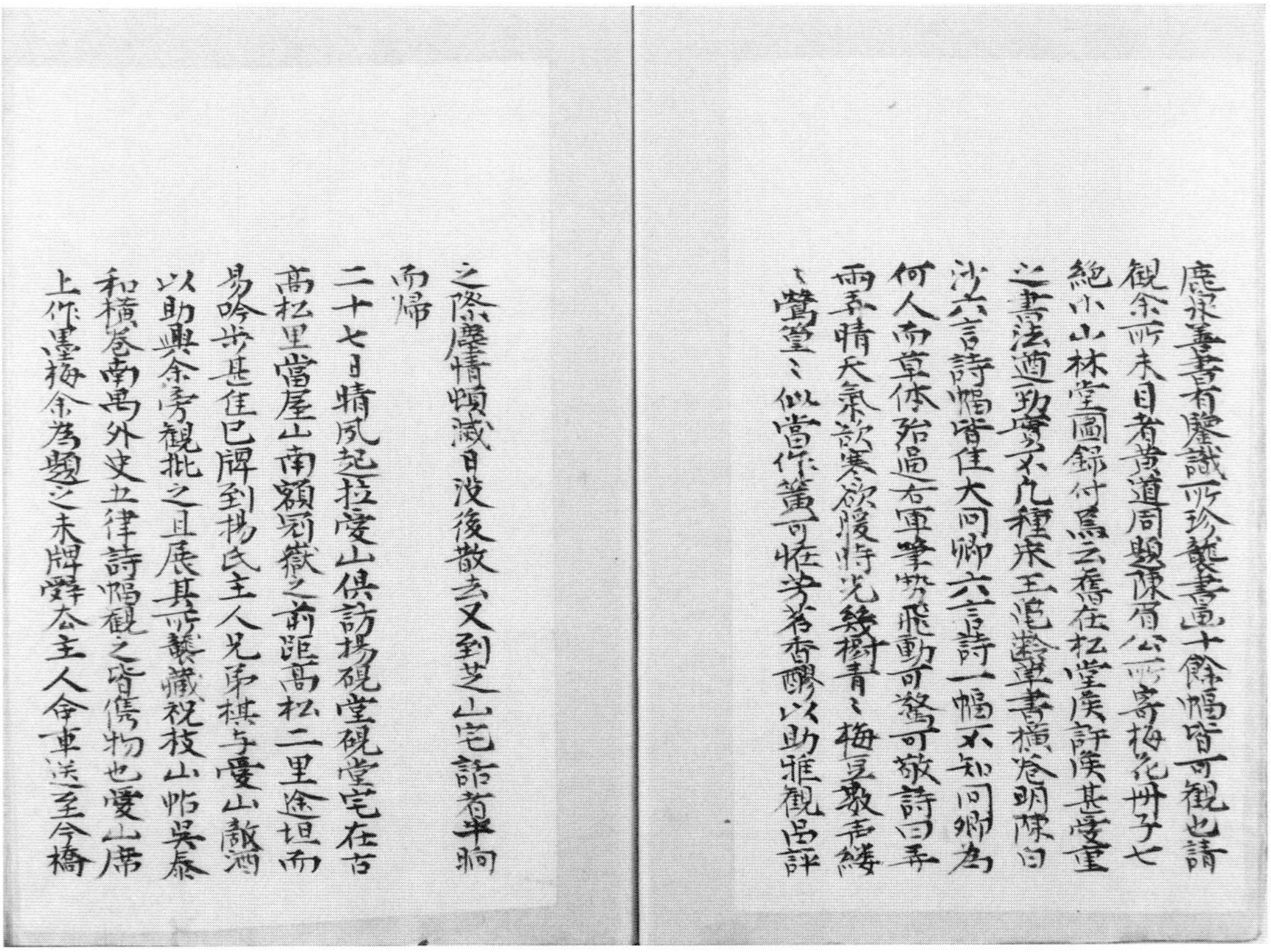

鹿泉善書、有鑑識、所珍襲書画十餘幅、皆可観也。請観余所未目者、黄道周題陳眉公所寄梅花冊子七絶、小山林堂図録付焉。云、旧在松堂侯許、侯甚愛重之。書法遒勁、実不凡種。宋王亀齢草書横巻、明陳白沙六言詩幅、皆佳。大同卿六言詩一幅、不知同卿為何人、而草体殆逼右軍、筆勢飛動、可驚可敬。詩曰、弄雨弄晴天気、欲寒欲暖時光、幾樹青〻梅豆、数声縷〻鶯篁。篁似當作簧、可怪。芳茗香醪、以助雅観。品評之際、塵情頓滅、日没後散去。又到芝山宅、話者半晌而帰。

★☆二十七日。晴。夙起、拉愛山倶訪揚硯堂。硯堂宅在古高松里、当屋山南額冠岳之前、距高松二里。途坦而易、吟歩甚佳。巳牌、到揚氏。主人兄弟、棋与愛山敵、酒以助興。余旁観批之。且展其所襲蔵祝枝山帖、呉泰和横巻、南禺外史五律詩幅、観之皆僞物也。愛山席上作墨梅、余為題之。未牌、辞去。主人命車送至今橋。

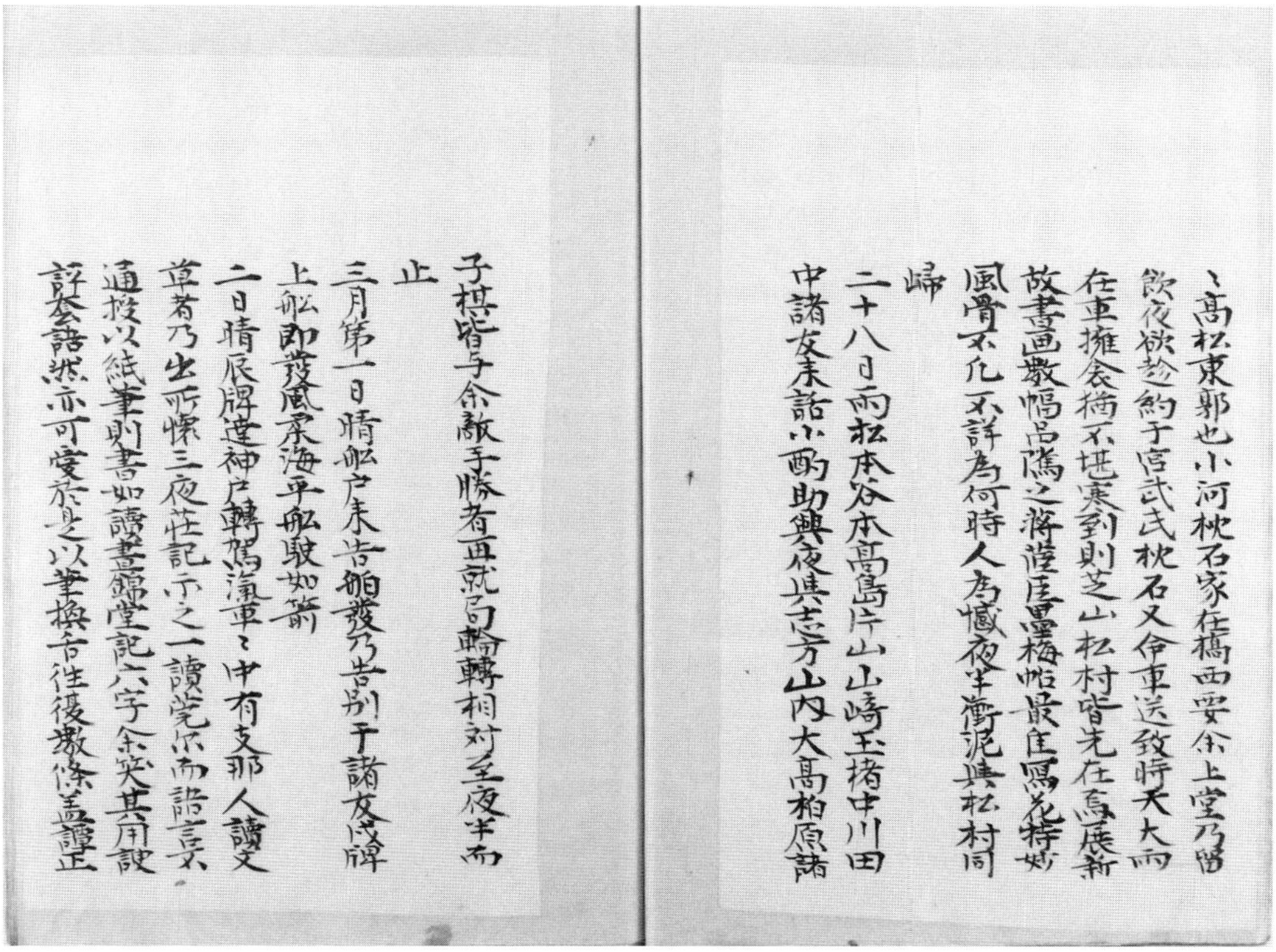

橋、高松東郭也。小河枕石家在橋西、要余上堂、乃留飲。夜、欲趁約于宮武氏、枕石又命車送致。時天大雨、在車擁衾、猶不堪寒。到則芝山・松村皆先在焉。展新故書画数幅、品隲之。蔣茝臣墨梅帖最佳、写花特妙、風骨不凡、不詳為何時人為憾。夜半、衝泥与松村同帰。

☆二十八日。雨。松本・谷本・高島・片山・山崎・玉楮・中川・田中諸友来話、小酌助興。夜与志方・山内・大高・柏原諸子棋、皆与余敵手、勝者再就局、輪転相対、至夜半而止。

☆三月、第一日。晴。船戸来告船発、乃告別于諸友。戌牌上船、即発。風柔海平、船駛如箭。

★☆二日。晴。辰牌、達神戸、転駕瀛車。車中有支那人、読文草者、乃出所懐三夜荘記示之。一読莞爾、而語言不通、授以紙筆、則書如読昼錦堂記六字。余笑其用訣評套語、然亦可愛。於是以筆換舌、往復数条。蓋譚正

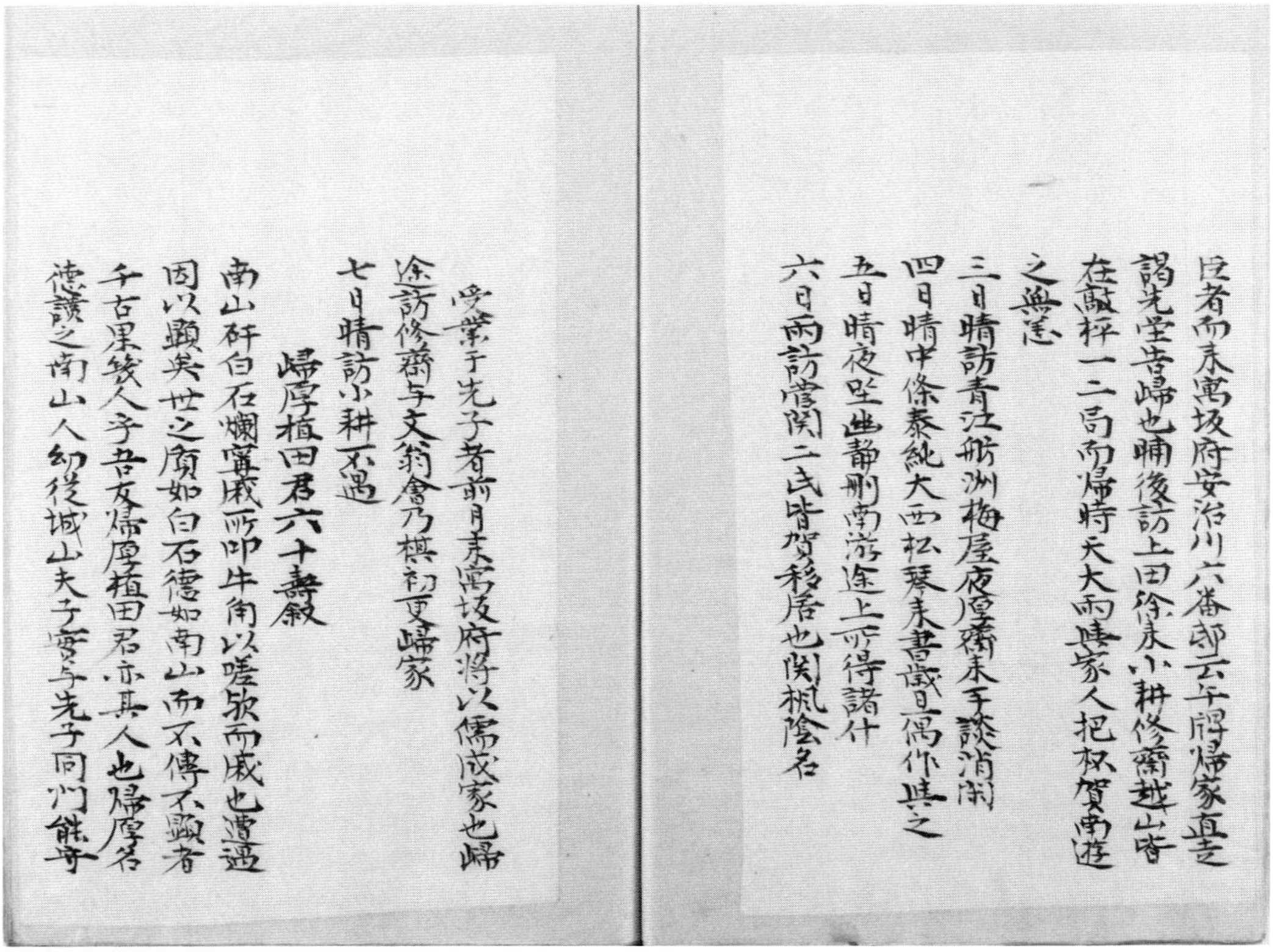

臣者、而来寓坂府安治川六番邸云。午牌帰家、直走
謁先塋、告帰也。晡後、訪上田徐来、小耕・修斎・越山皆
在、敲枰一二局而帰。時天大雨。与家人把杯、賀南遊
之無恙。
三日。晴。訪青江・舫洲・梅屋。夜、厚斎来、手談消閑。
四日。晴。中條泰純・大西松琴来。書歳旦偶作与之。
五日。晴。夜坐幽静、删南游途上所得諸什。
六日。雨。訪菅・関二氏、皆賀移居也。関楓陰、名

受業于先子者。前月来寓坂府、将以儒成家也。帰
途訪修斎、与文翁会、乃棋。初更、帰家。
七日。晴。訪小耕、不遇。

帰厚植田君六十寿叙

南山矸、白石爛、寧戚所叩牛角以嗟歟。而戚也、遭遇
因以顕矣。世之質如白石、徳如南山、而不伝不顕者、
千古果幾人乎。吾友帰厚植田君、亦其人也。帰厚、名
徳、讃之南山人。幼従城山夫子、実与先子同門、能守

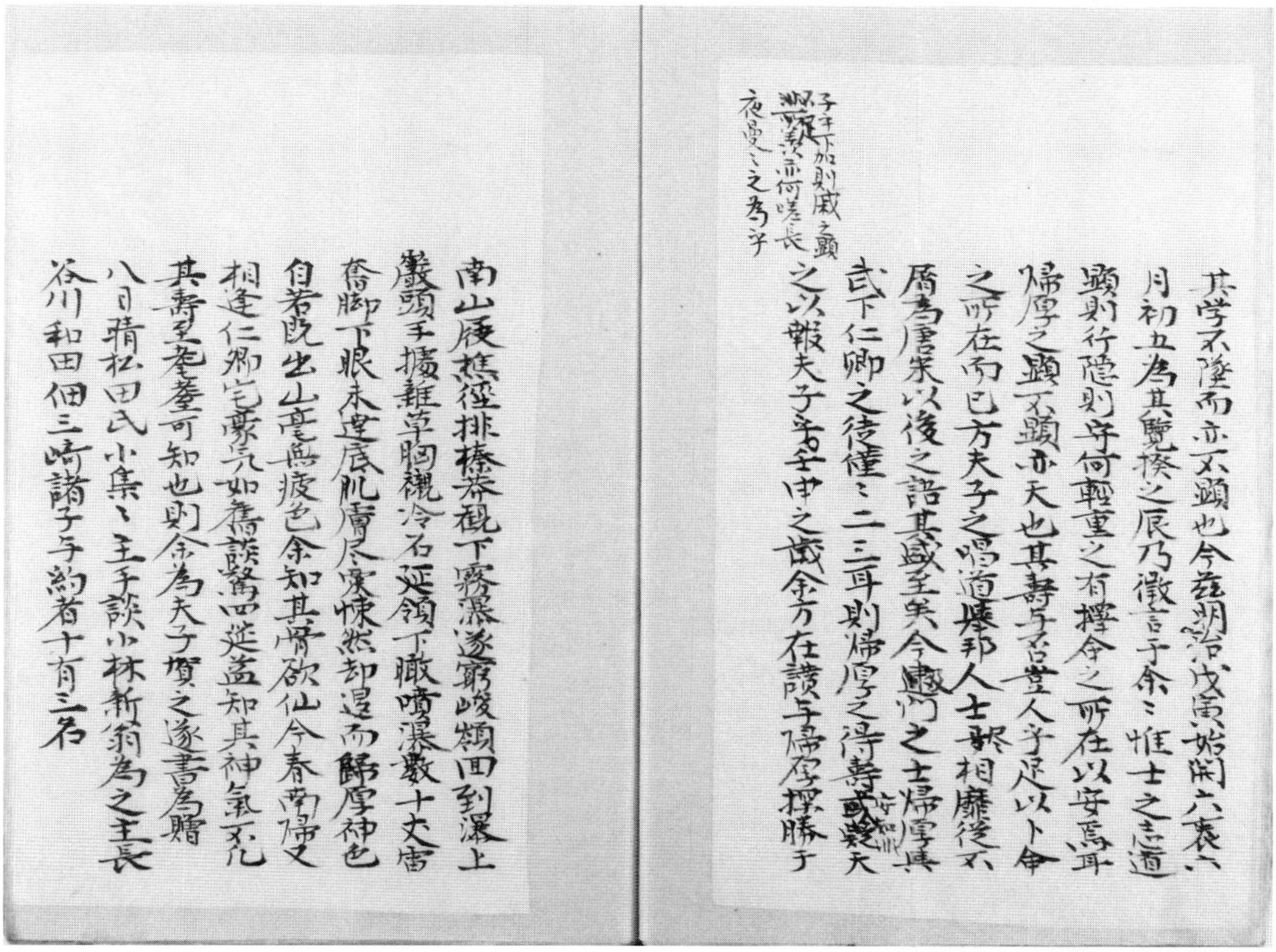

其学不墜、而亦不顕也。今茲明治戊寅、始開六袟、六月初五為其覧揆之辰、乃徴言于余。余惟士之志道、顕則行、隠則守、何軽重之有。択命之所在以安焉耳。帰厚之顕不顕、亦天也。其寿与否、豈人乎。足以卜命之所在而已。方夫子之唱道、挙邦人士尽相靡従、不屑為唐宋以後之語、其盛至矣。今及門之士、帰厚与武下仁卿之徒、僅ゝ二三耳。則帰厚之得寿、安知非天之以報夫子乎。則戚之顕不足羨、亦何嗟長夜曼ゝ之為乎。

壬申之歳、余方在讃、与帰厚探勝于南山、屐樵径、排榛莽、観下霧瀑、遂窮峻嶺、回到瀑上巖頭、手拠雑草、胸襯冷石。延領下瞰、噴瀑数十丈、雷奮脚下、眼未達底、肌膚尽粟、悚然却退。而帰厚神色自若、既出山、毫無疲色。余知其骨欲仙。今春南帰、又相逢仁卿宅、豪気如旧、談驚四筵、益知其神気不凡。其寿至耄耋可知也、則余為夫子賀之、遂書為贈。

八日。晴。松田氏小集。集主手談、小林新翁為之主。長谷川・和田・佃・三崎諸子与約者、十有三名。

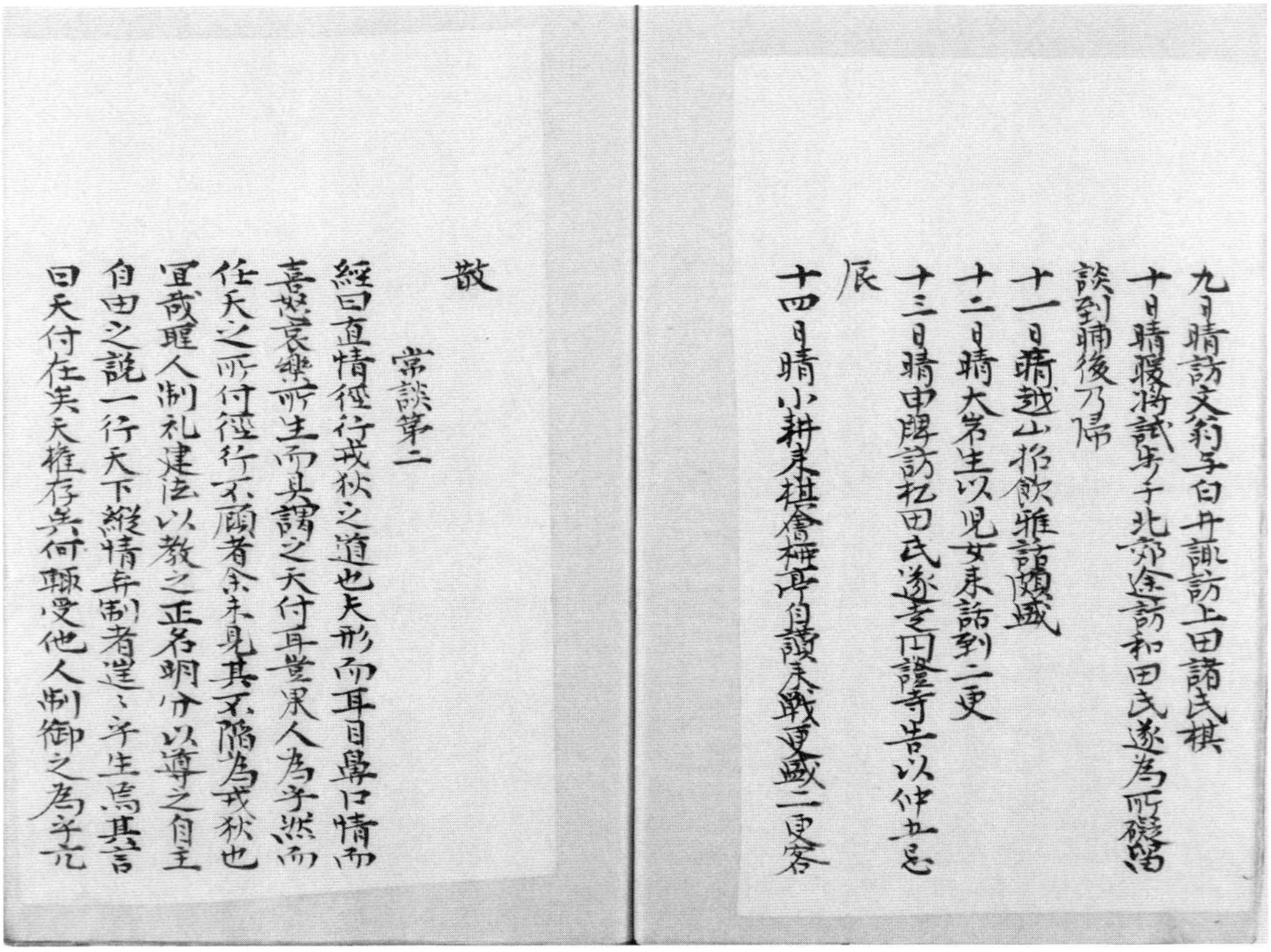

九日。晴。訪文翁。与白井・諏訪・上田諸氏棋。
十日。晴暖。将試歩于北郊、途訪和田氏、遂為所礙、留談到晡後乃帰。
十一日。晴。越山招飲、雅話頗盛。
十二日。晴。大岩生以児女来、話到二更。
十三日。晴。申牌。訪松田氏、遂走円証寺、告以仲五忌辰。
十四日。晴。小耕来棋。会柳亭自讃来、戦更盛。二更、客散。

常談第二

経曰、直情径行、戎狄之道也。夫形而耳目鼻口、情而喜怒哀樂、所生而具、謂之天付耳、豈果人為乎。然而任天之所付、径行不顧者、余未見其不陥為戎狄也。宜哉、聖人制礼建法以教之、正名明分以導之。自主自由之説一行、天下縦情棄制者、遑ゝ乎生焉。其言曰、天付在矣、天権存矣、何輙受他人制御之為乎。亢

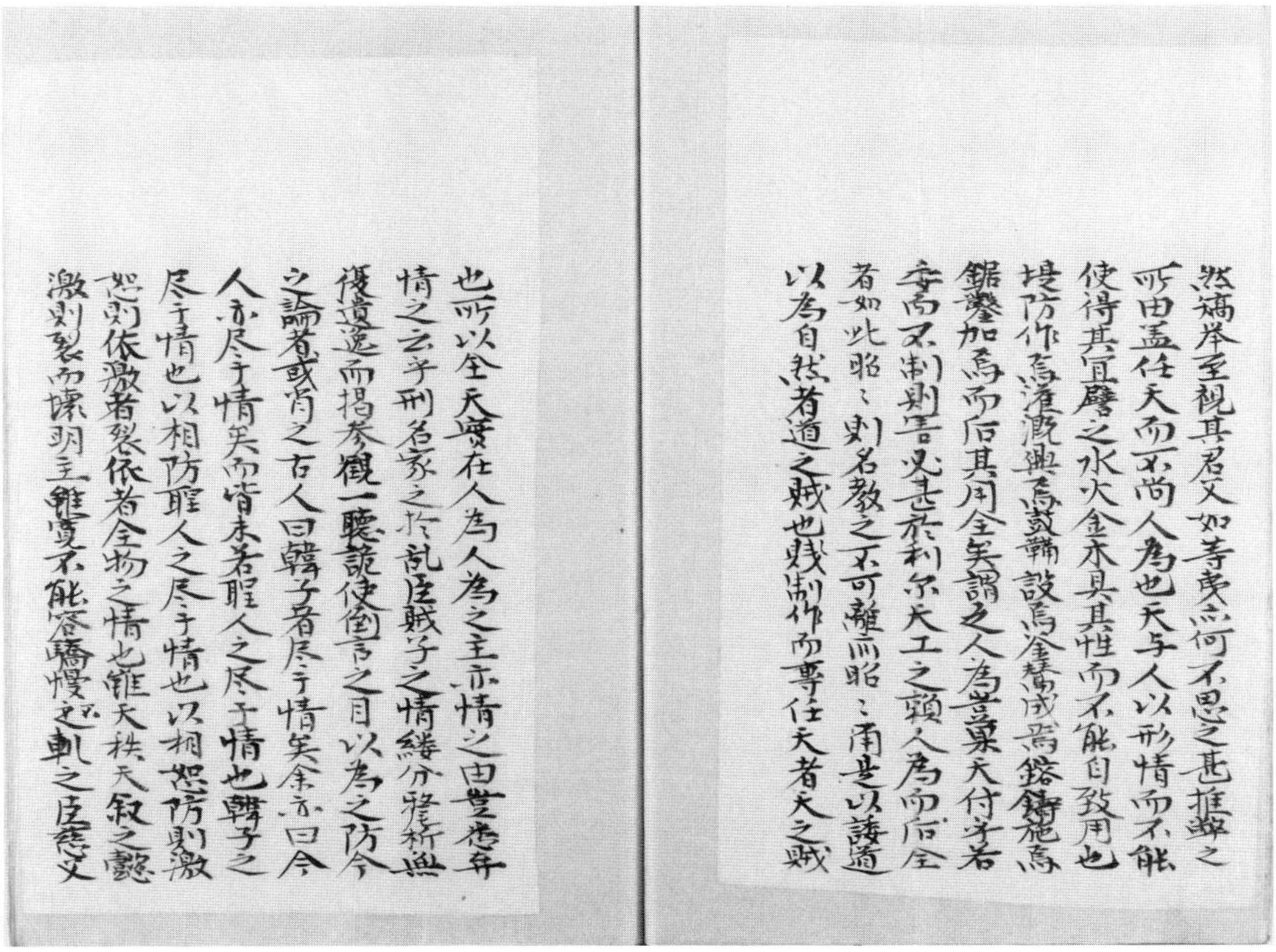

然矯挙、至視其君父如等夷、亦何不思之甚。推弊之所由、蓋任天而不尚人為也、天与人以形情、而不能使得其宜、譬之水火金木、具其性而不能自致用也。堤防作焉、灌漑興焉、鼓鞴設焉、金鬶成焉、鎔鑄施焉、鋸鑿加焉、而後其用全矣。謂之人為、豈果天付乎。若委而不制、則害必甚於利爾。天工之頼人為而後全者、如此昭ゝ、則名教之不可離、亦昭ゝ爾。是以諉道以為自然者、道之賊也。賤制作而専任天者、天之賊也。所以全天、実在人為、人為之主、亦情之由、豈悉棄情之云乎。刑名家之於乱臣賊子之情、縷分釐析、無復遺逸、而掲参観一聴、詭使倒言之目以為之防。今之論者或肖之。古人曰、韓子者、尽于情矣。余亦曰、今人亦尽于情矣、而皆未若聖人之尽于情也。韓子之尽于情也、以相防。聖人之尽于情也、以相恕。防則激、恕則依、激者裂、依者全、物之情也。雖天秩天叙之懿、激則裂而壊。明主雖寛、不能容驕慢不軌之臣、慈父

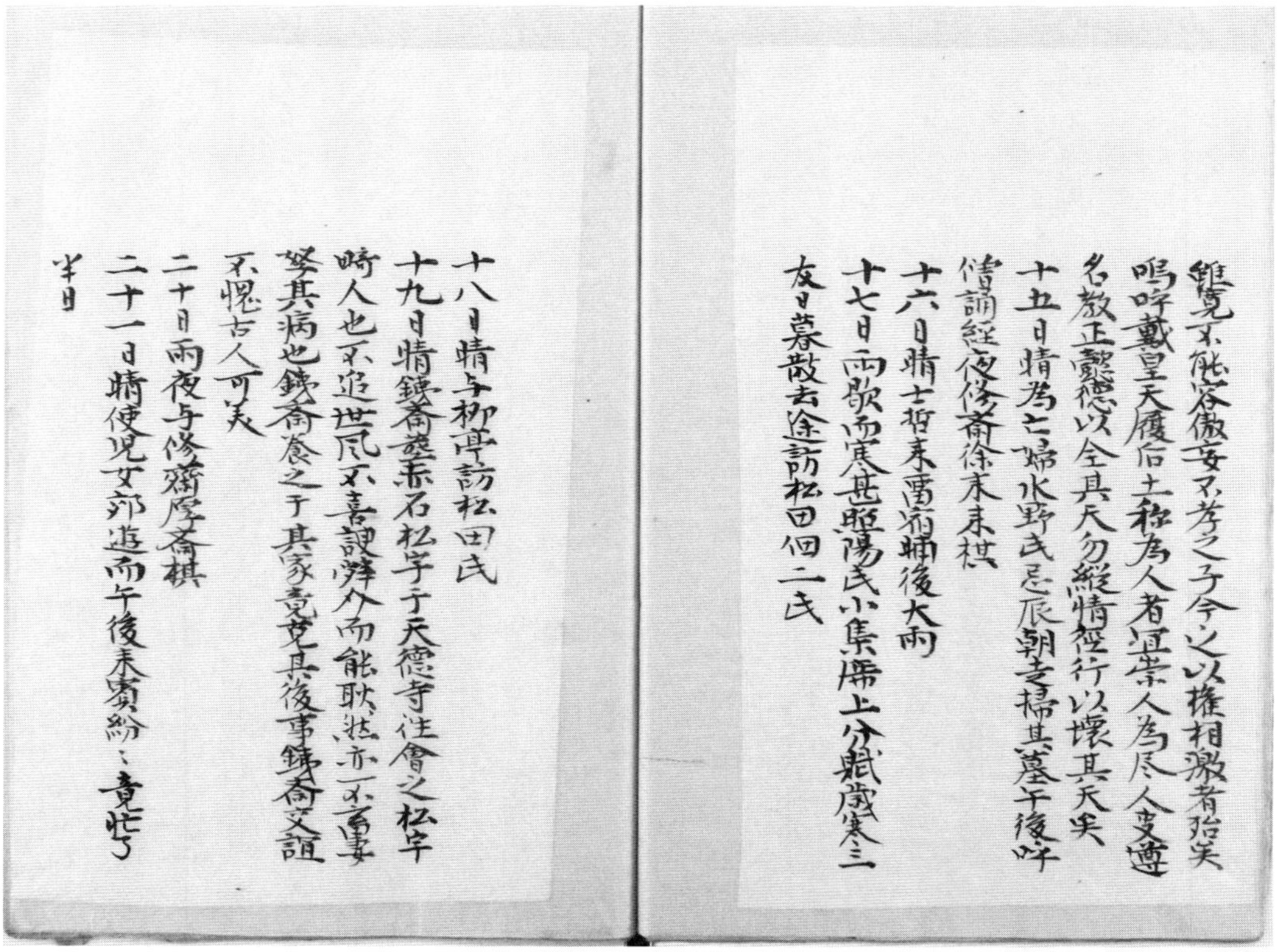

雖寛、不能容傲妄不孝之子。今之以権相激者殆矣。
嗚呼、戴皇天履后土称為人者、宜崇人為、尽人事、遵
名教、正懿徳、以全其天。勿縦情径行、以壊其天矣。
十五日。晴。為亡婦水野氏忌辰。朝走掃其墓、午後呼
僧誦経。夜、修斎・徐来来棋。
十六日。晴。士哲来、留宿。晡後、大雨。
十七日。雨歇而寒甚。照陽氏小集。席上分賦歳寒三
友。日暮、散去。途訪松田・佃二氏。
十八日。晴。与柳亭訪松田氏。
☆十九日。晴。鉄斎葬赤石松宇于天徳寺、往会之。松宇、
畸人也。不追世風、不喜謏辞、介而能耿、然亦不畜妻
孥。其病也、鉄斎養之于其家、竟克其後事。鉄斎交誼、
不愧古人、可美。
二十日。雨。夜与修斎、厚斎棋。
二十一日。晴。使児女郊遊。而午後来賓紛ゝ、竟忙了
半日。

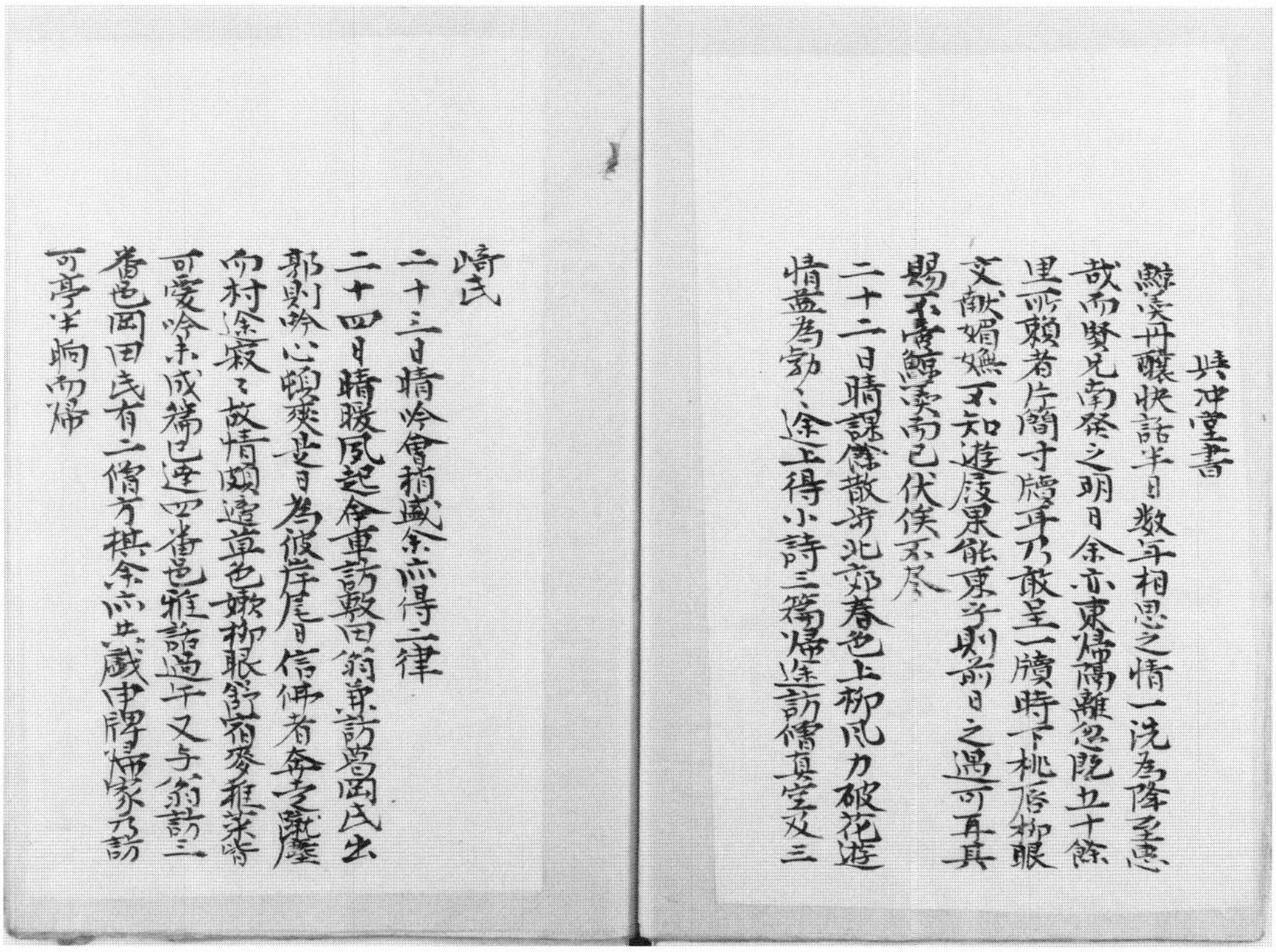

与冲堂書
鯨羹丹醸、快話半日、数年相思之情一洗、為降至恵哉。而賢兄南発之明日、余亦東帰、隔離忽既五十餘里。所頼者、片簡寸牘耳、乃敢呈一牘。時下桃唇柳眼、交献媚嫵、不知遊屐果能東乎。則前日之遇可再、其賜不啻鯨羹而已。伏俟。不尽。

二十二日。晴。課餘、散歩北郊。春色上柳、風力破花、遊情益為勃ゝ、途上得小詩三篇。帰途、訪僧真空及三崎氏。

二十三日。晴。吟会稍盛、余亦得二律。

二十四日。晴暖。夙起、命車訪敷田翁、兼訪葛岡氏。出郭則吟心頓爽。是日為彼岸尾日、信仏者奔走蹴塵、而村途寂ゝ、故情頗適。草色嫩、柳眼舒、宿麦稚菜皆可愛。吟未成篇、已達四番邑。雅話過午、又与翁訪三番邑岡田氏。有二僧方棋、余亦共戯。申牌帰家、乃訪可亭、半晌而帰。

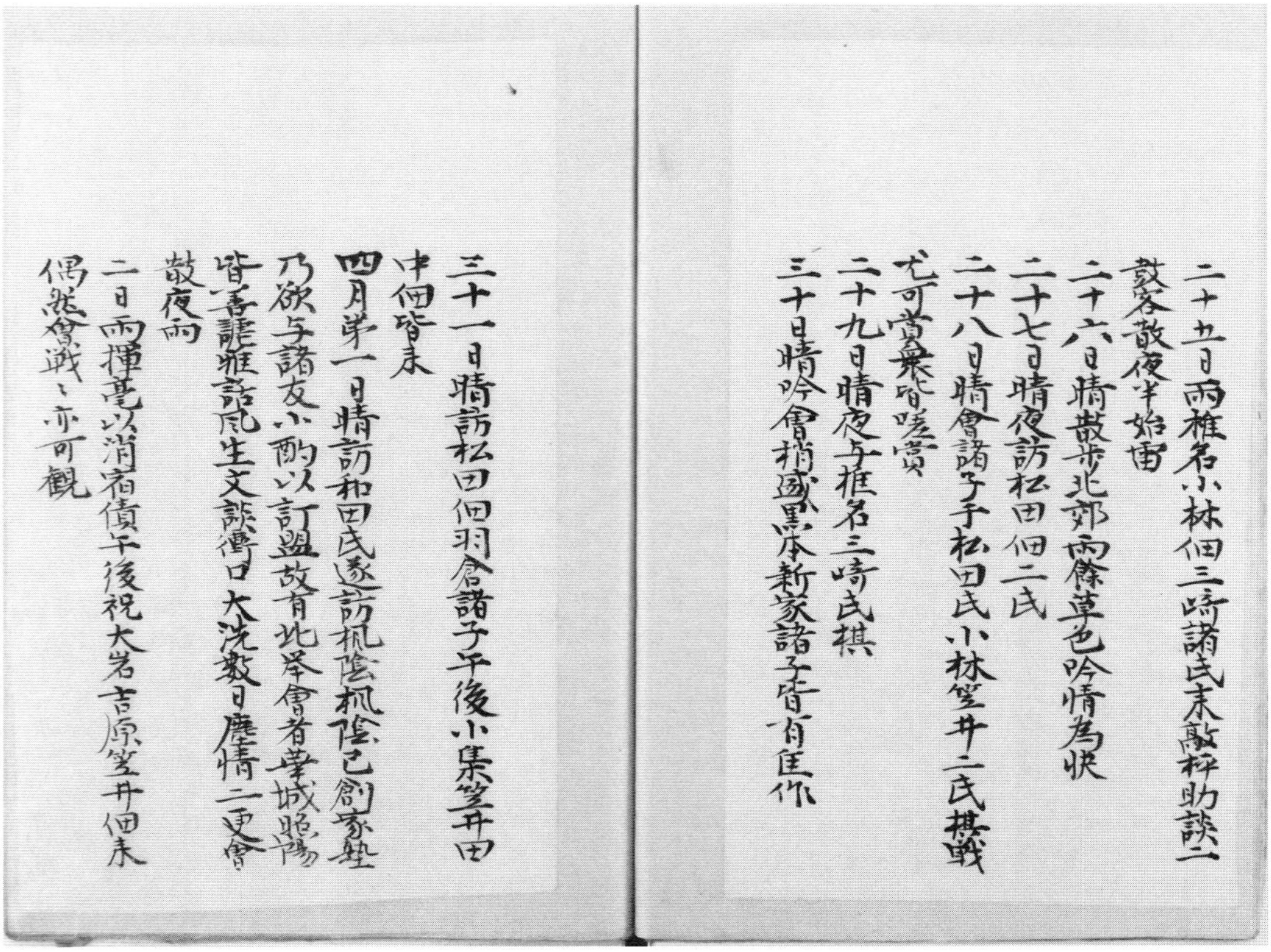

二十五日。雨。椎名・小林・佃・三崎諸氏来。敲枰助談。二鼓客散。夜半、始雷。

二十六日。晴。散歩北郊。雨餘草色、吟情為快。

二十七日。晴。夜訪松田・佃二氏。

二十八日。晴。会諸子于松田氏。小林・笠井二氏棋、戦尤可賞、衆皆嗟賞。

二十九日。晴。夜与椎名・三崎氏棋。

三十日。晴。吟会稍盛、黒本・新家諸子皆有佳作。

三十一日。晴。訪松田・佃・羽倉諸子。午後小集、笠井・田中・佃皆来。

四月、第一日。晴。訪和田氏、遂訪楓陰。楓陰已創家塾、乃欲与諸友小酌以訂盟、故有此挙。会者華城・照陽皆善謔、雅話風生、文談衝口、大洗数日塵情。二更、会散。夜、雨。

二日。雨。揮毫以消宿債。午後、祝・大岩・吉原・笠井・佃来。偶然会戦、戦亦可観。

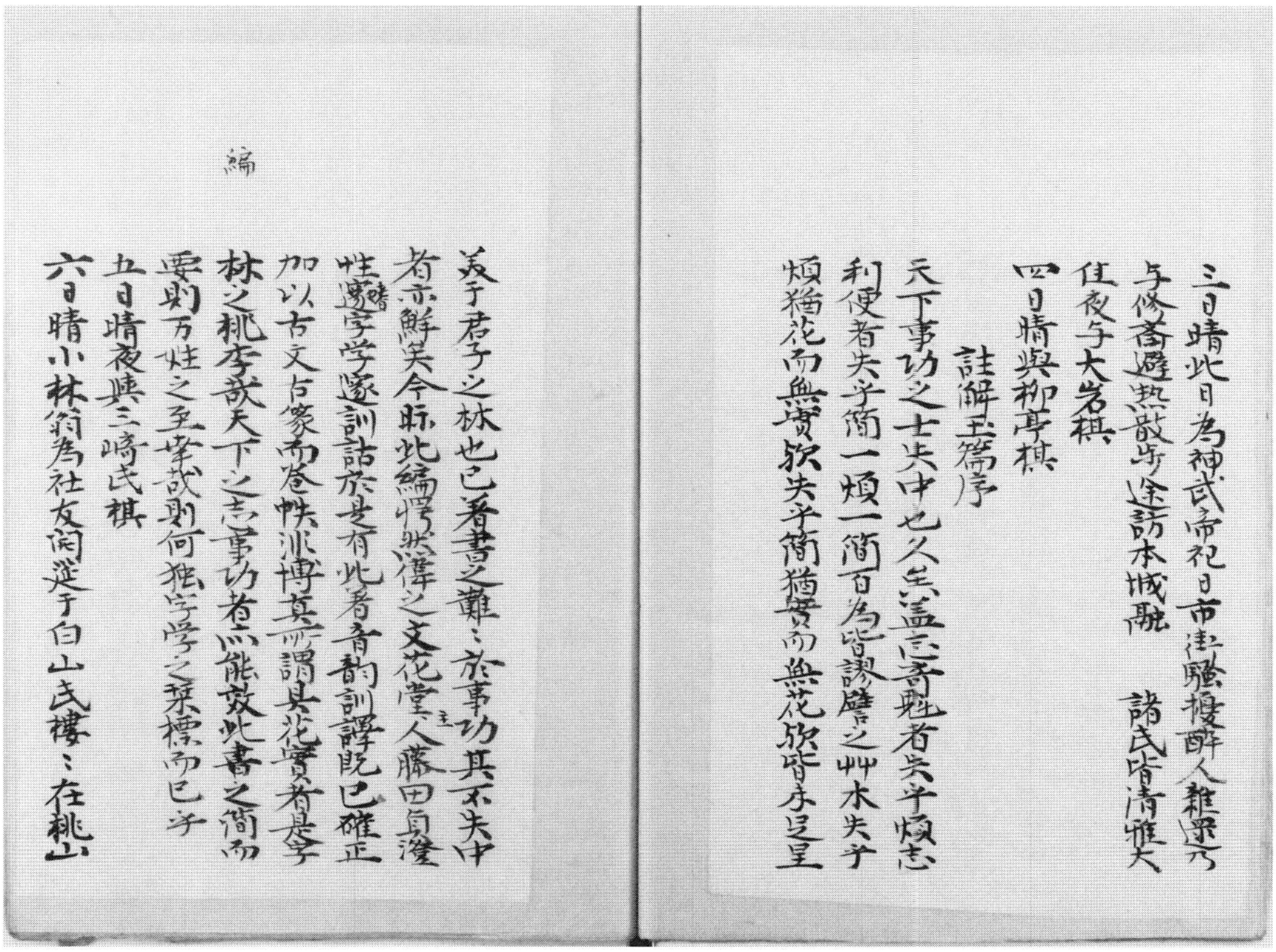

三日。晴。此日為神武帝祀日。市街騒擾、酔人雑遝。乃与修斎避熱散歩。途訪本城・融　諸氏、皆清雅大佳。夜、与大岩棋。

四日。晴。与柳亭棋。

　　註解玉篇序

天下事功之士、失中也久矣。盍志奇魁者失乎煩、志利便者失乎簡、一煩一簡、百為皆謬。譬之艸木、失乎煩、猶花而無実歟。失乎簡、猶実而無花歟。皆未足呈美于君子之林也已。著書之難、難於事功、其不失中者、亦鮮矣。今眎此編、愕然偉之。文花堂主人藤田貞澄、性嗜字学、邃訓詁、於是有此著。音韻訓訳、既已確正、加以古文古篆、而巻帙非博、真所謂具花実者、是字林之桃李哉。天下之志事功者、亦能効此編之簡而要、則万姓之至幸哉。則何独字学之栞標而已乎。

五日。晴。夜与三崎氏棋。

☆六日。晴。小林翁為社友開筵于白山氏楼。楼在桃山

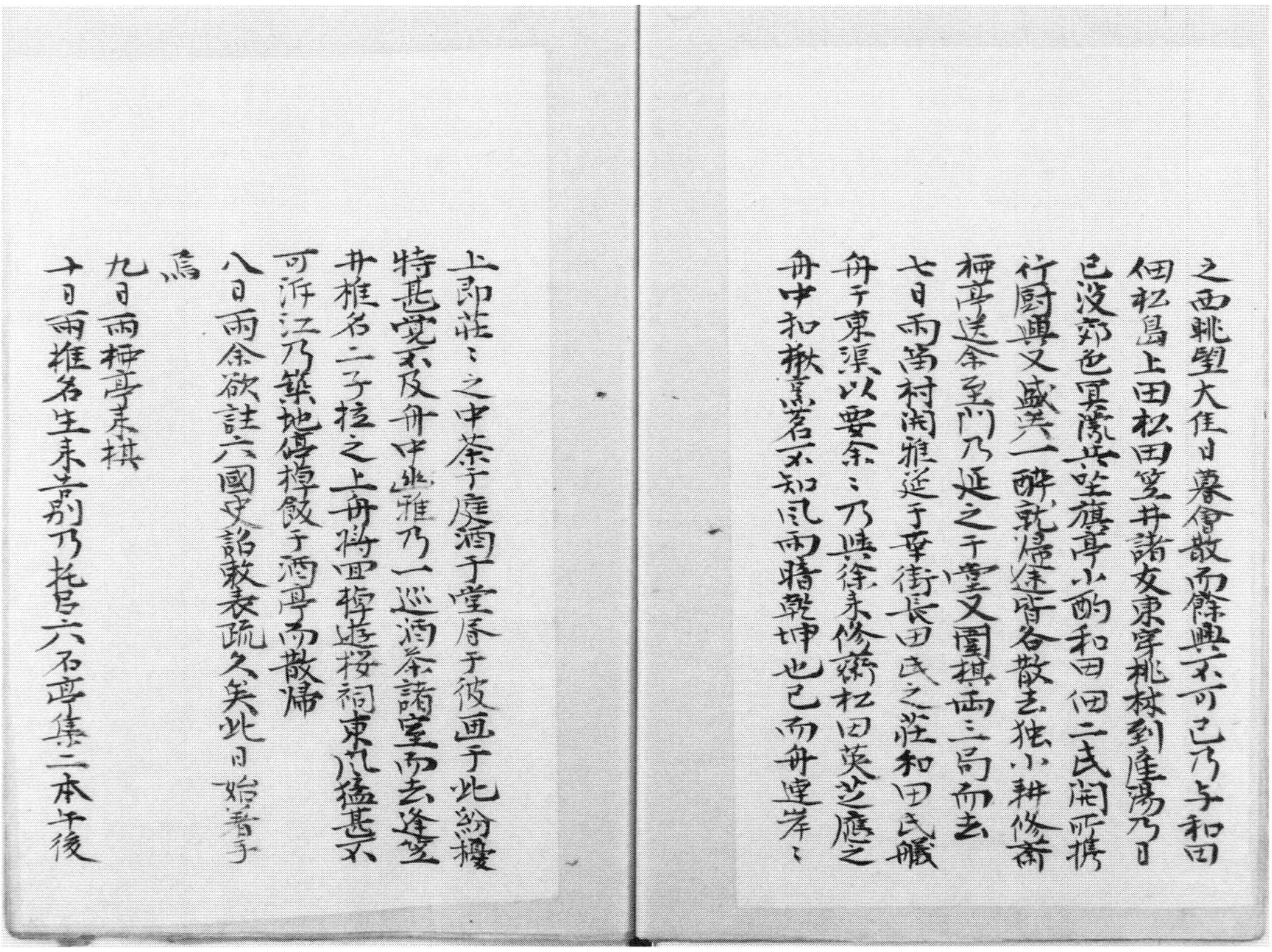

之西、眺望大佳。日暮、会散、而餘興不可已。乃与和田・佃・松島・上田・松田・笠井諸友東穿桃林到産湯。乃日已没、郊色冥濛、共坐旗亭小酌。和田・佃二氏開所携行厨、興又盛矣。一酔就帰途、皆各散去。独小耕・修斎・柳亭送余至門、乃延之于堂、又囲棋両三局而去。

☆七日。雨。笛村開雅筵于幸街長田氏之荘。和田氏艤舟于東渠以要余。余乃与徐来・修斎・松田英芝応之。舟中扣楸烹茗、不知風雨暗乾坤也已。而舟達岸、岸上即荘、荘之中、茶于庭、酒于堂、書于彼、画于此、紛擾特甚、覚不及舟中幽雅、乃一巡酒茶諸室而去。逢笠井・椎名二子、拉之上舟、将回棹遊桜祠、東風猛甚、不可泝江。乃築地停棹、飯于酒亭而散帰。

八日。雨。余欲註六国史詔勅表疏、久矣。此日始着手焉。

九日。雨。柳亭来棋。

十日。雨。椎名生来告別、乃托以六石亭集二本。午後

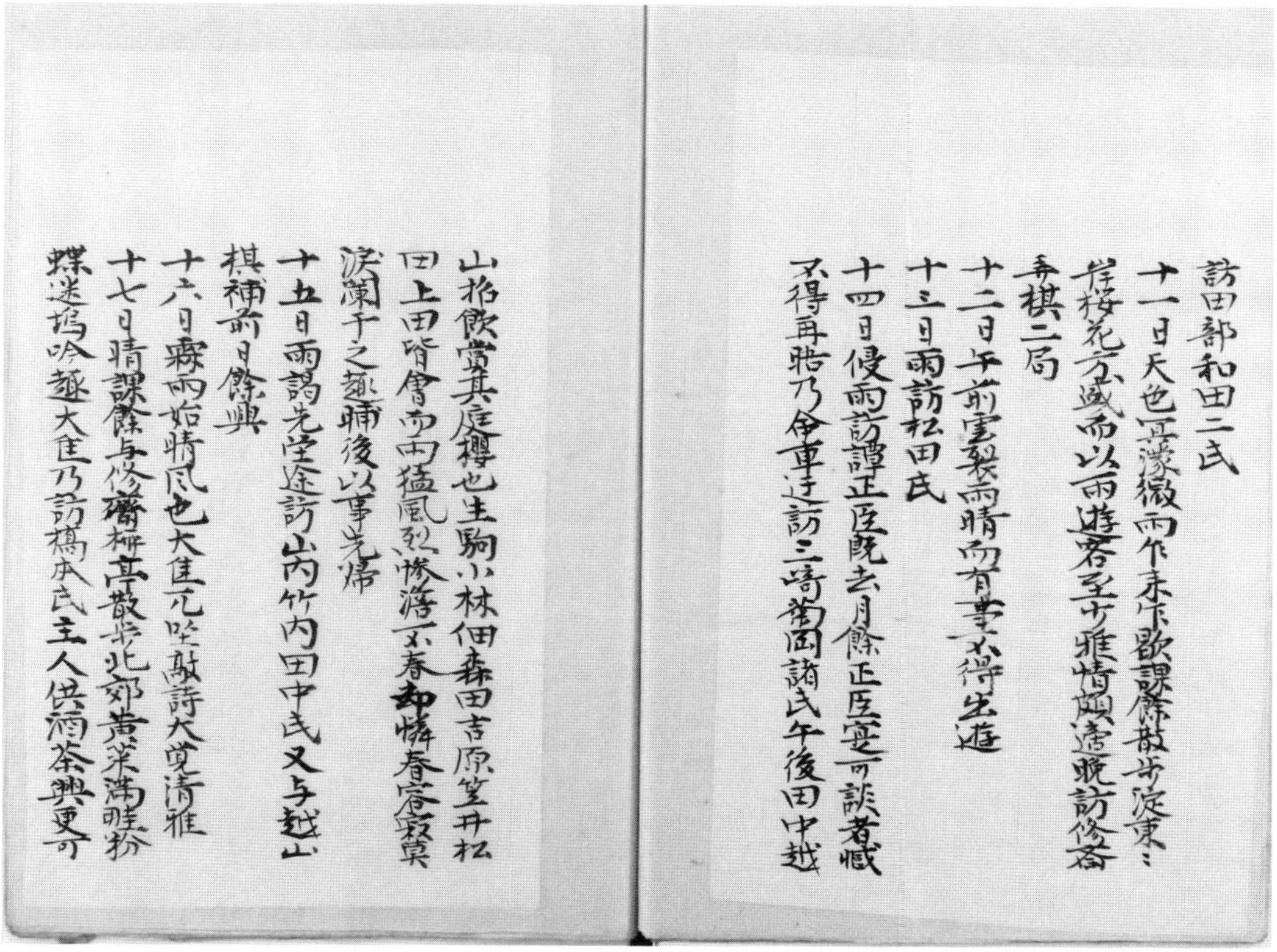

訪田部・和田二氏。

十一日。天色冥濛、微雨乍来乍歇。課餘、散歩淀東。東岸桜花方盛、而以雨遊客至少、雅情頗適。晩、訪修斎、弄棋二局。

十二日。午前、雲裂雨晴、而有事不得出遊。

十三日　雨。訪松田氏。

十四日。侵雨訪譚正臣、既去月餘。正臣寔可談者、憾不得再晤。乃命車迂訪三崎・菊岡諸氏。午後、田中越山招飲、賞其庭桜也。生駒・小林・佃・森田・吉原・笠井・松田・上田皆会。而雨猛風烈、惨澹不春、却憐春容寂莫涙闌干之趣。晡後、以事先帰。

十五日。雨。謁先塋、途訪山内・竹内・田中氏。又与越山棋、補前日餘興。

十六日。霡雨始晴、風色大佳。兀坐敲詩、大覚清雅。

十七日。晴。課餘与修斎・柳亭散歩北郊、黄菜満畦、粉蝶迷塢、吟趣大佳。乃訪橋本氏、主人供酒茶、興更可

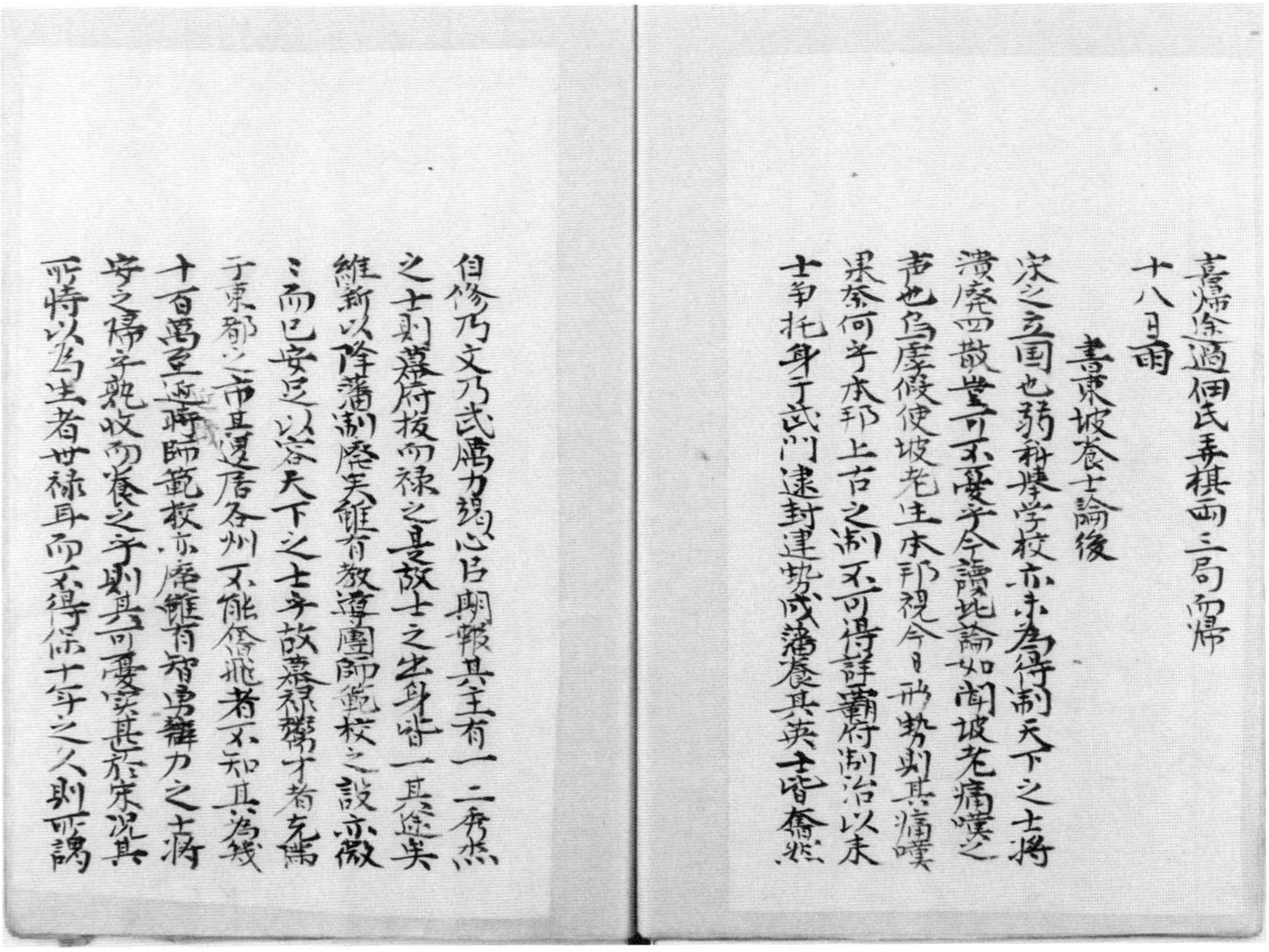

喜。帰途過佃氏、弄棋両三局而帰。
十八日。雨。

書東坡養士論後

宋之立国也、弱科舉、学校亦未為得制、天下之士、将潰廃四散、豈可不憂乎。今読此論、如聞坡老痛嘆之声也。烏虖、仮使坡老生本邦、視今日形勢、則其痛嘆果奈何乎。本邦上古之制不可得詳、覇府制治以来、士争托身于武門、逮封建勢成、藩養其英、士皆奮然自修、乃文乃武、厲力竭心、以期報其主。有一二秀傑之士、則幕府抜而禄之。是故士之出身、皆一其途矣。維新以降、藩制廃矣。雖有教導団、師範校之設、亦微ゝ而已、安足以容天下之士乎。故慕禄鬻才者、充満于東都之市、其退居各州不能奮飛者、不知其為幾十百万。近歳、師範校亦廃、雖有智勇辯力之士、将安之帰乎、孰收而養之乎。則其可憂、実甚於宋。況其所恃以為生者世禄耳、而不得保十年之久、則所謂

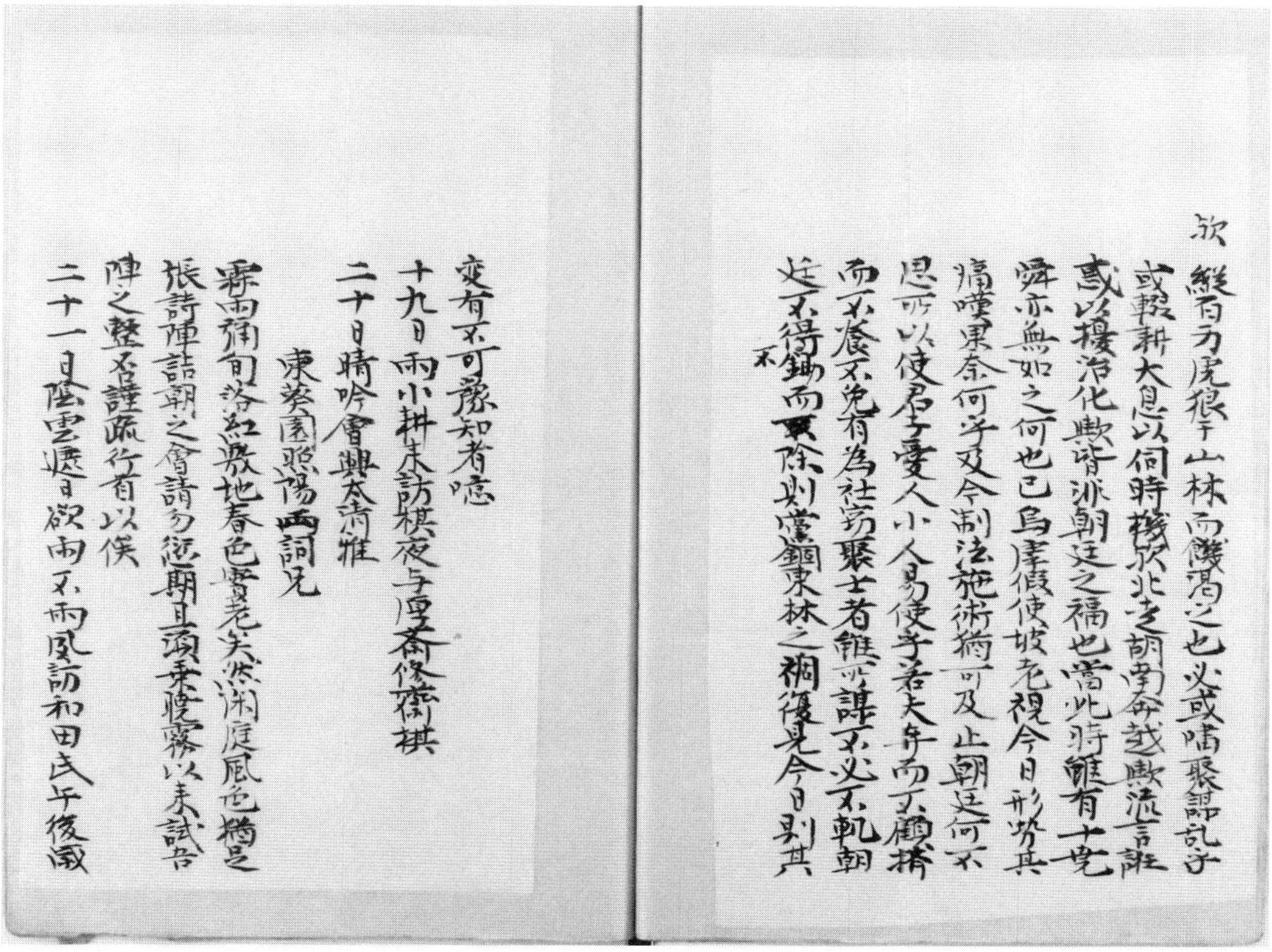

縦百万虎狼于山林而饑渇之也。必或嘯聚謀乱歟。或輟耕大息、以伺時機歟。北走胡、南奔越歟。流言誑惑、以擾治化歟。皆非朝廷之福也。当此時、雖有十堯舜、亦無如之何也已。烏虖、仮使坡老視今日形勢、其痛嘆果奈何乎。及今制法施術、猶可及止、朝廷何不思所以使君子愛人、小人易使乎。若夫棄而不顧、齊而不養、不免有為社窃聚士者、雖所謀不必不軌、朝廷不得不鋤而除、則党錮東林之禍、復見今日、則其変有不可予知者。噫。

十九日。雨。小耕来訪、棋。夜、与厚斎・修斎棋。

二十日。晴。吟会。興太清雅。

　東葵園・照陽両詞兄

霖雨弥旬、落紅敷地、春色実老矣。然閑庭風色、猶足張詩陣、詰朝之会、請勿愆期。且須乗暁霧以来、試吾陣之整否。謹疏行首以俟。

二十一日。陰雲遮日、欲雨不雨。夙訪和田氏。午後、歳

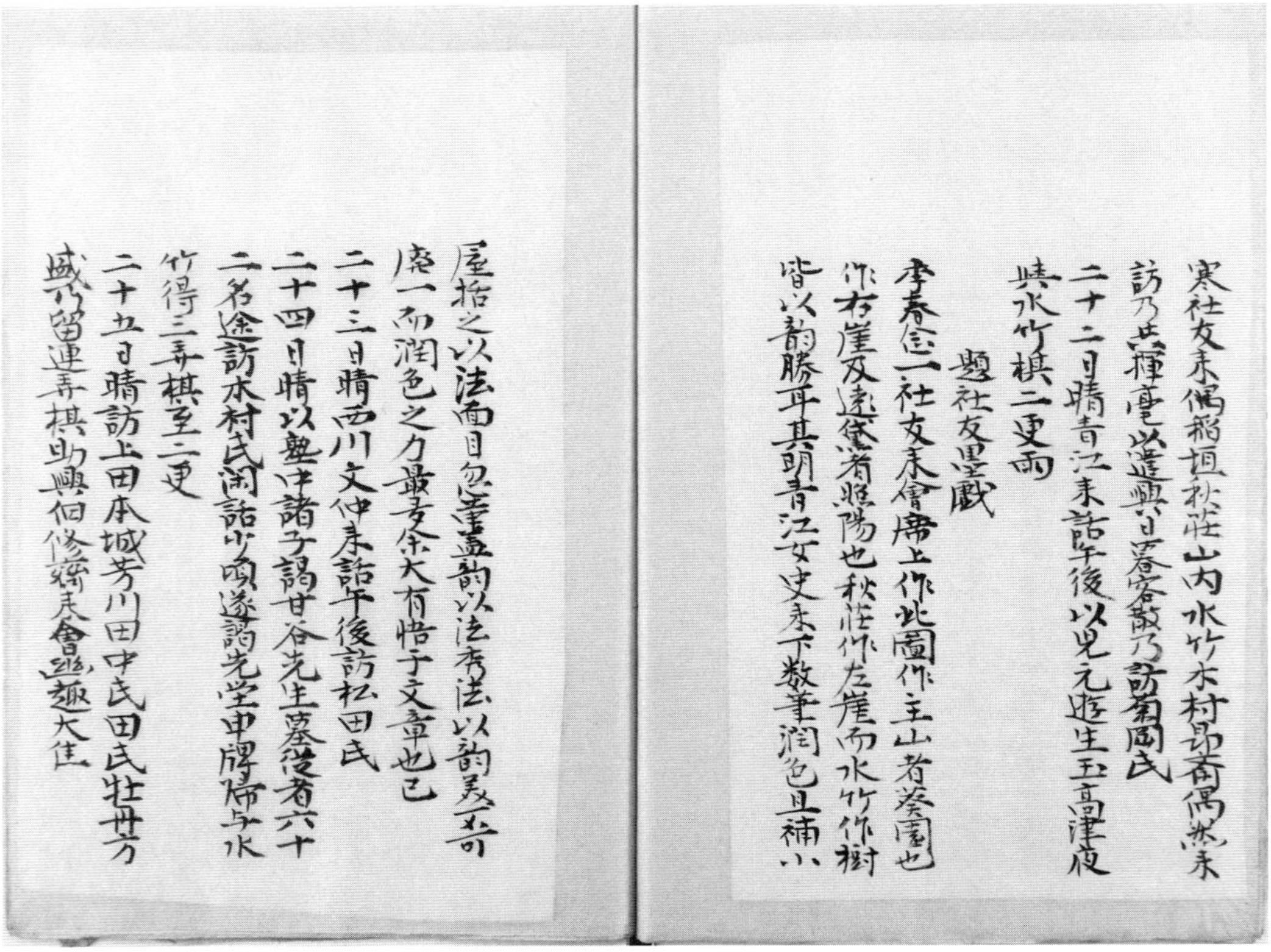

寒社友来。稲垣秋荘・山内水竹・木村昂斎偶然来訪、乃共揮毫以遣興。日暮客散、乃訪菊岡氏。
二十二日。晴。青江来話。午後以児元遊生玉高津。夜与水竹棋。二更、雨。

題社友墨戯

季春念一社友来会、席上作此図。作主山者、葵園也。作右崖及遠黛者、照陽也。秋荘作左崖而水竹作樹、皆以韻勝耳。其明、青江女史来、下数筆潤色、且補小屋、括之以法、面目忽革。蓋韻以法秀、法以韻美、不可廃一、而潤色之力最多。余大有悟于文章也已。
二十三日。晴。西川文仲来話。午後、訪松田氏。
二十四日。晴。以塾中諸子謁甘谷先生墓、従者六十二名。途訪木村氏、閑話少頃、遂謁先塋。申牌帰、与水竹得三弄棋至二更。
二十五日。晴。訪上田・本城・芳川・田中氏。田氏牡丹方盛、乃留連弄棋助興。佃・修斎来会、幽趣大佳。

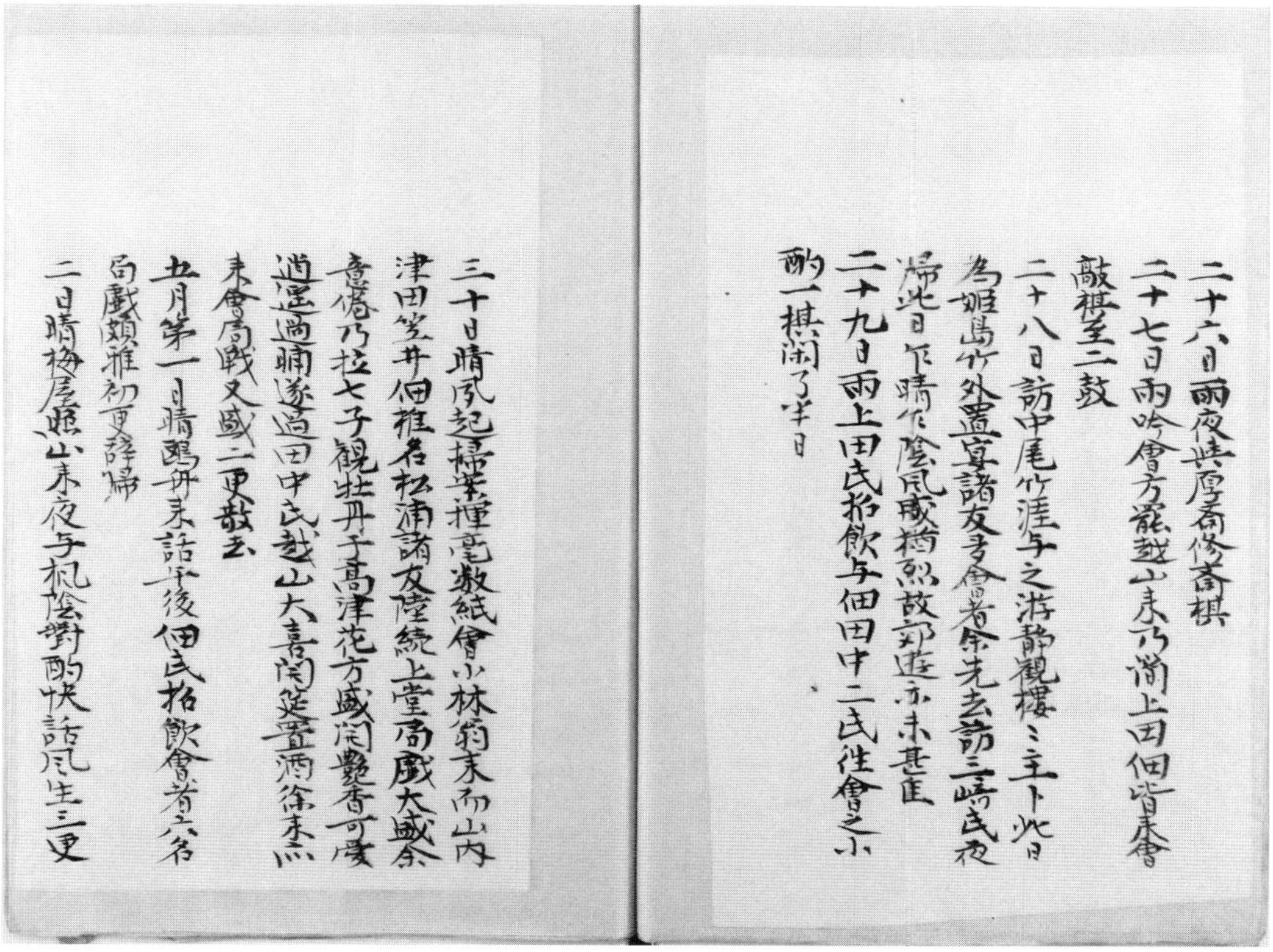

二十六日。雨。夜与厚斎・修斎棋。

二十七日。雨。吟会方罷、越山来。乃簡上田・佃、皆来会、敲棋至二鼓。

二十八日。訪中尾竹涯、与之游静観楼。楼主卜此日為姫島竹外置宴、諸友多会者。余先去訪三崎氏、夜帰。此日乍晴乍陰、風威猶烈、故郊遊亦未甚佳。

二十九日。雨。上田氏招飲。与佃・田中二氏往会之。小酌一棋、閑了半日。

三十日。晴。夙起掃案、揮毫数紙。会小林翁来、而山内・津田・笠井・佃・椎名松浦諸友陸続上堂、局戯大盛。余意倦、乃拉七子観牡丹于高津、花方盛開、艶香可愛。逍遥過晡、遂過田中氏。越山大喜、開筵置酒。徐来亦来会、局戦又盛。二更散去。

五月、第一日。晴。鷗舟来話。午後佃氏招飲。会者六名、局戯頗雅。初更、辞帰。

二日。晴。梅屋・照山来。夜与楓陰対酌、快話風生。三更

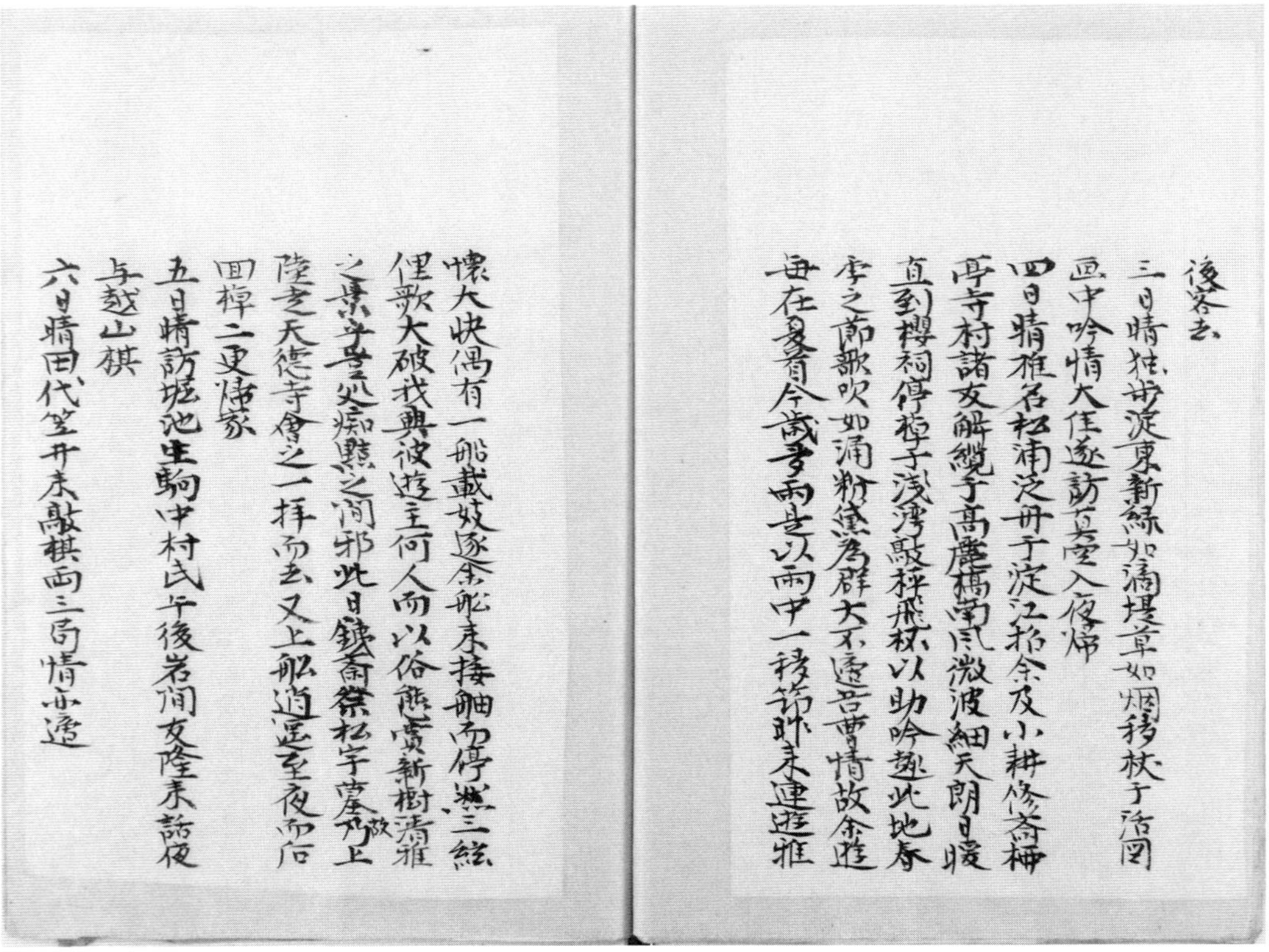

後客去。
三日。晴。独歩淀東、新緑如滴、堤草如煙、移杖于活図画中、吟情大佳。遂訪真空、入夜帰。
★☆四日。晴。椎名松浦泛舟于淀江、招余及小耕・修斎・柳亭・寺村諸友。解纜于高麗橋南、風微波細、天朗日暖。直到桜祠、停棹于浅湾、敲枰飛杯以助吟趣。此地春季之節、歌吹如涌、粉黛為群、大不適吾曹情、故余遊毎在夏首。今歳多雨、是以雨中一移笻、昨来連遊、雅懐大快。偶有一船載妓逐余船来、接舳而停、三絃俚歌、大破我興。彼遊主何人而以俗態賞新樹清雅之景乎、豈処痴黠之間邪。此日鉄斎祭松宇墓。故上陸、走天徳寺会之、一拝而去。又上船、逍遥至夜、而後回棹、二更帰家。
五日。晴。訪堀池・生駒・中村氏。午後、岩間友隆来話。夜与越山棋。
六日。晴。田代・笠井来、敲棋両三局、情亦適。

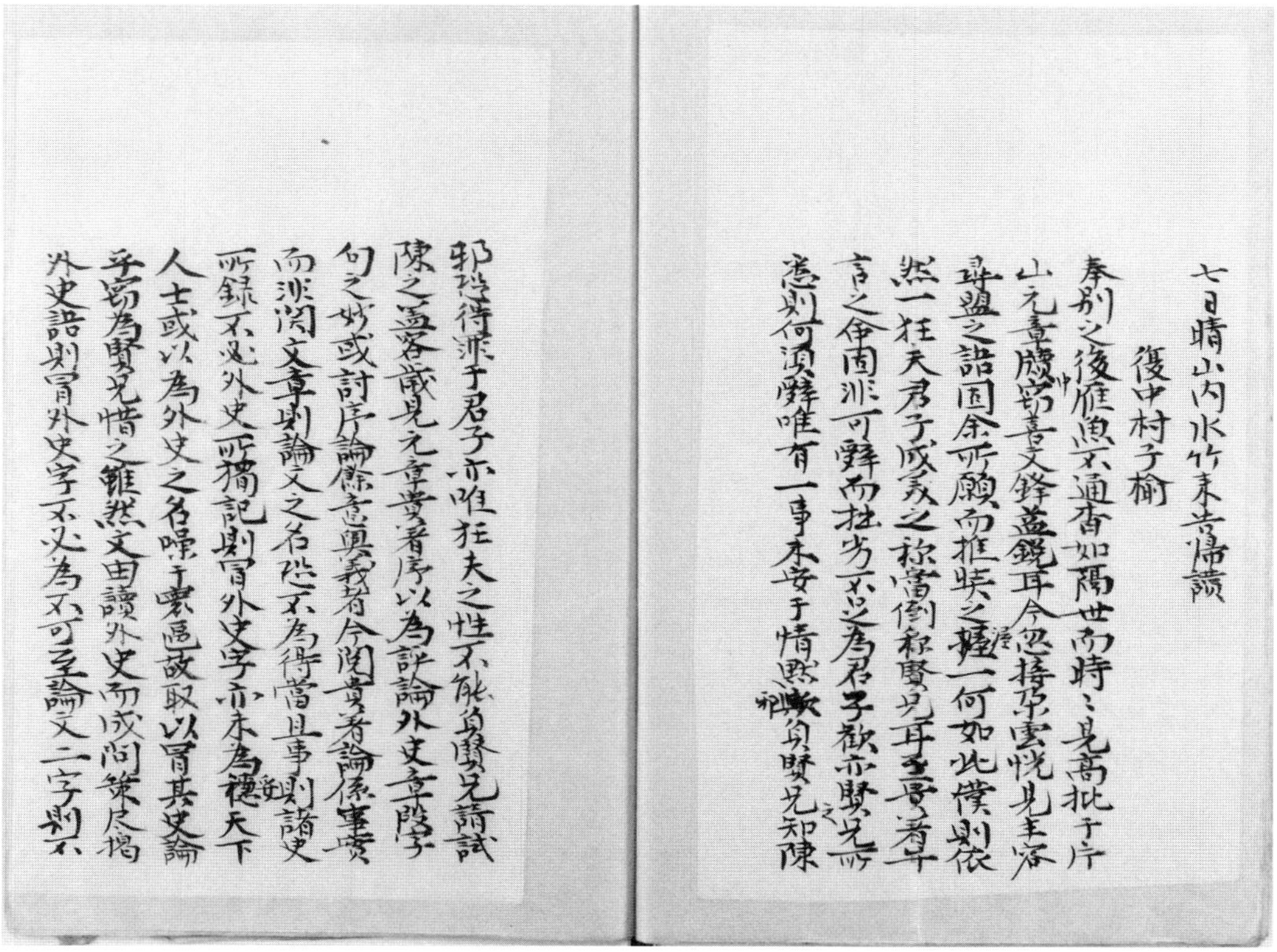

七日。晴。山内水竹来、告帰讃。

復中村子楡

奉別之後、雁魚不通、杳如隔世、而時〻見高批于片山元章牘中、窃喜文鋒益鋭耳。今忽接朶雲、恍見丰容尋盟之語、固余所願、而推奨之渥一何如此。僕則依然一狂夫、君子庋美之称、当倒称賢兄耳。貴著弁言之命、固非可辞、而拙劣不足為君子歓、亦賢兄所悉、則何須辞。唯有一事未安于情。黙邪、負賢兄之知。陳邪、恐得罪于君子、亦唯狂夫之性、不能負賢兄。請試陳之。蓋客歳見元章貴著序、以為評論外史章段字句之妙、或討序論餘意奥義者。今閲貴著、論係事実而非関文章、則論文之名恐不為得當、且事則諸史所録、不外史所独記、則冒外史字亦未為妥。天下人士或以為外史之名噪于寰区、故取以冒其史論乎。窃為賢兄惜之。雖然、文由読外史而成、問策尽掲外史語、則冒外史字、不必為不可。至論文二字則不

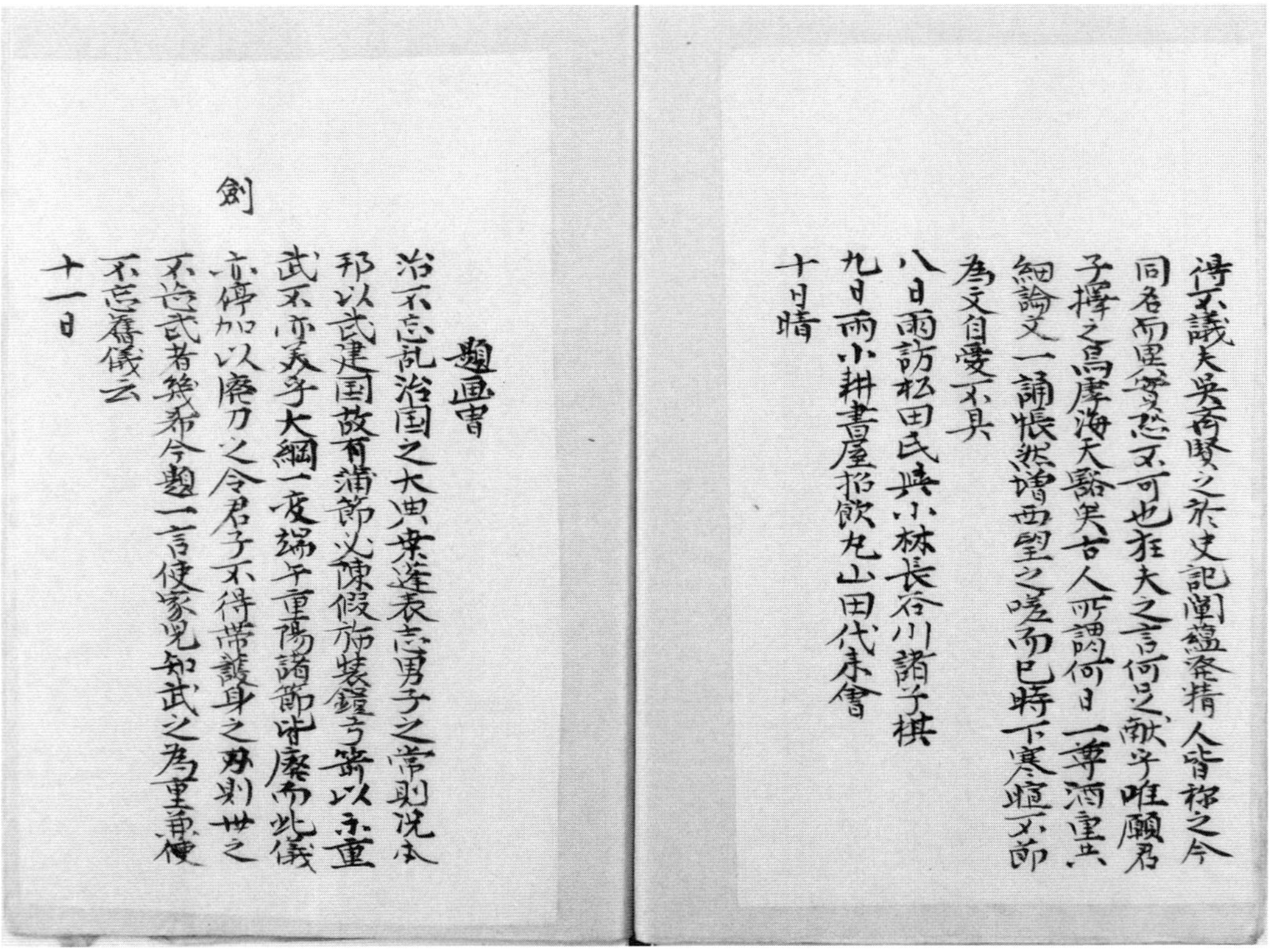

得不議。夫呉斉賢之於史記、闡蘊発精、人皆称之。今同名而異実、恐不可也。狂夫之言、何足献乎。唯願君子択之。烏虖、海天豁矣。古人所謂何日一尊酒、重共細論文、一誦悵然、増西望之嗟而已。時下寒暄不節、為文自愛。不具。

八日。雨。訪松田氏、与小林・長谷川諸子棋。

九日。雨。小耕書屋招飲。丸山・田代来会。

十日。晴。

題画冑

治不忘乱、治国之大典、桑蓬表志、男子之常則。況本邦以武建国、故蒲節必陳仮旆、装鎧弓箭、以示重武、不亦美乎。大綱一変、端午重陽諸節皆廃而此儀亦停。加以廃刀之令、君子不得帯護身之剣、則世之不忘武者幾希。今題一言、使家児知武之為重、兼不忘旧儀云。

十一日。

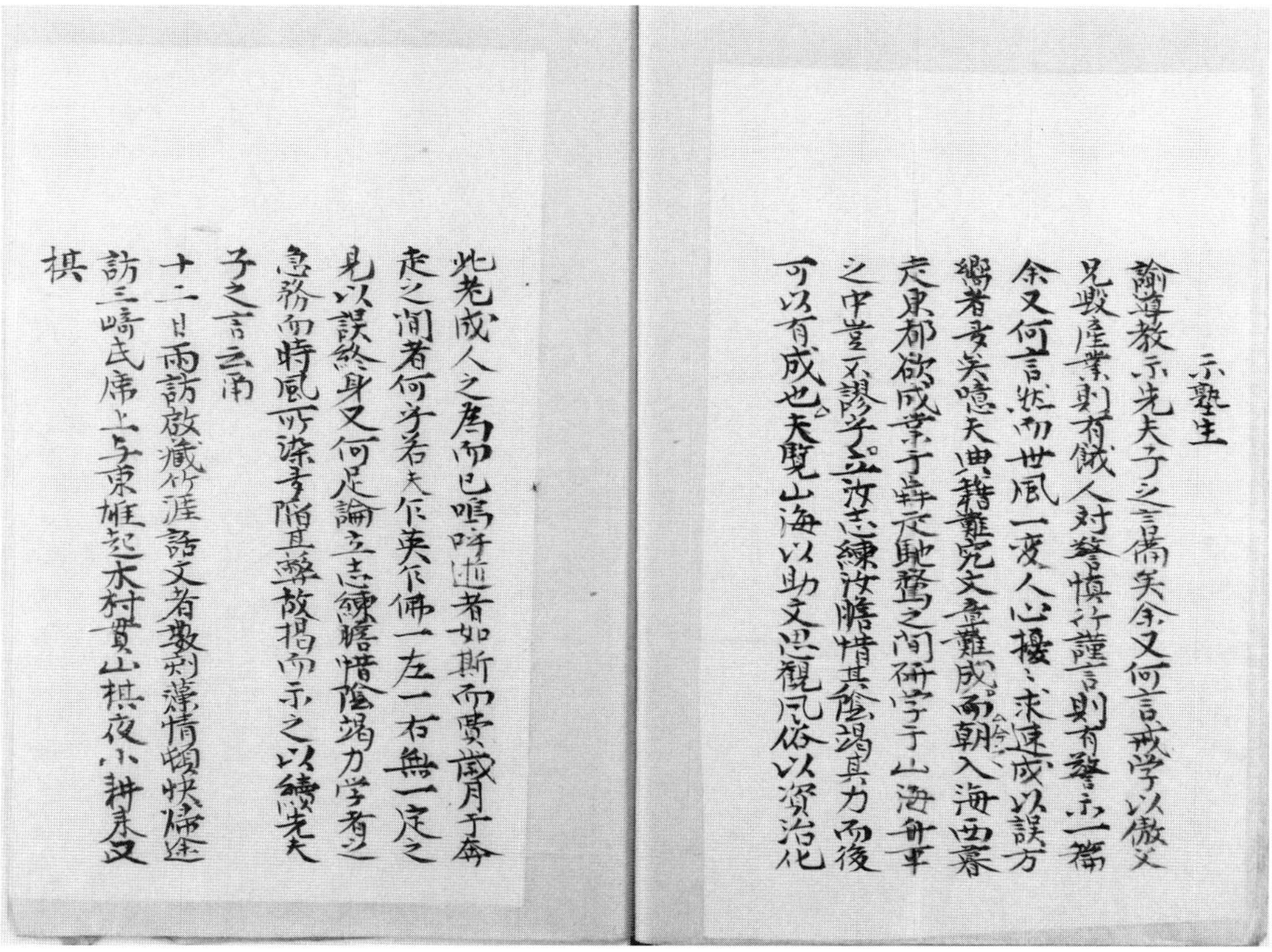

示塾生

論導教示、先夫子之言備矣、余又何言。戒学以傲父兄、毀産業、則有餓人対。警慎行謹言、則有警示一篇、余又何言。然而世風一変、人心擾ゝ求速成、以誤方嚮者多矣。噫、夫典籍難究、文章難成、今之朝入海西、暮走東都、欲成業二、奔走馳騖之間、研学于山海舟車之中、豈不謬乎。立汝志、練汝胆、惜其陰、竭其力、而後可以有成也。夫覧山海以助文思、観風俗以資治化、此老成人之為而已。嗚呼、逝者如斯、而費歳月于奔走之間者何乎。若夫乍英乍佛、一左一右、無一定之見、以誤終身、又何足論。立志練胆、惜陰竭力、学者之急務、而時風所染、多陷其弊。故掲而示之、以続先夫子之言云爾。

十二日。雨。訪啓蔵・竹涯、話文者数刻、藻情頓快。帰途訪三崎氏。席上与東雄起・木村貫山棋。夜、小耕来、又棋。

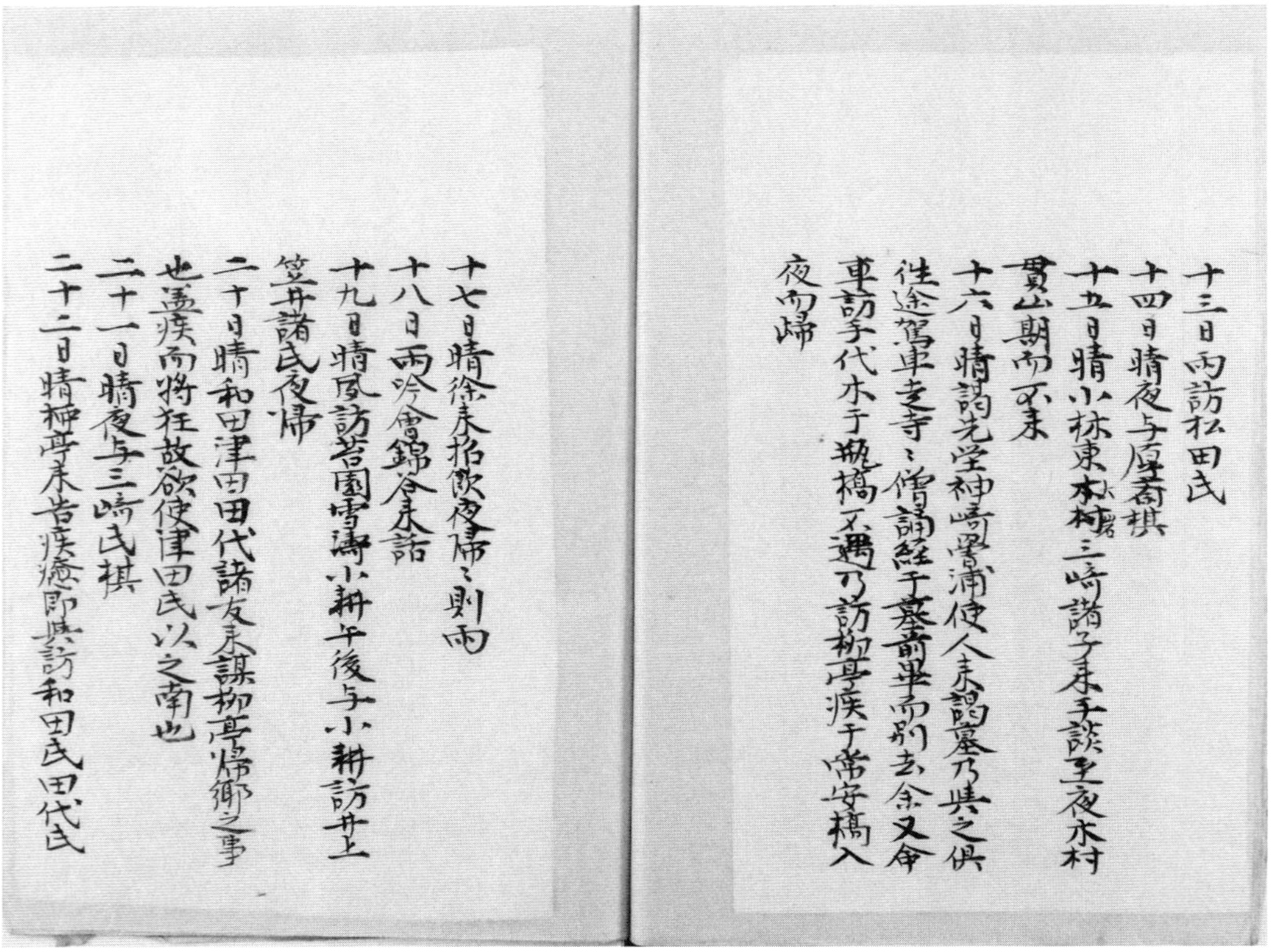

十三日。雨。訪松田氏。
十四日晴。夜与厚斎棋。
十五日。晴。小林・東・大岩・三崎諸子来、手談至夜。木村
貫山期而不来。
十六日。晴。謁先塋、神崎罾浦使人来謁墓、乃与之倶
往。途駕車走寺、寺僧誦経于墓前、畢而別去。余又命
車、訪手代木于瓶橋、不遇。乃訪柳亭、疾于常安橋。入
夜而帰。
十七日。晴。徐来招飲、夜帰、帰則雨。
十八日。雨。吟会。錦谷来話。
十九日。晴。夙訪苔園・雪濤・小耕。午後与小耕訪井上・
笠井諸氏。夜帰。
二十日。晴。和田・津田・田代諸友来謀柳亭帰郷之事
也。蓋疾而将狂、故欲使津田氏以之南也。
二十一日。晴。夜与三崎氏棋。
二十二日。晴。柳亭来、告疾癒。即与訪和田氏。田代氏

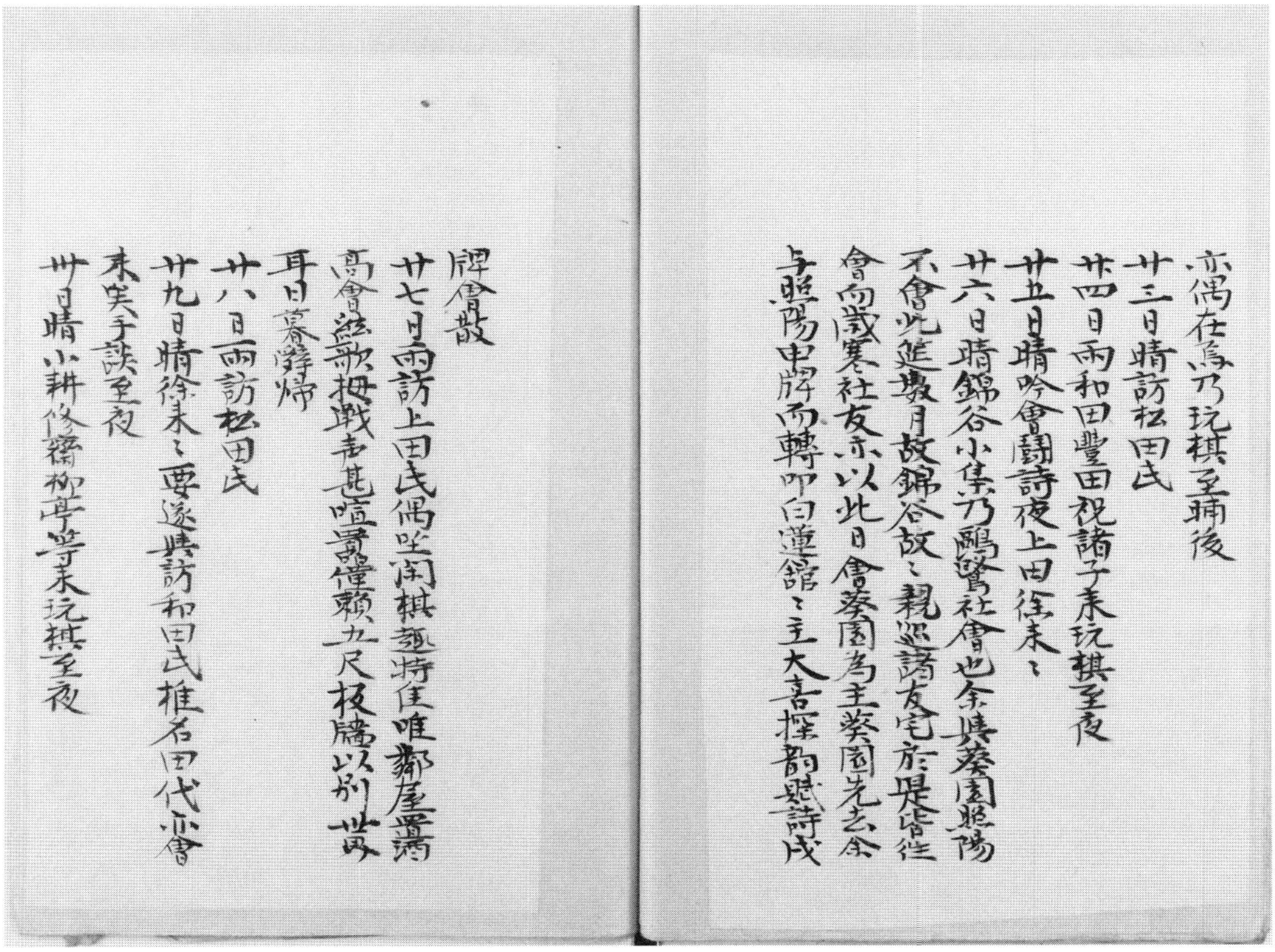

亦偶在焉、乃玩棋至晡後。
廿三日。晴。訪松田氏。
廿四日。雨。和田・豊田・祝諸子来、玩棋至夜。
廿五日。晴。吟会闘詩。夜、上田徐来〻。
廿六日。晴。錦谷小集、乃鷗鷺社会也。余与葵園・照陽不会此筵数月、故錦谷故〻親巡諸友宅、於是皆往会。而歳寒社友亦以此日会、葵園為主。葵園先去、余与照陽申牌而転叩白蓮館。館主大喜、探韻賦詩。戌牌、会散。
廿七日。雨。訪上田氏、偶坐閑棋、趣特佳、唯隣屋置酒高会、絃歌拇戦声甚喧囂、僅頼五尺板牆以別世界耳。日暮、辞帰。
廿八日。雨。訪松田氏。
廿九日。晴。徐来〻要、遂与訪和田氏。椎名・田代亦会来矣。手談至夜。
卅日。晴。小耕・修斎・柳亭等来、玩棋至夜。

三十一日。未牌、雨。与載陽翁読周易、他無一事、情太閑雅。

LH2
甲
206
5
関西大学図書館
a210938099a

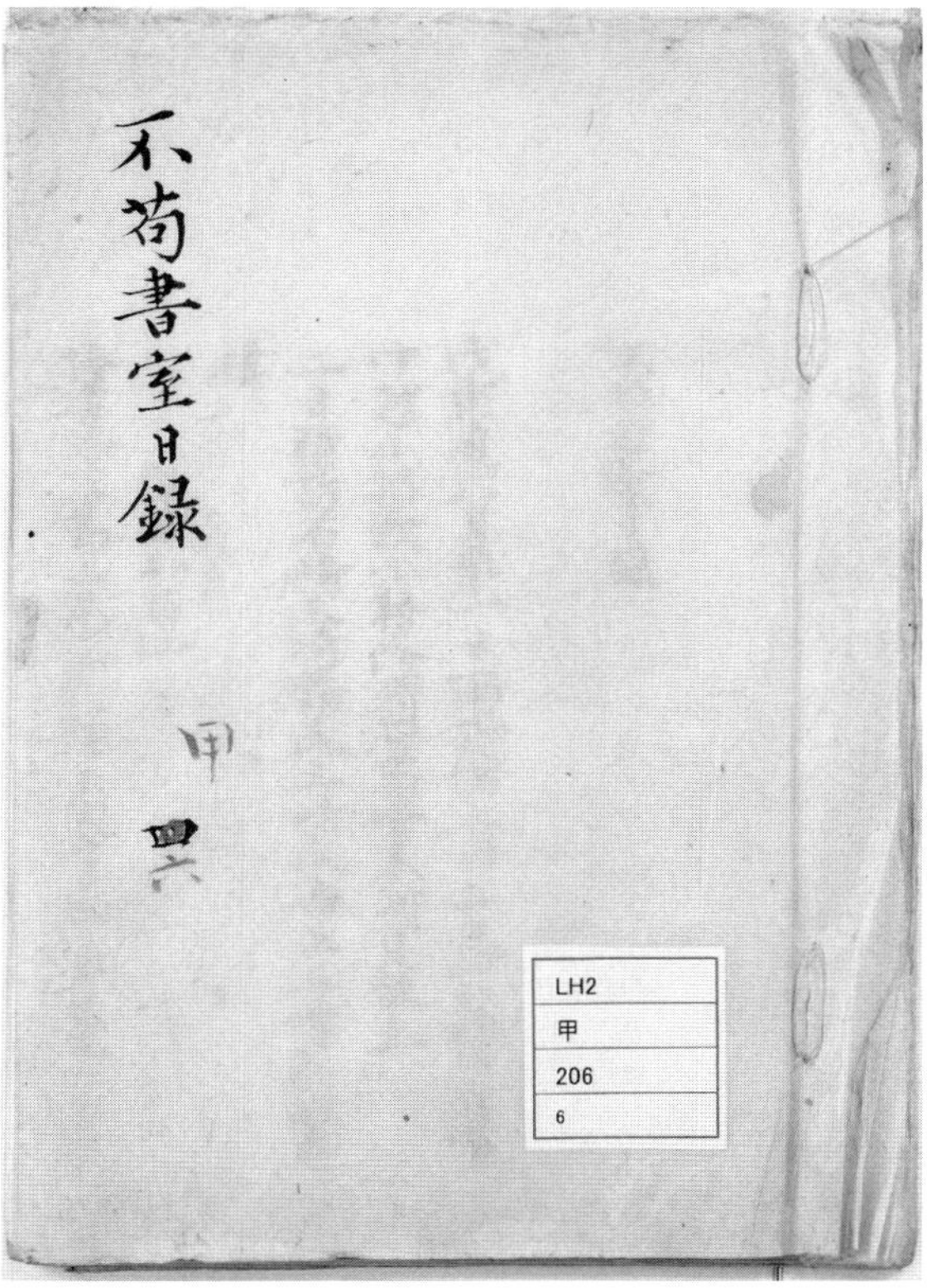


# 不苟書室日録

甲　六

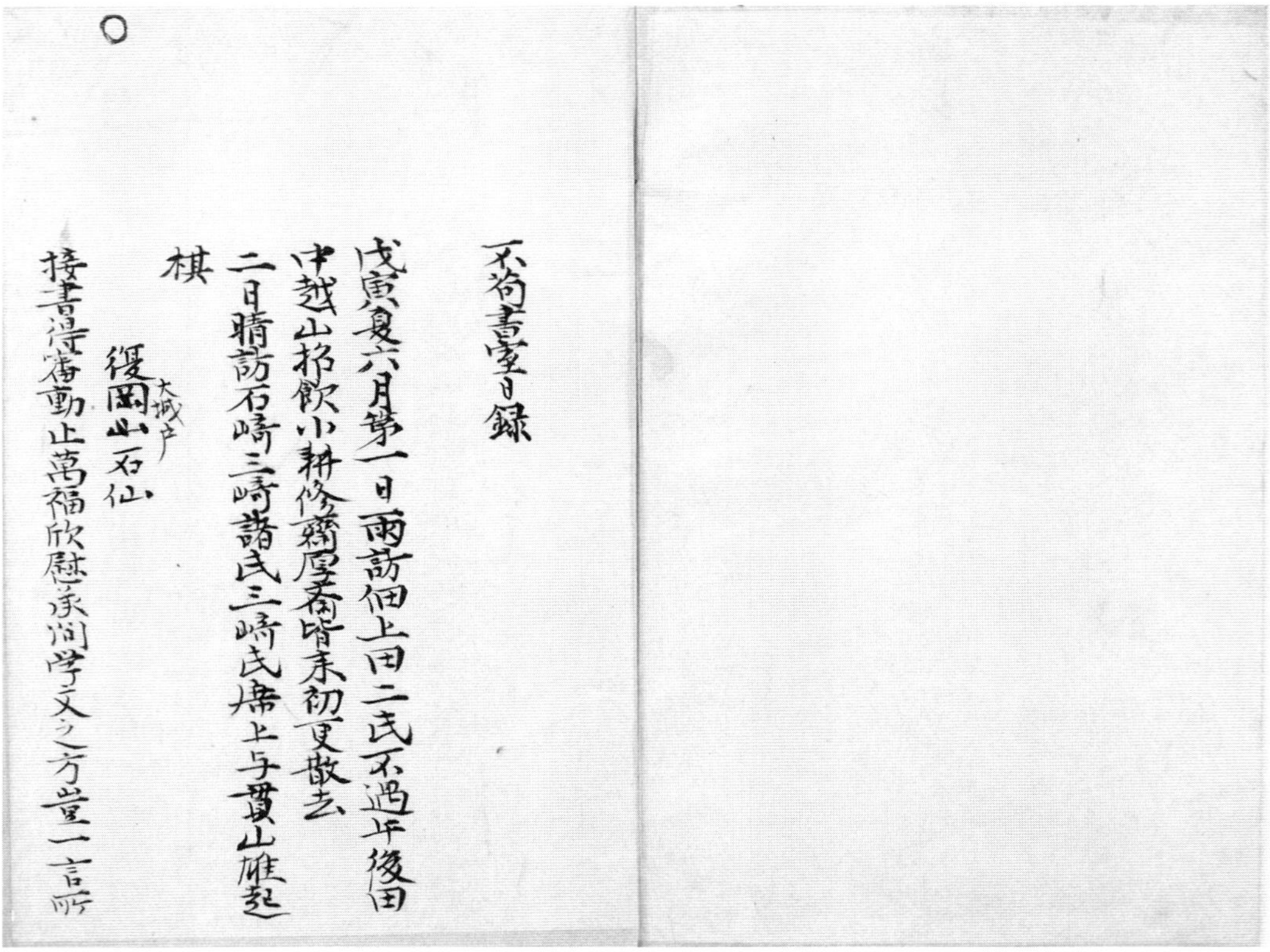

不苟書室日録

戊寅夏六月、第一日。雨。訪佃・上田二氏、不遇。午後田
中越山招飲。小耕・修斎・厚斎皆来。初更、散去。
二日。晴。訪石崎・三崎諸氏。三崎氏席上与貫山・雄起
棋。

　　復大城戸石仙

接書得審動止、万福欣慰。承問学文之方、豈一言所

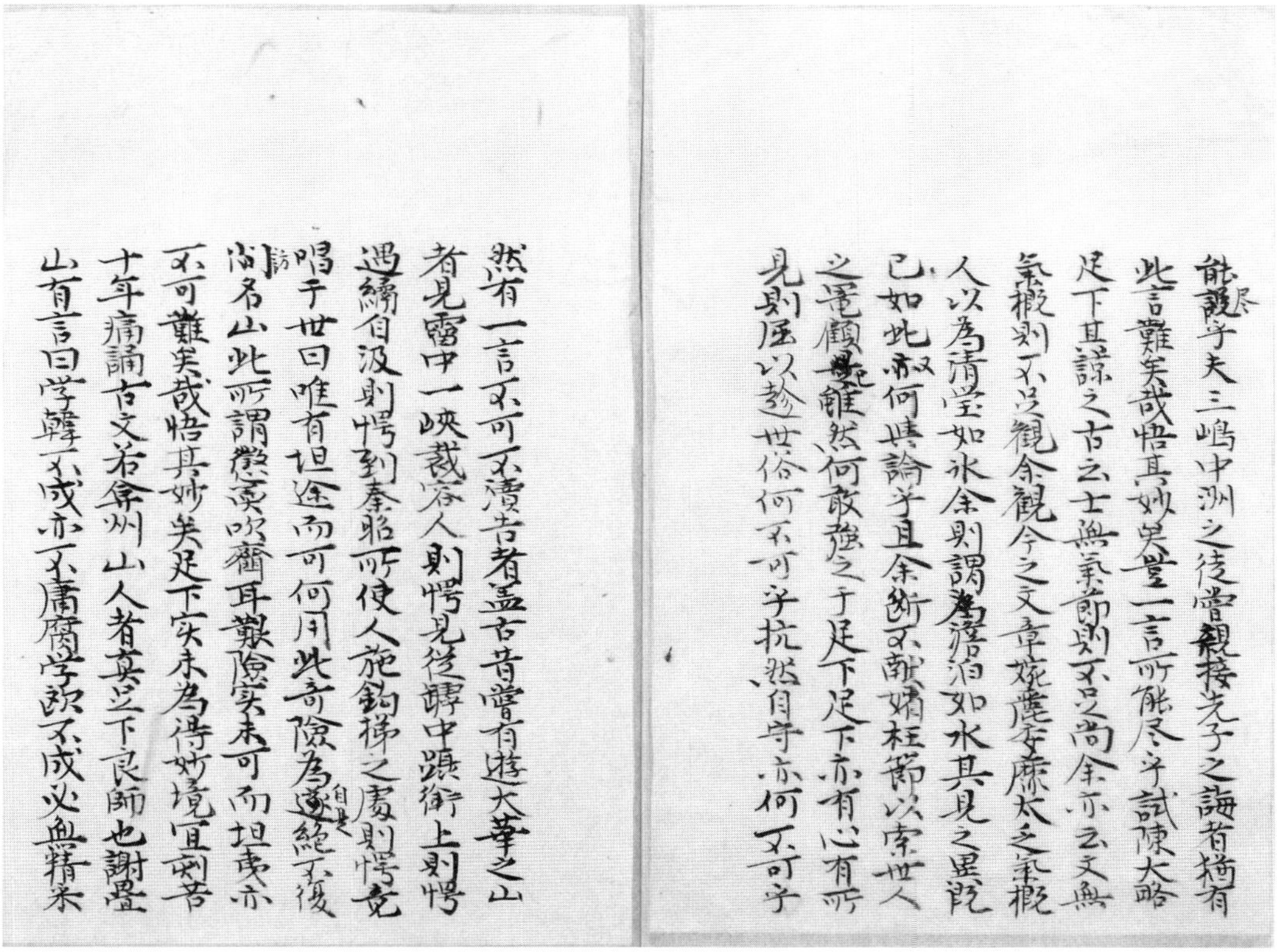

能尽乎。夫三嶋中洲之徒、嘗親接先子之誨者、猶有此言。難矣哉、悟其妙矣。豈一言所能尽乎。試陳大略、足下其諒之。古云、士無気節、則不足尚。余亦云、文無気概、則不足観。余観今之文章、婉麗委靡、太乏気概、人以為清瑩如氷、余則謂澹泊如水。其見之異、既已如此、又何与論乎。且余断不献媚枉節以索世人之寵顧已。雖然、何敢強之于足下。足下亦有心、有所見、則屈以趁世俗、何不可乎。抗然自守亦何不可乎。

然有一言、不可不瀆告者。蓋古昔嘗有遊大華之山者、見霤中一峡裁容人則愕、見従罅中躡銜上則愕、遇繘自汲則愕、到秦昭所使人施鈎梯之処則愕、竟唱于世曰、唯有坦途而可、何用此奇険為。自是絶不復訪名山、此所謂懲羹吹齏耳。艱険実未可、而坦夷亦不可。難矣哉、悟其妙矣。足下実未為得妙境、宜刻苦十年、痛誦古文、若弇州山人者、真足下良師也。謝畳山有言曰、学韓不成、亦不庸腐、学欧不成、必無精采。

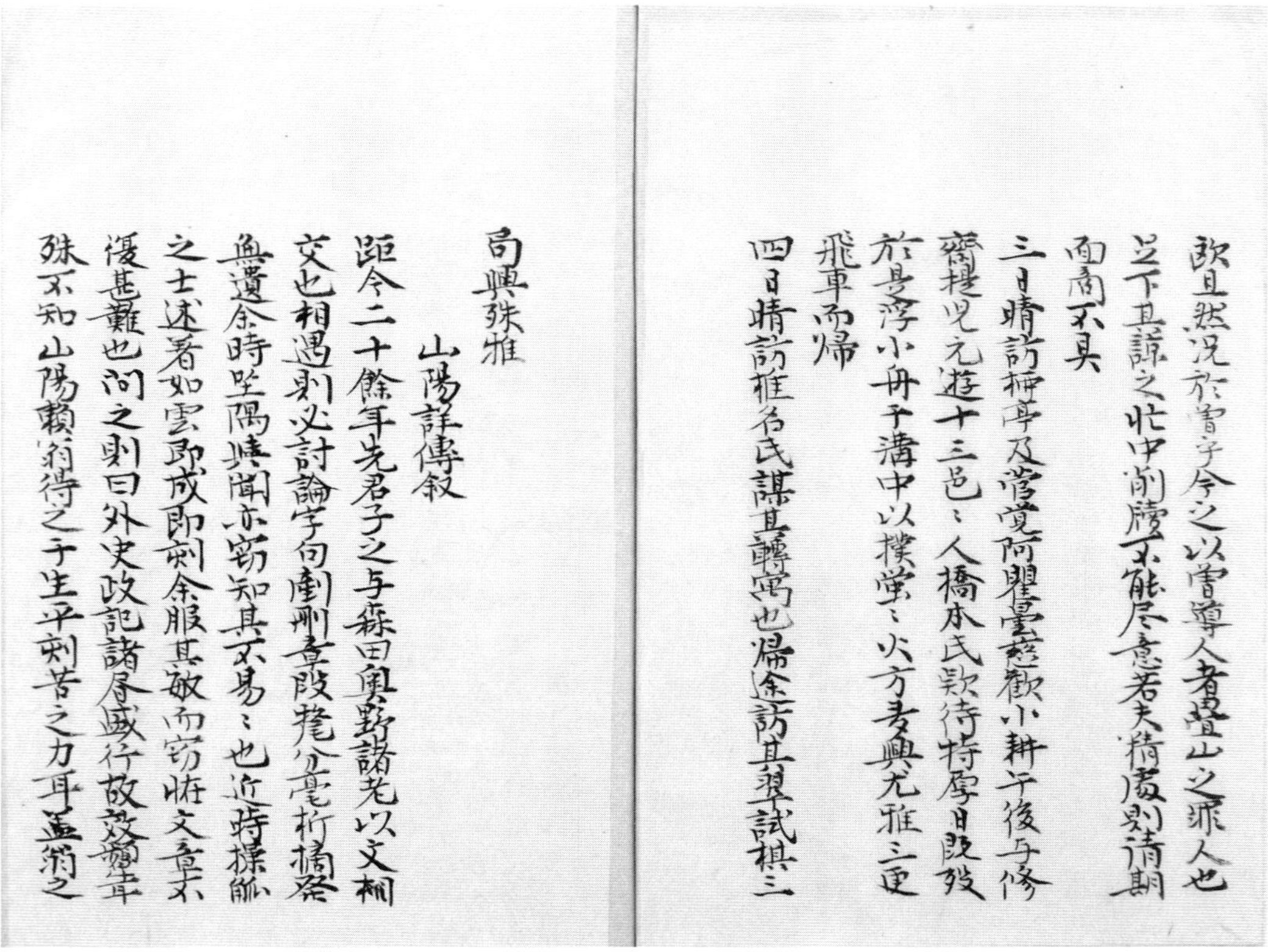

欧且然、況於曾乎。今之以曾導人者、畳山之罪人也。足下其諒之。忙中削牘、不能尽意。若夫精処、則請期面商。不具。

三日。晴。訪柳亭及菅覚阿・瞿曇慈歓・小耕。午後与修斎提児元遊十三邑、邑人橋本氏款待特厚。日既殁、於是浮小舟于溝中以撲蛍。蛍火方多、興尤雅。三更、飛車而帰。

四日。晴。訪椎名氏、謀其転寓也。帰途訪其翠、試棋三局、興殊雅。

　山陽詳伝叙

距今二十餘年、先君子之与森田・奥野諸老以文相交也。相遇則必討論字句、剷刪章段、釐分毫析、摘発無遺。余時坐隅与聞、亦窃知其不易ゝ也。近時操觚之士、述著如雲、即成即刻。余服其敏、而窃怪文章不復甚難也。問之則曰、外史・政記諸書盛行、故効顰耳。殊不知山陽頼翁得之于生平刻苦之力耳。翁之

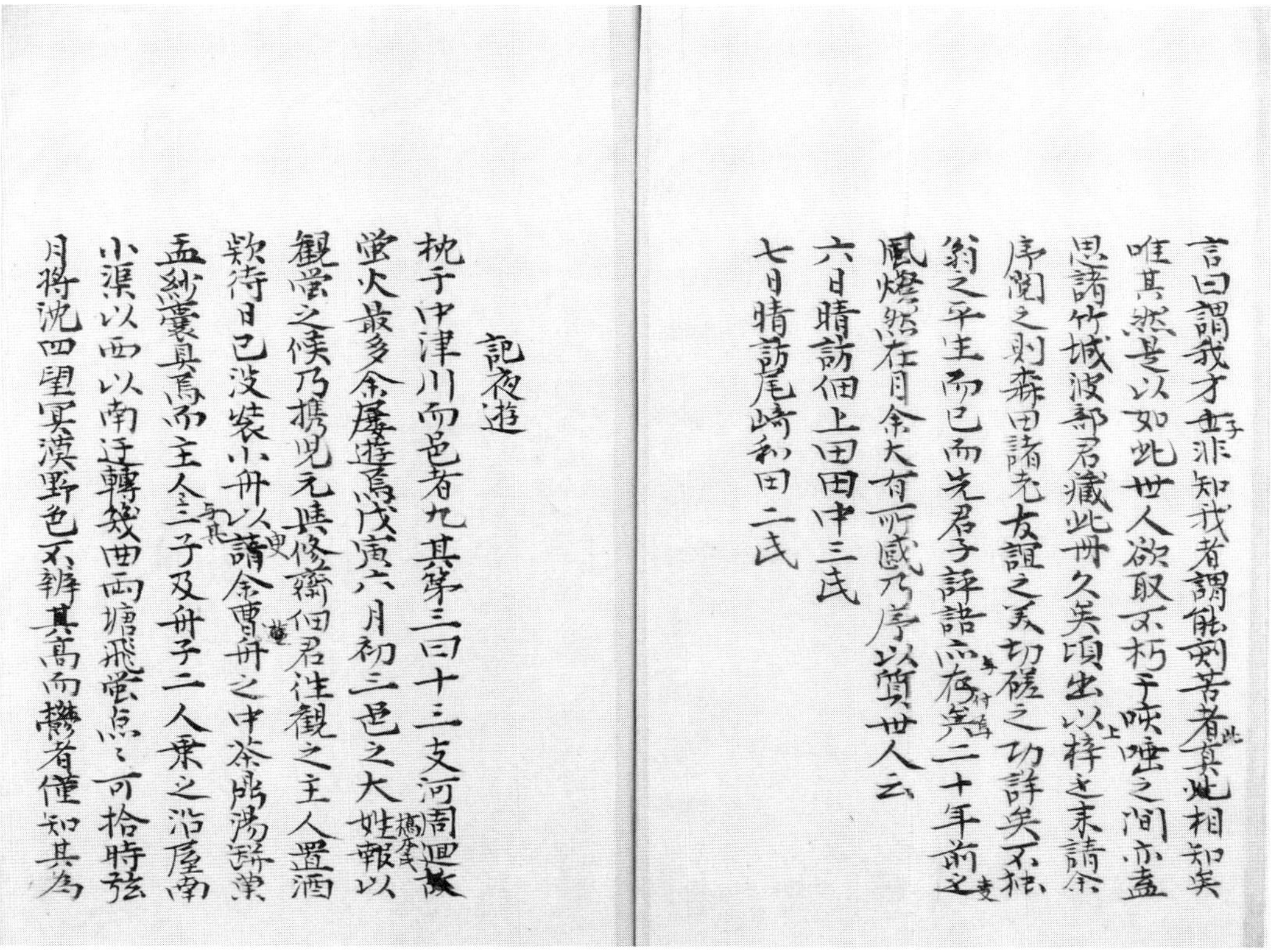

言曰、謂我才子、非知我者、謂能刻苦者、此真相知矣。唯其然、是以如此。世人欲取不朽于咳唾之間、亦盍思諸。竹城波部君蔵此冊久矣。頃出以上梓来請余序。閲之、則森田諸老友誼之美、切磋之功、詳矣。不独翁之平生而已。而先君子評語亦付焉。二十年前事、燦然在目。余大有所感、乃序以質世人云。

六日。晴。訪佃・上田・田中三氏。

七日。晴。訪尾崎・和田二氏。

記夜遊

枕于中津川而邑者九、其第三曰十三、支河周廻、蛍火最多、余屢遊焉。戊寅六月初三、邑之大姓橋本氏報以観蛍之候、乃携児元与修斎・佃君往観之。主人置酒款待。日已没、装小舟以舁余曹。舟之中、茶鼎、湯瓶、菓盂、紗嚢具焉。而主人与其三子及舟子二人乗之、沿屋南小渠、以西以南、迂転幾曲。両塘飛蛍、点ゝ可拾、時弦月将沈、四望冥漠、野色不辨。高而鬱者、僅知其為

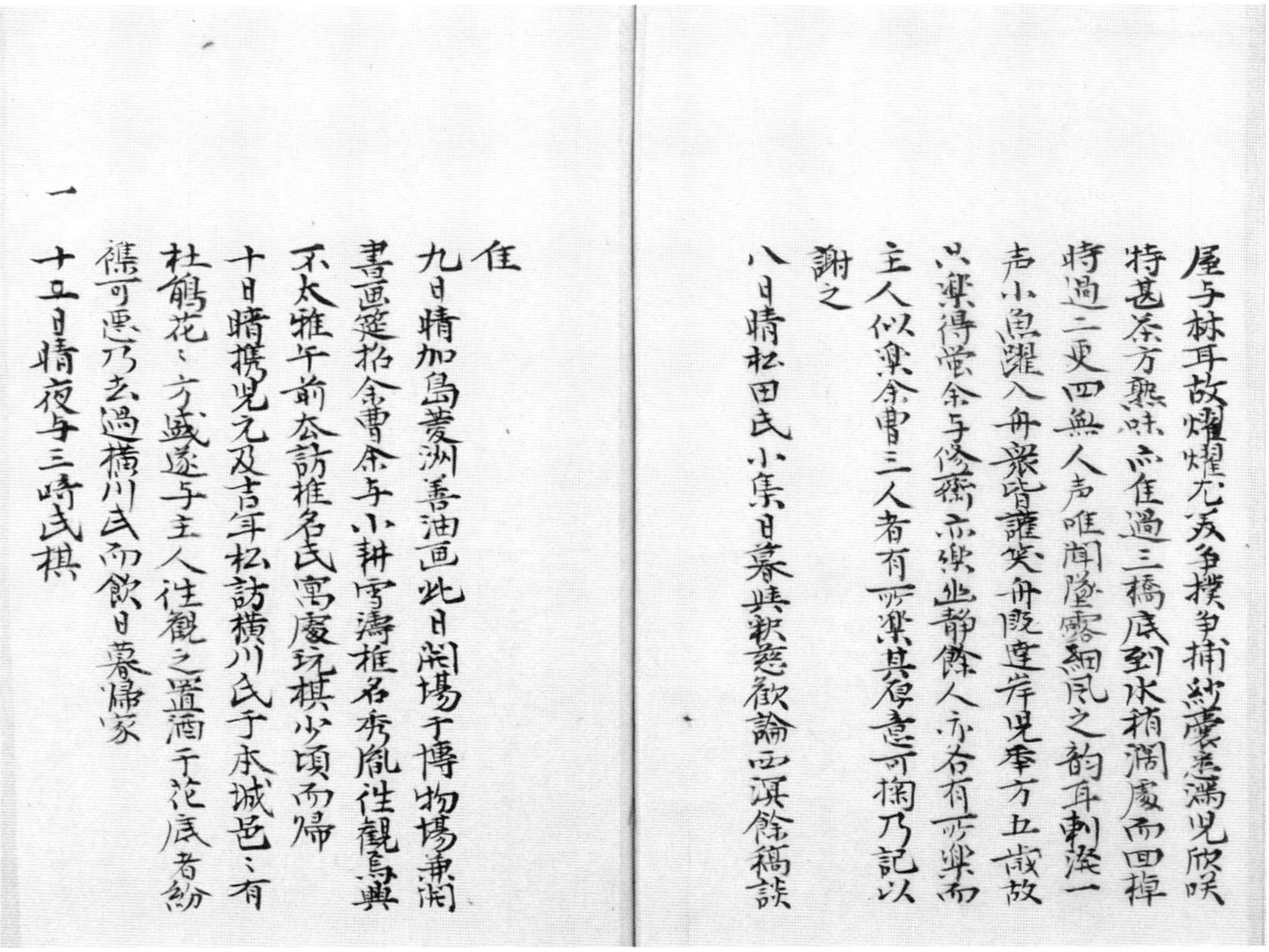

屋与林耳。故燿燿尤美、争撲争捕、紗嚢悉満。児欣咲特甚。茶方熟、味亦佳。過三橋底、到水稍闊処而回棹。時過二更、四無人声、唯聞墜露細風之韻耳。刺潑一声、小魚躍入舟、衆皆讙笑。舟既達岸、児年方五歳、故只楽得蛍。余与修斎亦楽幽静、餘人亦各有所楽。而主人似楽、余曹三人者有所楽、其厚意可掬、乃記以謝之。

八日。晴。松田氏小集。日暮、与釈慈歓論西溟餘稿、談佳。

九日。晴。加島菱洲善油画、此日開場于博物場、兼開書画筵、招余曹。余与小耕・雪濤・椎名・秀胤往観焉、興不太雅。午前、去訪椎名氏寓処玩棋、少頃而帰。

十日。晴。携児元及吉年松訪横川氏于本城邑。邑有杜鵑花、花方盛、遂与主人往観之。置酒于花底者、紛雑可悪、乃去。過横川氏而飲、日暮、帰家。

十一日。晴。夜与三崎氏棋。

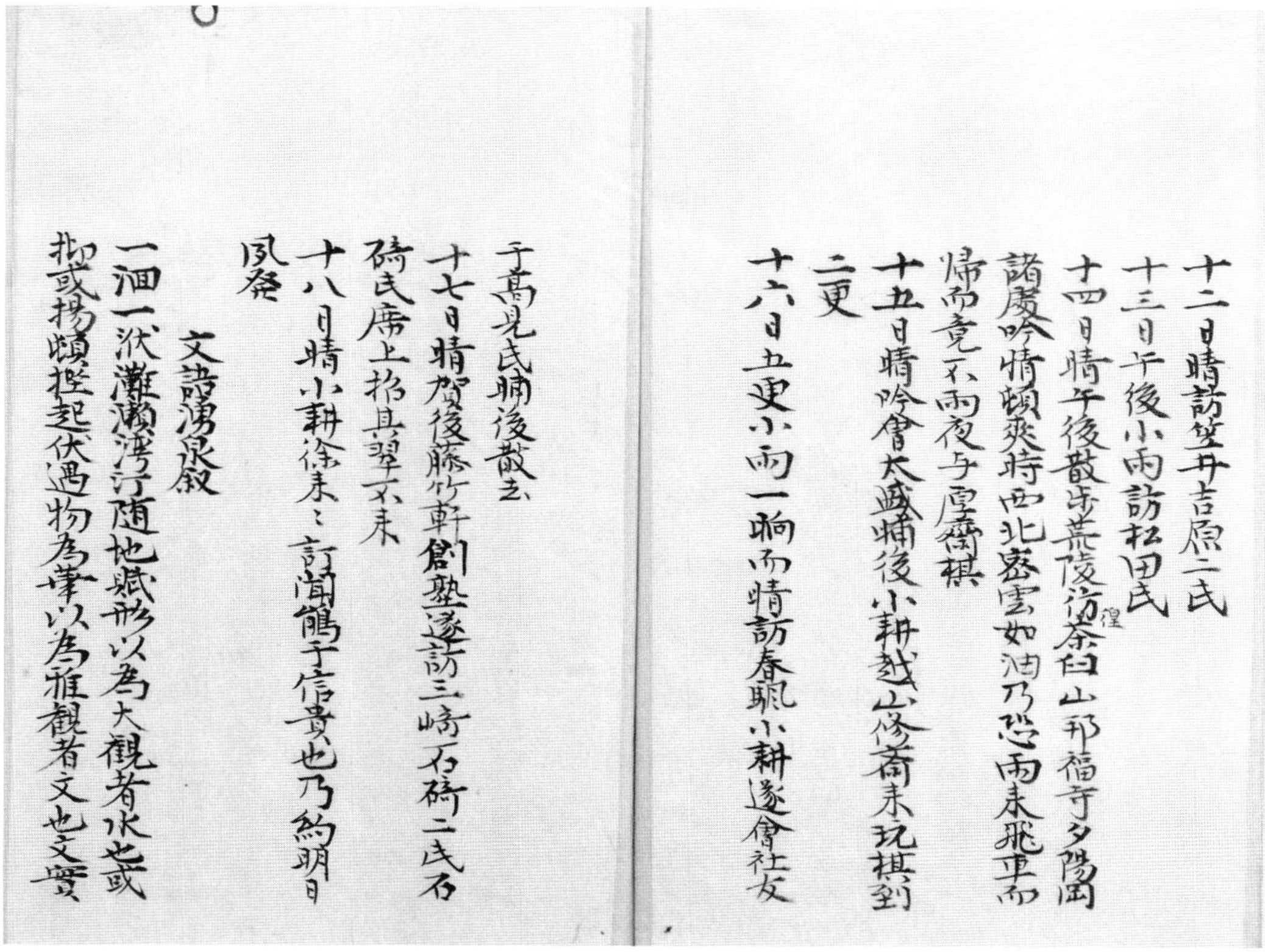

十二日。晴。訪笠井・吉原二氏。
十三日。午後小雨。訪松田氏。
十四日。晴。午後、散歩荒陵、彷徨茶臼山・邦福寺・夕陽岡諸処、吟情頓爽。時西北密雲如油、乃恐雨来、飛車而帰、而竟不雨。夜与厚斎棋。
十五日。晴。吟会太盛。晡後、小耕・越山・修斎来、玩棋到二更。
十六日。五更小雨、一晌而晴。訪春颿・小耕、遂会社友于高見氏。晡後、散去。
十七日。晴。賀後藤竹軒創塾。遂訪三崎・石碕二氏。石碕氏席上招其翠、不来。
十八日。晴。小耕・徐来ゝ、訂聞鵑于信貴也。乃約明日夙発。

文語湧泉叙

一洄一洑、灘瀬湾汀、随地賦形、以為大観者、水也。或抑或揚、頓挫起伏、遇物為華、以為雅観者、文也。文実

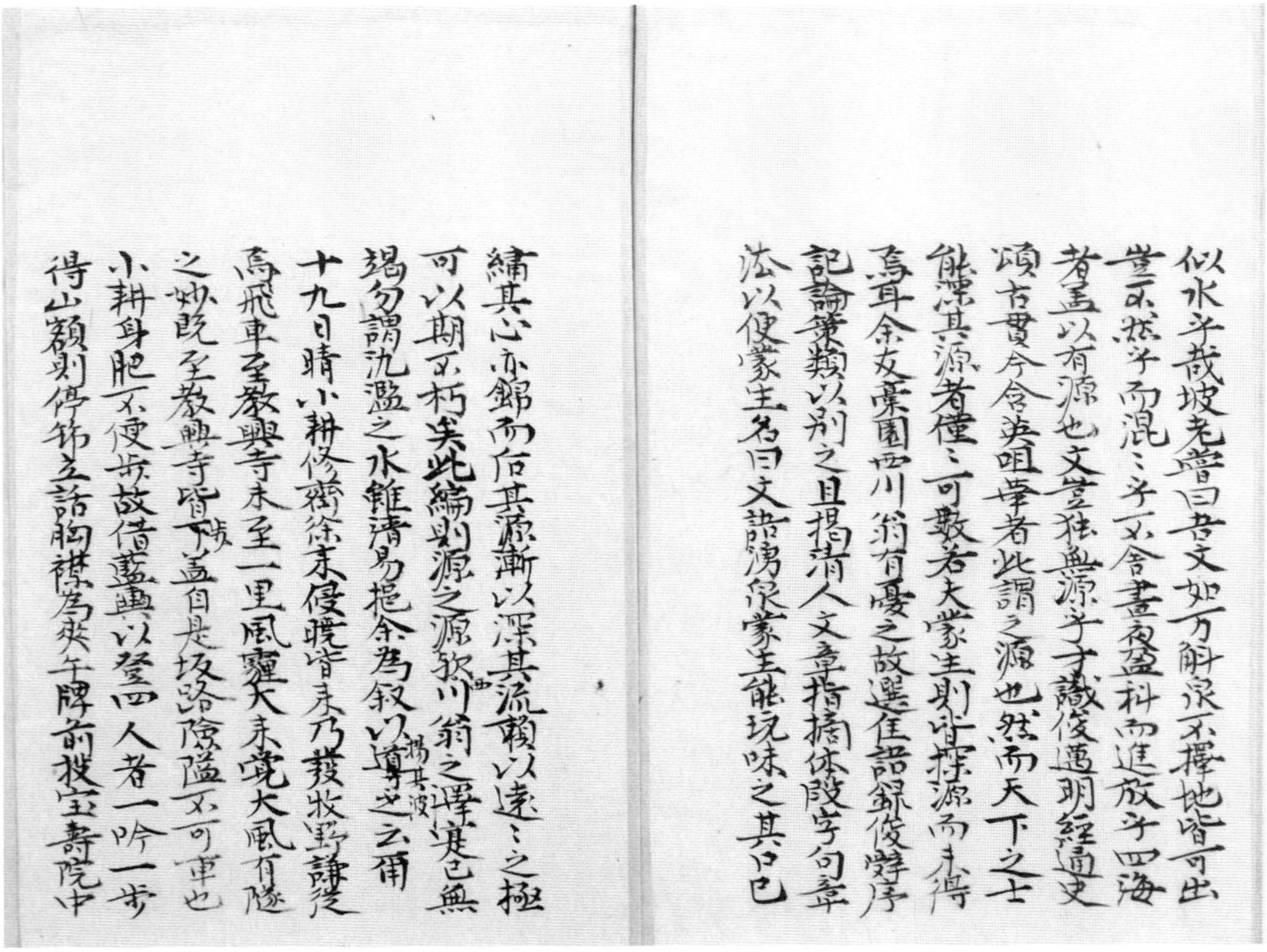

似水乎哉。坡老嘗曰、吾文如万斛泉、不択地皆可出。豈不然乎。而混ゝ乎不舎昼夜、盈科而進、放乎四海者、蓋以有源也。文豈独無源乎。才識俊邁、明経通史、頌古貫今、含英咀華者、此謂之源也。然而天下之士、能深其源者、僅ゝ可数。若夫蒙生、則皆採源而未得焉耳。余友蕙園西川翁、有憂之、故選佳語、録俊辞、序記論策、類以別之。且掲清人文章、指摘体段字句章法以便蒙生、名曰、文語湧泉。蒙生能玩味之、其口已繡、其心亦錦、而後其源漸以深、其流頼以遠、遠之極、可以期不朽矣。此編則源之源歟。西川翁之澤、寔已無竭。勿謂沈濫之水、雖清易挹、余為叙以揚其波云爾。

十九日。晴。小耕・修斎・徐来侵暁皆来、乃発、牧野謙従焉。飛車至教興寺、未至一里、風霾大来、覚大風有隧之妙。既至教興寺、皆歩。蓋自是坂路険隘、不可車也。小耕身肥、不便歩、故借藍輿以登。四人者一吟一歩、得山額則停筇立話、胸襟為爽。午牌前投宝寿院、中

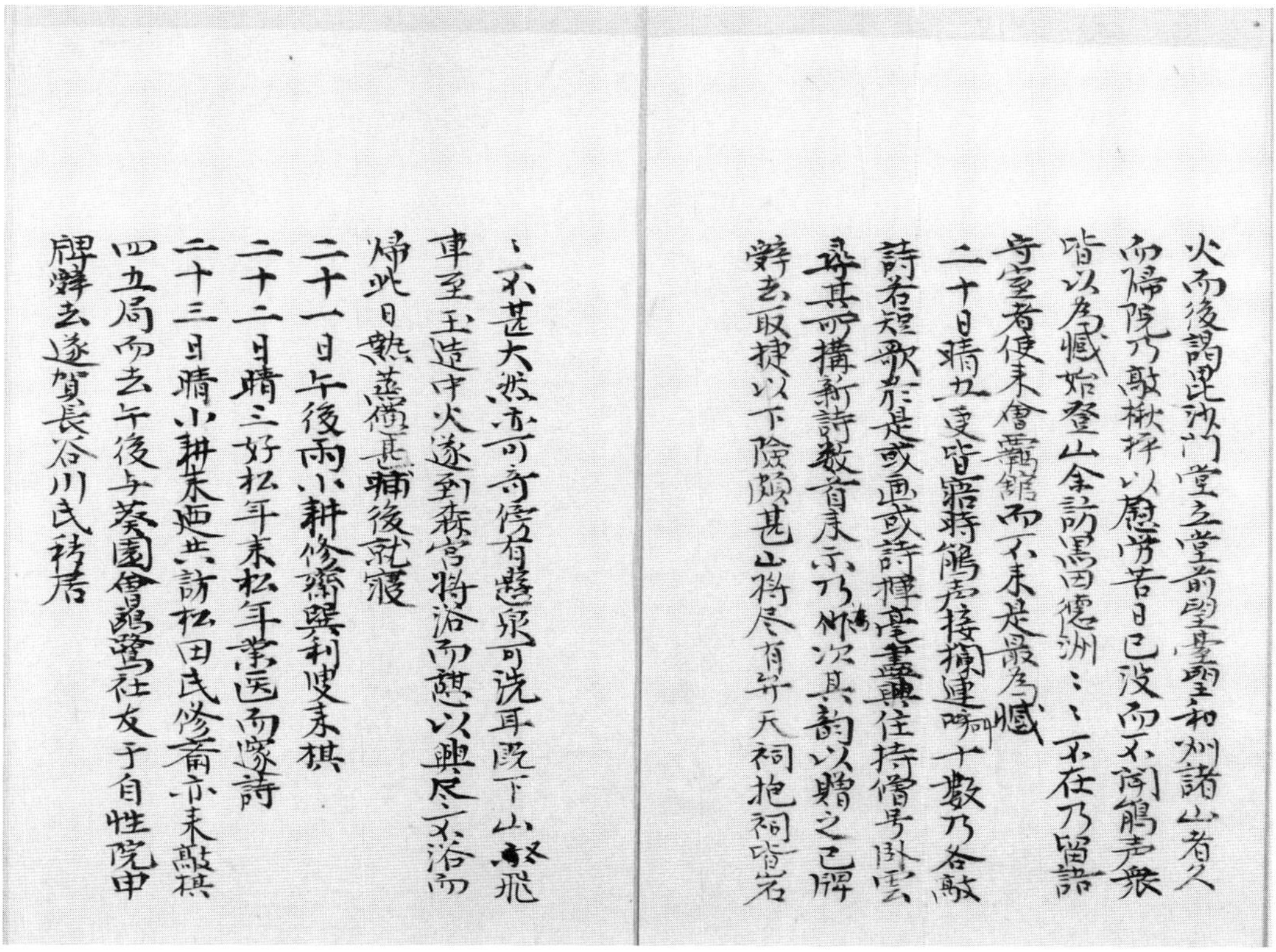

火而後謁毘沙門堂。立堂前望臺、望和州諸山者久而帰院、乃敲楸枰以慰労苦。日已没、而不聞鵑声、衆皆以為憾。始登山、余訪黒田徳洲、徳洲不在、乃留語守室者使来会羈館而不来、是最為憾。
二十日。晴。五更皆寤、時鵑声接欄、連叫十数、乃各敲詩若短歌。於是或画或詩、揮毫尽興。住持僧号臥雲、尋其所搆新詩数首来示、乃次其韻以贈之。已牌辞去、取捷以下、険頗甚。山将尽、有弁天祠。抱祠皆岩、岩不甚大、然亦可奇。傍有懸泉、可洗耳。既下山、又飛車至玉造、中火、遂到森宮、将浴而憩、以興尽、不浴而帰。此日熱蒸憊甚、晡後就寝。
二十一日。午後雨。小耕・修斎・巽利叟来棋。
二十二日。晴。三好松年来。松年、業医而邃詩。
二十三日。晴。小耕来、廼共訪松田氏、修斎亦来、敲棋四五局而去。午後、与葵園会鷗鷺社友于自性院。中牌辞去、遂賀長谷川氏移居。

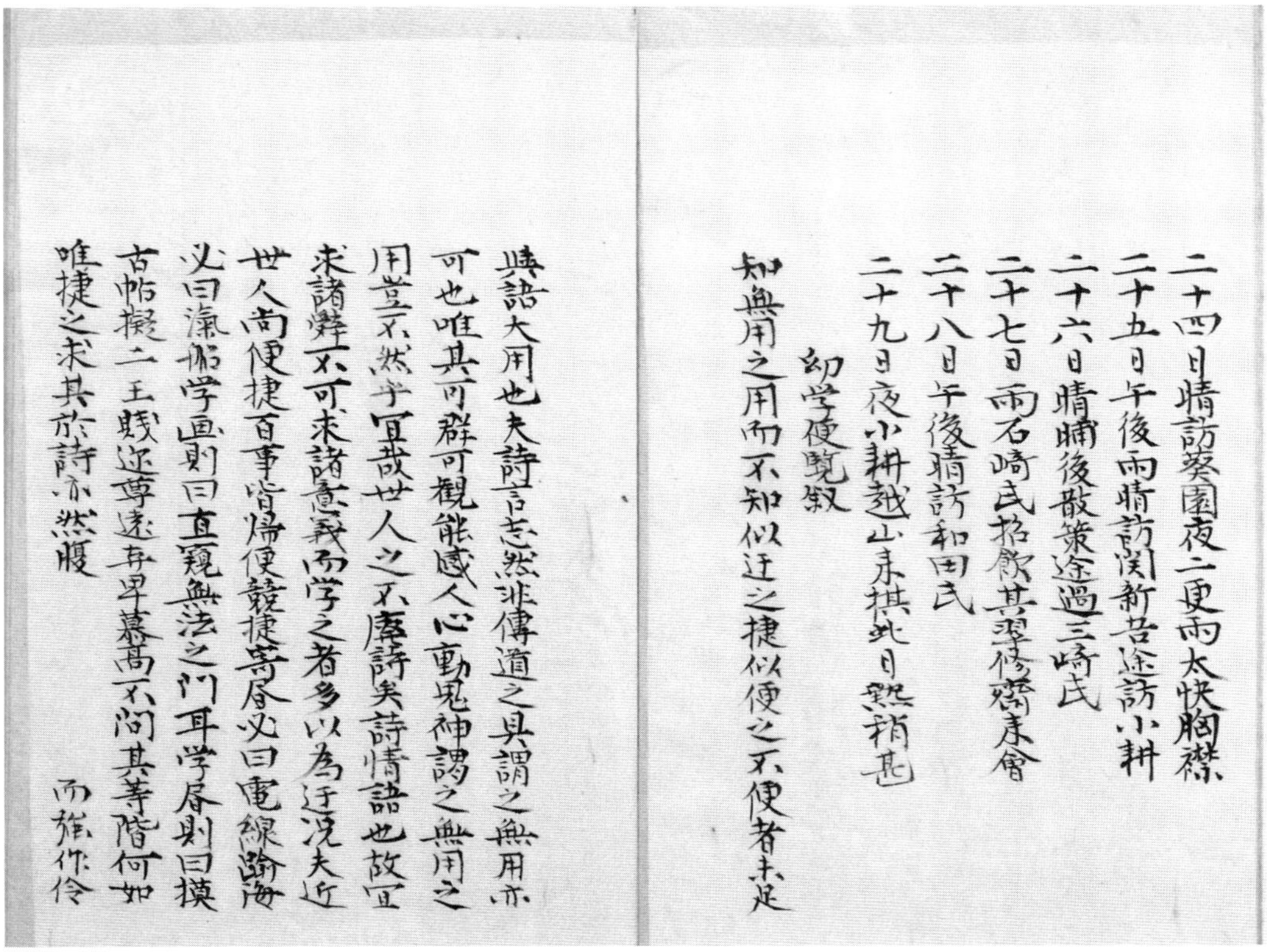

二十四日。晴。訪葵園。夜二更雨、太快胸襟。

二十五日。午後雨晴。訪関新吾、途訪小耕。

二十六日。晴。晡後散策、途過三崎氏。

二十七日。雨。石崎氏招飲、其翠・修斎来会。

二十八日。午後晴。訪和田氏。

二十九日。夜、小耕・越山来棋。此日熱稍甚。

幼学便覧叙

知無用之用、而不知似迂之捷、似便之不便者、未足与語大用也。夫詩言志、然非伝道之具、謂之無用亦可也。唯其可群可観、能感人心、動鬼神、謂之無用之用、豈不然乎。宜哉、世人之不廃詩矣。詩、情語也。故宜求諸辞、不可求諸意義、而学之者、多以為迂。況夫近世人尚便捷、百事皆帰便競捷、寄書必曰電線、踰海必曰瀛船、学画則曰直窺無法之門耳。学書則曰摸古帖、擬二王、賤邇尊遠、棄卑慕高、不問其等階。何如唯捷之求。其於詩亦然、腹　　　　而強作伶

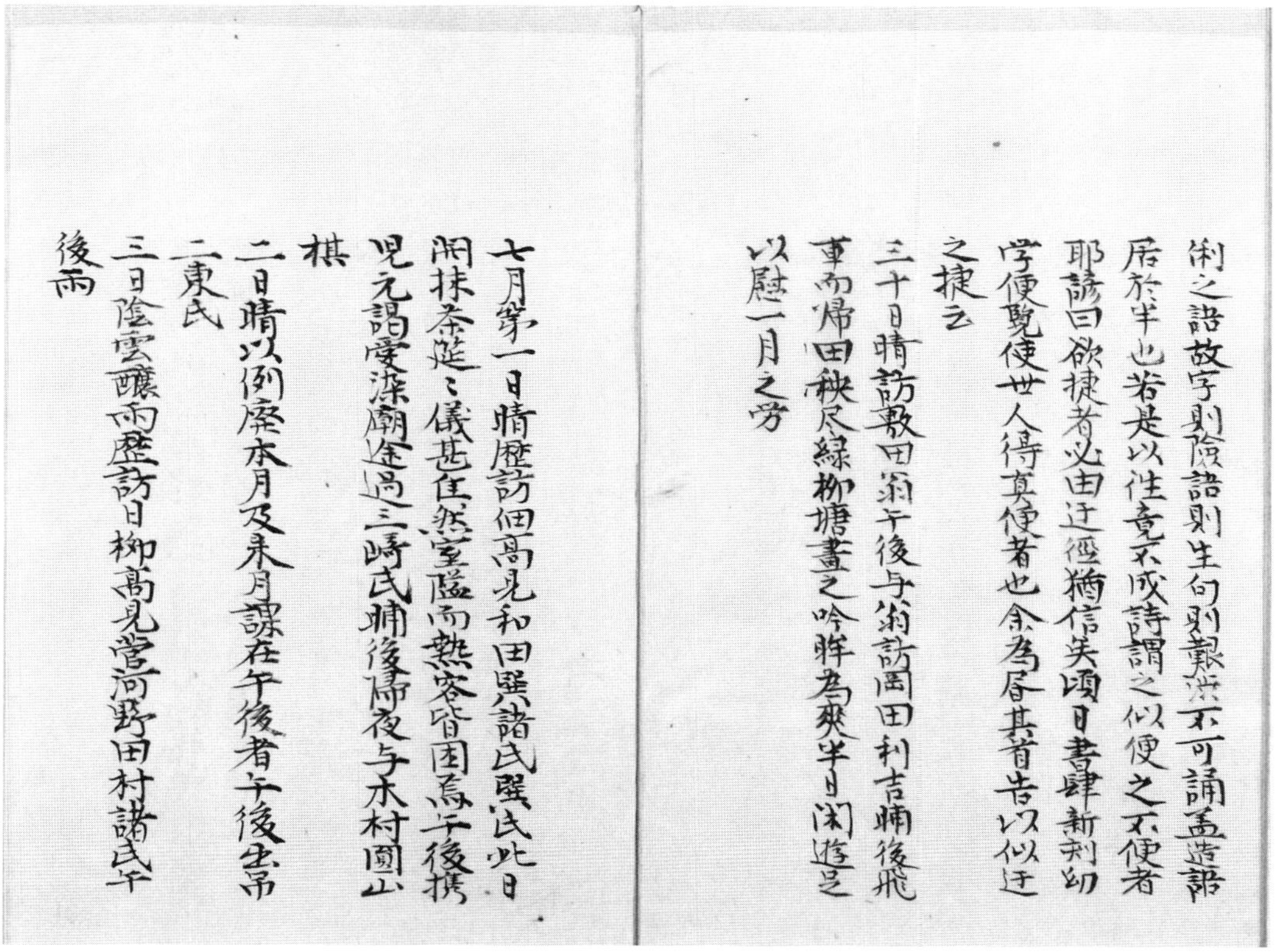

俐之語。故字則険、語則生、句則艱渋不可誦、蓋造語居於半也。若是以往、竟不成詩、謂之似便之不便者耶。諺曰、欲捷者必由迂径、猶信矣。頃日、書肆新刻幼学便覧、使世人得真便者也。余為書其首、告以似迂之捷云。

三十日。晴。訪敷田翁。午後、与翁訪岡田利吉。晡後、飛車而帰。秧田尽緑、柳塘画之、吟眸為爽、半日閑遊、足以慰一月之労。

七月、第一日。晴。歴訪佃・高見・和田・巽諸氏。巽氏此日開抹茶筵、筵儀甚佳、然室隘而熱、客皆困焉。午後、携児元謁愛染廟、途過三崎氏、晡後帰。夜与木村円山棋。

二日。晴。以例廃本月及来月課在午後者。午後出弔二東氏。

三日。陰雲醸雨。歴訪日柳・高見・菅・河野・田村諸氏。午後雨。

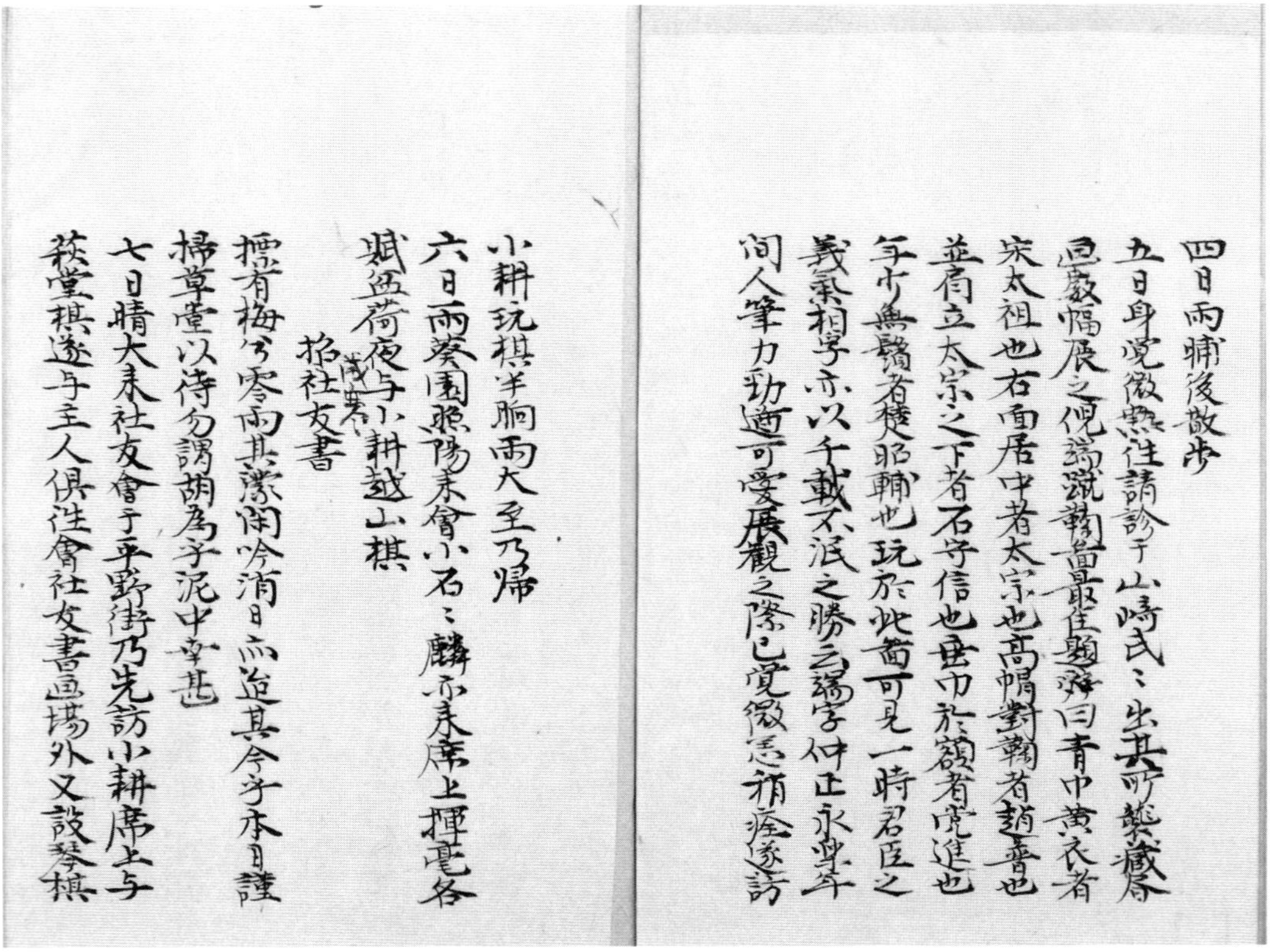

四日。雨。晡後、散歩。
五日。身覚微熱、往請診于山崎氏。氏出其所襲蔵書画数幅展之。倪端蹴鞠図最佳、題辞曰、青巾黄衣者宋太祖也、右面居中者太宗也、高帽対鞠者趙普也、並肩立太宗之下者石守信也、垂巾於額者党進也、年少無鬚者楚昭輔也。玩於此図、可見一時君臣之義気相孚、亦以千載不泯之勝云。端字仲正、永楽年間人、筆力勁適可愛。展観之際、已覚微恙稍痊、遂訪小耕、玩棋半晌。雨大至乃帰。
六日。雨。葵園・照陽来会、小石ゝ麟亦来。席上揮毫、各賦盆荷。夜与小耕・越山棋。

招歳寒社友書

摽有梅兮、零雨其濛、閑吟消日、亦迨其今乎。本日謹掃草堂以待、勿謂胡為乎泥中。幸甚。
七日。晴。大来社友会于平野街、乃先訪小耕、席上与萩堂棋、遂与主人倶往会。社友書画場外又設琴棋

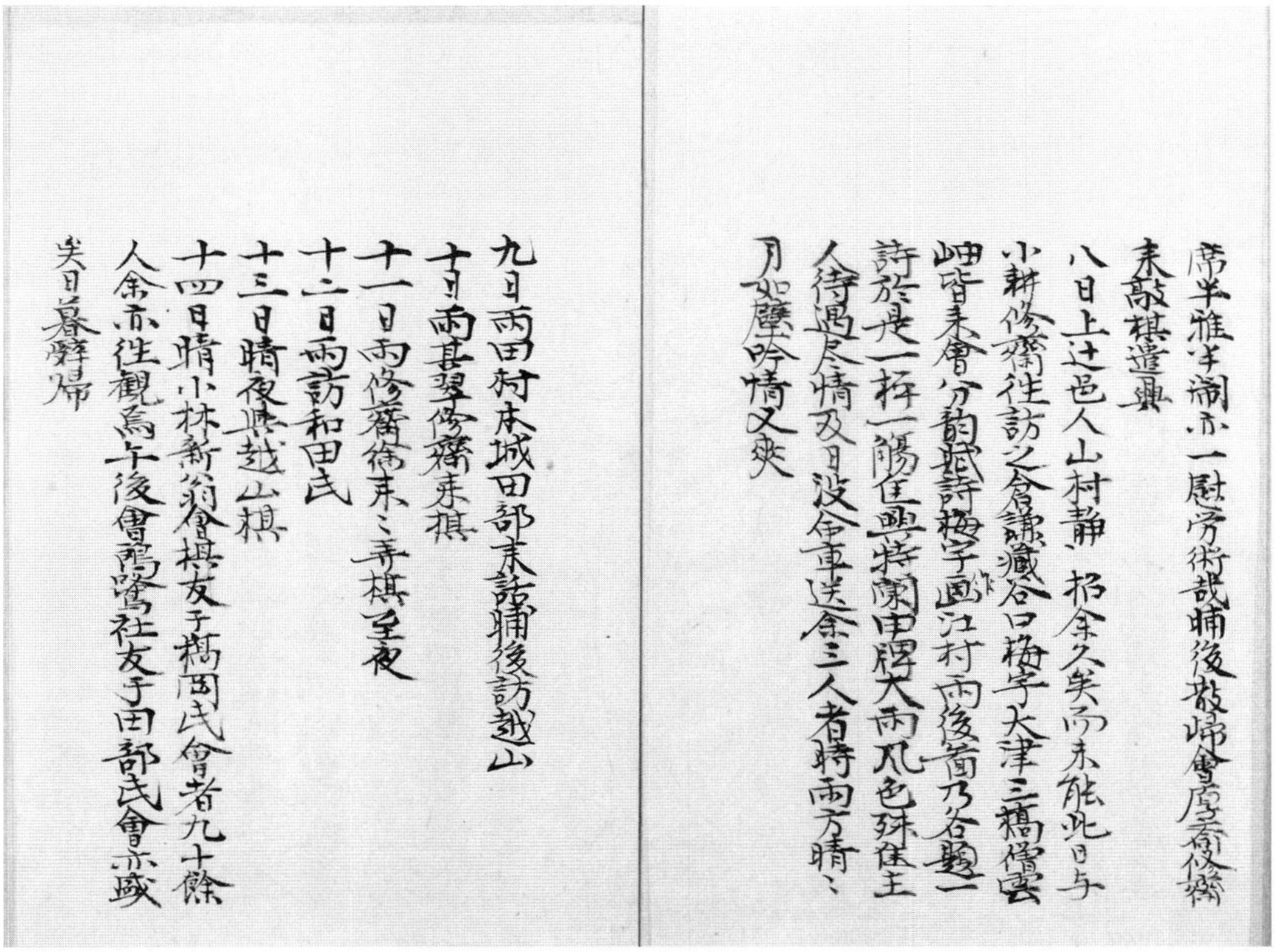

席、半雅半閙、亦一慰労術哉。晡後、散帰。会厚斎・修斎来、敲棋遣興。

八日。上辻邑人山村静　招余久矣、而未能。此日与小耕・修斎往訪之。倉謙蔵・谷口梅宇・大津・三橋・僧雲岫皆来会、分韻賦詩、梅宇作江村雨後図、乃各題一詩、於是一枰一觴、佳興特闌。申牌大雨、風色殊佳、主人待遇尽情。及日没、命車送余三人者。時雨方晴、晴月如璧、吟情又爽。

九日。雨。田村・本城・田部来話。晡後、訪越山。

十日。雨。其翠・修斎来棋。

十一日。雨。修斎・徐来ゝ、弄棋至夜。

十二日。雨。訪和田氏。

十三日。晴。夜与越山棋。

十四日。晴。小林新翁会棋友于橋岡氏。会者九十餘人、余亦往観焉。午後、会鷗鷺社友于田部氏、会亦盛矣。日暮、辞帰。

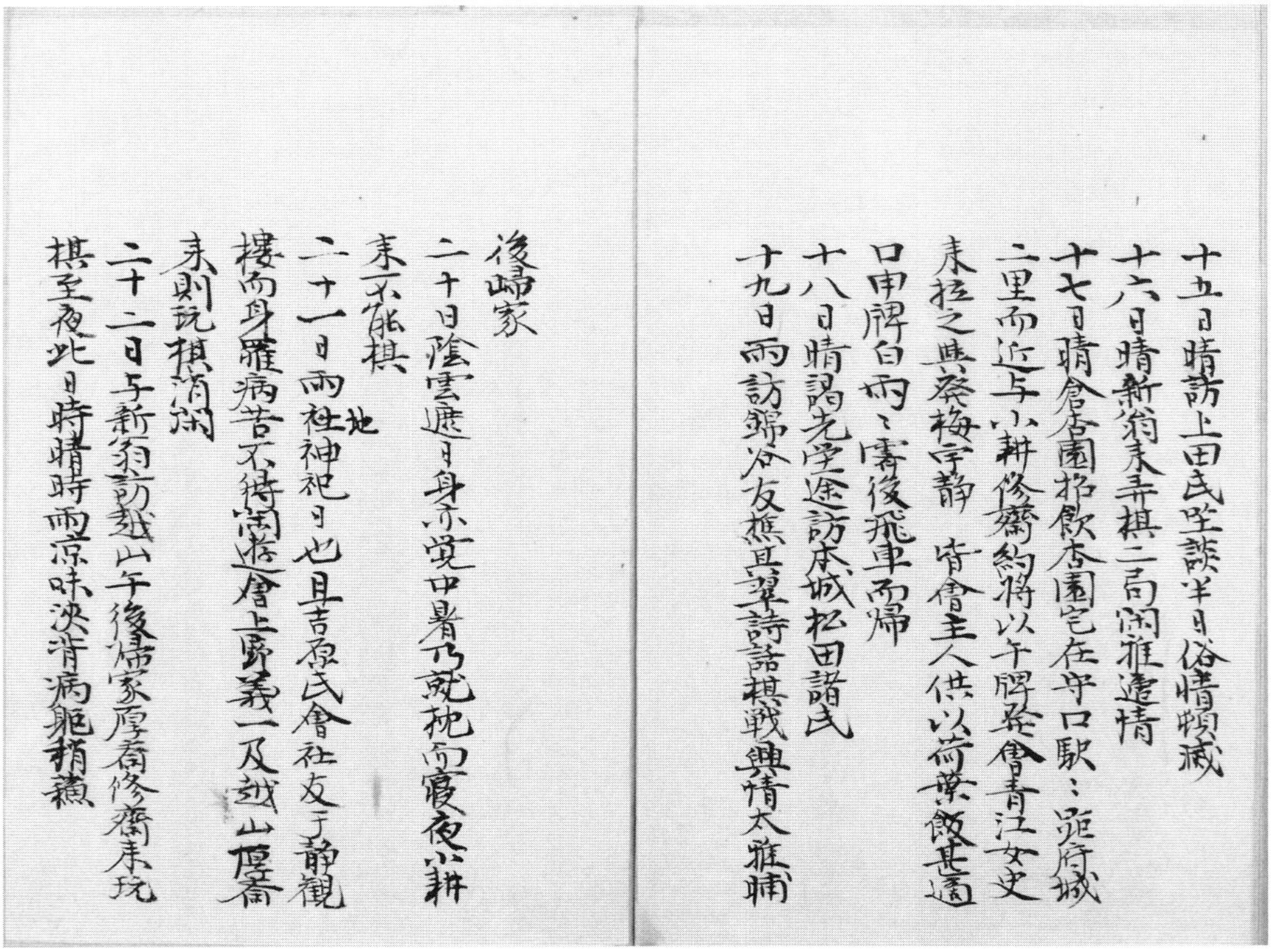

十五日。晴。訪上田氏。坐談半日、俗情頓滅。

十六日。晴。新翁来。弄棋二局、閑雅適情。

十七日。晴。倉杏園招飲。杏園宅在守口駅。駅距府城二里而近。与小耕・修斎約、将以午牌発。会青江女史来、拉之与発。梅宇・静　皆会。主人供以荷葉飯、甚適口。申牌白雨、雨霽後飛車而帰。

十八日。晴。謁先塋、途訪本城・松田諸氏。

十九日。雨。訪錦谷・友樵・其翠、詩話棋戦、興情太雅。晡後帰家。

二十日。陰雲遮日、身亦覚中暑、乃就枕而寝。夜、小耕来、不能棋。

二十一日。雨。地神祀日也、且吉原氏会社友于静観楼、而身罹病、苦不得閑遊。会上野義一及越山・厚斎来、則玩棋消閑。

二十二日。与新翁訪越山。午後帰家、厚斎・修斎来、玩棋至夜。此日時晴時雨、涼味浹背、病軀稍蘇。

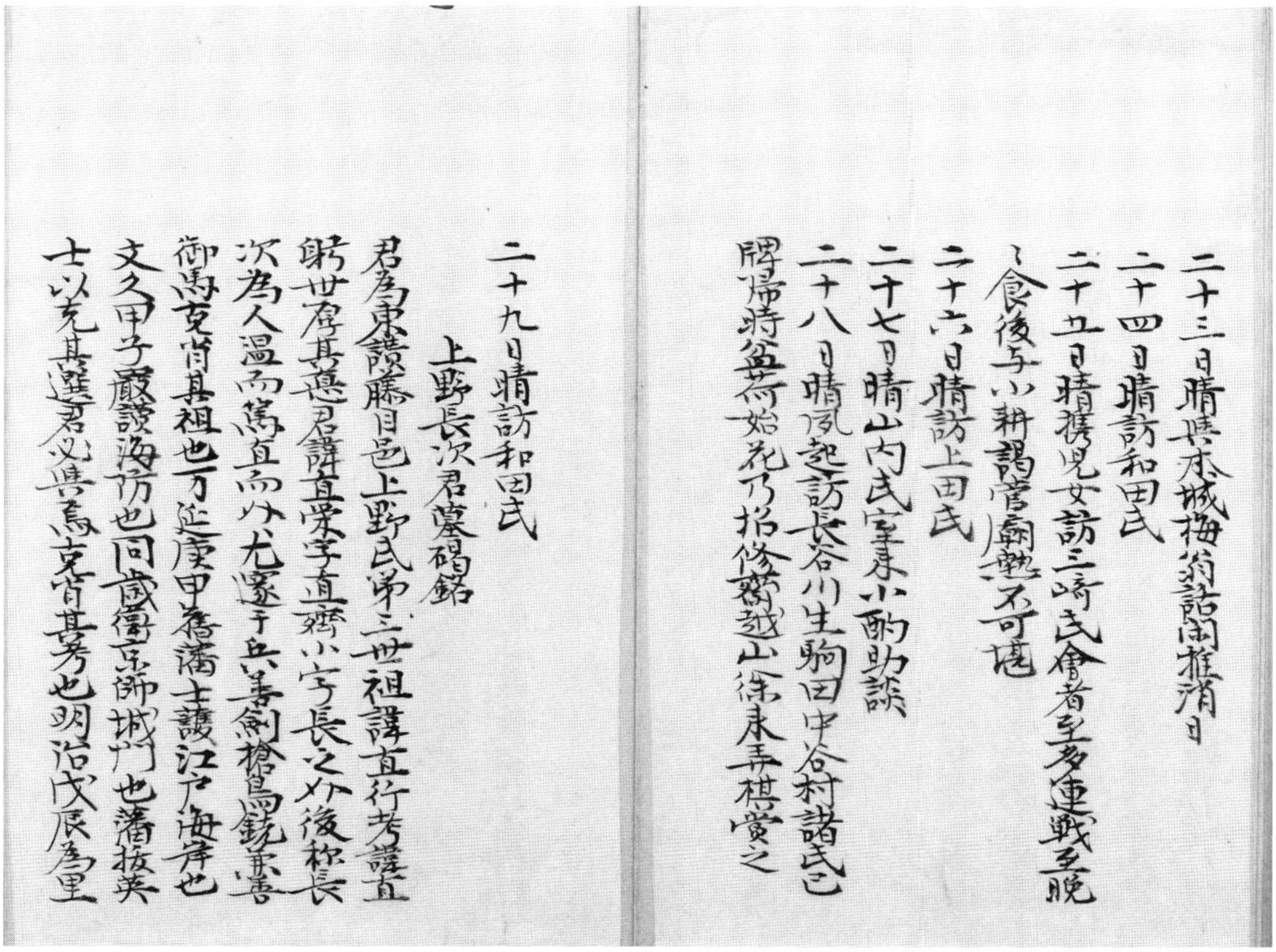

二十三日。晴。与本城梅翁話、閑雅消日。
二十四日。晴。訪和田氏。
二十五日。晴。携児女訪三崎氏。会者至多、連戦至晩。
晩食後、与小耕謁菅廟、熱不可堪。
二十六日。晴。訪上田氏。
二十七日。晴。山内氏室来、小酌助談。
二十八日。晴。夙起、訪長谷川・生駒・田中・谷村諸氏。巳
牌帰。時盆荷始花、乃招修斎・越山・徐来弄棋賞之。

二十九日。晴。訪和田氏。

上野長次君墓碣銘

君為東讃藤目邑上野氏第三世。祖諱直行、考諱直
躬、世厚其徳。君諱直栄、字直斎、小字長之介、後称長
次。為人温而篤、直而介、尤邃于兵、善剣槍鳥銃、兼善
御馬、克肖其祖也。万延庚申、旧藩士護江戸海岸也。
文久甲子、厳讃海防也。同歳、衛京師城門也。藩抜英
士以充其選、君必与焉、克肖其考也。明治戊辰為里

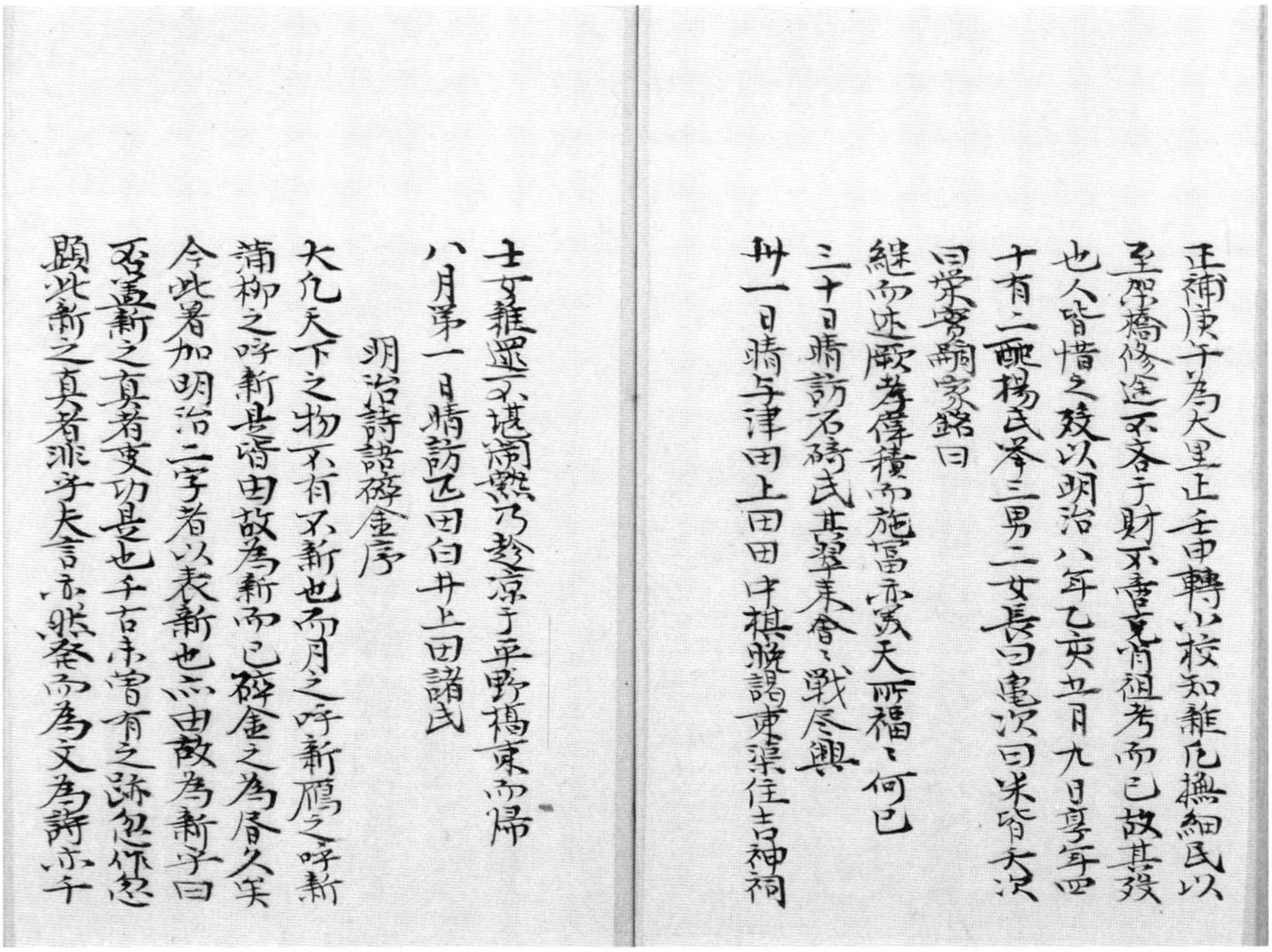

正補、庚午為大里正、壬申転小校知雑。凡撫細民以至架橋修途、不吝于財、不啻克肖祖考而已。故其歿也、人皆惜之。歿以明治八年乙亥五月九日、享年四十有二。配揚氏、挙三男二女、長曰亀、次曰米、皆夭。次曰栄、実嗣家。銘曰、

継而述、厥孝偉。積而施、富亦美。天所福、福何已。

三十日。晴。訪石碕氏、其翠来会。会戦尽興。

卅一日。晴。与津田・上田・田中棋。晩謁東渠住吉神祠、士女雑遝、不堪鬧熱、乃趁涼于平野橋東而帰。

八月、第一日。晴。訪匹田・白井・上田諸氏。

明治詩語砕金序

大凡天下之物、不有不新也。而月之呼新、鴈之呼新、蒲柳之呼新、是皆由故為新而已。砕金之為書久矣。今此著加明治二字者、以表新也、亦由故為新乎。曰、否。蓋新之真者、事功是也。千古未曾有之跡、忽作忽顕、此新之真者、非乎。夫言亦然。発而為文為詩、亦千

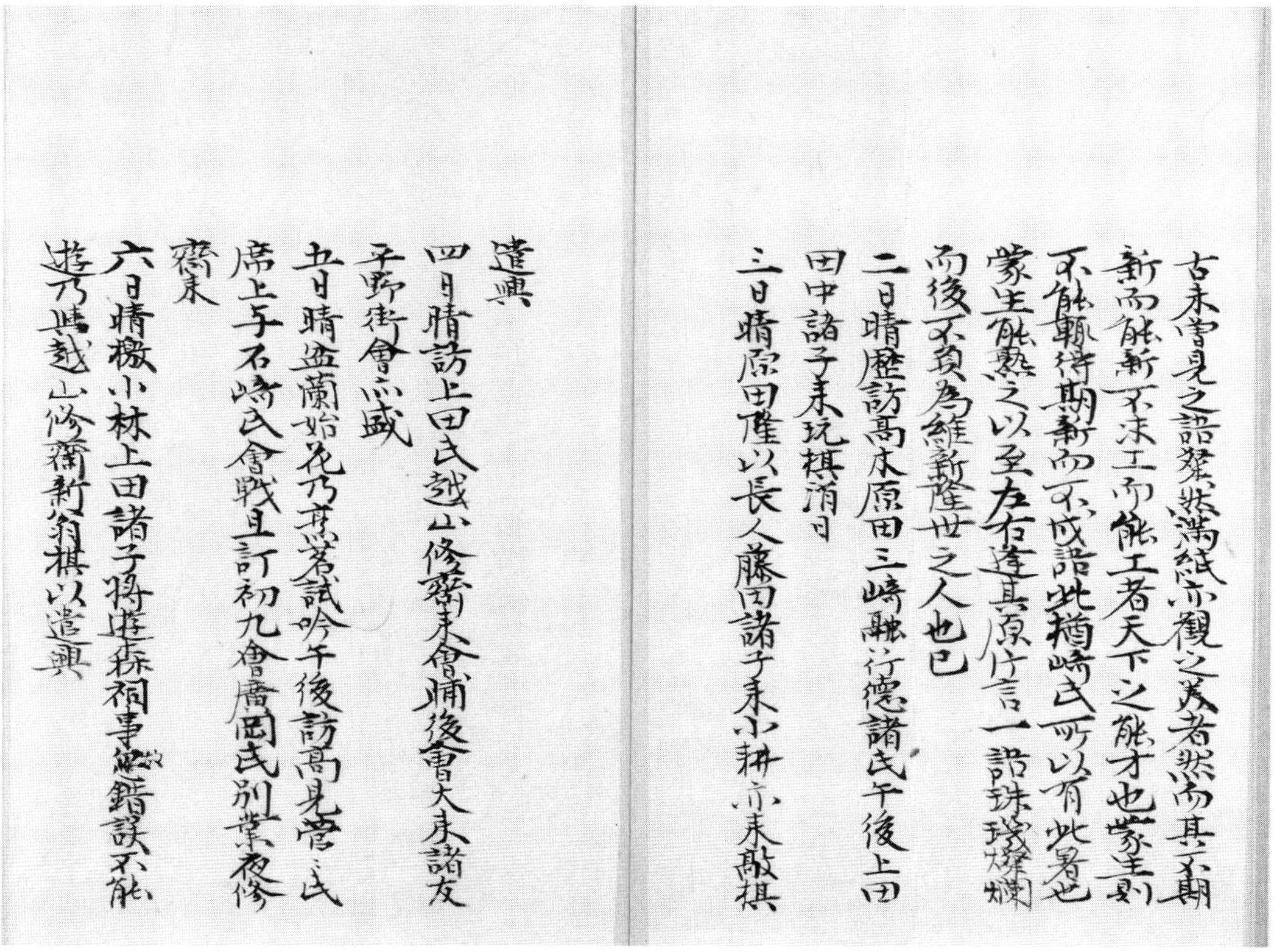

古未曾見之語、粲然満紙、亦観之美者。然而其不期
新而能新、不求工而能工者、天下之能才也。蒙生則
不能輒得期新而不成語、此楢崎氏所以有此著也。
蒙生能熟之、以至左右逢其原、片言一語、珠璣燦爛、
而後不負為維新隆世之人也已。
二日。晴。歴訪高木・原田・三崎・融行徳諸氏。午後、上田・
田中諸子来、玩棋消日。
三日。晴。原田隆以長人藤田諸子来。小耕亦来、敲棋
遺興。
四日。晴。訪上田氏、越山・修斎来会。晡後、会大来諸友
平野街、会亦盛。
五日。晴。盆蘭始花、乃烹茗試吟。午後、訪高見・菅。菅氏
席上与石崎氏会戦、且訂初九会広岡氏別業。夜、修
斎来。
六日。晴。檄小林・上田諸子将遊森祠、事故錯誤、不能
遊。乃与越山・修斎・新翁棋以遺興。

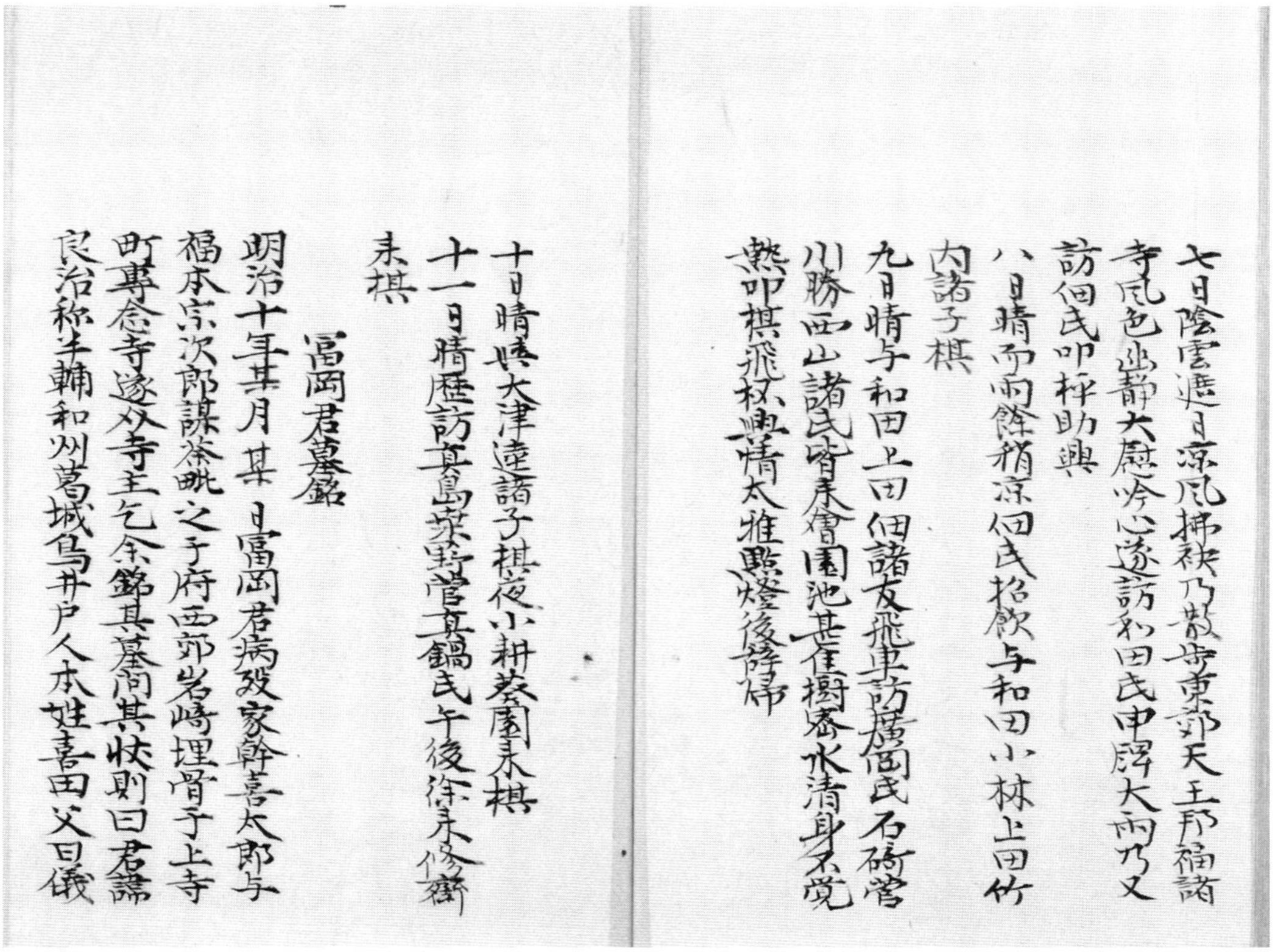

七日。陰雲遮日、涼風払袂、乃散歩東郊天王邦福諸寺。風色幽静、大慰吟心、遂訪和田氏。申牌大雨、乃又訪佃氏、叩枰助興。

八日。晴而雨餘稍涼。佃氏招飲、与和田・小林・上田・竹内諸子棋。

九日。晴。与和田・上田・佃諸友飛車訪広岡氏。石碕・菅・川勝・西山諸氏皆来会。園池甚佳、樹密水清、身不覚熱。叩棋飛杯、興情太雅。点灯後、辞帰。

十日。晴。与大津・逵諸子棋。夜、小耕・葵園来棋。

十一日。晴。歴訪真島・桑野・菅・真鍋氏。午後、徐来・修斎来棋。

富岡君墓銘

明治十年某月某日、富岡君病歿。家幹喜太郎与福本宗次郎謀荼毗之于府西郊岩崎、埋骨于上寺町専念寺、遂介寺主乞余銘其墓。問其状則曰、君諱良治、称半輔、和州葛城烏井戸人。本姓喜田、父曰儀

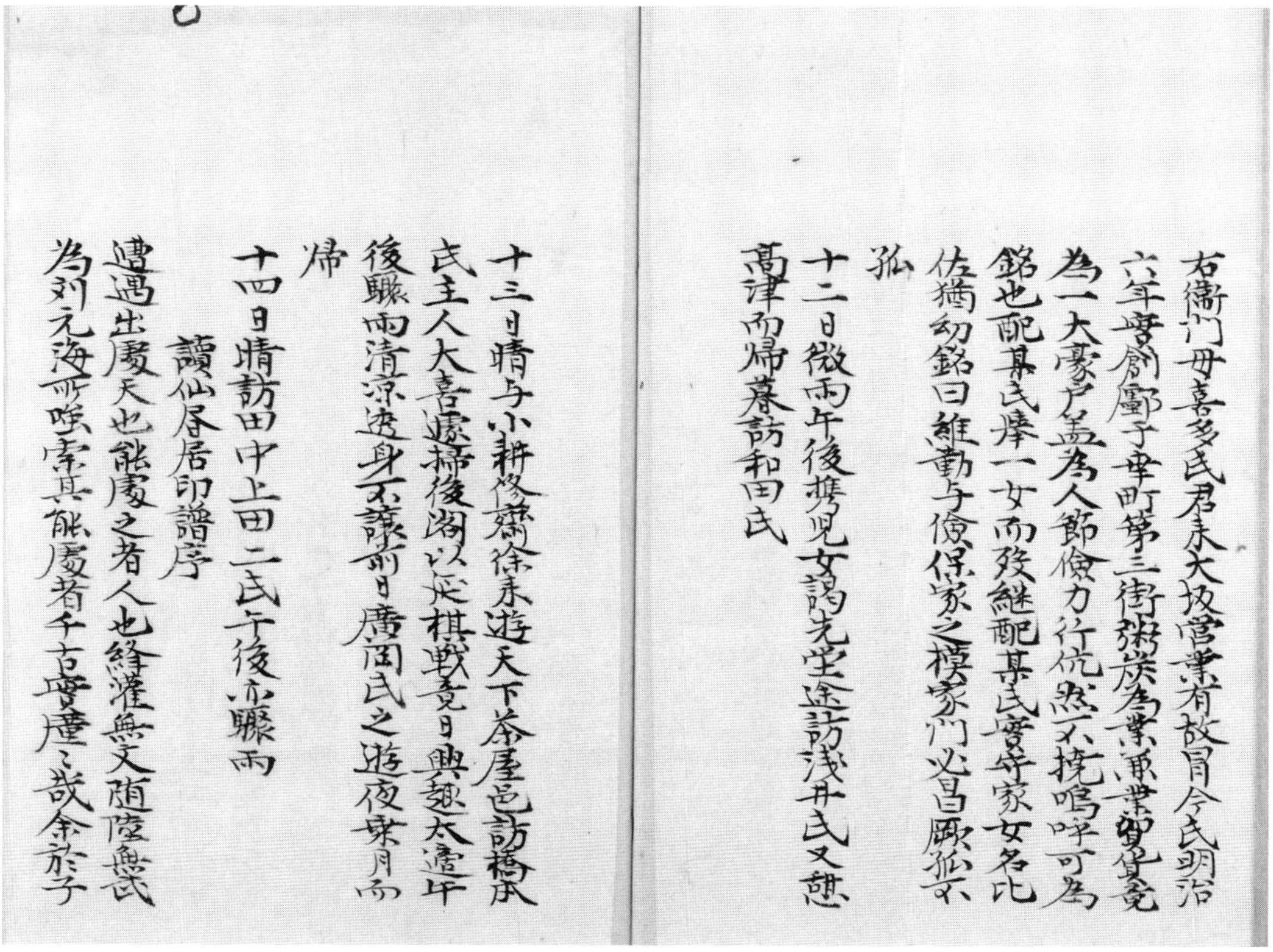

右衛門、母喜多氏。君来大坂営業、有故冒今氏。明治六年、実創廛于幸町第三街、粥炭為業、兼業貿貨、竟為一大豪戸。蓋為人節倹力行、伉然不撓。嗚呼、可為銘也。配某氏、挙一女而歿。継配某氏、実守家。女名比佐、猶幼。銘曰、維勤与倹、保家之模。家門必昌、厥孤不孤。

十二日。微雨。午後携児女謁先塋、途訪浅井氏、又憩高津而帰。暮、訪和田氏。

十三日。晴。与小耕・修斎・徐来遊天下茶屋邑、訪橋本氏。主人大喜、遽掃後閣以延棋戦、竟日興趣太適。午後驟雨、清涼透身、不譲前日広岡氏之遊。夜、乗月而帰。

十四日。晴。訪田中・上田二氏。午後亦驟雨。

読仙書居印譜序

遭遇出処、天也、能処之者、人也。絳灌無文、随陸無武、為劉元海所嗤、索其能処者、千古実僅ゝ哉。余於子

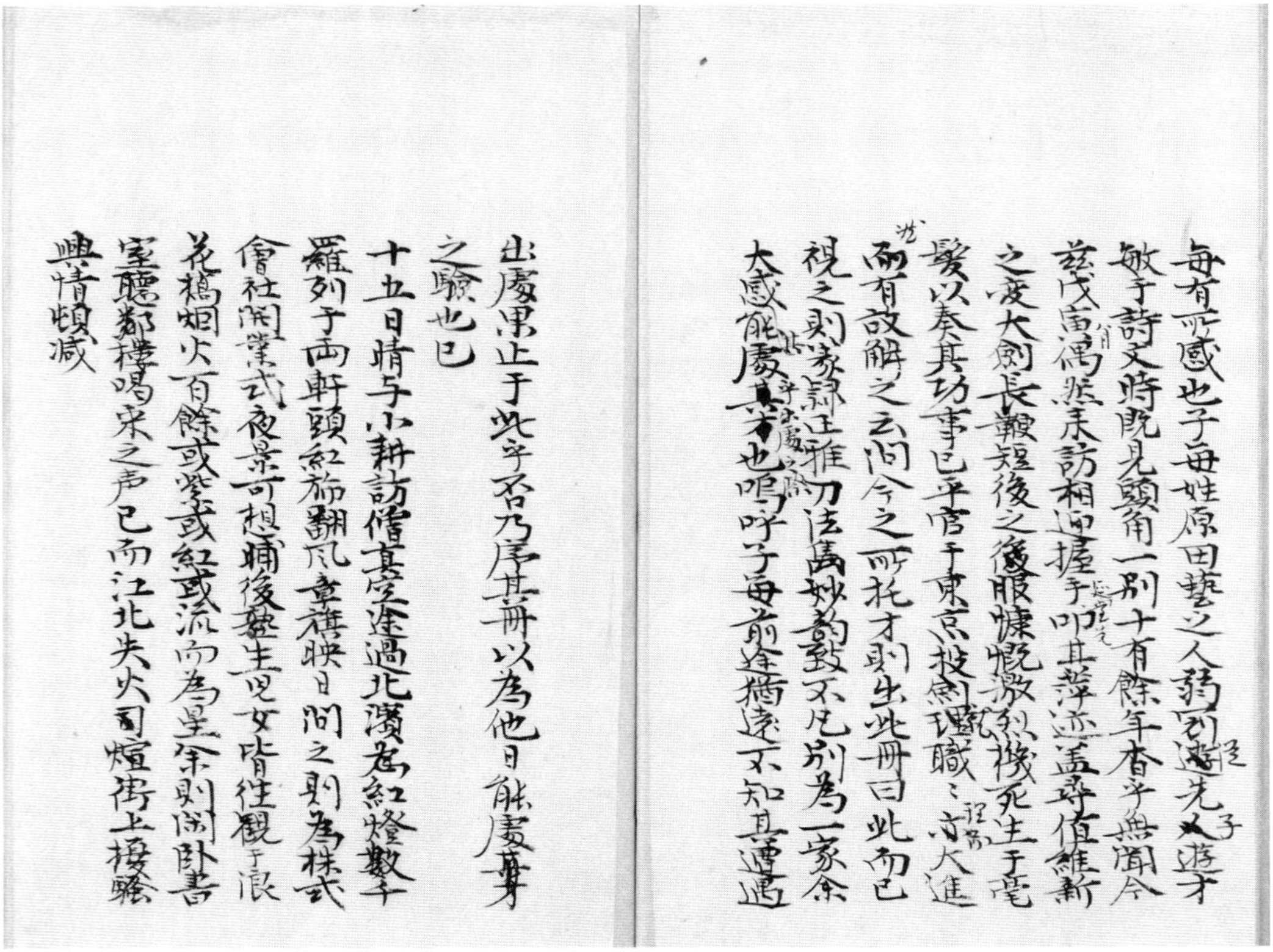

毎有所感也。子毎姓原田、藝之人、弱冠従先子遊、才敏于詩文、時既見頭角。一別十有餘年、杳乎無聞、今茲戊寅八月、偶然来訪、握手延堂、先叩其萍迹。蓋尋値維新之変、大剣長鞭、短後之服、慷慨激烈、機死生于毫髪、以奏其功。事已、平官于東京、投剣就職、職理而大進、然有故解之云。問今之所托才、則出此冊、曰、此而已。視之、則篆隷正雅、刀法雋妙、韻致不凡、別為一家。余大感其能処乎出処之際也。嗚呼、子毎前途猶遠、不知其遭遇出処果止于此乎否。乃序其冊、以為他日能処之験也已。

十五日。晴。与小耕訪僧真空、途過北浜、紅灯数千、羅列于両軒頭、紅旆翻風、章旗映日。問之則為株式会社開業式、夜景可想。晡後、塾生児女皆往観于浪花橋、煙火百餘、或紫或紅、或流而為星。余則閑臥書室、聴隣楼喝采之声已。而江北失火、街上擾騒、興情頓減。

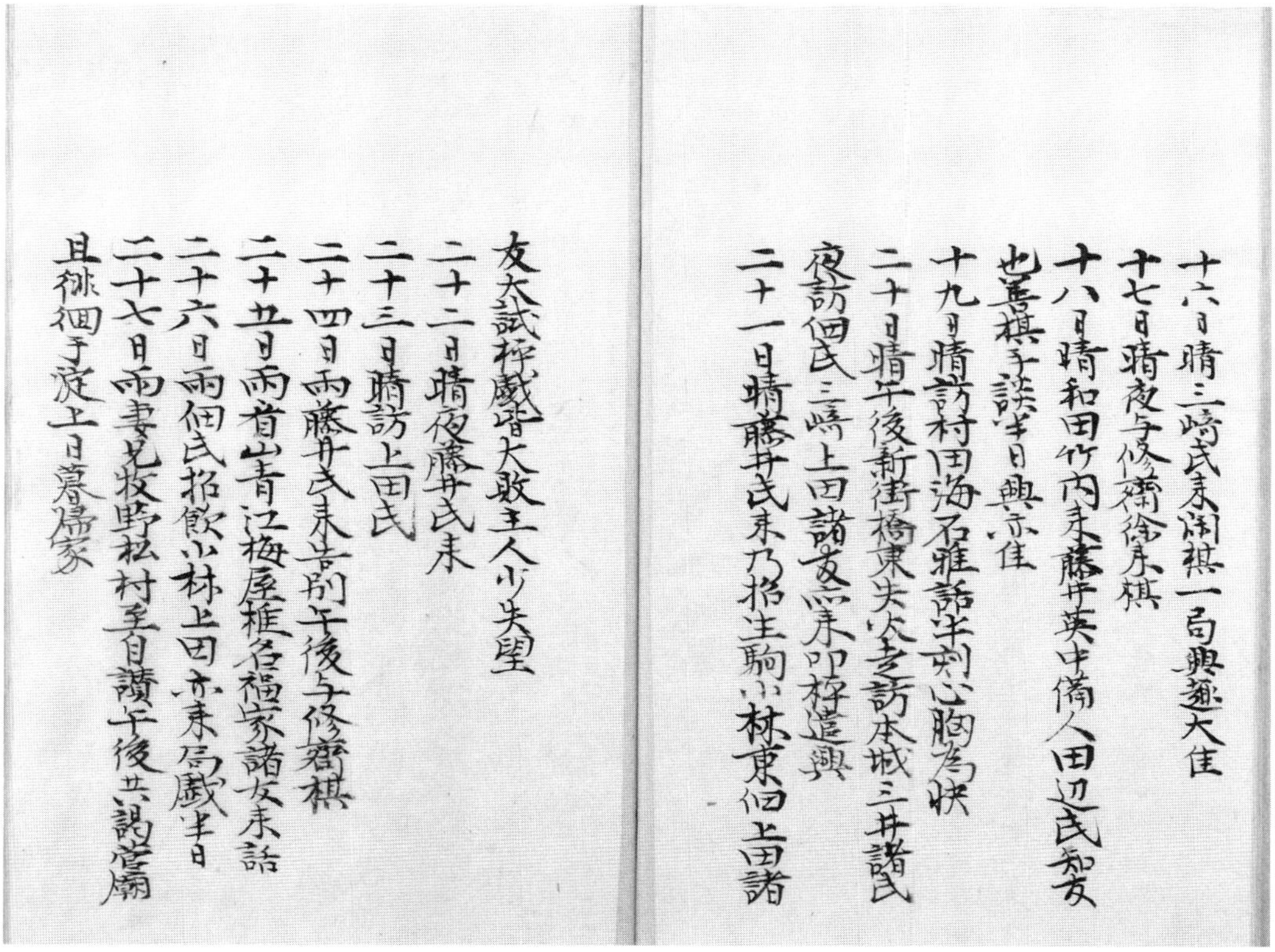

十六日。晴。三崎氏来、閑棋一局、興趣大佳。
十七日。晴。夜与修斎・徐来棋。
十八日。晴。和田・竹内来。藤井英中、備人、田辺氏知友
也。善棋。手談半日、興亦佳。
十九日。晴。訪村田海石、雅話半刻、心胸為快。
二十日。晴。午後、新街橋東失火。走訪本城・三井諸氏。
夜訪佃氏、三崎・上田諸友亦来、叩枰遣興。
二十一日。晴。藤井氏来、乃招生駒・小林・東・佃・上田諸
友、大試枰戯、皆大敗。主人少失望。
二十二日。晴。夜、藤井氏来。
二十三日。晴。訪上田氏。
二十四日。雨。藤井氏来告別。午後、与修斎棋。
二十五日。雨。看山・青江・梅屋・椎名・福家諸友来話。
二十六日。雨。佃氏招飲、小林・上田亦来、局戯半日。
二十七日。雨。妻兄牧野松村至自讃、午後共謁菅廟、
且徘徊于淀上。日暮、帰家。

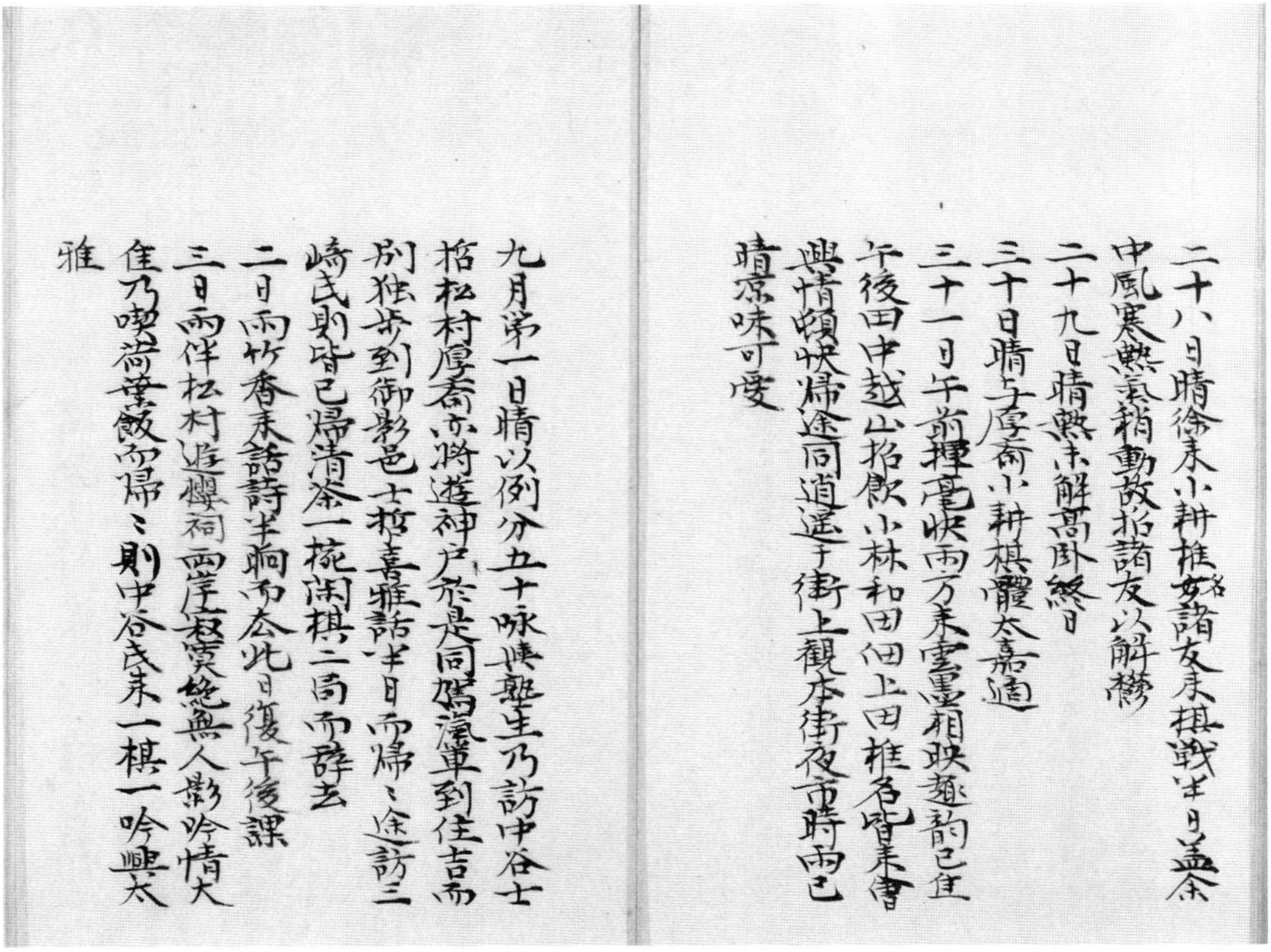

二十八日。晴。徐来・小耕・椎名諸友来、棋戦半日。蓋余中風寒、熱気稍動、故招諸友以解鬱。

二十九日。晴。熱未解、高臥終日。

三十日。晴。与厚斎・小耕棋。体太嘉適。

三十一日。午前揮毫。快雨方来、雲墨相映、趣韻已佳。午後、田中越山招飲。小林・和田・佃・上田・椎名皆来会、興情頓快。帰途同逍遥于街上、観本街夜市。時雨已晴、涼味可愛。

九月、第一日。晴。以例分五十咏与塾生。乃訪中谷士哲。松村・厚斎亦将遊神戸、於是同駕瀛車到住吉、而別独歩到御影邑。士哲喜、雅話半日而帰。帰途訪三崎氏、則皆已帰。清茶一椀、閑棋二局而辞去。

二日。雨。竹香来、話詩半晌而去。此日復午後課。

三日。雨。伴松村遊桜祠。両岸寂寞、絶無人影、吟情大佳、乃喫荷葉飯而帰。帰則中谷氏来、一棋一吟、興太雅。

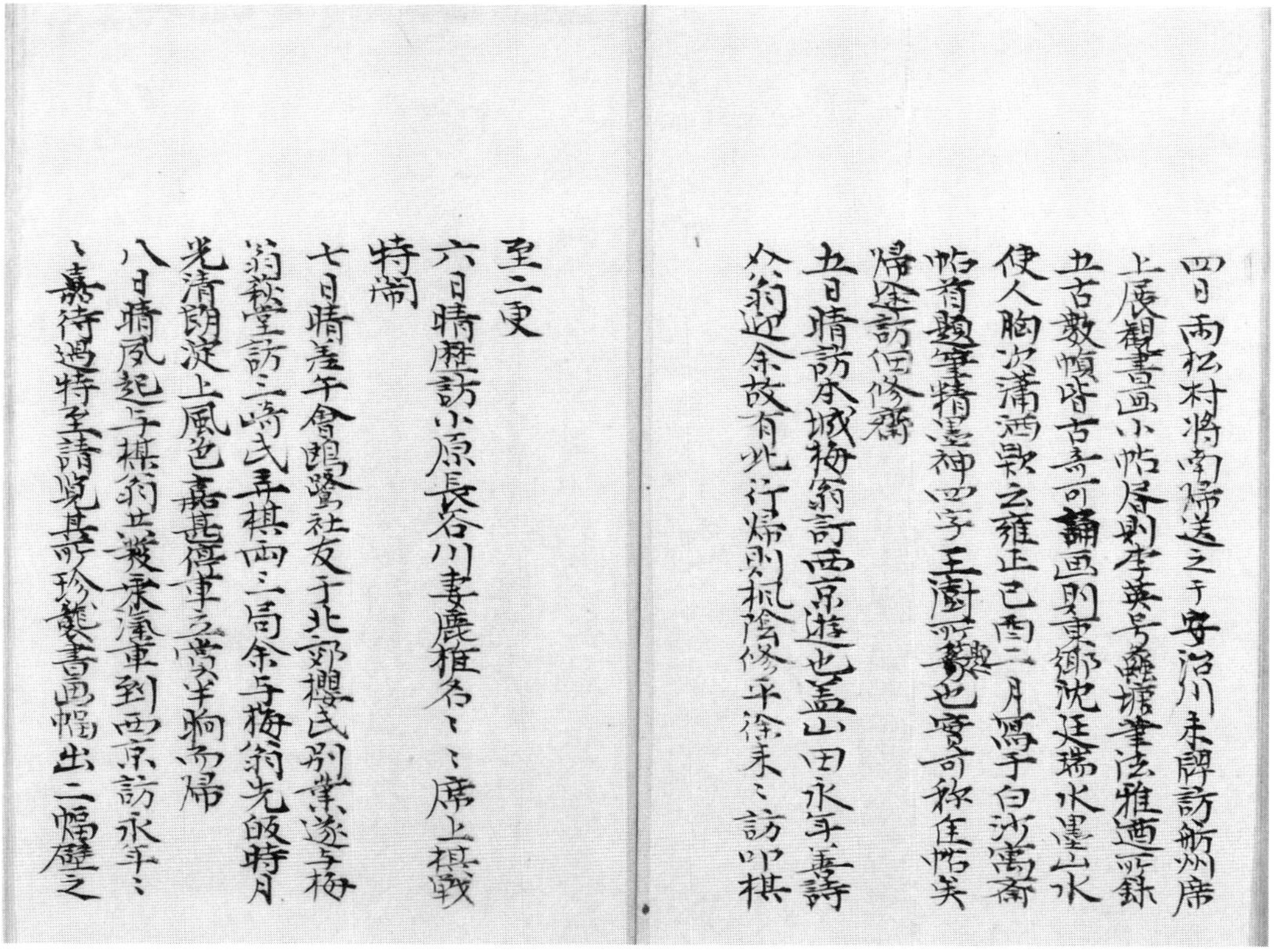

四日。雨。松村将南帰、送之于安治川。未牌、訪舫州。席上展観書画小帖。書則李英、号鰲塘。筆法雅遒、所録五古数幀、皆古奇可誦。画則東郷沈廷瑞水墨山水、使人胸次瀟洒。款云、雍正己酉二月写于白沙寓斎、帖首題筆精墨神四字、王澍所題也。実可称佳帖矣。帰途訪佃・修斎。

五日。晴。訪本城梅翁、訂西京遊也。蓋山田永年善詩、介翁迎余、故有此行。帰則楓陰・修平・徐来ゝ訪、叩棊至二更。

六日。晴。歴訪小原・長谷川・妻鹿・椎名。椎名席上、棋戦特鬧。

七日。晴。差午、会鷗鷺社友于北郊桜氏別業、遂与梅翁・萩堂訪三崎氏、弄棋両三局。余与梅翁先帰。時月光清朗、淀上風色嘉甚、停車立賞半晌而帰。

☆八日。晴。夙起、与梅翁共発、乗瀛車到西京訪永年。永年待遇特至、請覧其所珍襲書画幅。出二幅壁之、

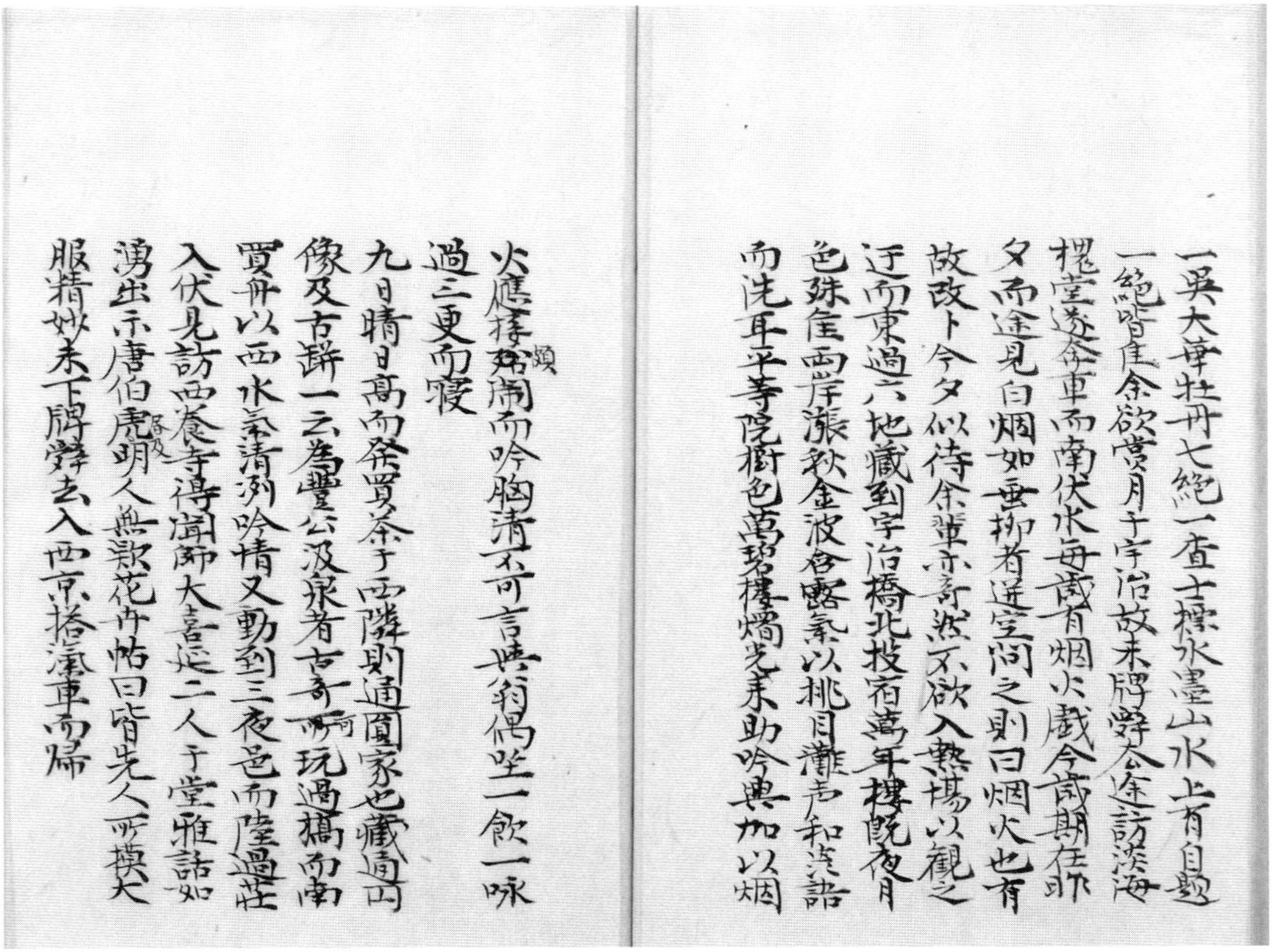

一呉大華牡丹七絶、一査士標水墨山水。上有自題、一絶皆佳。余欲賞月于宇治、故未牌辞去。途訪淡海槐堂、遂奔車而南。伏水毎歳有煙火戯、今歳期在昨夕、而途見白煙、如垂柳者迸空。問之、則曰煙火也。有故改卜今夕、似待余輩亦奇。然不欲入熱場以観之、迂而東過六地蔵、到宇治橋北、投宿万年楼。既夜、月色殊佳、両岸漲秋金波、含露気以挑目、灘声和蟲語而洗耳。平等院樹色、万碧楼燭光、来助吟興、加以煙火応接頗鬧、而吟胸清不可言。与翁偶坐、一飲一咏、過三更而寝。

☆九日。晴。日高而発、買茶于西隣、則通円家也。蔵通円像及古瓶、一云為豊公汲泉者、古奇可玩。過橋而南、買舟以西、水気清冽、吟情又動。到三夜邑而陸、過荘入伏見、訪西養寺。得聞師大喜、延二人于堂、雅話如湧。出示唐伯虎書及明人無款花卉帖、曰、皆先人所摸。大服精妙。未下牌辞去、入西京、搭瀛車而帰。

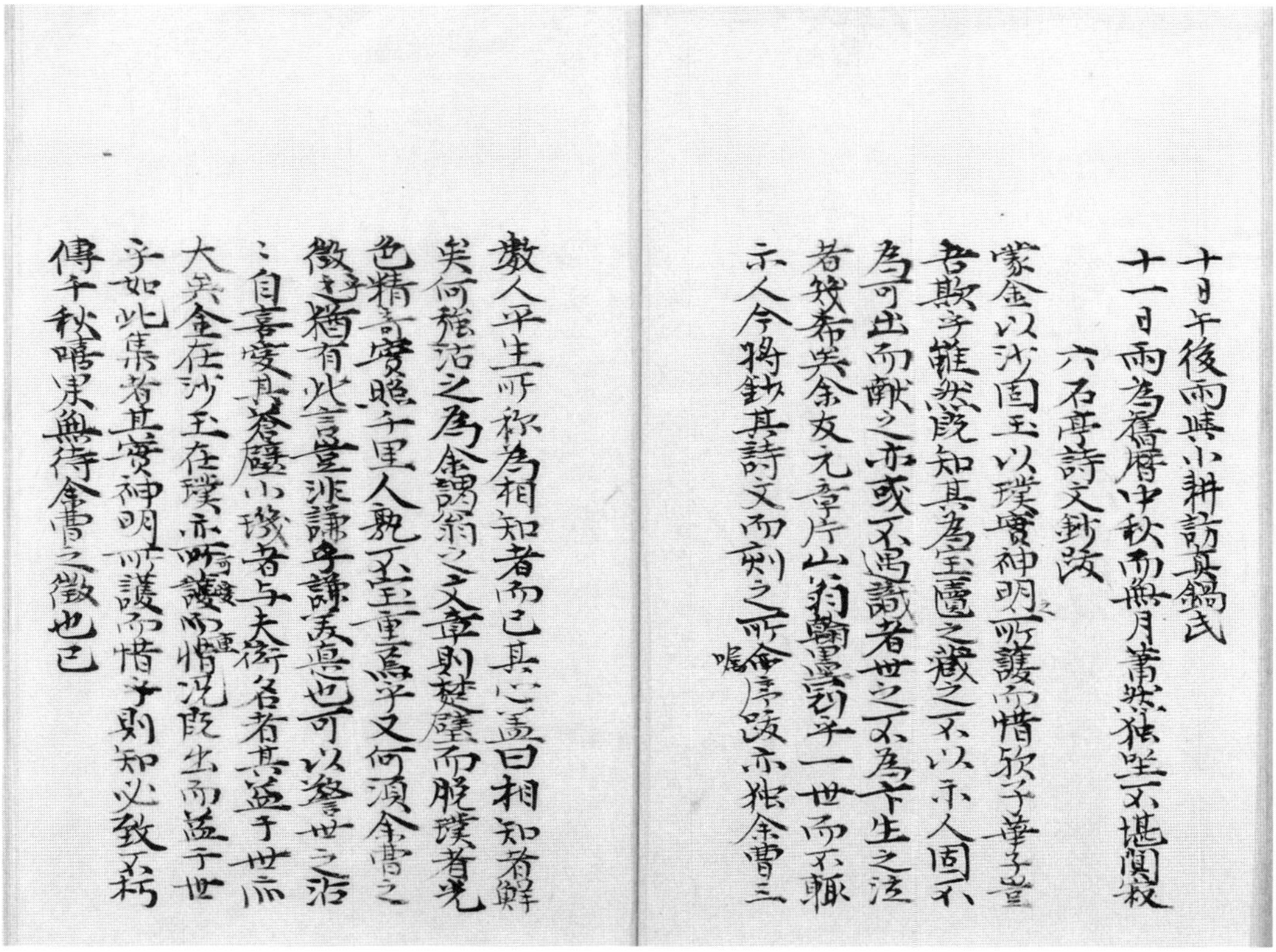

十日。午後、雨。与小耕訪真鍋氏。

十一日。雨。為旧暦中秋、而無月。蕭然独坐、不堪闃寂。

六石亭詩文鈔跋

蒙金以沙、固玉以璞、実神明之所護而惜歟。子華子豈吾欺乎。雖然、既知其為宝、匵之蔵之、不以示人、固不為可。出而献之、亦或不遇識者、世之不為卞生之泣者、幾希矣。余友元章片山翁、翰墨冠乎一世、而不輙示人。今将鈔其詩文而刻之、所嘱序跋、亦独余曹三数人平生所称為相知者而已。其心蓋曰、相知者鮮矣、何強沽之為。余謂、翁之文章、則楚璧而脱璞者、光色精奇、実照千里、人孰不宝重焉乎。又何須余曹之徴乎。猶有此言、豈非謙乎。謙、美徳也、可以警世之沽ゝ自喜愛其蒼璧小璣者与夫衒名者。其益于世亦大矣。金在沙、玉在璞、亦可愛重、況既出而益于世乎。如此集者、其実神明所護而惜則知必致不朽、伝千秋。嘻、果無待余曹之徴也已。

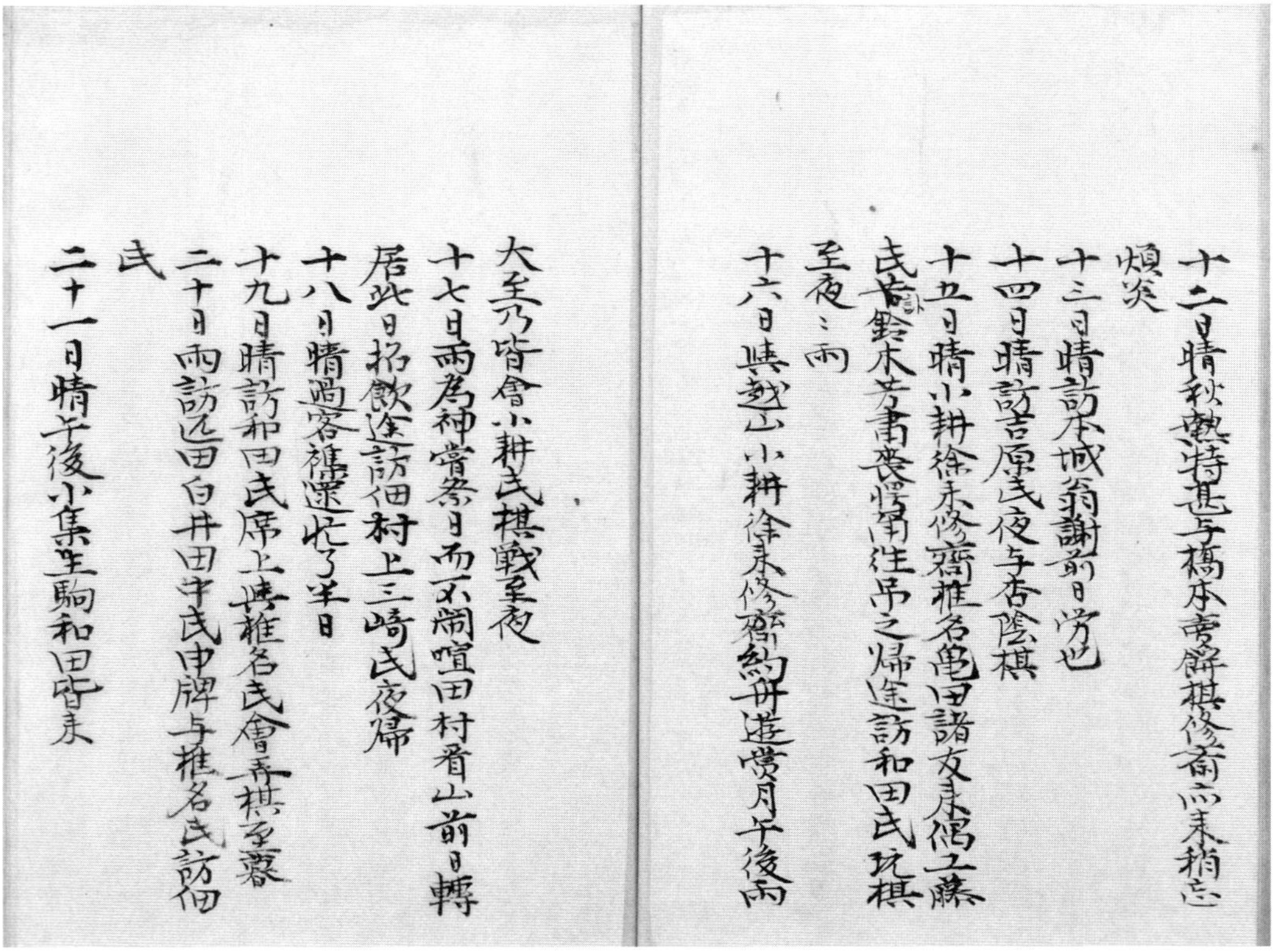

十二日。晴。秋熱特甚、与橋本売餅棋。修斎亦来、稍忘
煩炎。
十三日。晴。訪本城翁、謝前日労也。
十四日。晴。訪吉原氏。夜与杏陰棋。
十五日。晴。小耕・徐来・修斎・椎名・亀田諸友来。偶工藤
氏訃鈴木芳粛喪、愕爾。往弔之。帰途訪和田氏、玩棋
至夜。夜、雨。
十六日。与越山・小耕・徐来・修斎約舟遊賞月。午後、雨
大至、乃皆会小耕氏、棋戦至夜。
十七日。雨。為神嘗祭日、而不閙喧。田村看山前日転
居、此日招飲、途訪佃・村上・三崎氏。夜、帰。
十八日。晴。過客雑遝、忙了半日。
十九日。晴。訪和田氏。席上与椎名氏会、弄棋至暮。
二十日。雨。訪匹田・白井・田中氏。申牌、与椎名氏訪佃
氏。
二十一日。晴。午後小集、生駒・和田皆来。

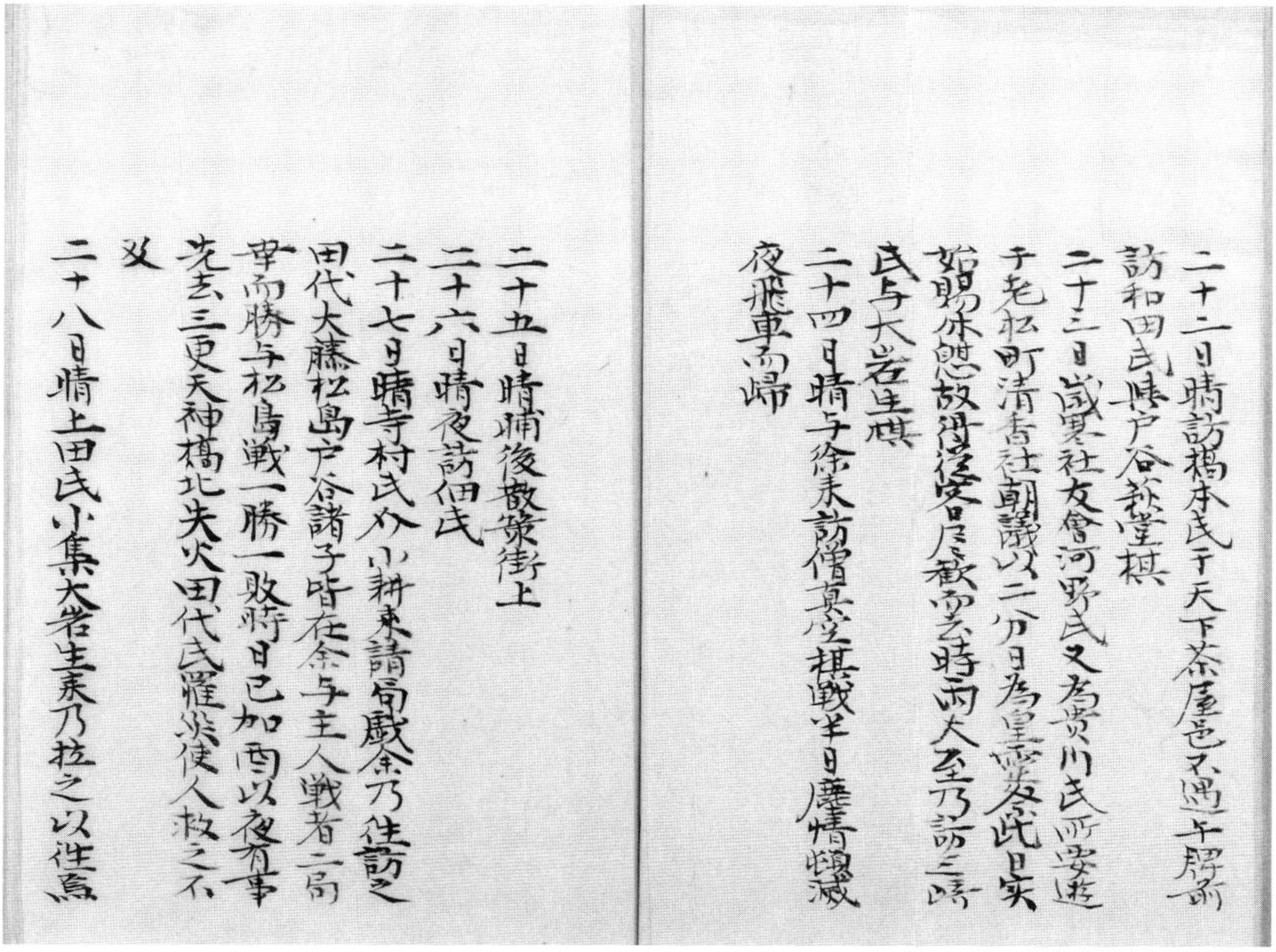

二十二日。晴。訪橋本氏于天下茶屋邑、不遇。午牌前訪和田氏、与戸谷萩堂棋。

二十三日。歳寒社友会。河野氏又為貴川氏所要、遊于老松町清香社。朝議以二分日為皇霊祭、此日実始賜休憩、故得従客尽歓。而去時、雨大至、乃訪三崎氏、与大岩生棋。

二十四日。晴。与徐来訪僧真空、棋戦半日、塵情頓滅。夜、飛車而帰。

二十五日。晴。晡後、散策街上。

二十六日。晴。夜訪佃氏。

二十七日。晴。寺村氏介小耕請局戯。余乃往訪之。田代・大藤・松島・戸谷諸子皆在。余与主人戦者二局、幸而勝、与松島戦、一勝一敗。時日已加酉、以夜有事先去。三更、天神橋北失火。田代氏罹災、使人救之不及。

二十八日。晴。上田氏小集。大岩生来、乃拉之以往焉。

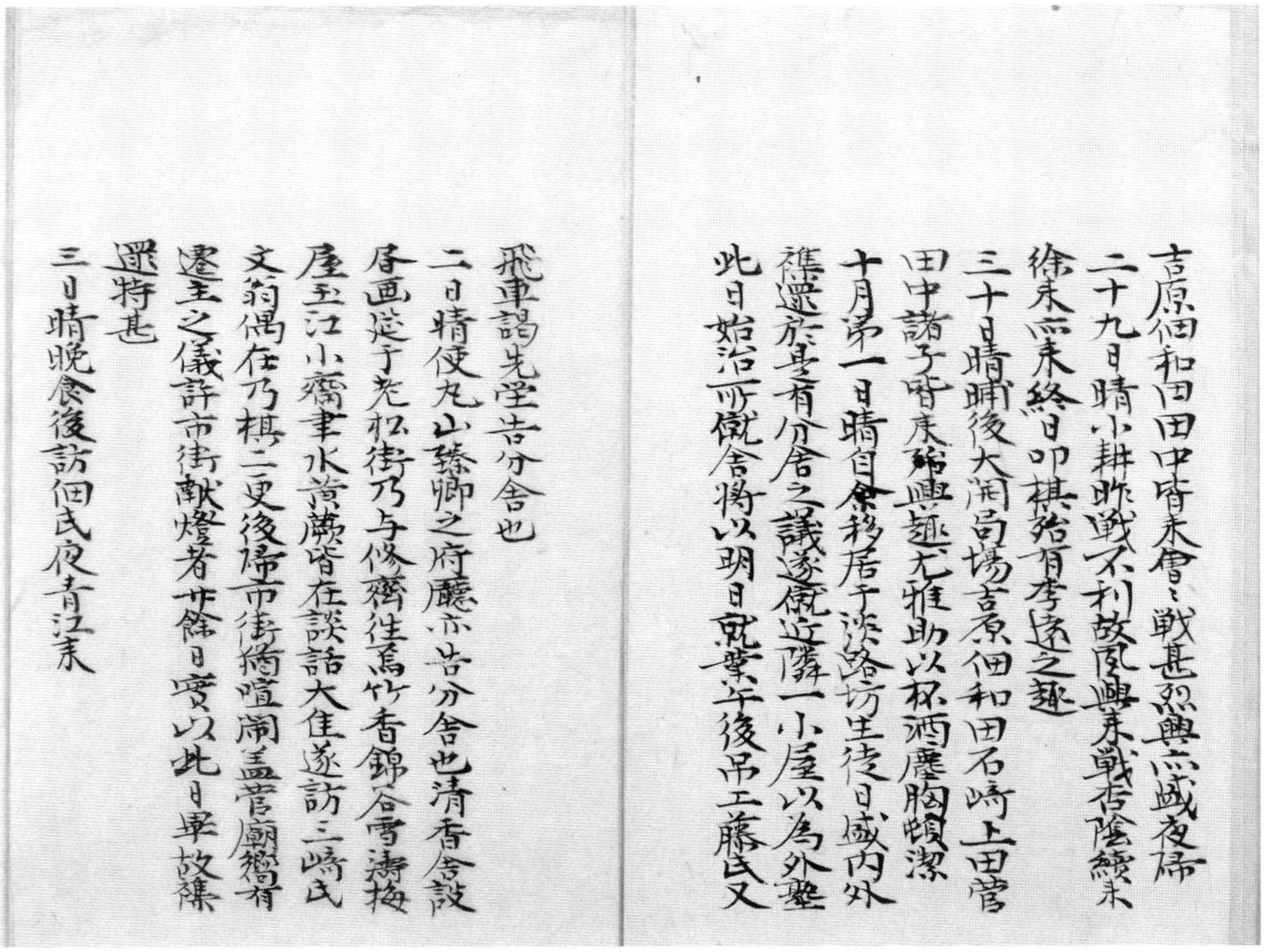

吉原・佃・和田・田中皆来会。会戦甚烈、興亦盛。夜、帰。
二十九日。晴。小耕昨戦不利、故夙興来戦。杏陰続来、
徐来亦来、終日叩棋、殆有李遠之趣。
三十日。晴。晡後、大開局場。吉原・佃・和田・石崎・上田・菅・
田中諸子皆来、興趣尤雅、助以杯酒、塵胸頓潔。
★☆十月、第一日。晴。自移居于淡路坊、生徒日盛、内外
雑遝。於是有分舎之議、遂僦近隣一小屋以為外塾。
此日始治所僦舎、将以明日就業。午後、弔工藤氏、又
飛車謁先瑩、告分舎也。
☆二日。晴。使丸山臻卿之府庁、亦告分舎也。清香舎設
書画筵于老松街、乃与修斎往焉。竹香・錦谷・雪濤・梅
屋・玉江・小斎・聿水・黄蕨皆在、談話大佳。遂訪三崎氏、
文翁偶在、乃棋。二更後帰、市街猶喧鬧。蓋菅廟嚮有
遷主之儀、許市街献灯者廿餘日、実以此日畢、故雑
遝特甚。
三日。晴。晩食後訪佃氏。夜、青江来。

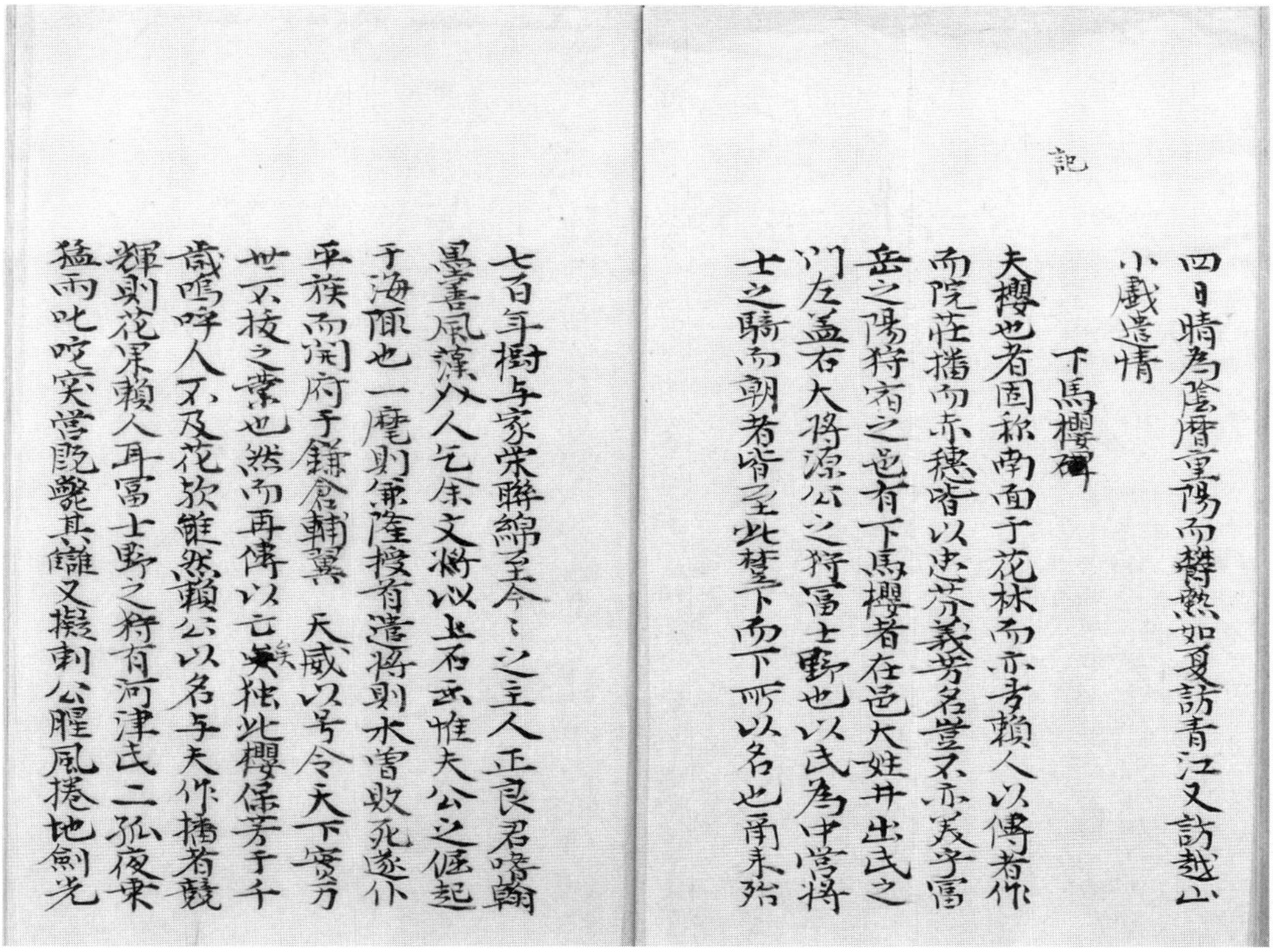

四日。晴。為陰暦重陽、而鬱熱如夏。訪青江、又訪越山、
小戯遺情。

下馬桜記

夫桜也者、固称南面于花林、而亦多頼人以伝者。作而院荘、播而赤穂、皆以忠芬義芳名、豈不亦美乎。富岳之陽、狩宿之邑、有下馬桜者、在邑大姓井出氏之門左。蓋右大将源公之狩富士野也、以氏為中営将士之騎、而朝者皆至此樹下而下、所以名也。爾来殆七百年、樹与家栄、聯綿至今。今之主人正良君、嗜翰墨、善風藻、介人乞余文。惟夫公之倔起于海陬也、一麾則兼隆授首、遣将則木曾敗死、遂仆平族、而開府于鎌倉、輔翼　天威、以号令天下、実万世不抜之業也。然而再伝以亡矣。独此桜保芳于千歳。嗚呼、人不及花歟。雖然、頼公以名与夫作播者競輝、則花果頼人耳。富士野之狩有河津氏二孤、夜乗猛雨、叱咤突営、既斃其讎、又擬刺公、腥風捲地、剣光

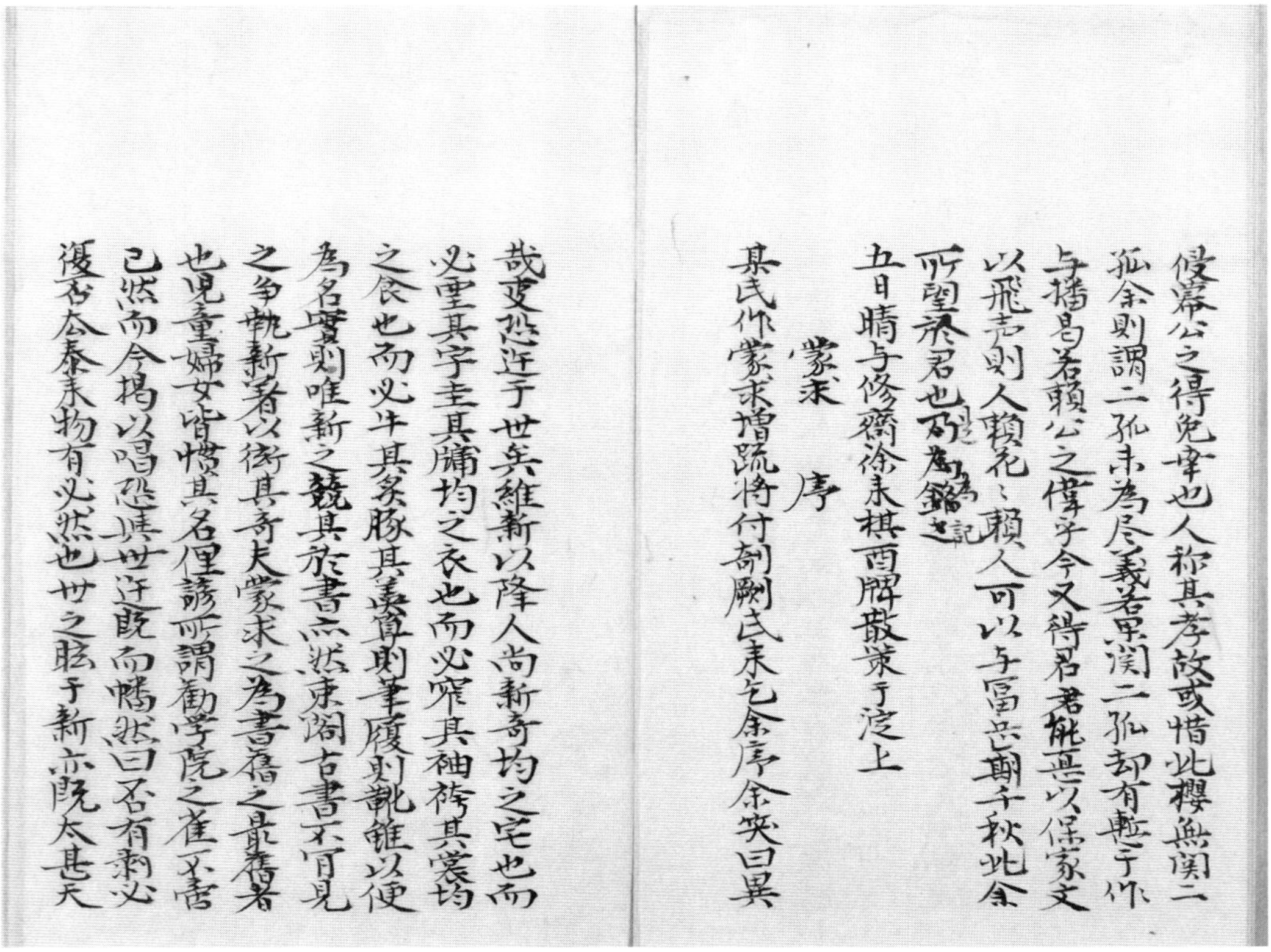

侵幕。公之得免、幸也。人称其孝、故或惜此桜無関二孤。余則謂二孤未為尽義、若果関二孤、却有慙于作与播、曷若頼公之偉乎。今能徳以保家、文以飛声、則人頼花、花頼人、可以与富岳期千秋。此余所望於君也。是為記。

五日。晴。与修斎・徐来棋。酉牌、散策于淀上。

蒙求　　序

某氏作蒙求増疏、将付剞劂。氏来乞余序。余笑曰、異哉、事恐迕于世矣。維新以降、人尚新奇。均之宅也、而必堊其宇、圭其牖。均之衣也、而必窄其袖、袴其裳。均之食也、而必牛其炙、豚其羹。算則筆、履則靴、雖以便為名、実則唯新之競。其於書亦然、束閣古書不肯見之、争執新著以衒其奇。夫蒙求之為書、旧之最旧者也。児童婦女皆慣其名、俚諺所謂勧学院之雀不啻已。然而今掲以唱、恐与世迕。既而幡然曰、否。有剥必復、否去泰来、物有必然也。世之眩于新、亦既太甚、天

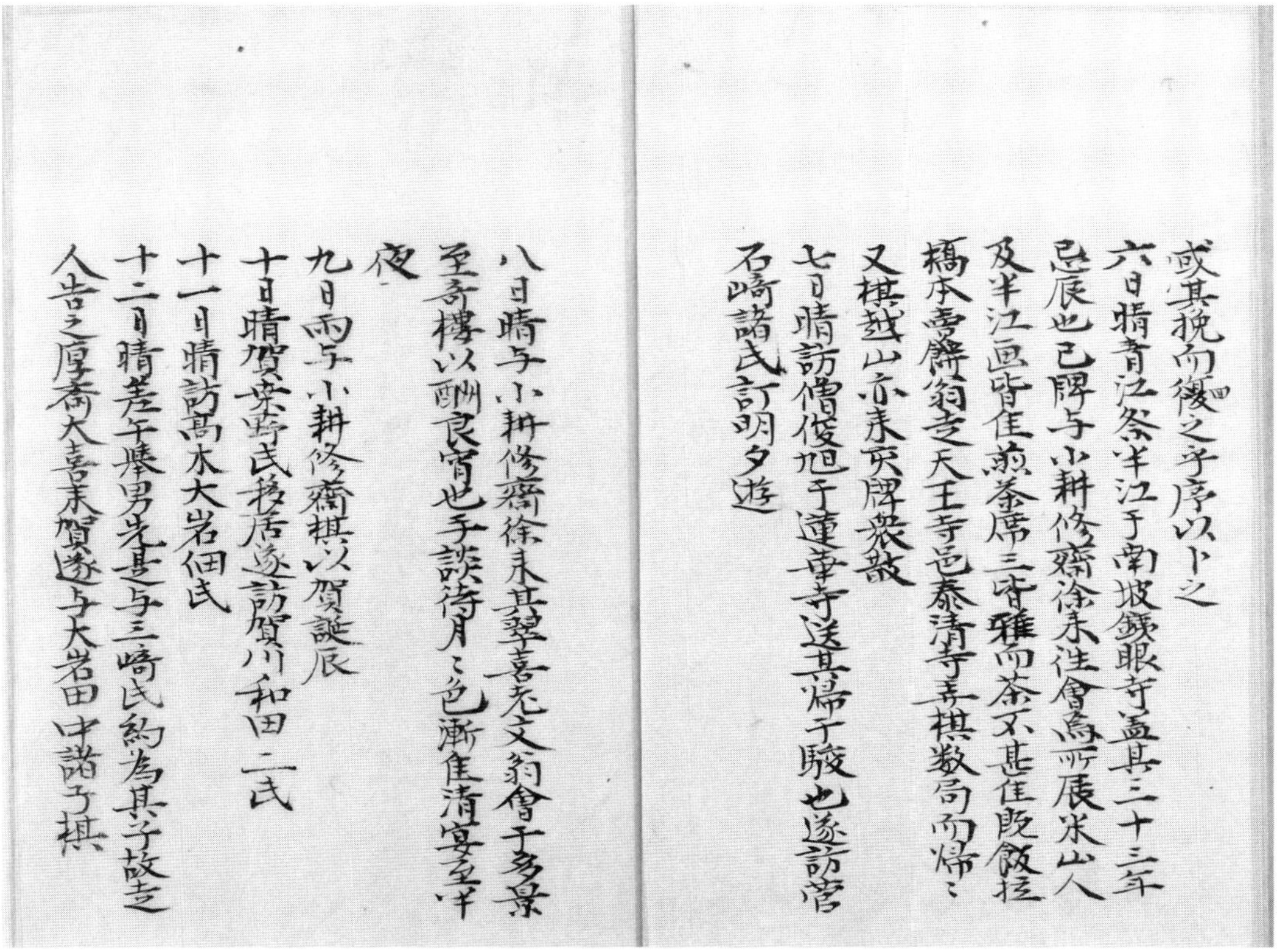

其或挽而回之乎。序以卜之。
六日。晴。青江祭半江于南坡鉄眼寺。蓋其三十三年
忌辰也。巳牌、与小耕・修斎・徐来往会焉。所展米山人
及半江画、皆佳。煎茶席三皆雅、而茶不甚佳。既飯、拉
橋本売餅翁走天王寺邑泰清寺、弄棋数局而帰。帰
又棋、越山亦来。亥牌、衆散。
七日。晴。訪僧俊旭于蓮華寺。送其帰于駿也。遂訪菅・
石崎諸氏、訂明夕遊。

八日。晴。与小耕・修斎・徐来・其翠・喜老・文翁会于多景
至奇楼、以酬良宵也。手談待月、月色漸佳、清宴至半
夜。
九日。雨。与小耕・修斎棋、以賀誕辰。
十日。晴。賀桑野氏移居、遂訪賀川・和田二氏。
十一日。晴。訪高木、大岩、佃氏。
☆十二日。晴。差午、挙男。先是与三崎氏約為其子、故走
人告之。厚斎大喜、来賀、遂与大岩・田中・諸子棋。

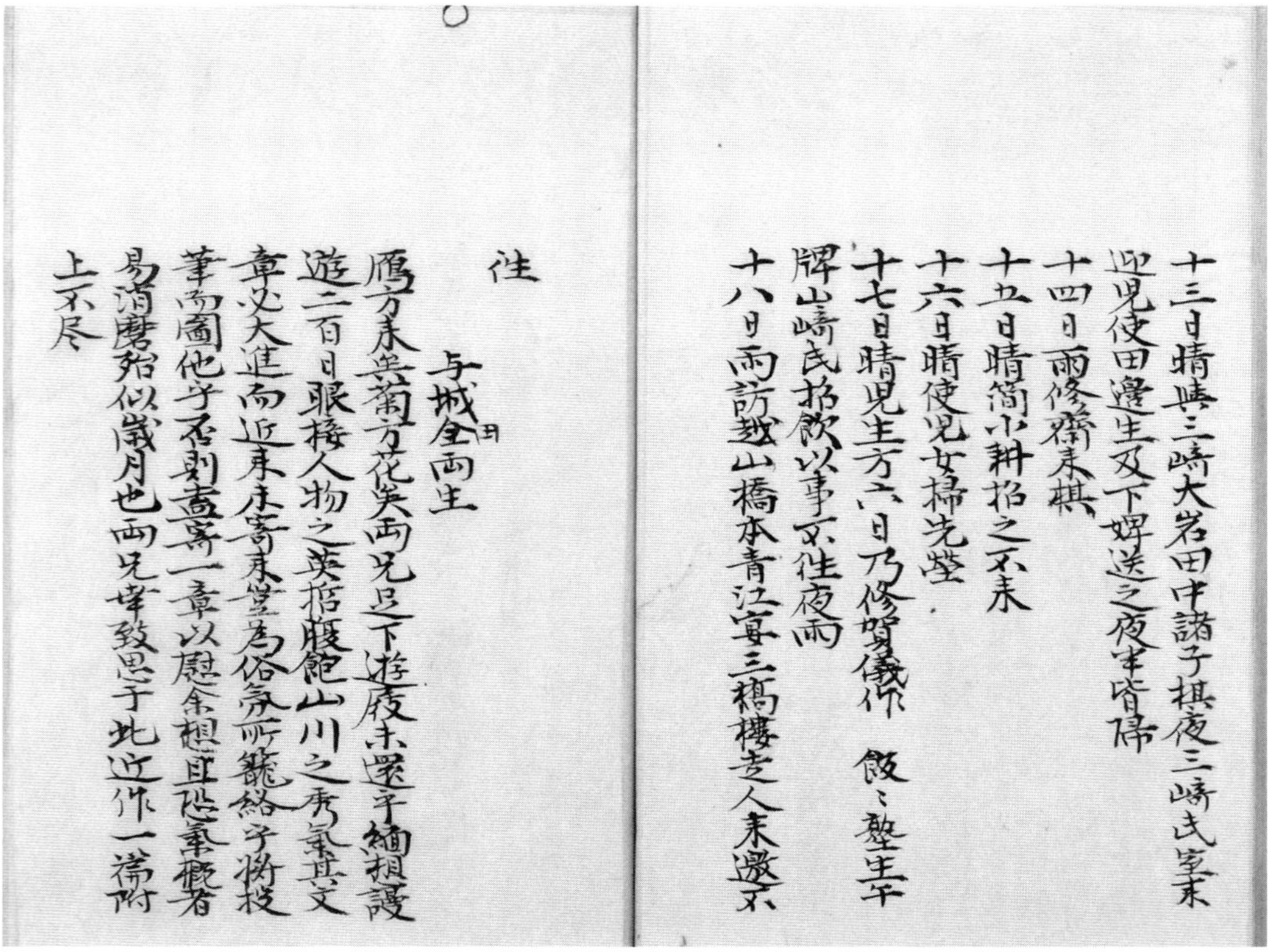

☆十三日。晴。与三崎・大岩・田中諸子棋。夜、三崎氏室来迎児、使田辺生及下婢送之。夜半皆帰。
十四日。雨。修斎来棋。
十五日。晴。簡小耕招之、不来。
十六日。晴。使児女掃先塋。
十七日。晴。児生方六日、乃修賀儀、作 飯、飯塾生。午牌、山崎氏招飲、以事不往。夜、雨。
十八日。雨。訪越山。橋本青江宴三橋楼、走人来邀、不往。

与城田両生

鴈方来矣、菊方花矣、両兄足下、遊屐未還乎。緬想謾遊二百日、眼接人物之英哲、腹飽山川之秀気、其文章必大進、而近来未寄来、豈為俗氛所籠絡乎。将投筆而図他乎。否則盍寄一章以慰余想。且恐気概者易消磨、殆似歳月也。両兄幸致思于此。近作一篇附上。不尽。

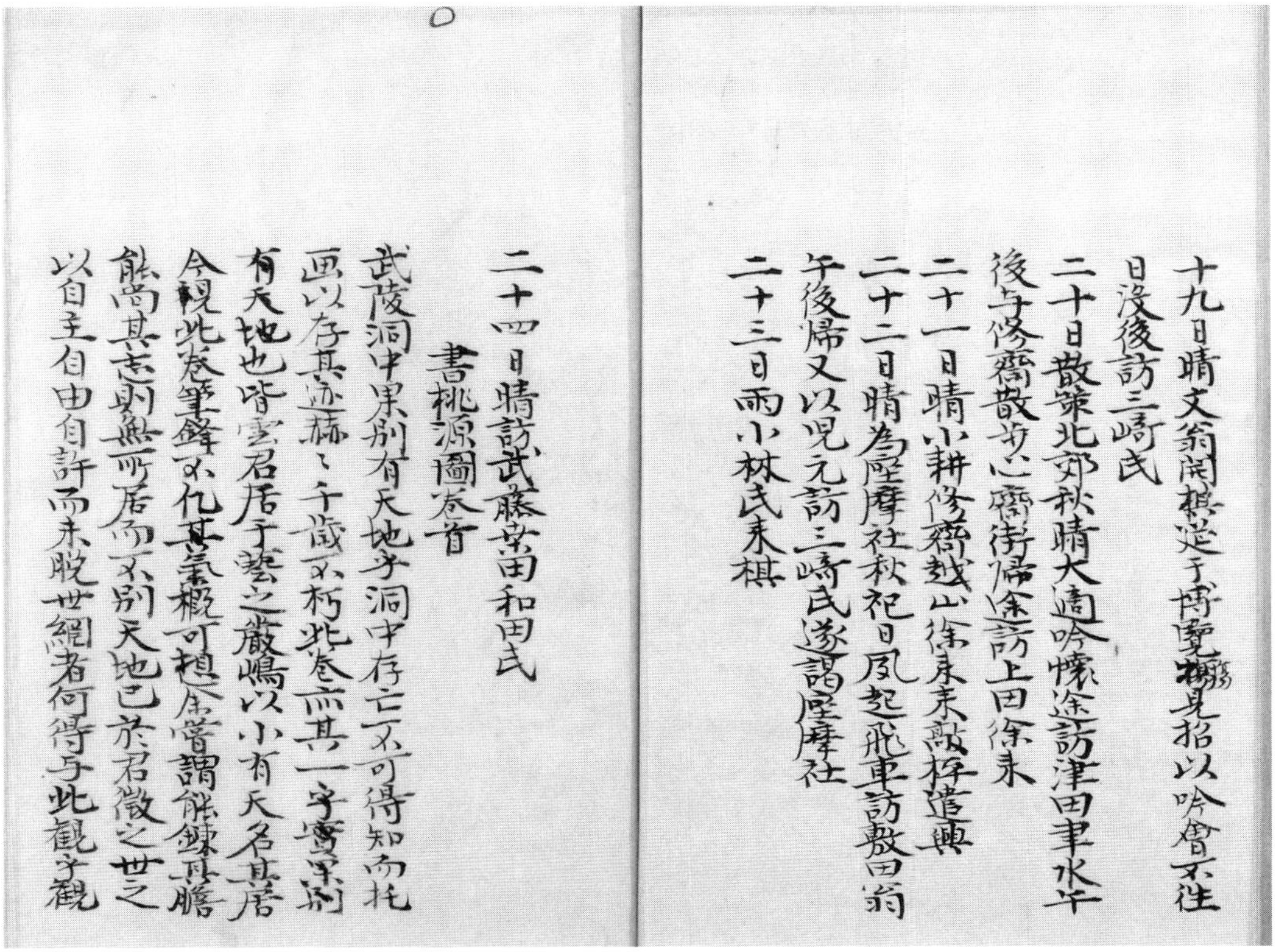

十九日。晴。文翁開棋筵于博覧場見招。以吟会不往。日沒後、訪三崎氏。
二十日。散策北郊、秋晴大適吟懐。途訪津田聿水。午後与修斎散歩心斎街、帰途訪上田徐来。
二十一日。晴。小耕・修斎・越山・徐来来、敲枰遣興。
二十二日。晴。為座摩社秋祀日。夙起、飛車訪敷田翁、午後帰。又以児元訪三崎氏、遂謁座摩社。
二十三日。雨。小林氏来棋。

二十四日。晴。訪武藤・桑田・和田氏。

　書桃源図巻首

武陵洞中、果別有天地乎。洞中存亡、不可得知、而托画以存其迹、赫ゝ千歳不朽。此巻亦其一也。皆雲君居于藝之厳嶋、以小有天名其居。今見此巻、筆鋒不凡、気概可想。余嘗謂能錬其胆、能尚其志、則無所居而不別天地已、於君徴之。世之以自主、自由、自許而未脱世網者、何得与此観乎。観

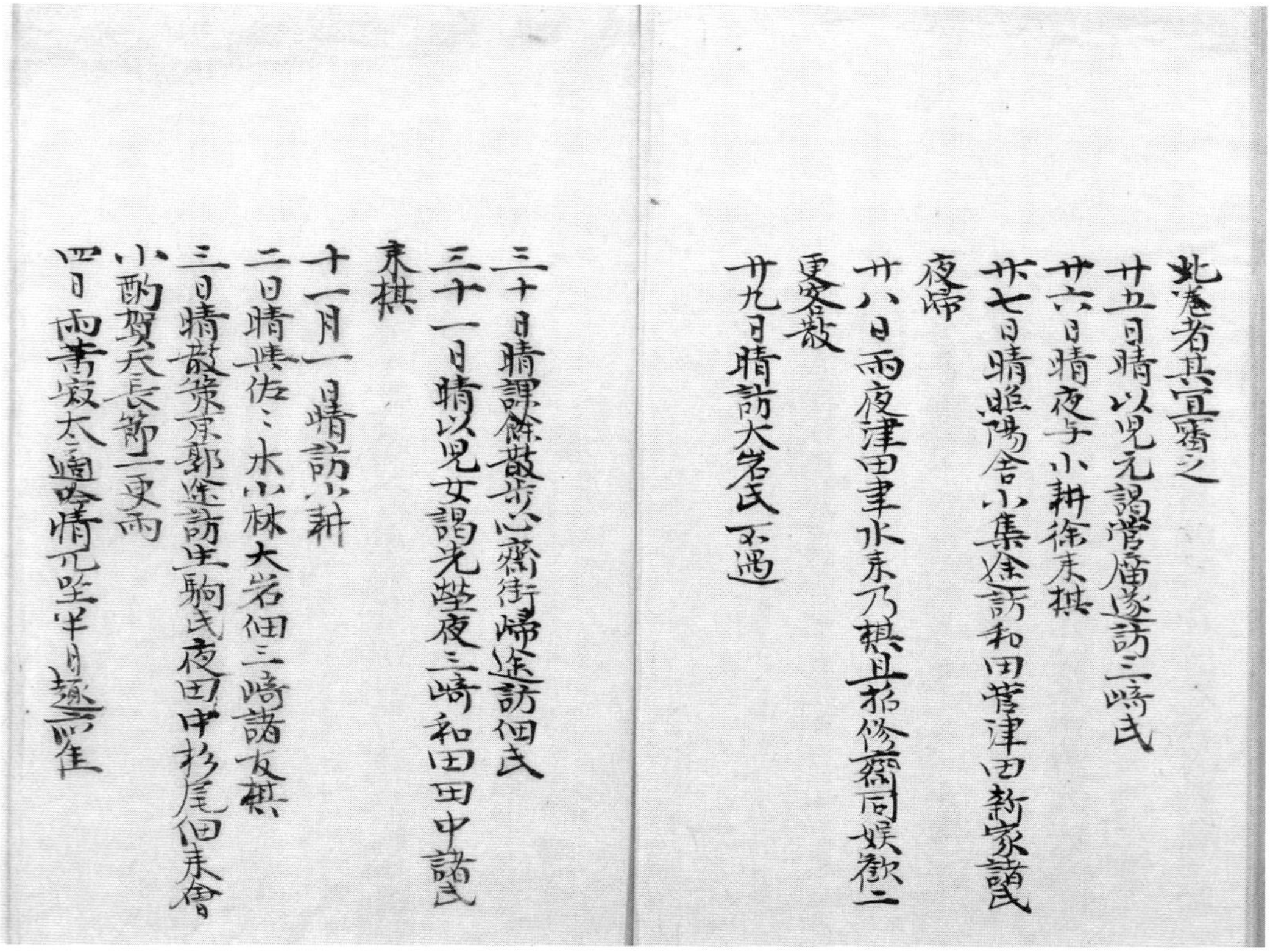

者、其宜審之。
廿五日。晴。以児元謁菅廟、遂訪三崎氏。
廿六日。晴。夜与小耕・徐来棋。
廿七日。晴。照陽舎小集。途訪和田・菅・津田・新家諸氏、夜帰。
廿八日。雨。夜、津田聿水来、乃棋。且招修斎同娯歓、二更客散。
廿九日。晴。訪大岩氏、不遇。
三十日。晴。課餘、散歩心斎街、帰途訪佃氏。
三十一日。晴。以児女謁先塋。夜、三崎・和田・田中諸氏来棋。
十一月、一日。晴。訪小耕。
二日。晴。与佐ゝ木・小林・大岩・佃・三崎諸友棋。
三日。晴。散策東郭、途訪生駒氏。夜、田中・杉尾・佃来会、小酌賀天長節。二更、雨。
四日。雨。蕭寂太適吟情。兀坐半日、趣亦佳。

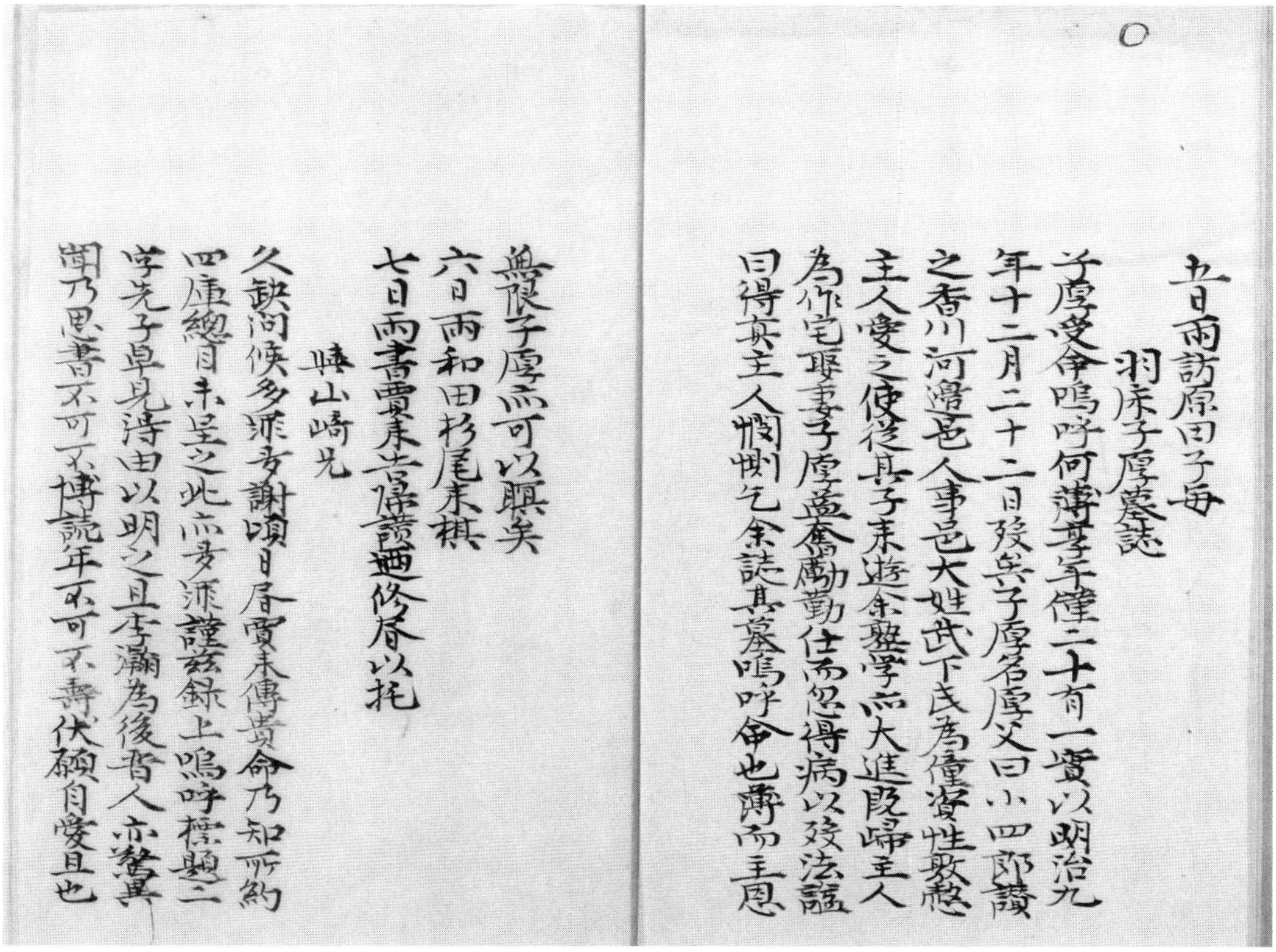

五日。雨。訪原田子毎。

羽床子厚墓誌

子厚受命、嗚呼、何薄。享年僅二十有一、実以明治九年十二月二十二日歿矣。子厚、名厚、父曰小四郎、讃之香川河辺邑人。事邑大姓武下氏為僮。資性敦愨、主人愛之、使従其子来遊余塾、学亦大進。既帰、主人為作宅娶妻、子厚益奮励勤仕、而忽得病以歿。法諡曰得真。主人憫惻、乞余誌其墓。嗚呼、命也薄而主恩無限、子厚亦可以瞑矣。

六日。雨。和田・杉尾来棋。

七日。雨。書賈来告帰讃、廼修書以托。

与山崎兄

久缺問候、多罪多謝。頃日書賈来伝貴命、乃知所約四庫総目未呈之、此亦多罪、謹茲録上。嗚呼、標題二字、先子卓見、得由以明之。且李瀚為後晋人、亦驚異聞、乃思書不可不博読、年不可不寿、伏願自愛。且也

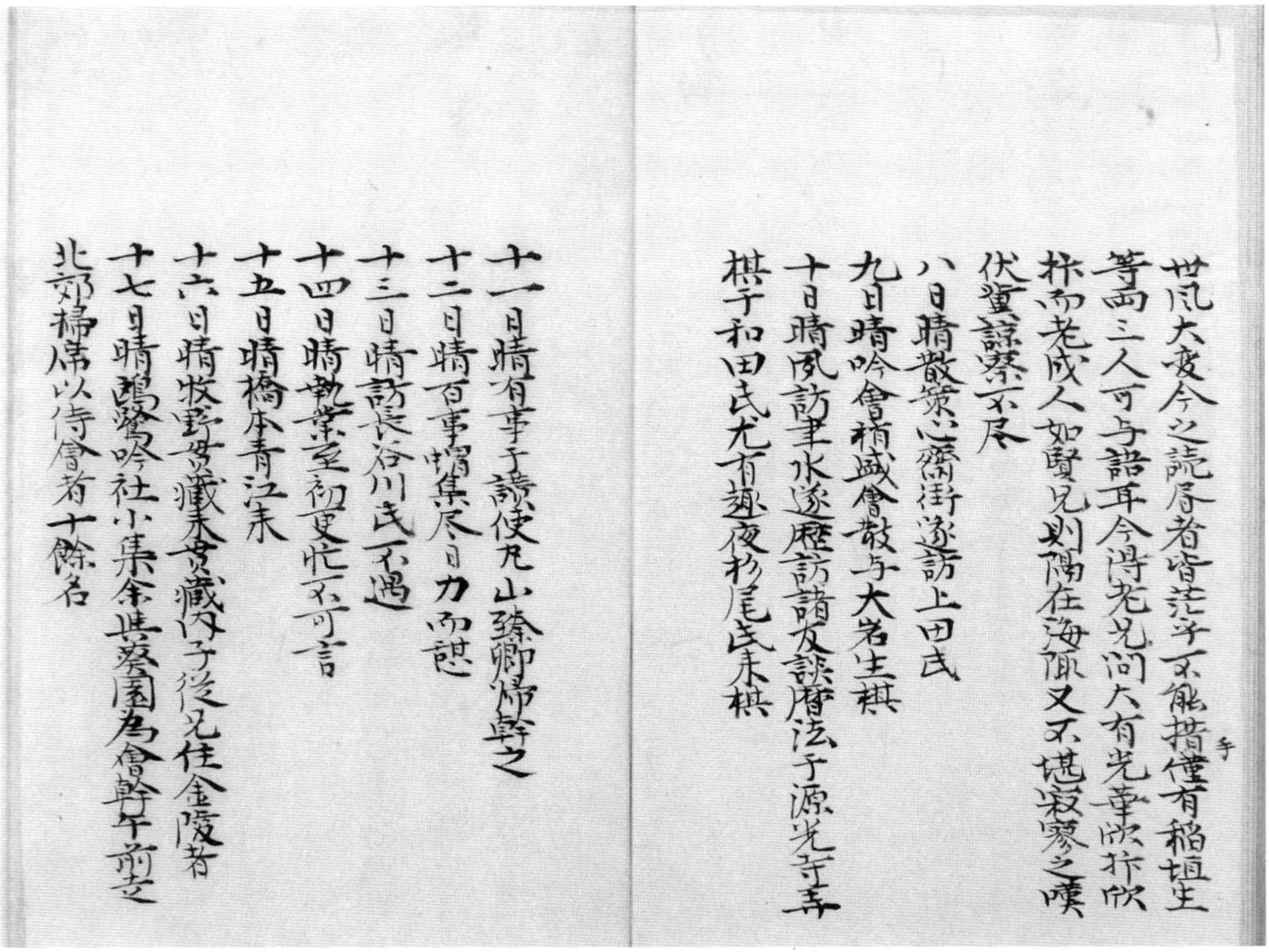

世風大変、今之読書者、皆茫乎不能措手。僅有稲垣生等両三人可与語耳。今得老兄問、大有光華、欣抃欣抃。而老成人如賢兄則隔在海陬、又不堪寂寥之嘆。伏冀諒察。不尽。
八日。晴。散策心斎街、遂訪上田氏。
九日。晴。吟会稍盛。会散、与大岩生棋。
十日。晴。夙訪聿水、遂歴訪諸友、談曆法于源光寺、弄棋于和田氏、尤有趣。夜、杉尾氏来棋。
十一日。晴。有事于讃、使丸山臻卿帰幹之。
十二日。晴。百事蝟集、尽日力而憩。
十三日。晴。訪長谷川氏、不遇。
十四日。晴。執業至初更、忙不可言。
十五日。晴。橋本青江来。
十六日。晴。牧野貫蔵来。貫蔵、内子従兄、住金陵者。
十七日。晴。鷗鷺吟社小集。余与葵園為会幹、午前走北郊、掃席以侍。会者十餘名。

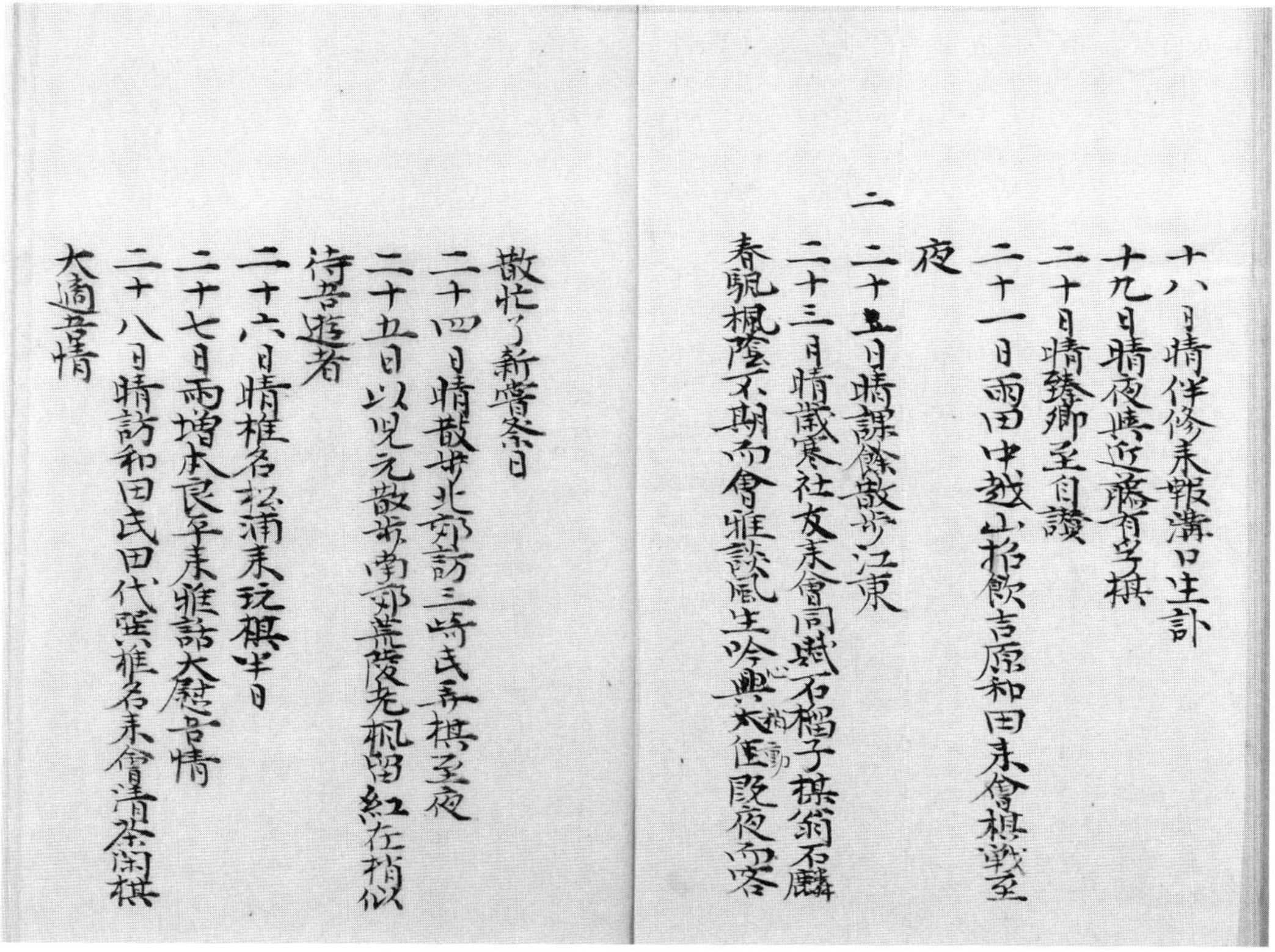

十八日。晴。伴修来報溝口生訃。
十九日。晴。夜与近藤有孚棋。
二十日。晴。臻卿至自讃。
二十一日。雨。田中越山招飲。吉原・和田来会、棋戦至夜。
二十二日。晴。課餘、散歩江東。
二十三日。晴。歳寒社友来会、同賦石榴子。梅翁・石麟・春颿・楓陰不期而会、雅談風生、吟心稍動。既夜而客散、忙了新嘗祭日。
二十四日。晴。散歩北郊、訪三崎氏、弄棋至夜。
二十五日。以児元散歩南郊荒陵。老楓留紅在梢、似待吾遊者。
二十六日。晴。椎名松浦来、玩棋半日。
二十七日。雨。増本良平来、雅話大慰吾情。
二十八日。晴。訪和田氏。田代・巽・椎名来会、清茶閑棋、大適吾情。

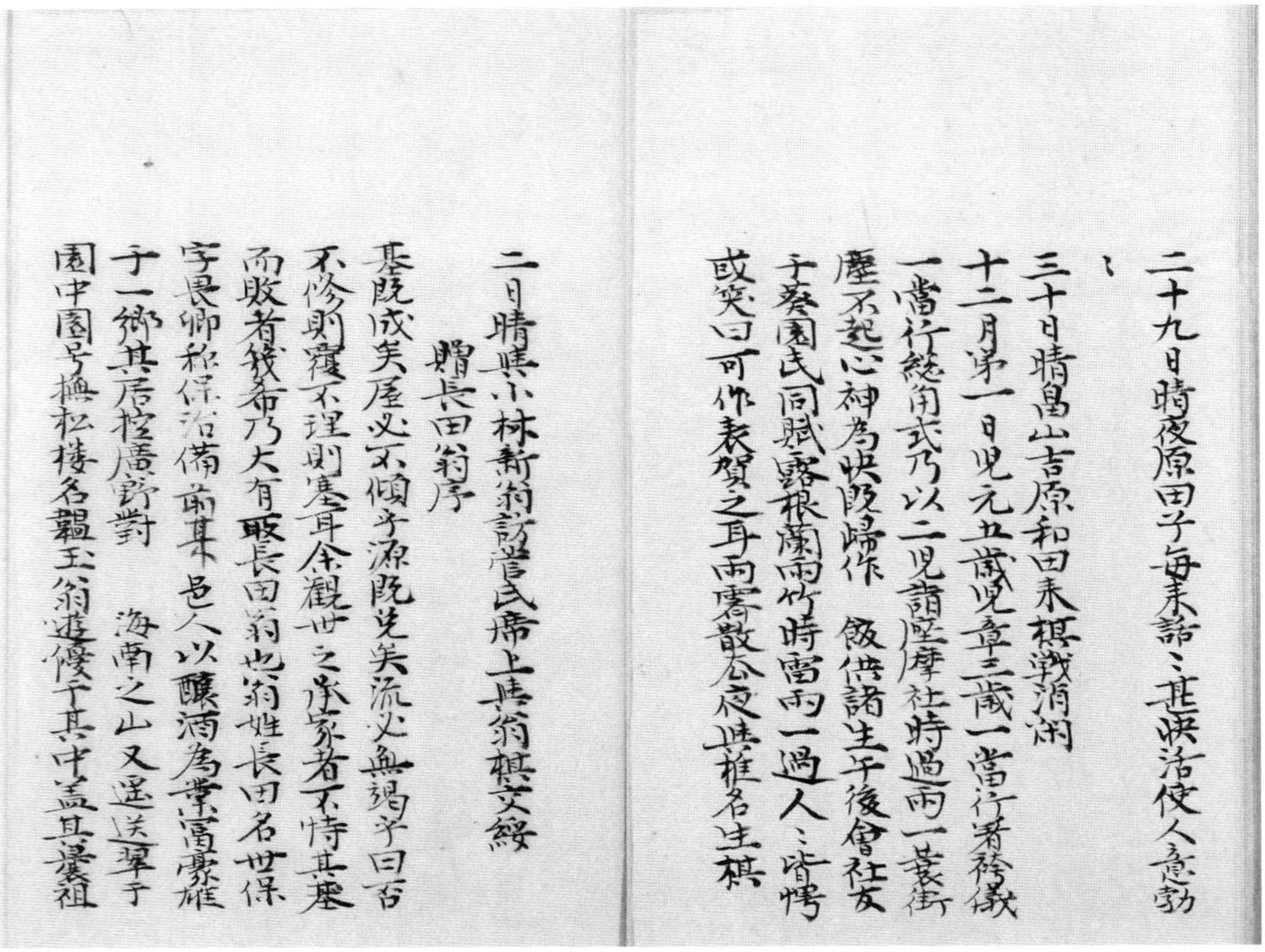

二十九日。晴。夜、原田子毎来話、話甚快活、使人意勃
〻。
三十日。晴。畠山・吉原・和田来、棋戦消閑。
★☆十二月、第一日。児元五歳、児章三歳、一当行著袴儀、
一当行総角式、乃以二児詣座摩社。時過雨一蓑、街
塵不起、心神為快。既帰、作　飯供諸生。午後、会社友
于葵園氏、同賦露根蘭雨竹。時雷雨一過、人〻皆愕、
或笑曰、可作表賀之耳。雨霽、散去。夜与椎名生棋。

二日。晴。与小林新翁訪菅氏。席上与翁棋、交綏。

贈長田翁序

基既成矣、屋必不傾乎。源既兌矣、流必無竭乎。曰、否。
不修則覆、不理則塞耳。余観世之承家者、不恃其基
而敗者幾希。乃大有取長田翁也。翁姓長田、名世保、
字畏卿、称保治。備前某邑人。以醸酒為業、富豪雄
于一郷。其居控広野、対　　海南之山、又遥送翠于
園中。園号撫松、楼名韞玉。翁優遊于其中。蓋其嚢祖

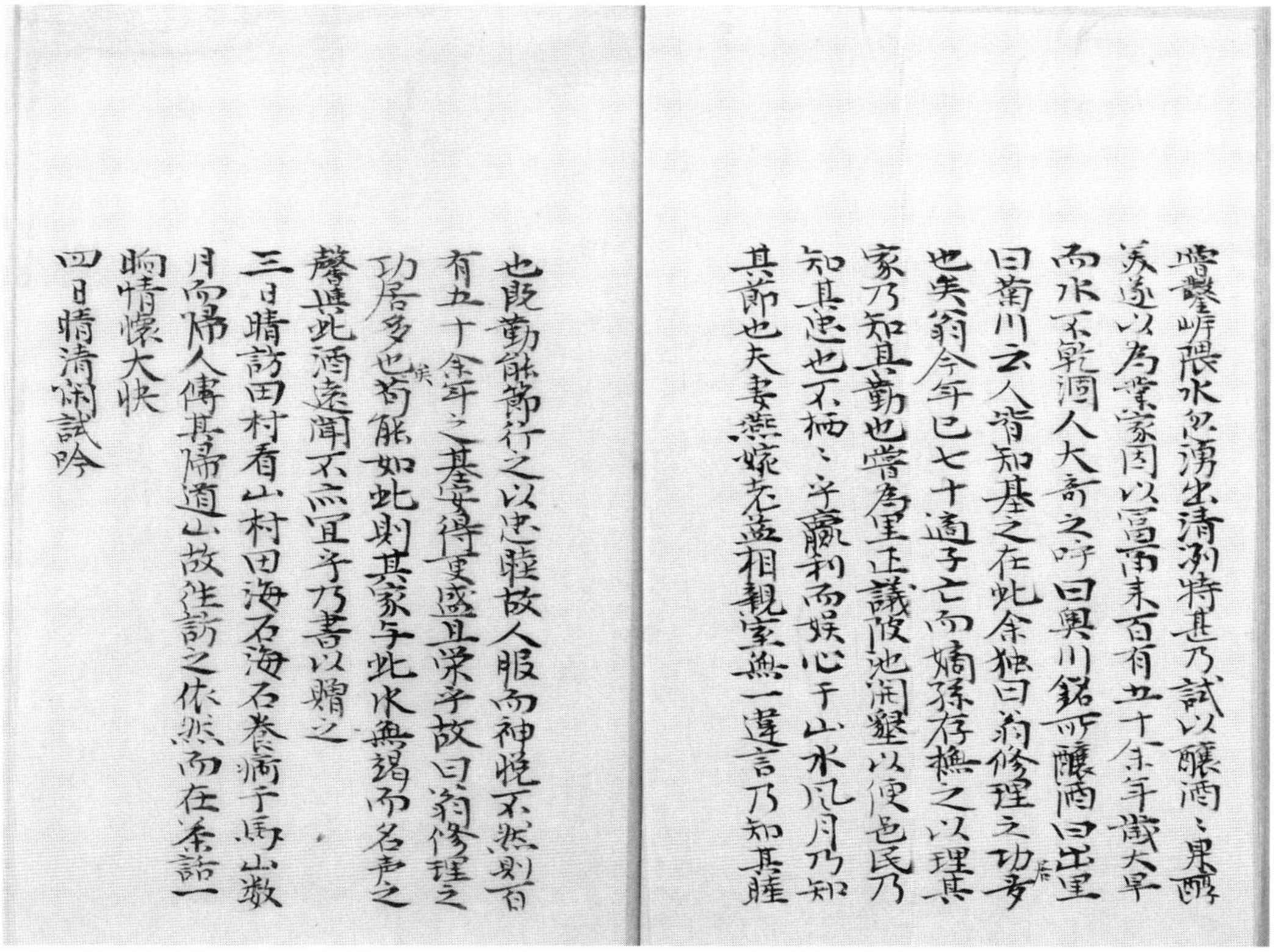

嘗鑿岸隈、水忽湧出、清冽特甚、乃試以醸酒、酒果醇美、遂以為業、家因以富。爾来百有五十余年、歳大旱而水不乾涸、人大奇之、呼曰奥川。銘所醸酒曰出里、曰菊川云。人皆知基之在此。余独曰、翁修理之功、居多也矣。翁今年已七十、適子亡而嫡孫存、撫之以理其家、乃知其勤也。嘗為里正、議陂池開墾、以便邑民、乃知其忠也。不栖〻乎贏利、而娯心于山水風月、乃知其節也。夫妻燕婉、老益相親、室無一違言、乃知其睦也。既勤能節、行之以忠睦、故人服而神悦、不然則百有五十余年之基、安得更盛且栄乎。故曰、翁修理之功、居多也矣。苟能如此、則其家与此水無竭、而名声之馨与此酒遠聞、不亦宜乎。乃書以贈之。

三日。晴。訪田村看山・村田海石。海石養痾于馬山、数月而帰。人伝其帰道山、故往訪之、依然而在。茶話一晌、情懐大快。

四日。晴。清閑、試吟。

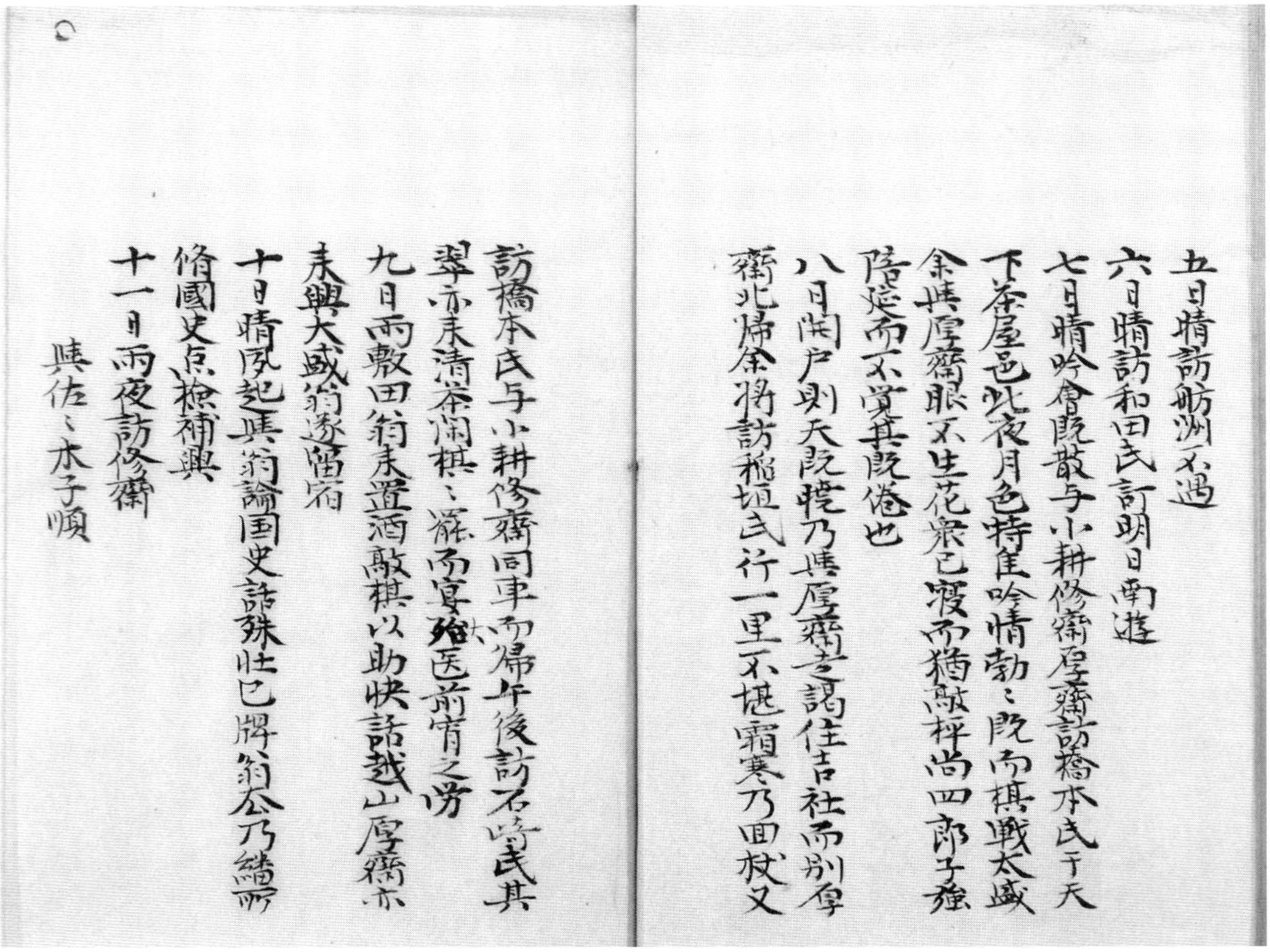

五日。晴。訪舫洲、不遇。
六日。晴。訪和田氏、訂明日南遊。
七日。晴。吟会既散、与小耕・修斎・厚斎訪橋本氏于天下茶屋邑。此夜月色特佳、吟情勃ゝ。既而棋戦太盛、余与厚斎眼不生花、衆已寝而猶敲枰。尚四郎子強陪筵、而不覚其既倦也。
八日。開戸則天既暁、乃与厚斎走謁住吉社、而別厚斎北帰。余将訪稲垣氏、行一里、不堪霜寒、乃回杖。又訪橋本氏、与小耕・修斎同車而帰。午後訪石崎氏、其翠亦来。清茶閑棋、棋罷而宴、大医前宵之労。
九日。雨。敷田翁来、置酒敲棋、以助快話。越山・厚斎亦来、興大盛。翁遂留宿。
十日。晴。夙起、与翁論国史、話殊壮。巳牌、翁去。乃繙所修国史、点検補輿。
十一日。雨。夜、訪修斎。
与佐ゝ木子順

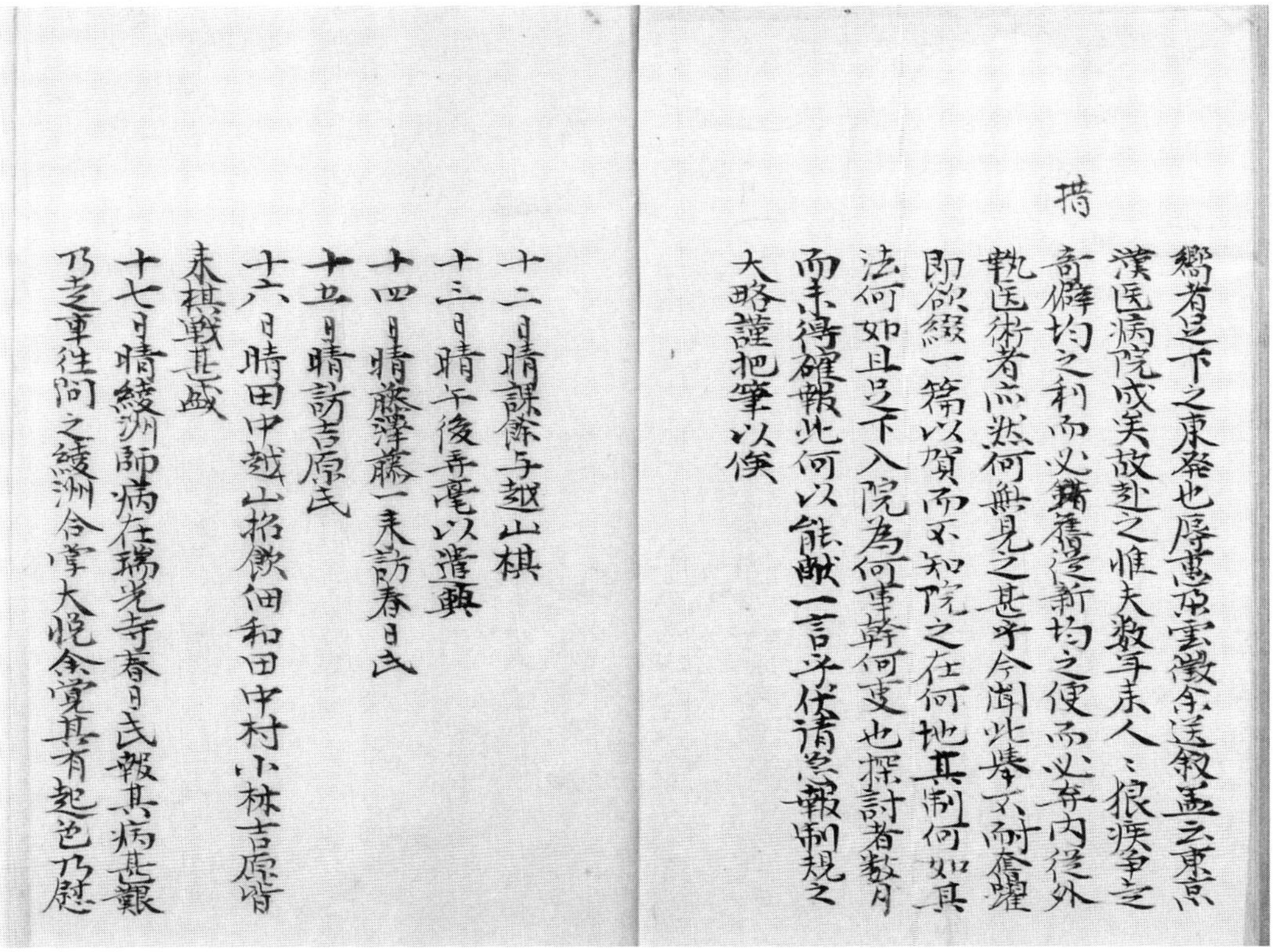

嚮者足下之東発也、辱恵朶雲、徴余送叙。蓋云、東京漢医病院成矣、故赴之。惟夫数年来、人〻狼疾、争走奇僻、均之利而必措旧従新、均之便而必棄内従外。執医術者亦然、何無見之甚乎。今聞此挙、不耐奮躍、即欲綴一篇以賀、而不知院之在何地、其制何如、其法何如、且足下入院為何事、幹何事也。探討者数月而未得確報、此何以能献一言乎。伏請急報制規之大略、謹把筆以俟。

十二日。晴。課餘、与越山棋。
十三日。晴。午後、弄毫以遣興。
十四日。晴。藤澤藤一来、訪春日氏。
十五日。晴。訪吉原氏。
十六日。晴。田中越山招飲。佃・和田・中村・小林・吉原皆来、棋戦甚盛。
十七日。晴。綾洲師病在瑞光寺、春日氏報其病甚艱、乃走車往問之。綾洲合掌大悦、余覚其有起色、乃慰

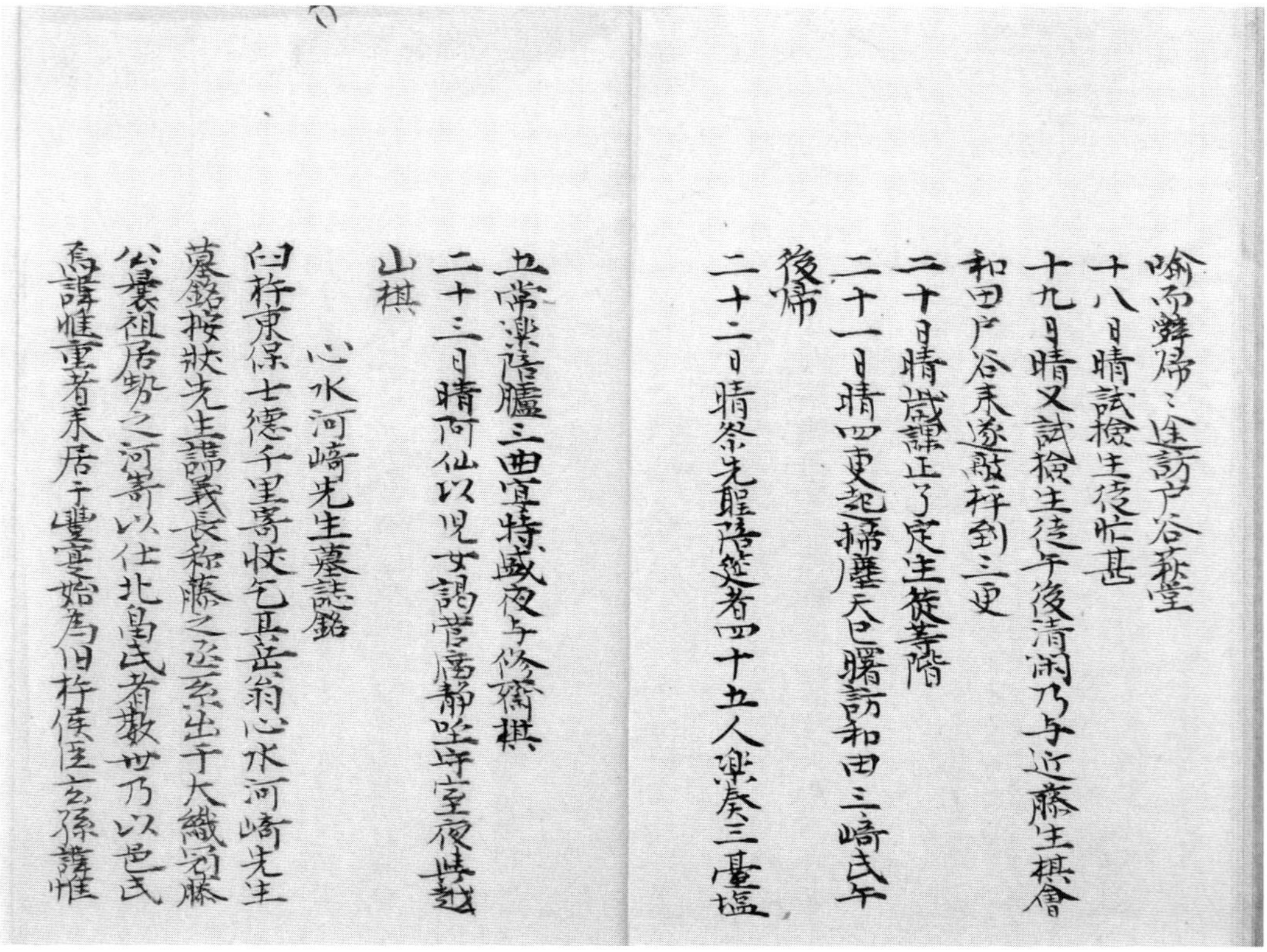

喩而辞帰。帰途、訪戸谷萩堂。
十八日。晴。試検生徒、忙甚。
十九日。晴。又試検生徒。午後清閑、乃与近藤生棋。会和田・戸谷来、遂敲枰到三更。
二十日。晴。歳課正了、定生徒等階。
二十一日。晴。四更起掃塵。天已曙、訪和田・三崎氏、午後帰。
二十二日。晴。祭先聖、陪筵者四十五人。楽奏三臺塩・五常楽・陪臚三曲、宴特盛。夜与修斎棋。
二十三日。晴。阿仙以児女謁菅廟。静坐守室。夜与越山棋。

心水河崎先生墓誌銘

曰杵東保士徳、千里寄状、乞其岳翁心水河崎先生墓銘。按状、先生諱義長、称藤之丞、系出于大織冠藤公。曩祖居勢之河崎、以仕北畠氏者数世、乃以邑氏焉。諱惟重者、来居于豊、寔始為旧杵侯臣。玄孫、諱惟

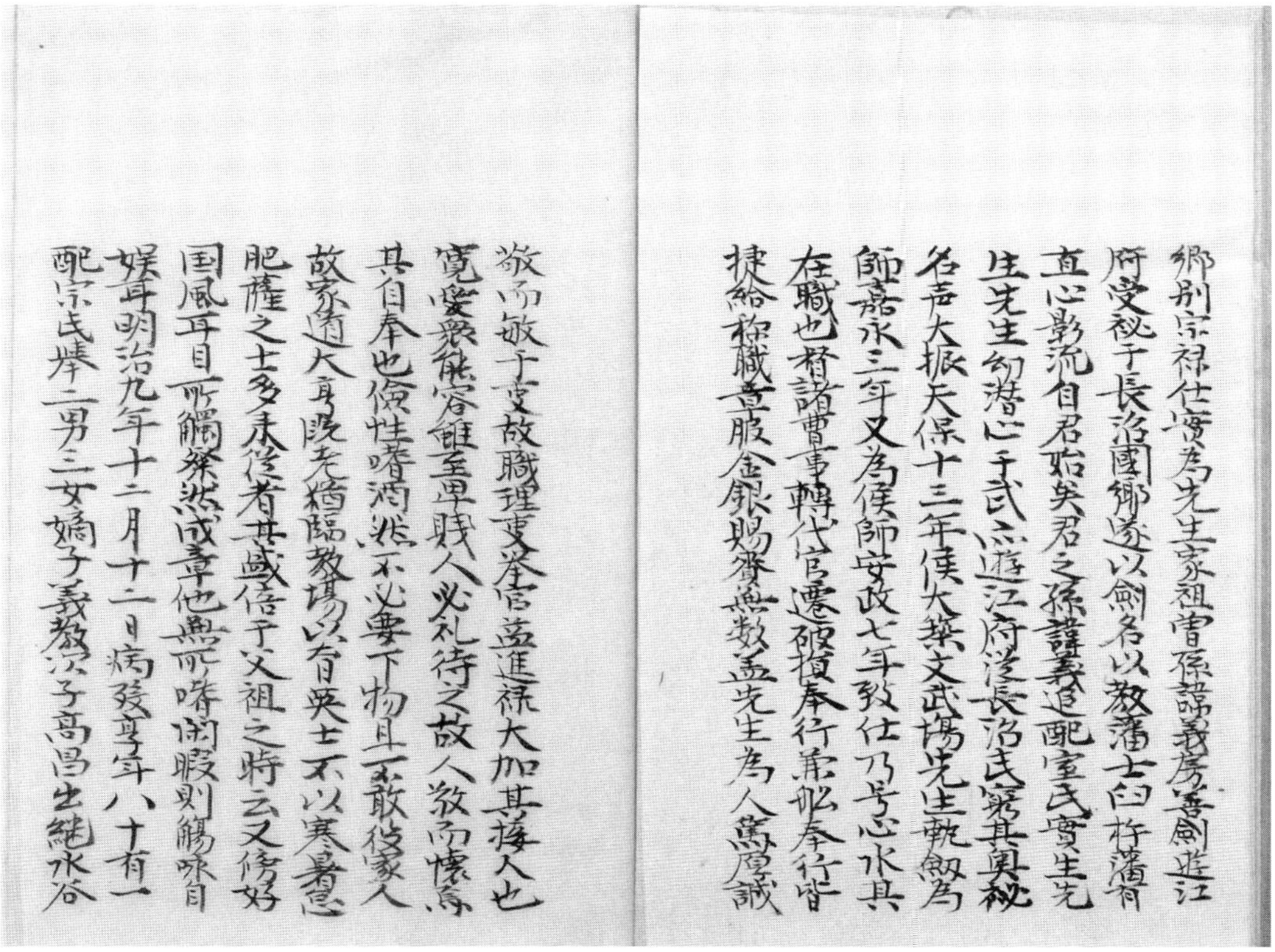

鄉、別宗禄仕、実為先生家祖。曾孫、諱義房、善剣、遊江府、受祕于長沼国鄉、遂以剣名、以教藩士。曰杵藩有直心影流、自君始矣。君之孫、諱義追、配室氏、実生先生。先生幼潜心于武、亦遊江府、従長沼氏、窮其奥祕、名声大振。天保十三年、侯大築文武場、先生執剣為師。嘉永三年、又為侯師。安政七年致仕。乃号心水。其在職也、督諸曹事、転代官、遷破損奉行兼船奉行、皆捷給称職、章服金銀、賜賚無数。蓋先生為人、篤厚誠敬而敏于事、故職理事挙、官益進、禄大加。其接人也、寛愛衆能容、雖至卑賤人、必礼待之、故人敬而懐焉。其自奉也倹、性嗜酒、然不必要下物、且不敢役家人、故家道大亨。既老、猶臨教場、以育英士、不以寒暑怠。肥薩之士、多来従者、其盛倍于父祖之時云。又傍好国風、耳目所触、粲然成章、他無所嗜、閑暇則觴詠自娯耳。明治九年十二月十二日病歿、享年八十有一。配宗氏、挙二男三女。嫡子義教、次子高昌、出継水谷

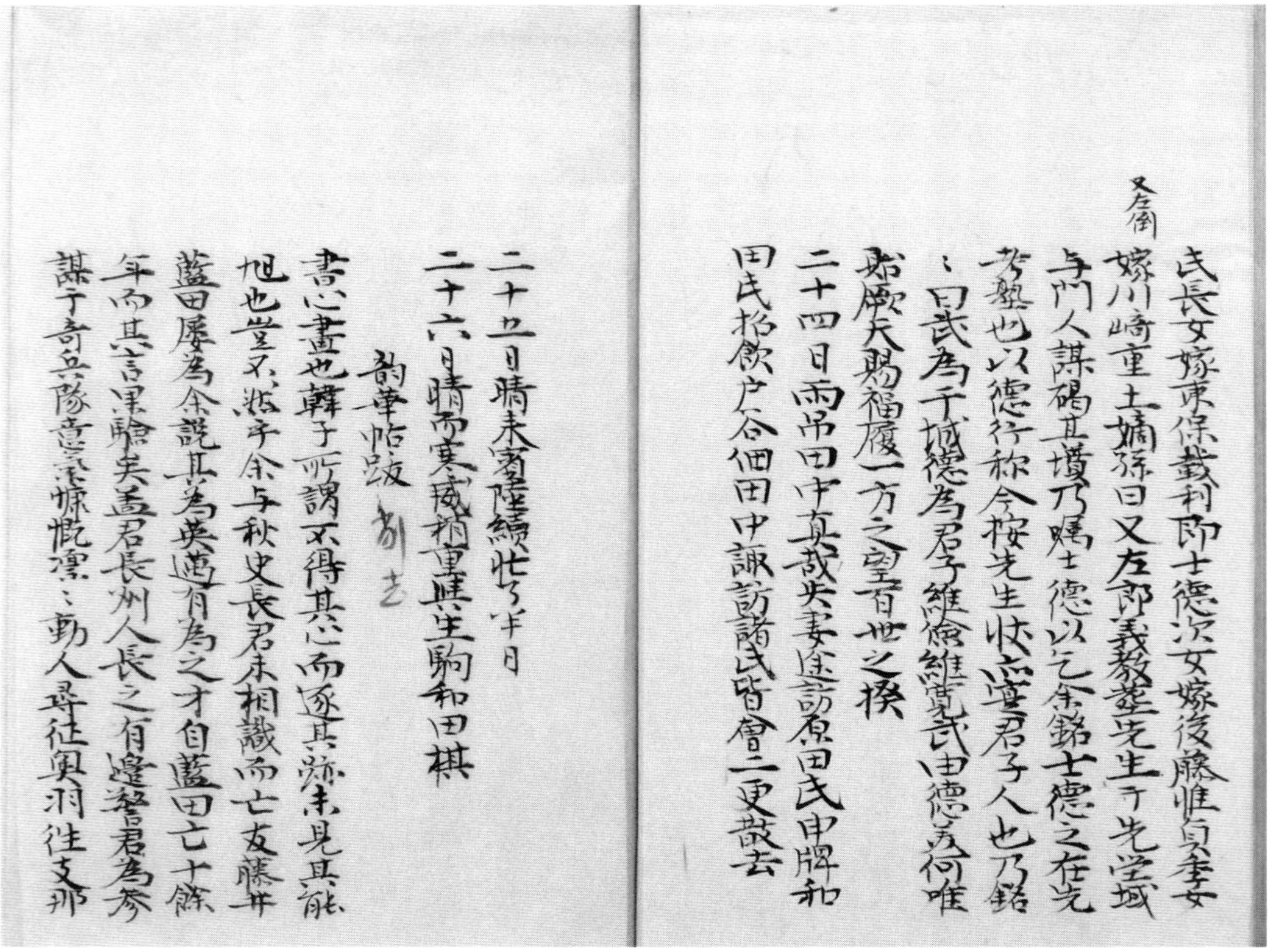

氏。長女嫁東保載利、即士徳。次女嫁後藤惟貞、季女嫁川崎重土。嫡孫曰左又郎。義教葬先生于先塋域、与門人謀碣其墳、乃嘱士徳以乞余銘。士徳之在先考塾也、以徳行称。今按先生状、亦寔君子人也。乃銘。銘曰、武為干城、徳為君子。維倹維寛、武由徳美。何唯貽厥、天賜福履。一方之望、百世之揆。

二十四日。雨。弔田中真哉失妻、途訪原田氏。申牌、和田氏招飲。戸谷・佃・田中・諏訪諸氏皆会、二更、散去。

二十五日。晴。来賓陸続、忙了半日。

二十六日。晴而寒威稍重。与生駒・和田棋。

　韻華帖跋　削去

書心画也、韓子所謂不得其心而逐其跡、未見其能旭也。豈不然乎。余与秋史長君未相識、而亡友藤井藍田屢為余説其為英邁有為之才。自藍田亡十餘年、而其言果験矣。蓋君長州人、長之有辺警、君為参謀于奇兵隊、意気慷慨、凛〻動人。尋征奥羽、往支那、

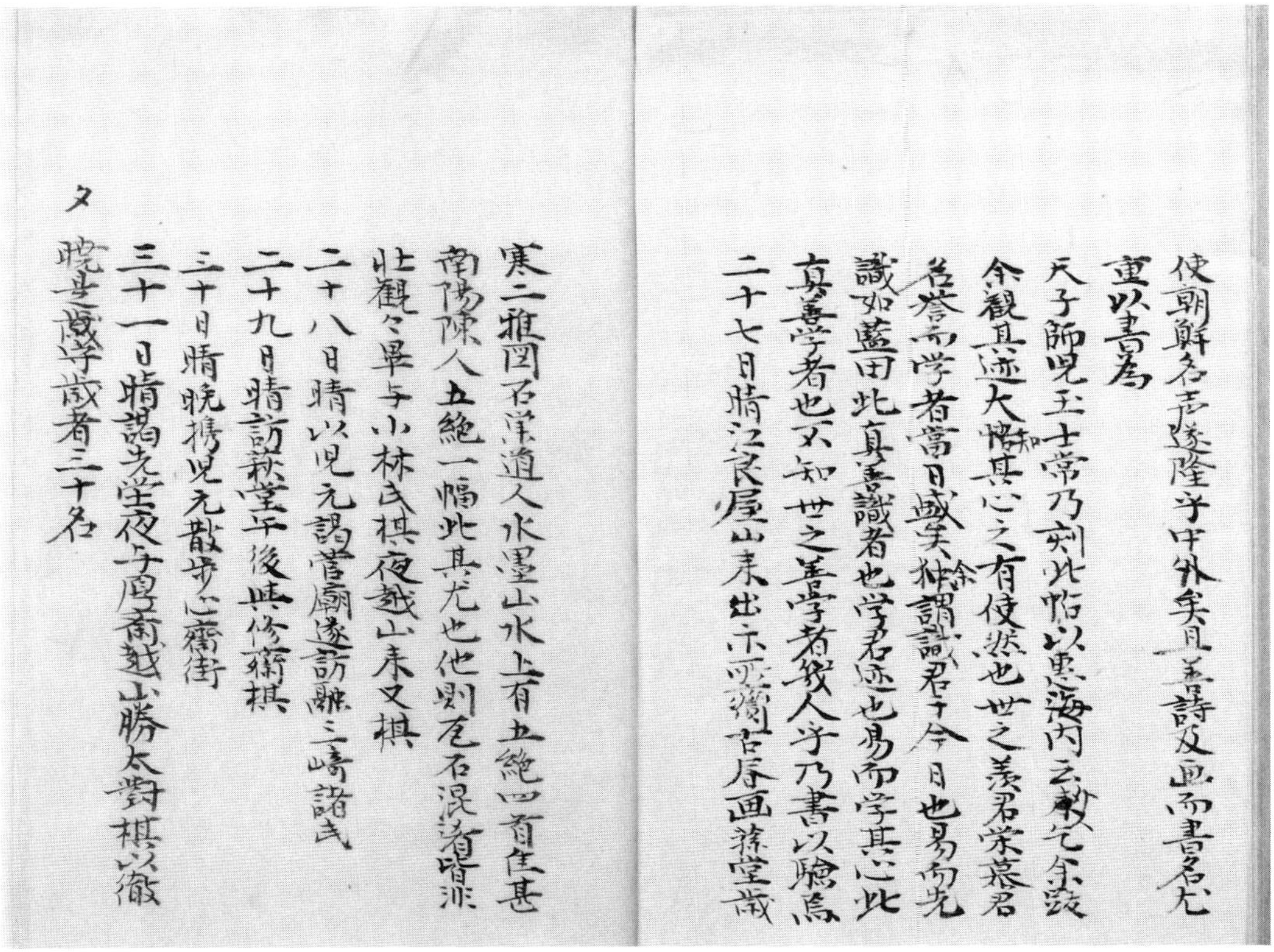

使朝鮮、名声遂隆乎中外矣。且善詩及画、而書名尤重、以書為
天子師。児玉士常乃刻此帖、以恵海内云、介人乞余跋。余観其迹、大知其心之有使然也。世之羨君栄、慕君名、誉而学者当日盛矣。余謂識君于今ヨ也易、而先識如藍田、此真善識者也。学君迹也易、而学其心、此真善学者也。不知世之善学者幾人乎。乃書以験焉。

二十七日。晴。江良屋山来、出示所齎古書画。蓀堂歳寒二雅図、石巣道人水墨山水、上有五絶四首、佳甚。南陽陳人五絶一幅、此其尤也。他則瓦石混淆、皆非壮観。観畢、与小林氏棋。夜、越山来、又棋。

二十八日。晴。以児元謁菅廟、遂訪融・三崎諸氏。

二十九日。晴。訪萩堂。午後、与修斎棋。

三十日。晴。晩、携児元散歩心斎街。

三十一日。晴。謁先塋。夜与厚斎・越山・勝太対棋、以徹暁。是夕、守歳者三十名。

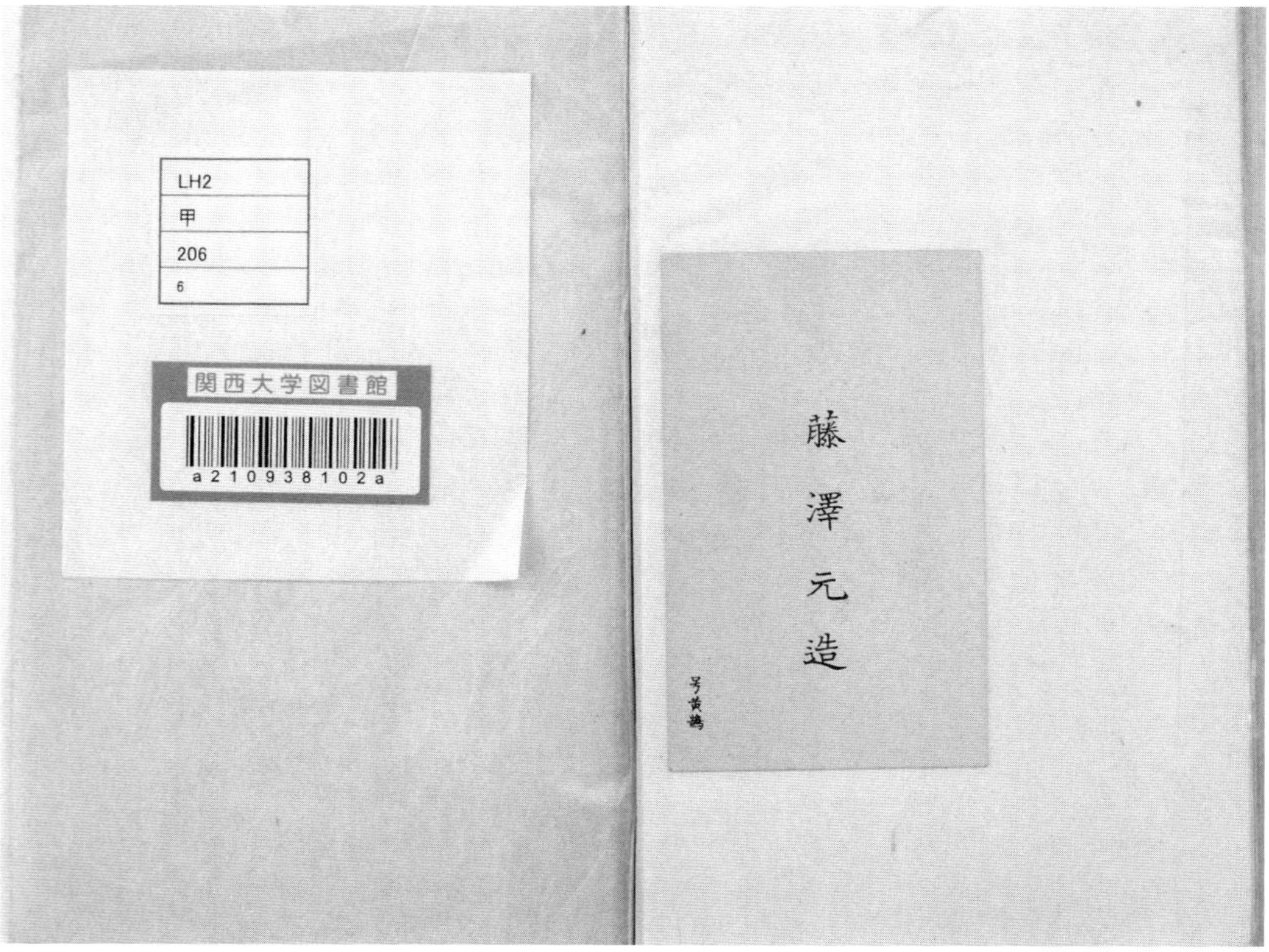


藤澤元造

号黄鵠

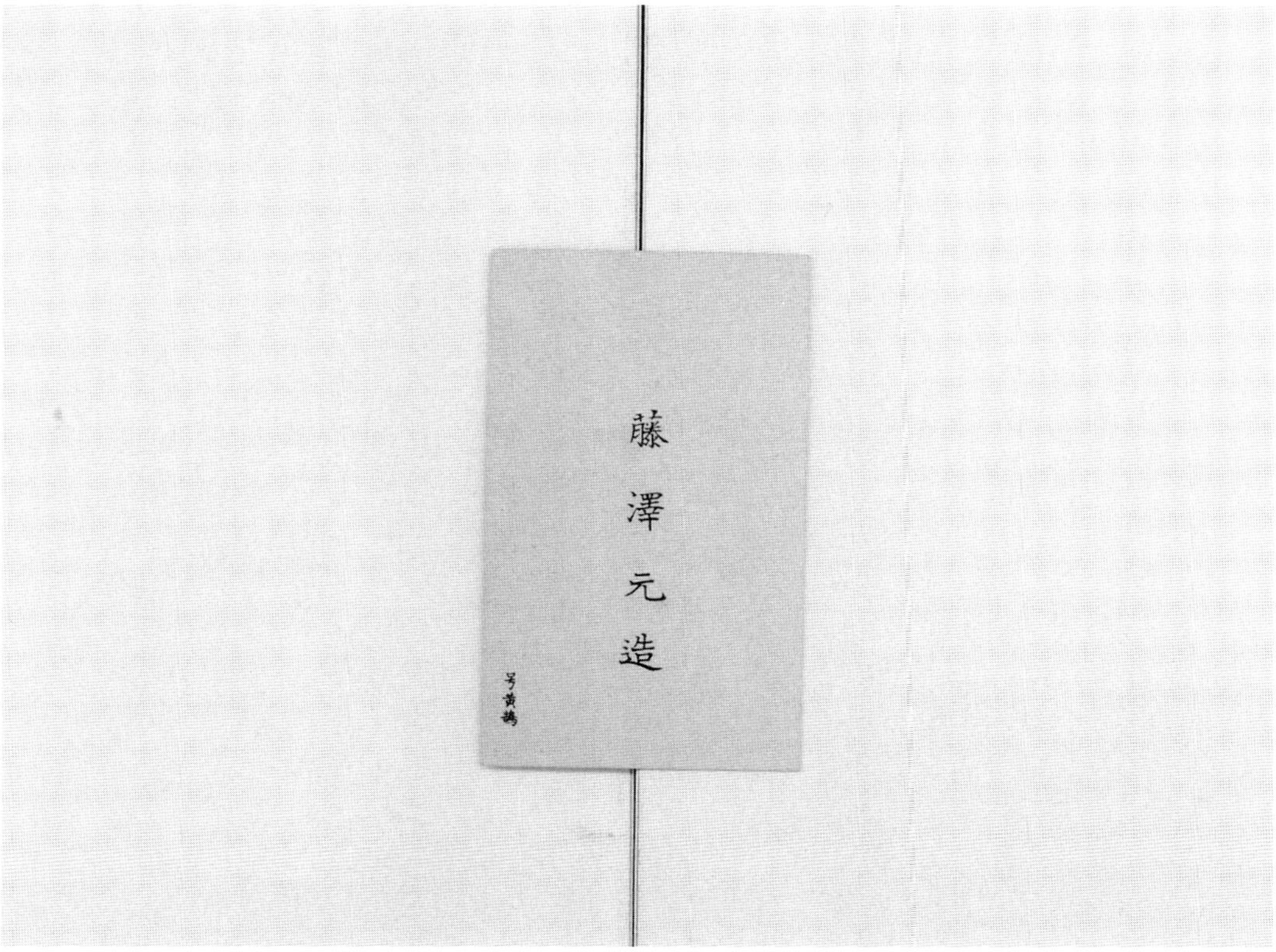
藤澤元造
号黄鵠

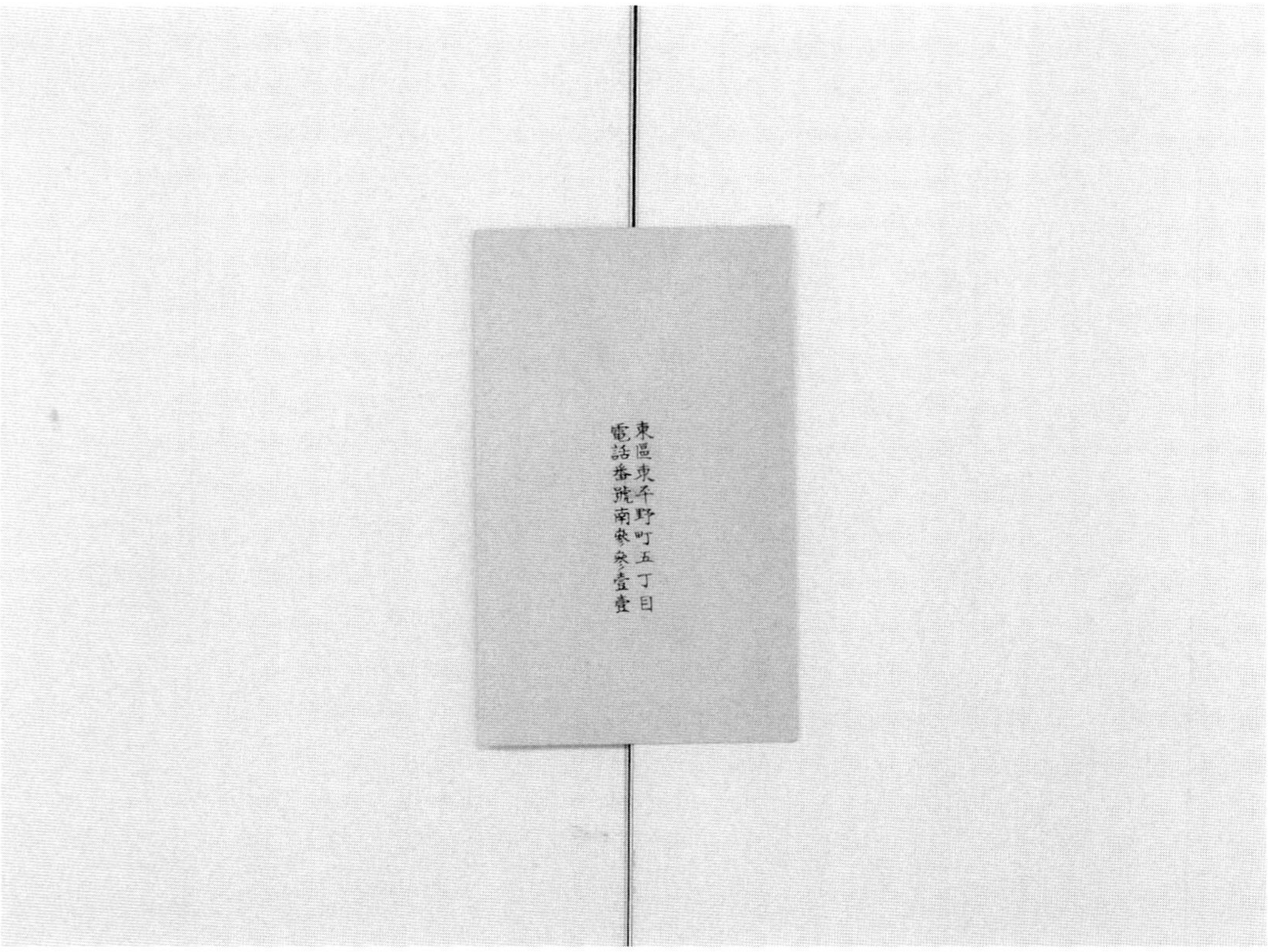


東区東平野町五丁目
電話番号南参参壱壱

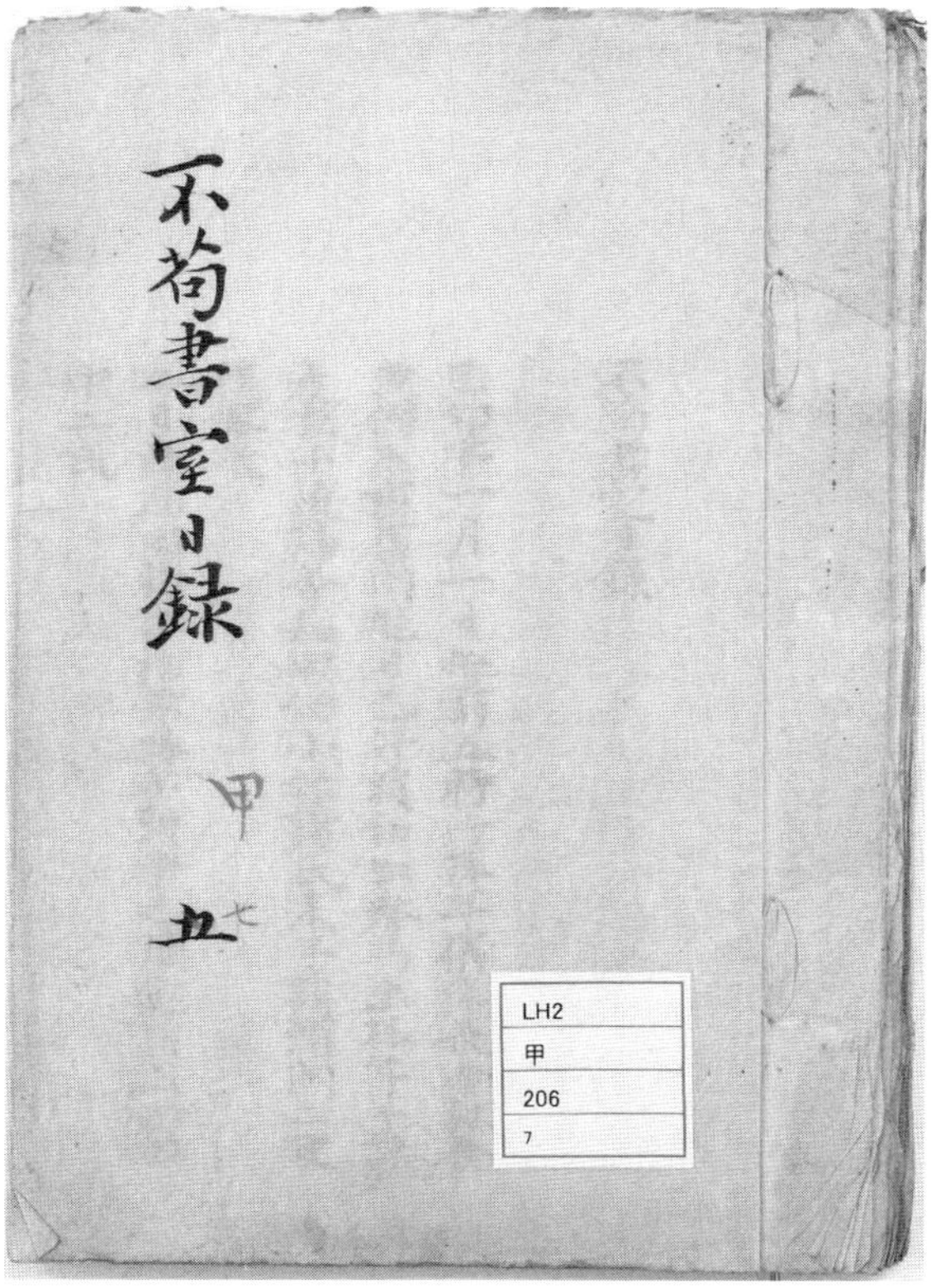


# 不苟書室日録　甲　七

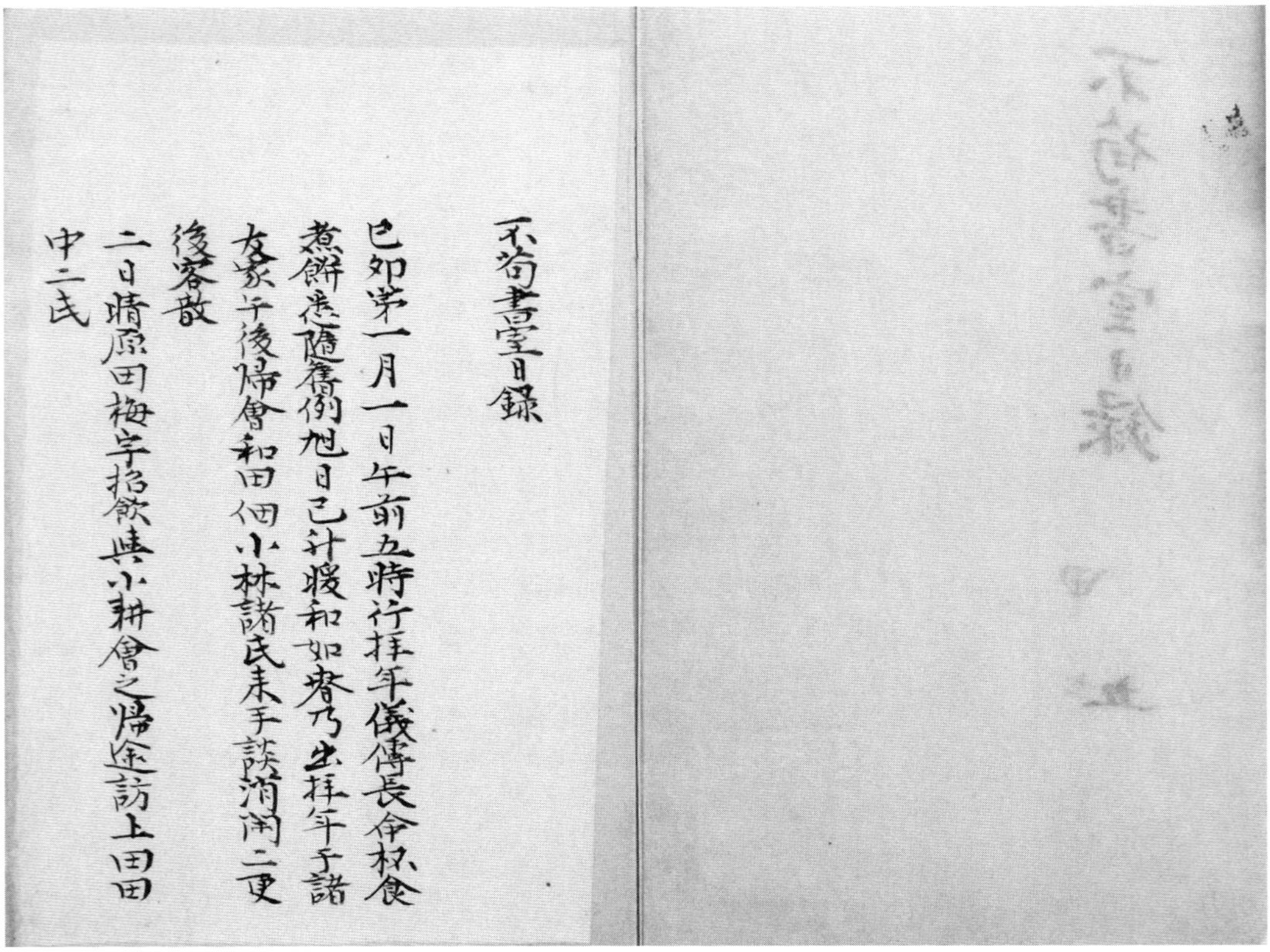

不苟書室日録

己卯第一月、一日。午前五時、行拝年儀、伝長命杯、食煮餅、悉随旧例。旭日已升、暖和如春、乃出拝年于諸友家。午後帰、会和田・佃・小林諸氏来、手談消閑。二更後、客散。

二日。晴。原田梅宇招飲、与小耕会之。帰途、訪上田・田中二氏。

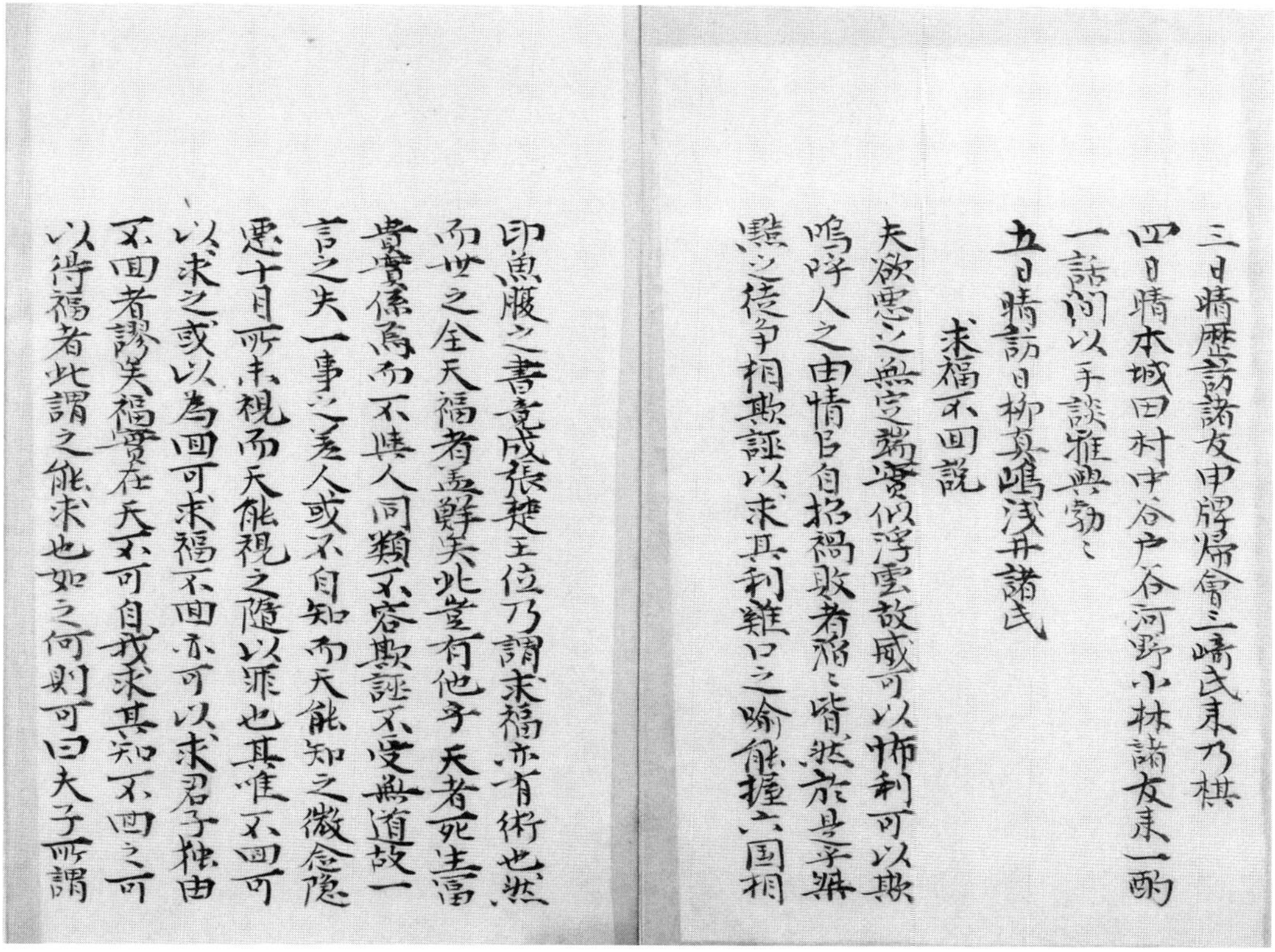

三日。晴。歴訪諸友。申牌帰、会三崎氏来、乃棋。
四日。晴。本城・田村・中谷・戸谷・河野・小林諸友来、一酌一話、間以手談、雅興勃〻。
五日。晴。訪日柳・真嶋・浅井諸氏。

求福不回説

夫欲悪之無定端、実似浮雲、故威可以怖、利可以欺。嗚呼、人之由情以自招禍敗者、滔〻皆然。於是乎桀黠之徒、争相欺誑以求其利。鶏口之喩、能握六国相印、魚腹之書、竟成張楚王位、乃謂求福亦有術也。然而世之全天福者、蓋鮮矣。此豈有他乎。天者、死生富貴実係焉、而不与人同類、不容欺誑、不受無道。故一言之失、一事之差、人或不自知、而天能知之。微念隠悪、十目所未視、而天能視之、随以罪也。其唯不回、可以求之。或以為回可求福、不回亦可以求、君子独由不回者、謬矣。福実在天、不可自我求、其知不回之可以得福者、此謂之能求也。如之何則可。曰、夫子所謂

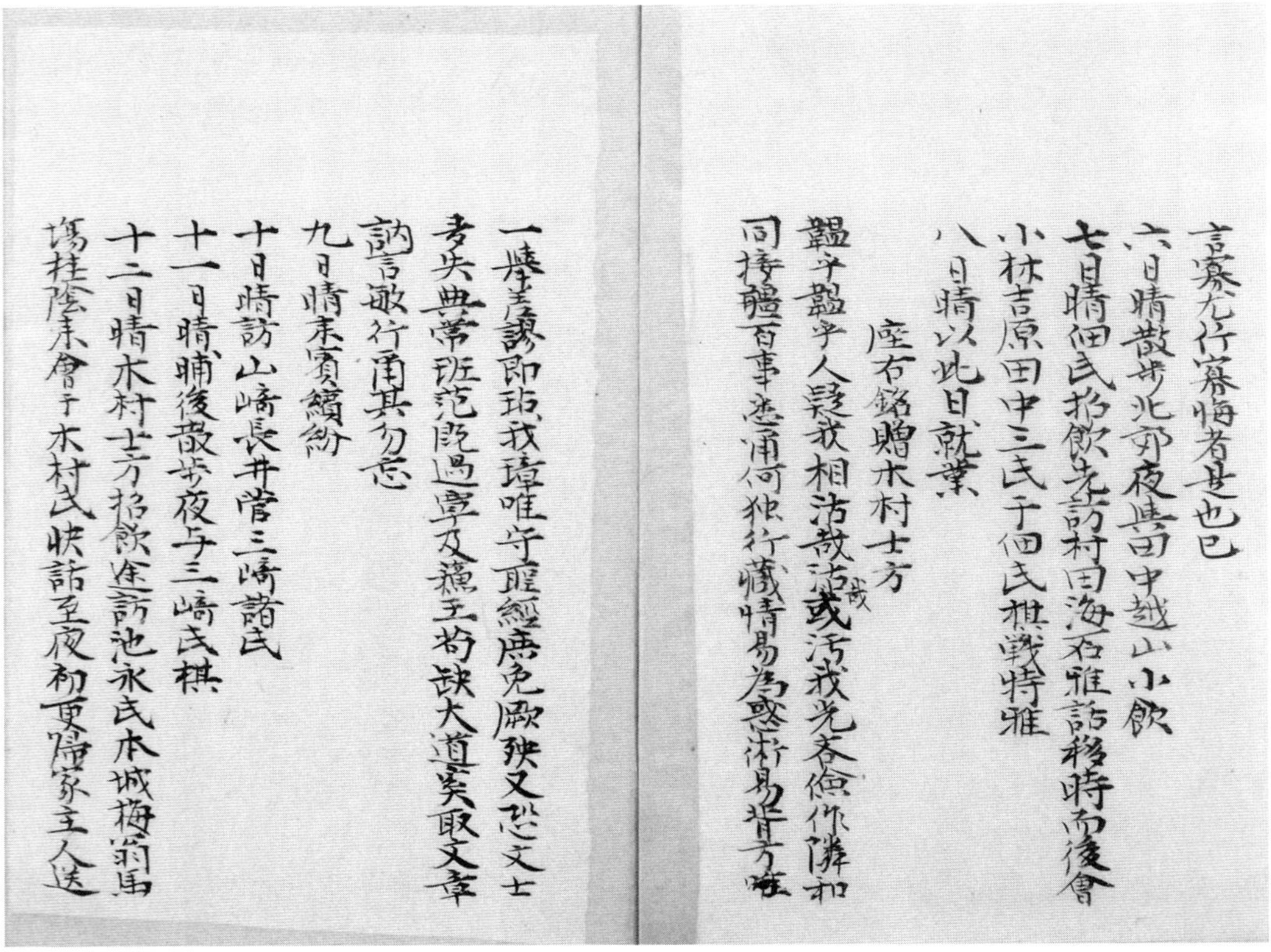

言寡尤、行寡悔者是也已。
六日。晴。散歩北郊。夜、与田中越山小飲。
七日。晴。佃氏招飲。先訪村田海石、雅話移時、而後会
小林・吉原・田中三氏于佃氏、棋戦特雅。
八日。晴。以此日就業。
　座右銘贈木村士方
轀乎轀乎、人疑我相。沽哉沽哉、或汚我光。吝倹作隣、和
同接疆。百事悉爾、何独行蔵。情易為惑、術易背方。
一挙差謬、即玷我璋。唯守聖経、庶免厥殃。又恐文士、
多失典常。班范既過、覃及蘇王。苟缺大道、奚取文章。
訥言敏行、爾其勿忘。
九日。晴。来賓繽紛。
十日。晴。訪山崎・長井・菅・三崎諸氏。
十一日。晴。晡後、散歩。夜与三崎氏棋。
十二日。晴。木村士方招飲。途訪池永氏。本城梅翁・馬
場桂陰来会于木村氏。快話至夜、初更帰家、主人送

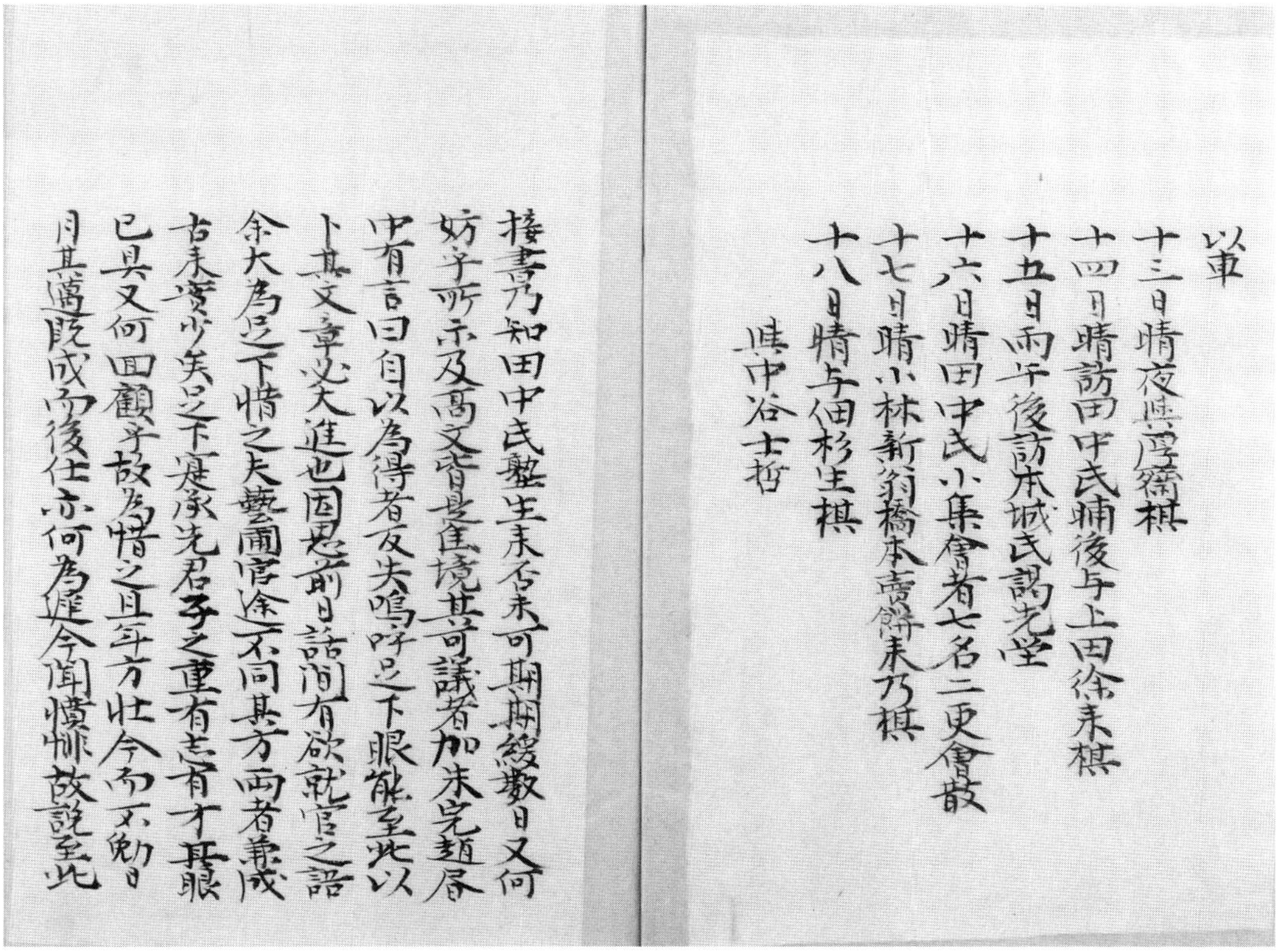

以車。
十三日。晴。夜与厚斎棋。
十四日。晴。訪田中氏。晡後、与上田・徐来棋。
十五日。雨。午後訪本城氏、謁先塋。
十六日。晴。田中氏小集。会者七名、二更、会散。
十七日。晴。小林新翁、橋本売餅来、乃棋。
十八日。晴。与佃・杉生棋。

与中谷士哲

接書乃知田中氏塾生来否未可期。期緩数日、又何妨乎。所示及高文皆是佳境、其可議者、加朱完趙。書中有言曰、自以為得者反失。嗚呼、足下眼能至此、以卜其文章、必大進也。因思前日、話間有欲就官之語、余大為足下惜之。夫藝圃官途、不同其方、両者兼成、古来実少矣。足下寔承先君子之重、有志有才、其眼已具、又何回顧乎。故為惜之。且年方壮、今而不勉、日月其邁、既成而後仕、亦何為遅。今聞憤悱、故説至此、

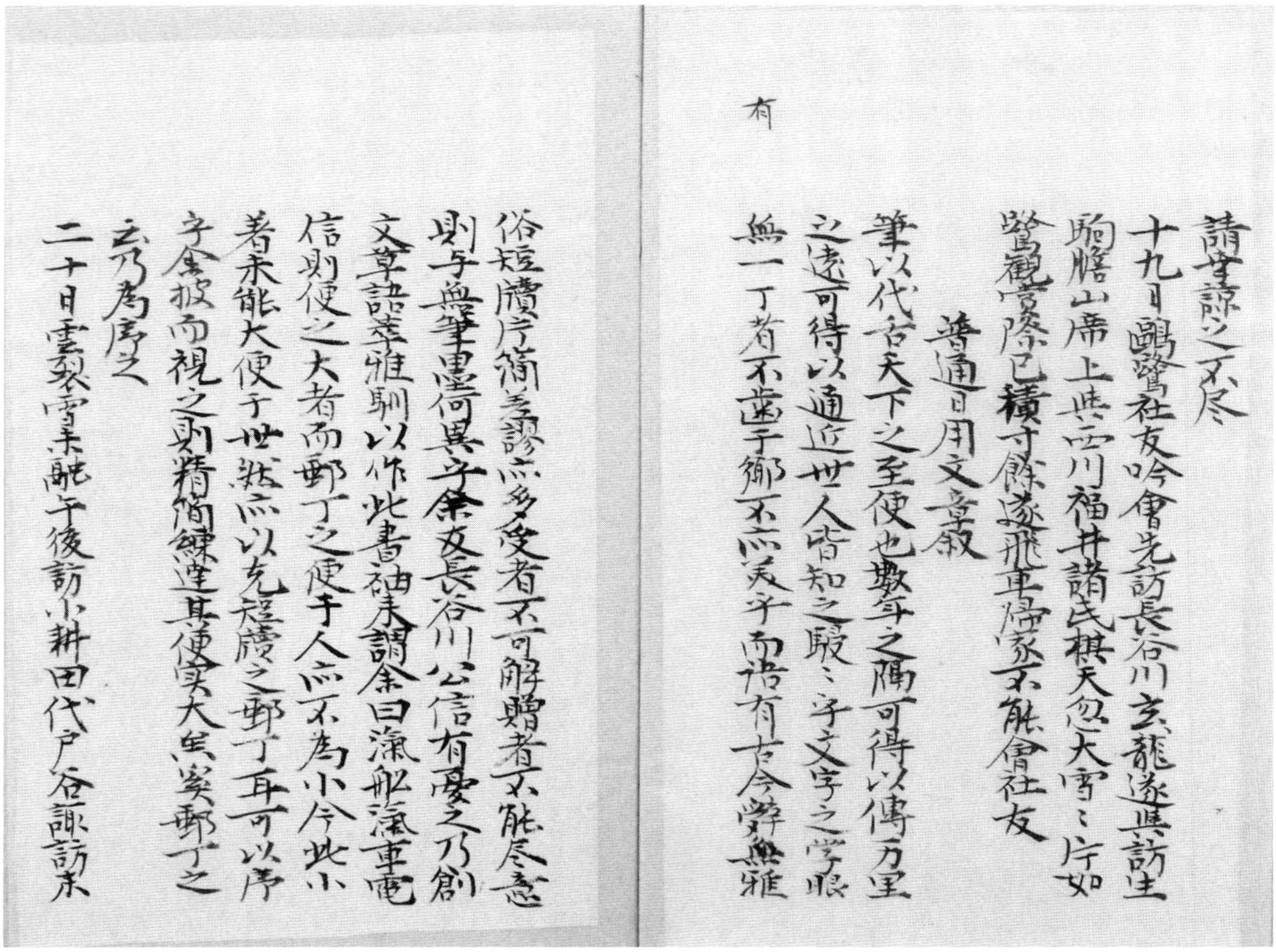

請幸諒之。不尽。
十九日。鷗鷺社友吟会。先訪長谷川玄龍、遂与訪生駒胆山。席上与西川・福井諸氏棋。天忽大雪、雪片如鷺、観賞際已積寸餘、遂飛車帰家、不能会社友。

普通日用文章叙

筆以代舌、天下之至便也。数年之隔、可得以伝、万里之遠、可得以通、近世人皆知之。駸ゝ乎、文字之学。眼無一丁者、不歯于郷、不亦美乎。而語有古今、辞有雅俗、短牘片簡、差謬亦多、受者不可解、贈者不能尽意、則与無筆墨何異乎。余友長谷川公信有憂之、乃創文草語萃雅馴以作此書、袖来謂余曰、瀛船・瀛車・電信則便之大者、而郵丁之便于人、亦不為小。今此小著、未能大便于世、然亦以充短牘之郵丁耳、可以序乎。余披而視之、則精簡練達、其便実大矣、奚郵丁之云。乃為序之。
二十日。雲裂雪未融。午後、訪小耕。田代・戸谷・諏訪来

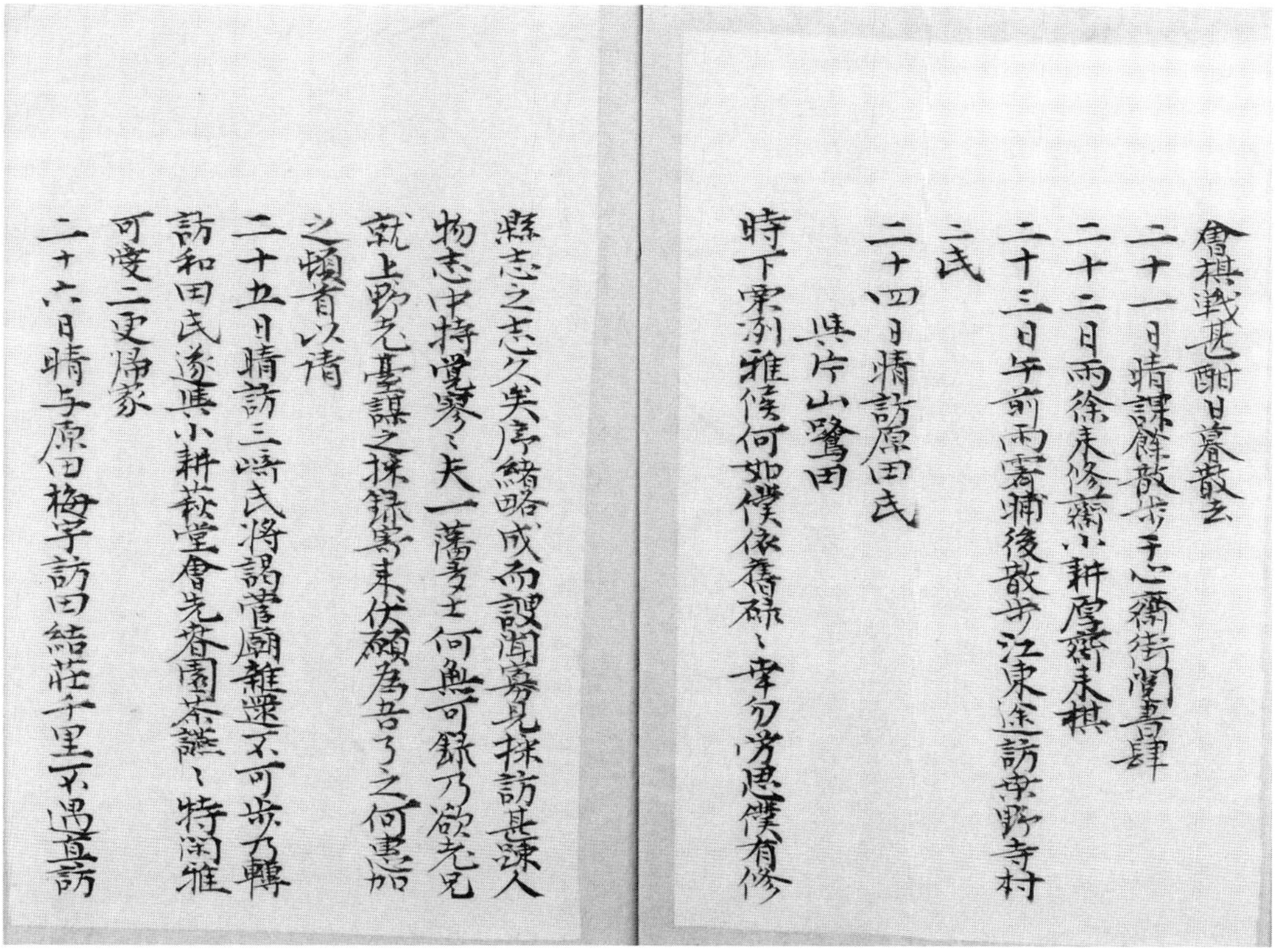

会、棋戦甚酣。日暮、散去。
二十一日。晴。課餘、散歩于心斎街、閲書肆。
二十二日。雨。徐来・修斎・小耕・厚斎来棋。
二十三日。午前雨霽。晡後、散歩江東、途訪桑野・寺村
二氏。
二十四日。晴。訪原田氏。
　与片山鷺田
時下栗冽、雅候何如。僕依旧碌〻、幸勿労思。僕有修
県志之志久矣。序緒略成、而謏聞寡見、採訪甚疎、人
物志中特覚寥〻。夫一藩多士、何無可録。乃欲老兄
就上野老臺謀之、採録寄来。伏願為吾了之、何恵加
之、頓首以請。
二十五日。晴。訪三崎氏。将謁菅廟、雑遝不可歩、乃転
訪和田氏、遂与小耕・萩堂会先春園茶讌。讌特閑雅
可愛。二更、帰家。
二十六日。晴。与原田・梅宇訪田結荘千里、不遇。直訪

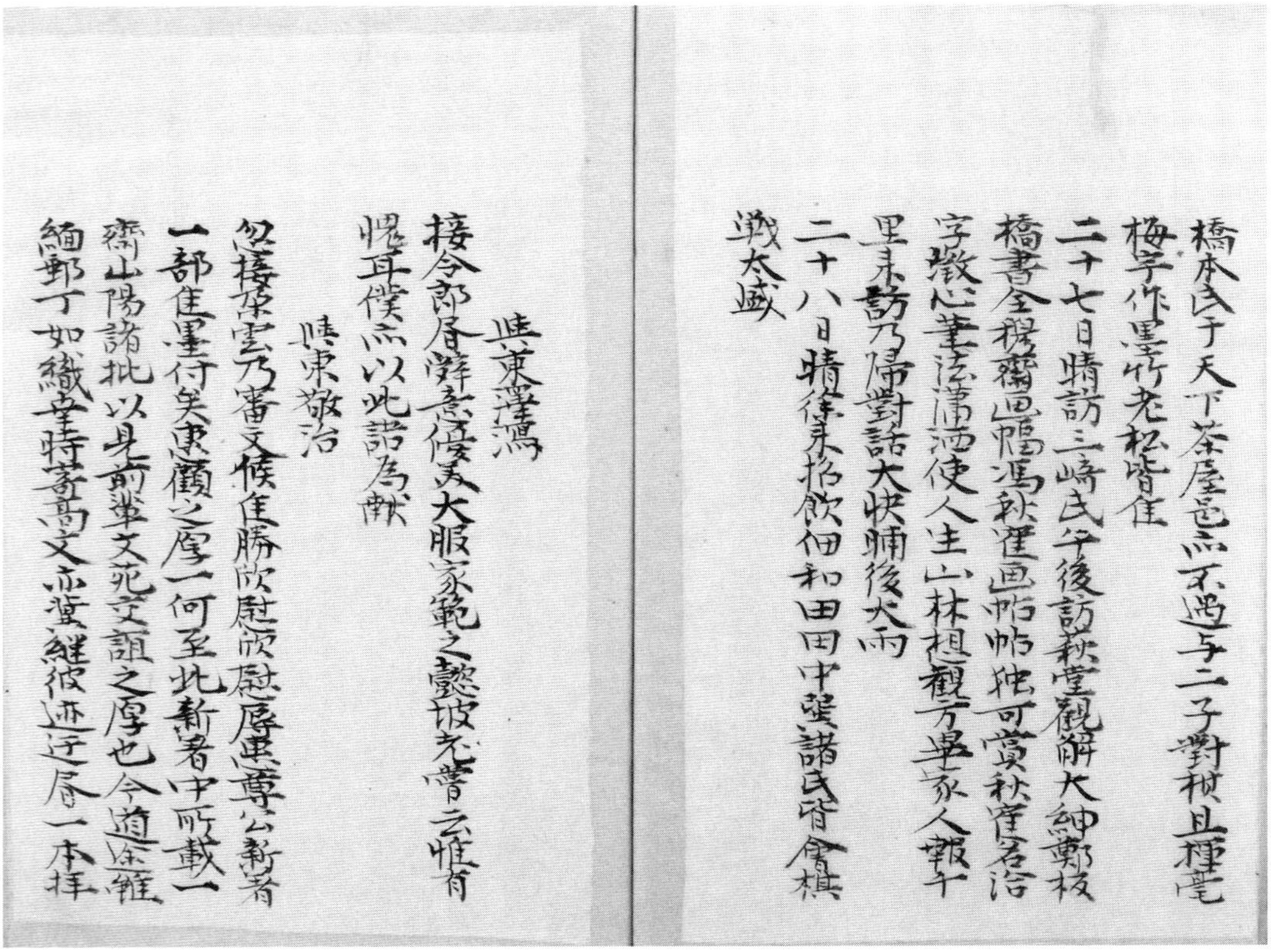

橋本氏于天下茶屋邑、亦不遇。与二子対棋且揮毫、
梅宇作墨竹老松、皆佳。
二十七日。晴。訪三崎氏。午後訪萩堂、観解大紳・鄭板
橋書、全穆斎画幅、馮秋鶴画帖、帖独可賞。秋鶴、名治、
字澂心、筆法瀟洒、使人生山林想。観方畢、家人報千
里来訪、乃帰、対話大快。晡後、大雨。
二十八日。晴。徐来招飲、佃・和田・田中・巽諸氏皆会、棋
戦太盛。

与東沢瀉

接令郎書、辞意優美、大服家範之懿。坡老嘗云、惟有
愧耳、僕亦以此語為献。

与東敬治

忽接朶雲、乃審文候佳勝、欣慰、欣慰。辱恵尊公新著
一部、佳墨付矣。恵顧之厚、一何至此。新著中所載一
斎・山陽諸批、以見前輩文苑交誼之厚也。今道途雖
緬、郵丁如織、幸時寄高文、亦冀継彼迹。迂書一本拝

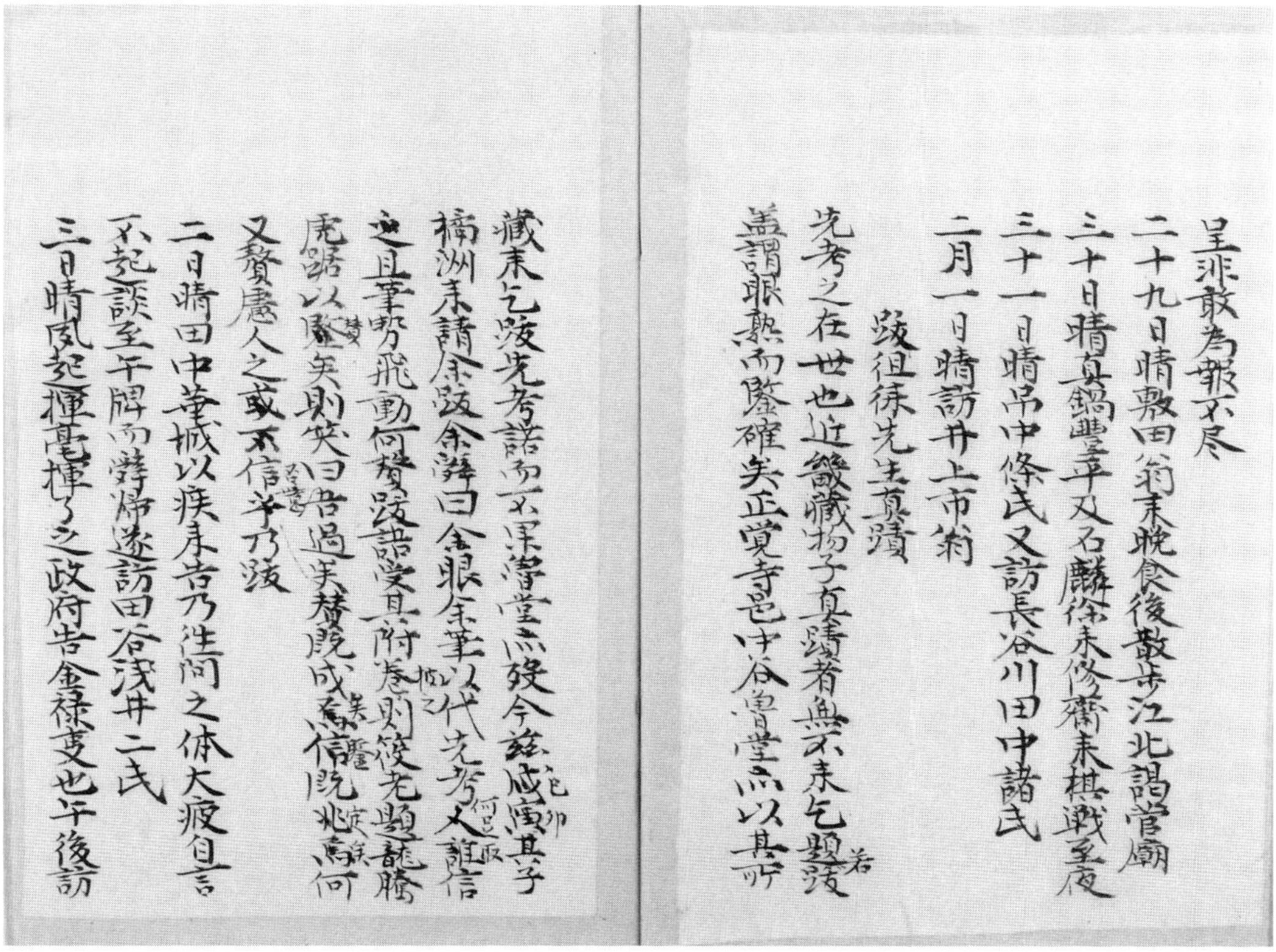

呈、非敢為報。不尽。
二十九日。晴。敷田翁来。晩食後、散歩江北、謁菅廟。
三十日。晴。真鍋豊平及石麟・徐来・修斎来、棋戦至夜。
三十一日晴。弔中條氏、又訪長谷川・田中諸氏。
二月、一日。晴。訪井上市翁。

　跋徂徠先生真蹟

先考之在世也、近畿蔵物子真蹟者、無不来乞題若跋。蓋謂眼熟而鑑確矣。正覚寺邑中谷魯堂亦以其所蔵来乞跋、先考諾而不果、魯堂亦歿。今茲己卯、其子橘洲来請余跋。余辞曰、余眼余筆以代先考、何足取信。且筆勢飛動、何贅跋語。受其附巻披之、則篠老題龍騰虎踞以賛矣。則笑曰、吾過矣、賛既成矣、鑑既定矣、何又贅慮人之信否、噫。乃跋。

二日。晴。田中華城以疾来告、乃往問之。体大疲、自言不起。談至午牌而辞帰、遂訪田谷・浅井二氏。
三日。晴。夙起揮毫、揮了、之政府告金禄事也。午後、訪

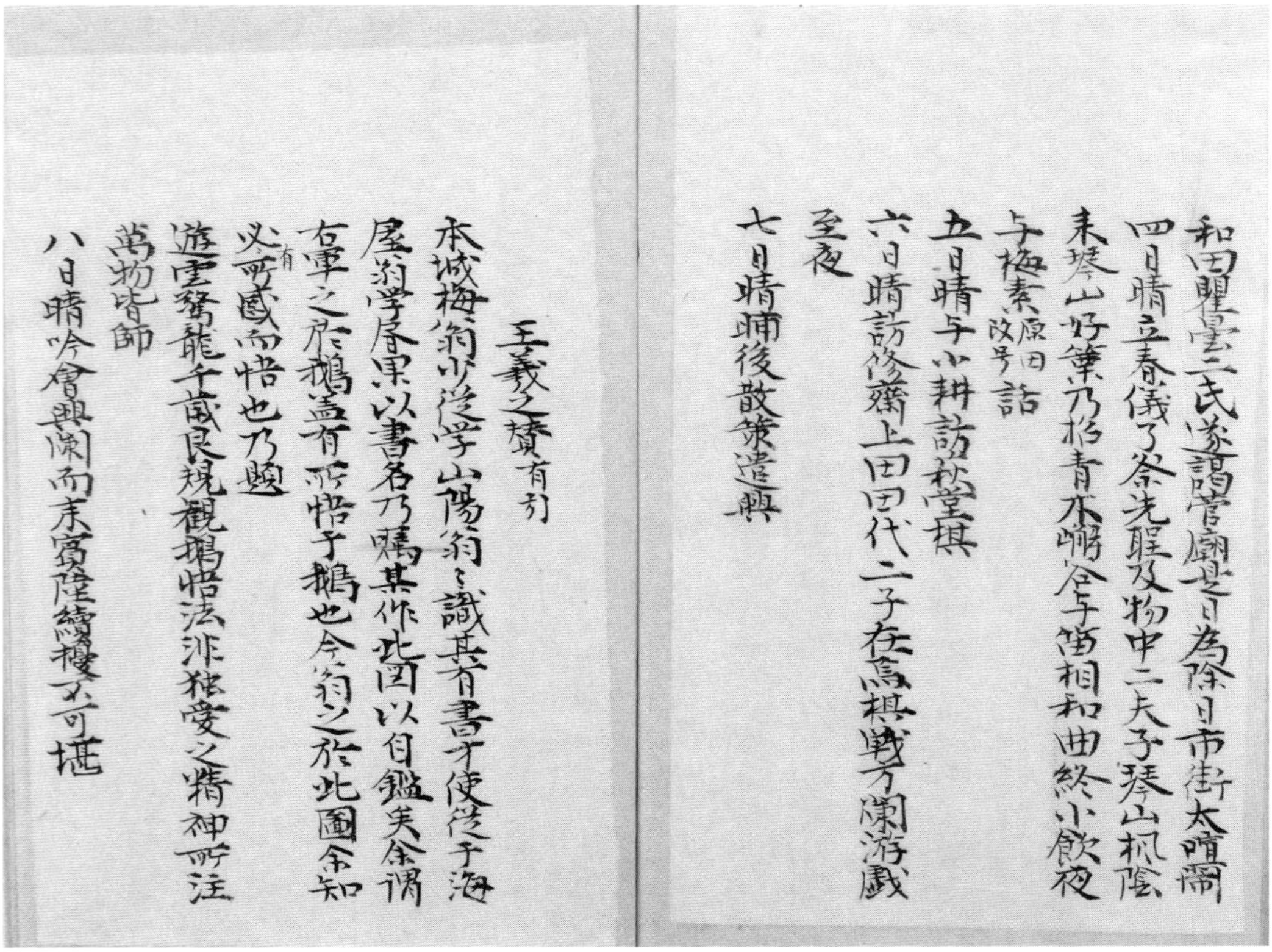

和田・瞿曇二氏、遂謁菅廟。是日為除日、市街太喧鬧。
四日。晴。立春儀了。祭先聖及物中二夫子、琴山・楓陰来。琴山好篥、乃招青木嶰谷、与笛相和、曲終小飲。夜与梅素（原田改号）話。
五日。晴。与小耕訪萩堂、棋。
六日。晴。訪修斎。上田・田代二子在焉。棋戦方闌、游戯至夜。
七日。晴。晡後、散策遣興。

王羲之賛　有引

本城梅翁、少従学山陽翁。翁識其有書才、使従于海屋翁学書。果以書名、乃嘱某作此図以自鑑矣。余謂右軍之於鵝、蓋有所悟于鵝也、今翁之於此図、余知必有所感而悟也。乃題。
遊雲驚龍、千歳良規。観鵝悟法、非独愛之。精神所注、万物皆師。
八日。晴。吟会興闌、而来賓陸続、擾不可堪。

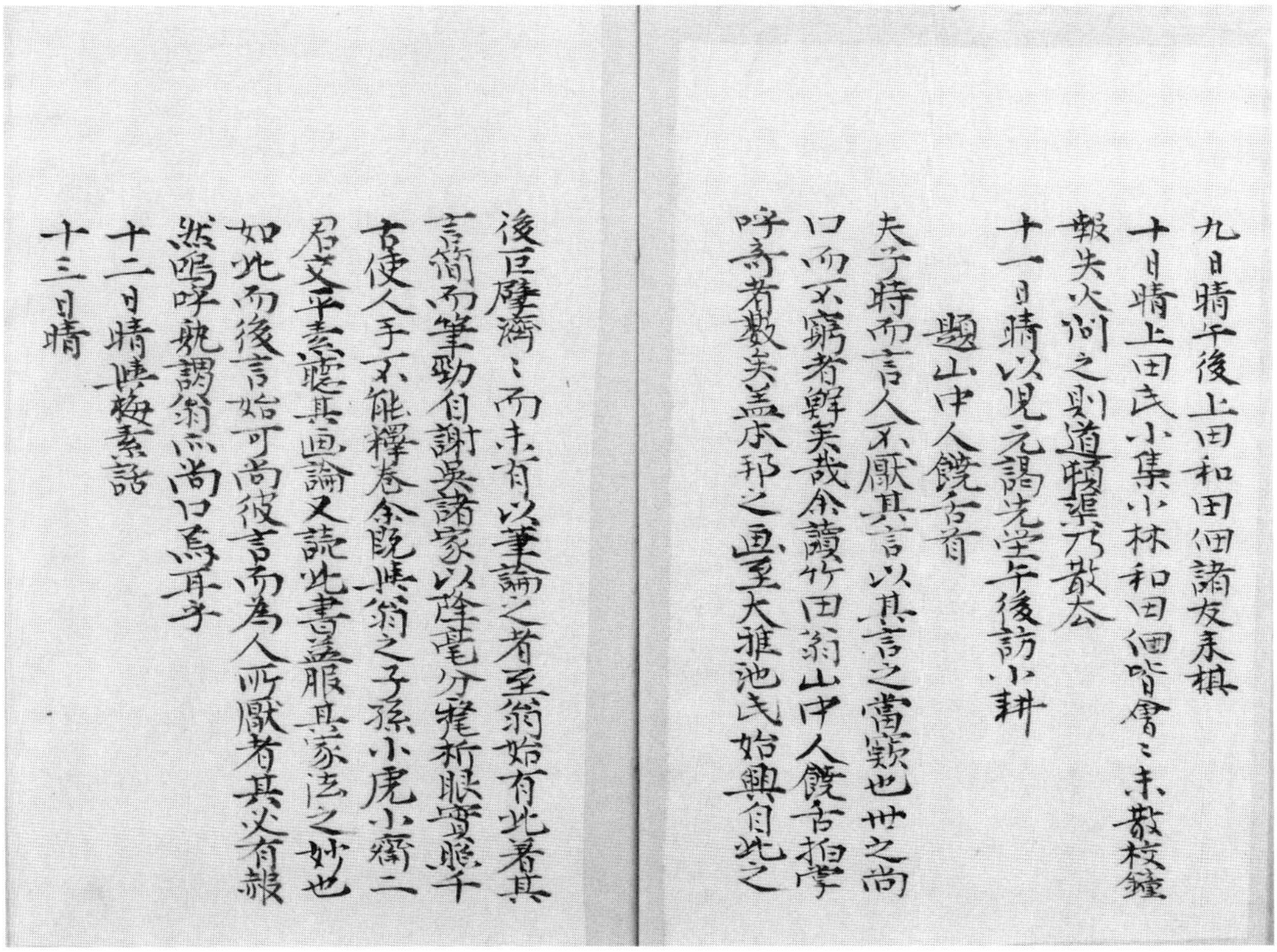

九日。晴。午後、上田・和田・佃諸友来棋。
十日。晴。上田氏小集、小林・和田・佃皆会。会未散、校鐘報失火。問之則道頓渠、乃散去。
十一日。晴。以児元謁先塋。午後、訪小耕。

題山中人饒舌首

夫子時而言、人不厭其言、以其言之当窾也。世之尚口而不窮者、鮮矣哉。余読竹田翁山中人饒舌、拍掌呼奇者数矣。蓋本邦之画、至大雅池氏始興、自此之後、巨擘済ゝ、而未有以筆論之者。至翁始有此著、其言簡而筆勁、自謝呉諸家以降、毫分氂析、眼実照千古、使人手不能釈巻。余既与翁之子孫小虎・小斎二君交、平素聴其画論、又読此書、益服其家法之妙也。如此而後、言始可尚。彼言而為人所厭者、其必有赧然。嗚呼、孰謂翁亦尚口焉耳乎。
十二日。晴。与梅素話。
十三日。晴。

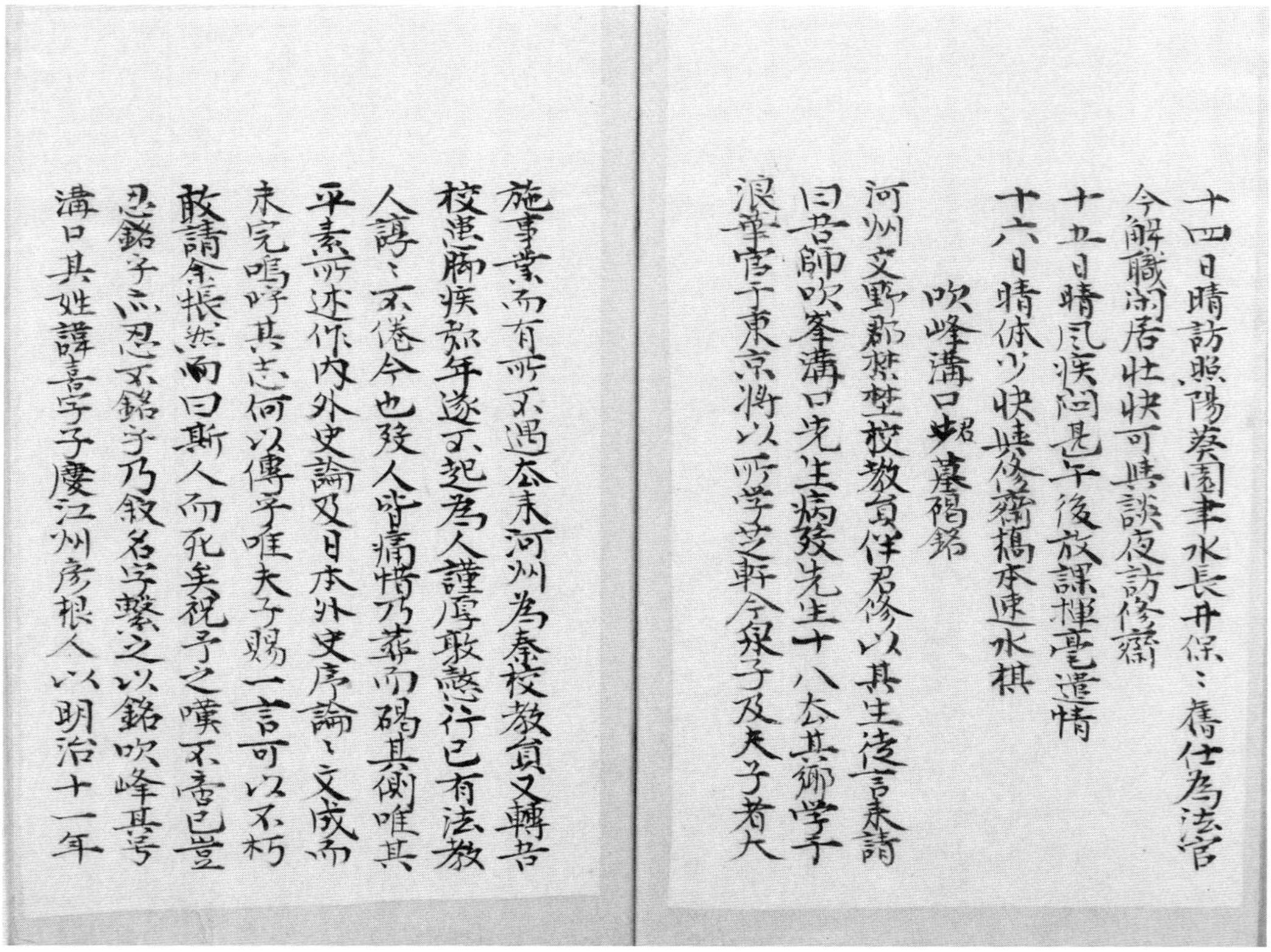

十四日。晴。訪照陽・葵園・聿水・長井保。保旧仕為法官、
今解職閑居、壮快可与談。夜、訪修斎。
十五日。晴。風疾悶甚。午後放課、揮毫遣情。
十六日。晴。体少快、与修斎・橋本速水棋。

吹峰溝口君墓碣銘

河州交野郡禁野校教員伴君修以其生徒言来請曰、吾師吹峰溝口先生病歿。先生十八去其郷、学于浪華、官于東京。将以所学芝軒今泉子及夫子者、大施事業、而有所不遇。去来河州、為秦校教員、又転吾校。患脚疾弥年、遂不起。為人謹厚敦愨、行己有法、教人諄〻不倦。今也歿、人皆痛惜、乃葬而碣其側。唯其平素所述作、内外史論及日本外史序論、論文成而未完。嗚呼、其志何以伝乎。唯夫子賜一言、可以不朽、敢請。余悵然曰、斯人而死矣。祝予之嘆不啻已、豈忍銘乎、亦忍不銘乎。乃叙名字、繋之以銘。吹峰其号、溝口其姓、諱喜、字子慶、江州彦根人。以明治十一年

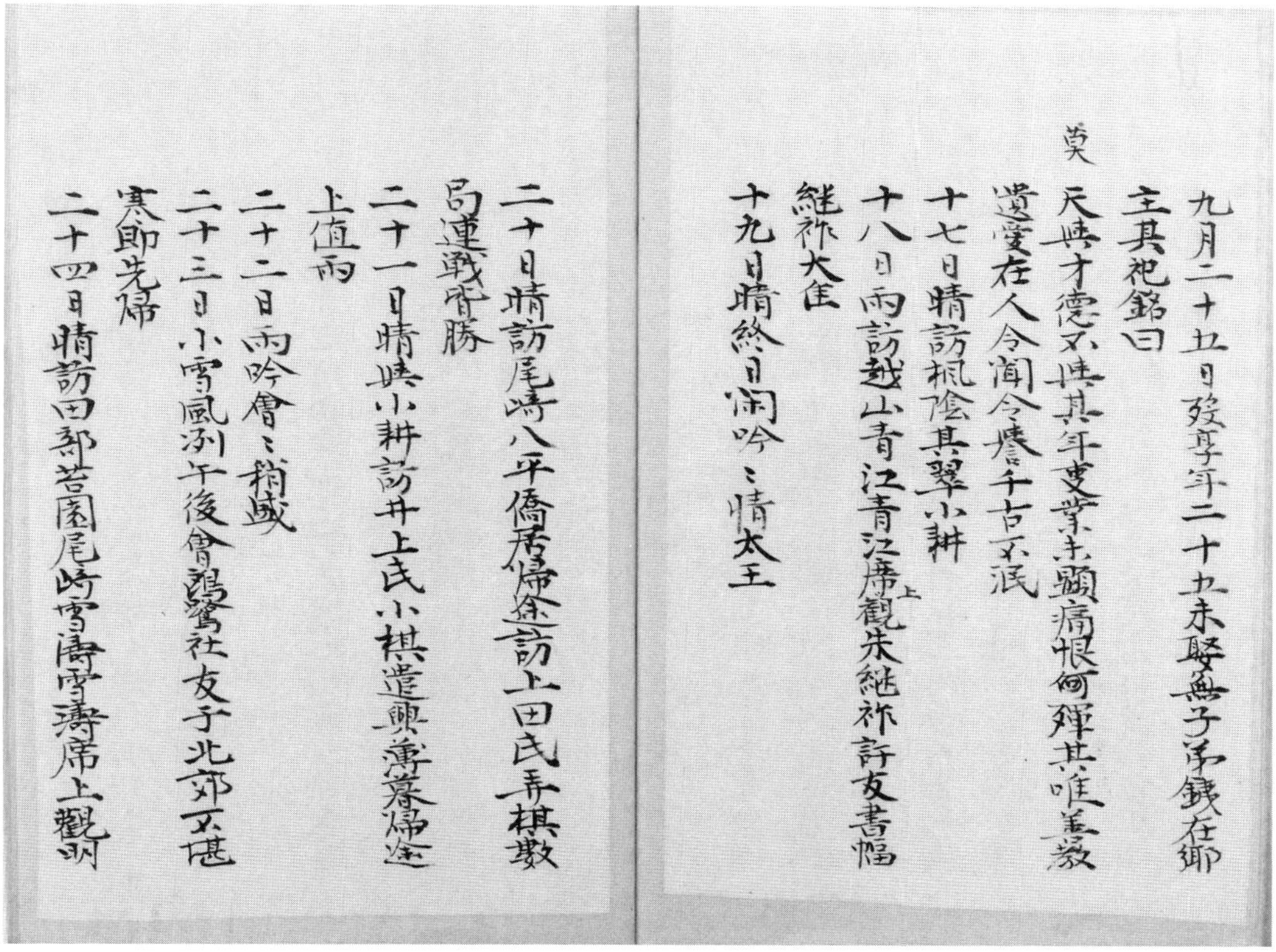

九月二十五日歿、享年二十五。未娶、無子、弟鉄在郷、主其祀。銘曰、

天与才徳、不与其年。事業未顕、痛恨莫殫。其唯善教、遺愛在人。令聞令誉、千古不泯。

十七日。晴。訪楓陰・其翠・小耕。

十八日。雨。訪越山・青江。青江席〻観朱継祚・許友書幅、継祚大佳。

十九日。晴。終日閑吟、吟情太王。

二十日。晴。訪尾崎八平僑居。帰途訪上田氏、弄棋数局、連戦皆勝。

二十一日。晴。与小耕訪井上氏、小棋遣興。薄暮帰、途上値雨。

二十二日。雨。吟会。会稍盛。

二十三日。小雪風冽。午後、会鷗鷺社友于北郊、不堪寒、即先帰。

二十四日。晴。訪田部苔園・尾崎雪濤。雪濤席上観明

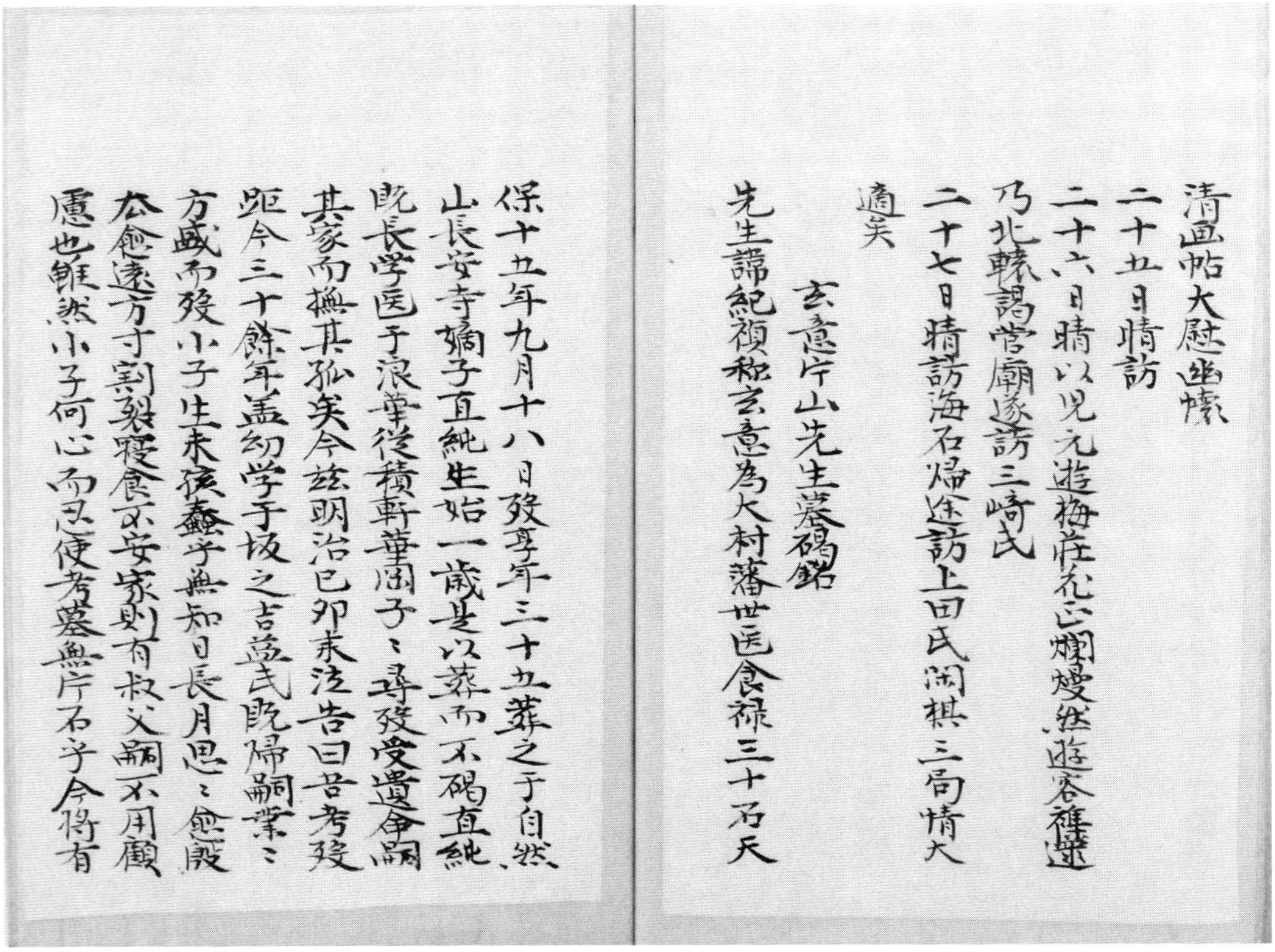

清画帖、大慰幽懐。
二十五日。晴。訪
二十六日。晴。以児元遊梅荘。花正爛熳、然遊客雑遝。
乃北轅謁菅廟、遂訪三崎氏。
二十七日。晴。訪海石。帰途訪上田氏、閑棋三局、情大
適矣。

玄意片山先生墓碣銘

先生諱紀禎、称玄意、為大村藩世医、食禄三十石。天保十五年九月十八日歿、享年三十五、葬之于自然山長安寺。嫡子直純始一歳、是以葬而不碣。直純既長、学医于浪華、従積軒華岡子、子尋歿、受遺命、嗣其家而撫其孤矣。今茲明治己卯、来泣告曰、吾考歿、距今三十餘年。蓋幼学于坂之吉益氏、既帰嗣業、業方盛而歿。小子生、未孩。蠢乎無知、日長月思、思愈殷、去愈遠、方寸割裂、寝食不安、家則有叔父嗣、不用顧慮也。雖然、小子何心而忍使考墓無片石乎。今将有

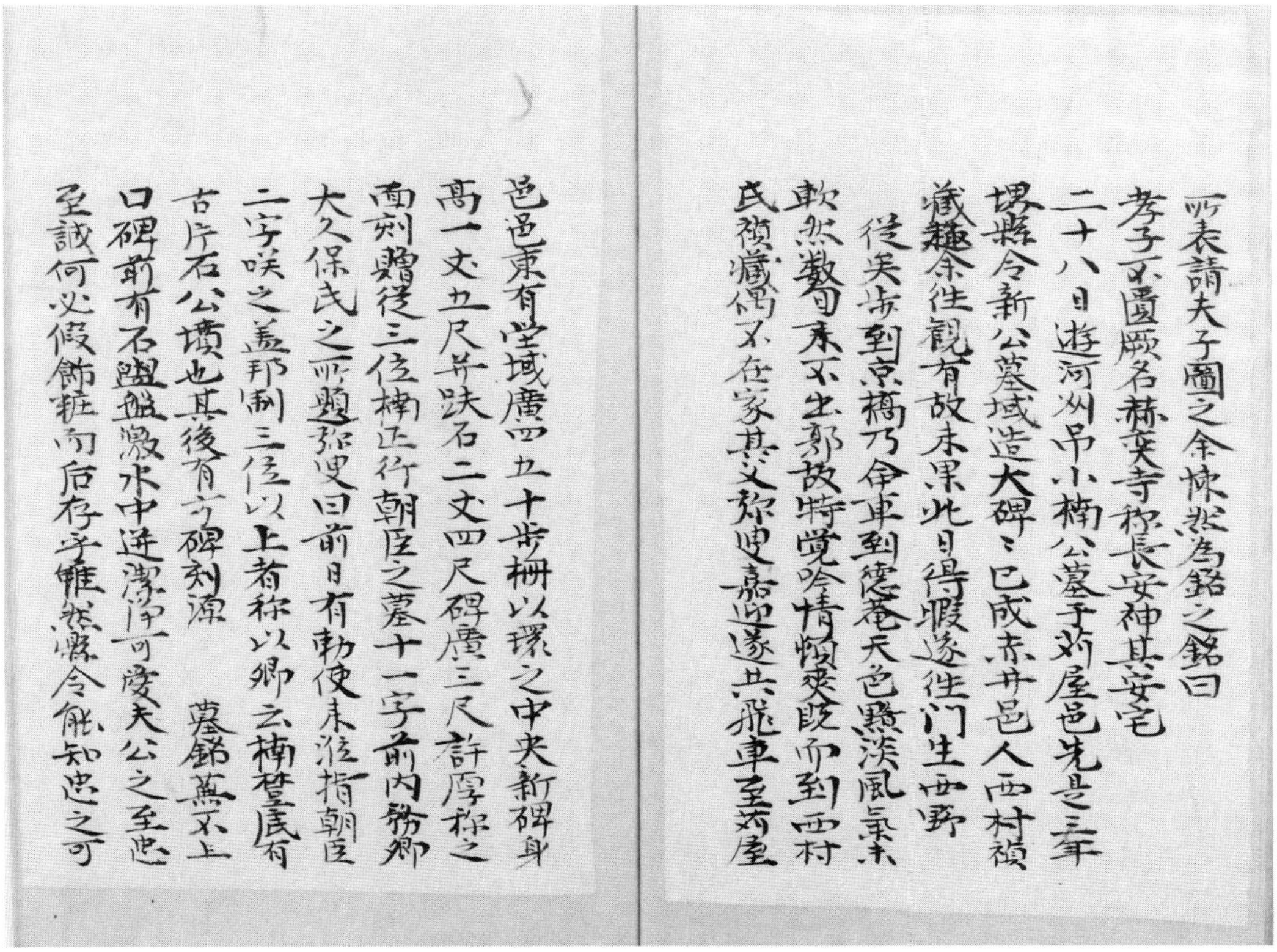

所表、請夫子図之。余悚然、為銘之。銘曰、
孝子不匱、厥名赫奕。寺称長安、神其安宅。
☆二十八日。遊河州、弔小楠公墓于茄屋邑。先是三年、堺県令新公墓域造大碑、碑已成、赤井邑人西村禎蔵趣余往観、有故未果。此日得暇、遂往、門生西野従矣。歩到京橋、乃命車到徳菴。天色黯淡、風気未歓、然数旬来不出郭、故特覚吟情頓爽。既而到西村氏、禎蔵偶不在家、其父弥叟嘉迎、遂共飛車至茄屋邑。邑東有塋域、広四五十歩、柵以環之。中央新碑、身高一丈五尺、并趺石二丈四尺。碑広三尺許、厚称之。面刻贈従三位楠正行朝臣之墓十一字、前内務卿大久保氏之所題。弥叟曰、前日有勅使来涖、指朝臣二字咲之。蓋邦制三位以上者称以卿云。楠樹底有古片石、公墳也。其後有方碑、刻源　墓銘、蕪不上口、碑前有石盥盤、激水中迸、潔浄可愛。夫公之至忠至誠、何必仮飾粧而後存乎。雖然、県令能知忠之可

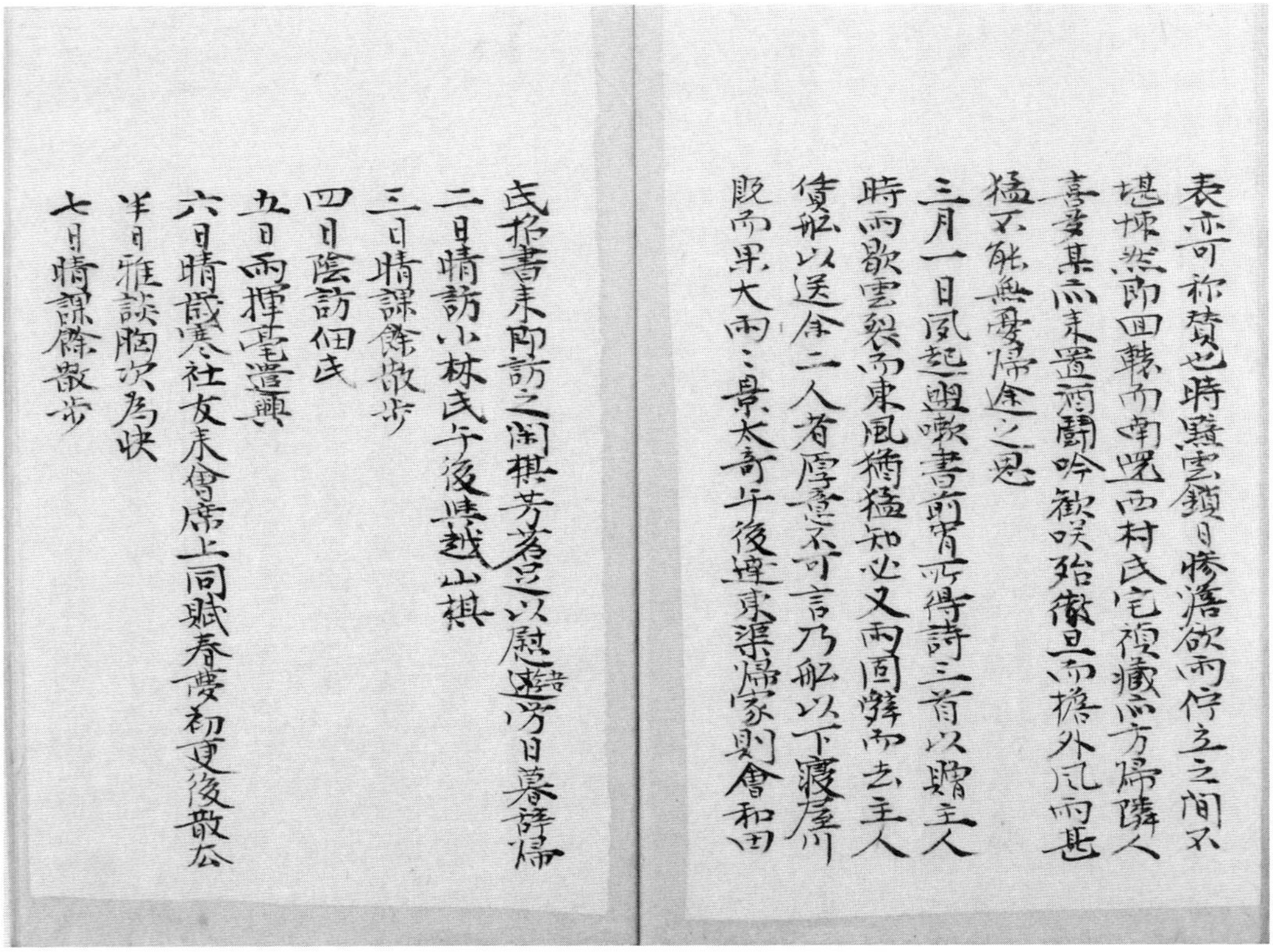

表、亦可称賛也。時黯雲鎖日、惨澹欲雨、佇立之間、不堪悚然、即回轅而南、還西村氏宅。禎蔵亦方帰。隣人喜多某亦来、置酒闘吟、歓咲殆徹旦。而檐外風雨甚猛、不能無憂帰途之思。

☆三月、一日。夙起盥嗽、書前宵所得詩三首、以贈主人。時雨歇雲裂、而東風猶猛、知必又雨、固辞而去。主人賃船以送余二人者、厚意不可言。乃船以下寝屋川、既而果大雨、雨景太奇。午後、達東渠。帰家則会和田氏招書来、即訪之。閑棋芳茗、足以慰吾労。日暮、辞帰。

二日。晴。訪小林氏。午後、与越山棋。

三日。晴。課餘、散歩。

四日。陰。訪佃氏。

五日。雨。揮毫遺興。

六日。晴。歳寒社友来会、席上同賦春夢。初更後、散去。半日雅談、胸次為快。

七日。晴。課餘、散歩。

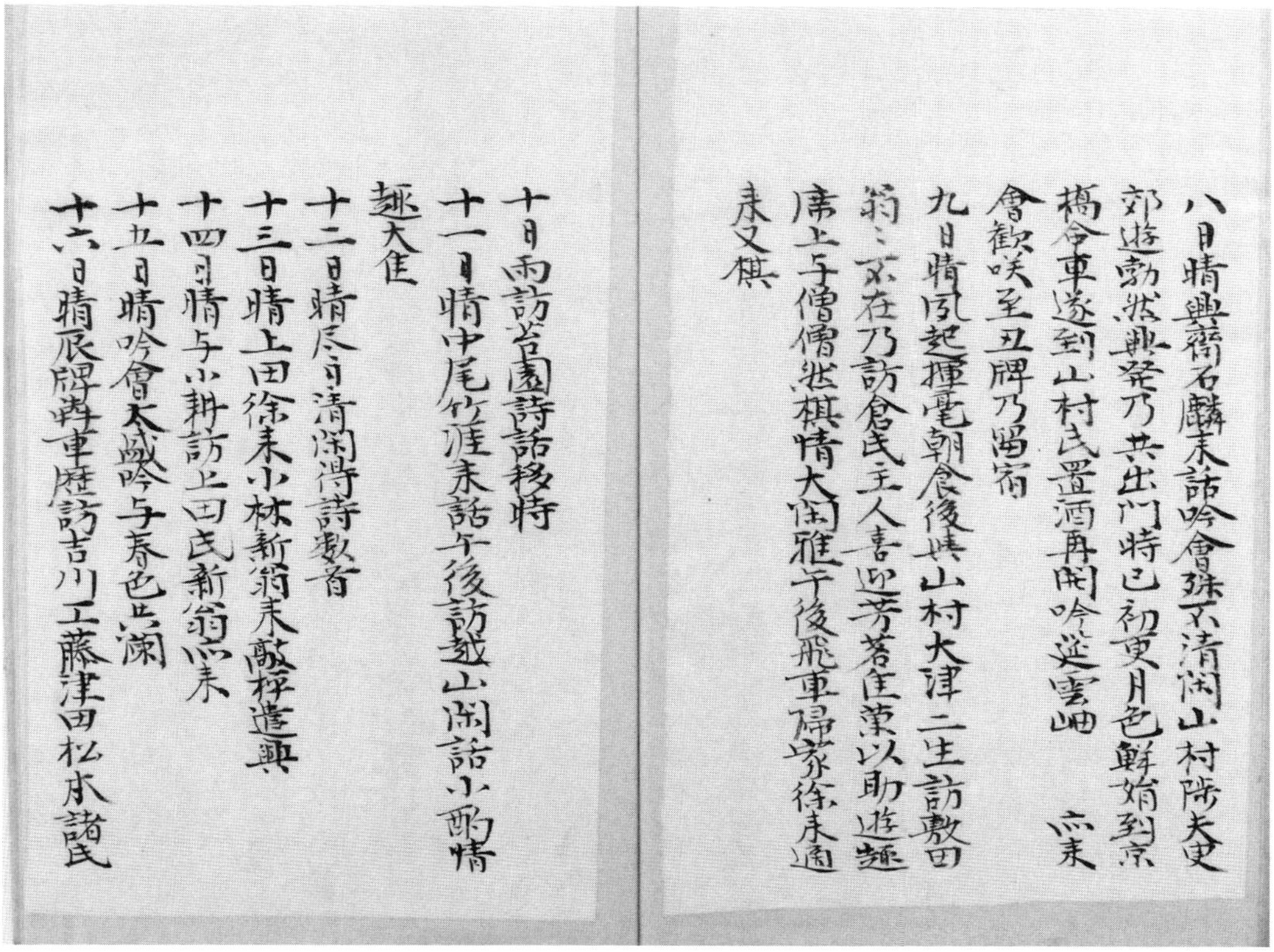

八日。晴。興斎・石麟来話。吟会殊不清閑、山村陟夫與郊遊、勃然興発、乃共出門。時已初更、月色鮮娟。到京橋、命車遂到山村氏。置酒再開吟筵、雲岫　亦来会、歓咲至丑牌、乃留宿。

九日。晴。夙起揮毫、朝食後、与山村・大津二生訪敷田翁、翁不在、乃訪倉氏。主人喜迎、芳茗佳菓以助遊趣。席上与僧僧然棋、情大閑雅。午後、飛車帰家。徐来適来、又棋。

十日。雨。訪苕園、詩話移時。

十一日。晴。中尾竹涯来話。午後訪越山、閑話小酌、情趣大佳。

十二日。晴。尽日清閑、得詩数首。

十三日。晴。上田徐来・小林新翁来、敲枰遣興。

十四日。晴。与小耕訪上田氏、新翁亦来。

十五日。晴。吟会太盛。吟与春色共闌。

十六日。晴。辰牌、奔車歴訪吉川・工藤・津田・松本諸氏。

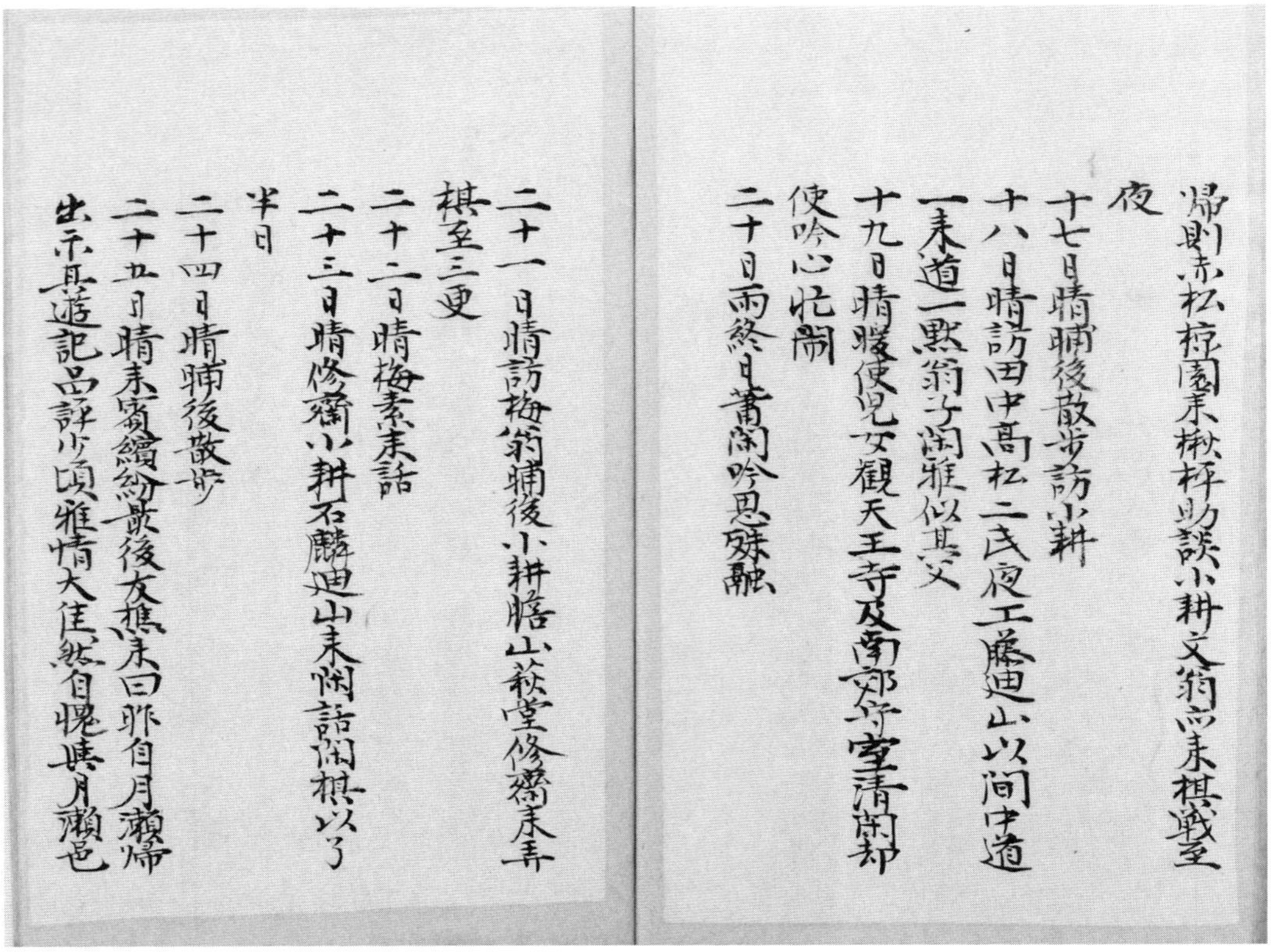
帰則赤松椋園来楸枰助談小耕文翁亦来棋戦至
夜
十七日晴晡後散歩訪小耕
十八日晴訪田中高松二氏夜工藤廸山以間中道
一来道一默翁子閑雅似其父
十九日晴暖使児女観天王寺及南郊守室清閑却
使吟心忙鬧
二十日雨終日蕭閑吟思殊融
二十一日晴訪梅翁晡後小耕胆山萩堂修斎来弄
棋至三更
二十二日晴梅素来話
二十三日晴修斎小耕石麟廸山来閑話閑棋以了
半日
二十四日晴晡後散歩
二十五日晴来賓繽紛最後友樵来曰昨自月瀬帰
出示其遊記品評少頃雅情大佳然自愧与月瀬邑

帰則赤松椋園来、楸枰助談。小耕・文翁亦来、棋戦至夜。

十七日。晴。晡後散歩、訪小耕。

十八日。晴。訪田中・高松二氏。夜、工藤廸山以間中道一来。道一、默翁子、閑雅似其父。

十九日。晴暖。使児女観天王寺及南郊。守室清閑、却使吟心忙鬧。

二十日。雨。終日蕭閑、吟思殊融。

二十一日。晴。訪梅翁。晡後、小耕・胆山・萩堂・修斎来、弄棋至三更。

二十二日。晴。梅素来話。

二十三日。晴。修斎・小耕・石麟・廸山来、閑話閑棋、以了半日。

二十四日。晴。晡後、散歩。

二十五日。晴。来賓繽紛。最後友樵来、曰、昨自月瀬帰、出示其遊記。品評少頃、雅情大佳。然自愧与月瀬邑

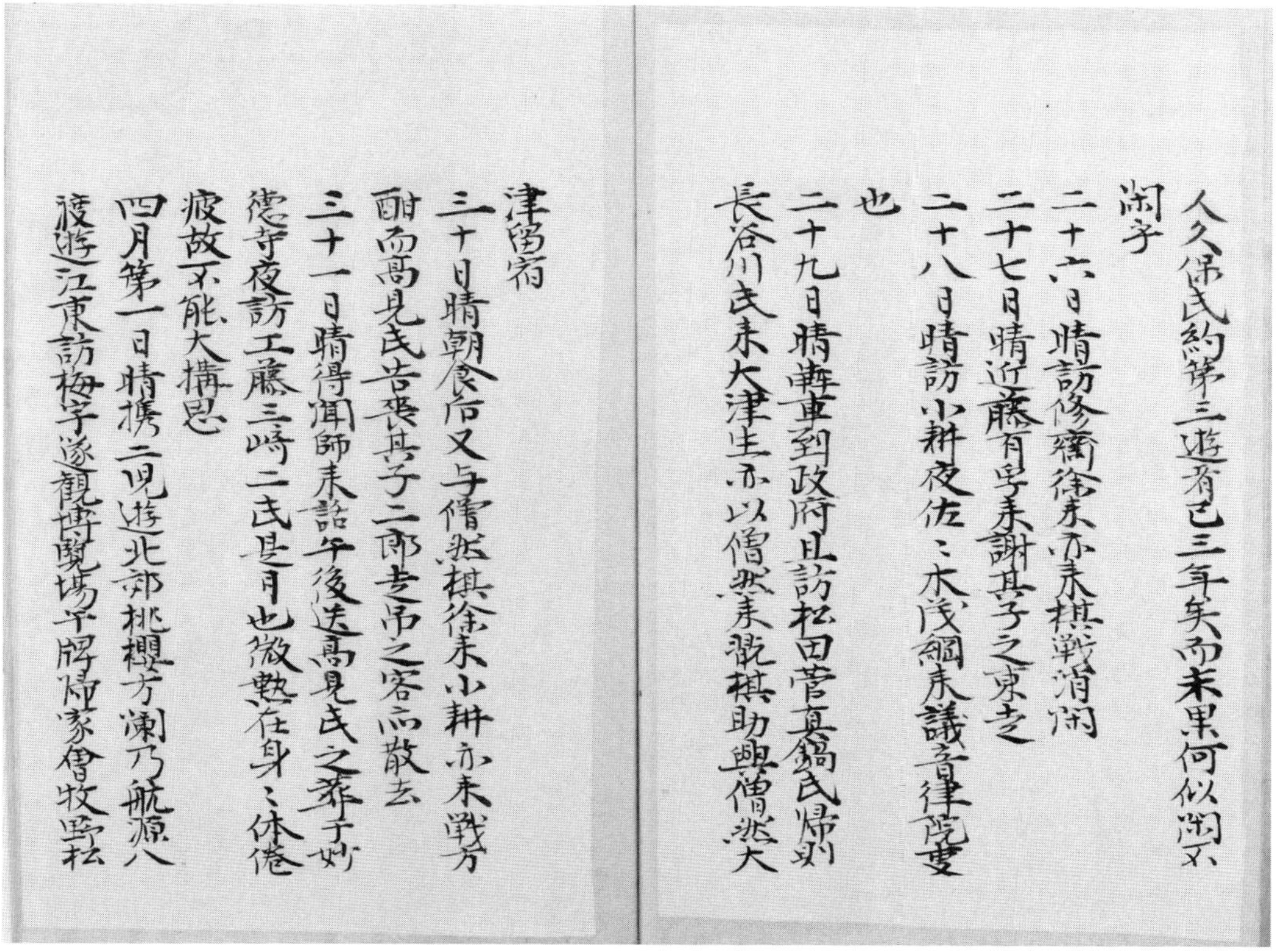

人久保氏約第三遊者已三年矣而未果。何似閑不閑乎。
二十六日。晴。訪修斎。徐来亦来、棋戦消閑。
二十七日。晴。近藤有孚来、謝其子之東走。
二十八日。晴。訪小耕。夜、佐ゝ木茂綱来、議音律院事也。
二十九日。晴。奔車到政府、且訪松田・菅・真鍋氏。帰則長谷川氏来、大津生亦以僧然来、翫棋助興。僧然・大津留宿。
三十日。晴。朝食後又与僧然棋、徐来・小耕亦来。戦方酣而高見氏告喪其子二郎、走弔之、客亦散去。
三十一日。晴。得聞師来話。午後送高見氏之葬于妙徳寺。夜、訪工藤・三崎二氏。是月也、微熱在身、身体倦疲、故不能大構思。
四月、第一日。晴。携二児遊北郊、桃桜方闌、乃航源八渡、遊江東、訪梅宇、遂観博覧場。午牌帰家。会牧野松

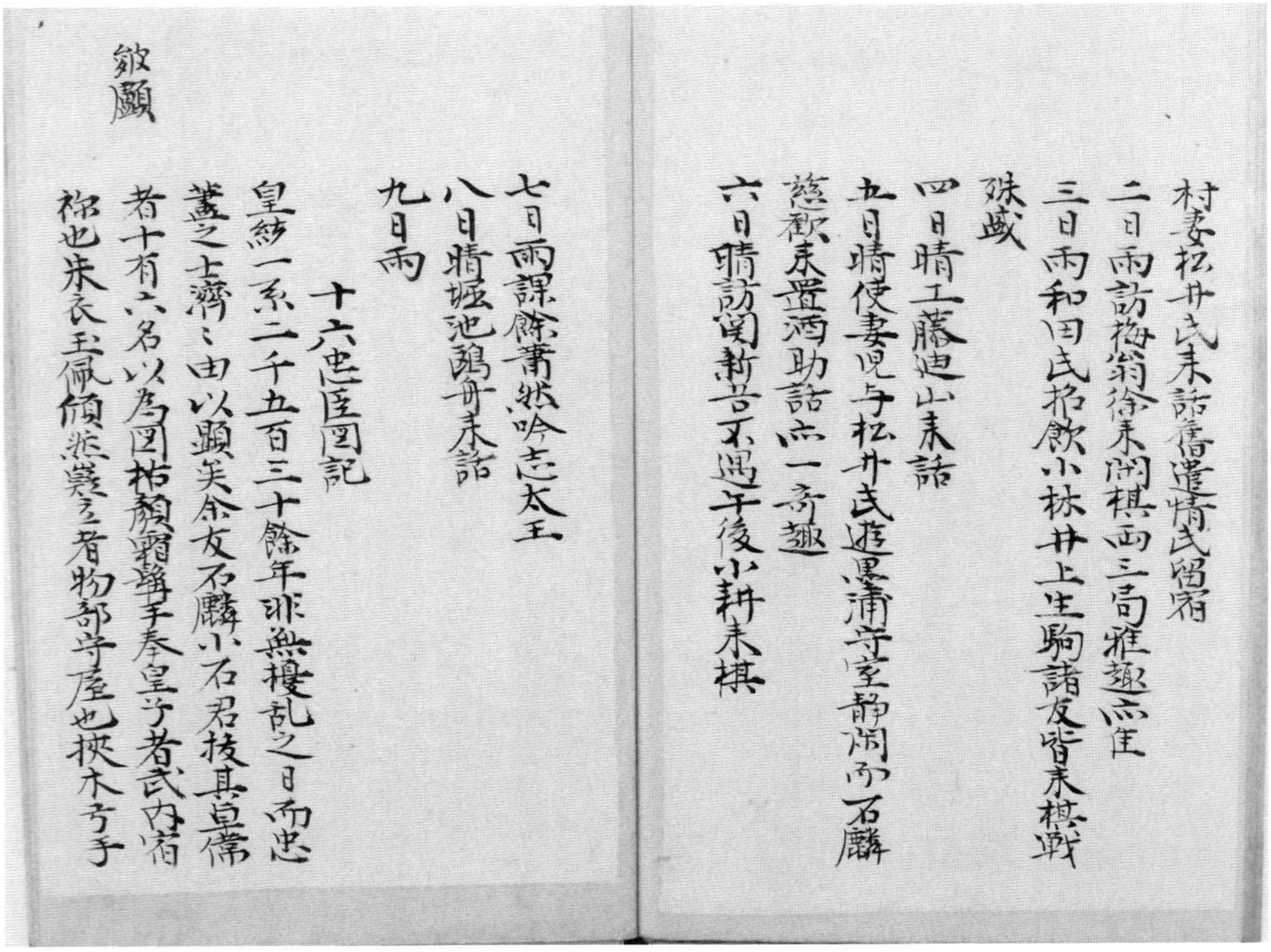

村妻松井氏来、話旧遺情。氏留宿。

二日。雨。訪梅翁・徐来、閑棋両三局、雅趣亦佳。

三日。雨。和田氏招飲。小林・井上・生駒諸友皆来、棋戦殊盛。

四日。晴。工藤廸山来話。

五日。晴。使妻児与松井氏遊墨浦、守室静閑、而石麟・慈歓来、置酒助話、亦一奇趣。

六日。晴。訪関新吾、不遇。午後、小耕来棋。

七日。雨。課餘蕭然、吟志太王。

八日。晴。堀池鴎舟来話。

九日。雨。

十六忠臣図記

皇統一系二千五百三十餘年、非無擾乱之日、而忠藎之士済々、由以顕矣。余友石麟小石君、抜其卓偉者十有六名以為図。皺顱霜髯、手奉皇子者、武内宿禰也。朱衣玉佩、頎然嶷立者、物部守屋也。挾木弓手

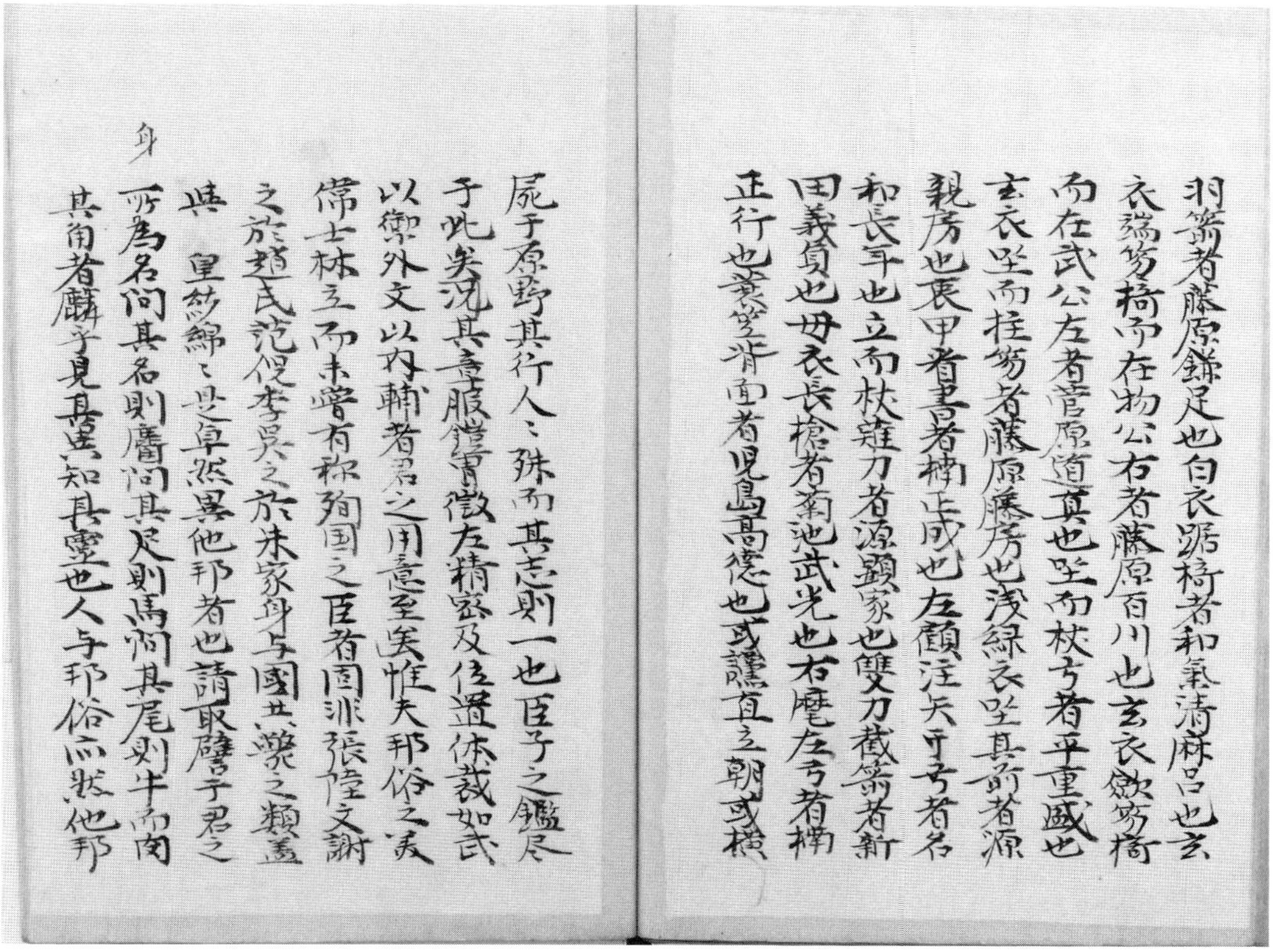

羽箭者、藤原鎌足也。白衣踞椅者、和気清麻呂也。玄衣端笏、椅而在物公右者、藤原百川也。玄衣斂笏、椅而在武公左者、菅原道真也。坐而杖弓者、平重盛也。玄衣坐而拄笏者、藤原藤房也。浅緑衣坐其前者、源親房也。束甲看書者、楠正成也。左顧注矢于弓者、名和長年也。立而杖薙刀者、源顕家也。双刀截箭者、新田義貞也。母衣長槍者、菊池武光也。右麾左弓者、楠正行也。簑笠背面者、児島高徳也。或讜直立朝、或横屍于原野、其行人〻殊、而其志則一也。臣子之鑑、尽于此矣。「況其章服鎧冑、徴左精密、及位置体裁、如武以禦外、文以内輔者、君之用意至矣。」惟夫邦俗之美、偉士林立而未嘗有称殉国之臣者、固非張陸文謝之於趙氏、范倪李呉之於朱家、身与国共斃之類。蓋与　皇統綿〻、是卓然異他邦者也。請取譬于君之所為名、問其身則麕、問其足則馬、問其尾則牛、而肉其角者麟乎、見其異、知其霊也。人与邦俗亦然、他邦

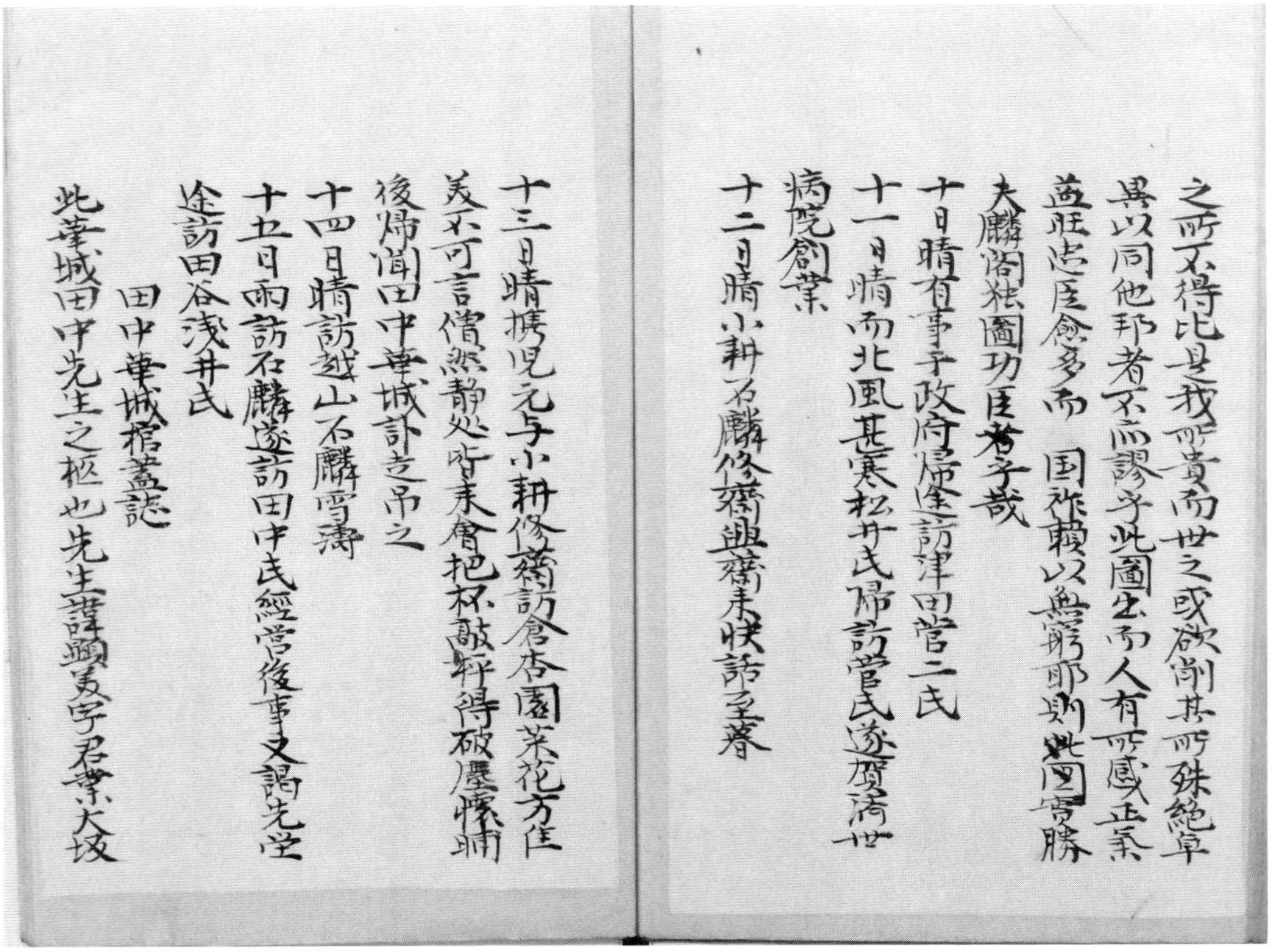

之所不得比。是我所貴、而世之或欲削其所殊絶卓異以同他邦者、不亦謬乎。此図出而人有所感、正気益旺、忠臣愈多、而　国祚頼以無窮耶。則実勝夫麟閣独図功臣乎哉。

十日。晴。有事于政府。帰途訪津田・菅二氏。

十一日。晴而北風甚寒。松井氏帰。訪菅氏、遂賀済世病院創業。

十二日。晴。小耕・石麟・修斎・興斎来、快話至暮。

十三日。晴。携児元与小耕・修斎訪倉杏園。菜花方佳、美不可言。僧然・静処皆来会。把杯敲枰、得破塵懐。晡後帰、聞田中華城訃、走弔之。

十四日。晴。訪越山・石麟・雪濤。

十五日。雨。訪石麟、遂訪田中氏、経営後事。又謁先塋、途訪田谷・浅井氏。

　　田中華城棺蓋誌

此華城田中先生之柩也。先生諱顕美、字君業、大坂

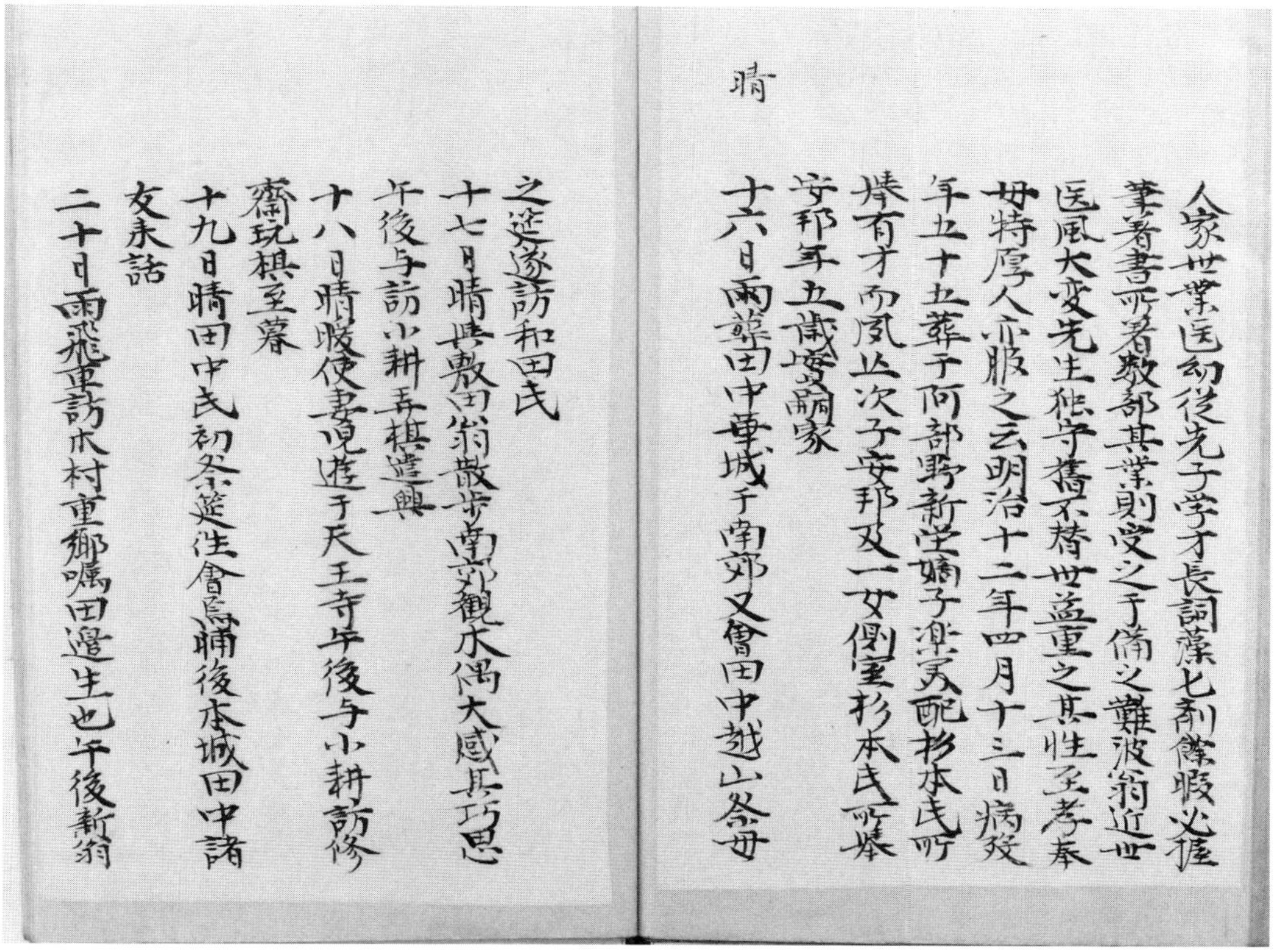

人。家世業医、幼従先子学。才長詞藻、匕剤餘暇、必握筆著書、所著数部。其業則受之于備之難波翁。近世医風大変、先生独守旧不替、世益重之。其性至孝、奉母特厚、人亦服之云。明治十二年四月十三日病歿、年五十五、葬于阿部野新塋。嫡子楽美、配杉本氏所挙、有才而夙亡。次子安邦及一女、側室杉本氏所挙。安邦年五歳、実嗣家。

十六日。晴。葬田中華城于南郊、又会田中越山祭母之筵、遂訪和田氏。

十七日。晴。与敷田翁散歩南郊、観木偶、大感其巧思。午後、与訪小耕、弄棋遣興。

十八日。晴暖。使妻児遊于天王寺。午後、与小耕訪修斎、玩棋至暮。

十九日。晴。田中氏初祭筵、往会焉。晡後、本城・田中諸友来話。

二十日。雨。飛車訪木村重郷、嘱田辺生也。午後、新翁・

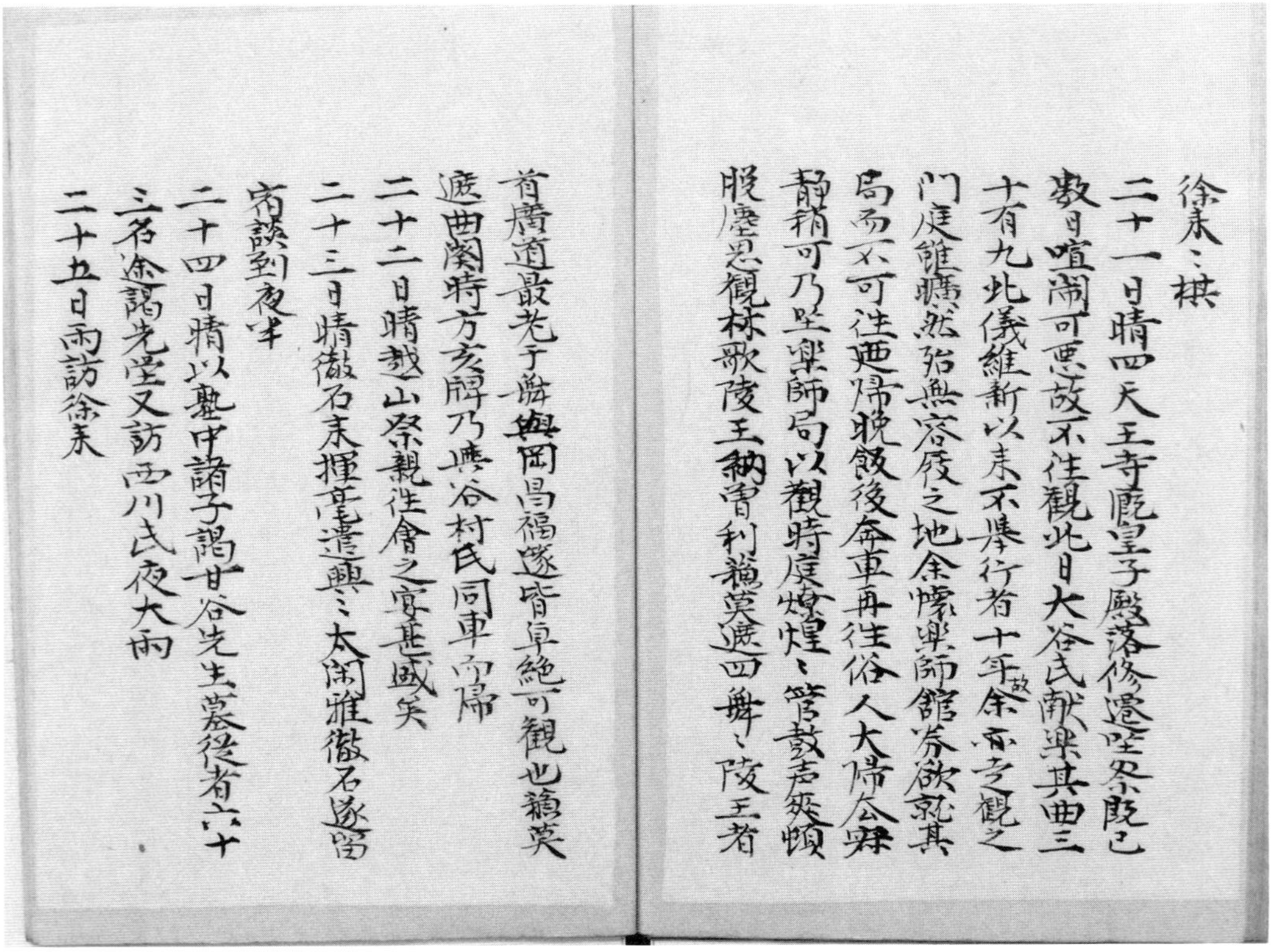

徐来ゝ棋。

★☆二十一日。晴。四天王寺厩皇子殿落、修遷坐祭。既已数日、喧鬧可悪、故不往観。此日大谷氏献楽、其曲三十有九。此儀維新以来不挙行者十年、故余走観之。門庭雖曠、然殆無容屐之地。余懐楽師館券、欲就其局而不可往、廼帰。晩飯後、奔車再往。俗人大帰去、寂静稍可、乃坐楽師局以観。時庭燎煌ゝ、管鼓声爽、頓脱塵思。観林歌・陵王・納曾利・蘇莫遮四舞。舞陵王者、首広道、最老于舞、与岡昌福篴、皆卓絶可観也。蘇莫遮曲闋、時方亥牌、乃与谷村氏同車而帰。

二十二日。晴。越山祭。親往会之、宴甚盛矣。

二十三日。晴。徹石来、揮毫遣興、興太閑雅。徹石遂留宿、談到夜半。

二十四日。晴。以塾中諸子謁甘谷先生墓、従者六十三名。途謁先塋、又訪西川氏。夜、大雨。

二十五日。雨。訪徐来。

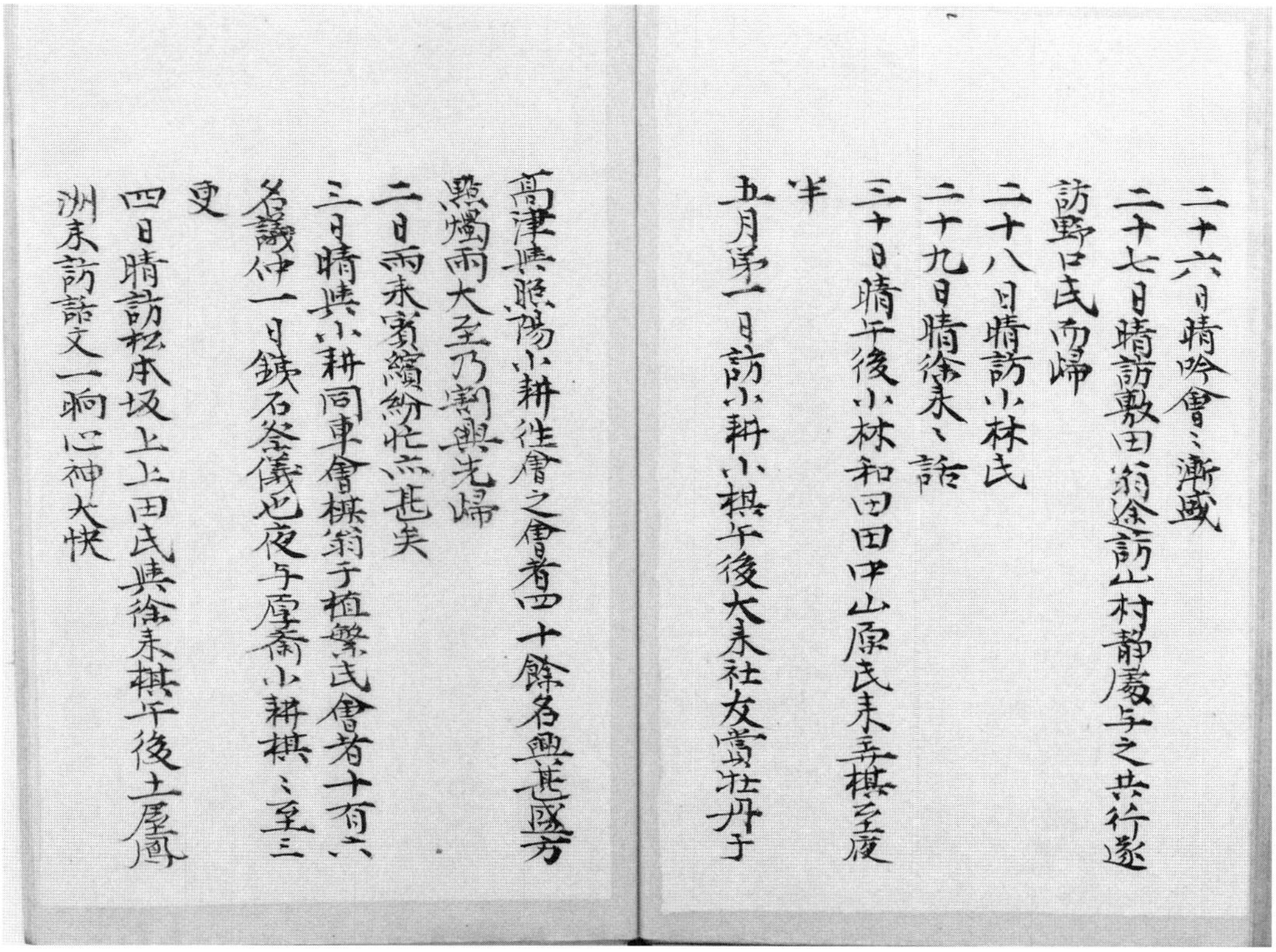

二十六日。晴。吟会。会漸盛。
二十七日。晴。訪敷田翁、途訪山村静処、与之共行、遂訪野口氏而帰。
二十八日。晴。訪小林氏。
二十九日。晴。徐来ゝ話。
三十日。晴。午後、小林・和田・田中・山原氏来、弄棋至夜半。
五月、第一日。訪小耕、小棋。午後、大来社友賞牡丹于高津、与照陽・小耕往会之。会者四十餘名、興甚盛。方点燭、雨大至、乃割興先帰。
二日。雨。来賓繽紛、忙亦甚矣。
三日。晴。与小耕同車、会梅翁于植繁氏。会者十有六名、議仲一日鉄石祭儀也。夜、与厚斎・小耕棋、棋至三更。
四日。晴。訪松本・坂上・上田氏、与徐来棋。午後、土屋鳳洲来訪、話文一晌、心神大快。

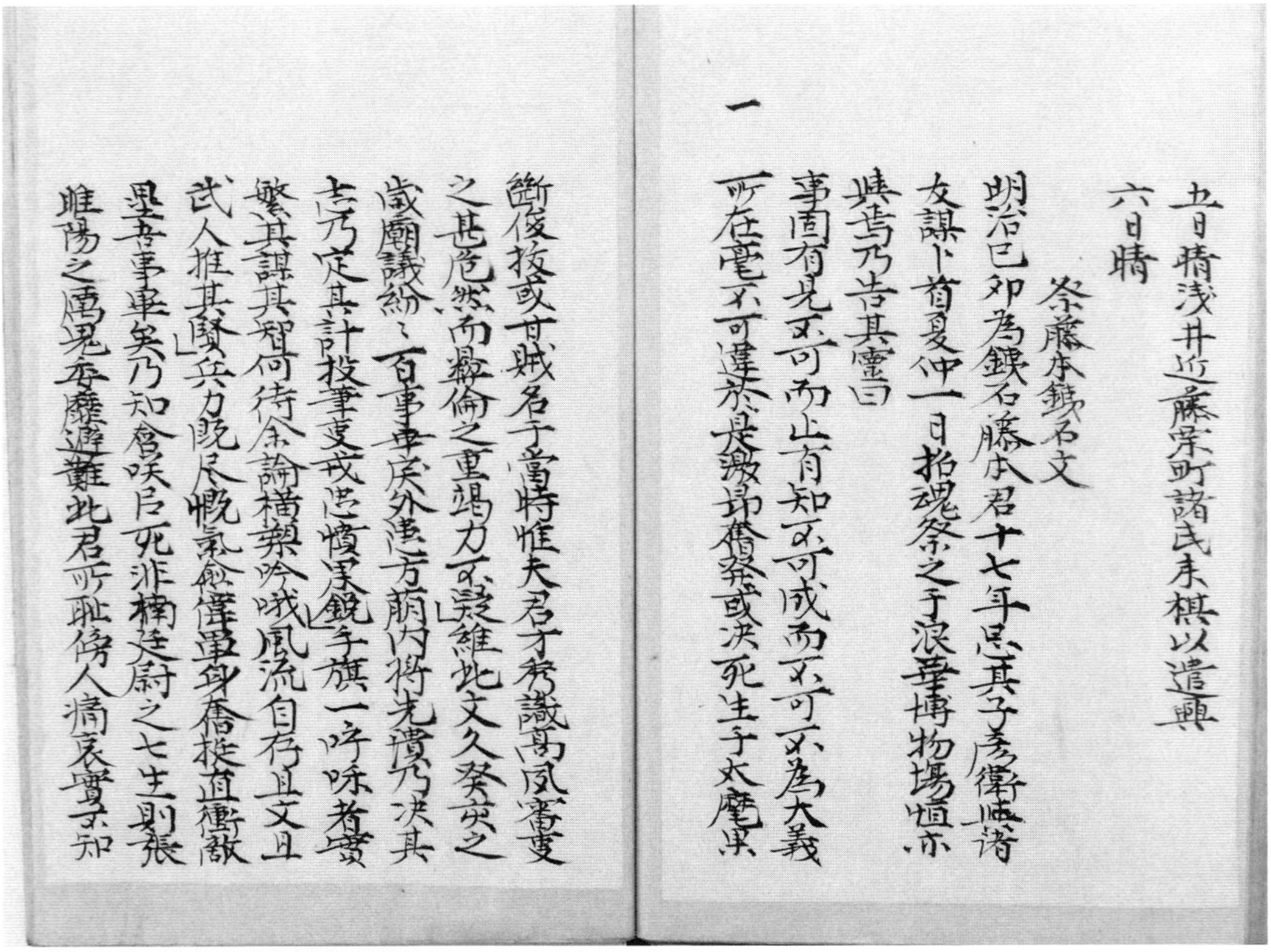

五日。晴。浅井・近藤・栗町諸氏来、棋以遺興。

六日。晴。

祭藤本鉄石文

明治己卯、為鉄石藤本君十七年忌。其子彦衛与諸友謀、卜首夏仲一日招魂、祭之于浪華博物場、恒亦与焉。乃告其靈、曰、

事固有見不可而止、有知不可成而不可不為。大義所在、毫不可違、於是激昂奮発、或決死生于一麾、果断俊抜、或甘賊名于当時。惟夫君才秀識高、夙審事之甚危、然而彝倫之重、竭力不疑。」維此文久癸亥之歳、廟議紛ゝ、百事乖戻、外患方萌、内将先潰。乃決其志、乃定其計、投筆事戎、忠憤果鋭。」手旗一呼、和者実繁、其謀其智、何待余論。横槊吟哦、風流自存、且文且武、人推其賢。」兵力既尽、慨気愈偉、単身奮挺、直衝敵塁。吾事畢矣、乃知含咲以死、非楠廷尉之七生、則張睢陽之厲鬼、委靡避難、此君所恥、傍人痛哀、実不知

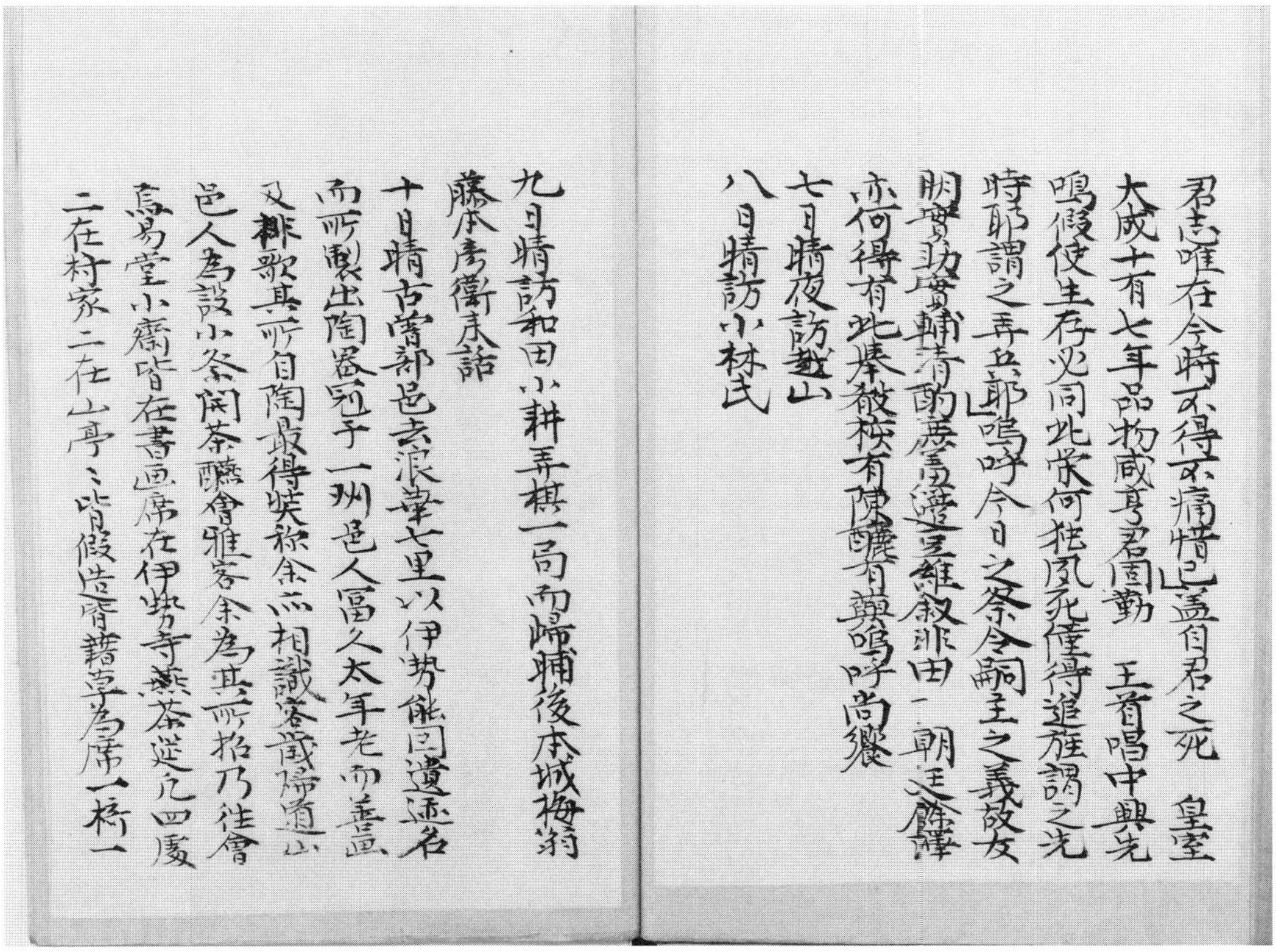

君志。唯在今時、不得不痛惜已。」蓋自君之死、　皇室大成、十有七年、品物咸亨、君固勤　王、首唱中興先鳴。仮使生存、必同此栄、何独夙死、僅得追旌。謂之先時耶、謂之弄兵耶。」嗚呼、今日之祭、令嗣主之、義故友朋、実助実輔、清酌庶羞、辺豆維叙。非由　朝廷餘沢、亦何得有此挙。殽核有陳、醴有藇。嗚呼、尚饗。

七日。晴。夜訪越山。

八日。晴。訪小林氏。

九日。晴。訪和田小耕、弄棋一局而帰。晡後、本城梅翁・藤本彦衛来話。

十日。晴。古曾部邑去浪華七里、以伊勢能因遺迹名、而所製出陶器冠于一州。邑人富久太年、老而善画及排歌、其所自陶最得奘称、余亦相識。客歳帰道山、邑人為設小祭、開茶醼、会雅客。余為其所招、乃往会焉。易堂・小斎皆在。書画席在伊勢寺、茶筵凡四処、二在村家、二在山亭。亭皆仮造、皆藉草為席、一椅一

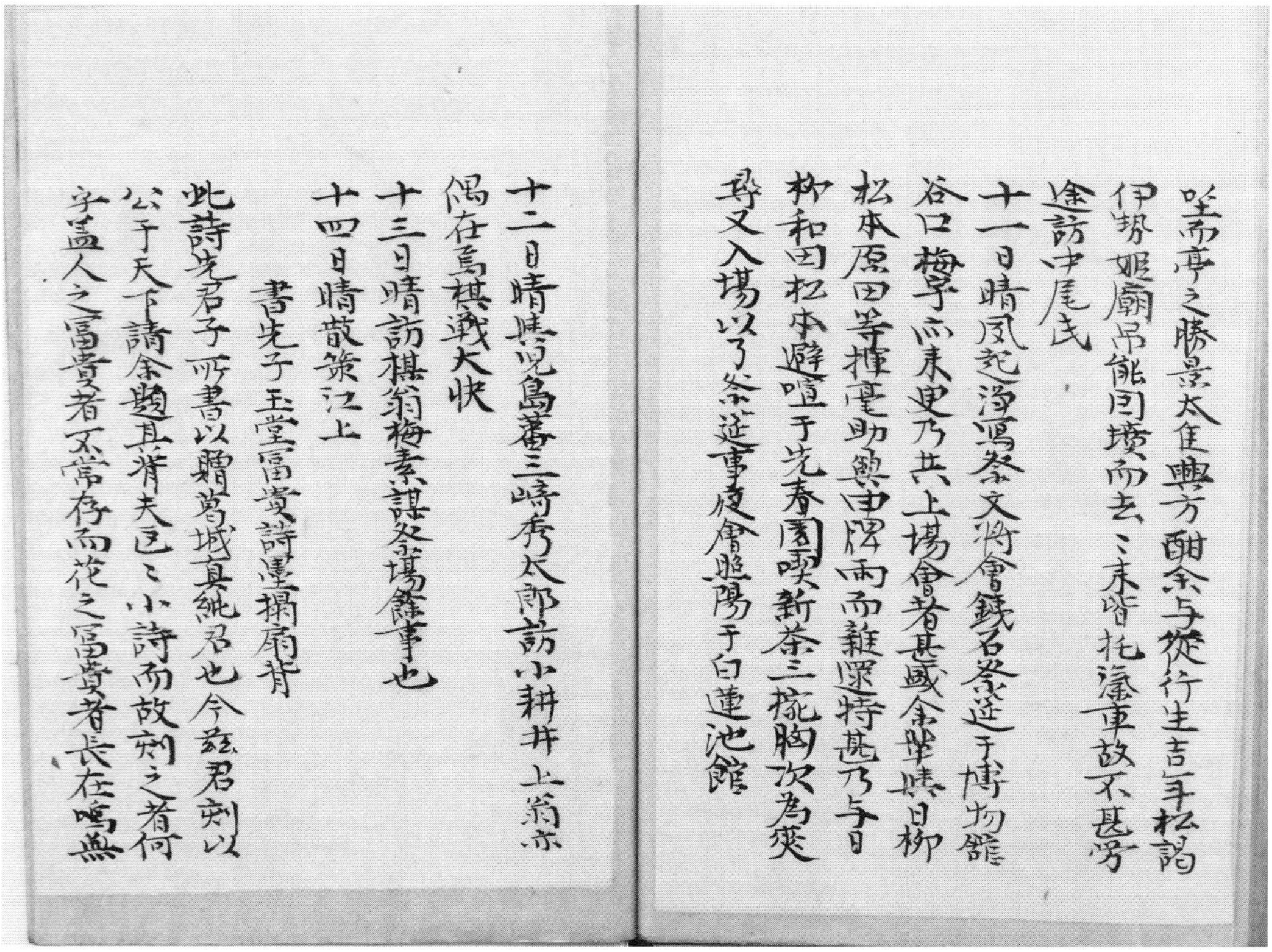

坐、而亭之勝景太佳。興方酣、余与従行生吉年松調伊勢姫廟、弔能因墳而去。去来皆托瀛車、故不甚労。途訪中尾氏。

十一日。晴。夙起、浄写祭文、将会鉄石祭筵于博物館。谷口梅宇亦来、臾乃共上場、会者甚盛、余輩与日柳・松本・原田等揮毫助興。申牌雨、而雑遝特甚、乃与日柳・和田・松本避喧于先春園。喫新茶三椀、胸次為爽。尋又入場、以了祭筵事。夜、会照陽于白蓮池館。

十二日。晴。与児島蕃・三崎秀太郎訪小耕、井上翁亦偶在焉、棋戦大快。

十三日。晴。訪梅翁・梅素、謀祭場餘事也。

十四日。晴。散策江上。

書先子玉堂富貴詩墨搨扇背

此詩先君子所書、以贈葛城真純君也。今茲君刻以公于天下、請余題其背。夫区ゝ小詩而故刻之者、何乎。蓋人之富貴者不常存、而花之富貴者長在。無

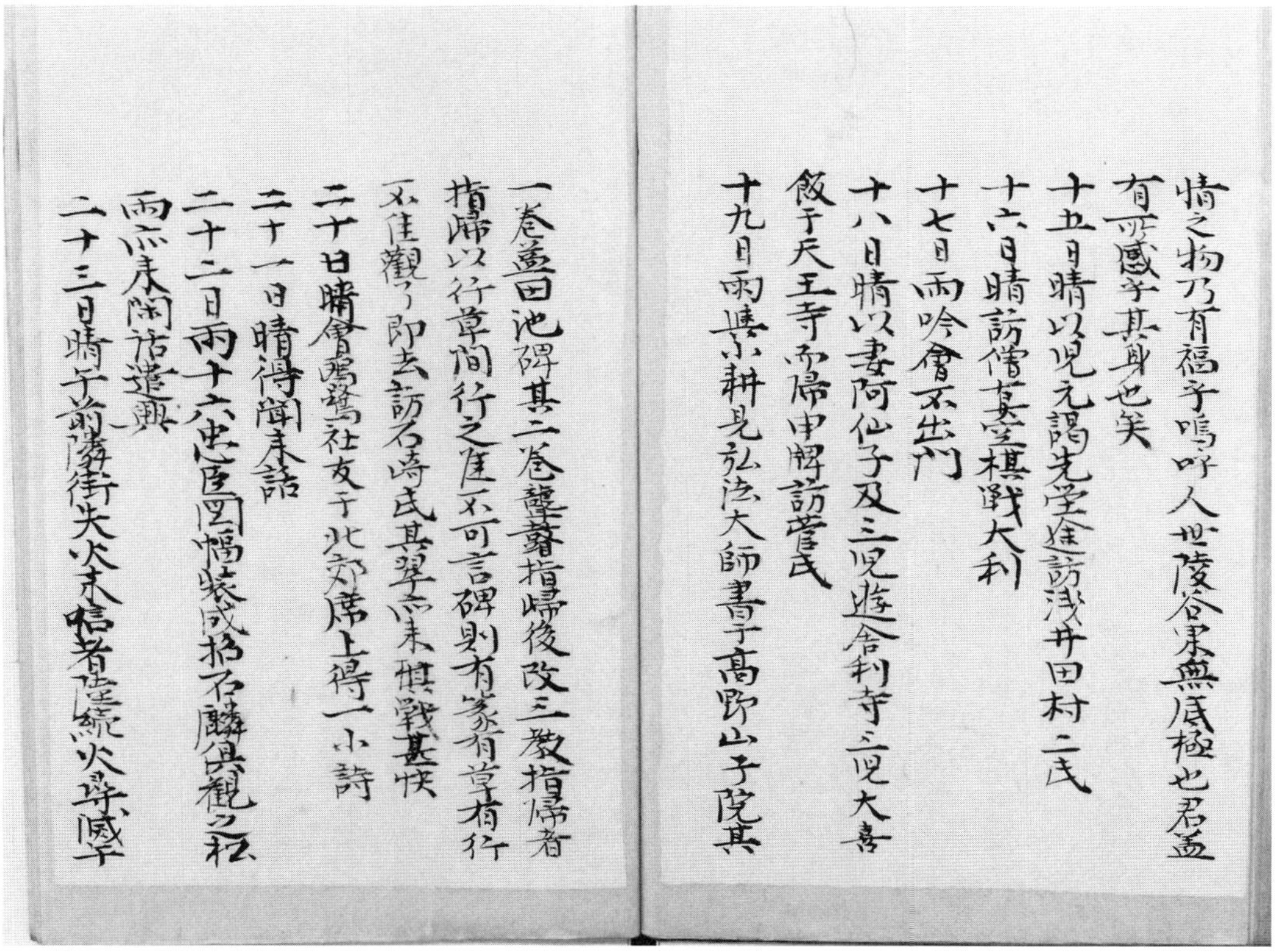

情之物乃有福乎。嗚呼、人世陵谷果無底極也。君蓋
有所感乎其身也矣。
十五日。晴。以児元謁先塋、途訪浅井・田村二氏。
十六日。晴。訪僧真空、棋戦大利。
十七日。雨。吟会、不出門。
十八日。晴。以妻阿仙子及三児遊舎利寺。三児大喜、
飯于天王寺而帰。申牌、訪菅氏。
十九日。雨。与小耕見弘法大師書于高野山子院、其
一巻益田池碑、其二巻聾瞽指帰、後改三教指帰者。
指帰以行草間行之、佳不可言。碑則有篆、有草、有行、
不佳。観了即去、訪石崎氏。其翠亦来、棋戦甚快。
二十日。晴。会鷗鷺社友于北郊、席上得一小詩。
二十一日。晴。得聞来話。
二十二日。雨。十六忠臣図幅装成、招石麟倶観之。松
雨亦来、閑話遣興。
二十三日。晴。午前、隣街失火、来唁者陸続、火尋滅。午

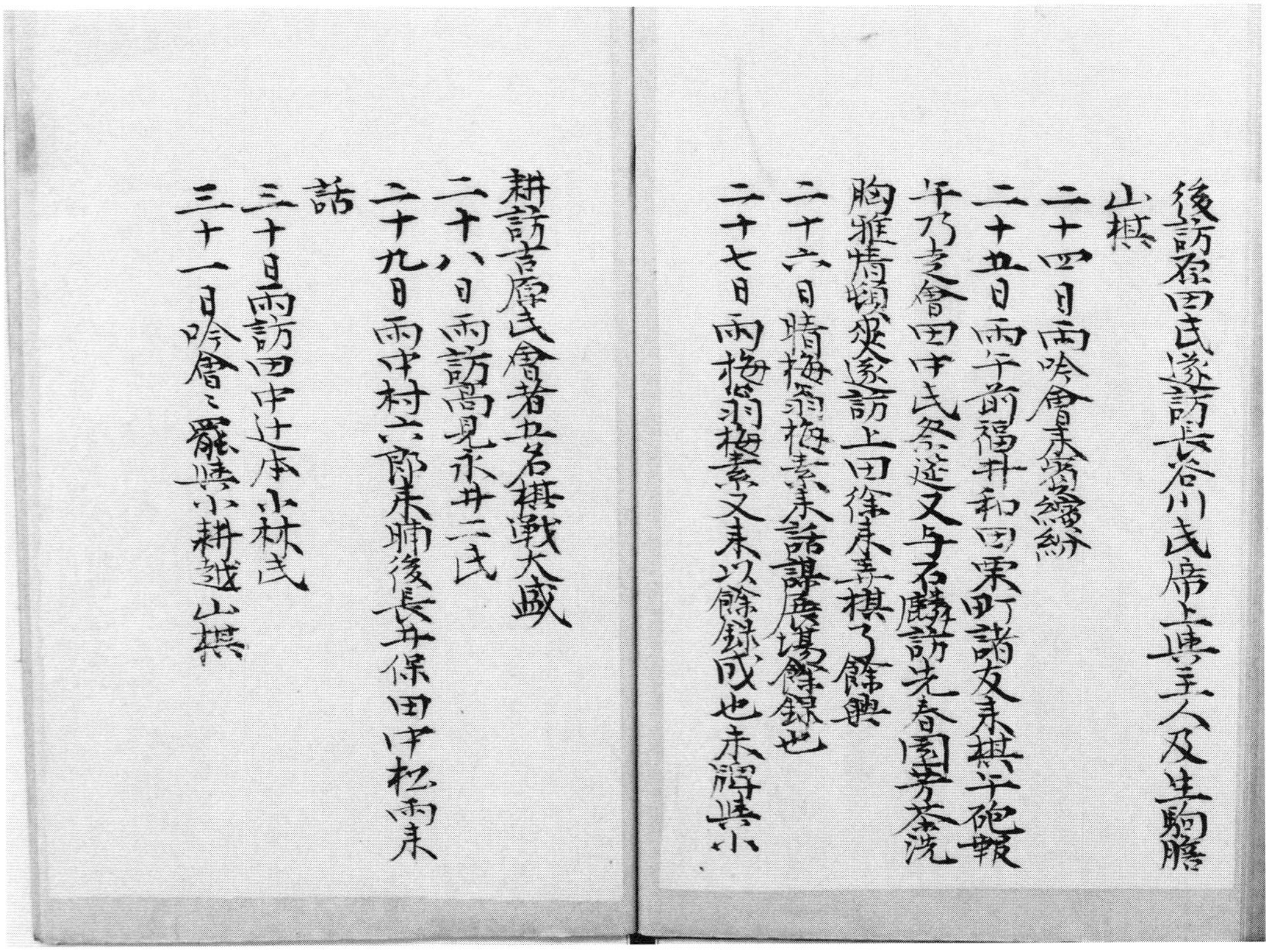

後、訪原田氏、遂訪長谷川氏。席上与主人及生駒胆山棋。
二十四日。雨。吟会。来賓繽紛。
二十五日。雨。午前、福井・和田・栗町諸友来棋。午砲報午、乃走会田中氏祭筵、又与石麟訪先春園。芳茶洗胸、雅情頓爽、遂訪上田徐来、弄棋了餘興。
二十六日。晴。梅翁・梅素来話、謀展場餘録也。
二十七日。雨。梅翁・梅素又来、以餘録成也。未牌、与小耕訪吉原氏。会者五名、棋戦大盛。
二十八日。雨。訪高見・永井二氏。
二十九日。雨。中村六郎来。晡後、長井保・田中松雨来話。
三十日。雨。訪田中・辻本・小林氏。
三十一日。吟会。会罷、与小耕・越山棋。

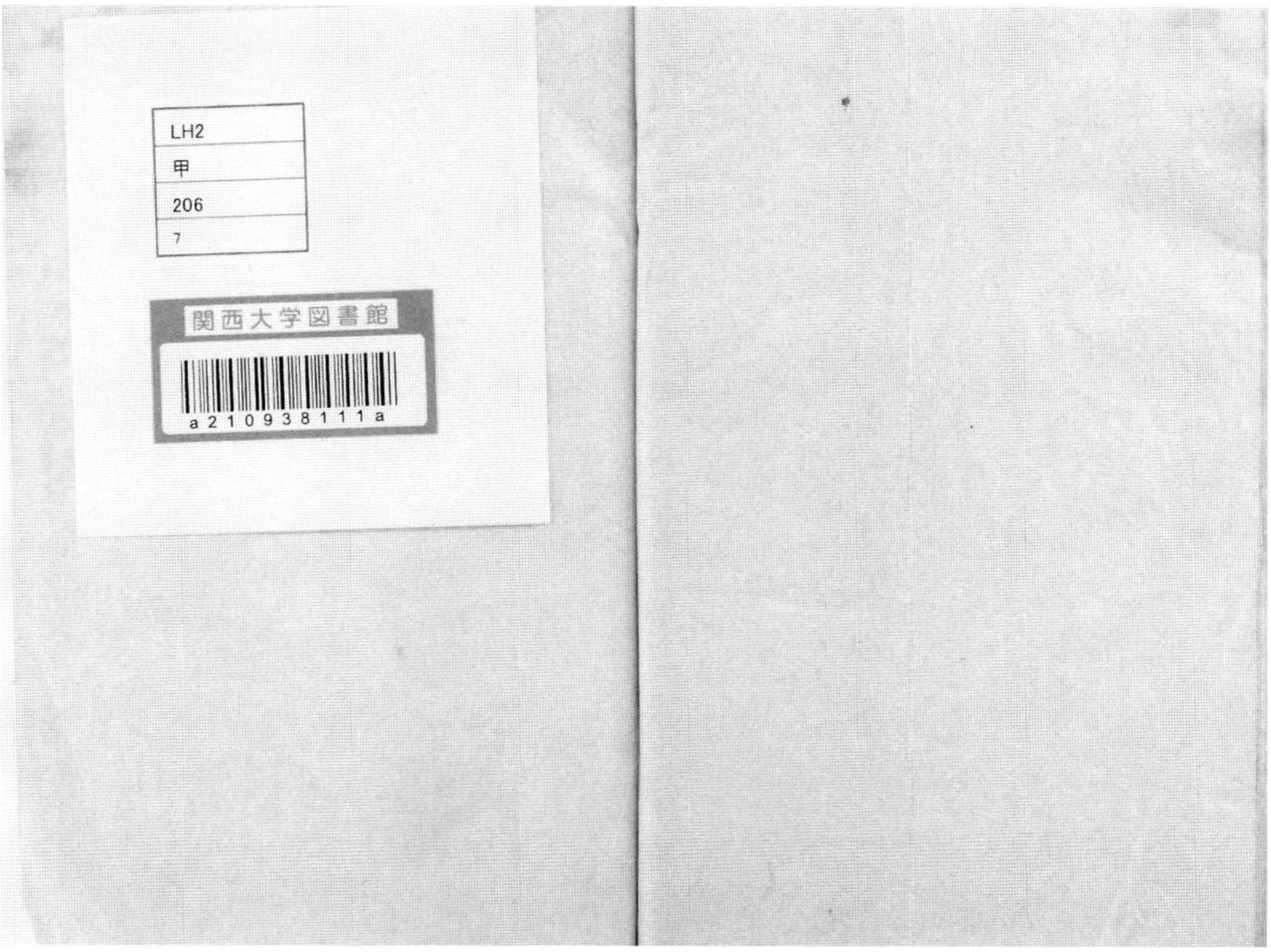
LH2
甲
206
7
関西大学図書館
a210938111a

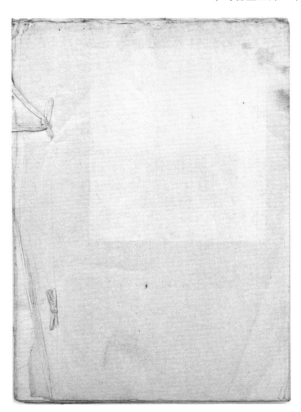

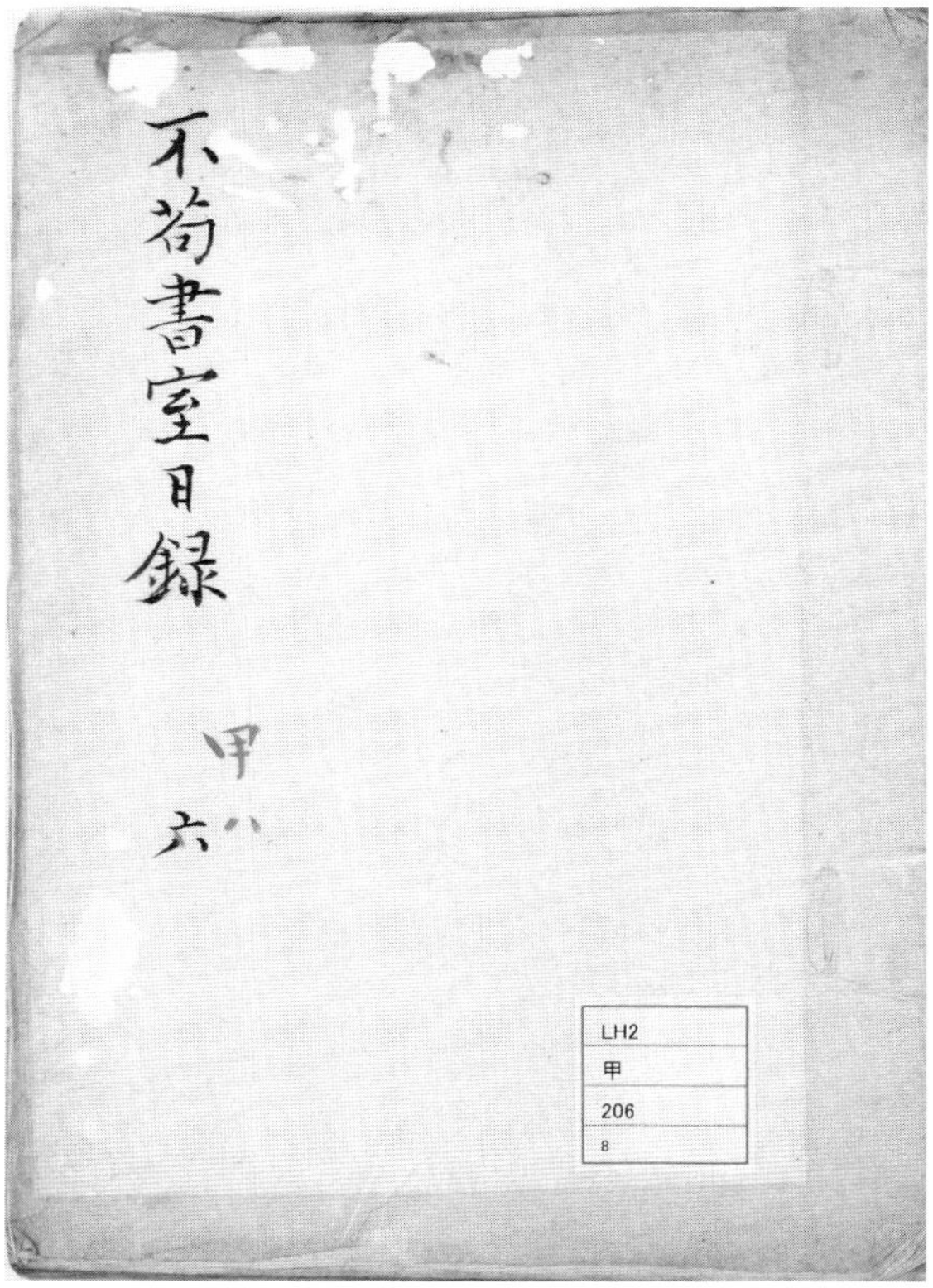


# 不苟書室日録　甲八

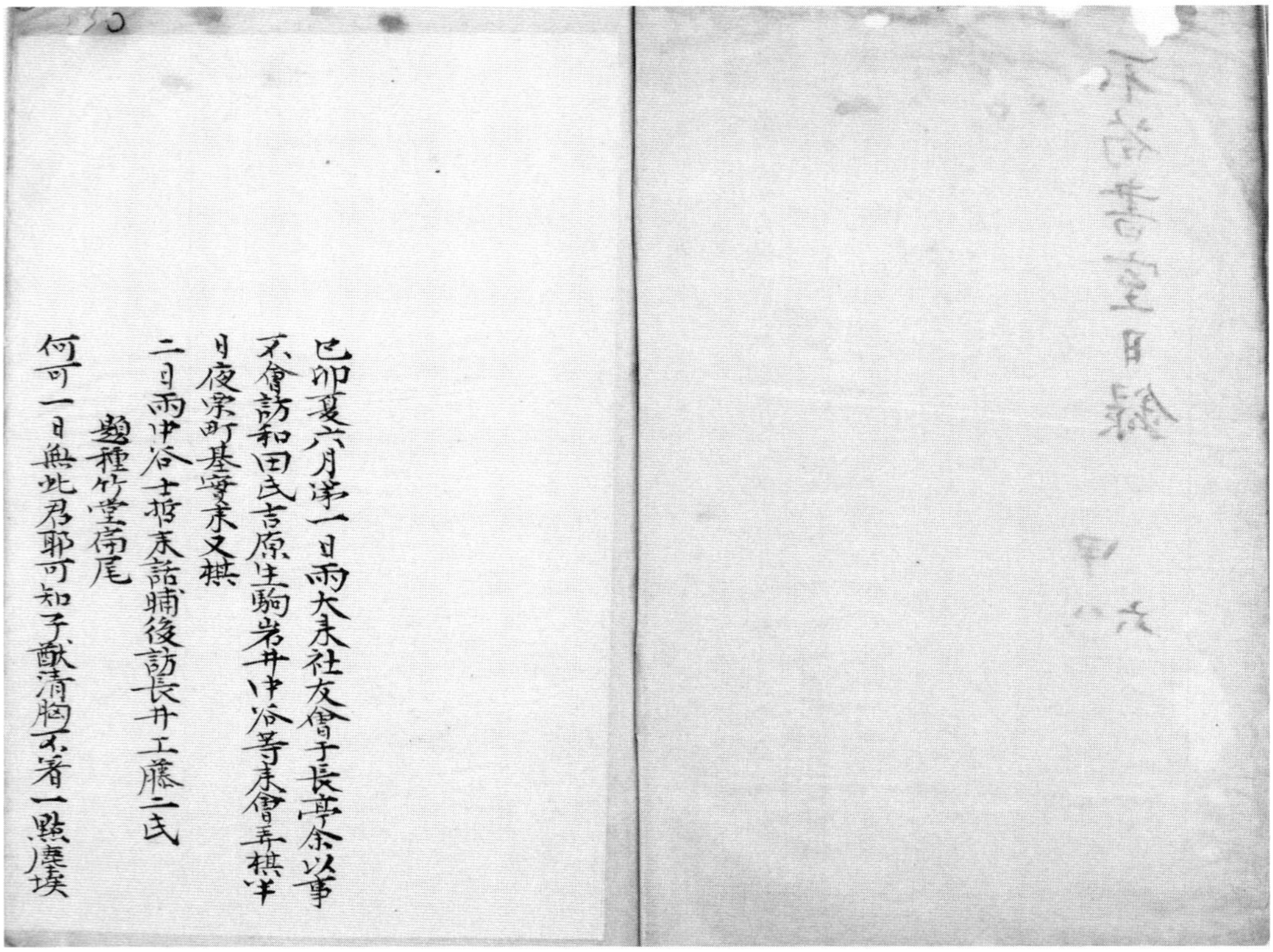

己卯夏六月、第一日。雨。大来社友会于長亭、余以事
不会。訪和田氏、吉原・生駒・岩井・中谷等来会、弄棋半
日。夜、栗町基実来、又棋。
二日。雨。中谷士哲来話。晡後、訪長井・工藤二氏。

題種竹堂扁尾

何可一日無此君耶。可知子猷清胸、不著一点塵埃

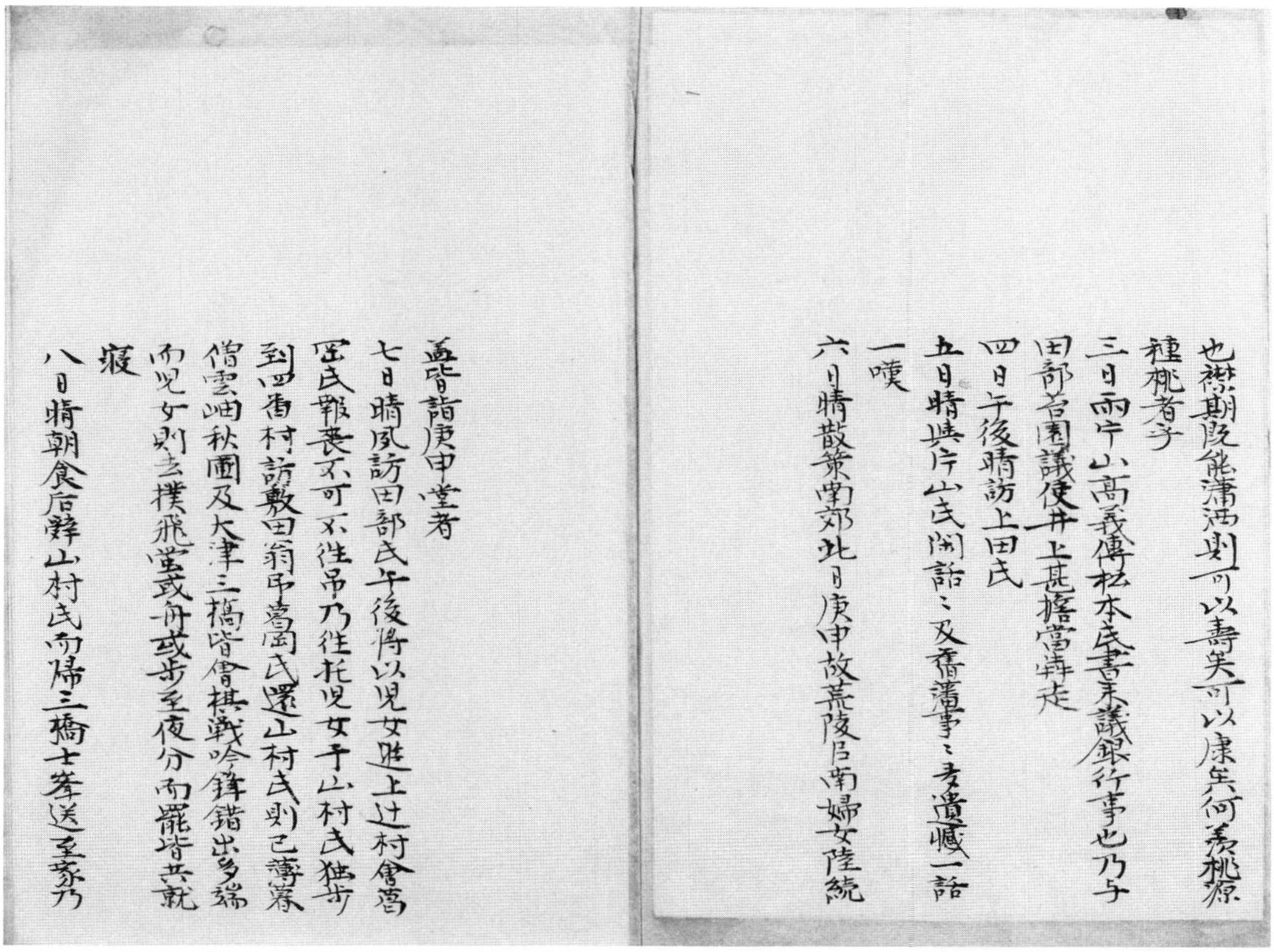

也。襟期既能瀟洒、則可以寿矣、可以康矣。何羨桃源種桃者乎。
三日。雨。片山高義伝松本氏書来、議銀行事也。乃与田部苔園議、使井上甚担当奔走。
四日。午後晴。訪上田氏。
五日。晴。与片山氏閑話、話及旧藩事、事多遺憾、一話一嘆。
六日。晴。散策南郊。此日庚申、故荒陵以南、婦女陸続。蓋皆詣庚申堂者。
七日。晴。夙訪田部氏。午後、将以児女遊上辻村。会葛岡氏報喪、不可不往弔、乃往。托児女于山村氏、独歩到四番村、訪敷田翁、弔葛岡氏。還山村氏、則已薄暮。僧雲岫・秋圃及大津・三橋皆会。棋戦吟鋒、錯出多端、而児女則去撲飛蛍、或舟或歩、至夜分而罷。皆共就寝。
八日。晴。朝食後、辞山村氏而帰。三橋士峰送至家、乃

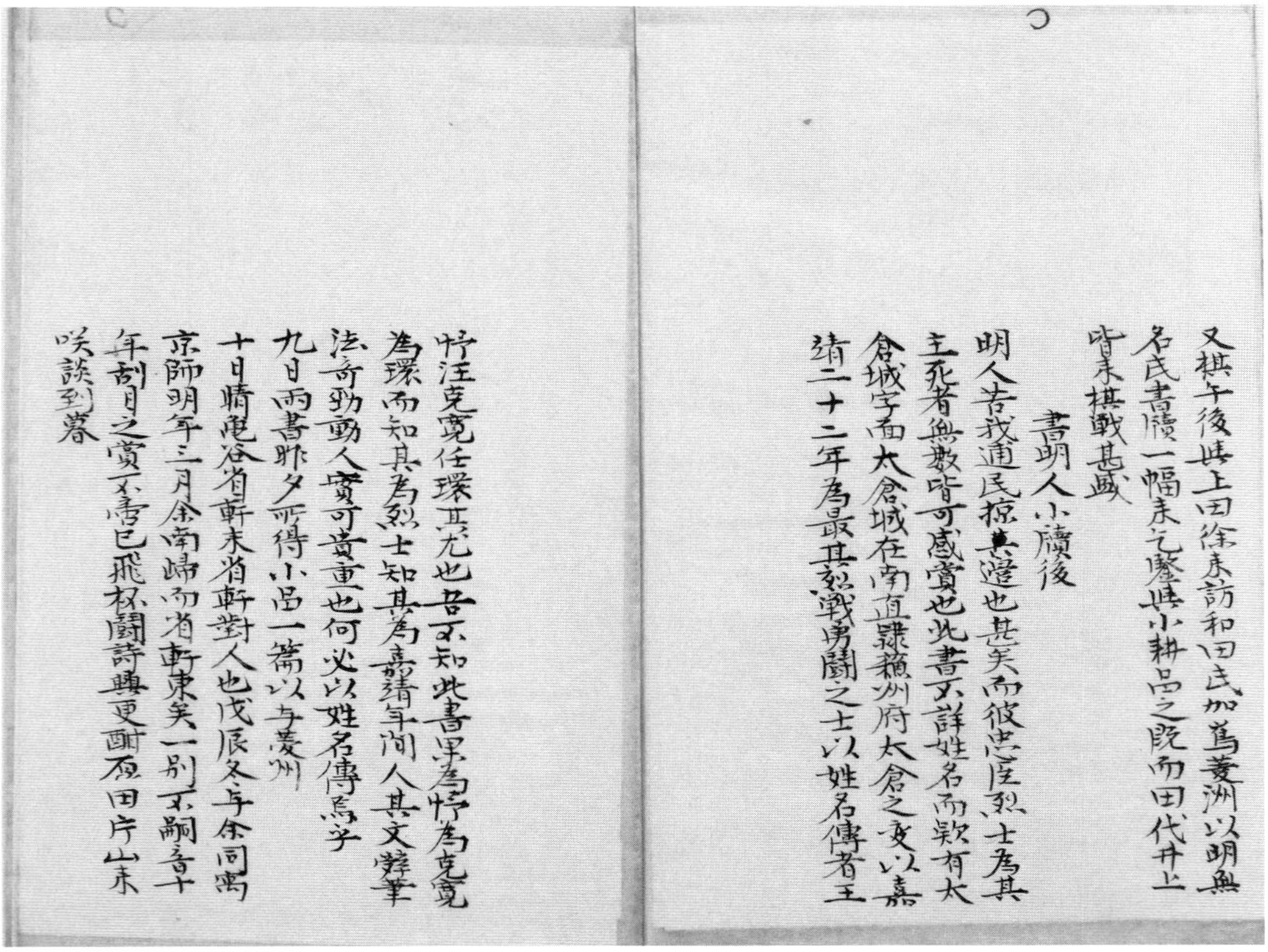

又棋。午後、与上田徐来訪和田氏、加島菱洲以明無名氏書牘一幅来乞鑑、与小耕品之。既而田代・井上皆来、棋戦甚盛。

書明人小牘後

明人苦我逋民掠辺也甚矣。而彼忠臣烈士、為其主死者無数、皆可感賞也。此書不詳姓名、而款有太倉城字面。太倉城在南直隷蘇州府。太倉之変、以嘉靖二十二年為最、其烈戦勇闘之士、以姓名伝者、王忬・汪克寛・任環其尤也。吾不知此書果為忬、為克寛、為環、而知其為烈士、知其為嘉靖年間人。其文辞筆法、奇勁動人、実可貴重也。何必以姓名伝焉乎。

九日。雨。書昨夕所得小品一篇、以与菱州。

十日。晴。亀谷省軒来。省軒、対人也。戊辰冬、与余同寓京師、明年三月余南帰、而省軒東矣。一別不嗣音十年、刮目之賞不啻已。飛杯闘詩、興更酣。原田・片山来、咲談到暮。

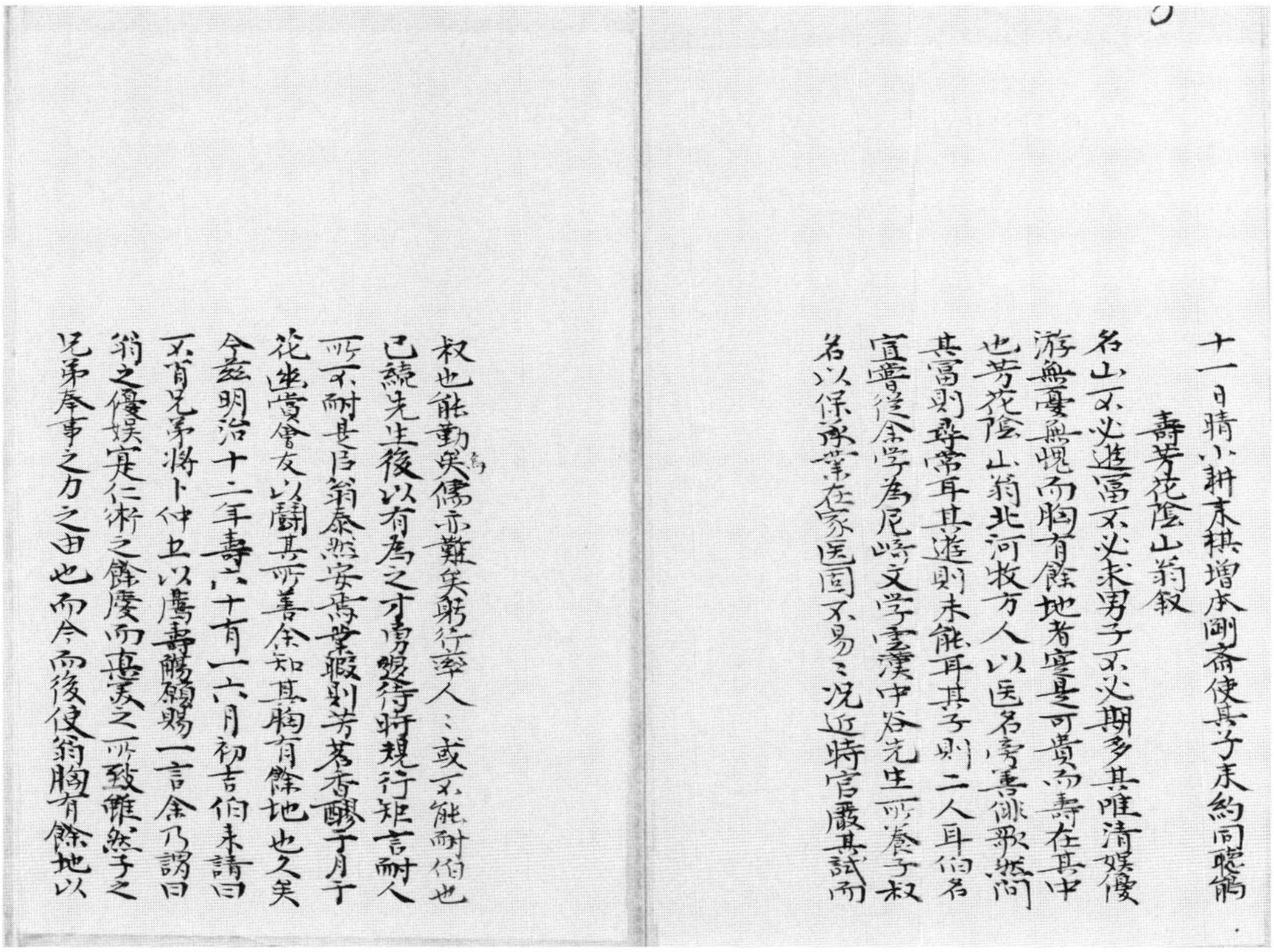

十一日。晴。小耕来棋、増本剛斎使其子来約同聴鵑。

寿芳花陰山翁叙

名山不必遊、富不必求、男子不必期多、其唯清娯優游、無憂無愧、而胸有餘地者、寔是可貴、而寿在其中也。芳花陰山翁、北河牧方人。以医名、旁善俳歌。然問其富則尋常耳、其遊則未能耳。其子則二人耳。伯名宣、嘗従余学、為尼崎文学雲漢中谷先生所養子、叔名以保、承業在家。医固不易〻、況近時官厳其試、而叔也能勤焉。儒亦難矣、躬行率人、人或不能耐。伯也已続先生後、以有為之才、勇退待時、規行矩言、耐人所不耐、是以翁泰然安焉。業暇則芳茗香醪、于月于花、幽賞会友、以闘其所善。余知其胸有餘地也久矣。今茲明治十二年、寿六十有一、六月初吉、伯来請曰、不肖兄弟将卜仲五以薦寿觴、願賜一言。余乃謂曰、翁之優娯、寔仁術之餘慶、而徳美之所致。雖然、子之兄弟奉事之力之由也。而今而後、使翁胸有餘地、以

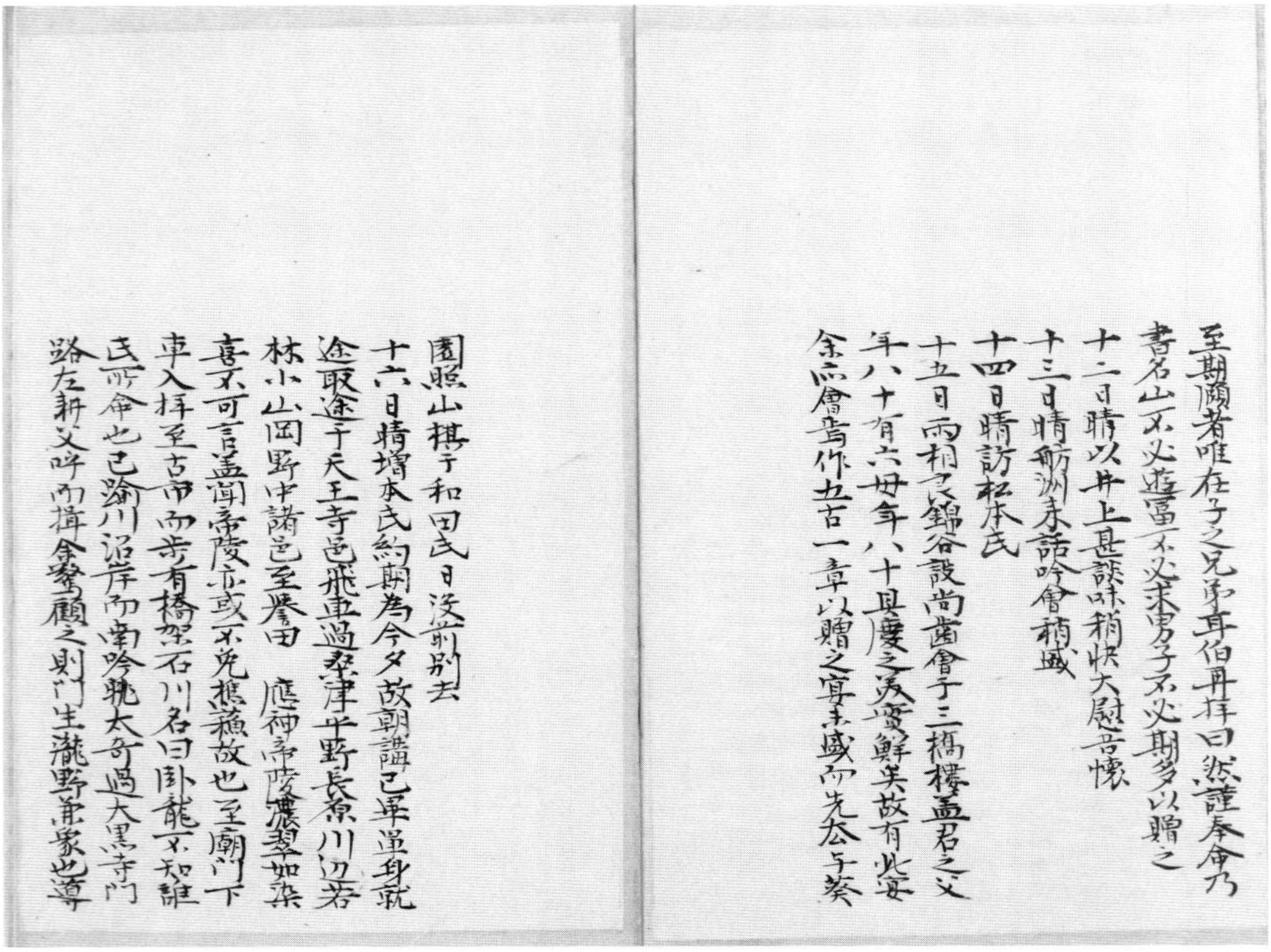

至期頤者、唯在子之兄弟耳。伯再拝曰然、謹奉命。乃書名山不必遊、富不必求、男子不必期多、以贈之。
十二日。晴。以井上甚談味稍快、大慰吾懐。
十三日。晴。舫洲来話、吟会稍盛。
十四日。晴。訪松本氏。
十五日。雨。相良錦谷設尚歯会于三橋楼。蓋君之父年八十有六、母年八十、具慶之、美実鮮矣、故有此宴。余亦会焉、作五古一章以贈之。宴未盛而先去、与葵園・照山棋于和田氏、日沒前別去。
十六日。晴。増本氏約期為今夕、故朝講已畢、単身就途。取途于天王寺邑、飛車過桑津・平野・長原・川辺・若林・小山・岡・野中諸邑、至誉田応神帝陵。濃翠如染、喜不可言。蓋聞帝陵亦或不免樵蘇故也。至廟門、下車入拝、至古市而歩、有橋架石川、名曰臥龍、不知誰氏所命也。已踰川沿岸而南、吟眺太奇。過大黒寺門、路左耕父呼而揖。余驚顧之、則門生瀧野兼象也。導

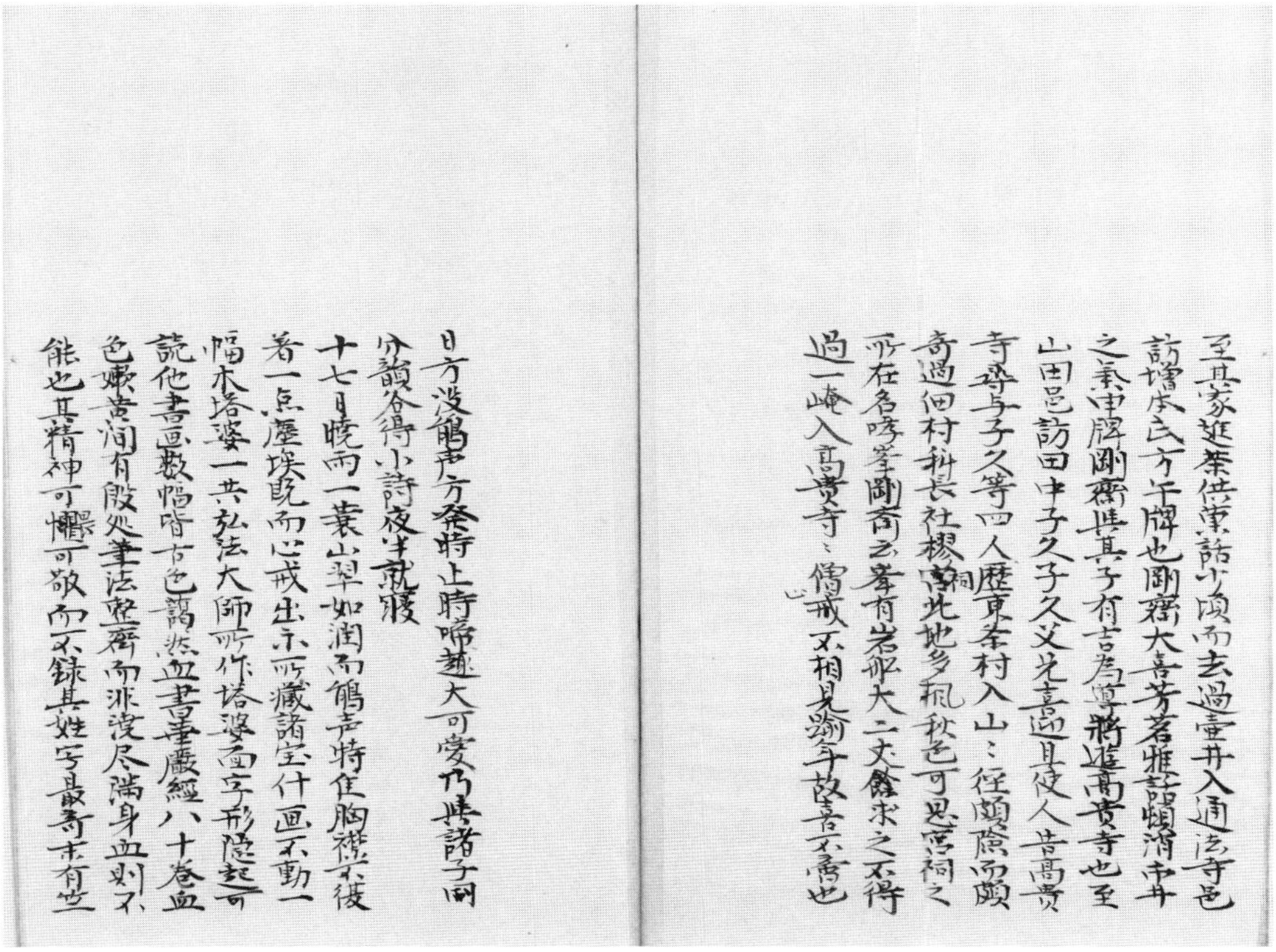

至其家、進茶供菓、話少頃而去。過壷井、入通法寺邑、訪増本氏、方午牌也。剛斎大喜、芳茗雅話、頓消市井之気。申牌、剛斎与其子有吉為導、将遊高貴寺也。至山田邑、訪田中子久。子久父兄喜迎、且使人告高貴寺。尋与子久等四人歴東条村入山。山径頗険而頗奇、過佃村科長社繆祠。此地多楓、秋色可思。宮祠之所在、名哮峰。剛斎云、峰有岩船大二丈餘、求之不得。過一庵、入高貴寺。寺僧心戒不相見踰年、故喜不啻也。日方没、鵑声方発、時止時啼、趣大可愛。乃与諸子分韻、各得小詩。夜半、就寝。

十七日。暁雨一蓑、山翠如潤、而鵑声特佳、胸襟不復著一点塵埃。既而心戒出示所蔵諸宝什、画不動一幅、木塔婆一、共弘法大師所作、塔婆面字形隠起可読。他書画数幅、皆古色藹然。血書華厳経八十巻、血色嫩黄間有殷処、筆法整斉、而非澆尽満身血則不能也。其精神可畏可敬、而不録其姓字、最奇。末有竺

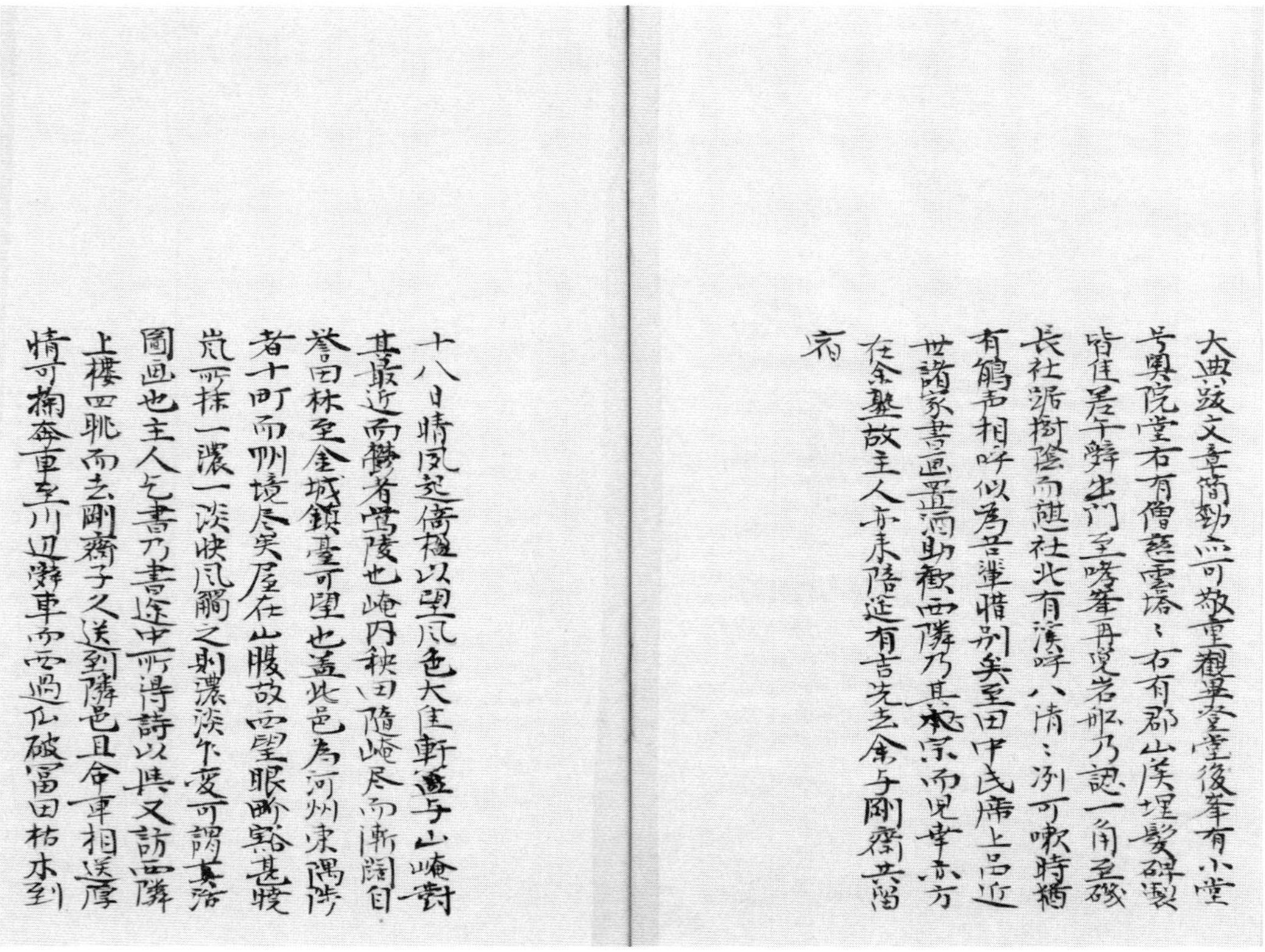

大典跋、文章簡勁亦可敬重。観畢、登堂後峰、有小堂、号奥院。堂右有僧慈雲塔、塔右有郡山侯埋髪碑、製皆佳。差午、辞。出門至哮峰、再覓岩船、乃認一角至磯長社、踞樹陰而憩。社北有渓、呼八清、清冽可嗽。時猶有鵑声相呼、似為吾輩惜別矣。至田中氏、席上品近世諸家書画、置酒助歓。西隣乃其大宗、而児幸亦方在余塾、故主人亦来陪筵。有吉先去、余与剛斎共留宿。

十八日。晴。夙起、倚檻以望、風色大佳。軒与山崦對、其最近而鬱者、鴬陵也。崦内秧田、随崦尽而漸闊、自誉田林至金城臺可望也。蓋此邑為河州東隅、陟者十町、而州境尽矣。屋在山腹、故西望眼界豁甚、暁嵐所抹、一濃一淡、快風触之、則濃淡乍変、可謂活図画也。主人乞書、乃書途中所得詩以与。又訪西隣、上楼四眺而去。剛斎・子久送到隣邑、且命車相送、厚情可掬。奔車至川辺、辞車而西過瓜破・富田・枯木、到

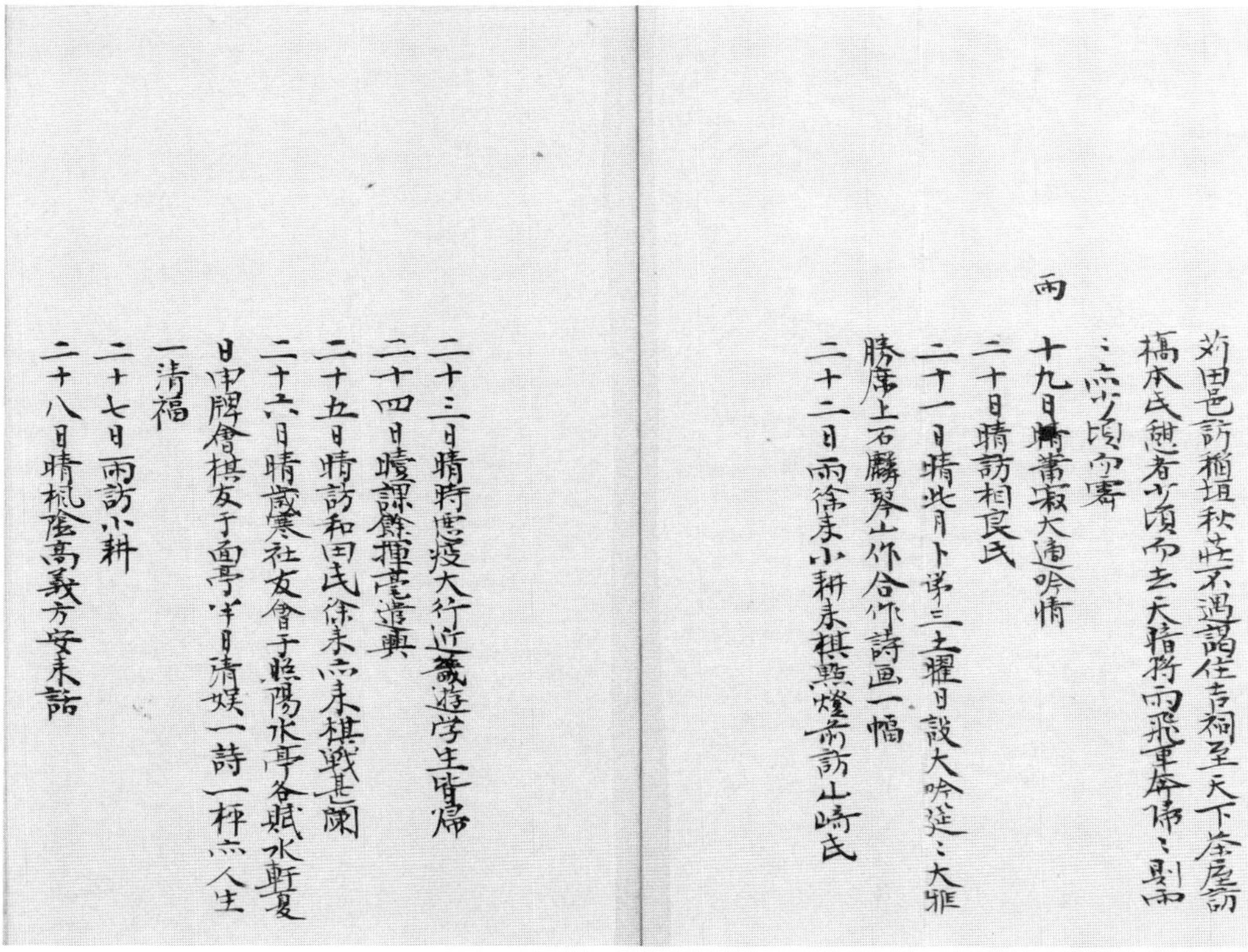

茢田邑、訪稲垣秋荘、不遇。謁住吉祠、至天下茶屋、訪
橋本氏、憩者少頃而去。天暗将雨、飛車奔帰。帰則雨、
雨亦少頃而霽。
十九日。雨。蕭寂、大適吟情。
二十日。晴。訪相良氏。
二十一日。晴。比月卜第三土曜日設大吟筵。筵大雅
勝。席上石麟・琴山作合作詩画一幅。
二十二日。雨。徐来・小耕来棋。点灯前訪山崎氏。

二十三日。晴。時悪疫大行近畿、遊学生皆帰。
二十四日。曀。課餘、揮毫遣興。
二十五日。晴。訪和田氏、徐来亦来、棋戦甚闌。
二十六日。晴。歳寒社友会于照陽水亭、各賦水軒夏
日。申牌、会棋友于面亭、半日清娯、一詩一枰、亦人生
一清福。
二十七日。雨。訪小耕。
二十八日。晴。楓陰・高義・方安来話。

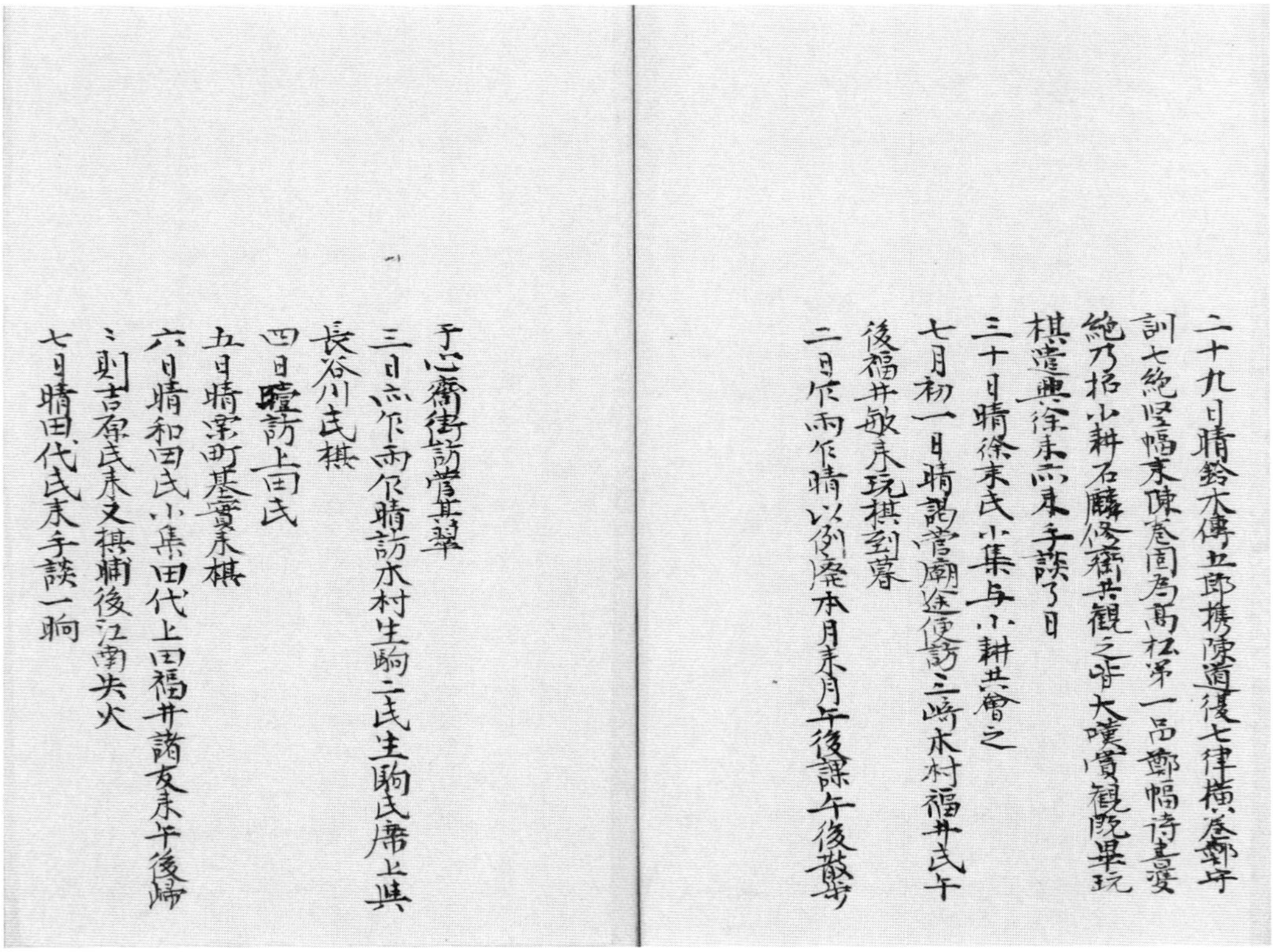

二十九日。晴。鈴木伝五郎携陳道復七律横巻・鄭守訓七絶竪幅来。陳巻固為高松第一品、鄭幅詩書双絶。乃招小耕・石麟・修斎共観之、皆大嘆。賞観既畢、玩棋遣興。徐来亦来、手談了日。
三十日。晴。徐来氏小集。与小耕共会之。
七月、初一日。晴。謁菅廟、途便訪三崎・木村・福井氏。午後、福井敏来、玩棋到暮。
二日。乍雨乍晴。以例廃本月来月午後課。午後、散歩于心斎街、訪菅其翠。
三日。亦乍雨乍晴。訪木村・生駒二氏。生駒氏席上与長谷川氏棋。
四日。曀。訪上田氏。
五日。晴。栗町基実来棋。
六日。晴。和田氏小集。田代・上田・福井諸友来。午後、帰。帰則吉原氏来、又棋。晡後、江南失火。
七日。晴。田代氏来、手談一晌。

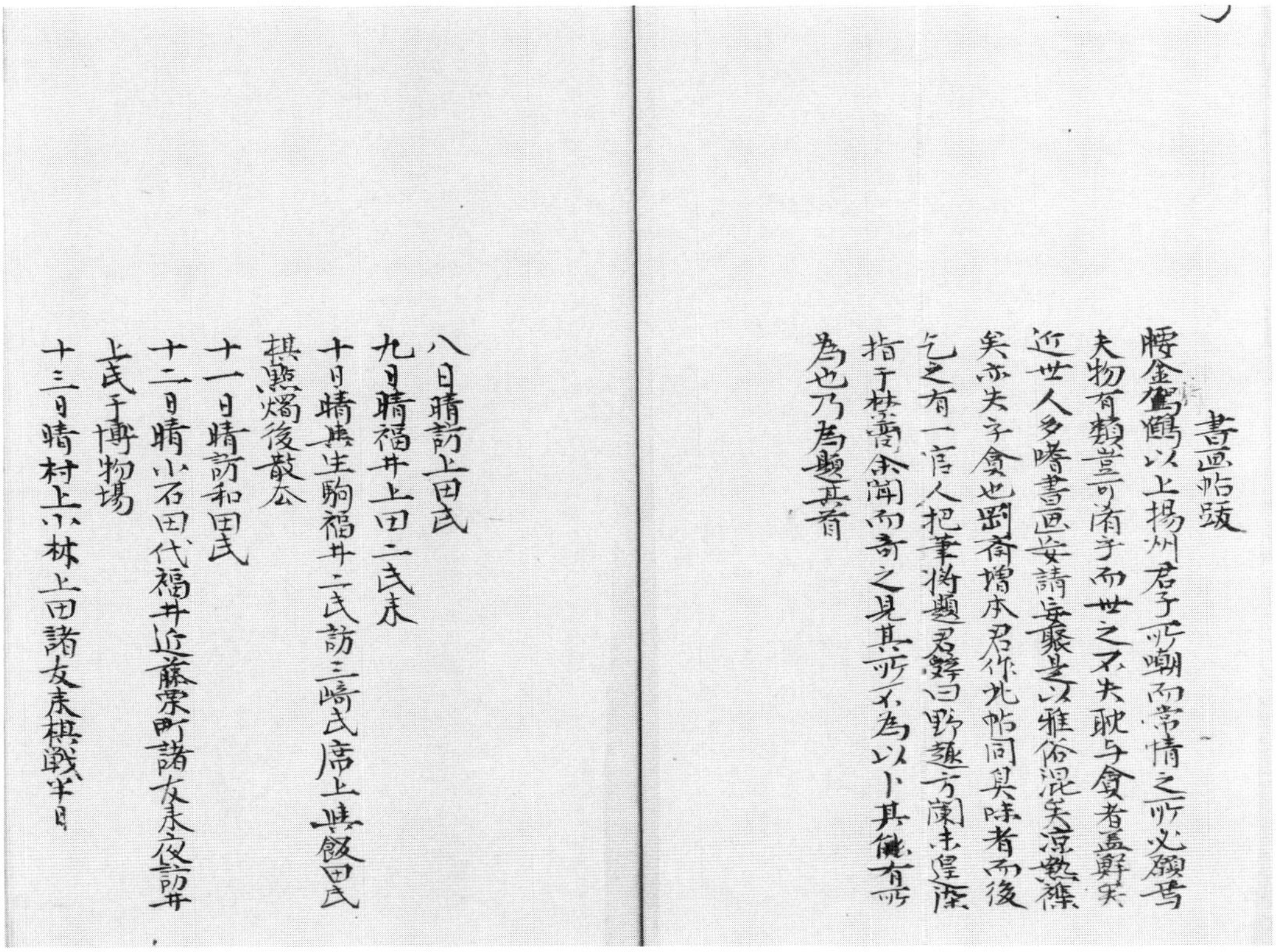

書画帖跋

腰金騎鶴以上揚州、君子所嘲、而常情之所必願焉。夫物有類、豈可淆乎。而世之不失耽与貪者、蓋鮮矣。近世人多嗜書画、妄請妄聚、是以雅俗混矣、涼熱雑矣、亦失乎貪也。剛斎増本君作此帖、同臭味者而後乞之。有一官人把筆将題、君辞曰、野趣方闌、未遑染指于禁臠。余聞而奇之、見其所不為、以卜其有所為也。乃為題其首。

八日。晴。訪上田氏。
九日。晴。福井・上田二氏来。
十日。晴。与生駒・福井二氏訪三崎氏。席上与飯田氏棋、点燭後散去。
十一日。晴。訪和田氏。
十二日。晴。小石・田代・福井・近藤・栗町諸友来。夜、訪井上氏于博物場。
十三日。晴。村上・小林・上田諸友来、棋戦半日。

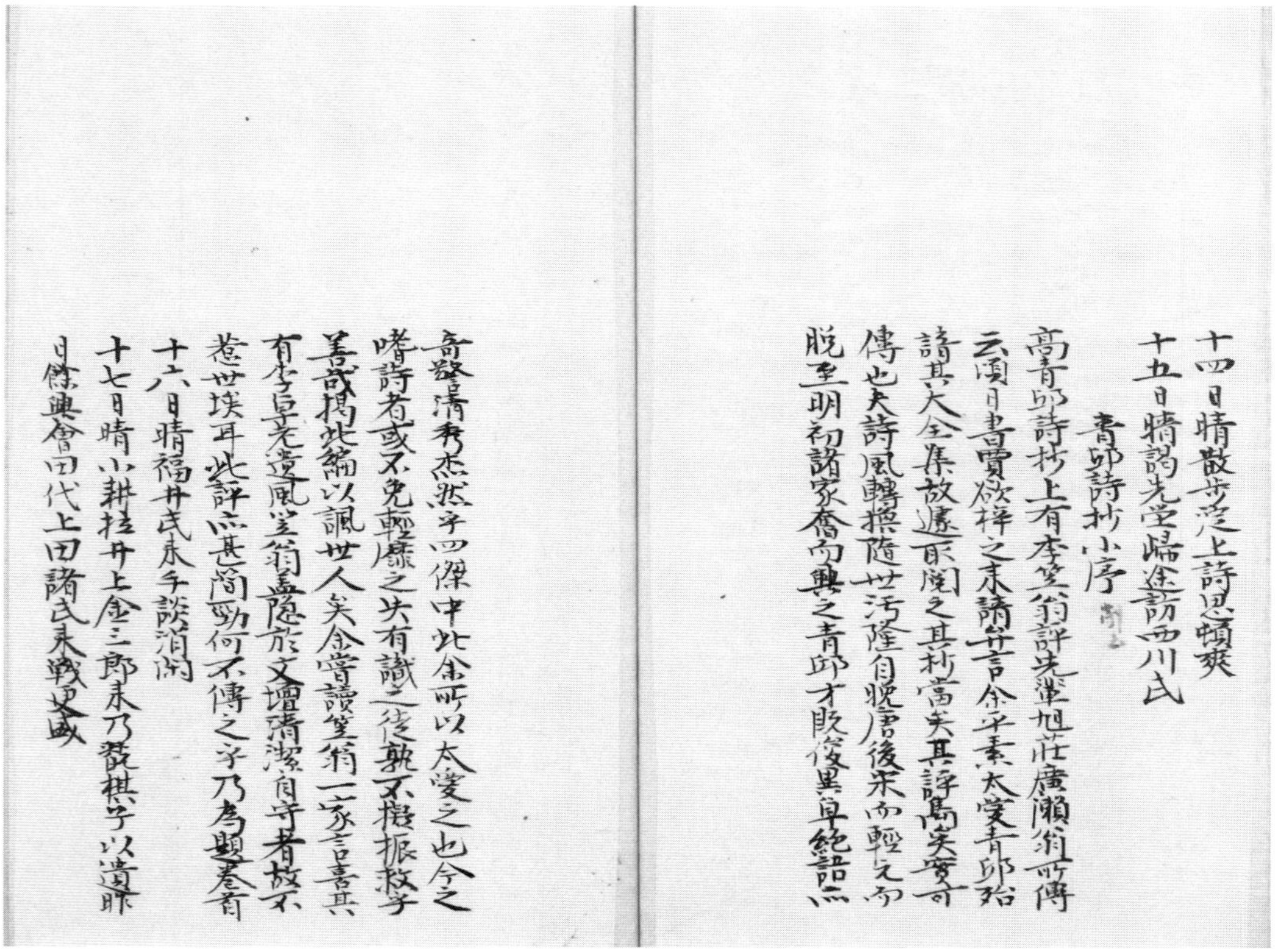

十四日。晴。散歩淀上、詩思頓爽。
十五日。晴。謁先塋、帰途訪西川氏。

青邱詩抄小序 削去

高青邱詩抄、上有李笠翁評、先輩旭荘広瀬翁所伝云。頃日、書賈欲梓之、来請弁言。余平素太愛青邱、殆諳其大全集、故遽取閲之、其抄当矣、其評雋矣、実可伝也。夫詩風転換、随世汚隆。自晩唐後、宋而軽、元而脱、至明初、諸家奮而興之。青邱才既俊異卓絶、語亦奇警清秀、傑然乎四傑中、此余所以太愛之也。今之嗜詩者、或不免軽靡之失。有識之徒、孰不擬振救乎。善哉、掲此編以諷世人矣。余嘗読笠翁一家言、喜其有李卓老遺風。笠翁蓋隠於文壇、清潔自守者、故不惹世埃耳。此評亦甚簡勁、何不伝之乎。乃為題巻首。

十六日。晴。福井氏来、手談消閑。
十七日。晴。小耕拉井上金三郎来、乃翫棋子以遺昨日餘興。会田代・上田諸氏来、戦更盛。

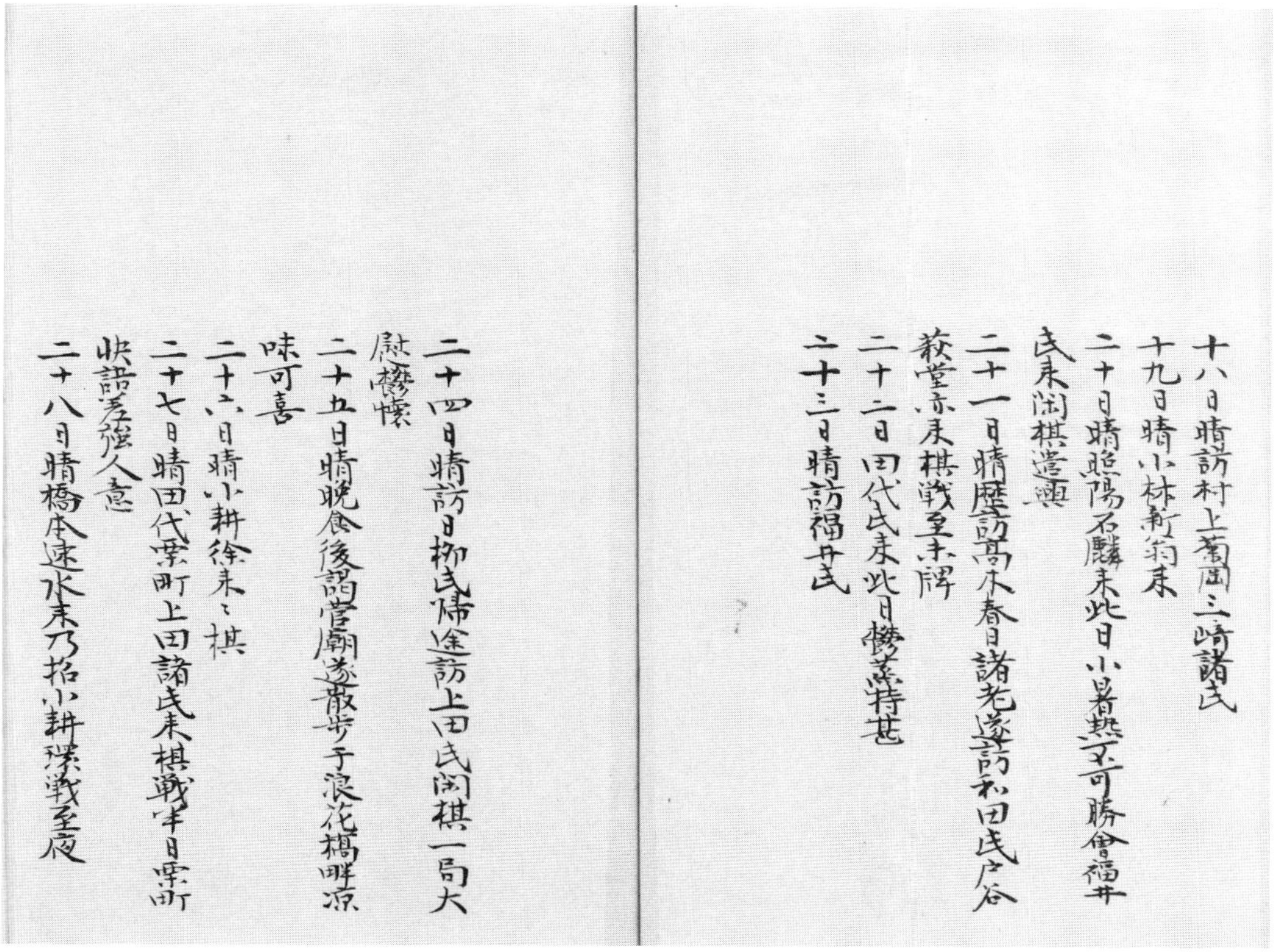

十八日。晴。訪村上・菊岡・三崎諸氏。
十九日。晴。小林新翁来。
二十日。晴。照陽・石麟来。此日小暑、熱不可勝。会福井
氏来、閑棋遣興。
二十一日。晴。歴訪高木・春日諸老、遂訪和田氏。戸谷
萩堂亦来、棋戦至未牌。
二十二日。田代氏来。此日鬱蒸特甚。
二十三日。晴。訪福井氏。
二十四日。晴。訪日柳氏。帰途訪上田氏、閑棋一局、大
慰鬱懐。
二十五日。晴。晩食後謁菅廟、遂散歩于浪花橋畔、涼
味可喜。
二十六日。晴。小耕・徐来ゝ棋。
二十七日。晴。田代・栗町・上田諸氏来、棋戦半日。栗町
快語、差強人意。
二十八日。晴。橋本速水来、乃招小耕、環戦至夜。

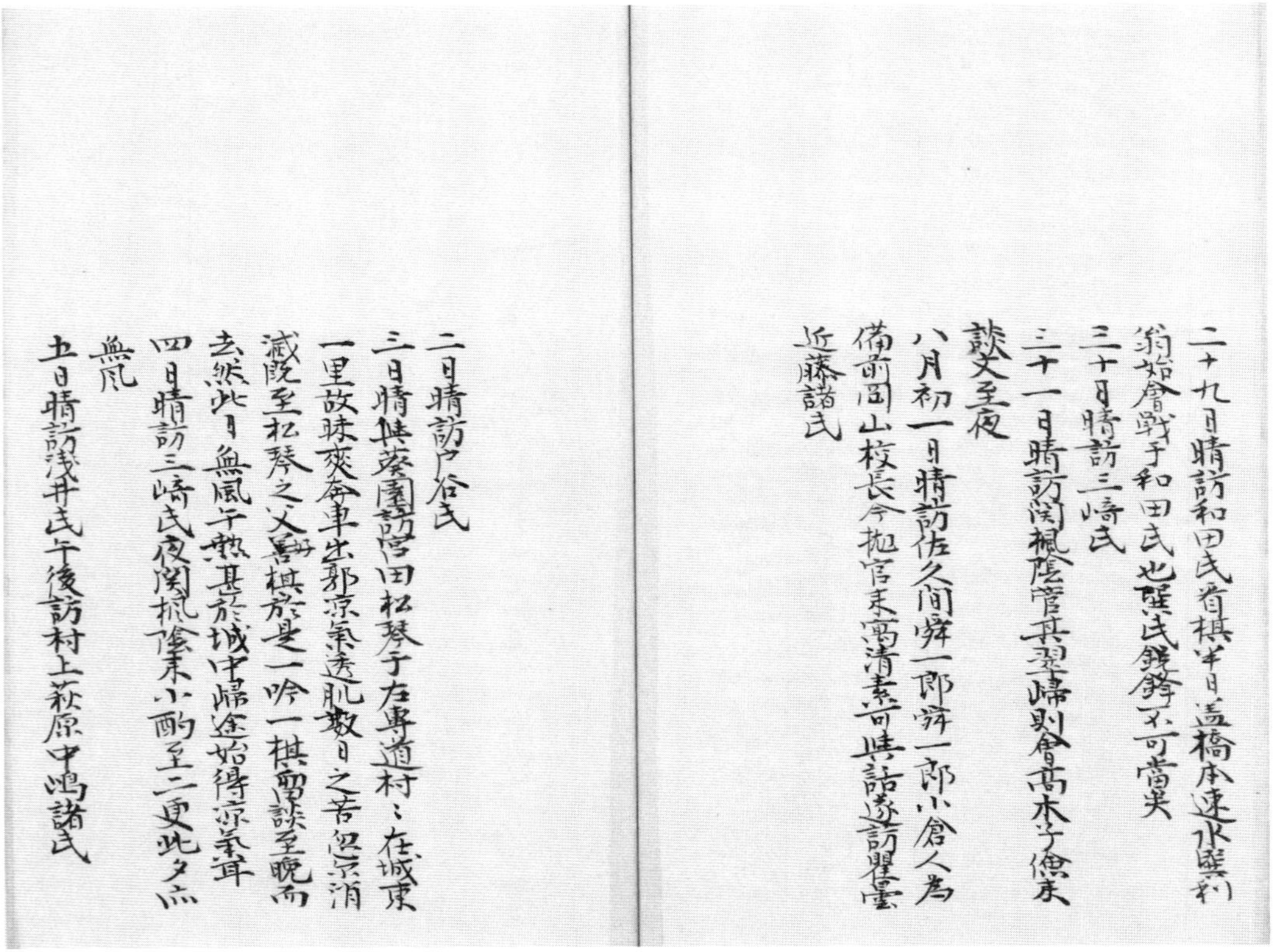

二十九日。晴。訪和田氏、看棋半日。蓋橋本速水、巽利翁始会戦于和田氏也。巽氏鋭鋒、不可当矣。

三十日。晴。訪三崎氏。

三十一日。晴。訪関楓陰・菅其翠。帰則会高木子倹来、談文至夜。

八月、初一日。晴。訪佐久間舜一郎。舜一郎、小倉人、為備前岡山校長。今抛官来寓、清素可与話。遂訪瞿曇・近藤諸氏。

二日。晴。訪戸谷氏。

三日。晴。与葵園訪宮田松琴于左専道村。村在城東一里、故昧爽奔車出郭、涼気透肌、数日之苦、忽爾消滅。既至、松琴之父好棋、於是一吟一棋、留談至晩而去。然此日無風、午熱甚於城中、帰途始得涼気耳。

四日。晴。訪三崎氏。夜、関楓陰来、小酌至二更。此夕亦無風。

五日。晴。訪浅井氏。午後、訪村上・萩原・中嶋諸氏。

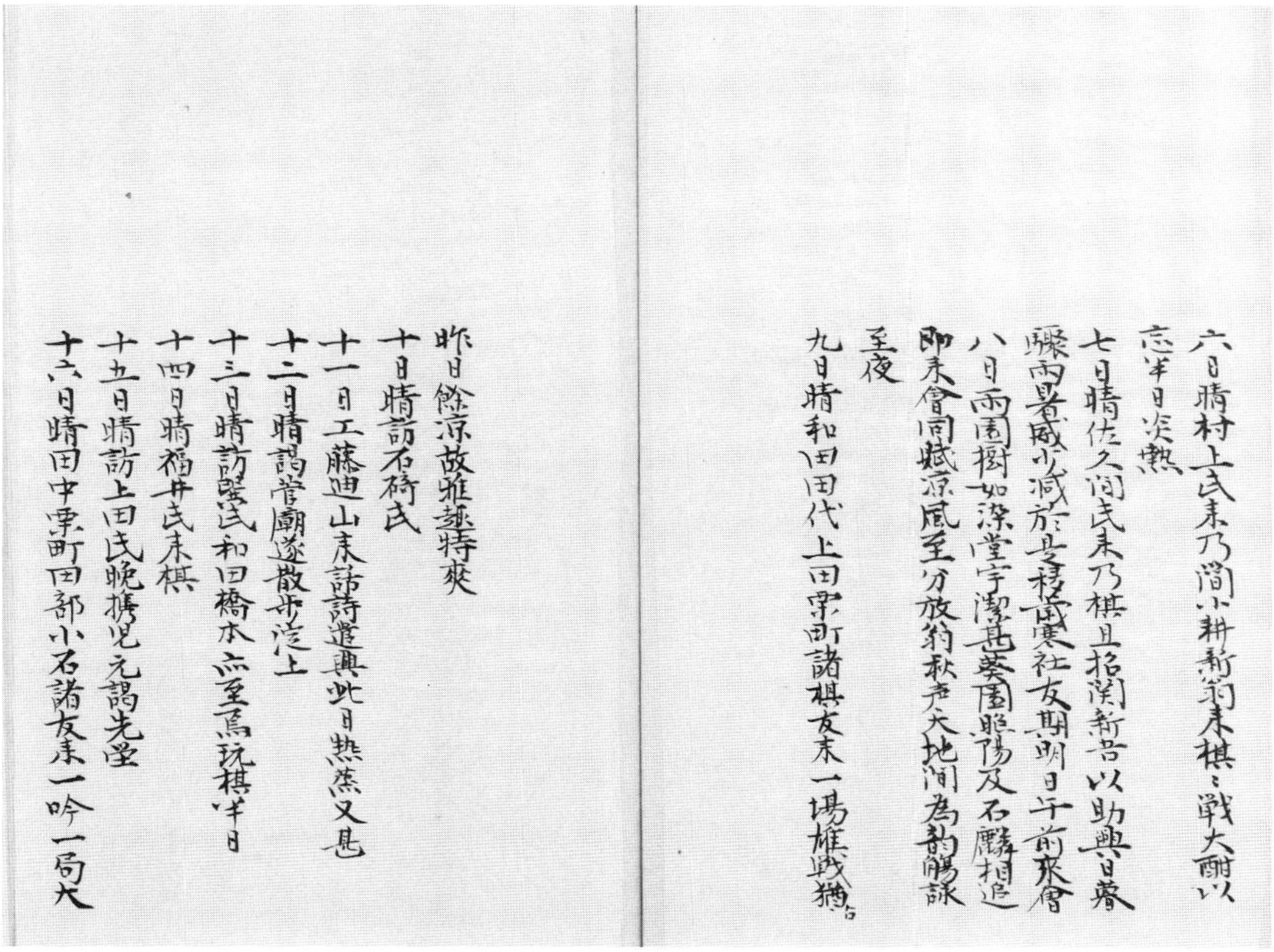

六日。晴。村上氏来、乃箇小耕・新翁来棋。棋戦大酣、以忘半日炎熱。
七日。晴。佐久間氏来、乃棋、且招関新吾以助興。日暮驟雨、暑威少減。於是移歳寒社友期明日午前来会。
八日。雨。園樹如染、堂宇潔甚。葵園・照陽及石麟相追来会、同賦涼風至、分放翁秋声天地間為韻、觴詠至夜。
九日。晴。和田・田代・上田・栗町諸棋友来、一場雄戦、猶占昨日餘涼、故雅趣特爽。
十日。晴。訪石碕氏。
十一日。工藤廸山来、話詩遺興。此日熱蒸又甚。
十二日。晴。謁菅廟、遂散歩淀上。
十三日。晴。訪巽氏、和田・橋本亦至焉。玩棋半日。
十四日。晴。福井氏来棋。
十五日。晴。訪上田氏。晩携児元謁先塋。
十六日。晴。田中・栗町・田部・小石諸友来、一吟一局、大

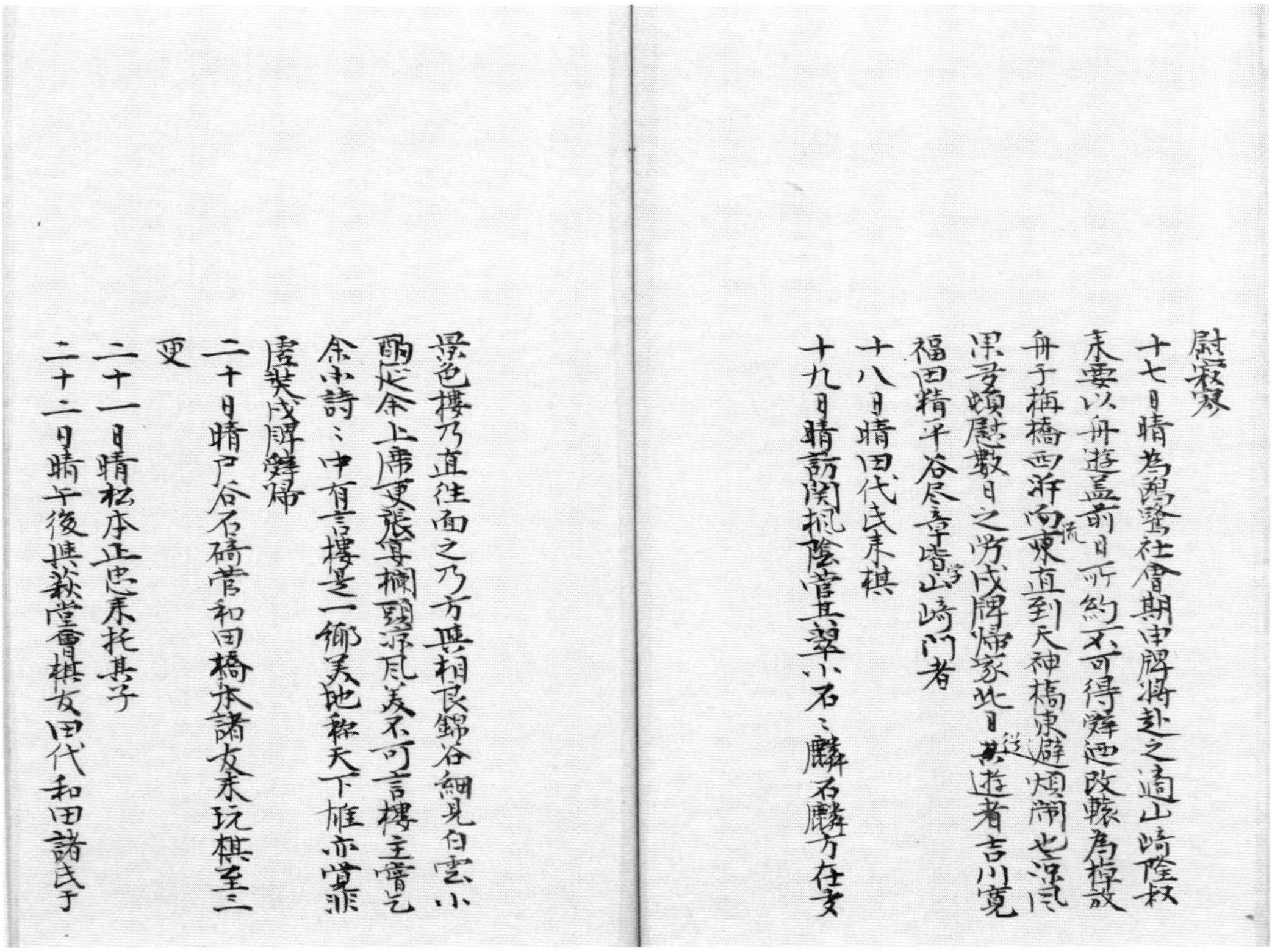

慰寂寥。

十七日。晴。為鷗鷺社会期。申牌将赴之、適山崎隆叔来、要以舟遊。蓋前日所約、不可得辞。廼改轅為棹、放舟于梅橋西、溯流直到天神橋東、避煩鬧也。涼風果多、頓慰數日之労。戌牌、帰家。此日従遊、吉川寛・福田精・平谷尽章、皆学山崎門者。

十八日。晴。田代氏来棋。

十九日。晴。訪関楓陰・菅其翠・小石石麟。石麟方在多景色楼、乃直往面之、乃方与相良錦谷・細見白雲小酌。延余上席、更張宴。欄頭涼風、美不可言。楼主嘗乞余小詩。詩中有言、楼是一郷美、地称天下雄、亦覚非虚奨。戌牌、辞帰。

二十日。晴。戸谷・石碕・菅・和田・橋本諸友来、玩棋至三更。

二十一日。晴。松本正忠来托其子。

二十二日。晴。午後与萩堂会棋友田代・和田諸氏于

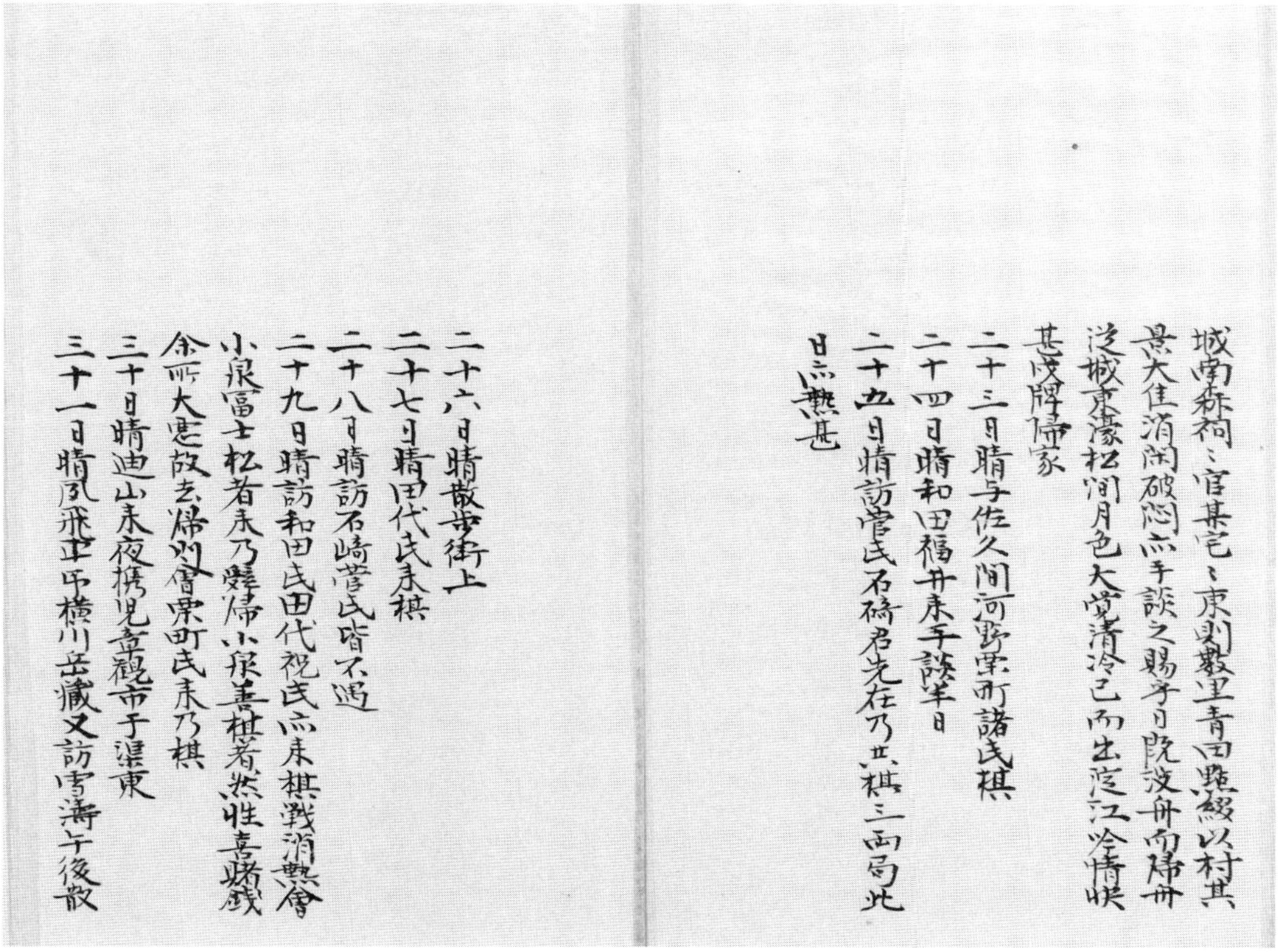

城南森祠〻官某宅。宅東則数里青田、点綴以村、其
景大佳、消閑破悶、亦手談之賜乎。日既没、舟而帰。舟
従城東濠、松間月色、大覚清冷。已而出淀江、吟情快
甚。戌牌、帰家。
二十三日。晴。与佐久間・河野・栗町諸氏棋。
二十四日。晴。和田・福井来、手談半日。
二十五日。晴。訪菅氏、石碕君先在、乃共棋三両局。此
日亦熱甚。
二十六日。晴。散歩街上。
二十七日。晴。田代氏来棋。
二十八日。晴。訪石崎・菅氏、皆不遇。
二十九日。晴。訪和田氏、田代・祝氏亦来、棋戦消熱。会
小泉富士松者来、乃辞帰。小泉、善棋者、然性喜賭銭、
余所大悪、故去。帰則会栗町氏来、乃棋。
三十日。晴。廼山来。夜、携児章観市于渠東。
三十一日。晴。夙飛車弔横川岳蔵、又訪雪濤。午後、散

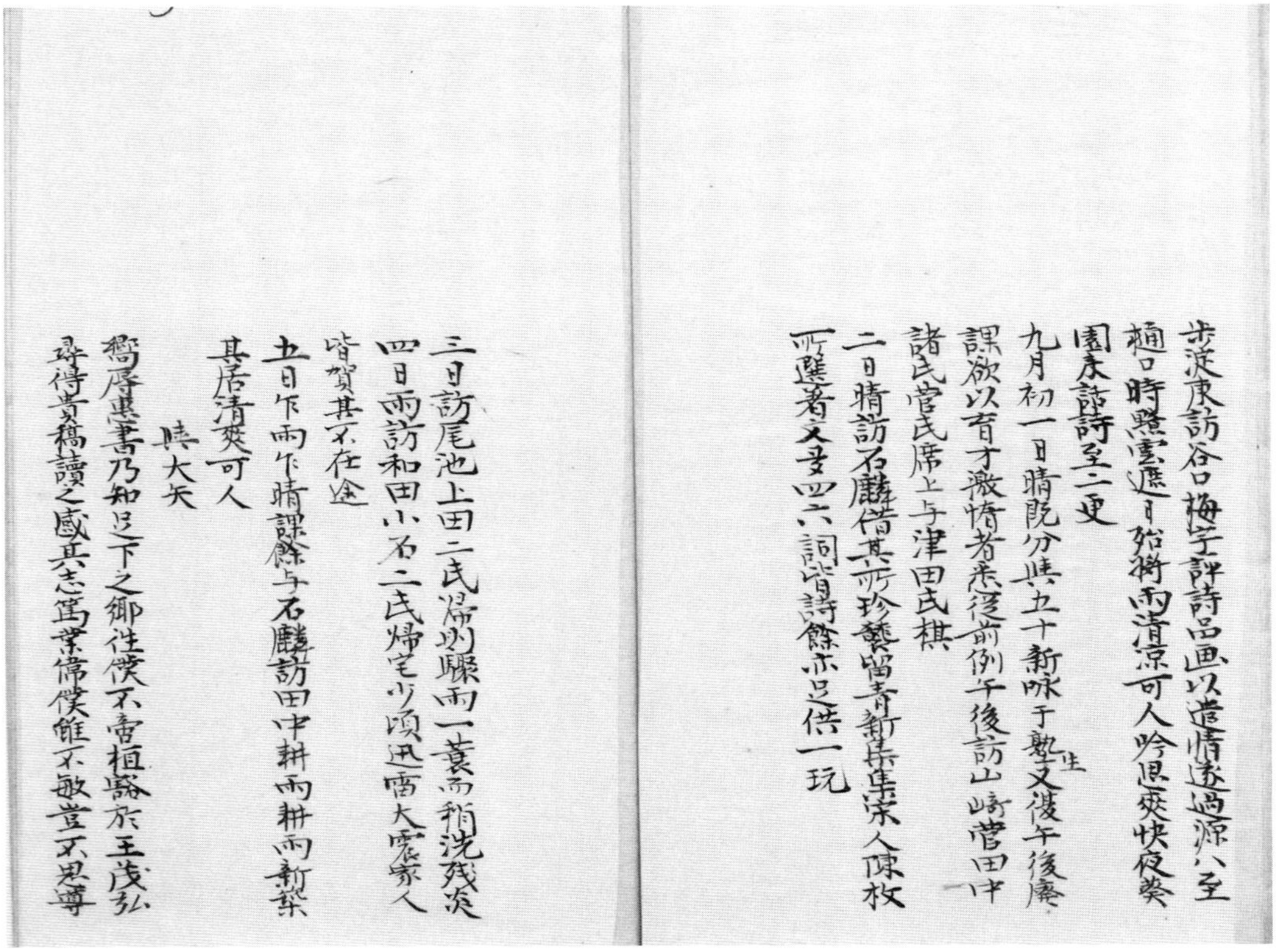

歩淀東、訪谷口梅宇、評詩品画以遣情。遂過源八至樋口、時黯雲遮日、殆将雨、清涼可人、吟思爽快。夜、葵園来、話詩至二更。

九月、初一日。晴。既分与五十新咏于塾生、又復午後廃課、欲以育才激惰者、悉従前例。午後、訪山崎・菅・田中諸氏。菅氏席上与津田氏棋。

二日。晴。訪石麟、借其所珍襲留青新集。集、宋人陳枚所選著、文多四六詞、皆詩餘、亦足供一玩。

三日。訪尾池・上田二氏。帰則驟雨一蓑而稍洗残炎。

四日。雨。訪和田・小石二氏。帰宅少頃、迅雷大震、家人皆賀其不在途。

五日。乍雨乍晴。課餘、与石麟訪田中耕雨。耕雨新築其居、清爽可人。

　与大矢

嚮辱恵書、乃知足下之郷往僕、不啻桓豁於王茂弘。尋得貴稿読之、感其志篤業偉。僕雖不敏、豈不思導

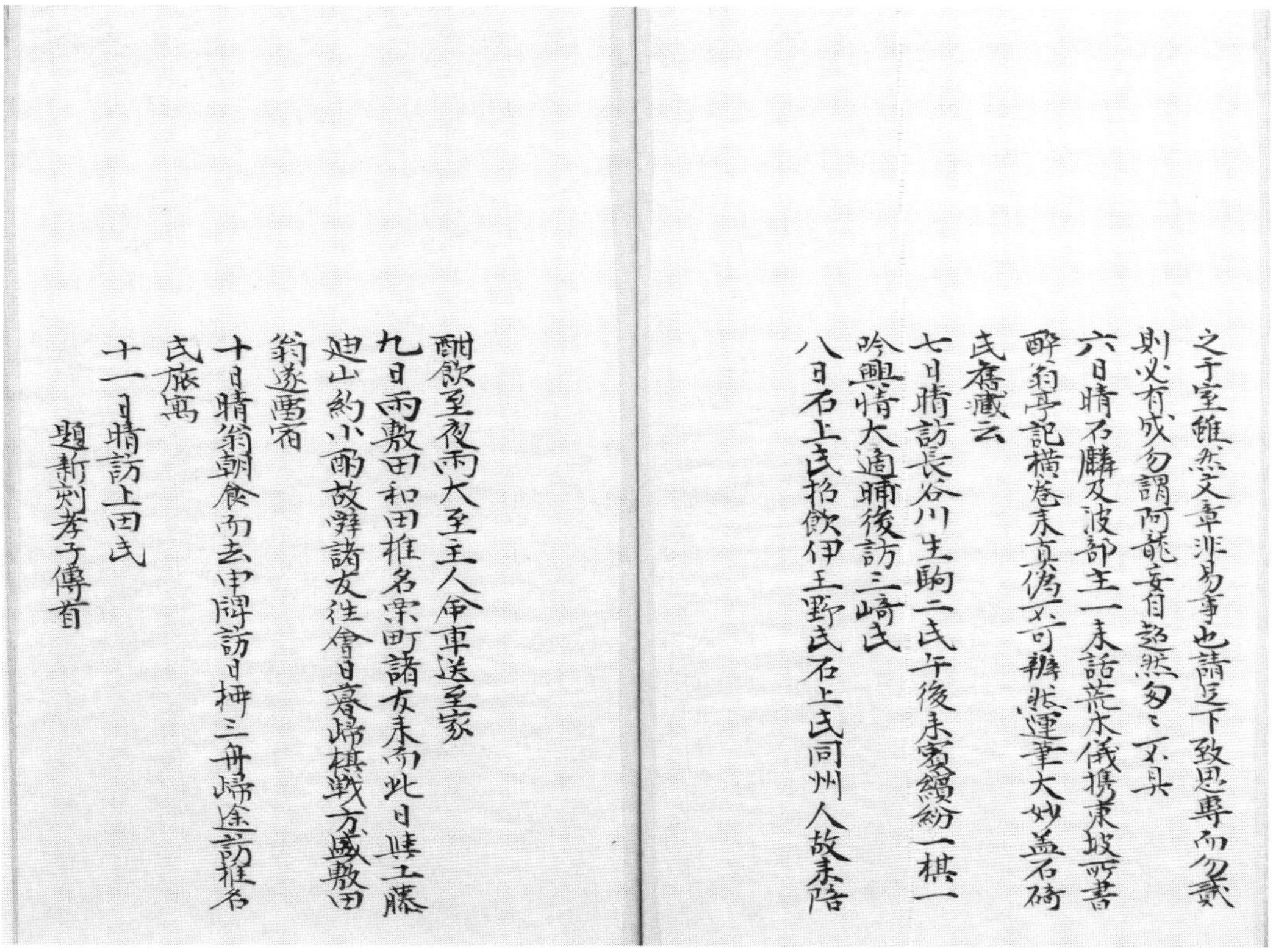

之于室。雖然、文章非易事也。請足下致思、専而勿弍、
則必有成。勿謂阿龍妄自超然。匆匆不具。
六日。晴。石麟及波部主一来話、荒木儀携東坡所書
酔翁亭記横巻来。真偽不可辨、然運筆大妙、蓋石碕
氏旧蔵云。
七日。晴。訪長谷川・生駒二氏。午後、来賓繽紛、一棋一
吟、興情大適。晡後、訪三崎氏。
八日。石上氏招飲。伊王野氏、石上氏同州人、故来陪
酣飲。至夜、雨大至、主人命車送至家。
九日。雨。敷田・和田・推名・栗町諸友来。而此日与工藤
廸山約小酌、故辞諸友往会。日暮帰、棋戦方盛。敷田
翁遂留宿。
十日。晴。翁朝食而去。申牌、訪日柳三舟、帰途訪推名
氏旅寓。
十一日。晴。訪上田氏。
題新刻孝子伝首

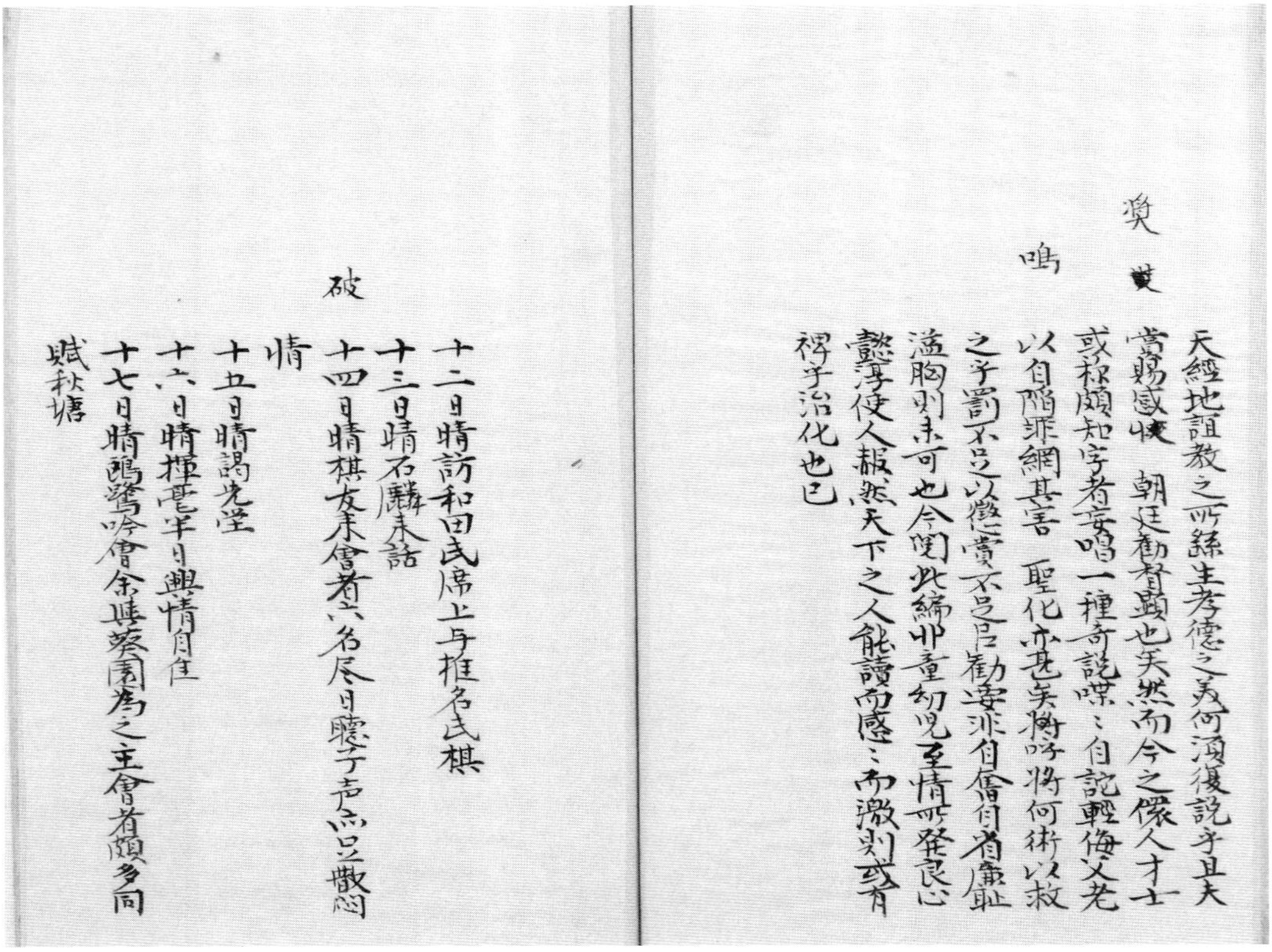

天経地誼、教之所繇生、孝徳之美、何須復説乎。且夫賞賜感奨　朝廷勧督、顕也矣。然而今之儇人才士、或称頗知字者、妄唱一種奇説、喋ゝ自詑、軽侮父老、以自陥罪網、其害　聖化、亦甚矣。嗚呼、将何術以救之乎。罰不足以懲、賞不足以勧、要非自奮自省、廉恥溢胸、則未可也。今閲此編、丱童幼児、至情所発、良心懿淳、使人赧然。天下之人能読而感、感而激、則或有裨乎治化也已。

十二日。晴。訪和田氏、席上与推名氏棋。
十三日。晴。石麟来話。
十四日。晴。棋友来会者六名、尽日聴子声亦足破悶情。
十五日。晴。謁先塋。
十六日。晴。揮毫半日、興情自佳。
十七日。晴。鴎鷺吟会。余与葵園為之主。会者頗多、同賦秋塘。

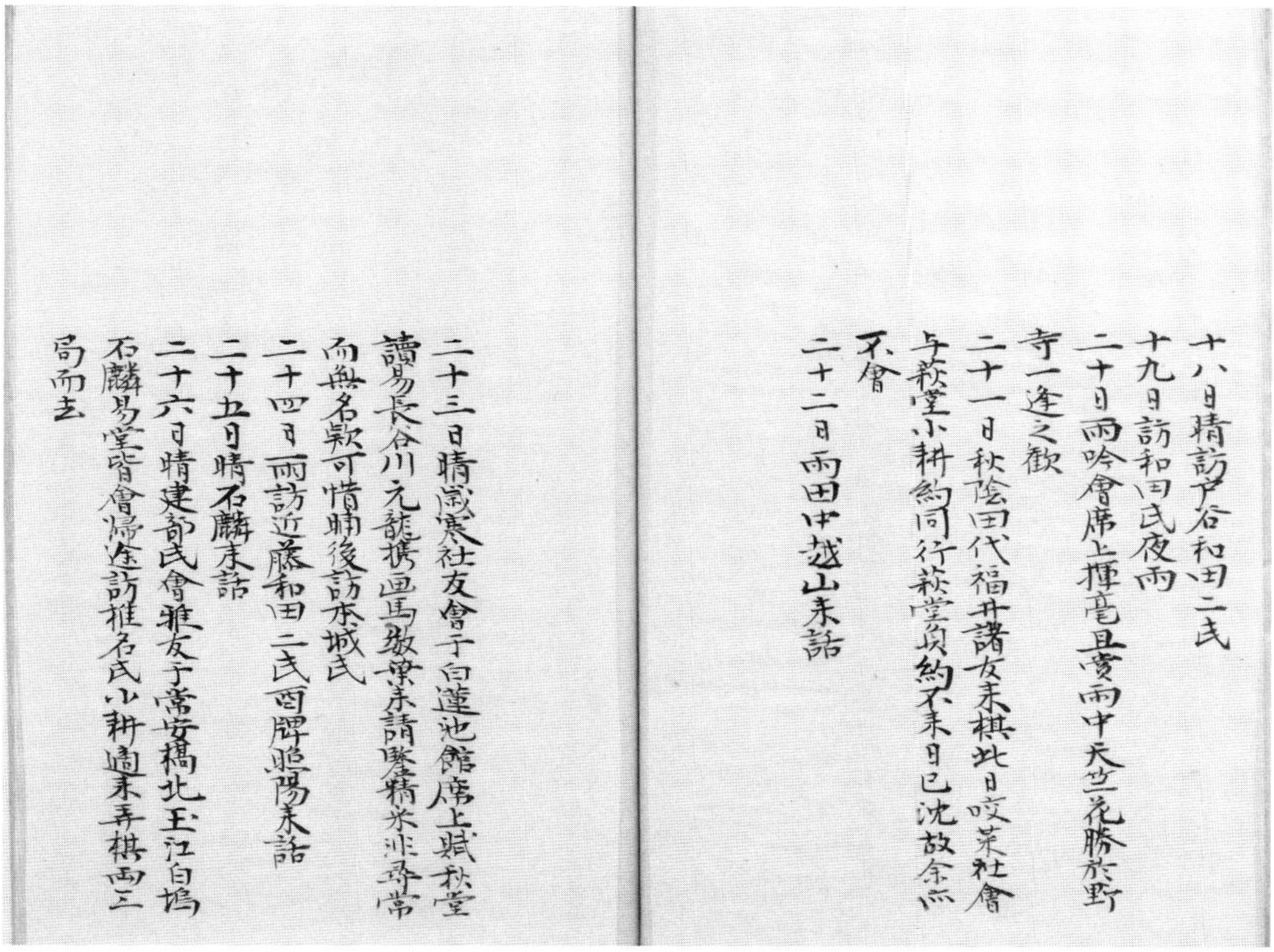

十八日。晴。訪戸谷・和田二氏。
十九日。訪和田氏。夜、雨。
二十日。雨。吟会席上揮毫、且賞雨中天竺花、勝於野
寺一逢之歓。
二十一日。秋陰。田代・福井諸友来棋。此日咬菜社会、
与萩堂・小耕約同行、萩堂負約不来。日已沈、故余亦
不会。
二十二日。雨。田中越山来話。

二十三日。晴。歳寒社友会于白蓮池館、席上賦秋堂
読易。長谷川元龍携画馬数葉来請鑑。精采非尋常
而無名款、可惜。晡後、訪本城氏。
二十四日。雨。訪近藤・和田二氏。酉牌、照陽来話。
二十五日。晴。石麟来話。
二十六日。晴。建部氏会雅友于常安橋北。玉江・白鳩・
石麟・易堂皆会。帰途訪推名氏、小耕適来、弄棋両三
局而去。

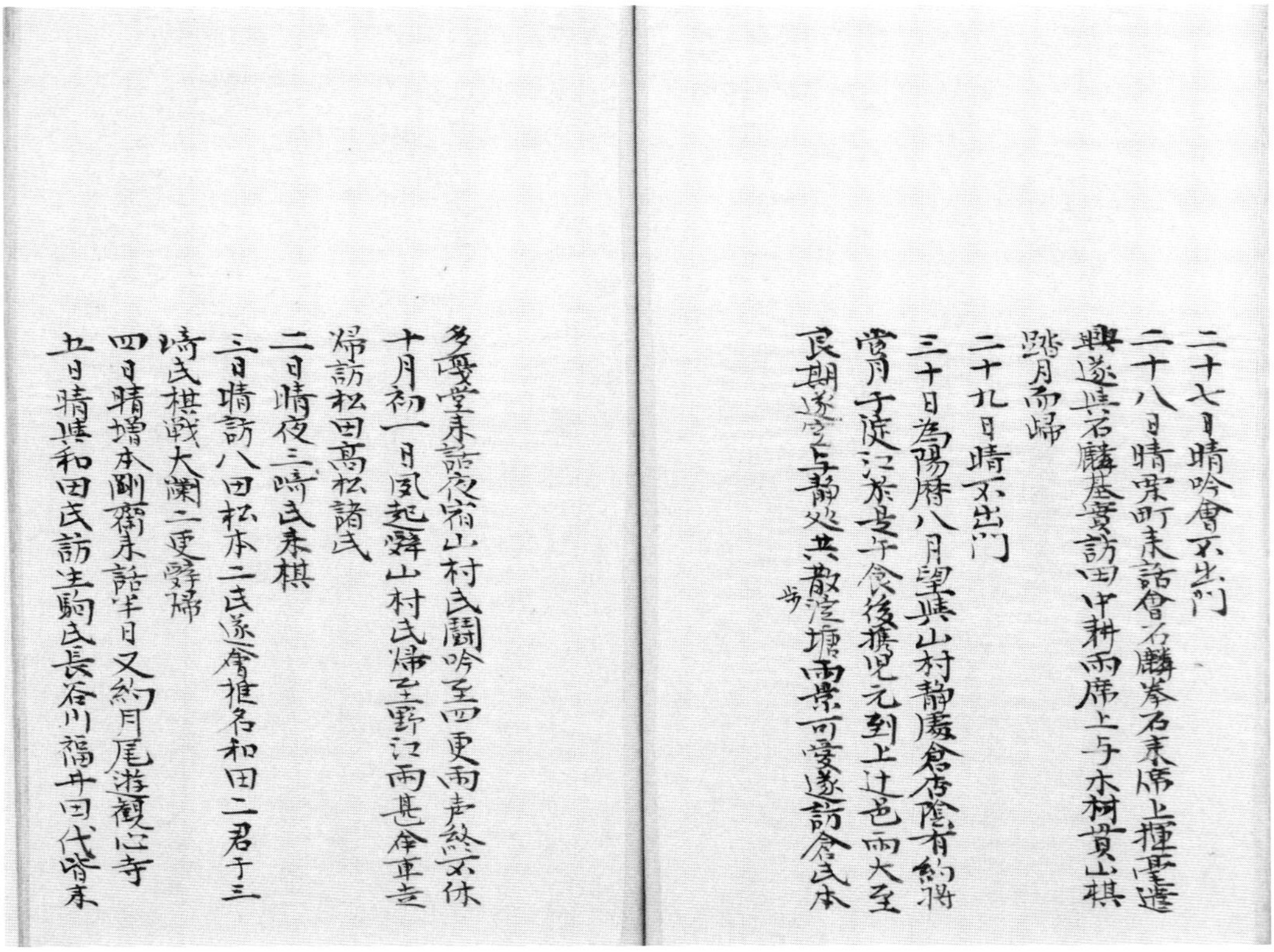

二十七日。晴。吟会、不出門。

二十八日。晴。栗町来話、会石麟・拳石来、席上揮毫遣興、遂与石麟・基実訪田中耕雨。席上与木村貫山棋、踏月而帰。

二十九日。晴。不出門。

三十日。為陽暦八月望。与山村静処・倉杏陰有約、将賞月于淀江。於是午食後、携児元到上辻邑、雨大至、良期遂空。与静処共散歩淀塘、雨景可愛。遂訪倉氏、本多憂堂来話。夜、宿山村氏、闘吟至四更、雨声終不休。

十月、初一日。夙起、辞山村氏、帰至野江、雨甚、命車走帰。訪松田・高松諸氏。

二日。晴。夜、三崎氏来棋。

三日。晴。訪八田・松本二氏、遂会推名・和田二君于三崎氏。棋戦大闌、二更、辞帰。

四日。晴。増本剛斎来話半日、又約月尾遊観心寺。

五日。晴。与和田氏訪生駒氏。長谷川・福井・田代皆来、

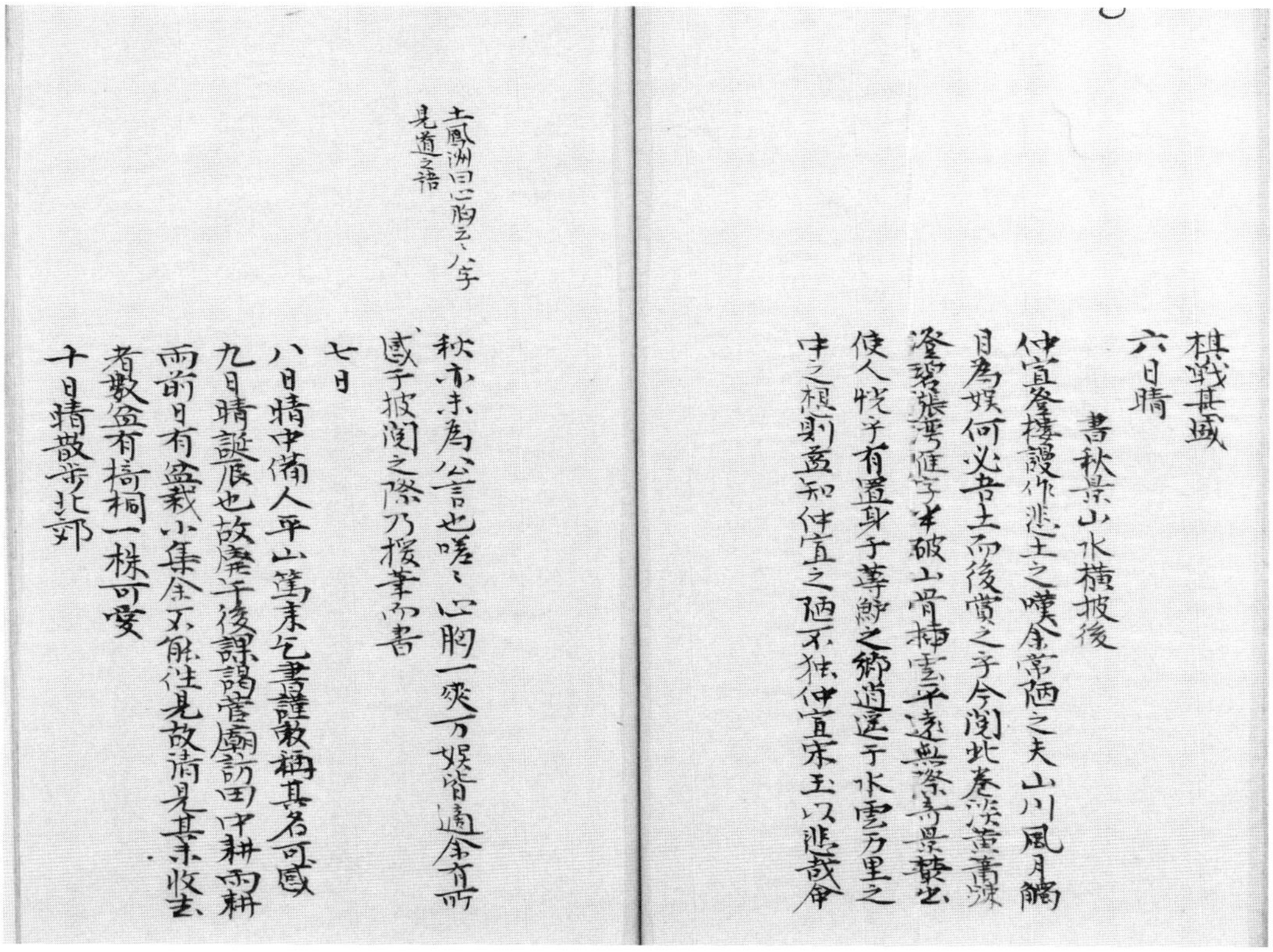

棋戦甚盛。
六日。晴。
　書秋景山水横披後
仲宣登楼、謾作悲士之嘆、余常陋之。夫山川風月、触目為娯、何必吾土而後賞之乎。今閲此巻、淡黄蕭疎、澄碧張湾、雁字半破、山骨挿雲、平遠無際、奇景叢出、使人恍乎有置身于蓴鱸之郷、逍遥于水雲万里之中之想、則益知仲宣之陋。不独仲宣、宋玉以悲哉。命秋亦未為公言也。嗟ゝ、心胸一爽、万娯皆適。余有所感于披閲之際、乃援筆而書。
七日
八日。晴。中備人平山篤来乞書、謹勅称其名、可感。
九日。晴。誕辰也。故廃午後課、謁菅廟。訪田中耕雨。耕雨前日有盆栽小集、余不能往見、故請見。其未収去者数盆、有椅桐一株可愛。
十日。晴。散歩北郊。

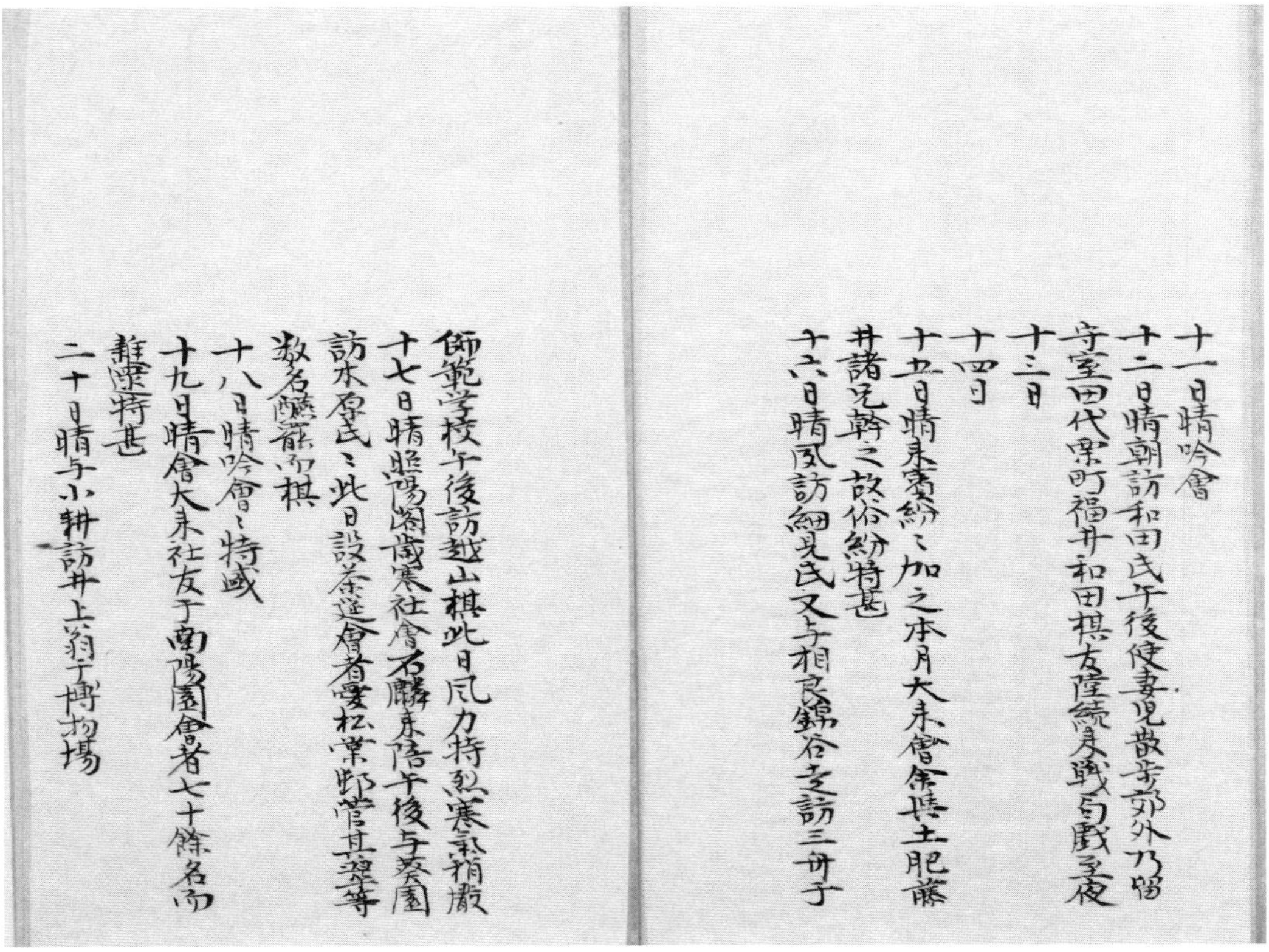

十一日。晴。吟会。
十二日。晴。朝訪和田氏。午後、使妻児散歩郊外、乃留守室。田代・栗町・福井・和田棋友陸続来、戦局戯至夜。
十三日
十四日
十五日。晴。来賓紛ゝ。加之本月大来会、余与土肥・藤井諸兄斡之、故俗紛特甚。
十六日。晴。夙訪細見氏、又与相良錦谷走訪三舟于師範学校。午後訪越山、棋。此日風力特烈、寒気稍厳。
十七日。晴。照陽閣歳寒社会、石麟来陪。午後、与葵園訪木原氏。氏此日設茶筵、会者愛松棠邨、菅其翠等数名、醮宴罷而棋。
十八日。晴。吟会。会特盛。
十九日。晴。会大来社友于南陽園。会者七十餘名、而雑遝特甚。
二十日。晴。与小耕訪井上翁于博物場。

二十一日。晴。佐久間舜一郎来告別。田部・松本亦来、
雅話半晌。
二十二日。晴。

LH2
甲
206
8
関西大学図書館
a210938129a

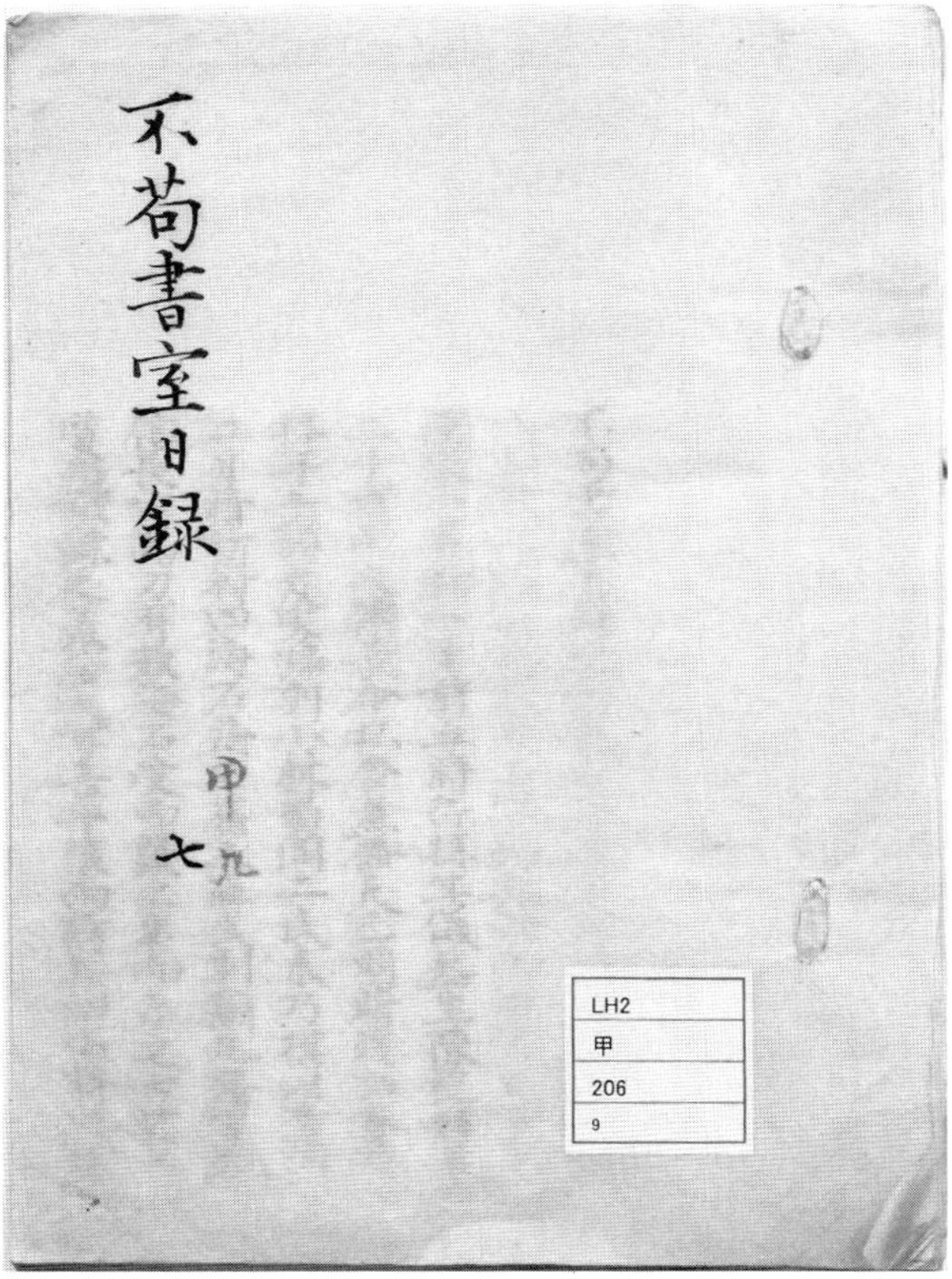


# 不苟書室日録　甲　九

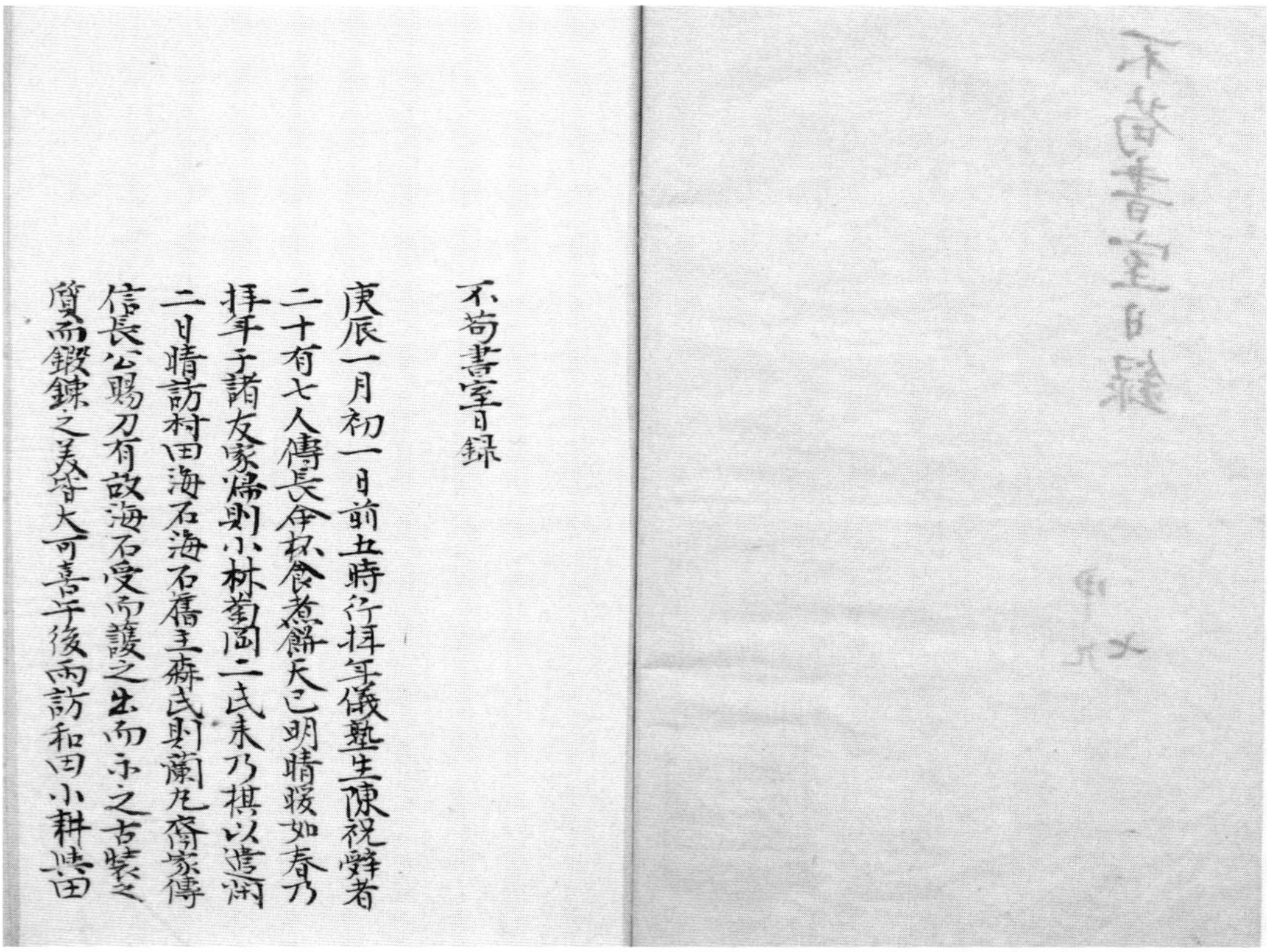

不苟書室日録

庚辰一月、初一日。前五時、行拝年儀。塾生陳祝辞者二十有七人。伝長命杯、食煮餅。天已明、晴暖如春、乃拝年于諸友家。帰則小林・菊岡二氏来、乃棋以遣閑。

二日。晴。訪村田海石。海石旧主森氏則蘭丸裔家、伝信長公賜刀、有故海石受而護之。出而示之、古装之質、而鍛錬之美、皆大可喜。午後、雨。訪和田小耕、与田

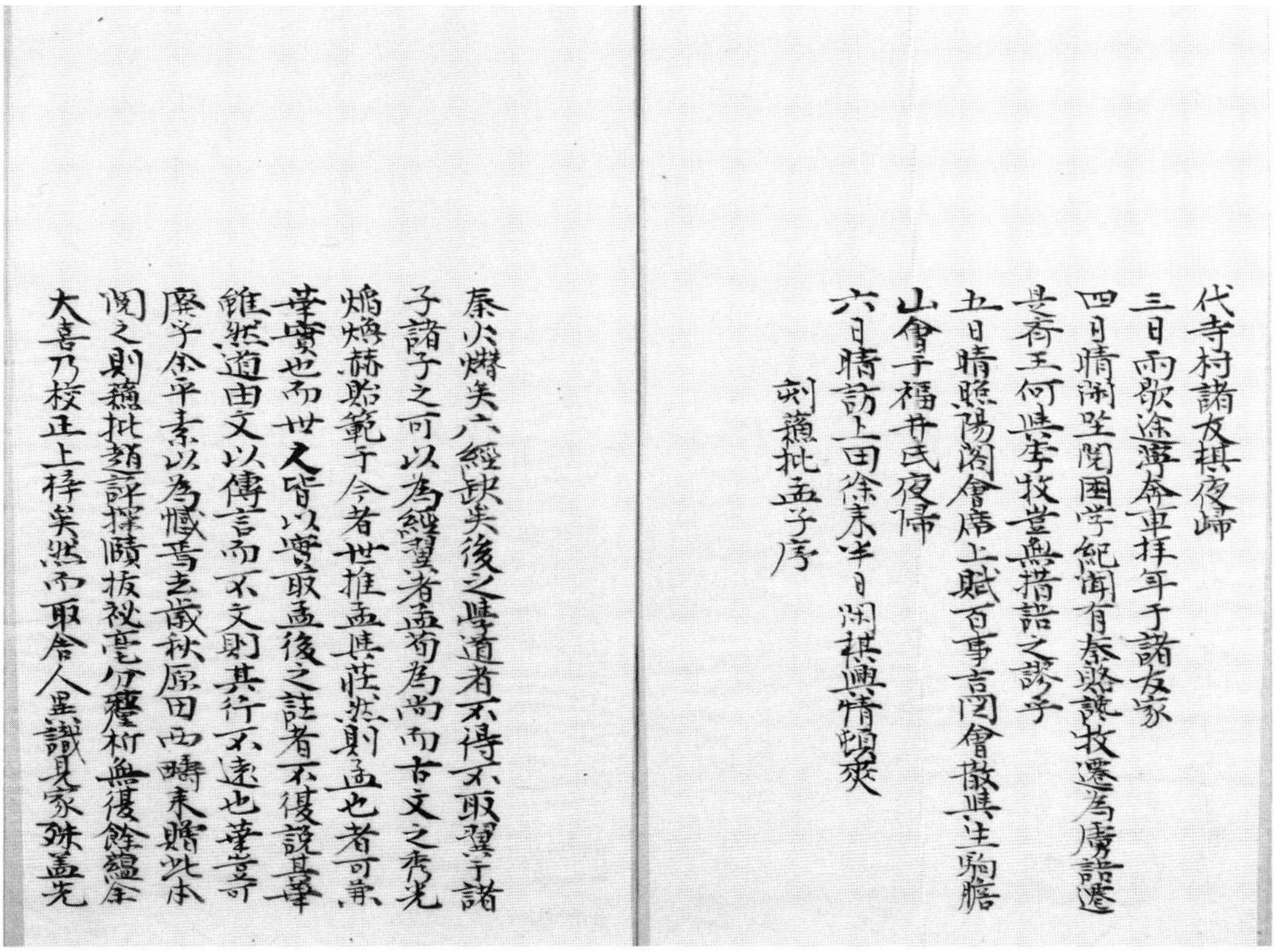

代・寺村諸友棋、夜帰。
三日。雨歇、途濘。奔車拝年于諸友家。
四日。晴。閑坐、閲困学紀聞、有秦賂讒牧遷為虜語。遷
是斉王、何与李牧、豈無措語之謬乎。
五日。晴。照陽閣会。席上賦百事吉図。会散、与生駒胆
山会于福井氏。夜帰。
六日。晴。訪上田徐来、半日閑棋、興情頓爽。

刻蘇批孟子序

秦火燼矣、六経缺矣、後之学道者、不得不取翼于諸
子。諸子之可以為経翼者、孟荀為尚、而古文之秀、光
焔煥赫、貽範于今者、世推孟与荘。然則孟也者、可兼
華実也。而世人皆以実取孟、後之註者、不復説其華。
雖然、道由文以伝、言而不文、則其行不遠也、華豈可
廃乎。余平素以為憾焉。去歳秋、原田西疇来贈此本。
閲之則蘇批趙評、探賾抜祕、毫分釐析、無復餘蘊。余
大喜、乃校正上梓矣。然而取舎人異、識見家殊。蓋先

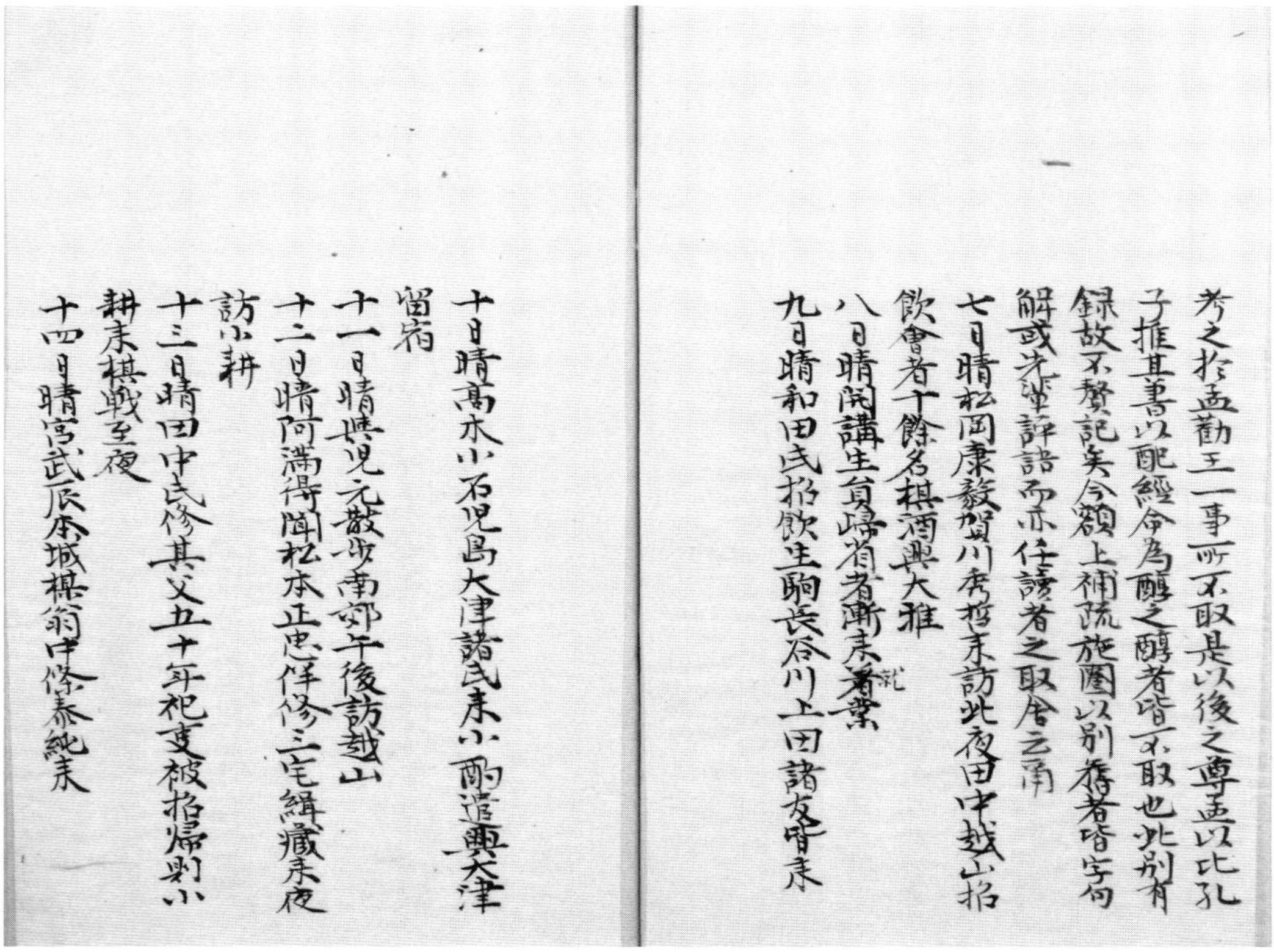

考之於孟、勧王一事、所不取。是以後之尊孟、以比孔子、推其書以配経、命為醇之醇者、皆不取也。此別有録、故不贅記矣。今額上補疏、施圏以別旧者、皆字句解或先輩評語、而亦任読者之取舎云爾。

七日。晴。松岡康毅・賀川秀哲来訪。此夜、田中越山招飲、会者十餘名、棋酒興大雅。

八日。晴。開講。生員帰省者漸来就業。

九日。晴。和田氏招飲。生駒・長谷川・上田諸友皆来。

十日。晴。高木・小石・児島・大津諸氏来、小酌遣興。大津留宿。

十一日。晴。与児元散歩南郊。午後、訪越山。

十二日。晴。阿満得聞・松本正忠・伴修・三宅緝蔵来。夜、訪小耕。

十三日。晴。田中氏修其父五十年祀事、被招。帰則小耕来、棋戦至夜。

十四日。晴。宮武辰・本城梅翁・中條泰純来。

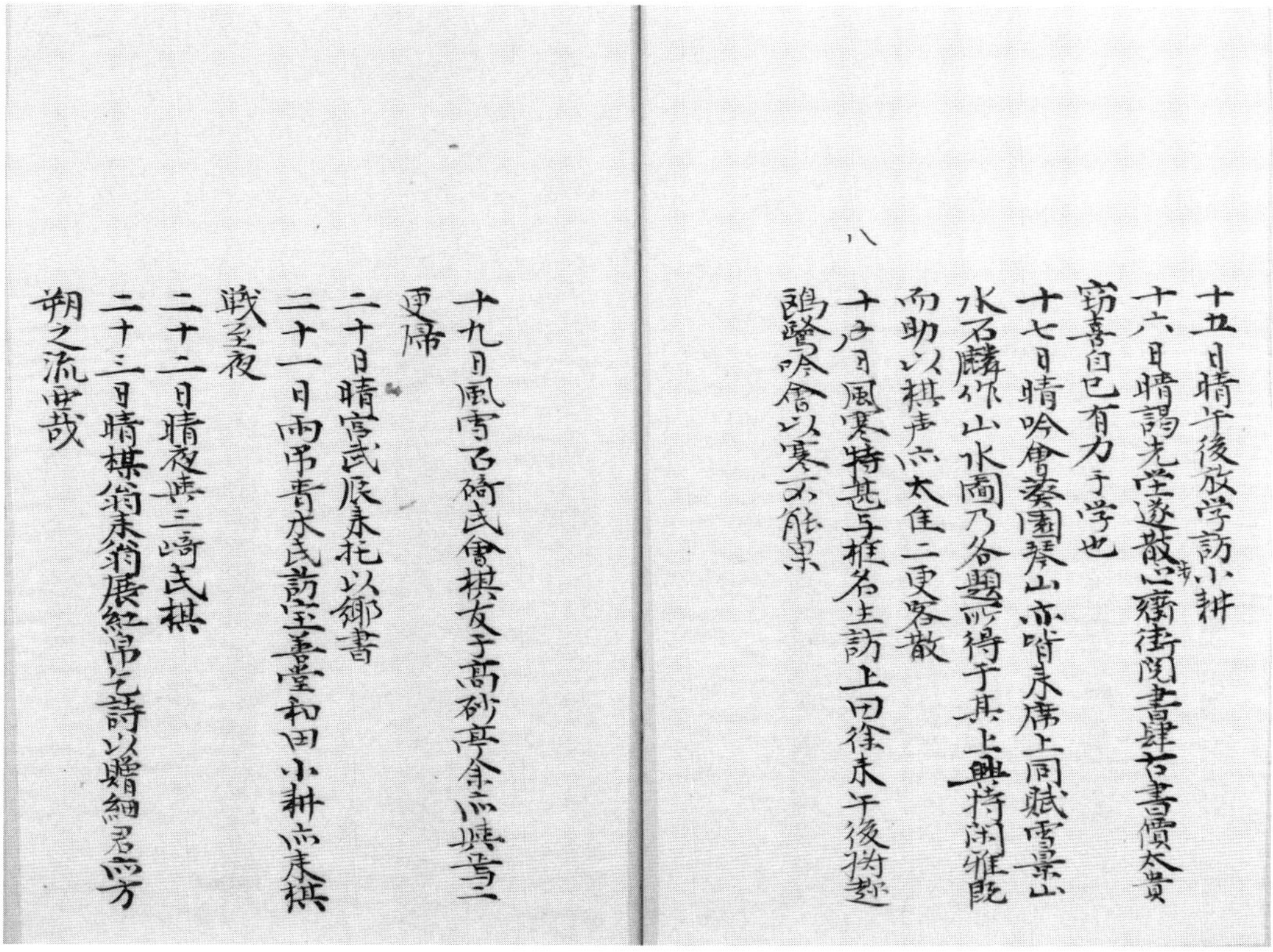

十五日。晴。午後放学、訪小耕。

十六日。晴。謁先塋、遂散歩心斎街、閲書肆。古書價太貴、窃喜自己有力于学也。

十七日。晴。吟会。葵園・琴山亦皆来。席上同賦雪景山水。石麟作山水図、乃各題所得于其上、興特閑雅。既而助以棋、声亦太佳、二更客散。

十八日。風寒特甚。与椎名生訪上田徐来。午後、将趁鷗鷺吟会、以寒不能果。

十九日。風雪。石碕氏会棋友于高砂亭、余亦与焉。二更帰。

二十日。晴。宮武辰来、托以郷書。

二十一日。雨。弔青木氏。訪宝善堂、和田小耕亦来、棋戦至夜。

二十二日。晴。夜与三崎氏棋。

二十三日。晴。梅翁来。翁展紅帛、乞詩以贈細君、亦方朔之流亜哉。

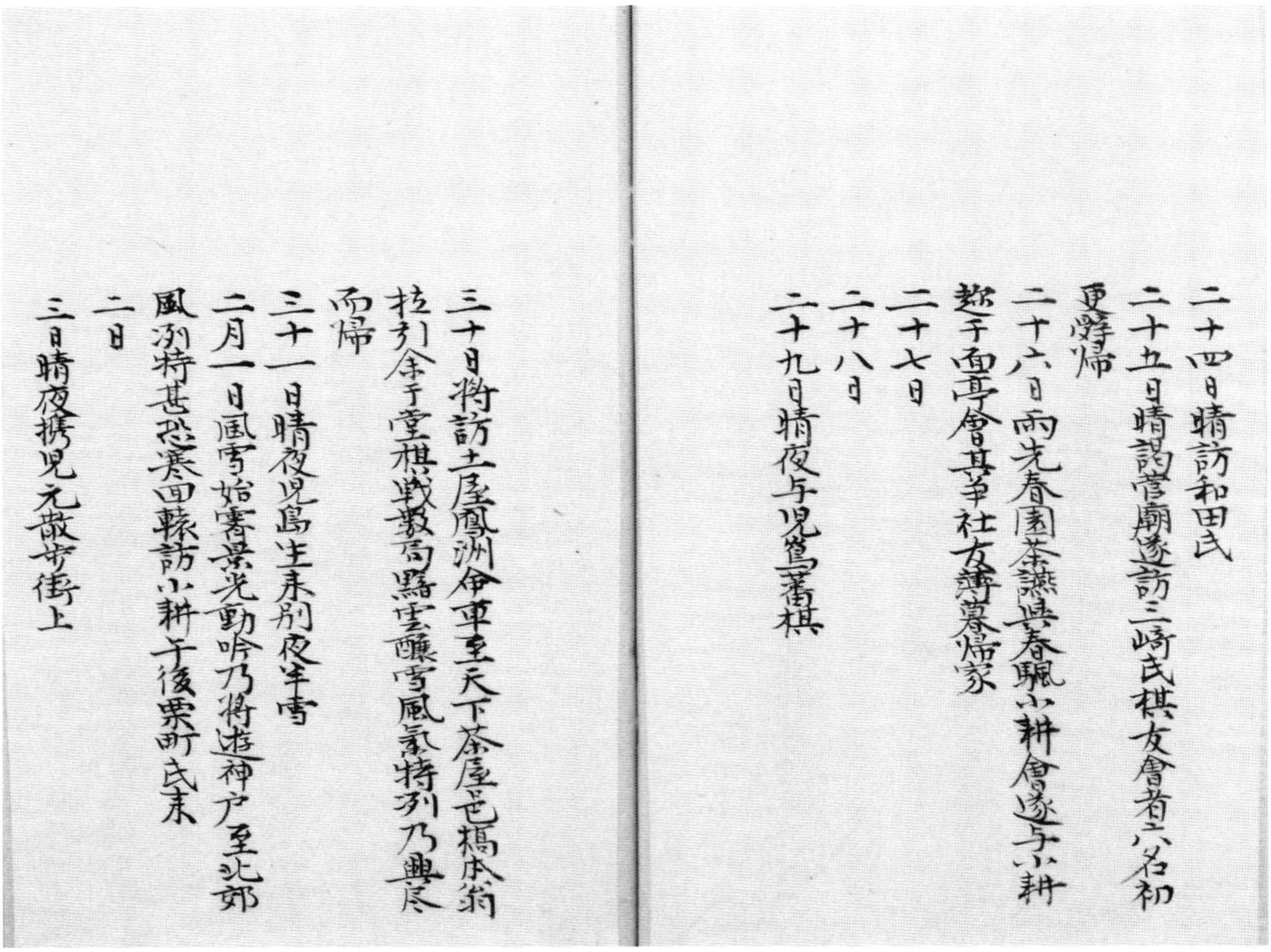

二十四日。晴。訪和田氏。
二十五日。晴。謁菅廟、遂訪三崎氏、棋友会者六名。初
更、辞帰。
二十六日。雨。先春園茶讌、与春颿・小耕会、遂与小耕
趁于面亭、会其争社友。薄暮、帰家。
二十七日
二十八日
二十九日。晴。夜与児島蓄棋。
三十日。将訪土屋鳳洲、命車至天下茶屋邑。橋本翁
拉引余于堂。棋戦数局、黯雲醸雪、風気特冽、乃興尽
而帰。
三十一日。晴。夜、児島生来別。夜半、雪。
二月、一日。風雪始霽、景光動吟、乃将遊神戸。至北郊、
風冽特甚、恐寒、回轅訪小耕。午後、栗町氏来。
二日
三日。晴。夜、携児元散歩街上。

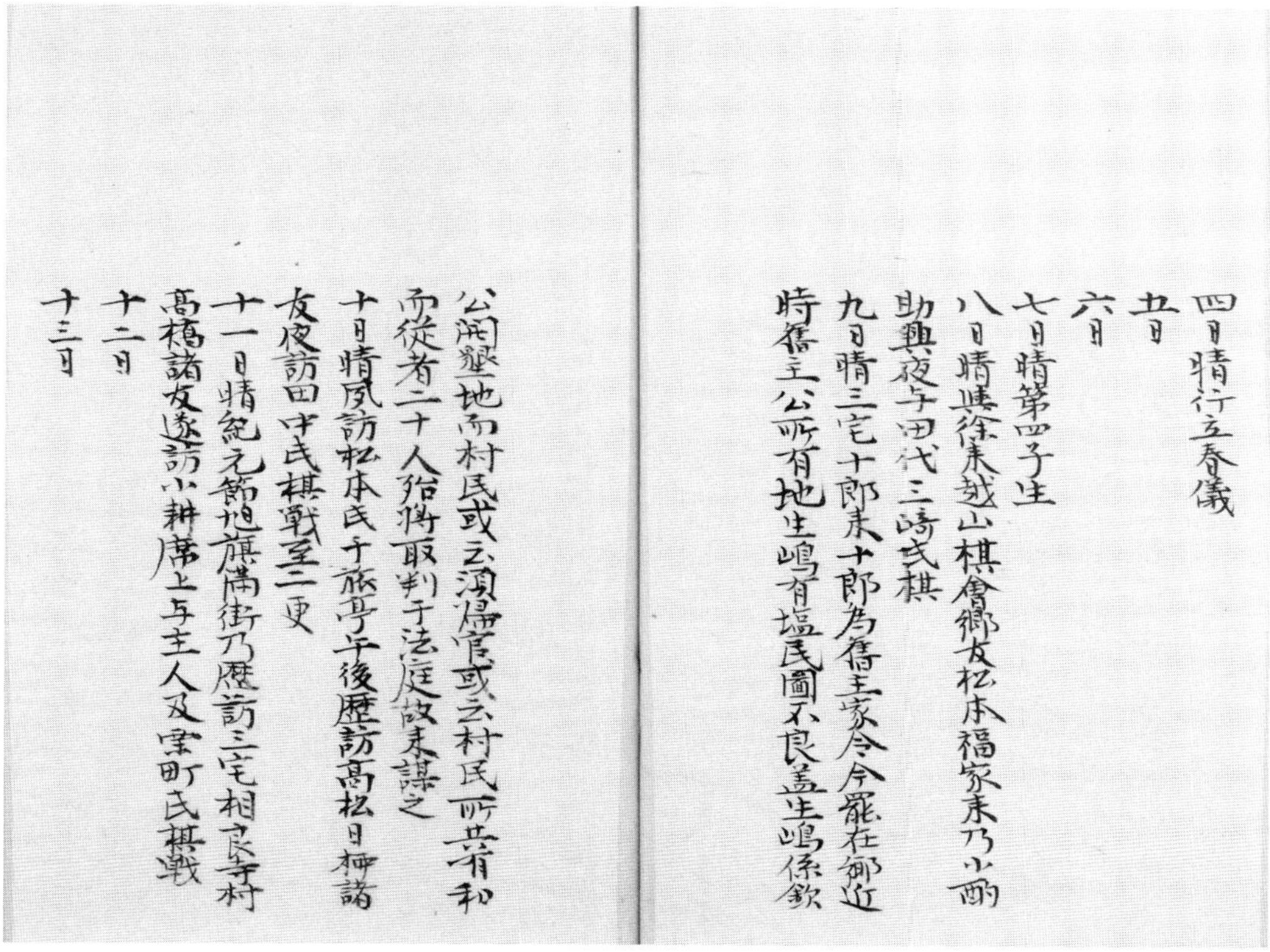

四日。晴。行立春儀。
五日
六日
七日。晴。第四子生。
八日。晴。与徐来・越山棋。会郷友松本福家来、乃小酌
助興。夜、与田代・三崎氏棋。
九日。晴。三宅十郎来。十郎為旧主家令、今罷在郷。近
時旧主公所有地生嶋有塩、民図不良。蓋生嶋係欽
公開墾地、而村民或云須帰官、或云村民所共有。和
而従者二十人、殆将取判于法庭、故来謀之。
十日。晴。夙訪松本氏于旅亭。午後、歴訪高松・日柳諸
友。夜、訪田中氏、棋戦至二更。
十一日。晴。紀元節、旭旗満街、乃歴訪三宅・相良・寺村・
高橋諸友、遂訪小耕。席上与主人及栗町氏棋戦。
十二日
十三日

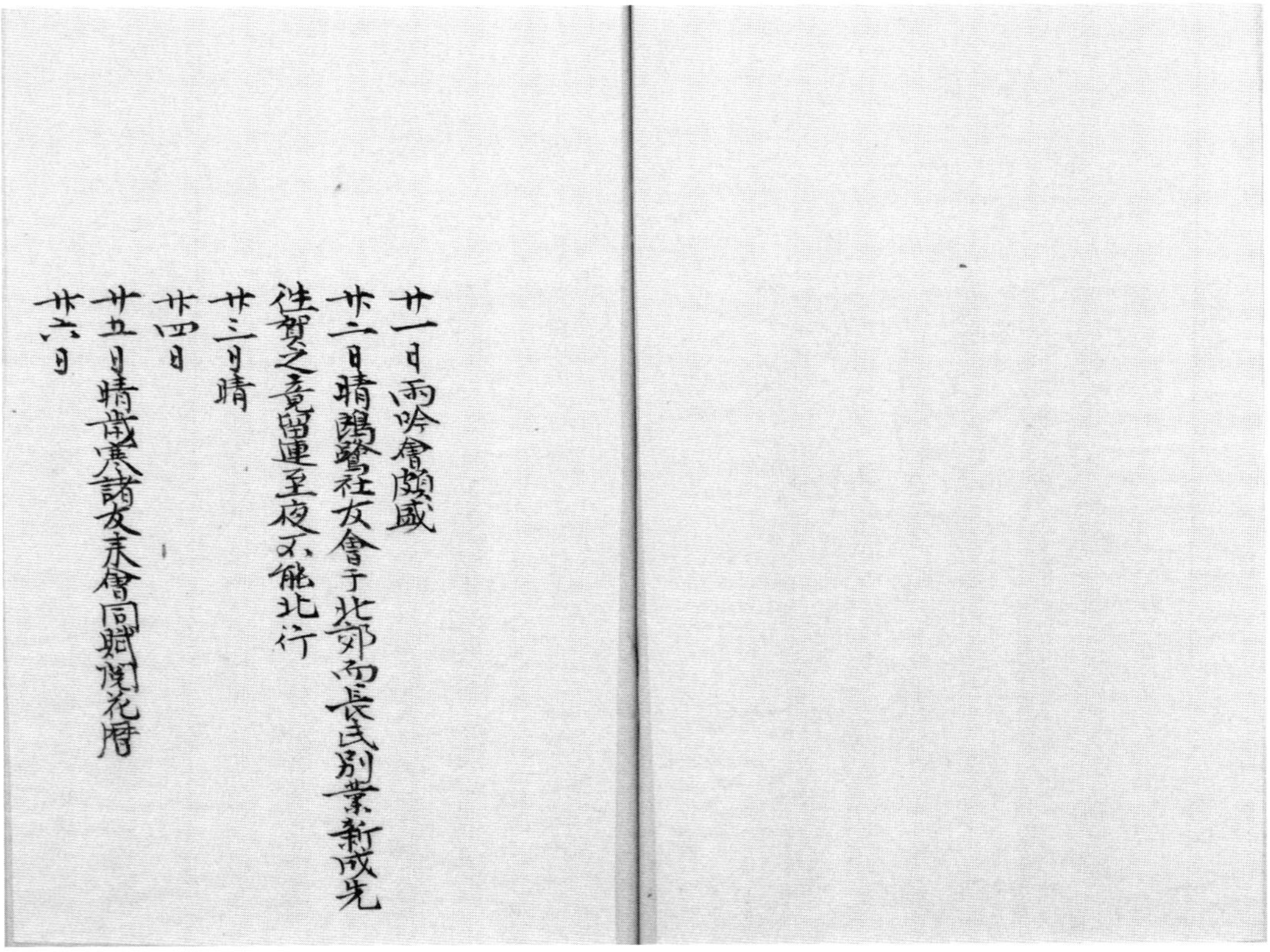
廿一日雨吟會頗盛
廿二日晴鷗鷺社友會于北郊而長氏別業新成先
往賀之竟留連至夜不能北行
廿三日晴
廿四日
廿五日晴歳寒諸友来會同賦閲花暦
廿六日

廿一日。雨。吟会頗盛。
廿二日。晴。鷗鷺社友会于北郊、而長氏別業新成、先
往賀之、竟留連至夜、不能北行。
廿三日。晴。
廿四日
廿五日。晴。歳寒諸友来会、同賦閲花暦。
廿六日

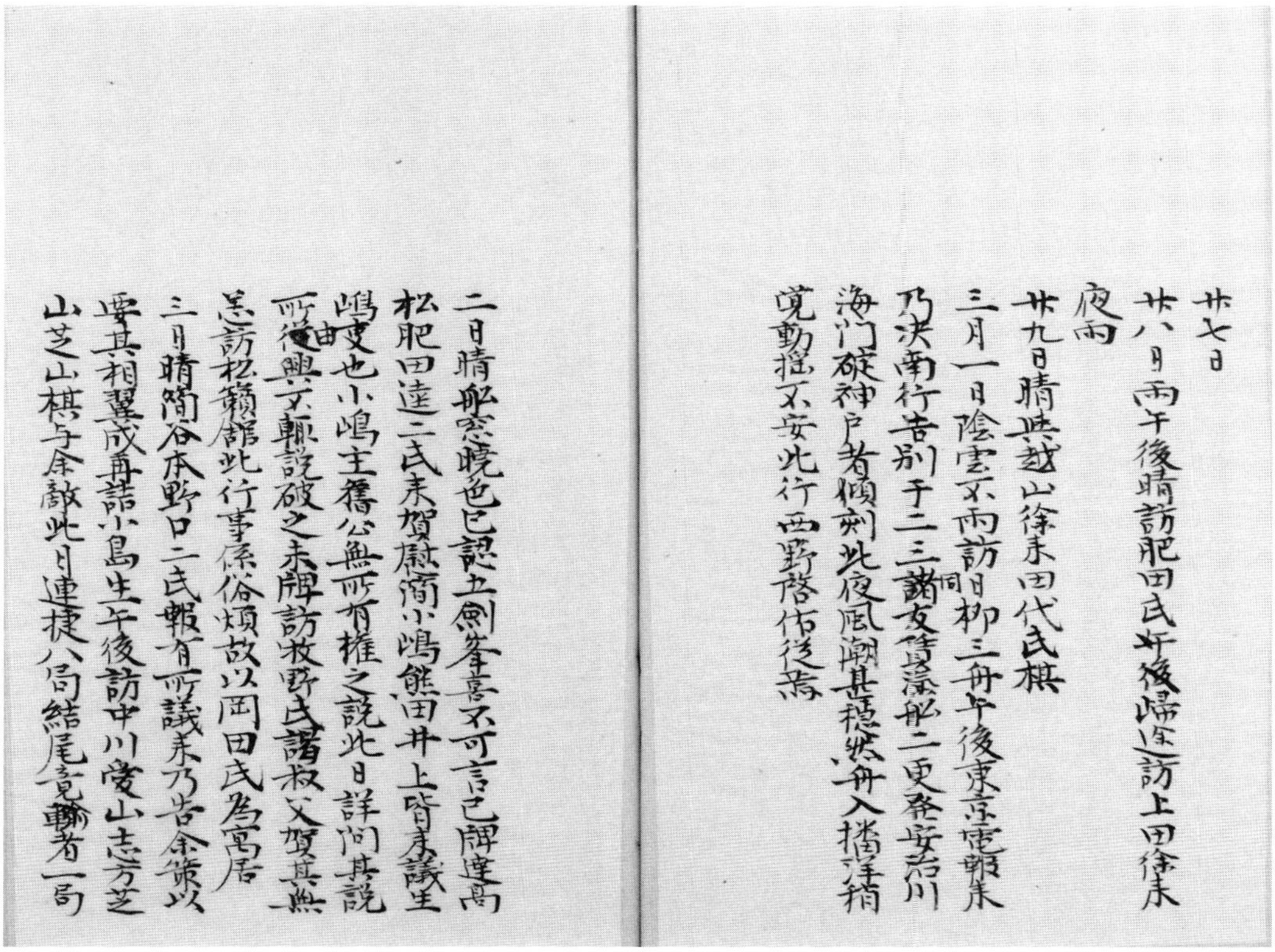

廿七日
廿八日。雨、午後晴。訪肥田氏、帰途訪上田徐来。
夜、雨。
廿九日。晴。与越山・徐来・田代氏棋。
三月、一日。陰雲不雨。訪日柳三舟。午後、東京電報来、
乃決南行。告別于二三同友、賃瀛船、二更発安治川
海門、碇神戸者頃刻。此夜風潮甚穏、然舟入播洋、稍
覚動揺不安。此行西野啓佑従焉。

二日。晴。船窓暁色、已認五剣峯、喜不可言。巳牌達高
松、肥田・逵二氏来賀慰、簡小嶋・熊田・井上皆来、議生
嶋事也。小嶋主旧公無所有権之説、此日詳問其説
所由興、不輒説破之。未牌、訪牧野氏、謁叔父、賀其無
恙。訪松籟館。此行事係俗煩、故以岡田氏為寓居。
三日。晴。簡谷本・野口二氏、報有所議。来乃告余策、以
要其相翼成、再詰小島生。午後、訪中川愛山・志方芝
山。芝山棋与余敵、此日連捷八局、結尾竟輸者一局、

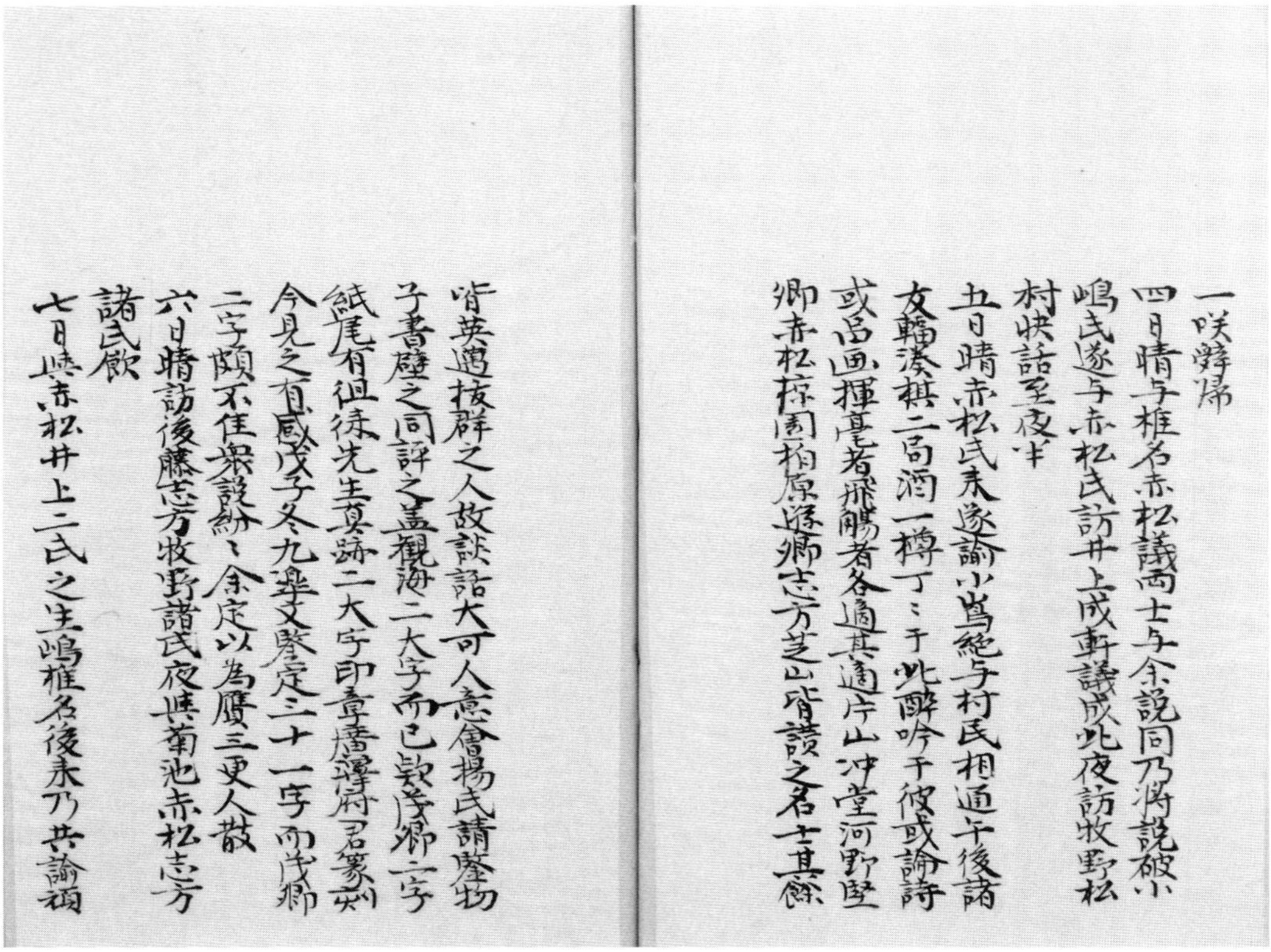

一咲、辞帰。
四日。晴。与椎名・赤松議、両士与余説同。乃将説破小嶋氏、遂与赤松氏訪井上成軒、議成。此夜、訪牧野松村、快話至夜半。
五日。晴。赤松氏来、遂諭小島絶与村民相通。午後、諸友輻湊、棋二局、酒一樽、丁ゝ于此、酔吟于彼、或論詩、或品画、揮毫者、飛觴者、各適其適。片山冲堂・河野堅卿・赤松椋園・柏原遜卿・志方芝山、皆讃之名士、其餘皆英邁抜群之人、故談話大可人意。会揚氏請鑑物子書、壁之同評之、蓋観海二大字而已、款茂卿二字。紙尾有徂徠先生真跡二大字、印章広沢府君篆刻、今見之有感、戊子冬九皐文鑑定三十一字。而茂卿二字頗不佳、衆説紛ゝ、余定以為贋。三更、人散。
六日。晴。訪後藤・志方・牧野諸氏。夜、与菊池・赤松・志方諸氏飲。
七日。与赤松・井上二氏之生嶋、椎名後来、乃共諭頑

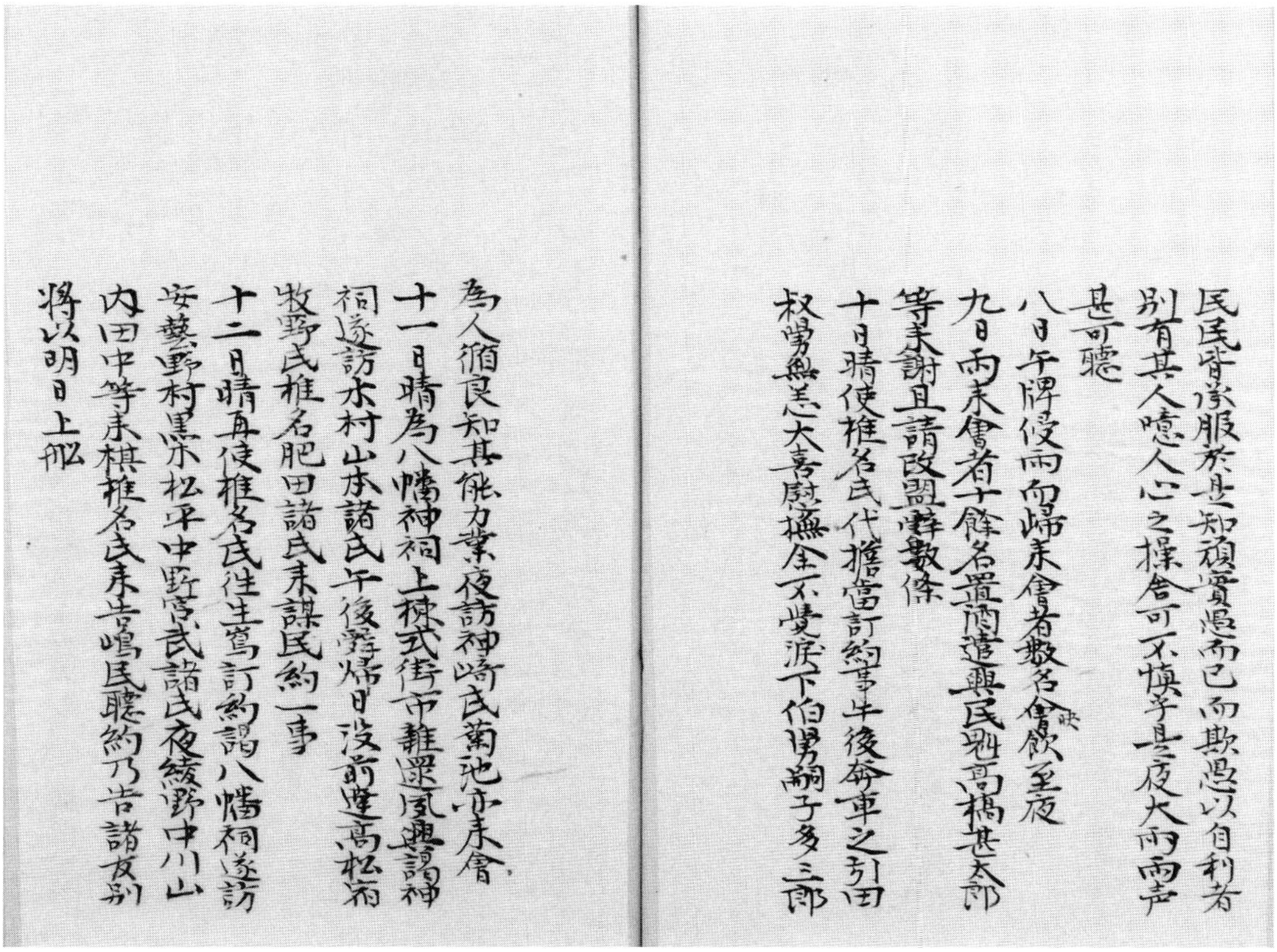

民。民皆承服、於是知頑実愚而已、而欺愚以自利者別有其人。噫、人心之操舎可不慎乎。是夜大雨、雨声甚可聴。
八日。午牌、侵雨而帰。来会者数名、快飲至夜。
九日。雨。来会者十餘名、置酒遣興。民魁高橋甚太郎等来謝、且請改盟辞数条。
十日。晴。使椎名氏代担当訂約事。午後、奔車之引田、叔舅無恙、大喜慰撫、余不覚涙下。伯舅嗣子多三郎、為人循良、知其能力業。夜訪神崎氏、菊池亦来会。
十一日。晴。為八幡神祠上棟式、街市雑遝。夙興、謁神祠、遂訪木村・山本諸氏。午後、辞帰。日没前達高松宿。牧野氏・椎名・肥田諸氏来、謀民約一事。
十二日。晴。再使椎名氏往生島訂約。謁八幡祠、遂訪安藝・野村・黒木・松平・中野・宮武諸氏。夜、綾野・中川・山内・田中等来棋。椎名氏来告嶋民聴約。乃告諸友別、将以明日上船。

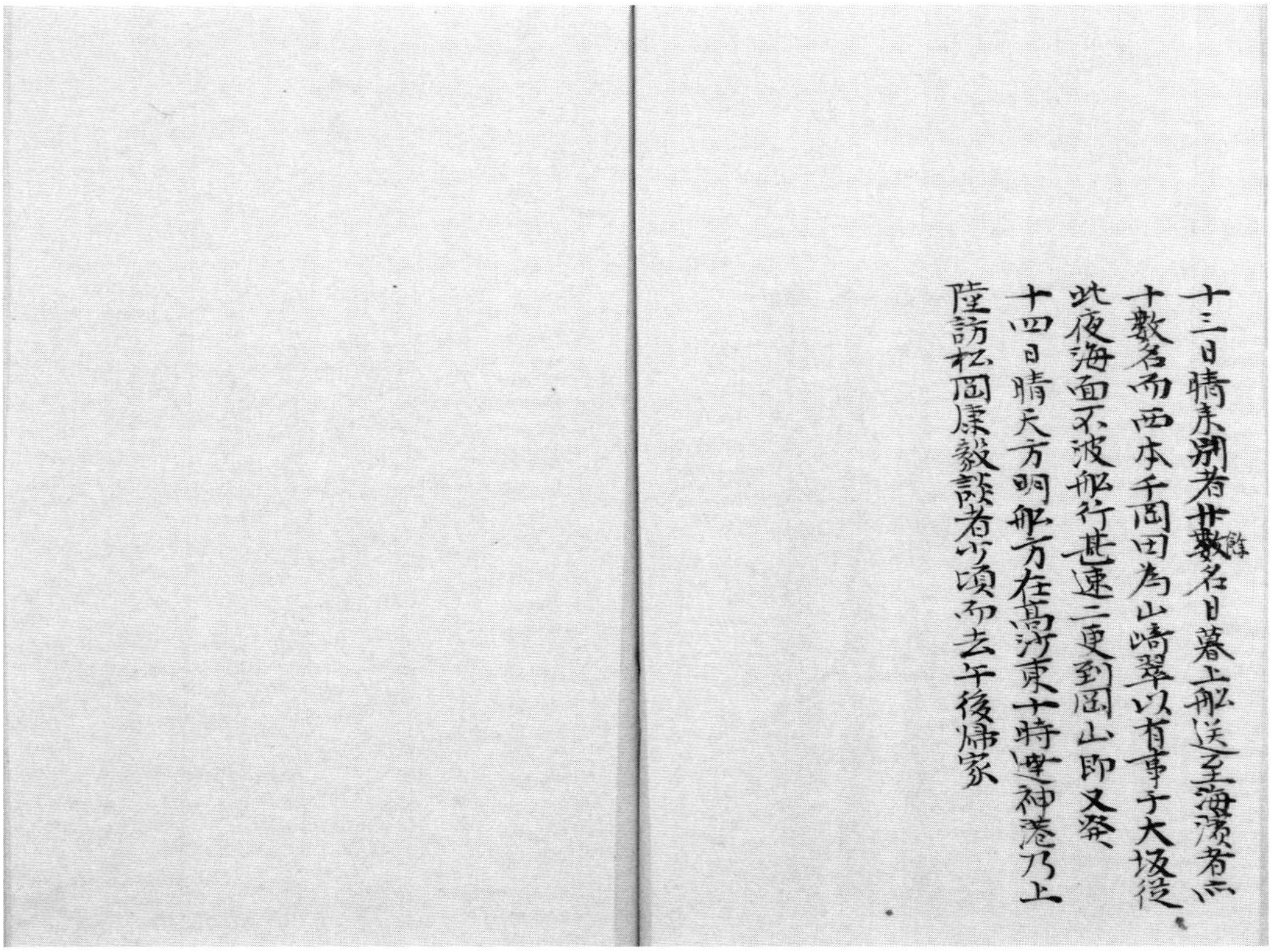

十三日。晴。来別者廿餘名。日暮上船、送至海濱者亦十数名、而西本千・岡田為・山崎翠以有事于大坂従。此夜海面不波、船行甚速、二更到岡山、即又発。
十四日。晴。天方明、船方在高沙東、十時達神港、乃上陸、訪松岡康毅。談者少頃而去、午後、帰家。

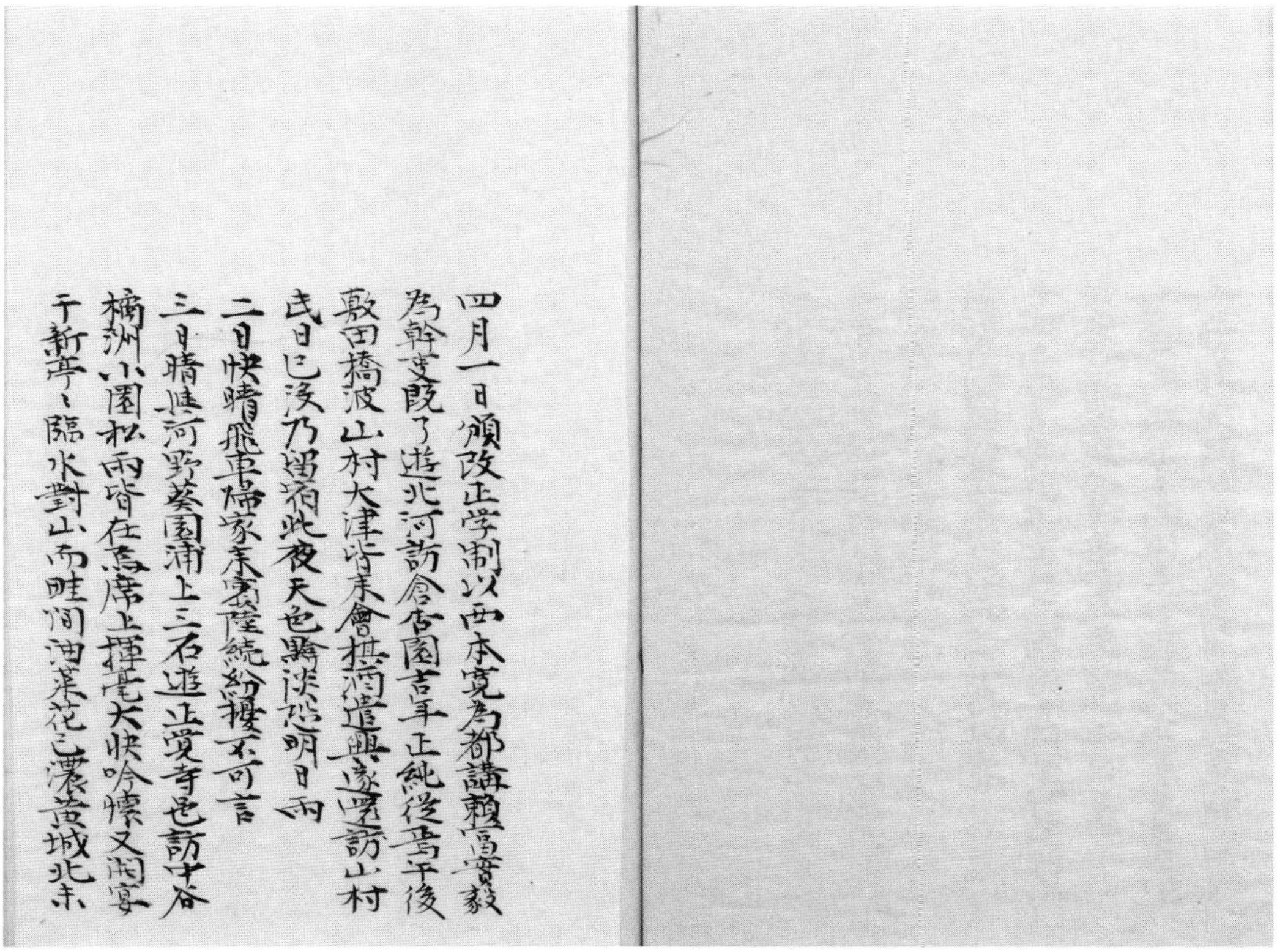

四月、一日。頒改正学制、以西本寛為都講、頼富実毅
為幹事。既了、遊北河、訪倉杏園、吉年正純従焉。午後、
敷田・橋波・山村・大津皆来会、棋酒遣興、遂還訪山村
氏、日已沒、乃留宿。此夜、天色黯淡、恐明日雨。
二日。快晴。飛車帰家、来賓陸続、紛擾不可言。
三日。晴。与河野・葵園・浦上・三石遊正覚寺邑。訪中谷
橘洲、小園・松雨皆在焉。席上揮毫、大快吟懐。又開宴
于新亭。亭臨水対山、而畦間油菜花已濃黄。城北未

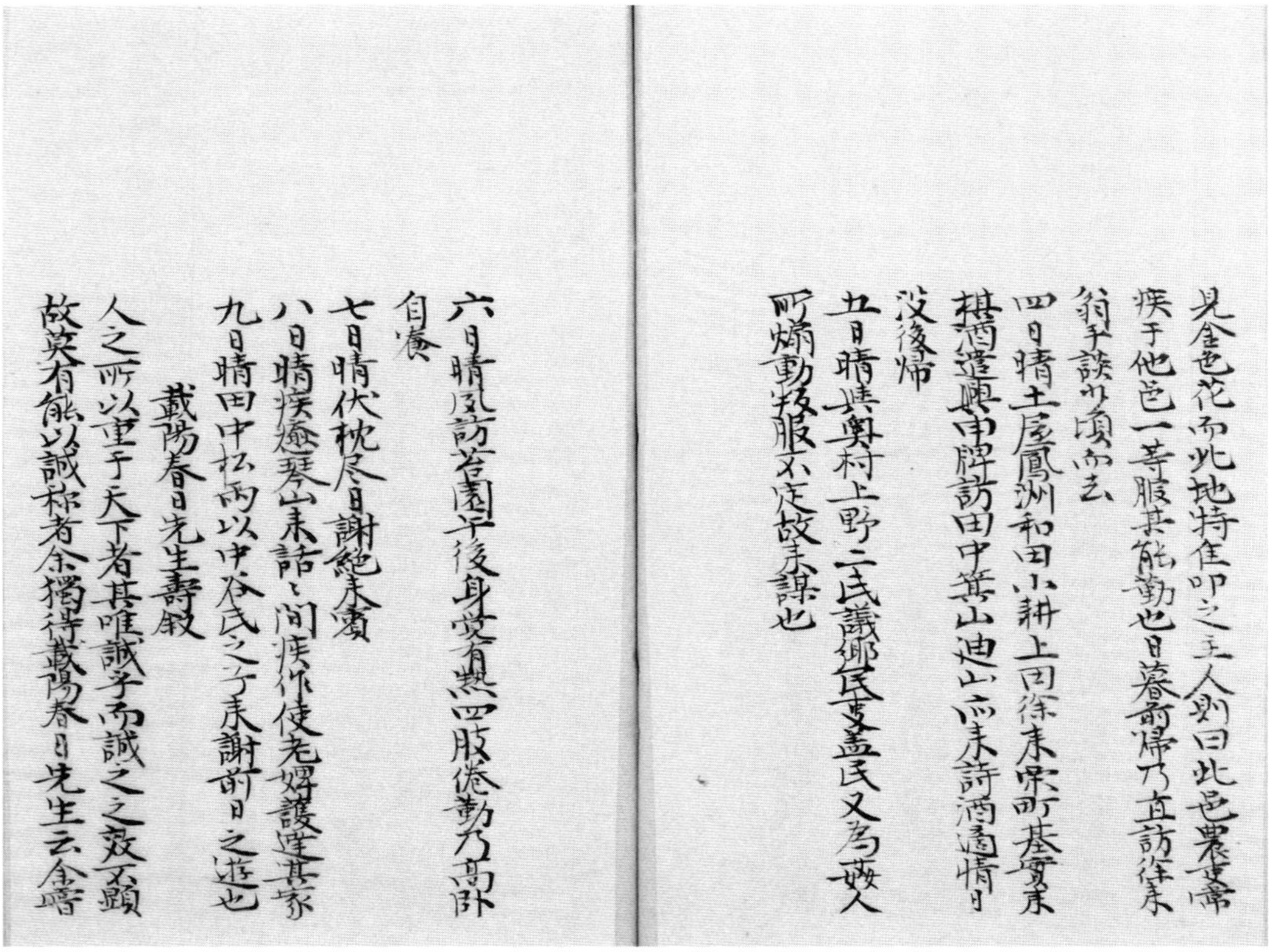

見金色花、而此地特佳。叩之主人、則曰、此邑農事常疾于他邑一等、服其能勤也。日暮前帰、乃直訪徐来翁、手談少頃而去。

四日。晴。土屋鳳洲・和田小耕・上田徐来・栗町基実来、棋酒遣興。申牌、訪田中箕山、廸山亦来、詩酒適情。日没後帰。

五日。晴。与奥村・上野二氏議郷民事。蓋民又為姦人所煽動、叛服不定、故来謀也。

六日。晴。夙訪苔園。午後身覚有熱、四肢倦勤、乃高臥自養。

七日。晴。伏枕尽日、謝絶来賓。

八日。晴。疾癒。琴山来話、話間疾作、使老婢護達其家。

九日。晴。田中松雨以中谷氏之子来謝前日之遊也。

載陽春日先生寿叙

人之所以重于天下者、其唯誠乎。而誠之之効不顕、故莫有能以誠称者。余独得載陽春日先生云。余嘗

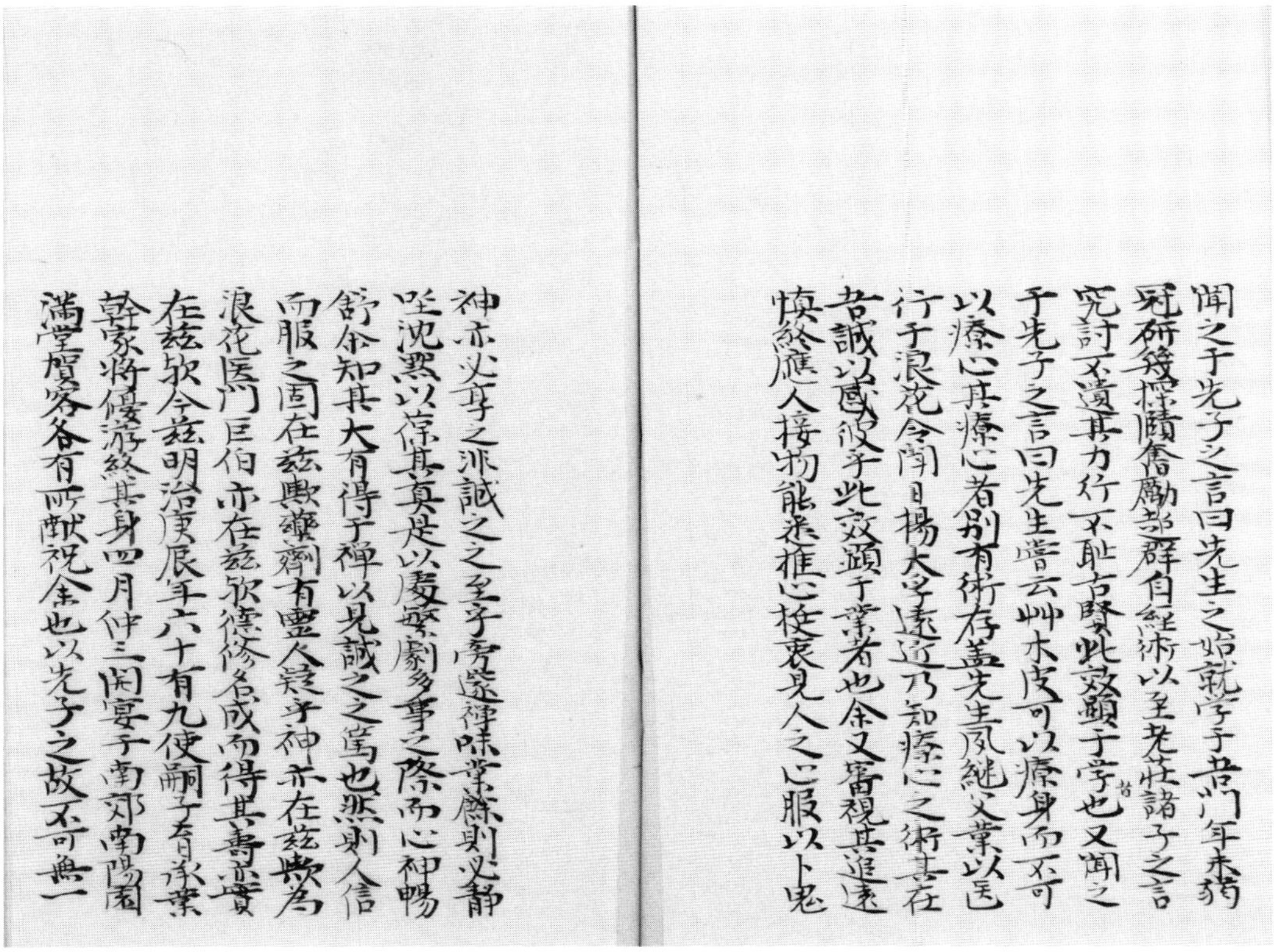

聞之于先子之言、曰、先生之始就学于吾門、年未弱冠、研幾探賾、奮励超群、自経術以至老荘諸子之言、究討不遺其力、行不恥古賢、此効顕于学者也。又聞之于先子之言、曰、先生嘗云、艸木皮可以療身、而不可以療心。其療心者、別有術存。蓋先生夙継父業、以医行于浪花、令聞日揚大孚、遠近乃知療心之術、其在吾誠以感彼乎。此効顕于業者也。余又審視其追遠慎終、応人接物、能悉推心挺衷、見人之心服、以卜鬼神、亦必享之、非誠之之至乎。旁邃禅味、業餘則必静坐沈黙、以葆其真。是以処繁劇多事之際、而心神暢舒。余知其大有得于禅、以見誠之之篤也。然則人信而服之、固在茲歟。薬剤有霊、人疑乎神、亦在茲歟。為浪花医門巨伯、亦在茲歟。徳修名成、而得其寿、亦実在茲歟。今茲明治庚辰、年六十有九、使嗣子育承業幹家、将優游終其身。四月仲三、開宴于南郊南陽園、満堂賀客、各有所献祝。余也以先子之故、不可無一

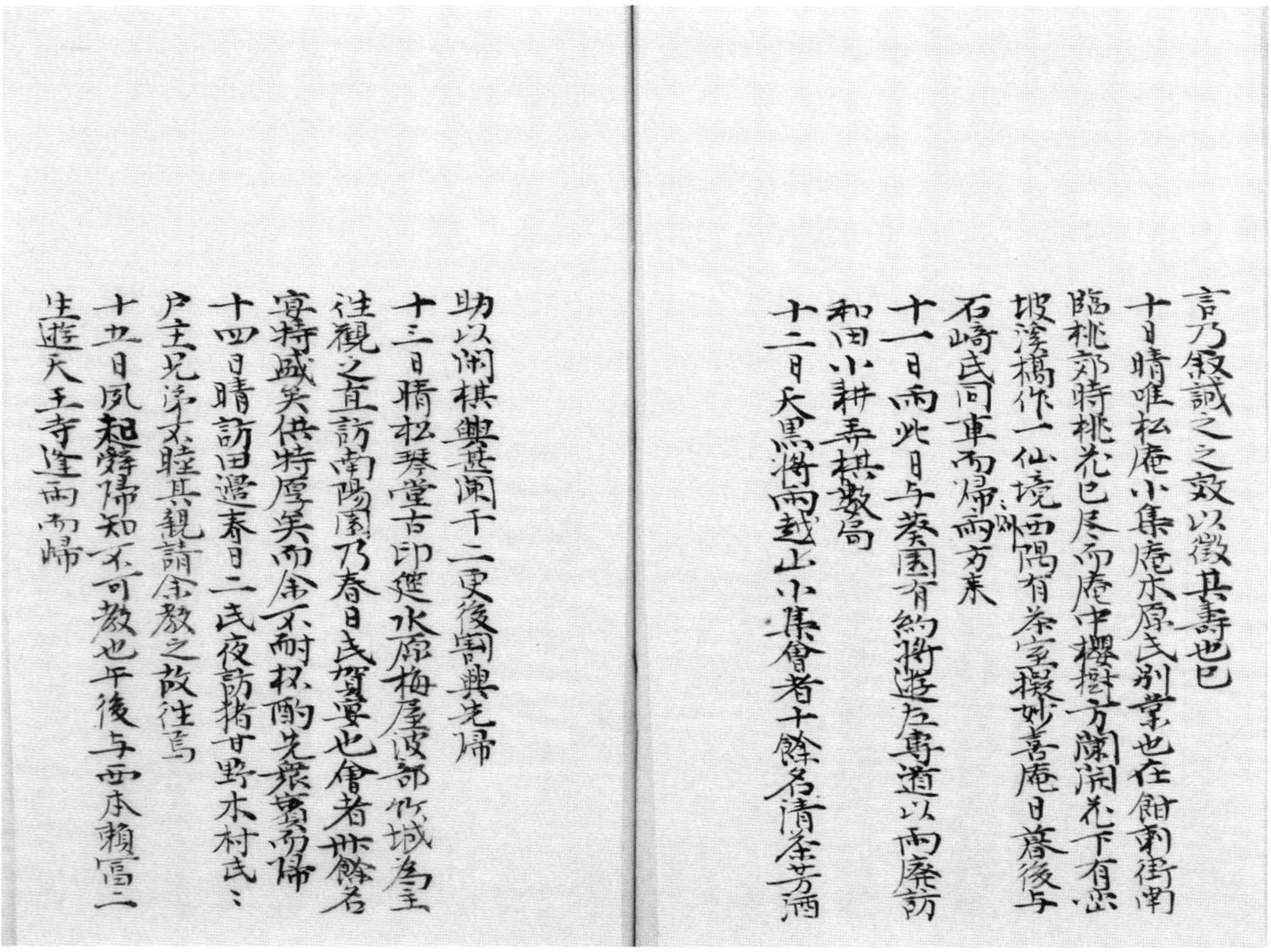

言、乃叙誠之之効、以徴其寿也已。
十日。晴。唯松庵小集。庵、木原氏別業也。在餌刺街南、臨桃郊、時桃花已尽、而庵中桜樹方闌開花、下有巒坡渓橋作一仙境、西隅有茶室擬妙喜庵。日暮後、与石崎氏同車而帰。帰則雨。
十一日。雨。此日与葵園有約、将遊左専道、以雨廃。訪和田小耕、弄棋数局。
十二日。天黒、将雨。越山小集、会者十餘名。清茶芳酒、助以閑棋、興甚闌干。二更後、割興先帰。
十三日。晴。松琴堂古印筵。水原梅屋・波部竹城為主、往観之。直訪南陽園、乃春日氏賀宴也。会者卅餘名、宴特盛矣、供特厚矣。而余不耐杯酌、先衆賓而帰。
十四日。晴。訪田辺・春日二氏。夜、訪猪甘野木村氏。氏戸主、兄弟不睦、其親請余教之、故往焉。
十五日。夙起、辞帰。知不可教也。午後、与西本・頼富二生遊天王寺、逢雨而帰。

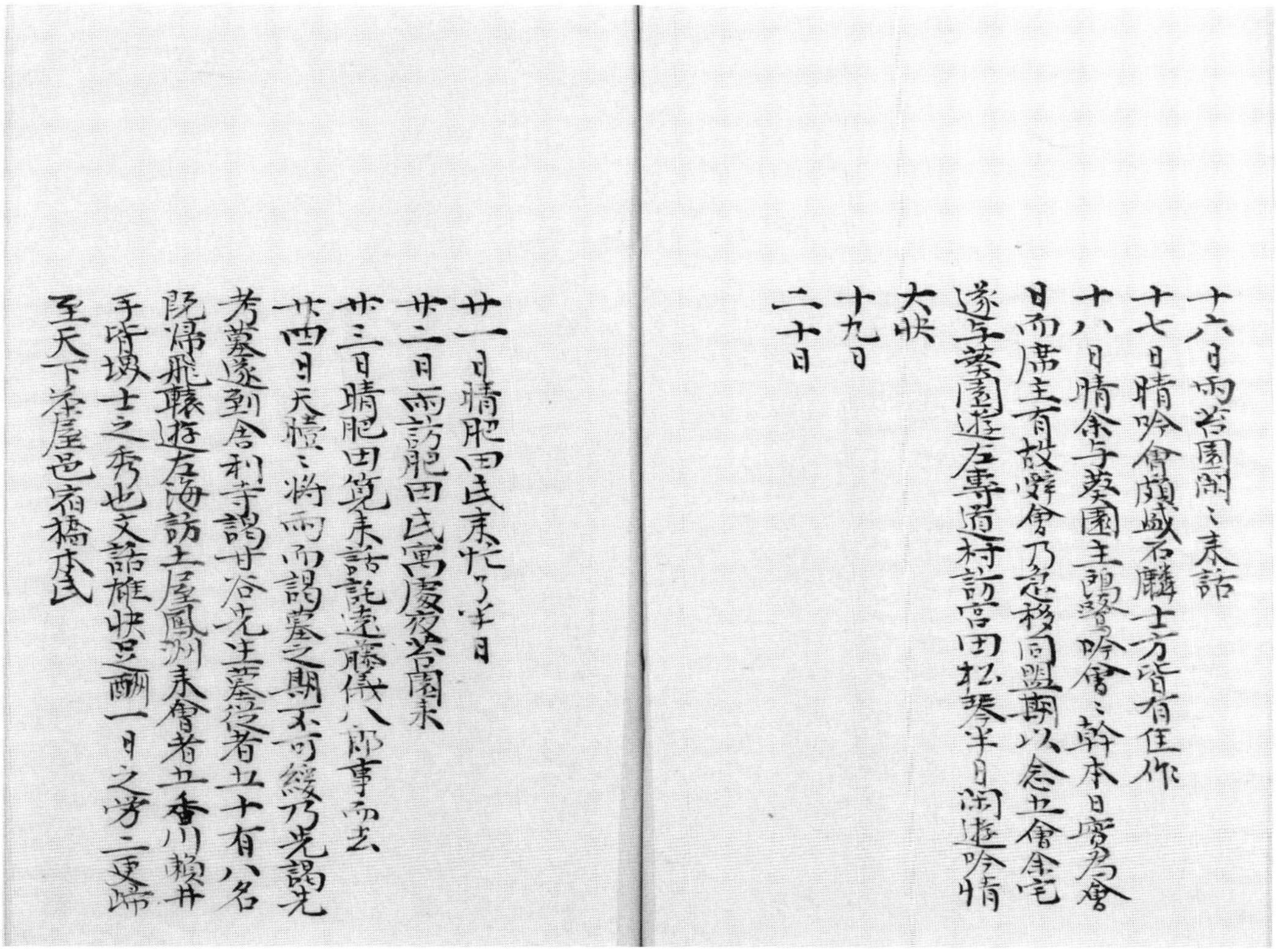

十六日。雨。苔園閑ゝ来話。

十七日。晴。吟会頗盛。石麟・士方皆有佳作。

十八日。晴。余与葵園主鷗鷺吟会ゝ幹。本日実為会日而席主有故辞会、乃急移同盟期以念五会余宅。遂与葵園遊左専道村、訪宮田松琴、半日閑遊、吟情大快。

十九日

二十日

廿一日。晴。肥田氏来、忙了半日。

廿二日。雨。訪肥田氏寓処。夜、苔園来。

廿三日。晴。肥田筧来話、託遠藤儀八郎事而去。

廿四日。天曀ゝ将雨、而謁墓之期不可緩、乃先謁先考墓、遂到舎利寺謁甘谷先生墓、従者五十有八名。既帰、飛轅遊左海、訪土屋鳳洲。来会者五、香川・頼・井手皆堺士之秀也。文話雄快、足酬一日之労。二更帰、至天下茶屋邑、宿橋本氏。

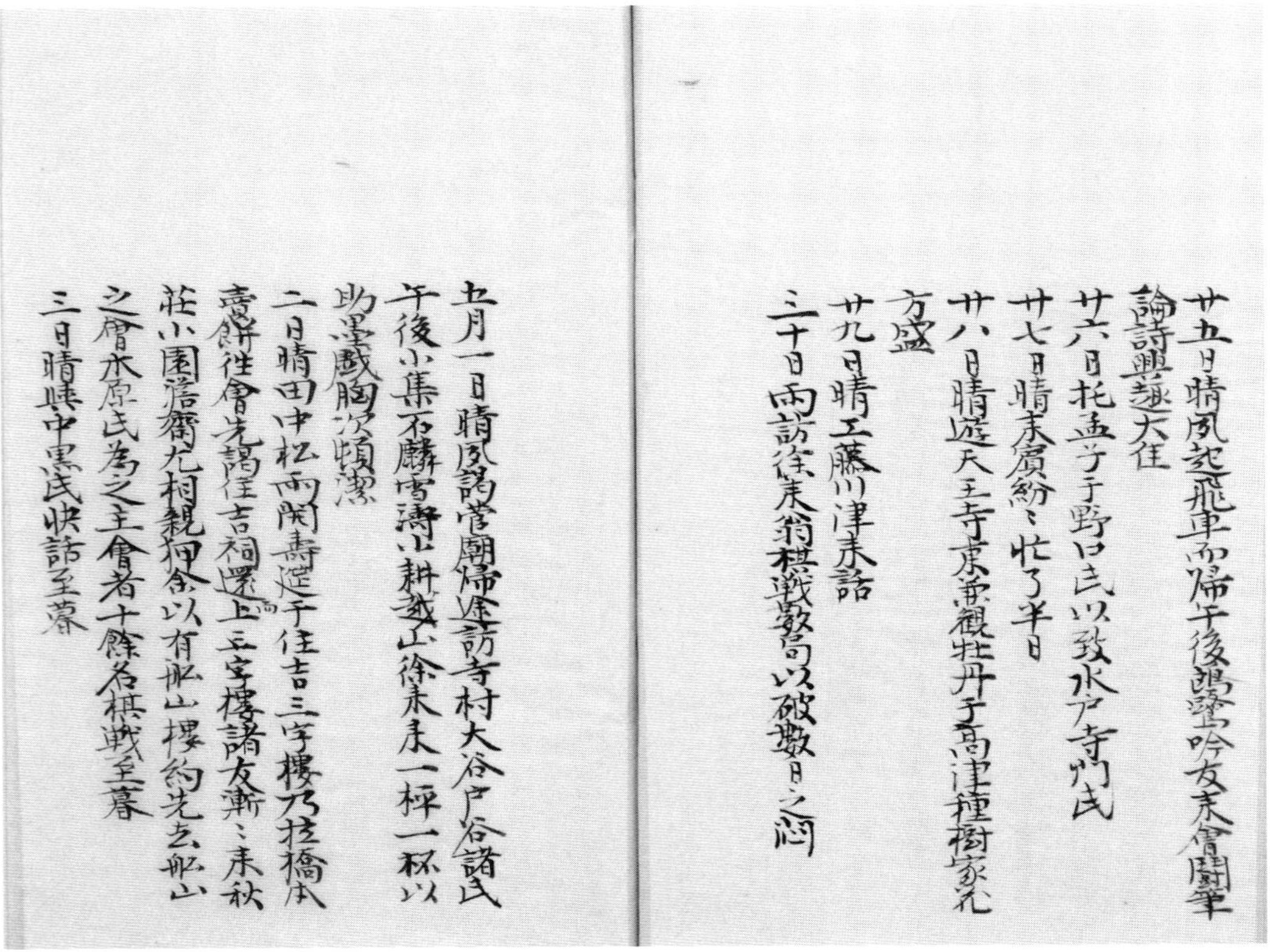

廿五日。晴。夙起、飛車而帰。午後、鷗鷺吟友来会、闘筆論詩、興趣大佳。

廿六日。托孟子于野口氏、以致水戸寺門氏。

廿七日。晴。来賓紛ゝ、忙了半日。

廿八日。晴。遊天王寺東、兼観牡丹于高津種樹家、花方盛。

廿九日。晴。工藤・川津来話。

三十日。雨。訪徐来翁、棋戦数局、以破数日之悶。

五月、一日。晴。夙謁菅廟、帰途訪寺村・大谷・戸谷諸氏。午後小集、石麟・雪濤・小耕・越山・徐来来。一枰一杯、以助墨戯、胸次頓潔。

二日。晴。田中松雨開寿筵于住吉三字楼、乃拉橋本売餅往会。先謁住吉祠、還而上楼、諸友漸ゝ来。秋荘・小園・澹斎尤相親狎。余以有船山楼約、先去。船山之会、木原氏為之主、会者十餘名、棋戦至暮。

三日。晴。与中黒氏快話至暮。

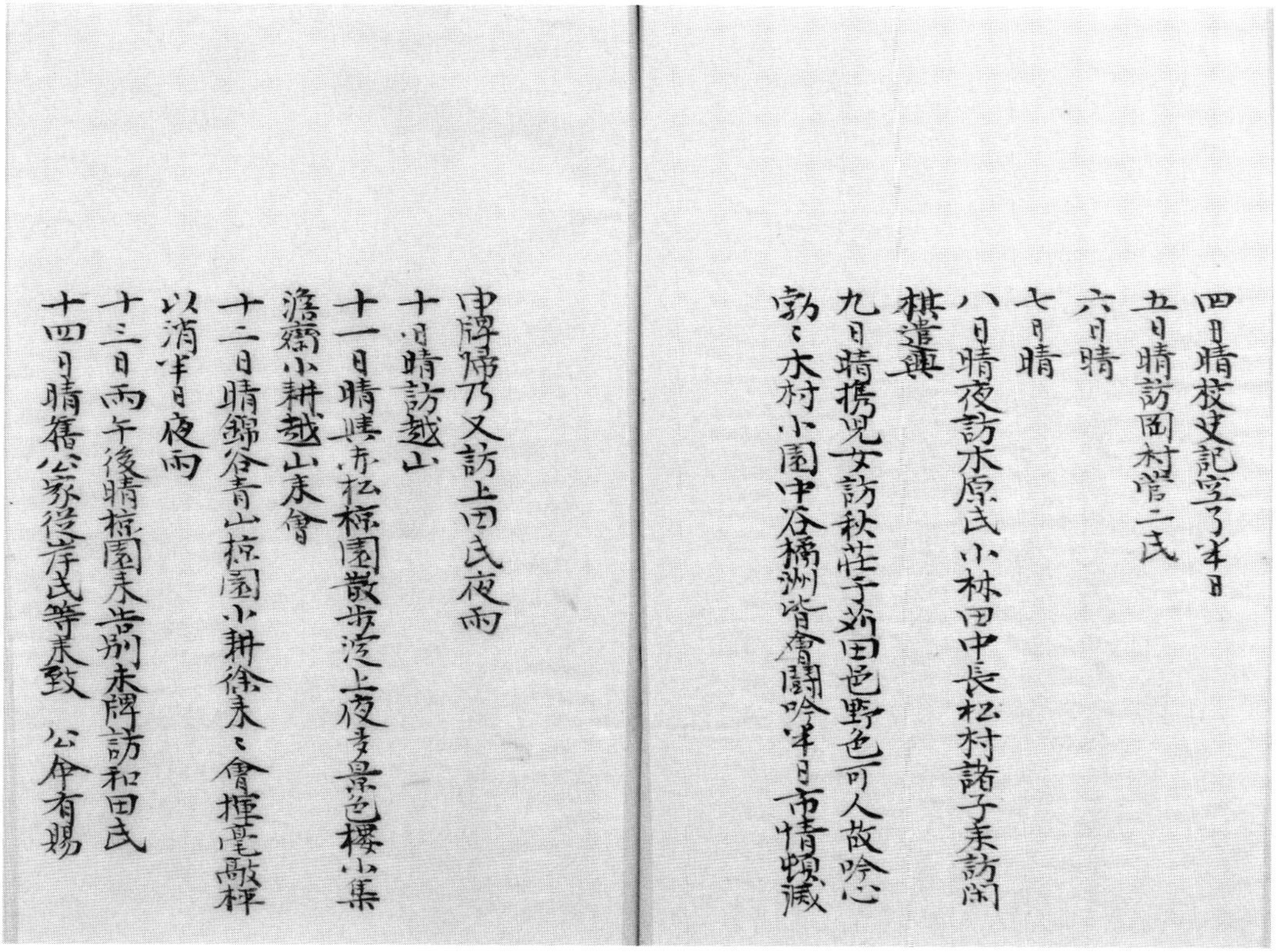

四日。晴。校史記、空了半日。
五日。晴。訪岡村・菅二氏。
六日。晴。
七日。晴。
八日。晴。夜訪木原氏、小林・田中・長・松村諸子来訪、閑
棋遣興。
九日。晴。携児女訪秋荘于莇田邑。野色可人、故吟心
勃〻。木村小園・中谷橘洲皆会、闘吟半日、市情頓滅。
申牌帰、乃又訪上田氏。夜、雨。
十日。晴。訪越山。
十一日。晴。与赤松椋園散歩淀上。夜、多景色楼小集。
澹斎・小耕・越山来会。
十二日。晴。錦谷・青山・椋園・小耕・徐来〻会、揮毫敲枰、
以消半日。夜、雨。
十三日。雨、午後晴。椋園来告別。未牌、訪和田氏。
十四日。晴。旧公家従岸氏等来、致　公命有賜。

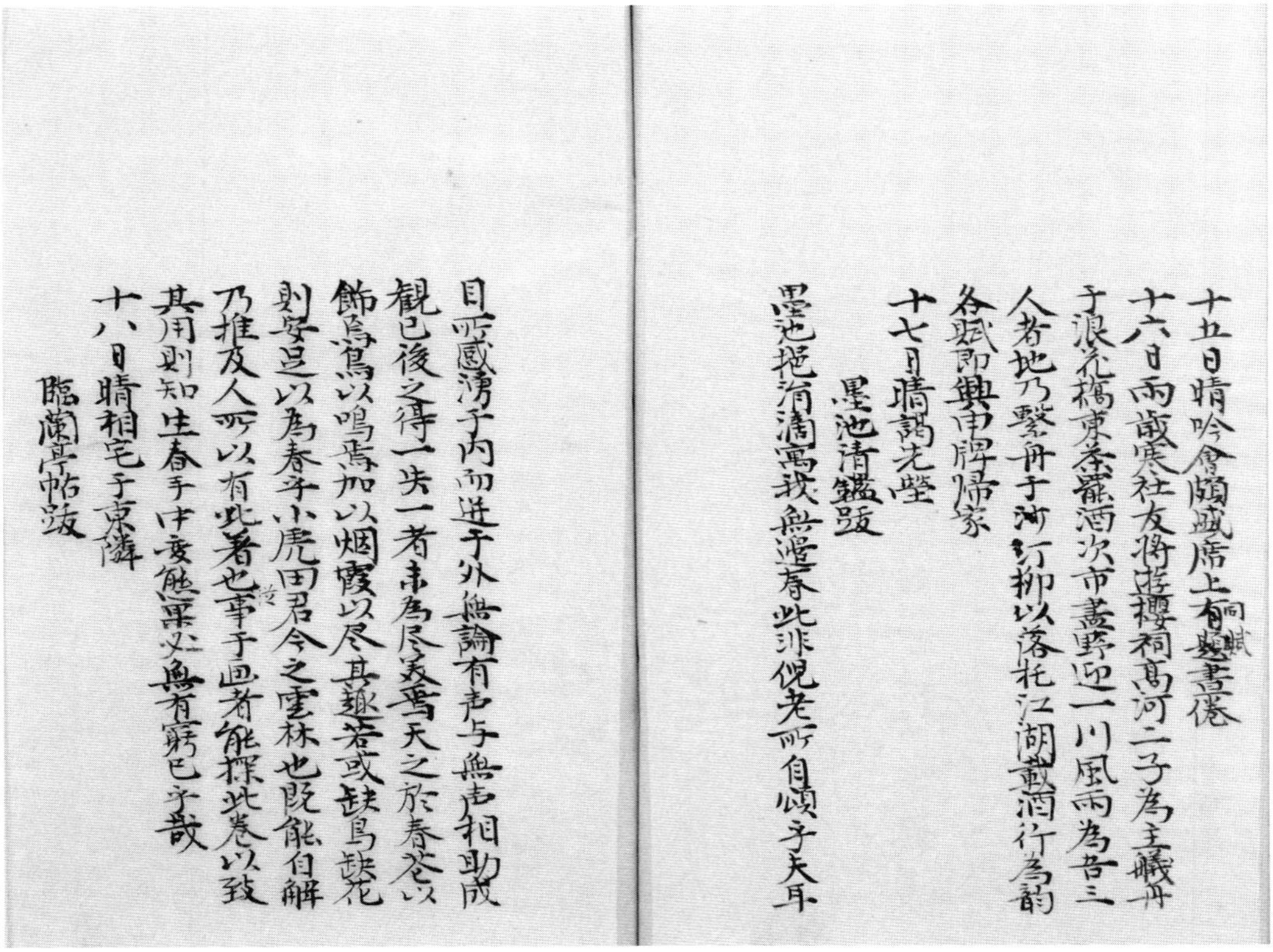

十五日。晴。吟会頗盛、席上同賦昼倦。

十六日。雨。歳寒社友将遊桜祠、高河二子為主、艤舟于浪花橋東、茶罷酒次、市尽野迎一川風雨、為吾三人者地、乃繫舟于汀柳、以落托江湖載酒行為韻、各賦即興。申牌、帰家。

十七日。晴。謁先塋。

墨池清鑑跋

墨池挹涓滴、寓我無辺春、此非倪老所自頌乎。夫耳目所感、湧于内而迸于外、無論有声与無声、相助成観已。後之得一失一者、未為尽美焉。天之於春、花以飾焉、鳥以鳴焉、加以煙霞、以尽其趣。若或缺鳥缺花、則安足以為春乎。小虎田君、今之雲林也。既能自解、乃推及人、所以有此著也。従事于画者、能探此巻以致其用、則知生春手中、変態果必無有窮已乎哉。

十八日。晴。相宅于東隣。

臨蘭亭帖跋

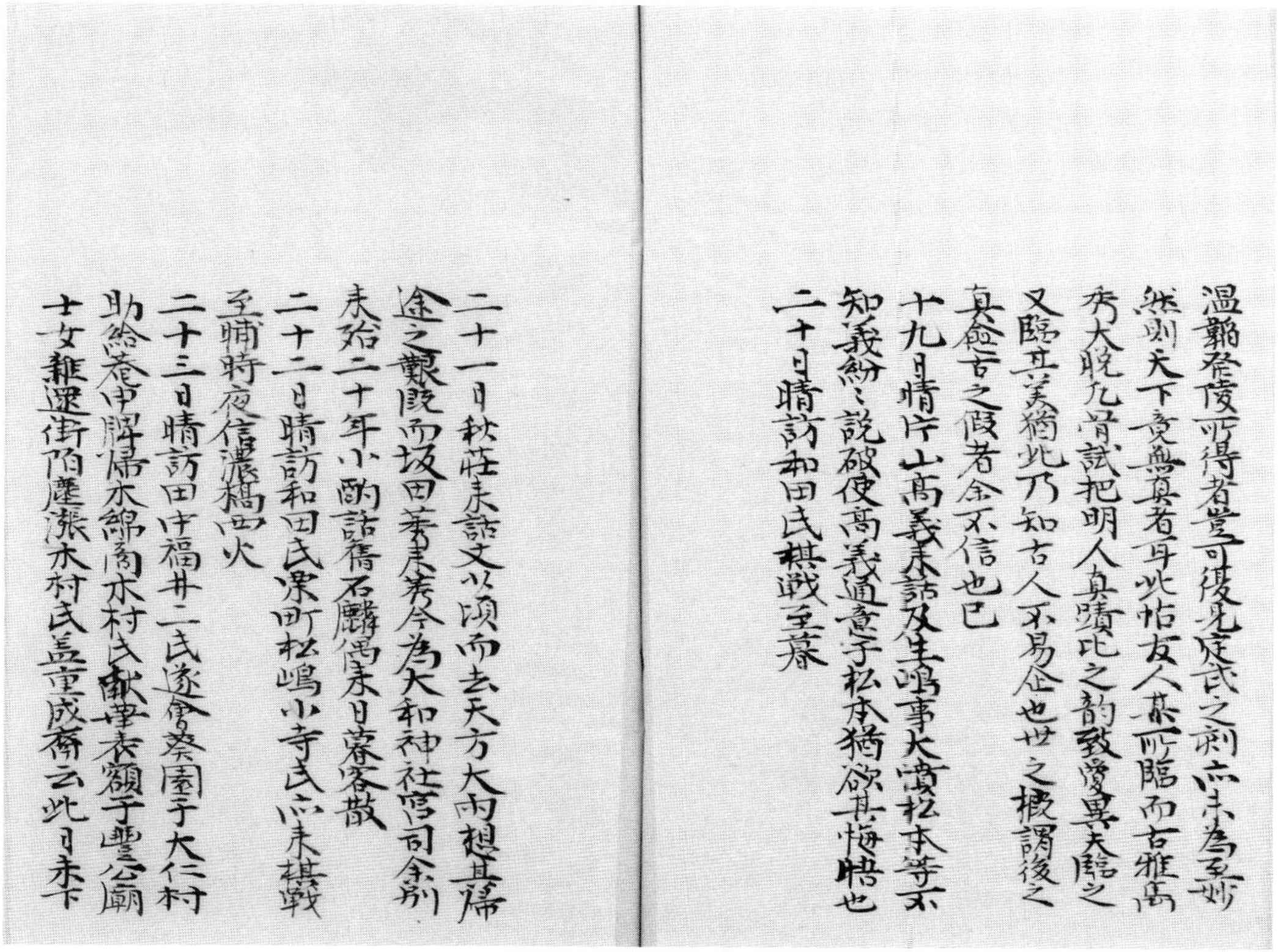

温韜発陵所得者、豈可復見。定武之刻、亦未為至妙。然則天下竟無真者耳。此帖友人某所臨、而古雅雋秀、大脱凡骨。試把明人真蹟比之、韻致敻異、夫臨之又臨、其美猶此、乃知古人不易企也。世之概謂、後之真愈古之仮者、余不信也已。

十九日。晴。片山高義来、話及生嶋事、大憤。松本等不知義、紛〻説破、使高義通意于松本、猶欲其悔悟也。

二十日。晴。訪和田氏、棋戦至暮。

二十一日。秋荘来話文、少頃而去。天方大雨、想其帰途之艱。既而坂田莠来。莠今為大和神社宮司、余別来殆二十年、小酌話旧。石麟偶来、日暮客散。

二十二日。晴。訪和田氏。栗町・松嶋・小寺氏亦来、棋戦至晡時。夜、信濃橋西火。

二十三日。晴。訪田中・福井二氏、遂会葵園于大仁村助給菴。申牌、帰。木綿商木村氏献華表額于豊公廟、士女雑遝、街陌塵漲。木村氏蓋重成裔云。此日未下

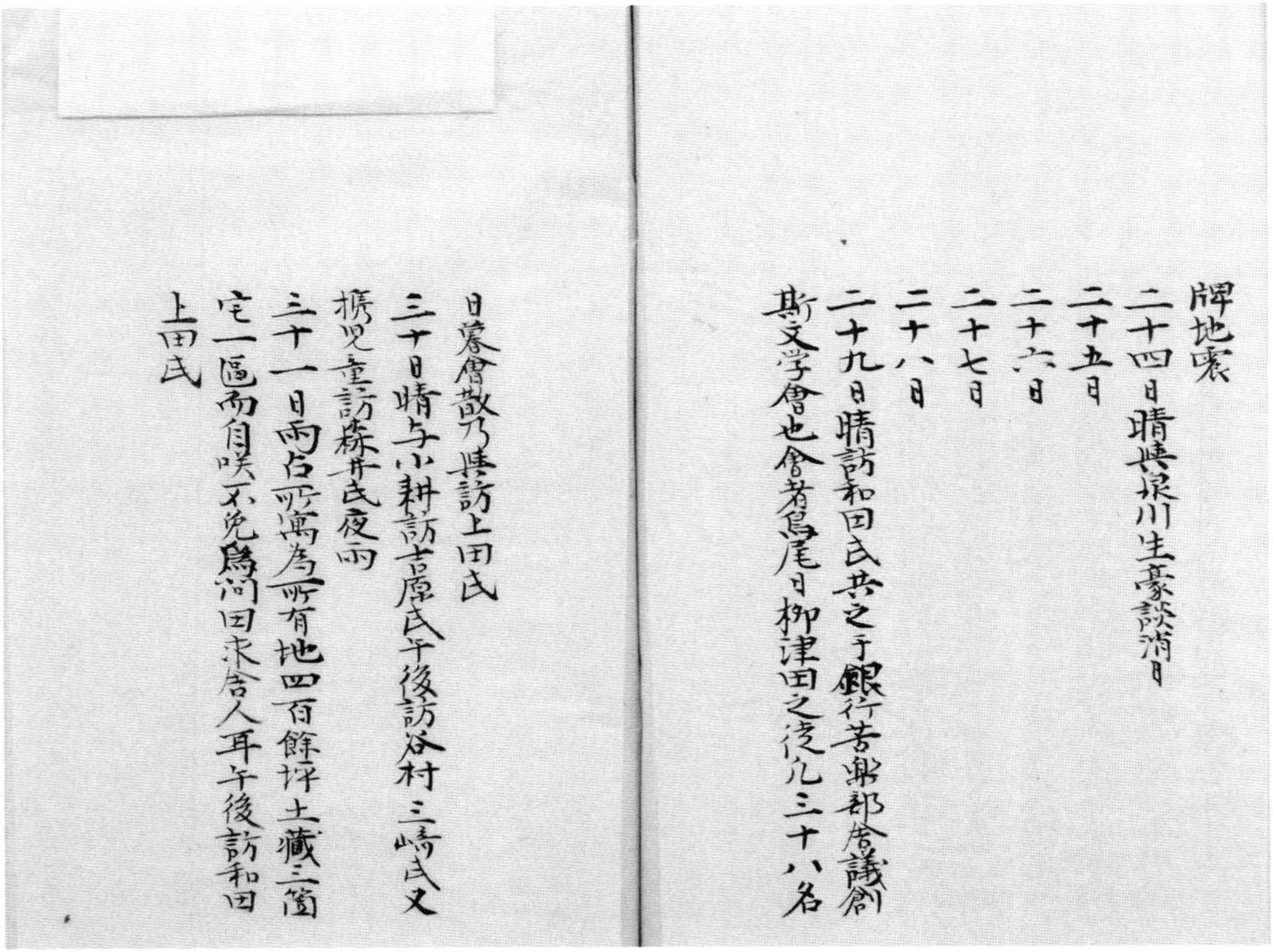

牌、地震。
二十四日。晴。与泉川生豪談消日。
二十五日
二十六日
二十七日
二十八日
二十九日。晴。訪和田氏、共之于銀行苦楽部舎、議創斯文学会也。会者鳥尾・日柳・津田之徒凡三十八名。
日暮、会散、乃与訪上田氏。
三十日。晴。与小耕訪吉原氏。午後、訪谷村・三崎氏、又携児童訪森井氏。夜、雨。
三十一日。雨。占所寓為所有、地四百餘坪、土蔵三箇、宅一区、而自咲不免為問田求舎人耳。午後訪和田・上田氏。

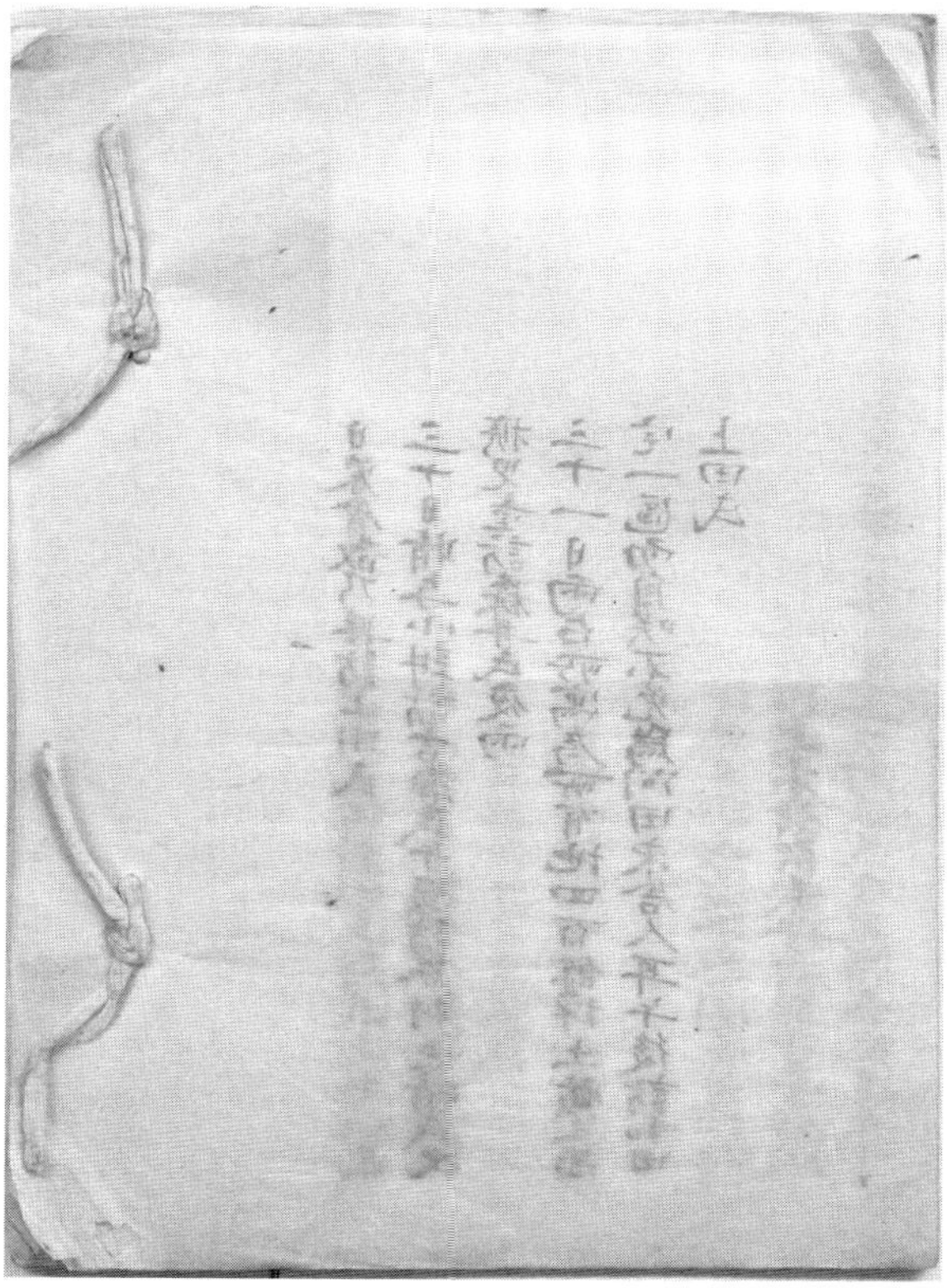

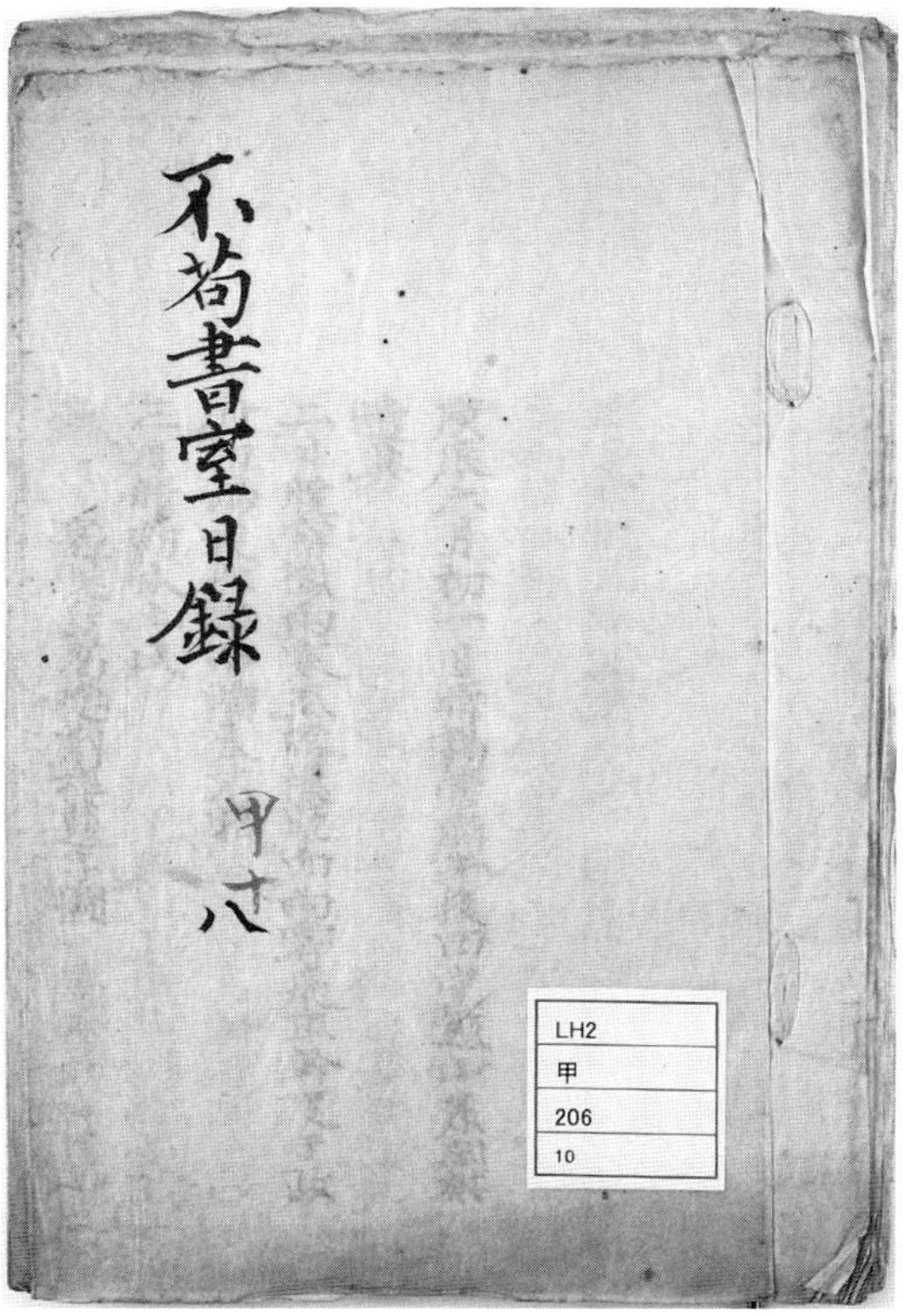


# 不苟書室日録　甲十

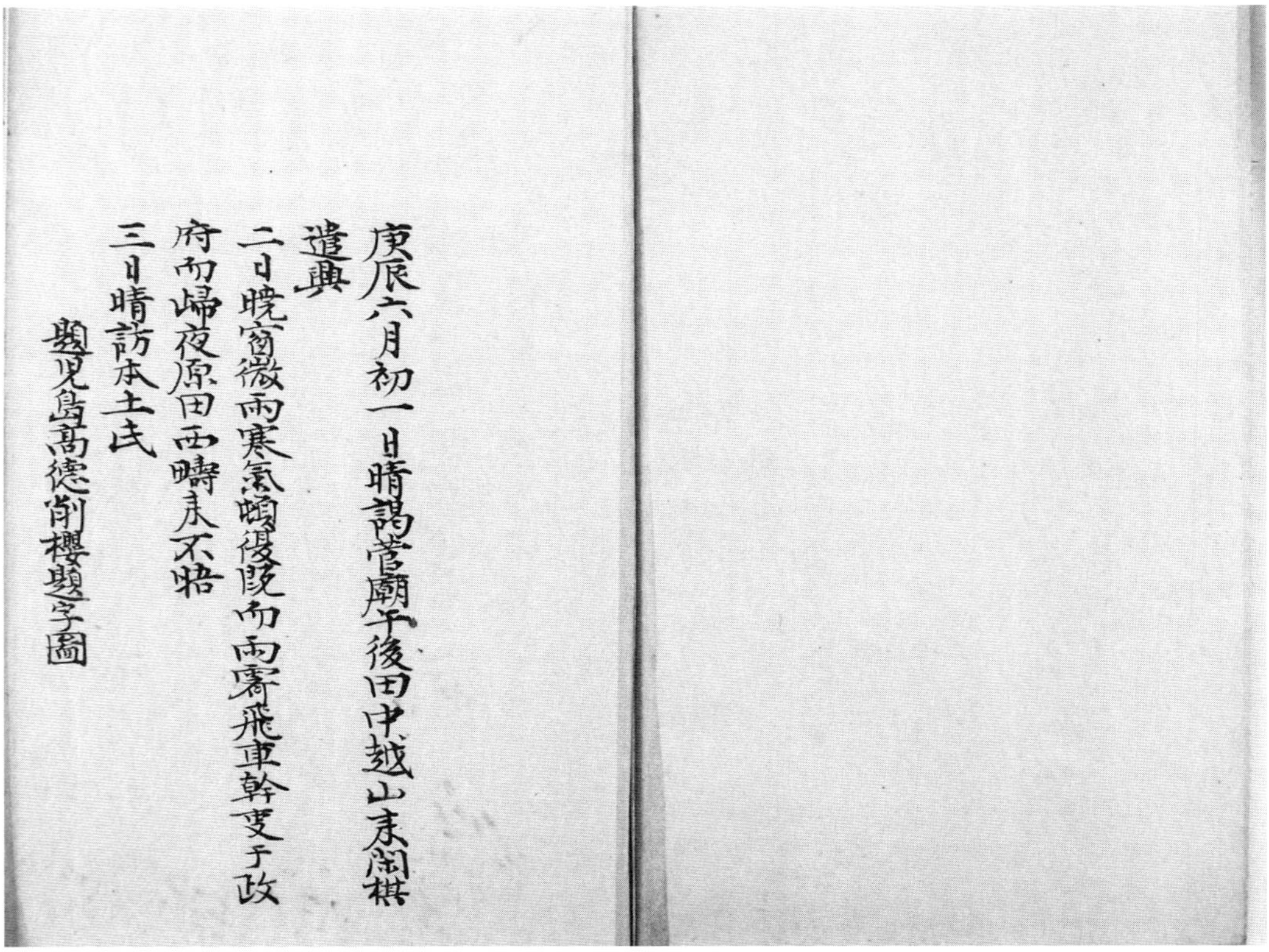
庚辰六月初一日晴謁菅廟午後田中越山来閑棊
遣興
二日暁窓微雨寒氣頓復既而雨霽飛車幹事于政
府而帰夜原田西疇来不晤
三日晴訪本土氏
題児島高徳削櫻題字圖

庚辰六月、初一日。晴。謁菅廟。午後、田中越山来、閑棋遣興。
二日。暁窓微雨、寒気頓復、既而雨霽。飛車幹事于政府而帰。夜、原田西疇来、不晤。
三日。晴。訪本土氏。

題児島高徳削桜題字図

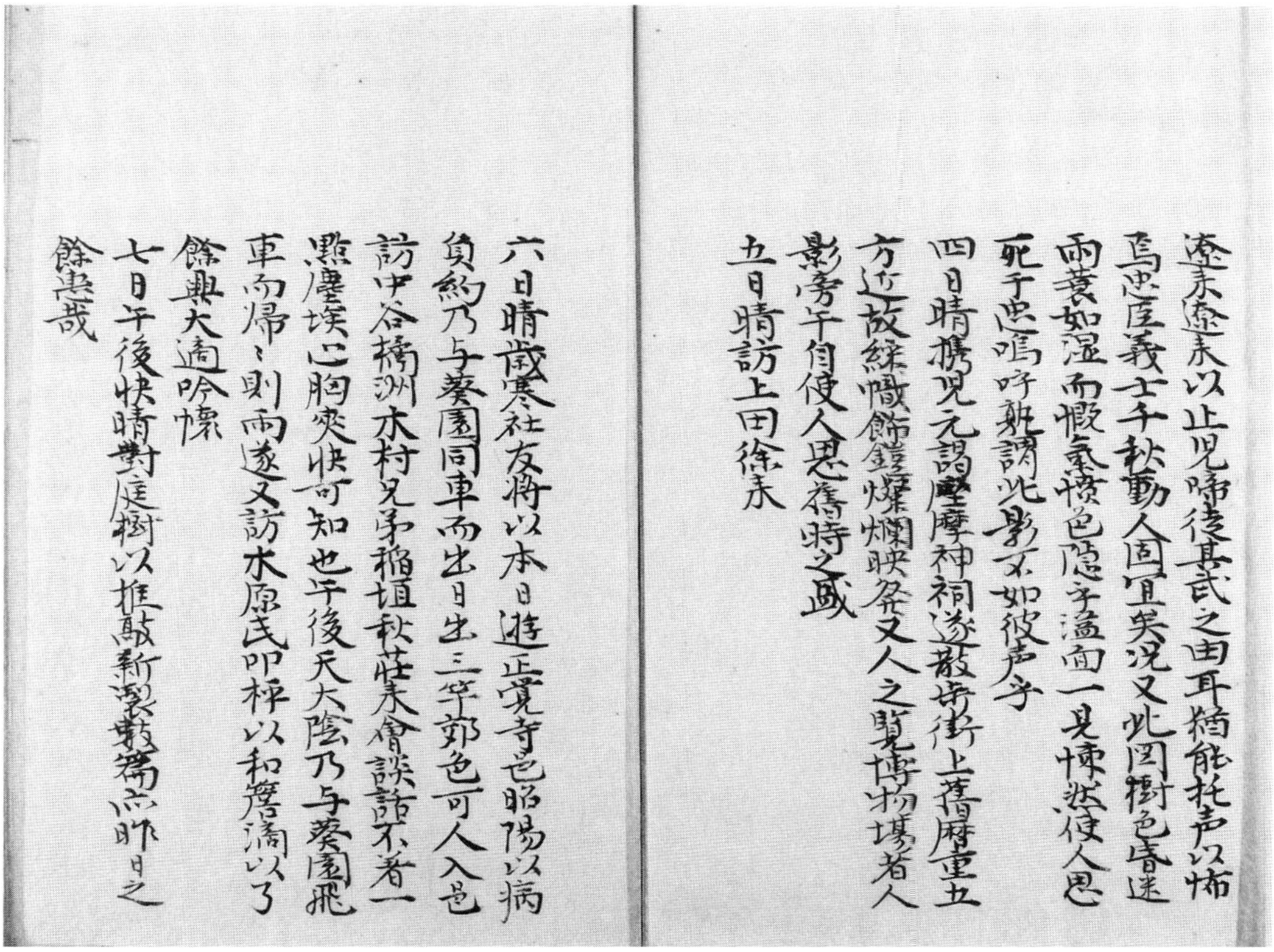

遼来遼来、以止児啼、徒其武之由耳、猶能托声以怖焉。忠臣義士、千秋動人、固宜矣。況又此図、樹色昏迷、雨蓑如湿、而慨気憤色、隠乎溢面、一見悚然、使人思死于忠。嗚呼、孰謂此影不如彼声乎。

四日。晴。携児元謁座摩神祠、遂散歩街上。旧暦重五方近、故綵幟飾鎧、燦爛映発。又人之覧博物場者、人影旁午、自使人思旧時之盛。

五日。晴。訪上田徐来。

六日。晴。歳寒社友将以本日遊正覚寺邑、昭陽以病負約、乃与葵園同車而出。日出三竿、郊色可人。入邑訪中谷橘洲、木村兄弟・稲垣秋荘来会、談話不著一点塵埃、心胸爽快可知也。午後、天大陰、乃与葵園飛車而帰、帰則雨。遂又訪木原氏、叩枰以和簷滴、以了餘興、大適吟懐。

七日。午後快晴。対庭樹以推敲、新製数篇、亦昨日之餘恵哉。

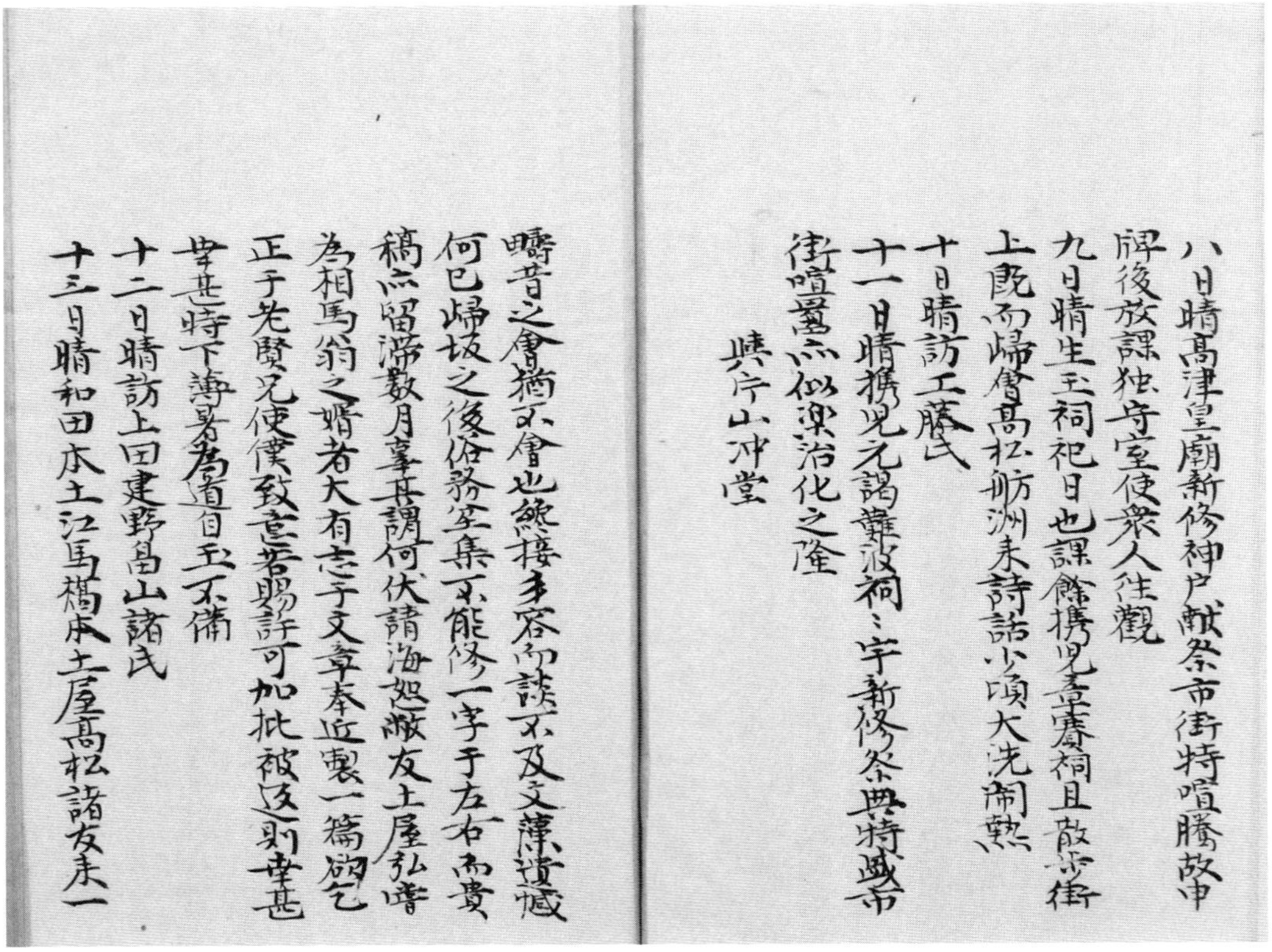

八日。晴。高津皇廟新修、神戸献祭、市街特喧騰。故中
牌後放課、独守室、使衆人往観。
九日。晴。生玉祠祀日也。課餘携児章賽祠、且散歩街
上。既而帰、会高松舫洲来、詩話少頃、大洗鬧熱。
十日。晴。訪工藤氏。
十一日。晴。携児元謁難波祠。祠宇新修、祭典特盛、市
街喧囂、亦似楽治化之隆。

与片山冲堂

疇昔之会猶不会也。纔接丰容而談不及文藻、遺憾
何已。帰坂之後、俗務坌集、不能修一字于左右、而貴
稿亦留滞数月、幸其謂何。伏請海恕。敝友土屋弘嘗
為相馬翁之婿者、大有志于文章、奉近製一篇、欲乞
正于老賢兄、使僕致意。若賜許可、加批被返、則幸甚、
幸甚。時下薄暑、為道自玉。不備。
十二日。晴。訪上田・建野・畠山諸氏。
十三日。晴。和田・本土・江馬・橋本・土屋・高松諸友来、一

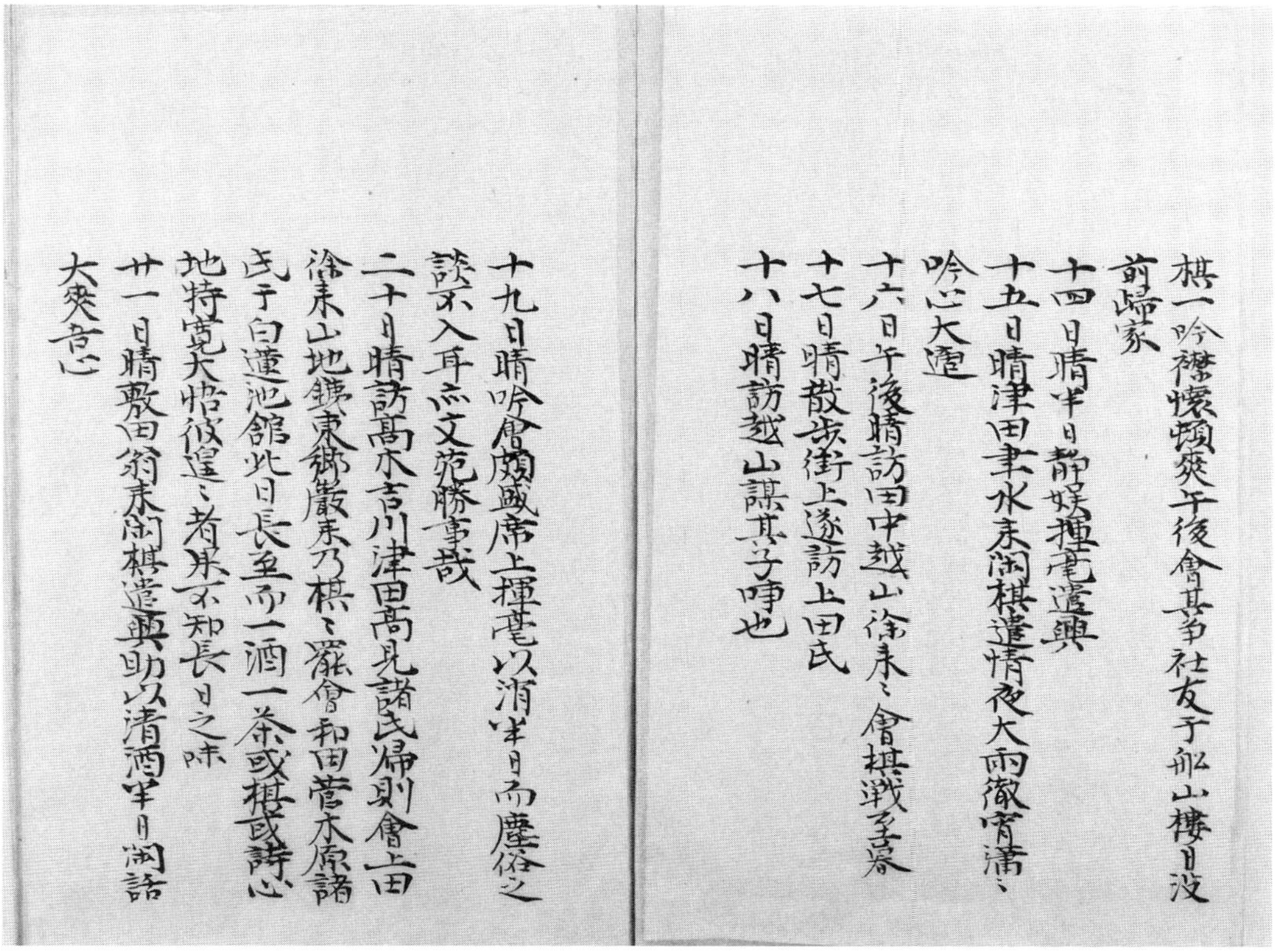

棋一吟、襟懐頓爽。午後、会其争社友于船山楼、日没
前帰家。
十四日。晴。半日静娯、揮毫遣興。
十五日。晴。津田聿水来、閑棋遣情。夜大雨、徹宵瀟ゝ、
吟心大適。
十六日。午後晴。訪田中越山。徐来ゝ会、棋戦至暮。
十七日。晴。散歩街上、遂訪上田氏。
十八日。晴。訪越山、謀其子事也。
十九日。晴。吟会頗盛。席上揮毫、以消半日、而塵俗之
談不入耳、亦文苑勝事哉。
二十日。晴。訪高木・吉川・津田・高見諸氏、帰則会上田
徐来・山地鉄・東郷巖来、乃棋。棋罷、会和田・菅・木原諸
氏于白蓮池館。此日長至、而一酒一茶、或棋或詩、心
地特寛、大悟彼遑ゝ者、果不知長日之味。
廿一日。晴。敷田翁来、閑棋遣興、助以清酒、半日閑話、
大爽吾心。

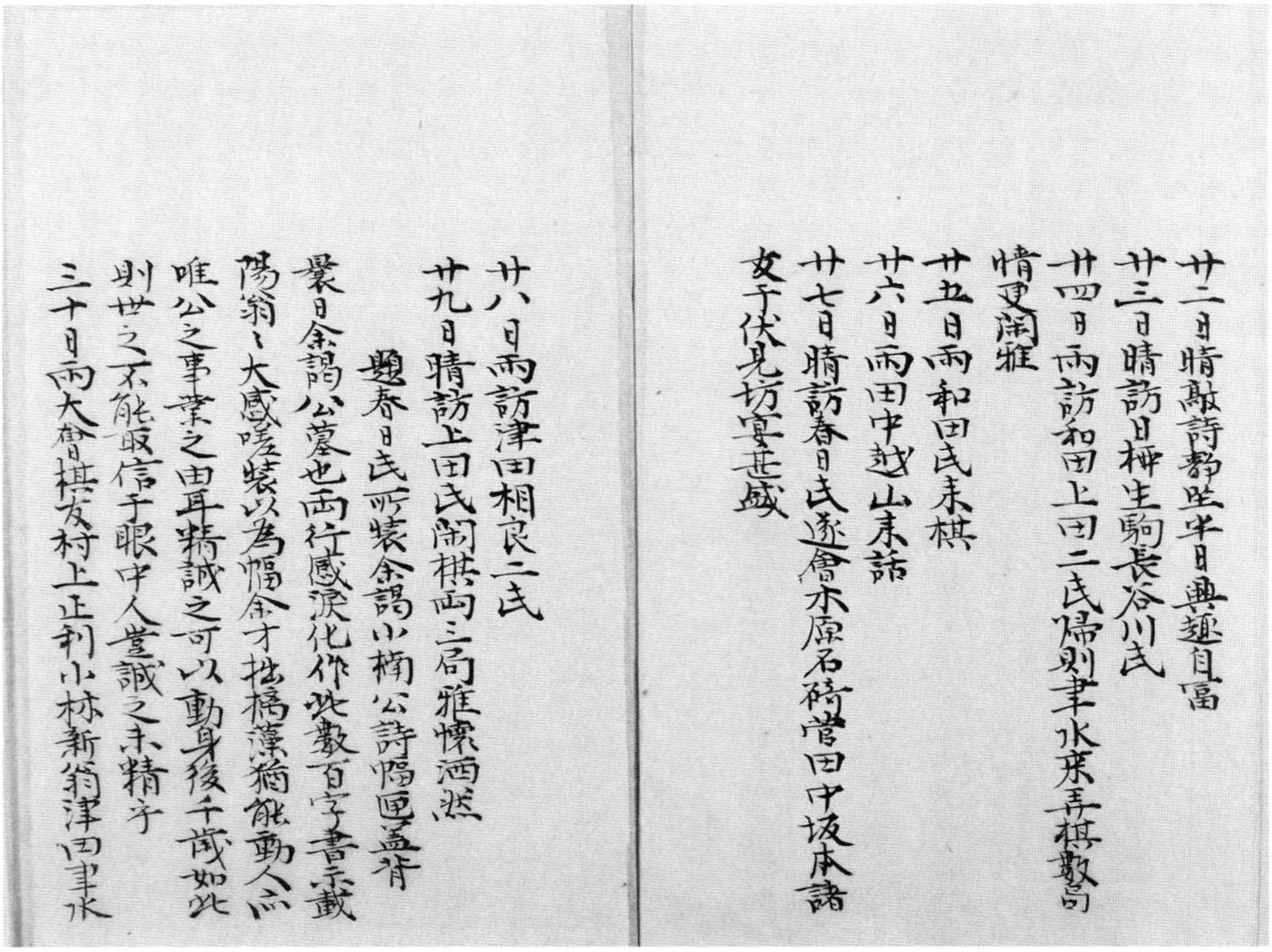

廿二日。晴。敲詩静坐半日、興趣自富。
廿三日。晴。訪日柳・生駒・長谷川氏。
廿四日。雨。訪和田・上田二氏。帰則聿水来、弄棋数局、情更閑雅。
廿五日。雨。和田氏来棋。
廿六日。雨。田中越山来話。
廿七日。晴。訪春日氏、遂会木原・石碕・菅・田中・坂本諸友于伏見坊、宴甚盛。

廿八日。雨。訪津田・相良二氏。
廿九日。晴。訪上田氏、閑棋両三局、雅懐洒然。

　題春日氏所装余謁小楠公詩幅匣蓋背

嚢日、余謁公墓也、両行感涙化作此数百字書。示載陽翁、翁大感嗟、装以為幅。余才拙、摛藻猶能動人、亦唯公之事業之由耳。精誠之可以動身後千歳如此、則世之不能取信于眼中人、豈誠之未精乎。
三十日。雨。大会棋友、村上正利・小林新翁・津田聿水、

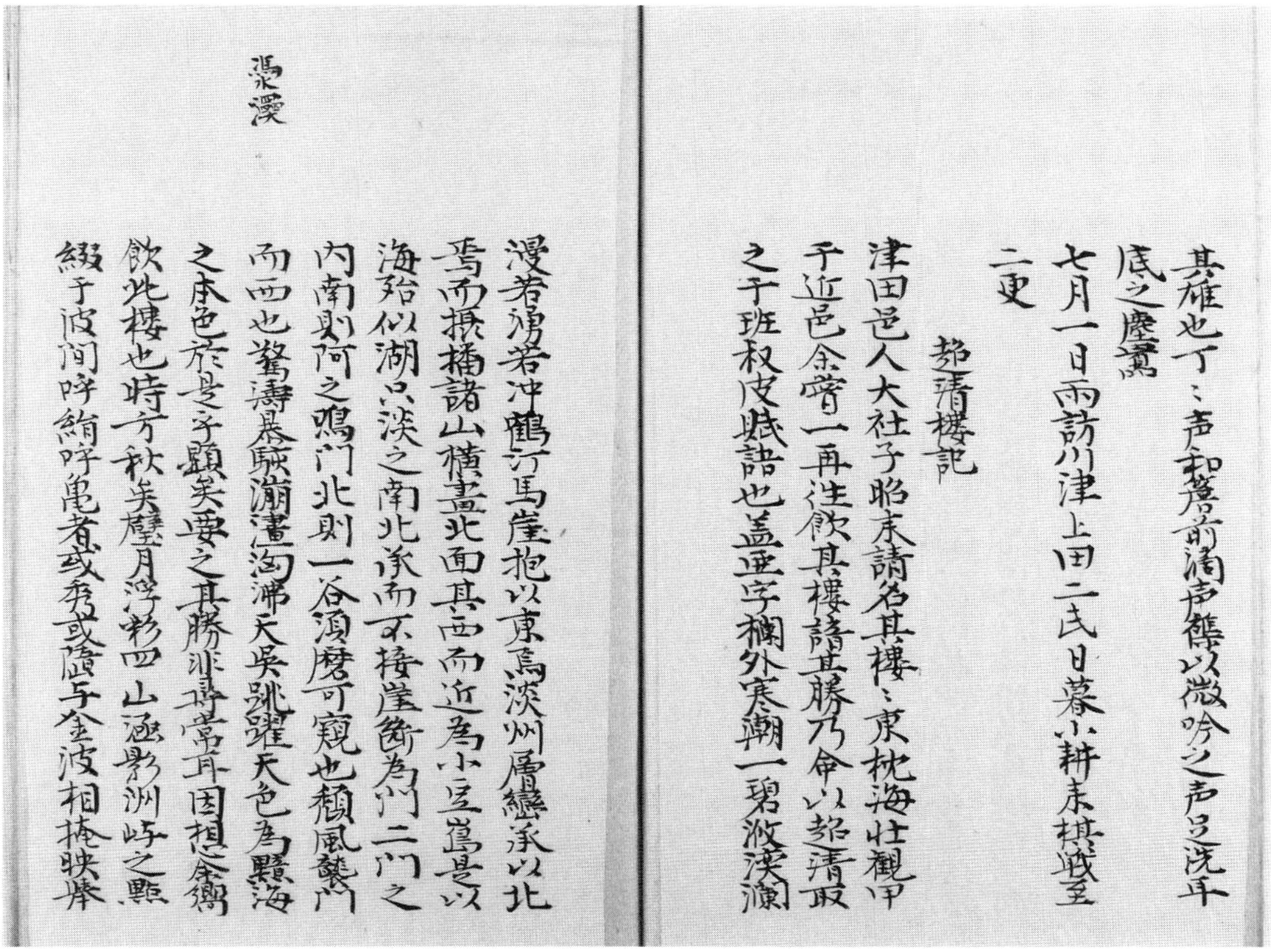

其雄也。丁ゝ声和簷前滴声、雑以微吟之声、足洗耳底之塵囂。

七月、一日。雨。訪川津・上田二氏。日暮、小耕来棋、戦至二更。

超清楼記

津田邑人大社子昭来、請名其楼。楼東枕海壮観、甲于近邑。余嘗一再往、飲其楼、諳其勝、乃命以超清、取之于班叔皮賦語也。蓋亜字欄外、寒潮一碧、湫湙瀾漫、若湧若沖、鶴汀馬崖、抱以東焉。淡州層巒、承以北焉、而摂播諸山、横画北面、其西而近為小豆島、是以海殆似湖、只淡之南北承而不接。崖断為門、二門之内、南則阿之鳴門、北則一谷、須磨可窺也。頽風襲門而西也、驚濤暴駭、潒瀁洶沸、天呉跳躍、天色為黯、海之本色、於是乎顕矣。要之其勝、非尋常耳。因想余嚮飲此楼也。時方秋矣、璧月浮彩、四山涵影、洲嶼之点綴于波間、呼絹呼亀者、或秀或隤、与金波相掩映。挙

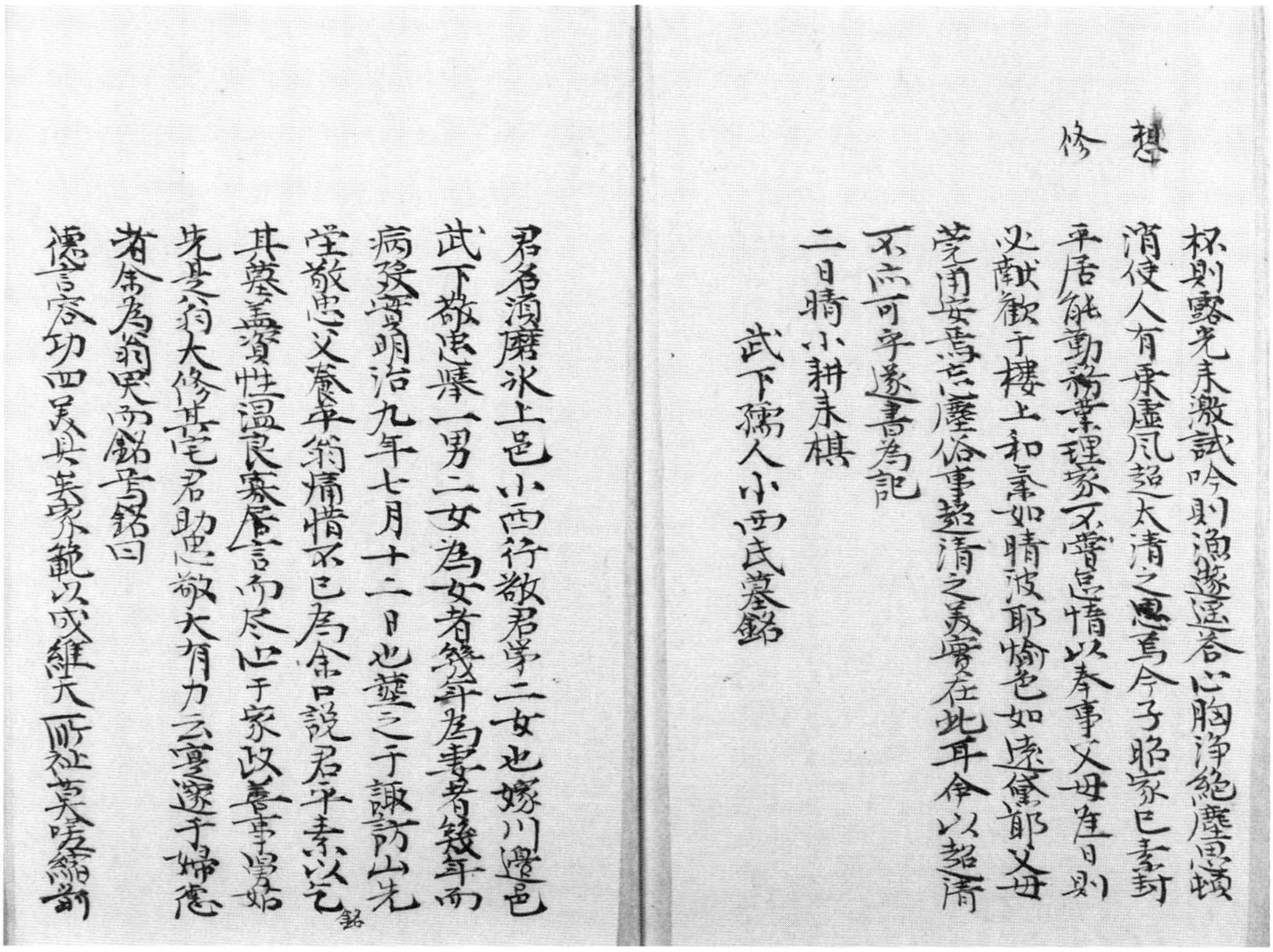

杯則露光来激、試吟則漁篷遙答、心胸浄絶、塵思頓消、使人有乗虚風超太清之想焉。今子昭家已素封、平居能勤修業理家、不嘗怠惰、以奉事父母。佳日則必献歓于楼上、和気如晴波耶、愉色如遠黛耶、父母莞爾安焉。忘塵俗事、超清之美、実在此耳。命以超清、不亦可乎。遂書為記。

二日。晴。小耕来棋。

武下孺人小西氏墓銘

君名須磨、氷上邑小西行敬君第二女也。嫁川辺邑武下敬忠、挙一男二女。為女者幾年、為妻者幾年、而病歿、実明治九年七月十二日也。葬之于諏訪山先塋。敬忠父養平翁痛惜不已、為余口説君平素、以乞銘其墓。蓋資性温良、寡言而尽心于家政、善事舅姑。先是翁大修其宅、君助忠敬、大有力云。寔遂于婦徳者、余為翁哭而銘焉。銘曰、

徳言容功、四美具矣。家範以成、維天所祉。莫嗟縮前、

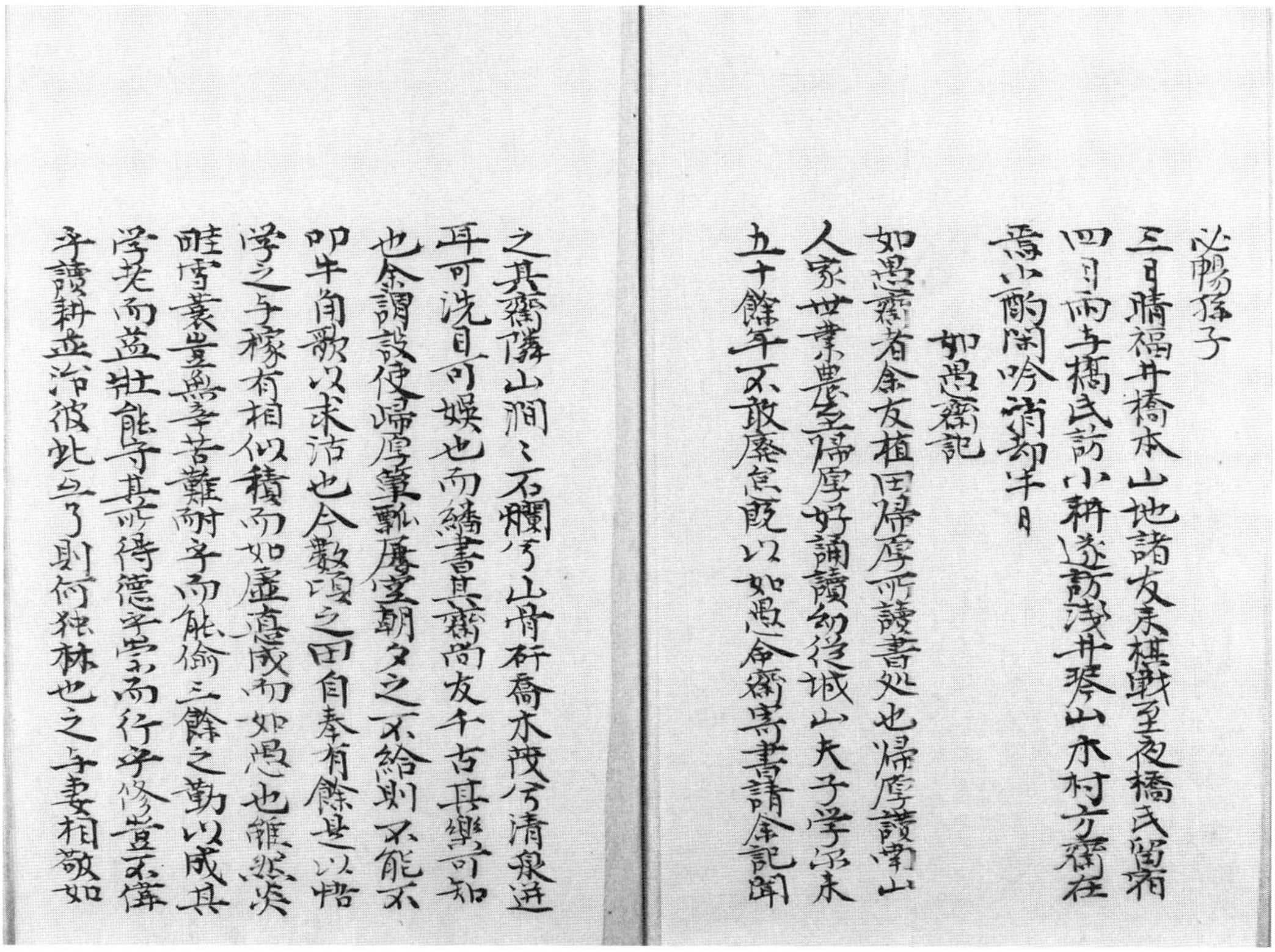

必暢孫子。
三日。晴。福井・橋本・山地諸友来、棋戦至夜。橋氏留宿。
四日。雨。与橋氏訪小耕、遂訪浅井琴山、木村方斎在焉、小酌閑吟、消却半日。

如愚斎記

如愚斎者、余友植田帰厚所読書処也。帰厚、讃南山人、家世業農。至帰厚好誦読、幼従城山夫子学、爾来五十餘年、不敢廃怠。既以如愚命斎、寄書請余記聞之。其斎隣山澗、澗石爛兮山骨研、喬木茂兮清泉迸、耳可洗、目可娯也。而繙書其斎、尚友千古、其楽可知也。余謂設使帰厚簞瓢屢空、朝夕之不給、則不能不叩牛角、歌以求沽也。今数頃之田、自奉有餘、是以悟学之与稼有相似、積而如虚、徳成而如愚也。雖然、炎畦雪蓑、豈無辛苦難耐乎。而能偷三餘之勤、以成其学、老而益壮、能守其所得、徳乎崇而行乎修、豈不偉乎。読耕並治、彼此互了、則何独林也之与妻相敬如

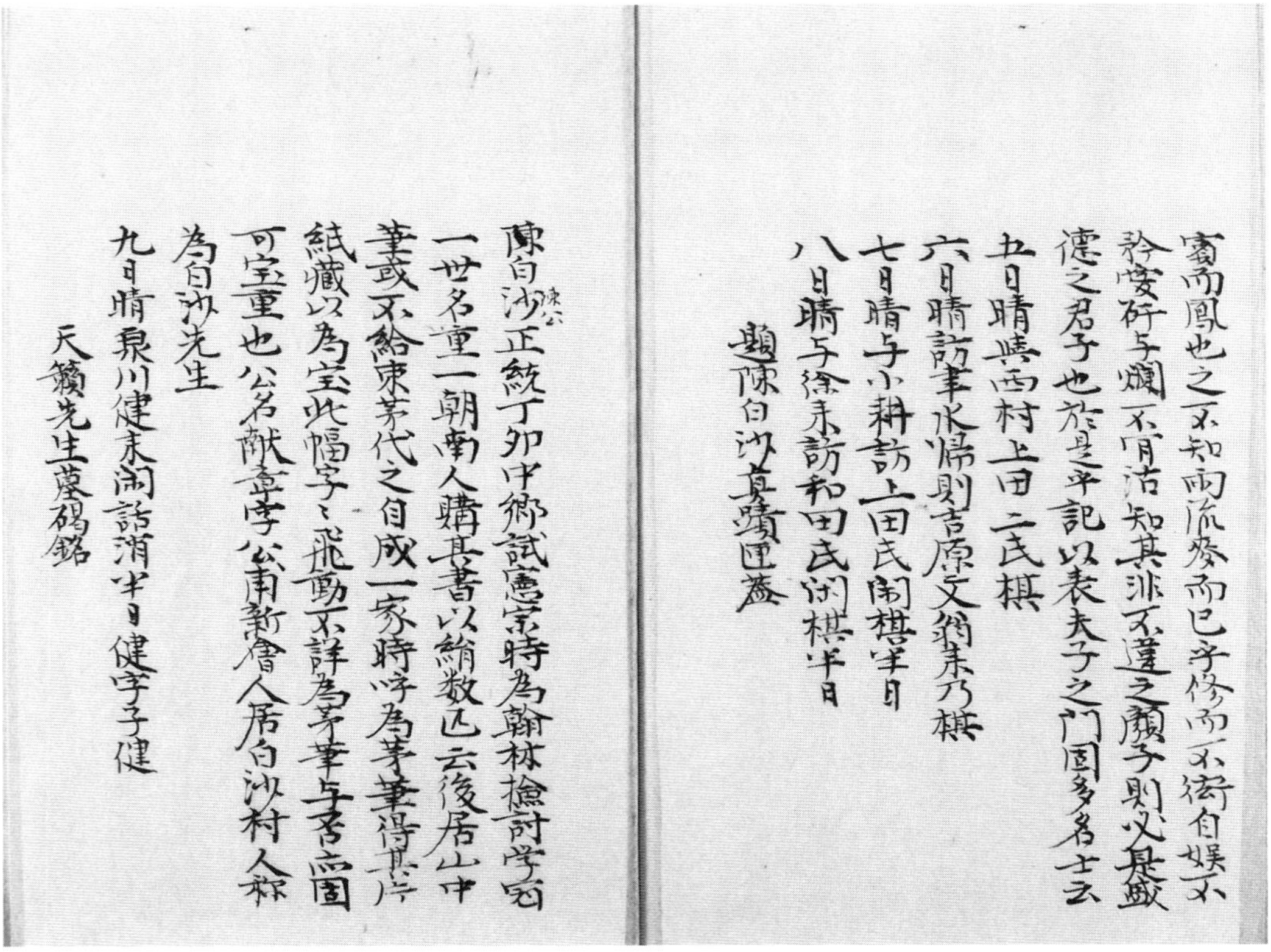

賓、而鳳也之不知雨流麦而已乎。修而不衒、自娯不矜、愛研与爛、不肯沽、知其非不違之顔子、則必是盛徳之君子也。於是乎記以表夫子之門固多名士云。

五日。晴。与西村・上田二氏棋。

六日。晴。訪聿水。帰則吉原文翁来、乃棋。

七日。晴。与小耕訪上田氏、閑棋半日。

八日。晴。与徐来訪和田氏、閑棋半日。

題陳白沙真蹟匣蓋

白沙陳公、正統丁卯中郷試、憲宗時為翰林検討、学冠一世、名重一朝。南人購其書以絹数数匹云。後居山中、筆或不給、束茅代之、自成一家。時呼為茅筆、得其片紙、蔵以為宝。此幅字〻飛動、不詳為茅筆与否、亦固可宝重也。公名献章、字公甫、新会人。居白沙村、人称為白沙先生。

九日。晴。泉川健来、閑話消半日。健、字子健。

天籟先生墓碣銘

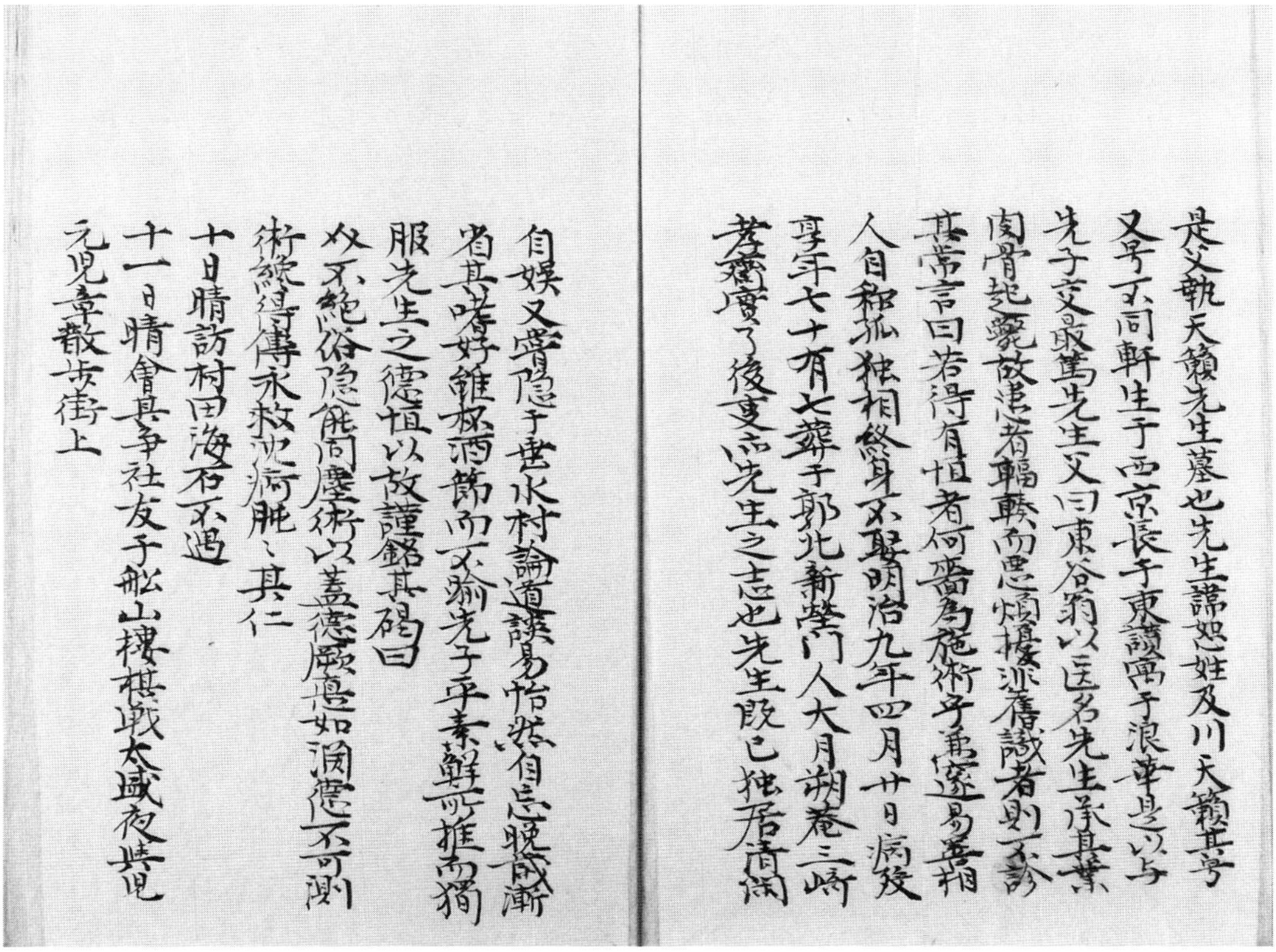

是父執天籟先生墓也。先生諱恕、姓及川、天籟其号、又号不同軒。生于西京、長于東讃、寓于浪華、是以与先子交最篤。先生父曰東谷翁、以医名。先生承其業、肉骨起斃、故患者輻輳、而悪煩擾、非旧識者則不診。其常言曰、若得有恒者、何啻為施術乎。兼邃易善相人、自称孤独相、終身不娶。明治九年四月廿日病歿、享年七十有七、葬于郭北新塋。門人大月朔菴・三崎孝斎実了後事、亦先生之志也。先生既已独居、清閑自娯、又嘗隠于垂水村、論道談易、怡然自忘、晩歳漸省其嗜好、雖杯酒、節而不踰。先子平素鮮所推、而独服先生之徳。恒以故謹銘。其碣曰、

介不絶俗、隠能同塵。術以蓋徳、厥徳如淵。徳不可測、術纔得伝。永救沈痾、肫〻其仁。

十日。晴。訪村田海石、不遇。

十一日。晴。会其争社友于船山楼、棋戦太盛。夜、与児元・児章散歩街上。

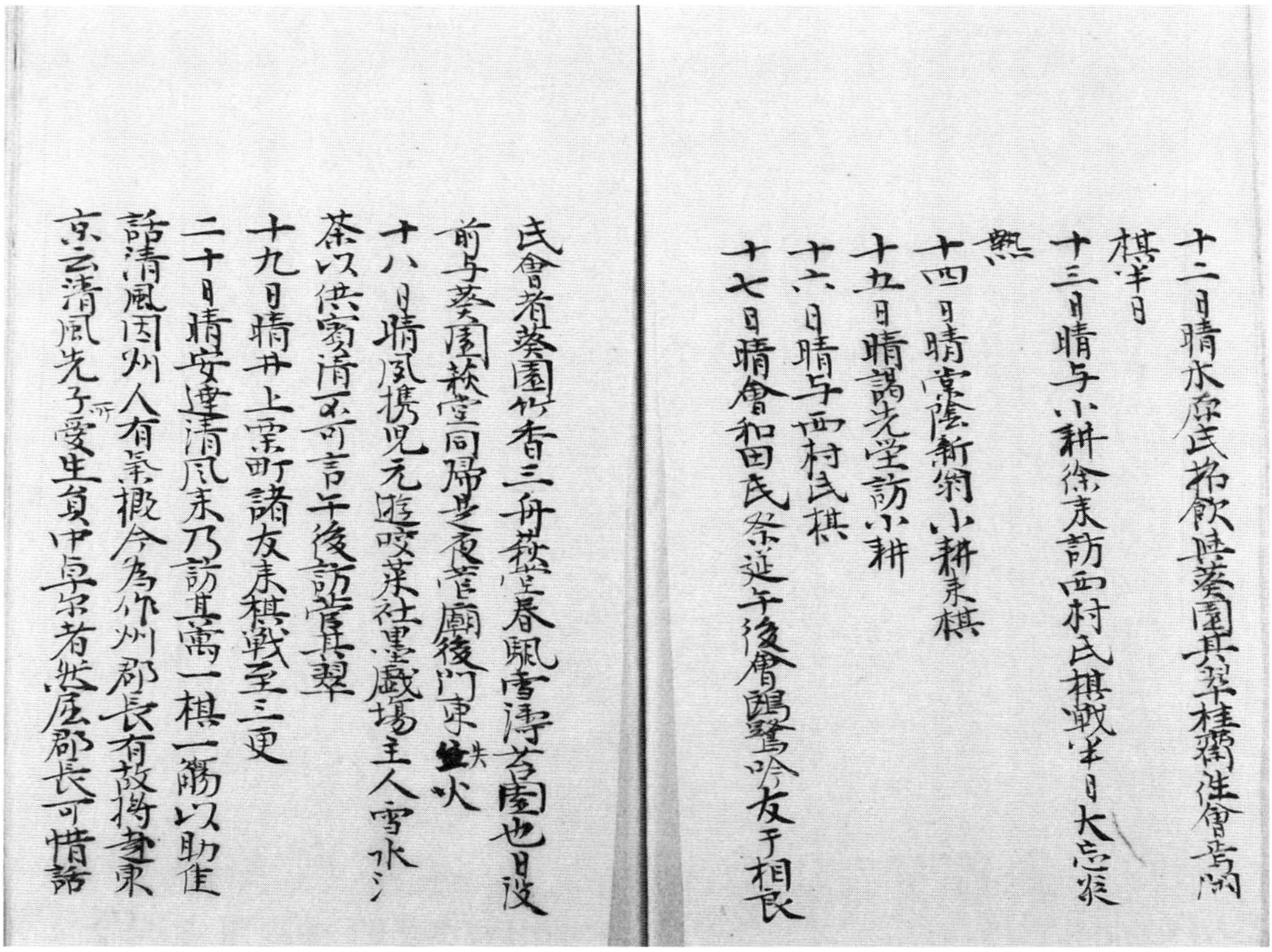

十二日。晴。木原氏招飲。与葵園・其翠・桂斎往会焉。閑
棋半日。
十三日。晴。与小耕・徐来訪西村氏、棋戦半日、大忘炎
熱。
十四日。晴。棠陰・新翁・小耕来棋。
十五日。晴。謁先塋、訪小耕。
十六日。晴。与西村氏棋。
十七日。晴。会和田氏祭筵。午後、会鷗鷺吟友于相良
氏。会者葵園・竹香・三舟・萩堂・春颿・雪濤・苔園也。日没
前、与葵園・萩堂同帰。是夜、菅廟後門東失火。
十八日。晴。夙携児元遊咬菜社墨戯場。主人雪水〻
茶以供賓、清不可言。午後、訪菅其翠。
十九日。晴。井上・栗町諸友来、棋戦至三更。
二十日。晴。安達清風来、乃訪其寓、一棋一觴、以助佳
話。清風、因州人、有気概、今為作州郡長、有故将赴東
京云。清風、先子所愛生員中卓爾者、然屈郡長可惜。話

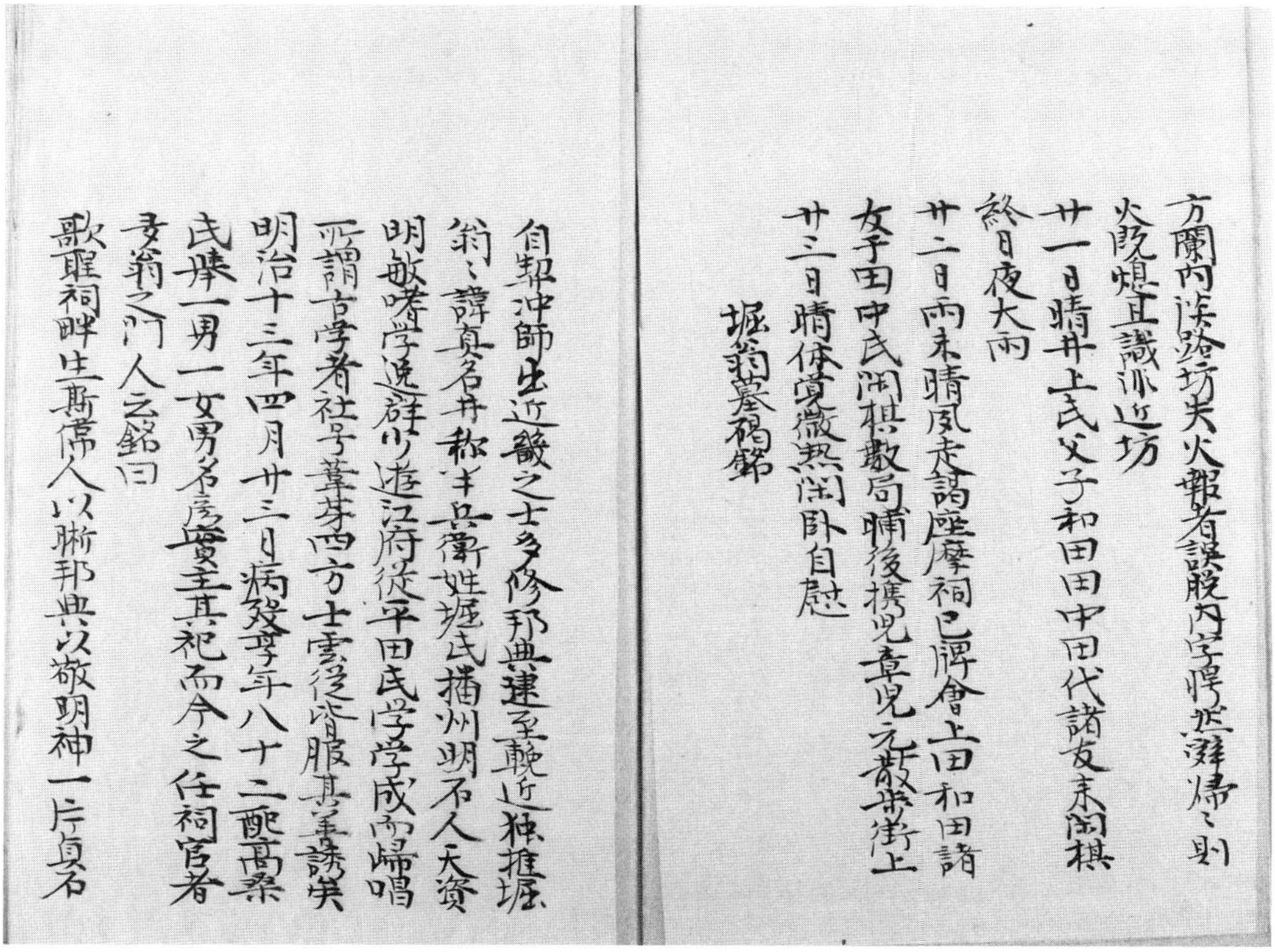

方闌、内淡路坊失火。報者誤脱内字、愕然辞帰、帰則
火既熄、且識非近坊。
廿一日。晴。井上氏父子・和田・田中・田代諸友来、閑棋
終日。夜、大雨。
廿二日。雨未晴。夙走謁座摩祠。巳牌、会上田・和田諸
友于田中氏、閑棋数局。晡後、携児章・児元散歩街上。
廿三日。晴。体覚微熱、閑臥自慰。

堀翁墓碣銘

自契冲師出、近畿之士、多修邦典、逮至輓近、独推堀
翁。翁諱真名井、称半兵衛。姓堀氏、播州明石人。天資
明敏、嗜学逸群。少遊江府、従平田氏学。学成而帰、唱
所謂古学者。社号葦芽。四方士雲従、皆服其善誘矣。
明治十三年四月廿三日病歿、享年八十二。配高桑
氏、挙一男一女。男名彦、実主其祀。而今之任祠官者、
多翁之門人云。銘曰、
歌聖祠畔、生斯偉人。以晰邦典、以敬明神。一片貞石、

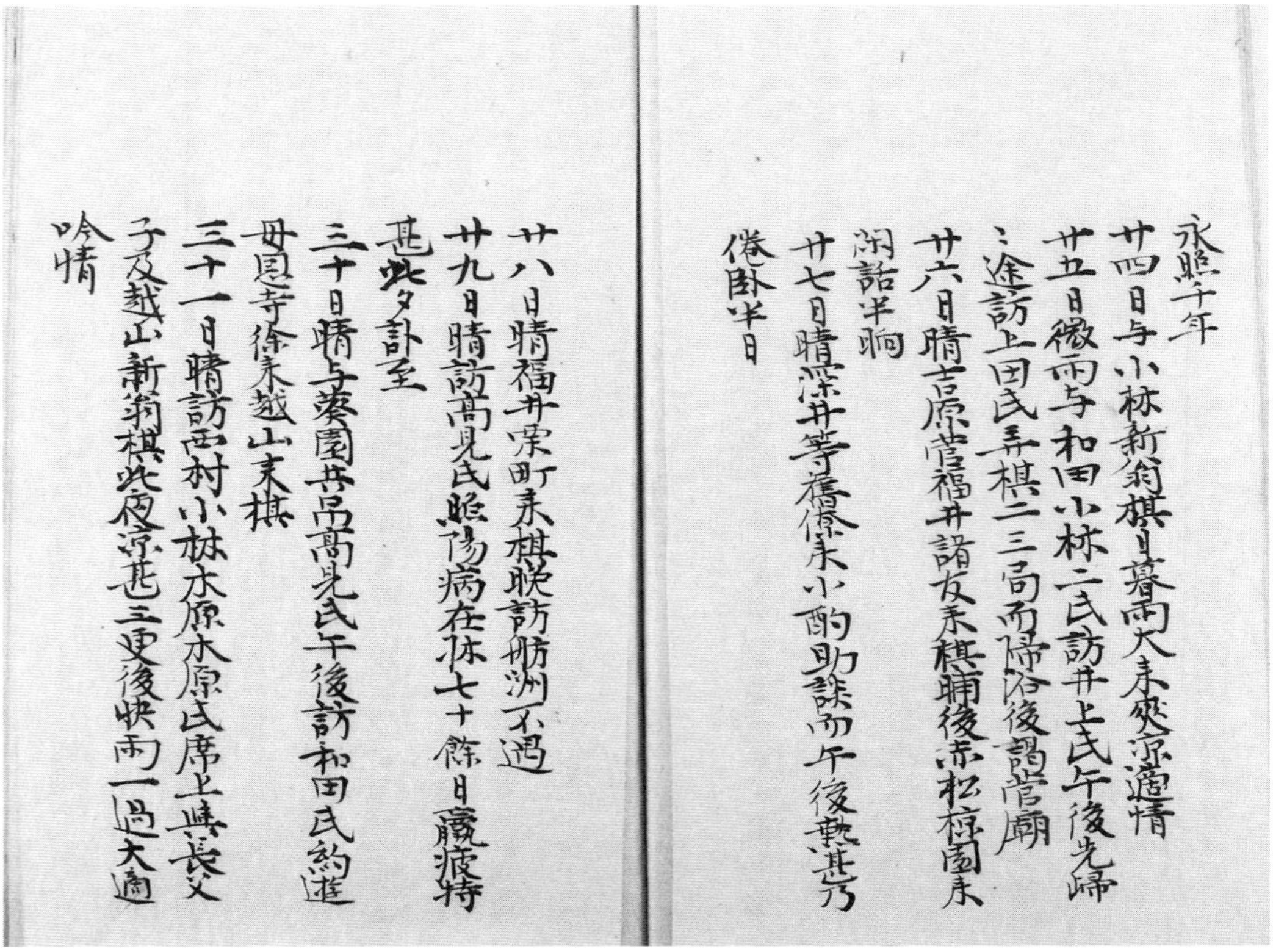

永照千年。
廿四日。与小林新翁棋。日暮、雨大来、爽涼適情。
廿五日。微雨。与和田・小林二氏訪井上氏。午後、先帰。帰途訪上田氏、弄棋二三局而帰。浴後、謁菅廟。
廿六日。晴。吉原・菅・福井諸友来棋。晡後、赤松椋園来、閑話半晌。
廿七日。晴。深井等旧僚来、小酌助談。而午後熱甚、乃倦臥半日。
廿八日。晴。福井・栗町来棋。晩訪舫洲、不遇。
廿九日。晴。訪高見氏。照陽病在床七十餘日、羸疲特甚、此夕訃至。
三十日。晴。与葵園共弔高見氏、午後訪和田氏、約遊母恩寺。徐来・越山来棋。
三十一日。晴。訪西村・小林・木原。木原氏席上、与長父子及越山・新翁棋。此夜涼甚、三更後、快雨一過、大適吟情。

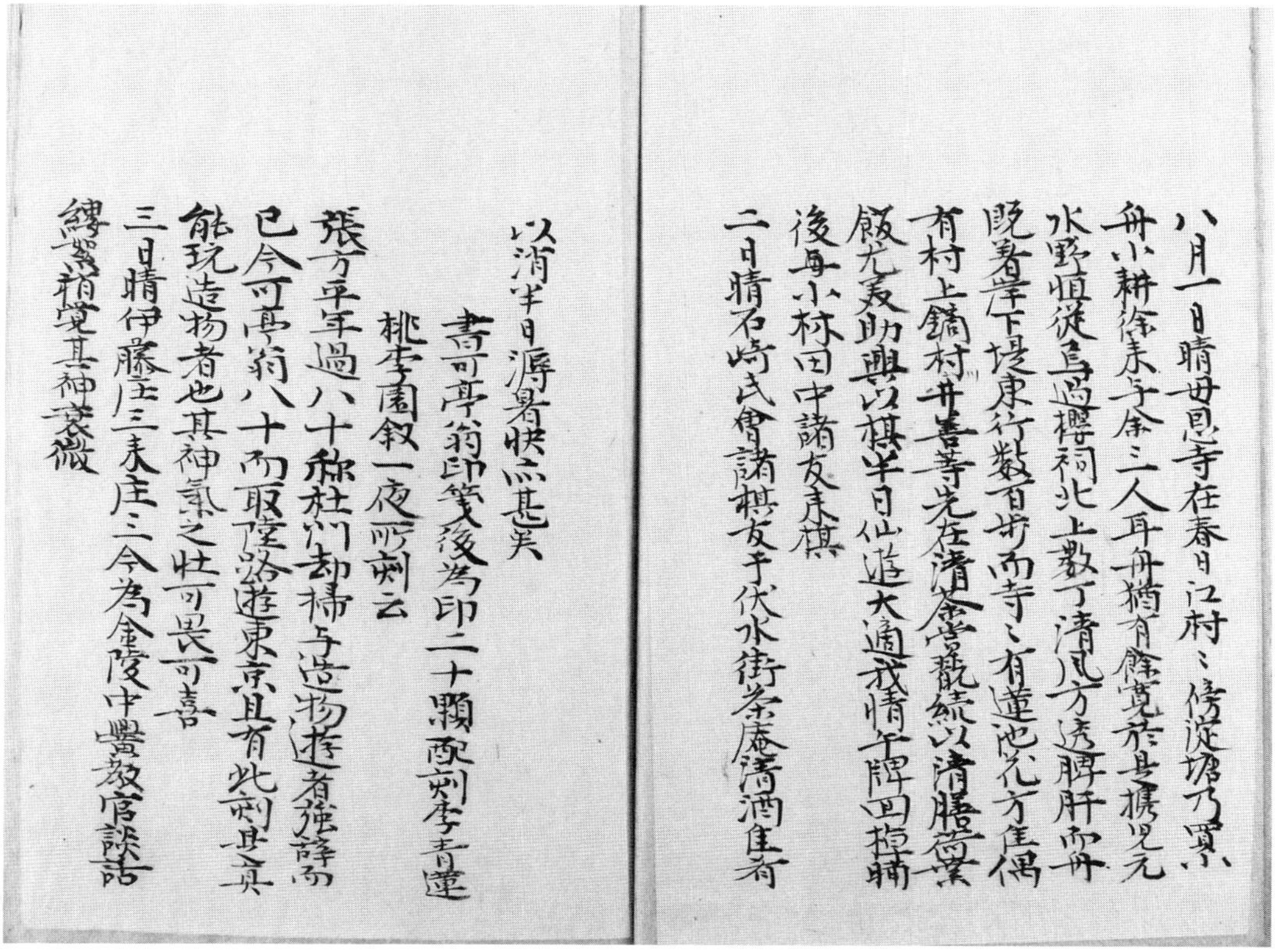

八月、一日。晴。母恩寺在春日江村。村傍淀塘乃買小舟。小耕・徐来与余三人耳。舟猶有餘寛、於是携児元、水野恒従焉。過桜祠、北上数丁、清風方透脾肝、而舟既著岸、下堤東行数百歩而寺。寺有蓮池、花方佳。偶有村上鏑、村川井善等先在。清茶賞翫、続以清膳、荷葉飯尤美。助興以棋、半日仙遊、大適我情。午牌回棹、晡後、小林・田中諸友来棋。

二日。晴。石崎氏会諸棋友于伏水街茶庵。清酒佳肴、以消半日溽暑、快亦甚矣。

　書可亭翁印箋後為印二十顆、配刻李青蓮
　桃李園叙、一夜所刻云

張方平年過八十、称杜門却掃与造物遊者、強辞而已。今可亭翁八十、而取陸路遊東京、且有此刻、是真能玩造物者也。其神気之壮、可畏可喜。

三日。晴。伊藤庄三来。庄三今為金陵中黌教官、談話縷絮、稍覚其神衰微。

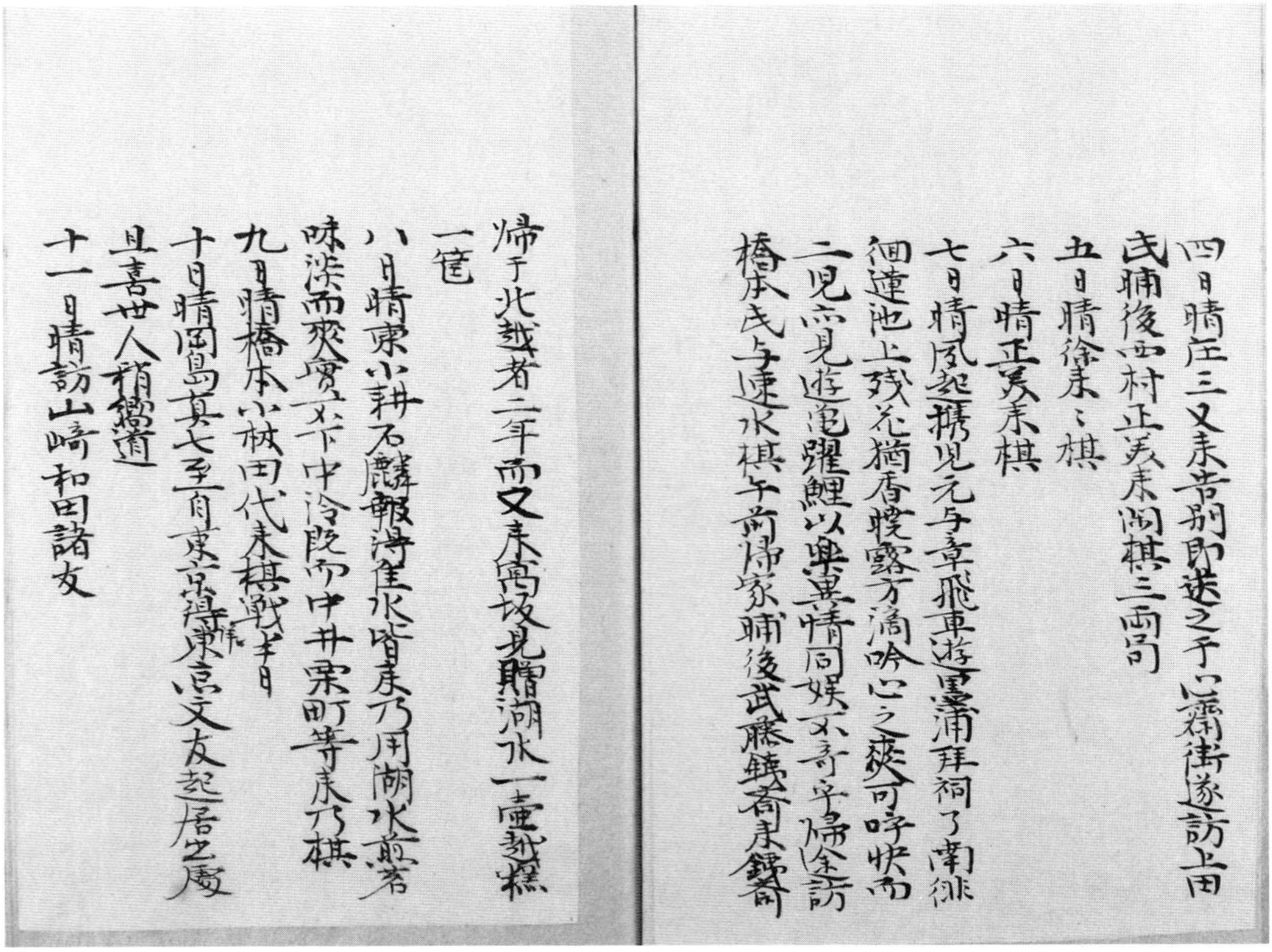

四日。晴。庄三又来告別、即送之于心斎街、遂訪上田氏。晡後、西村正美来、閑棋三両局。
五日。晴。徐来ゝ棋。
六日。晴。正美来棋。
七日。晴。夙起、携児元与章飛車遊墨浦。拝祠了、南徘徊蓮池上、残花猶香、暁露方滴、吟心之爽、可呼快。而二児亦見遊亀躍鯉以楽、異情同娯、不奇乎。帰途訪橋本氏、与速水棋。午前、帰家。晡後、武藤鉄斎来。鉄斎帰于北越者二年、而又来寓坂、見贈湖水一壺、越糕一筐。
八日。晴。東小耕・石麟報得佳水。皆来、乃用湖水煎茗、味淡而爽、実不下中泠。既而中井・栗町等来、乃棋。
九日。晴。橋本・小林・田代来、棋戦半日。
十日。晴。岡島真七至自東京、得詳東京文友起居出処、且喜世人稍嚮道。
十一日。晴。訪山崎・和田諸友。

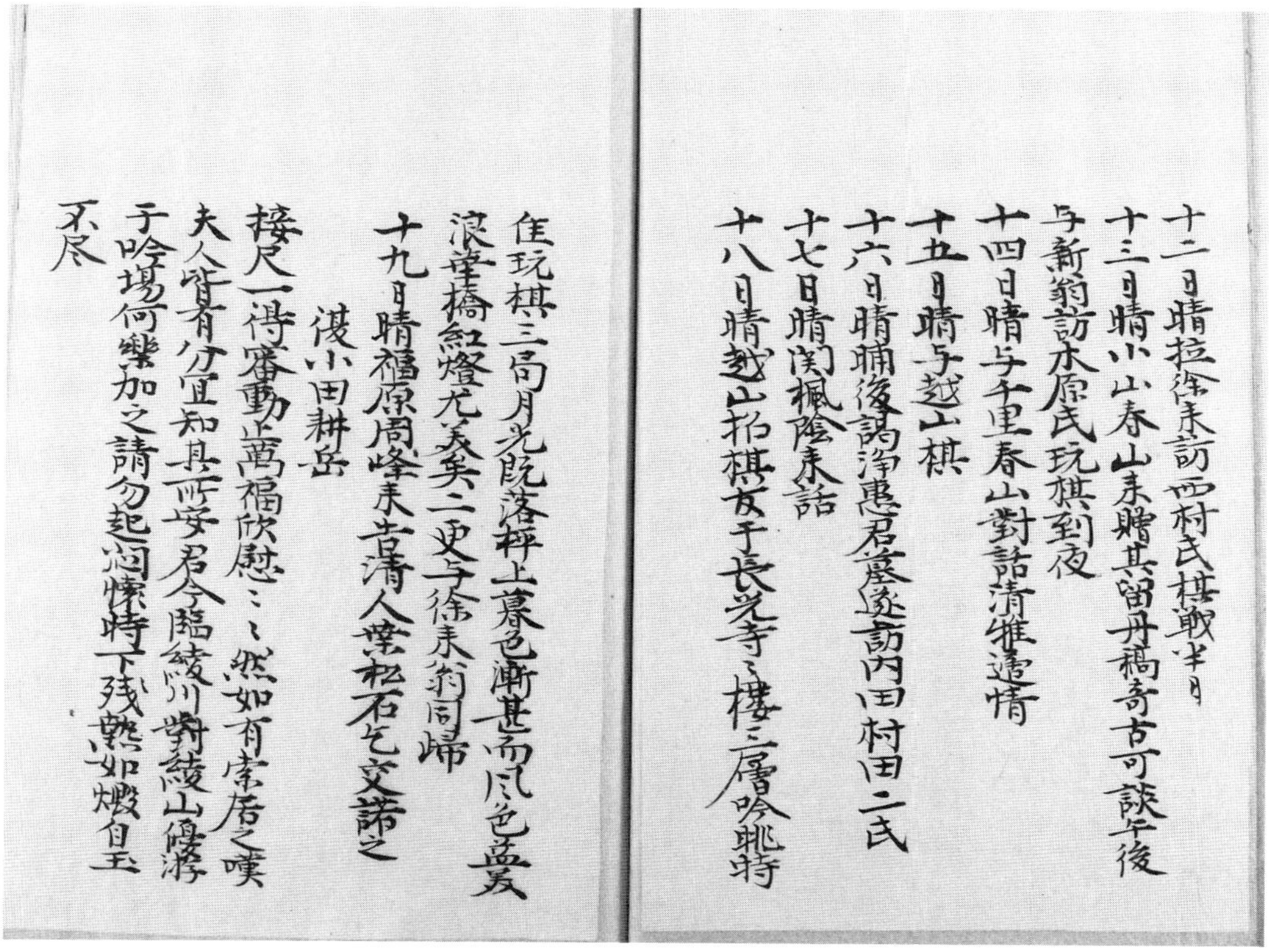

十二日。晴。拉徐来訪西村氏、棋戦半日。
十三日。晴。小山春山来、贈其留丹稿、奇古可談。午後、
与新翁訪木原氏、玩棋到夜。
十四日。晴。与千里・春山対話、清雅適情。
十五日。晴。与越山棋。
十六日。晴。晡後、謁浄恵君墓、遂訪内田・村田二氏。
十七日。晴。関楓陰来話。
十八日。晴。越山招棋友于長光寺。寺楼三層、吟眺特
佳。玩棋三局、月光既落枰上、暮色漸甚而風色益美、
浪華橋紅灯尤美矣。二更、与徐来翁同帰。
十九日。晴。福原周峰来告清人葉松石乞交、諾之。

　復小田耕岳

接尺一、得審動止万福、欣慰ゝゝ。然如有索居之嘆。
夫人皆有分、宜知其所安。君今臨綾川、対綾山、優游
于吟場、何楽加之。請勿起悶懐。時下残熱如燬、自玉。
不尽。

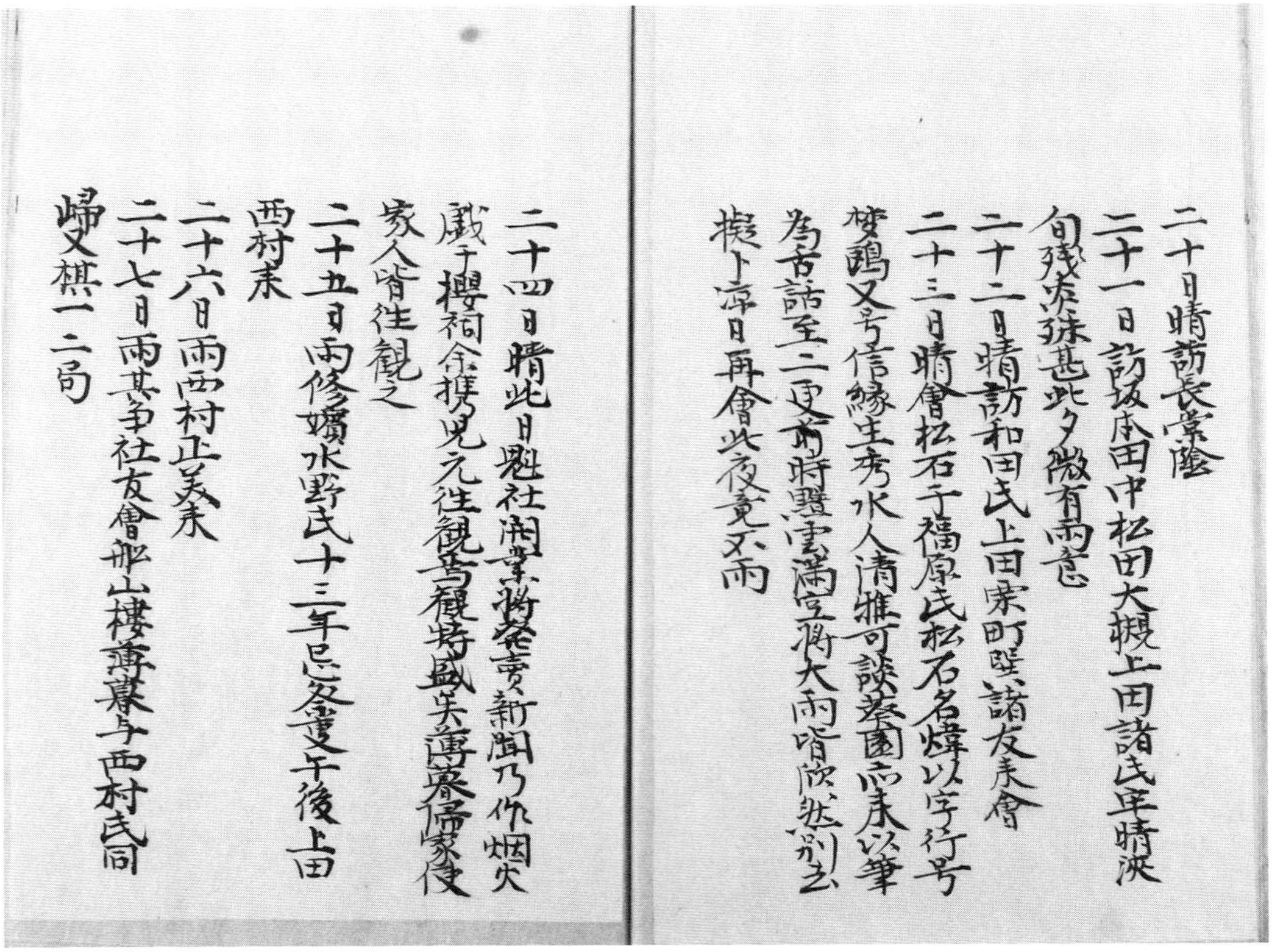

二十日。晴。訪長棠陰。

二十一日。訪坂本・田中・松田・大槻・上田諸氏。牢晴浹旬、残炎殊甚。此夕微有雨意。

二十二日。晴。訪和田氏、上田・栗町・巽諸友来会。

二十三日。晴。会松石于福原氏。松石、名煒、以字行、号夢鷗、又号信縁生、秀水人、清雅可談。葵園亦来、以筆為舌。話至二更時、黯雲満空、将大雨、皆欣然別去、擬卜涼日再会。此夜竟不雨。

二十四日。晴。此日魁社開業、将発売新聞、乃作煙火戯于桜祠。余携児元往観焉、観特盛矣。薄暮、帰家、使家人皆往観之。

二十五日。雨。修嬪水野氏十三年忌祭事。午後、上田・西村来。

二十六日。雨。西村正美来。

二十七日。雨。其争社友会船山楼。薄暮、与西村氏同帰、又棋一二局。

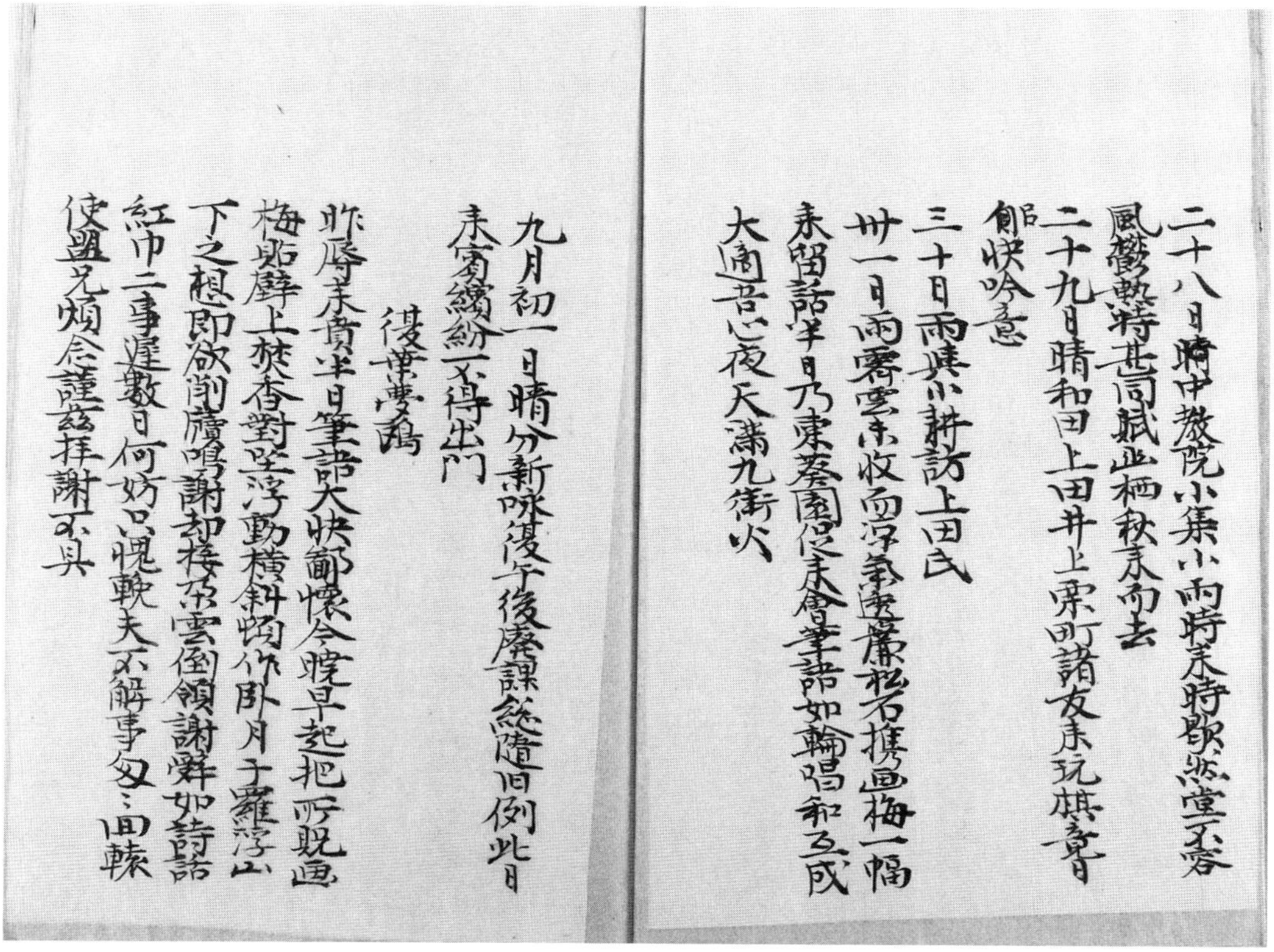

二十八日。中教院小集。小雨時来時歇、然堂不容
風、鬱熱特甚。同賦幽栖秋来而去。
二十九日。晴。和田・上田・井上・栗町諸友来玩棋、竟日
以快吟意。
三十日。雨。与小耕訪上田氏。
卅一日。雨霽、雲未収、而涼気透簾。松石携画梅一幅
来、留話半日。乃東葵園促来会、筆語如輪、唱和互成、
大適吾心。夜、天満九街火。

九月、初一日。晴。分新咏、復午後廃課、総随旧例。此日
来賓繽紛、不得出門。

復葉夢鷗

昨辱来貢、半日筆語、大快鄙懐。今暁早起、把所貺画
梅貼壁上、焚香対坐、浮動横斜、頓作臥月于羅浮山
下之想。即欲削牘鳴謝、却接朶雲、倒領謝辞。如詩話・
紅巾二事、遅数日何妨。只愧輓夫不解事、匆〻回轅、
使盟兄煩念、謹茲拝謝。不具。

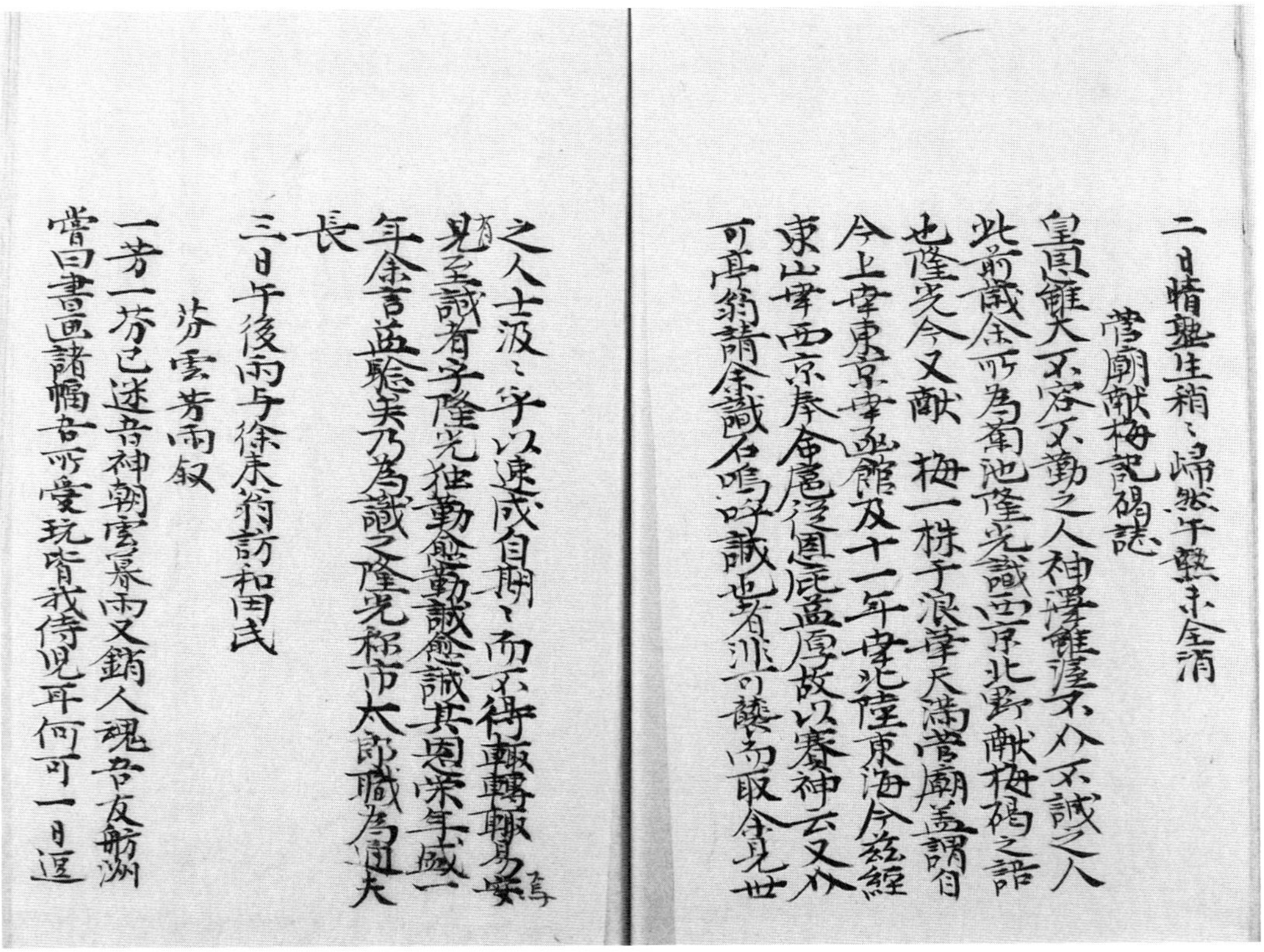

二日。晴。塾生稍〻帰、然午熱未全消。

菅廟献梅記碣誌

皇恩雖大、不容不勤之人、神沢雖渥、不介不誠之人。此前歳余所為菊池隆光識西京北野献梅碣之語也。隆光今又献　梅一株于浪華天満菅廟。蓋謂、自今上幸東京、幸函館、及十一年幸北陸東海、今茲経東山、幸西京。奉命扈従、恩庇益厚、故以賽神云。又介可亭翁請余識石。嗚呼、誠也者非可襲而取。余見世之人士、汲〻乎以速成自期、期而不得、輙転輙易、焉有至誠者乎。隆光独勤愈勤、誠愈誠、其恩栄年盛一年、余言益験矣。乃為識之。隆光称市太郎、職為通夫長。

三日。午後、雨。与徐来翁訪和田氏。

芬雲芳雨叙

一芳一芬、已迷吾神、朝雲暮雨、又銷人魂。吾友舫洲嘗曰、書画諸幅、吾所愛玩、皆我侍児耳。何可一日逗

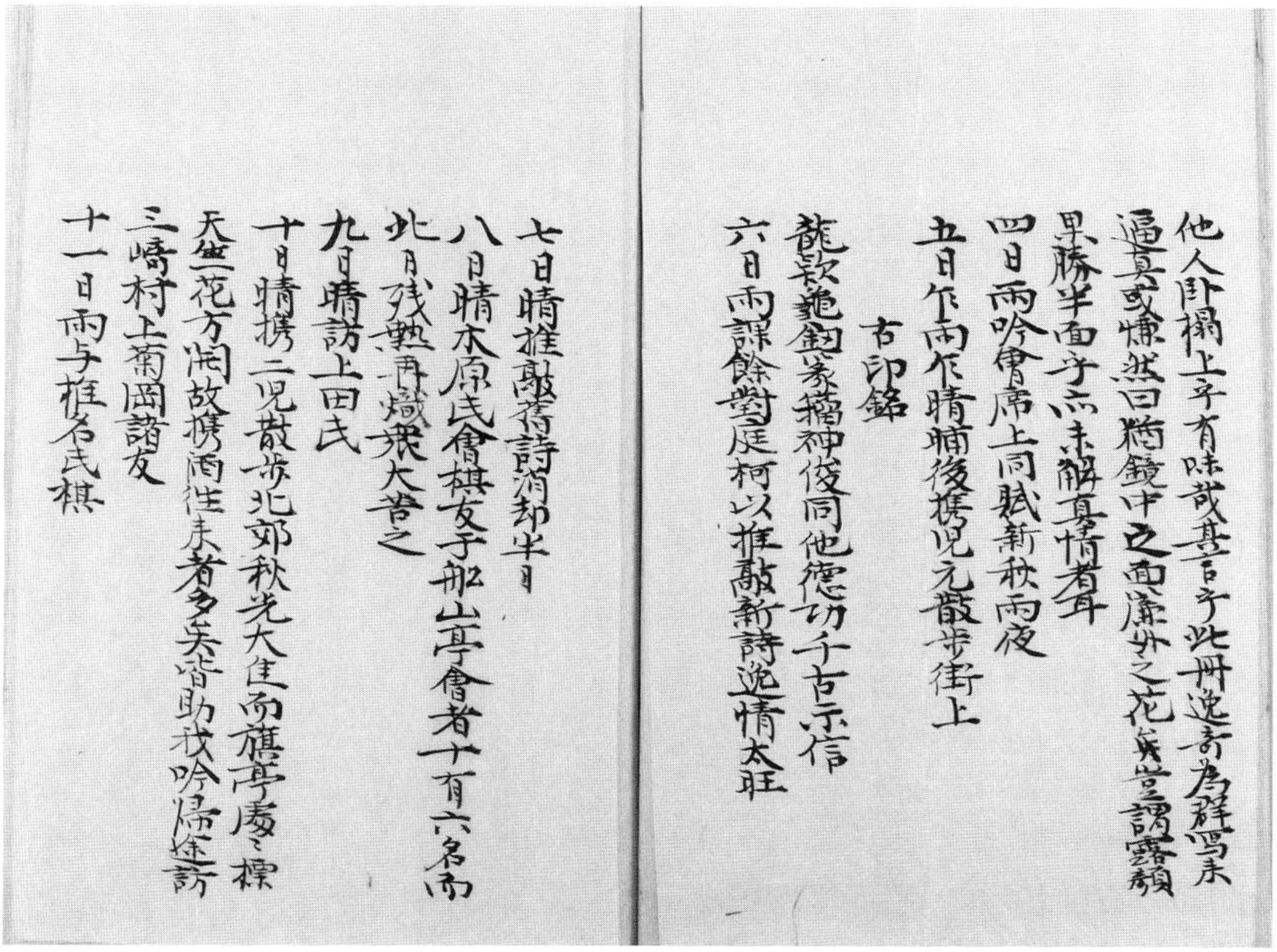

他人臥榻上乎。有味哉、其言乎。此冊逸奇為群、写来逼真、或慊然曰、猶鏡中之面、簾外之花、豈謂露顔果勝半面乎、亦未解真情者耳。
四日。雨。吟会。席上同賦新秋雨夜。
五日。午雨午晴。晡後、携児元散歩街上。

古印銘

龍款亀鈕、篆籀神俊。同他徳功、千古示信。
六日。雨。課餘、対庭柯以推敲新詩、逸情太旺。
七日。晴。推敲旧詩、消却半日。
八日。晴。木原氏会棋友于船山亭。会者十有六名、而此日残熱再熾、衆大苦之。
九日。晴。訪上田氏。
十日。晴。携二児散歩北郊、秋光大佳、而旗亭処ゝ標、天竺花方開、故携酒往来者多矣、皆助我吟。帰途、訪三崎・村上・菊岡諸友。
十一日。雨。与椎名氏棋。

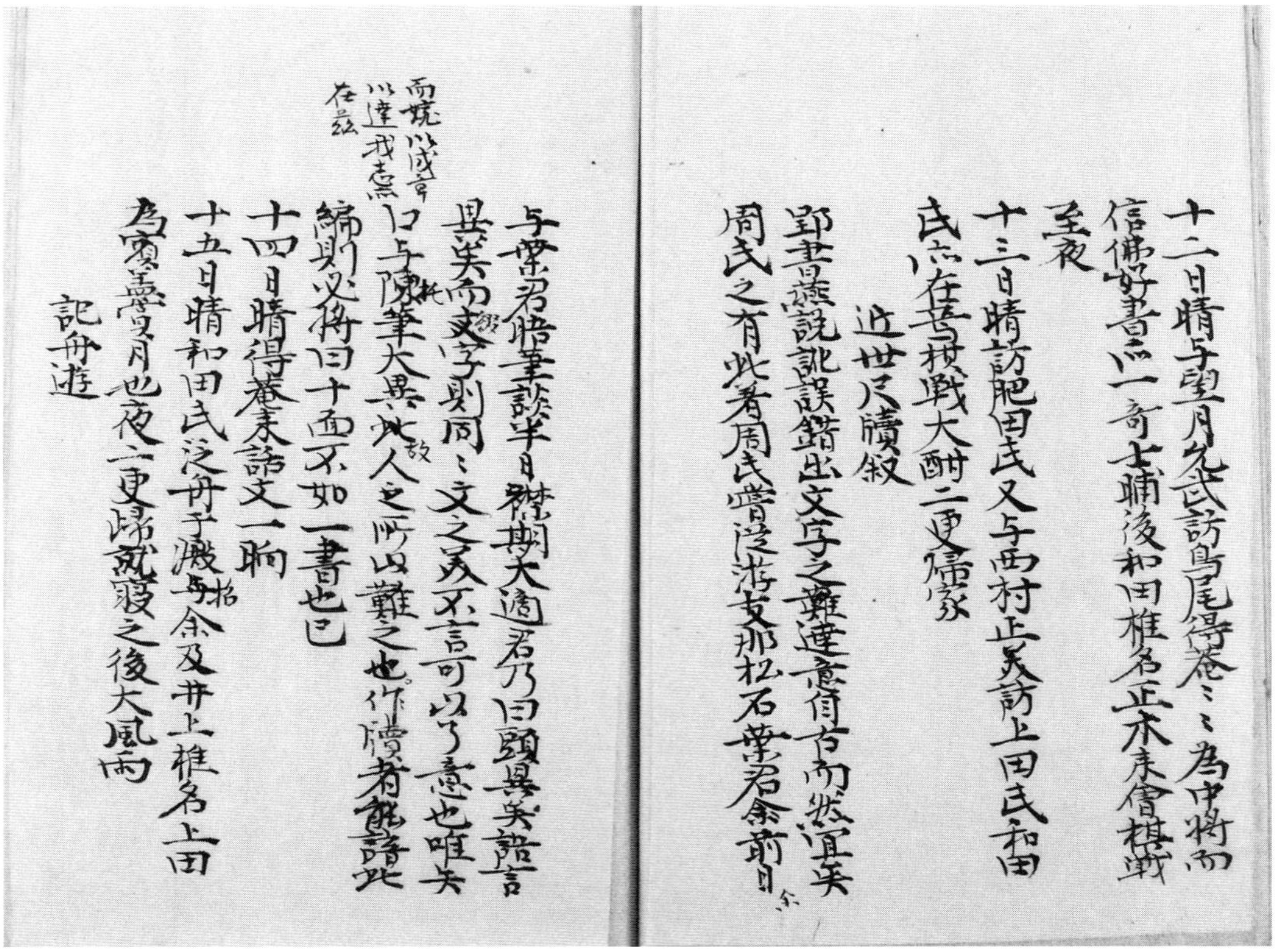

十二日。晴。与望月允武訪鳥尾得菴。得菴為中将、而信仏好書、亦一奇士。晡後、和田・椎名・正木来会、棋戦至夜。

十三日。晴。訪肥田氏。又与西村正美訪上田氏、和田氏亦在焉、棋戦大酣。二更、帰家。

近世尺牘叙

郢書燕説、訛誤錯出、文字之難達意、自古而然。宜矣、周氏之有此著。周氏嘗従游支那松石葉君、前日余与葉君晤、筆談半日、襟期大適。君乃曰、頭異矣、語言異矣、而綴字則同、同文之美、不言可以了意也。唯矢口与托筆大異、故人難之。而婉以成章以達我志、亦在茲。作牘者能諳此編、則必将曰、十面不如一書也已。

十四日。晴。得菴来、話文一晌。

十五日。晴。和田氏泛舟于澱、招余及井上・椎名・上田為賓、蓋賞月也。夜二更、帰。就寝之後、大風雨。

記舟遊

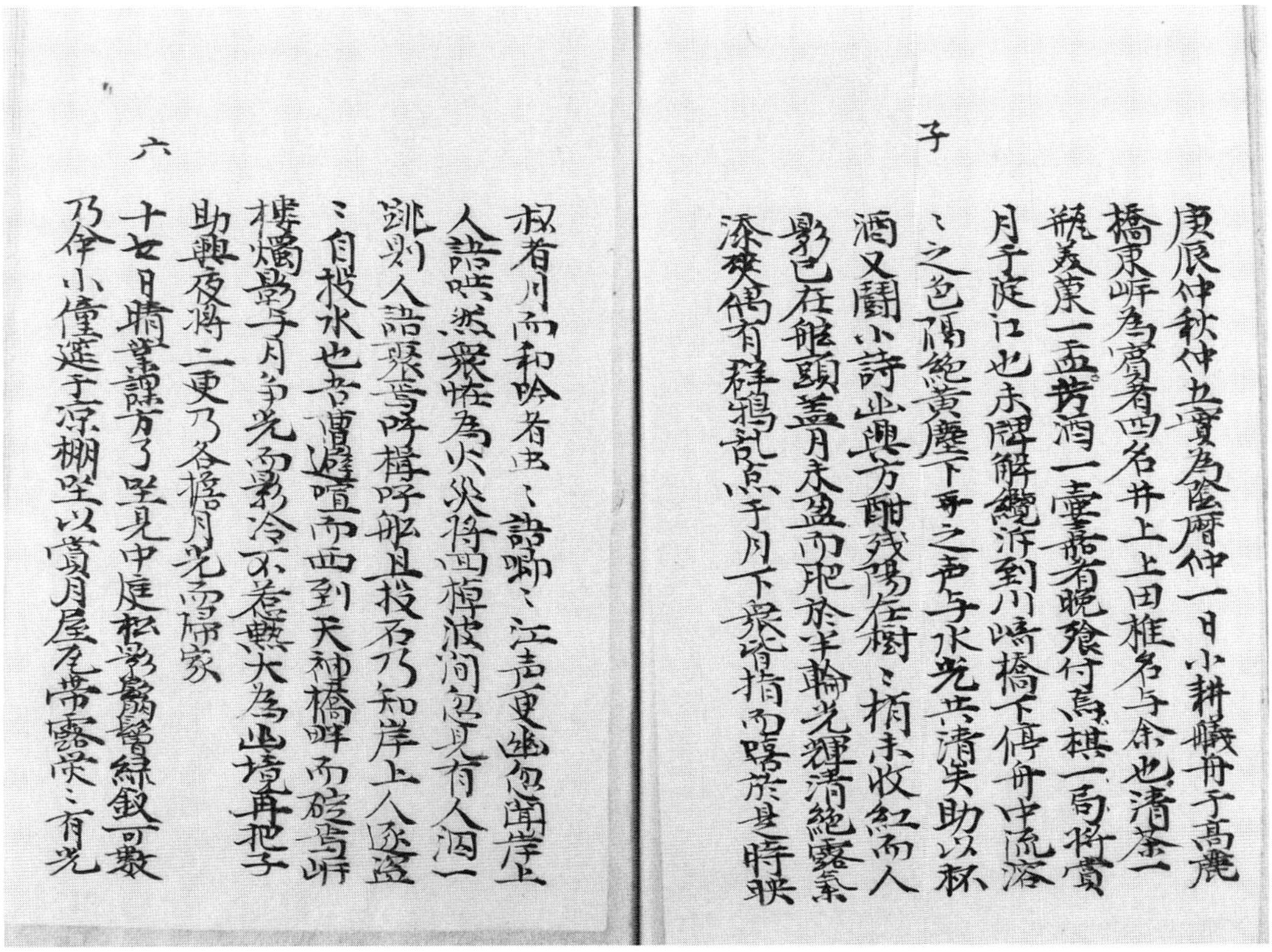

庚辰仲秋仲五、実為陰暦仲一日、小耕艤舟于高麗橋東岸。為賓者四名、井上・上田・椎名与余也。清茶一瓶、美菓一盂、芳酒一壷、嘉肴晩飧付焉。棋一局、将賞月于淀江也。未牌、解纜泝到川崎、橋下停舟。中流溶ゝ之色、隔絶黄塵、下子之声与水光共清矣。助以杯酒、又闘小詩、幽興方酣、残陽在樹、樹梢未收紅、而人影已在舷頭。蓋月未盈而肥於半輪。光輝清絶、露気添爽。偶有群鴉乱点于月下、衆皆指而嘻。於是時映杯者月、而和吟者虫、虫語唧ゝ、江声更幽。忽聞岸上人語哄然、衆怪為火災、将回棹、波間忽見有人泅一跳、則人語聚焉、呼楫呼船且投石、乃知岸上人逐盗、盗自投水也。吾曹避喧、而西到天神橋畔而碇焉。岸楼独影与月争光、而影冷不惹熱、大為幽境、再把子助興。夜将二更、乃各担月光而帰家。

十六日。晴。業課方了、坐見中庭、松影翩翾、緑釵可数、乃命小僮筵于涼棚、坐以賞月、屋瓦帯露、熒ゝ有光。

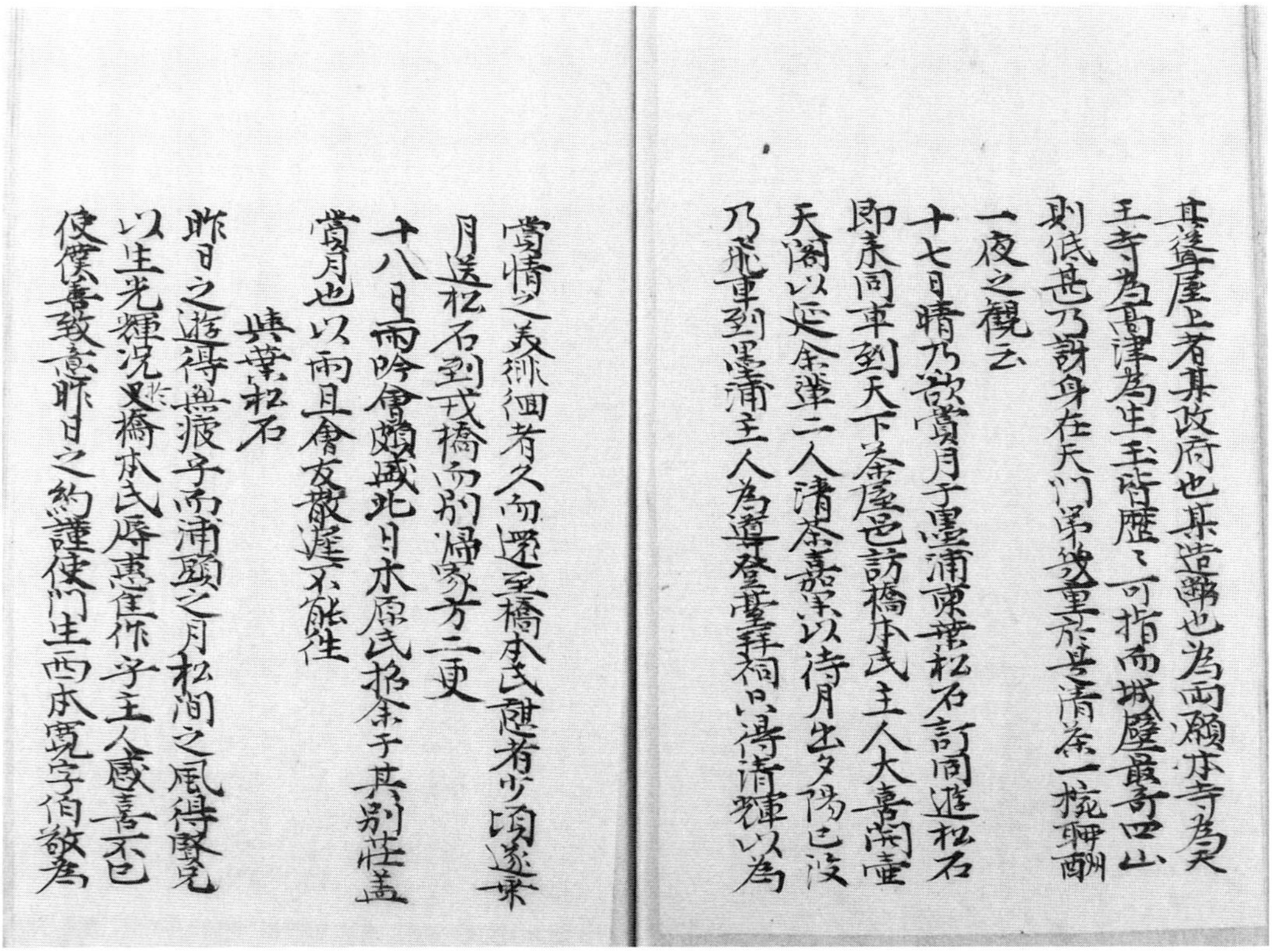

其聳屋上者、某政府也、某造幣也、為両本願寺、為天
王寺、為高津、為生玉、皆歴ゝ可指。而城壁最奇、四山
則低甚、乃訝身在天門第幾重。於是清茶一椀、聊酬
一夜之観云。
十七日。晴。乃欲賞月于墨浦、柬葉松石訂同遊。松石
即来、同車到天下茶屋邑、訪橋本氏。主人大喜、開壷
天閣以延余輩二人。清茶嘉果、以待月出。夕陽已没、
乃飛車到墨浦。主人為導、登臺拝祠、只得清輝、以為
賞情之美、徘徊者久。而還至橋本氏、憩者少頃、遂乗
月送松石到戎橋而別。帰家方二更。
十八日。雨。吟会頗盛。此日木原氏招余于其別荘、蓋
賞月也。以雨且会友散遅、不能往。

与葉松石

昨日之遊、得無疲乎。而浦頭之月、松間之風、得賢兄
以生光輝、況於橋本氏辱恵佳作乎。主人感喜不已、
使僕善致意。昨日之約、謹使門生西本寛字伯敬為

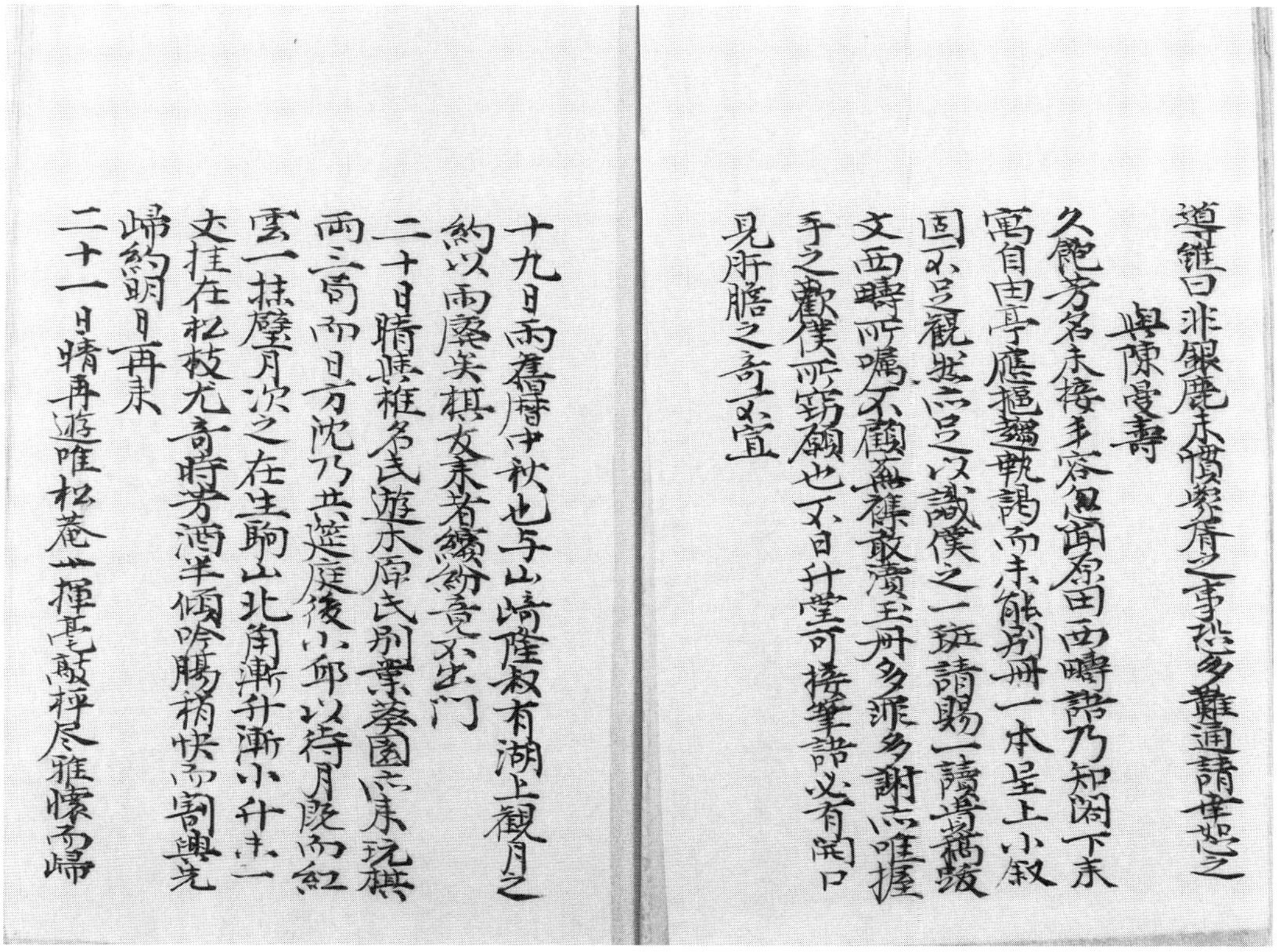

導、雖曰非銀鹿、未慣象胥之事、恐多難通、請幸恕之。

与陳曼寿

久飽芳名、未接丰容、忽聞原田西疇語、乃知閣下来寓自由亭、応摳趨執謁而未能。別冊一本呈上。小叙固不足観、然亦足以識僕之一斑、請賜一読。貴稿跋文、西疇所嘱、不顧蕪雑、敢瀆玉冊、多罪多謝。亦唯握手之歓、僕所窃願也。不日升堂可接筆語、必有開口見肝胆之奇。不宣。

十九日。雨。旧暦中秋也。与山崎隆叔有湖上観月之約、以雨廃矣。棋友来者繽紛、竟不出門。

二十日。晴。与椎名氏遊木原氏別業。葵園亦来、玩棋両三局而日方沈、乃共筵庭後小邱以待月。既而紅雲一抹、璧月次之、在生駒山北角、漸升漸小、升未一丈、挂在松枝、尤奇。時芳酒半傾、吟腸稍快、而割輿先帰、約明日再来。

二十一日。晴。再遊唯松菴、揮毫敲枰、尽雅懐而帰。

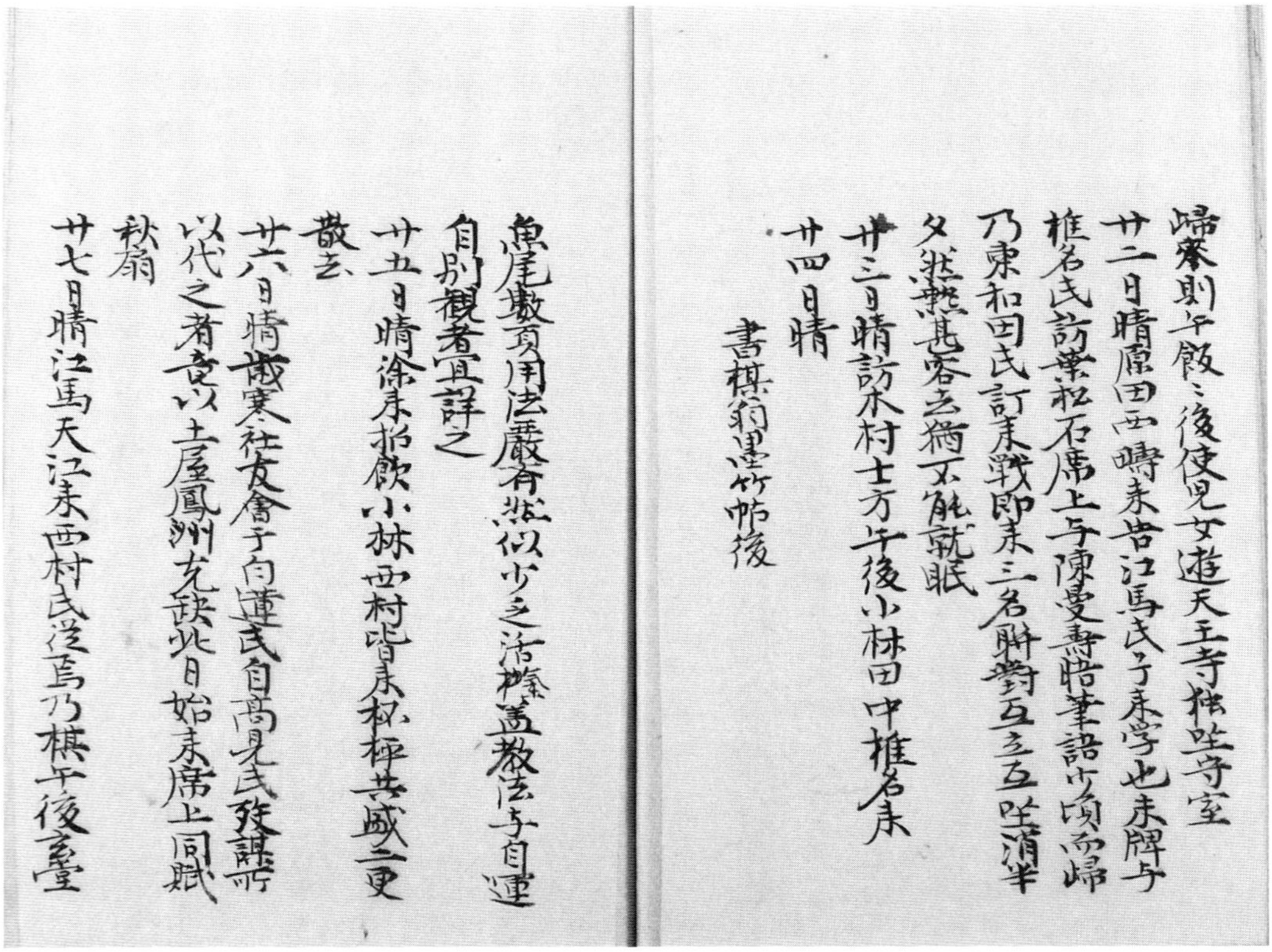

帰則午飯、飯後使児女遊天王寺、独坐守室。
廿二日。晴。原田西疇来告江馬氏子来学也。未牌、与椎名氏訪葉松石、席上与陳曼寿晤、筆語少頃而帰。乃東和田氏訂来戦、即来、三名聯対、互立互坐、消半夕。然熱甚、客去猶不能就眠。
廿三日。晴。訪木村士方。午後、小林・田中・椎名来。
廿四日。晴。

書梅翁墨竹帖後

魚尾数頁、用法厳斉、然似少乏活気、蓋教法与自運自別、観者宜詳之。
廿五日。晴。徐来招飲。小林・西村皆来、杯枰共盛。二更散去。
廿六日。晴。歳寒社友会于白蓮氏。自高見氏歿、謀所以代之者、竟以土屋鳳洲充缺。此日始来、席上同賦秋扇。
廿七日。晴。江馬天江来、西村氏従焉、乃棋。午後、玄堂

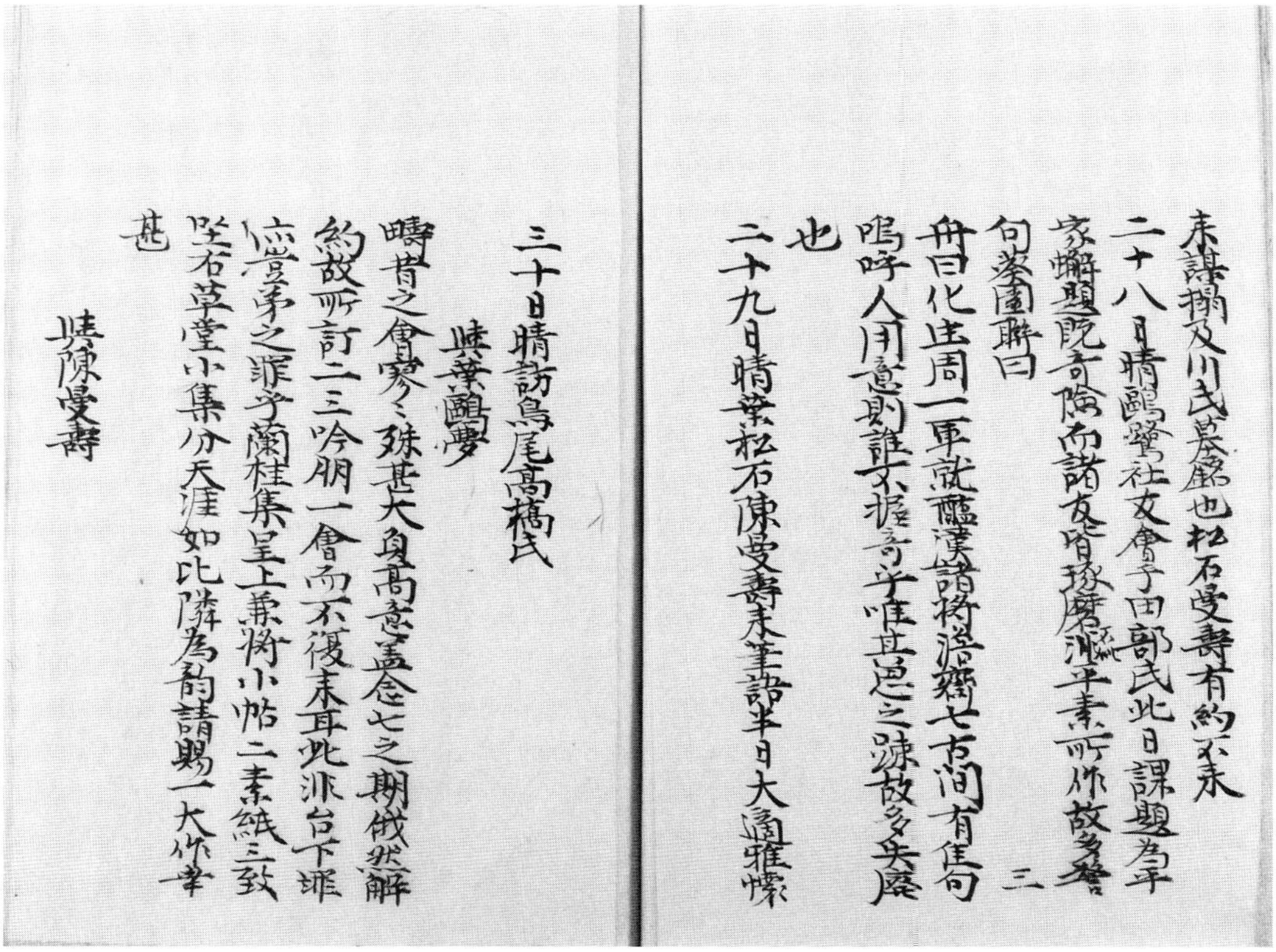

来謀揚及川氏墓銘也。松石・曼寿有約、不来。
二十八日。晴。鷗鷺社友会于田部氏。此日課題為平
家蝌。題既奇険、而諸友皆琢磨、不似平素所作、故多警
句。葵園聯曰、　　　三
舟曰、化虫周一軍、就醢漢諸将。澹斎七古間有佳句。
嗚呼、人用意則誰不握奇乎。唯其思之疎、故多失廃
也。
二十九日。晴。葉松石・陳曼寿来、筆語半日、大適雅懐。

三十日。晴。訪鳥尾・高橋氏。

与葉鷗夢

疇昔之会、寥々殊甚、大負高意。蓋念七之期、俄然解
約、故所訂二三吟朋一会而不復来耳。此非台下罪、
亦豈弟之罪乎。蘭桂集呈上、兼将小帖二・素紙三致
坐右。草堂小集、分天涯如比隣為韻、請賜一大作、幸
甚。

与陳曼寿

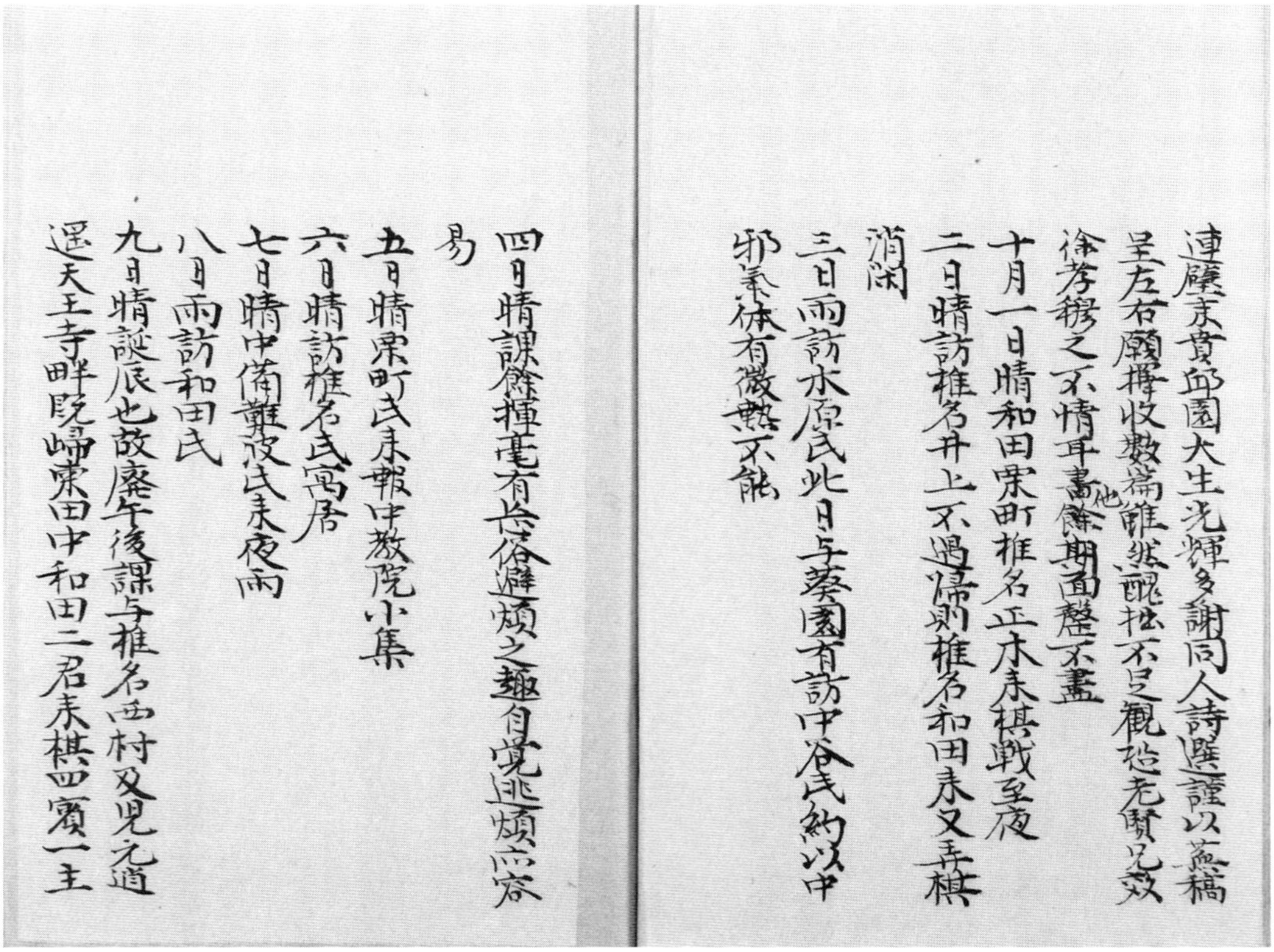

連璧来賁、邱園大生光輝、多謝同人詩選、謹以蕪稿
呈左右、願択收数篇。雖然、醜拙不足観、恐老賢兄効
徐孝穆之不情耳。他期面罄。不盡。
十月、一日。晴。和田・栗町・椎名・正木来、棋戦至夜。
二日。晴。訪椎名・井上、不遇。帰則椎名・和田来、又弄棋
消閑。
三日。雨。訪木原氏。此日与葵園有訪中谷氏約、以中
邪気、体有微熱、不能。
四日。晴。課餘揮毫、有忘俗避煩之趣、自覚逃煩亦容
易。
五日。晴。栗町氏来報中教院小集。
六日。晴。訪椎名氏寓居。
七日。晴。中備難波氏来。夜、雨。
八日。雨。訪和田氏。
九日。晴。誕辰也。故廃午後課、与椎名・西村及児元迪
遥天王寺畔。既帰、東田中・和田二君来棋、四賓一主、

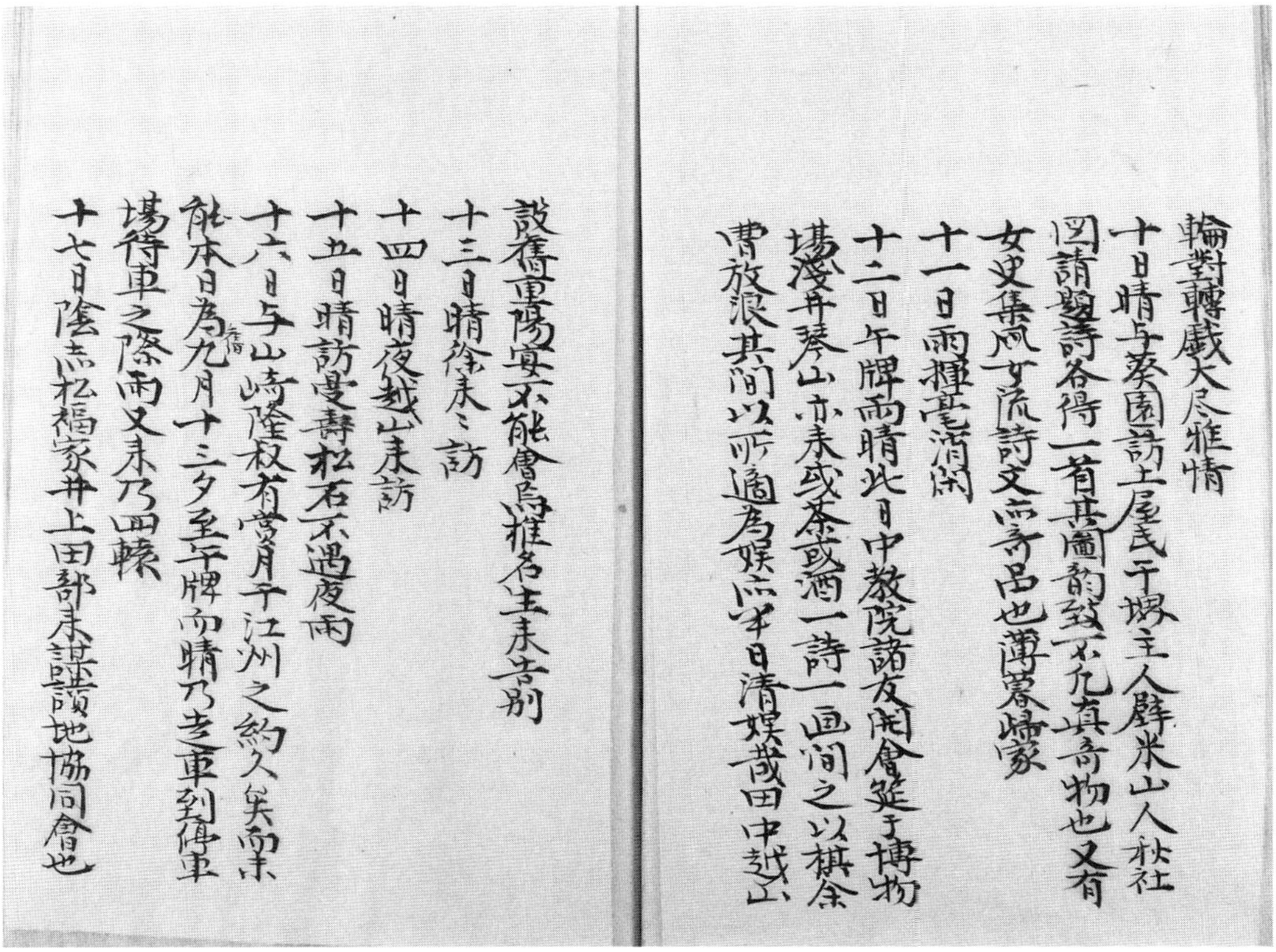

輪対転戯、大尽雅情。
十日。晴。与葵園訪土屋氏于堺。主人壁米山人秋社図、請題詩、各得一首。其図韻致不凡、真奇物也。又有女史集、女流詩文亦奇品也。薄暮、帰家。
十一日。雨。揮毫消閑。
十二日。午牌、雨晴。此日中教院諸友開会筵于博物場。浅井琴山亦来、或茶或酒、一詩一画、間之以棋。余曹放浪其間、以所適為娯、亦半日清娯哉。田中越山設旧重陽宴、不能会焉。椎名生来告別。
十三日。晴。徐来ゝ訪。
十四日。晴。夜、越山来訪。
十五日。晴。訪曼寿・松石、不遇。夜、雨。
十六日。与山崎隆叔有賞月于江州之約久矣、而未能。本日為旧九月十三、夕至午牌而晴、乃走車到停車場。待車之際、雨又来、乃回轅。
十七日。陰。赤松・福家・井上・田部来、謀讃地協同会也。

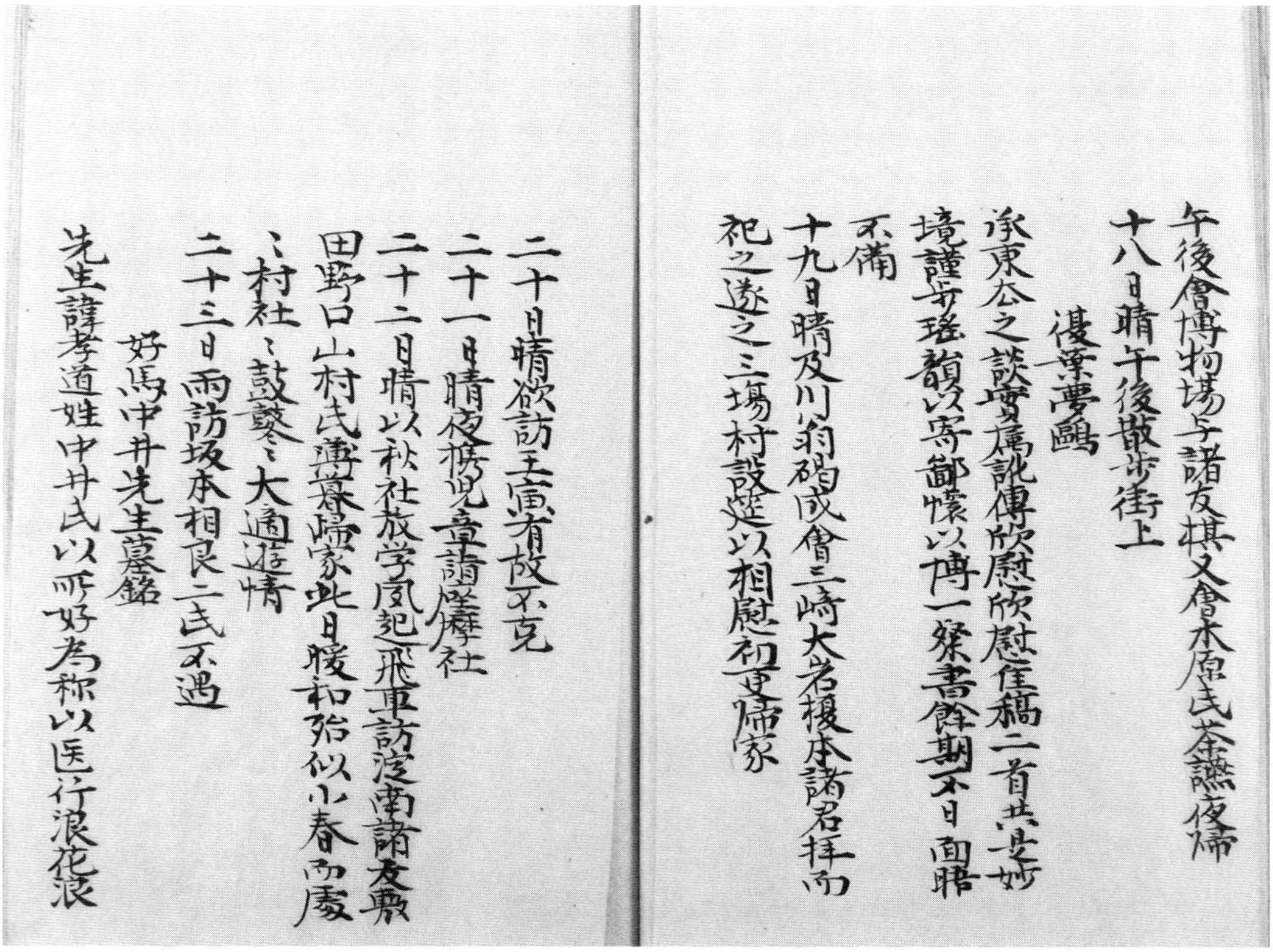

午後、会博物場、与諸友棋、又会木原氏茶讌。夜帰。
十八日。晴。午後、散歩街上。

　　復葉夢鷗

承東去之談、実属訛伝、欣慰、欣慰。佳稿二首、共是妙境、謹歩瑶韻、以寄鄙懐、以博一粲。書餘期不日面晤。不備。

十九日。晴。及川翁碣成、会三崎・大岩・榎本諸君、拝而祀之、遂之三場村設筵以相慰。初更、帰家。
二十日。晴。欲訪王寅、有故不克。
二十一日。晴。夜携児章詣座摩社。
二十二日。晴。以秋社放学、夙起、飛車訪淀南諸友、敷田・野口・山村氏。薄暮、帰家。此日暖和、殆似小春、而処ゝ村社、社鼓鼕ゝ、大適遊情。
二十三日。雨。訪坂本・相良二氏、不遇。

　　好馬中井先生墓銘

先生諱孝道、姓中井氏、以所好為称。以医行浪花。浪

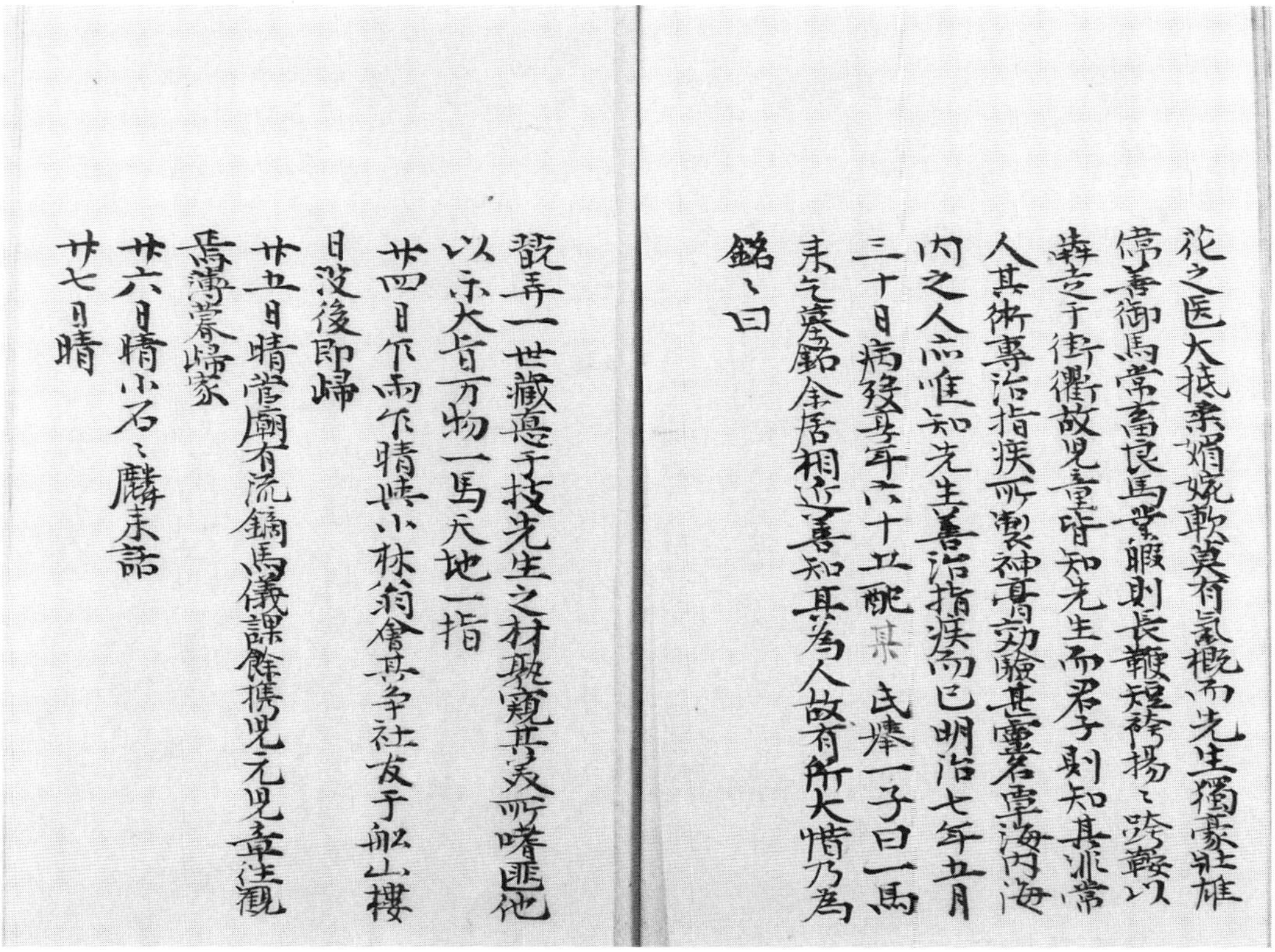

花之医、大抵柔媚婉軟、莫有気概、而先生独豪壮雄
偉、善御馬、常畜良馬、業暇則長鞭短袴、揚ゝ跨鞍、以
奔走于街衢、故児童皆知先生。而君子則知其非常
人、其術専治指疾、所製神膏効験甚霊、名覃海内、海
内之人亦唯知先生善治指疾而已。明治七年五月
三十日病歿、享年六十五、配某氏、挙一子、曰一馬、
来乞墓銘。余居相近、善知其為人、故有所大惜、乃為
銘。銘曰、
翫弄一世、蔵徳于技。先生之材、孰窺其美。所嗜匪他、
以示大旨。万物一馬、天地一指。
廿四日。午雨午晴。与小林翁会其争社友于船山楼、
日没後即帰。
廿五日。晴。菅廟有流鏑馬儀。課餘携児元・児章往観
焉。薄暮、帰家。
廿六日。晴。小石ゝ麟来話。
廿七日。晴。

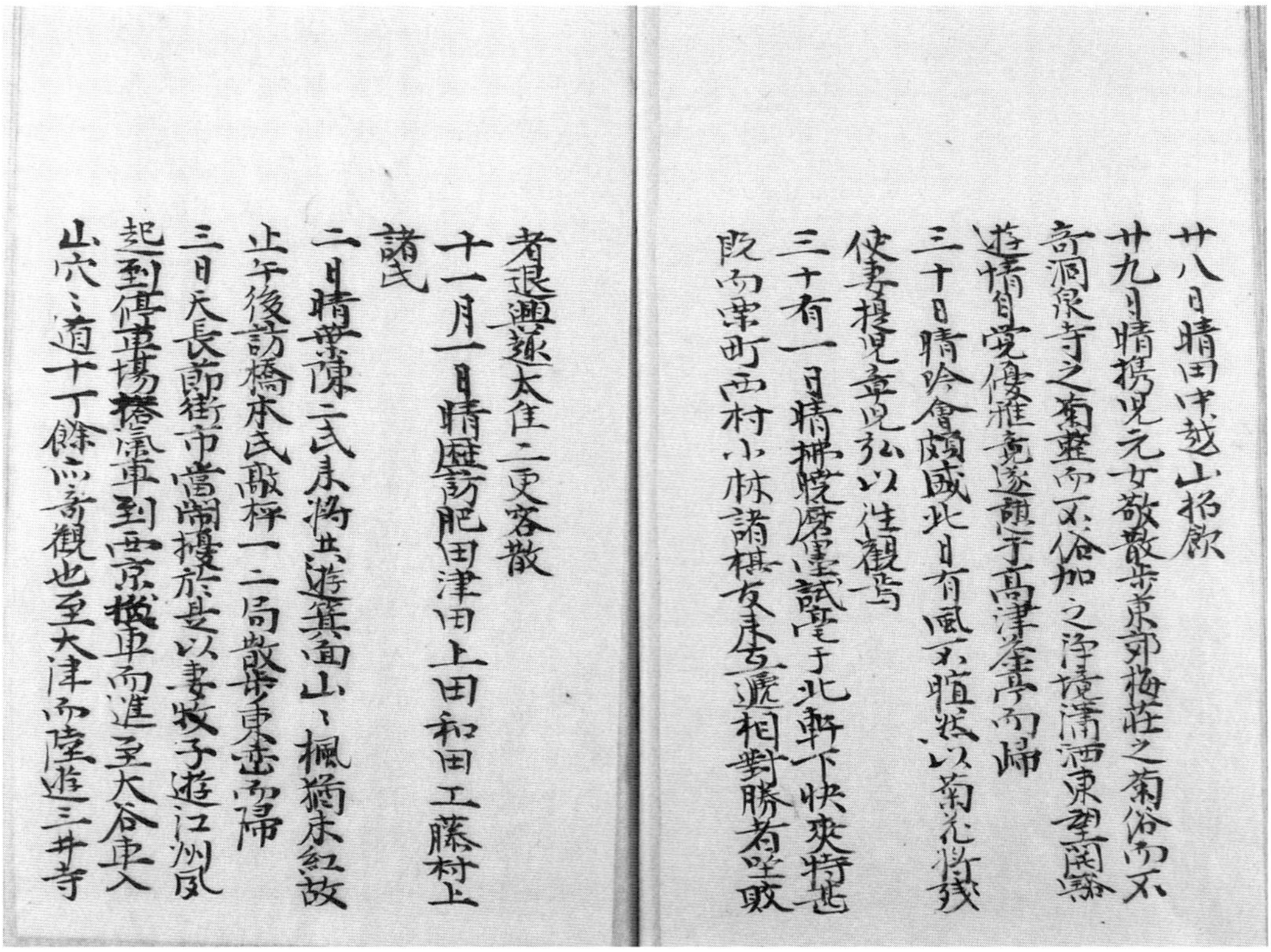

廿八日。晴。田中越山招飲。
廿九日。晴。携児元・女敬散歩東郊。梅荘之菊、俗而不奇、洞泉寺之菊、整而不俗、加之浄境瀟洒、東望開豁、遊情自覚優雅、遂憩于高津茶亭而帰。
三十日。晴。吟会頗盛。此日有風不暄、然以菊花将残、使妻提児章・児弘以往観焉。
三十有一日。晴。払暁磨墨、試毫于北軒下、快爽特甚。既而栗町・西村・小林諸棋友来、互遞相対、勝者坐、敗者退、興趣太佳。二更、客散。
十一月、一日。晴。歴訪肥田・津田・上田・和田・工藤・村上諸氏。
二日。晴。葉、陳二氏来、将共遊箕面山。山楓猶未紅、故止。午後、訪橋本氏、敲枰一二局、散歩東巒而帰。
三日。天長節。街市当閙擾、於是以妻子遊江州。夙起、到停車場、搭瀛車到西京、換車而進至大谷、車入山穴、穴道十丁餘、亦奇観也。至大津、而陸遊三井寺、

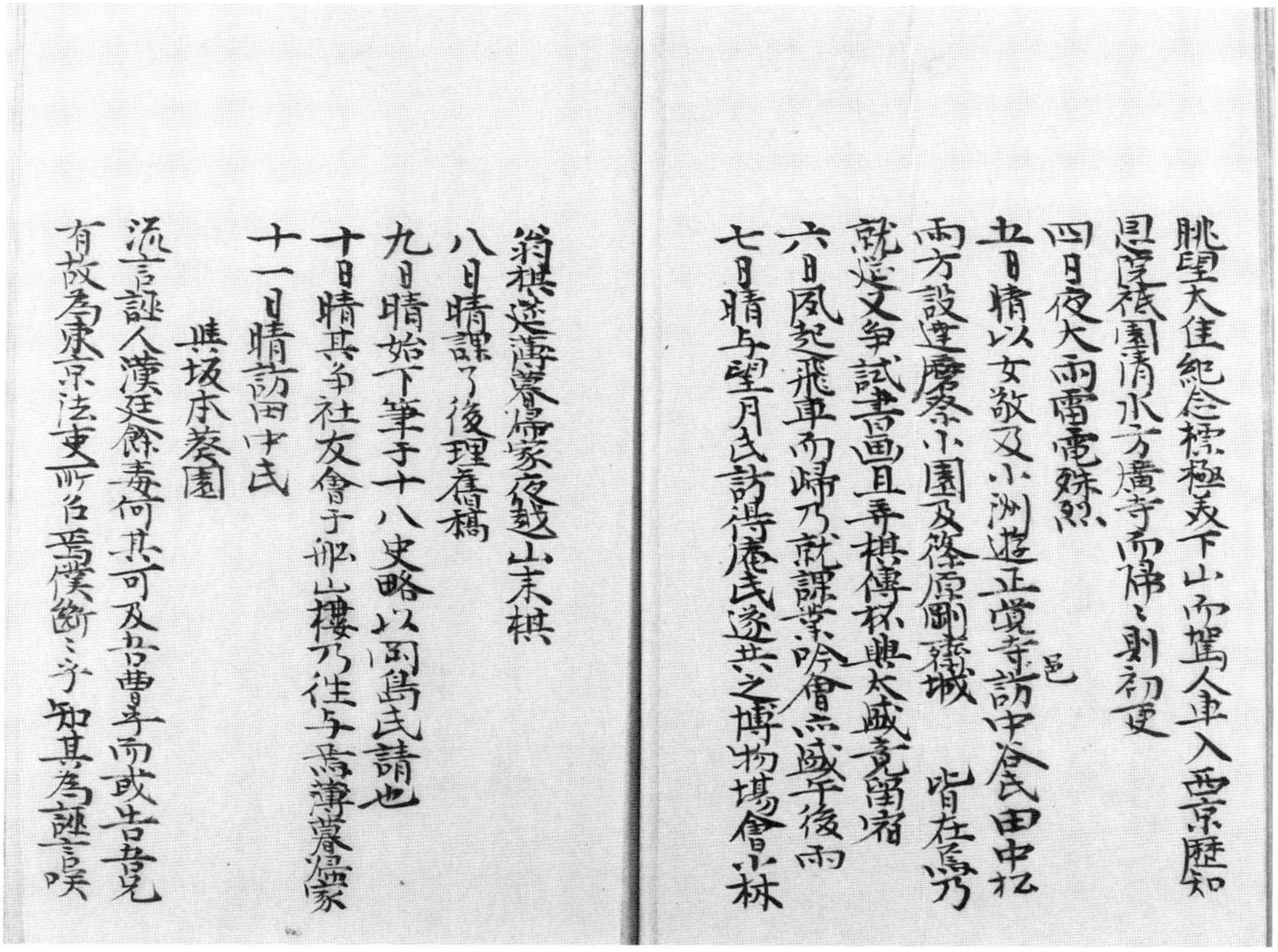

眺望太佳、紀念標極美。下山而駕人車入西京、歴知
恩院・祇園・清水・方広寺而帰。帰則初更。
四日。夜。大雨、雷電殊烈。
五日。晴。以女敬及小洲遊正覚寺邑、訪中谷氏。田中松
雨方設達磨祭、小園及篠原剛斎、城　皆在焉。乃
就筵、又争試書画、且弄棋伝杯、興太盛、竟留宿。
六日。夙起、飛車而帰、乃就課業、吟会亦盛。午後、雨。
七日。晴。与望月氏訪得庵氏、遂共之博物場、会小林
翁棋筵。薄暮、帰家。夜、越山来棋。
八日。晴。課了後、理旧稿。
九日。晴。始下筆于十八史略、以岡島氏請也。
十日。晴。其争社友会于船山楼、乃往与焉。薄暮、帰家。
十一日。晴。訪田中氏。
与坂本葵園
流言誣人、漢廷餘毒、何其可及吾曹乎。而或告吾兄
有故為東京法吏所召焉。僕断ゝ乎知其為誣言、咲

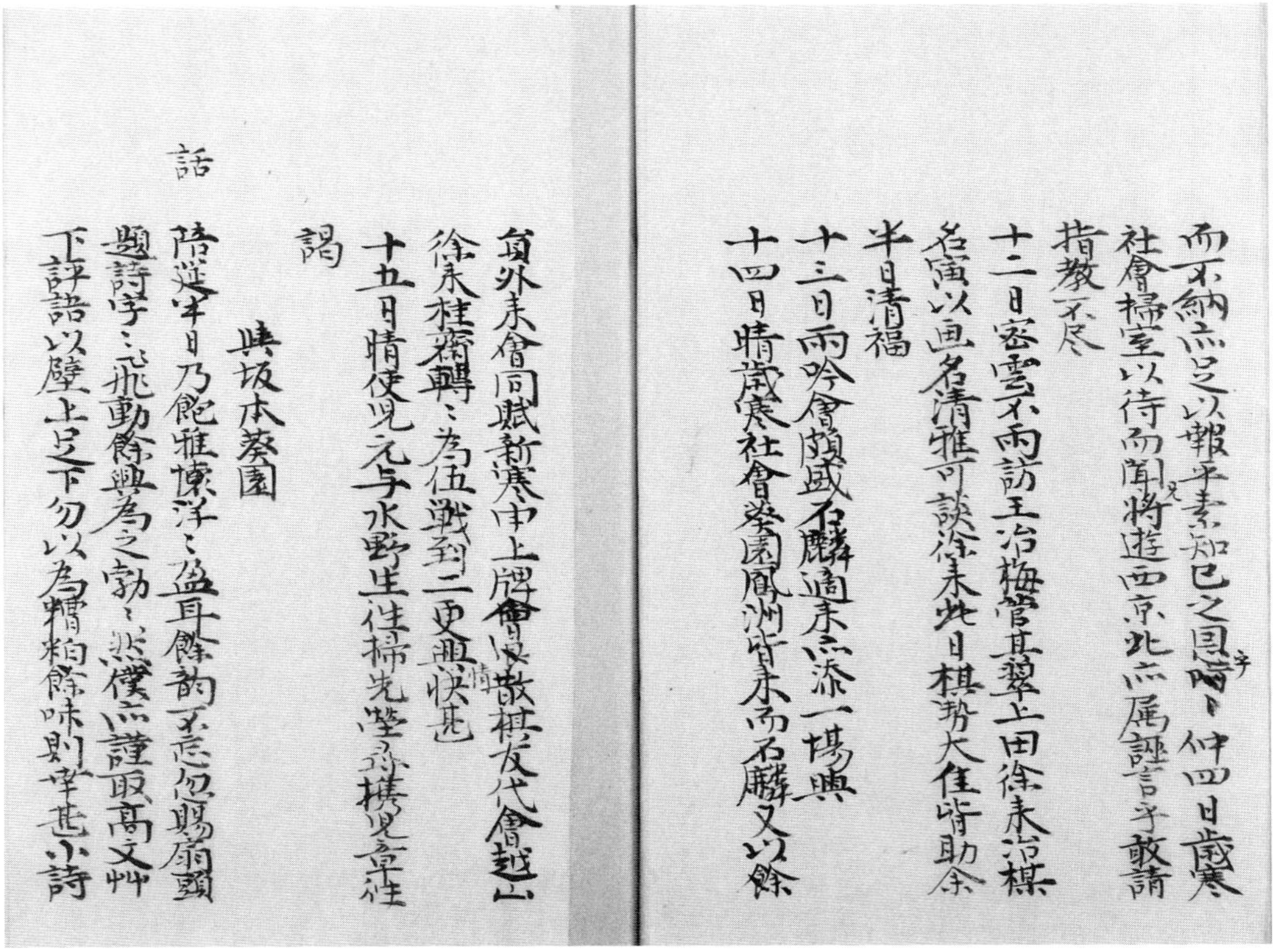

而不納、亦足以報平素知己之恩乎。仲四日、歳寒社会、掃室以待、而聞兄将遊西京、此亦属誣言乎。敢請指教。不尽。

十二日。密雲不雨。訪王冶梅・菅其翠・上田徐来。冶梅、名寅、以画名、清雅可談。徐来此日棋勢大佳、皆助余半日清福。

十三日。雨。吟会頗盛。石麟適来、亦添一場興。

十四日。晴。歳寒社会。葵園・鳳洲皆来、而石麟又以員外来会、同賦新寒。申上牌、会散。棋友代会、越山・徐来・桂斎転〻為伍、戦到二更、興情快甚。

十五日。晴。使児元与水野生往掃先塋、尋携児章往謁。

与坂本葵園

陪筵半日、乃飽雅話、洋〻盈耳、餘韻不忘。忽賜扇頭題詩、字〻飛動、餘興為之勃〻然。僕亦謹取高文、艸下評語以璧上、足下勿以為糟粕餘味則幸甚。小詩

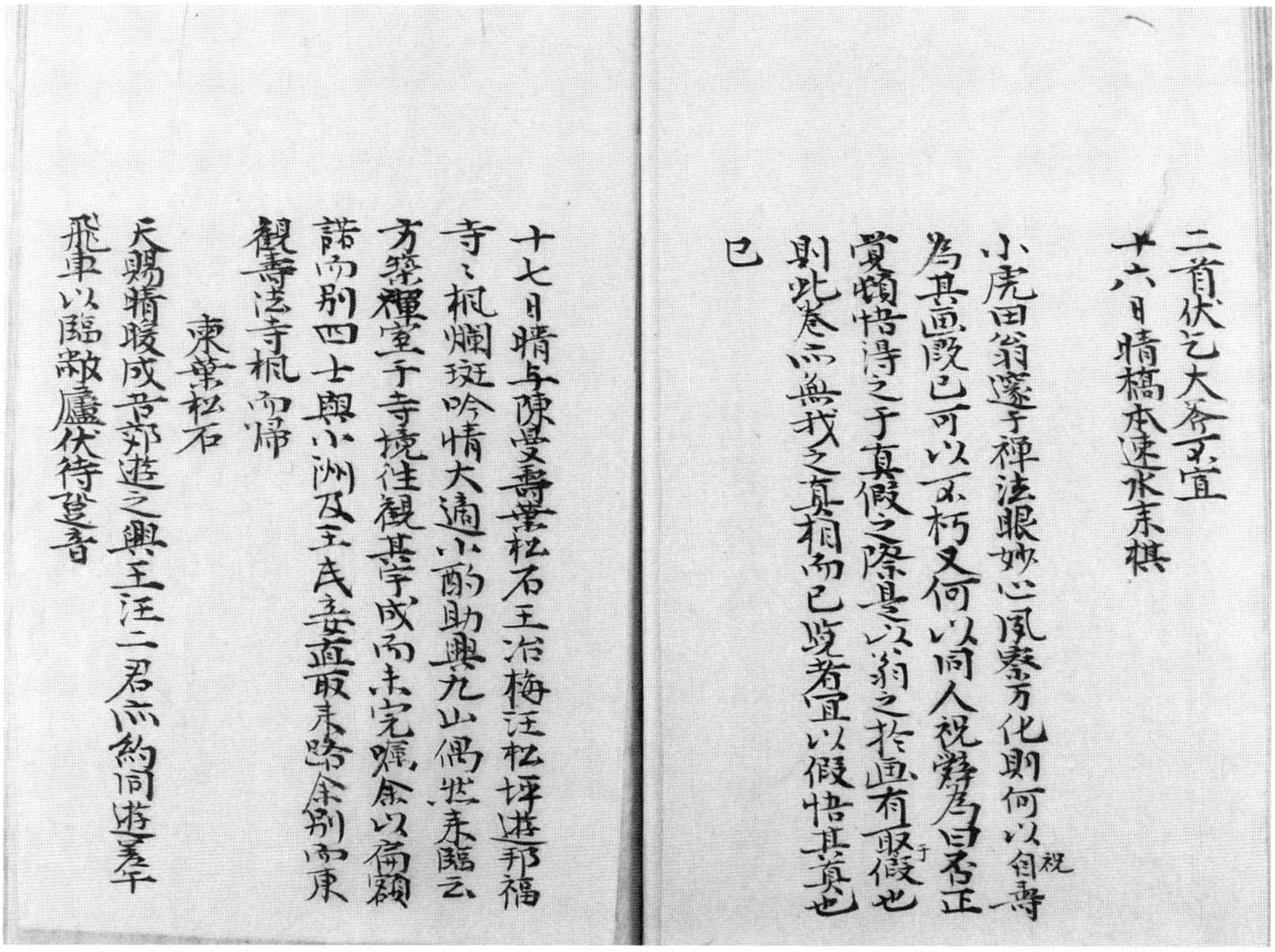

二首、伏乞大斧。不宣。

十六日。晴。橋本速水来棋。

小虎田翁邃于禅、法眼妙心、夙察万化、則何以祝寿。為其画、既已可以不朽、又何以同人祝辞為。曰、否。正覚頓悟、得之于真仮之際、是以翁之於画、有取于仮也。則此巻亦無我之真相而已、覧者宜以仮悟其真也已。

十七日。晴。与陳曼寿・葉松石・王冶梅・汪松坪遊邦福寺。寺楓爛斑、吟情大適、小酌助興。九山偶然来臨云、方築禅室于寺境。往観、其宇成而未完、嘱余以扁額、諾而別。四士与小洲及王氏妾直取来路。余別而東、観寿法寺楓而帰。

東葉松石

天賜晴暖、成吾郊遊之興。王・汪二君亦約同遊、差午飛車以臨敝廬、伏待跫音。

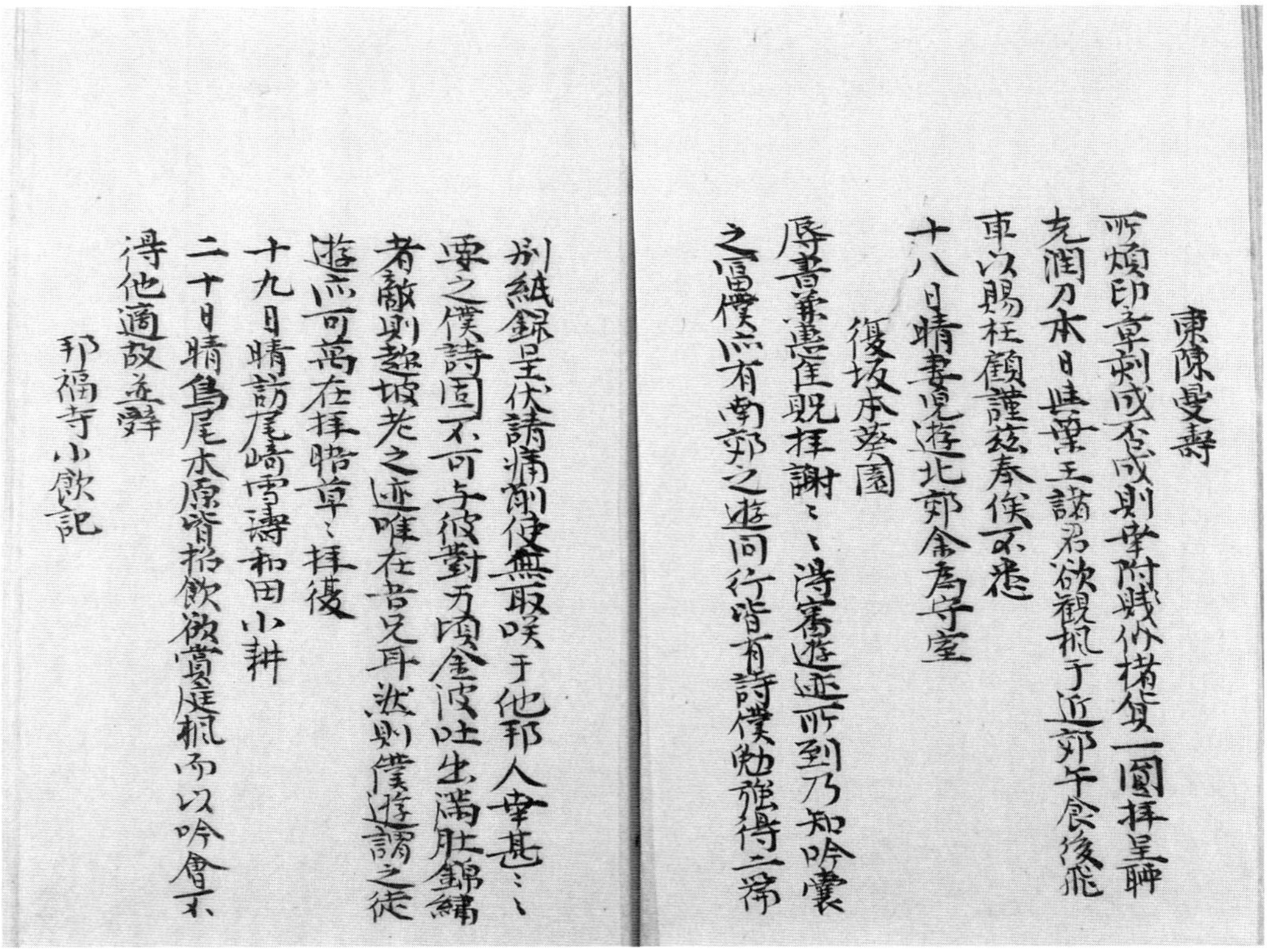

東陳曼寿

所煩印章刻成否、成則幸附。賤价楮貨一円拝呈、聊充潤刀。本日与葉・王諸君欲観楓于近郊、午食後飛車以賜枉顧、謹茲奉俟。不悉。

十八日。晴。妻児遊北郊、余為守室。

復坂本葵園

辱書兼恵佳貺、拝謝〻〻。得審遊迹所到、乃知吟嚢之富。僕亦有南郊之遊、同行皆有詩。僕勉強得二篇、別紙録呈、伏請痛削、使無取咲于他邦人、幸甚〻〻。要之、僕詩固不可与彼対万頃金波、吐出満肚錦繡者敵、則趁坡老之迹、唯在吾兄耳。然則僕遊、謂之徒遊亦可。万在拝晤。草〻、拝復。

十九日。晴。訪尾崎雪濤・和田小耕。

二十日。晴。鳥尾・木原皆招飲、欲賞庭楓、而以吟会不得他適、故並辞。

邦福寺小飲記

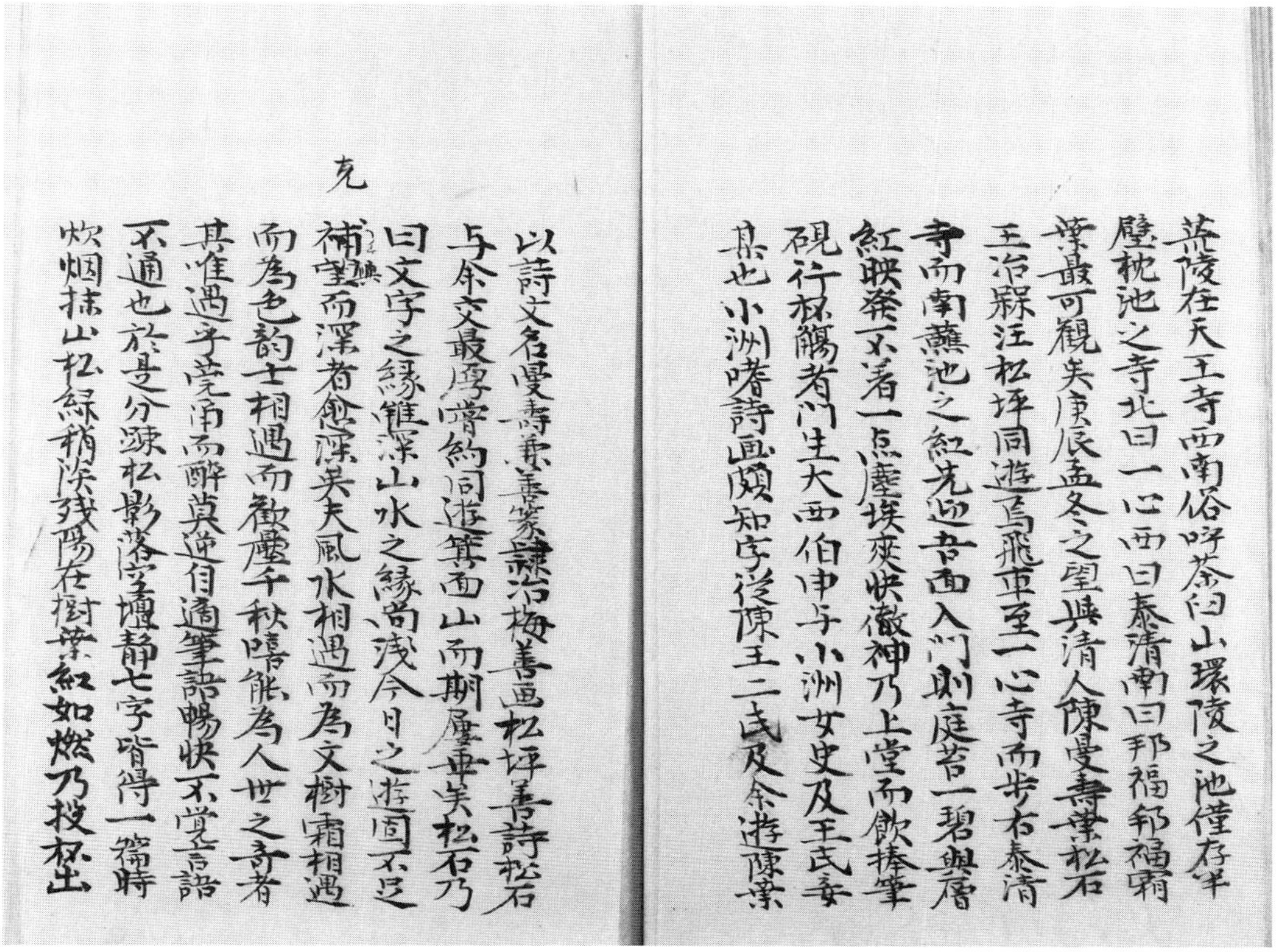

荒陵在天王寺西南、俗呼茶臼山、環陵之池、僅存半壁。枕池之寺、北曰一心、西曰泰清、南曰邦福。邦福霜葉最可観矣。庚辰孟冬之望、与清人陳曼寿・葉松石・王冶梅・汪松坪同遊焉。飛車至一心寺而歩、右泰清寺而南、蘸池之紅先迎吾面。入門則庭苔一碧、与層紅映発、不著一点塵埃、爽快。乃上堂而飲、捧筆硯行杯觴者、門生大西伯申与小洲女史及王氏妾某也。小洲、嗜詩画、頗知字、従陳・王二氏及余遊。陳・葉以詩文名、曼寿兼善篆隷、冶梅善画、松坪善詩。松石与余交最厚、嘗約同遊箕面山、而期屢乖矣。松石乃曰、文字之縁雖深、山水之縁尚浅、今日之遊固不足充興、而深者愈深矣。夫風水相遇而為文、樹霜相遇而為色、韻士相遇而歓歷千秋。嘻、能為人世之奇者、其唯遇乎。莞爾而酔、莫逆自適、筆語暢快、不覚言語不通也。於是分疎松影落空壇静七字、皆得一篇。時炊煙抹山、松緑稍淡、残陽在樹、葉紅如燃、乃投杯出

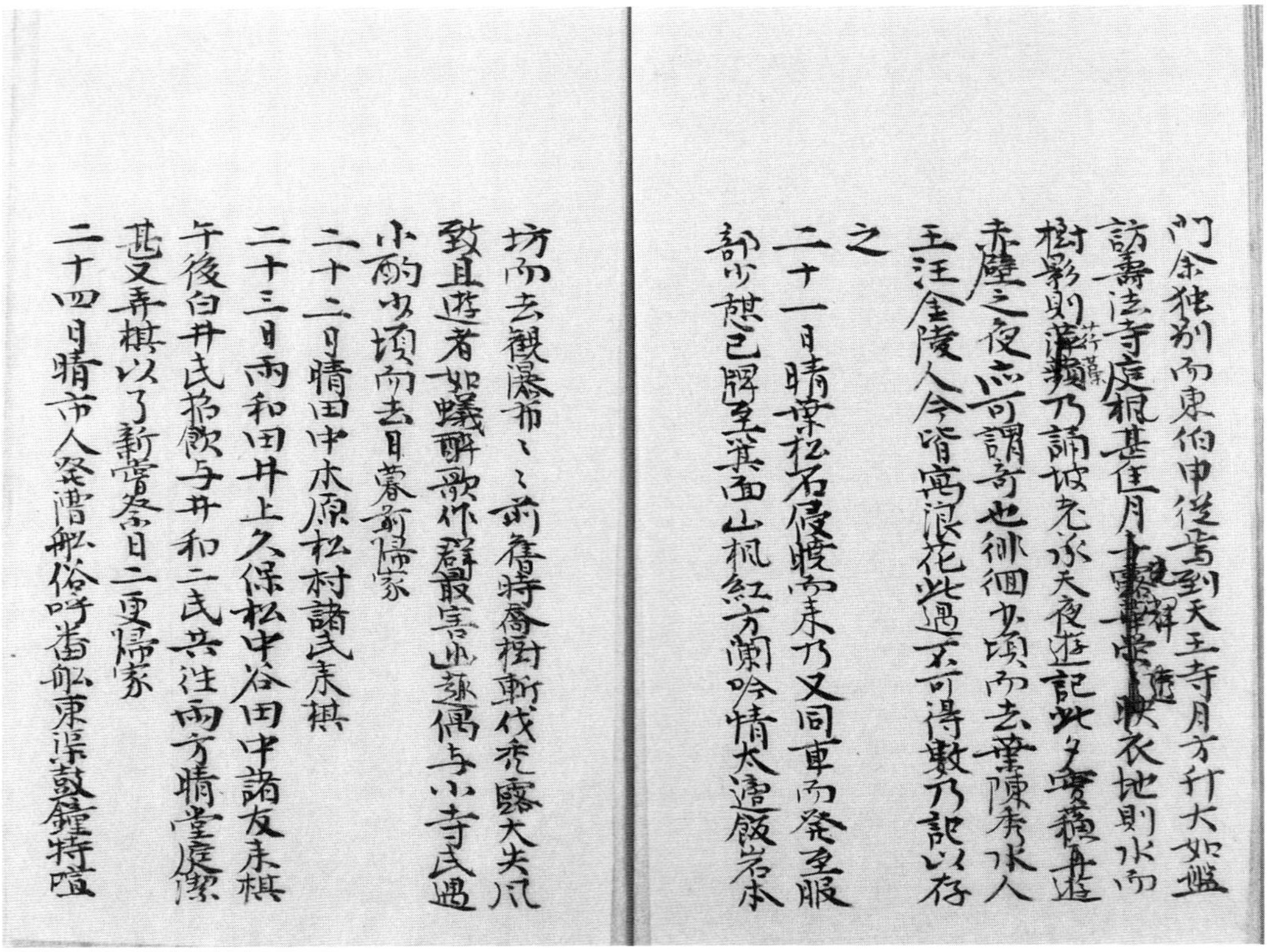

門。余独別而東、伯申従焉。到天王寺、月方升、大如盤、訪寿法寺、庭楓甚佳、月輝透衣、地則水、而樹影則荇藻、乃誦坡老承天夜遊記。此夕実蘇再遊赤壁之夜、亦可謂奇也。徘徊少頃而去。葉・陳、秀水人。王・汪、金陵人。今皆寓浪花、此遇不可得数、乃記以存之。

二十一日。晴。葉松石侵暁而来、乃又同車而発、至服部少憩。巳牌、至箕面山、楓紅方闌、吟情太適、飯岩本坊。而去観瀑布、瀑布前旧時喬樹斬伐禿露、大失風致、且遊者如蟻、酔歌作群、最害幽趣。偶与小寺氏遇、小酌、少頃而去。日暮前、帰家。

二十二日。晴。田中・木原・松村諸氏来棋。

二十三日。雨。和田・井上・久保松・中谷・田中諸友来棋。午後、白井氏招飲。与井和二氏共往。雨方晴、堂庭潔甚、又弄棋以了新嘗祭日。二更、帰家。

二十四日。晴。市人発漕船、俗呼番船、東渠鼓鐘特喧。

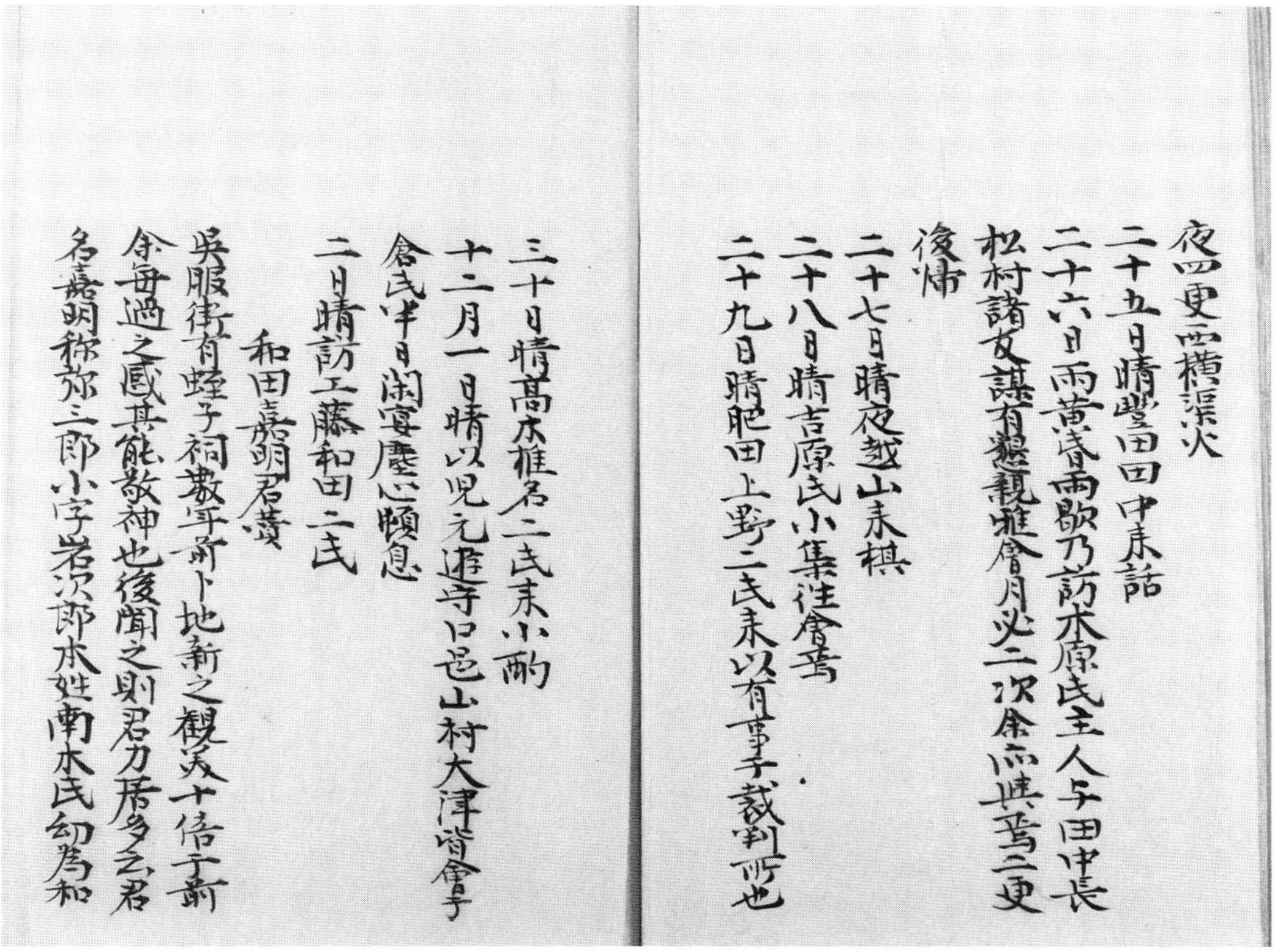

夜四更、西横渠火。
二十五日。晴。豊田・田中来話。
二十六日。雨。黄昏雨歇、乃訪木原氏。主人与田中・長・松村諸友謀有懇親雅会、月必二次、余亦与焉。二更後帰。
二十七日。晴。夜、越山来棋。
二十八日。晴。吉原氏小集、往会焉。
二十九日。晴。肥田・上野二氏来、以有事于裁判所也。
三十日。晴。高木・椎名二氏来、小酌。
十二月、一日。晴。以児元遊守口邑。山村・大津皆会于倉氏、半日閑宴、塵心頓息。
二日。晴。訪工藤・和田二氏。

　和田嘉明君賛

呉服街有蛭子祠、数年前卜地新之、観美十倍于前。余毎過之、感其能敬神也。後聞之則君力居多云。君名嘉明、称弥三郎、小字岩次郎。本姓南木氏、幼為和

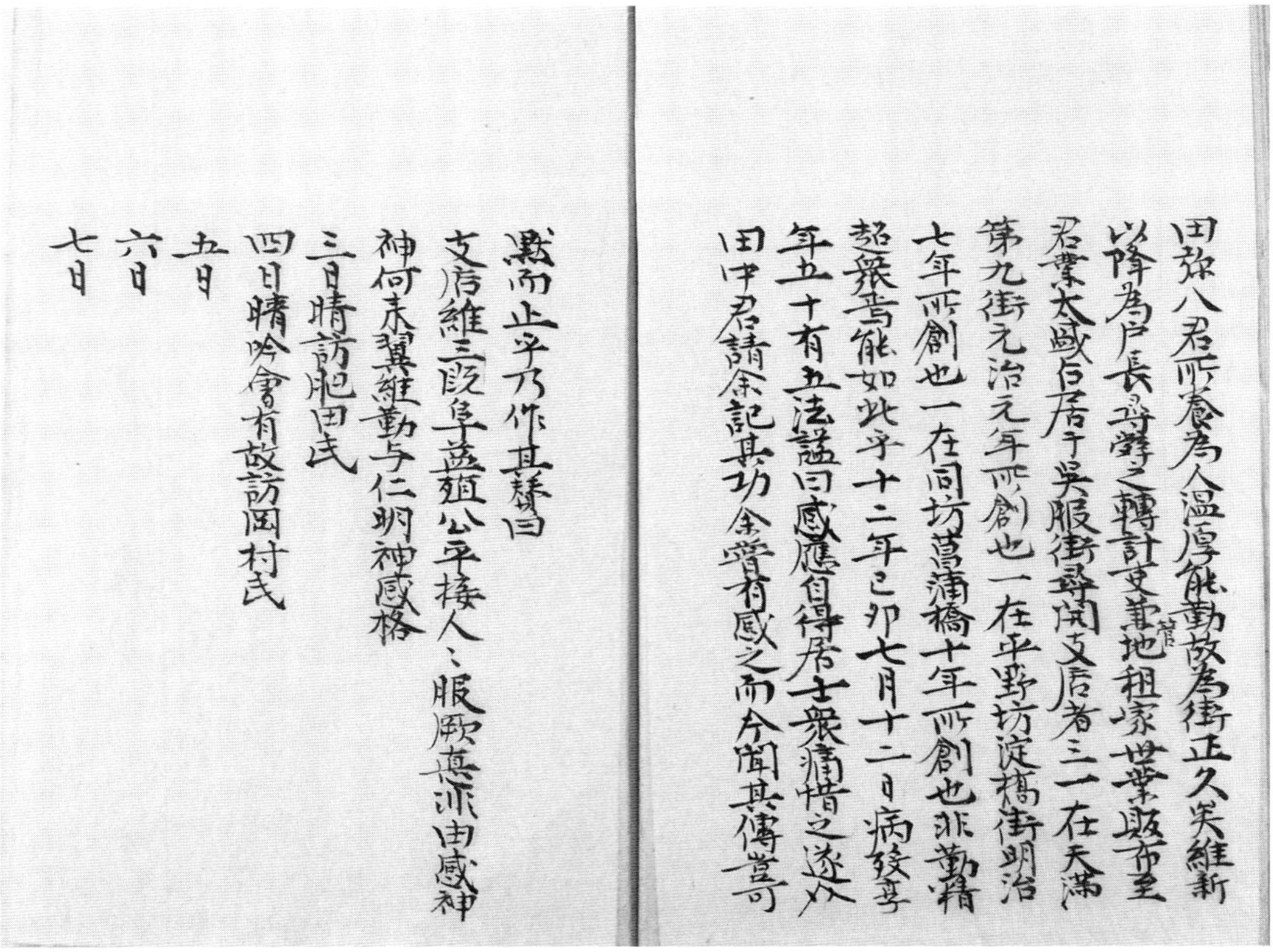
田弥八君所養為人温厚能勤故為街正久矣維新以降為戸長尋辞之転計吏兼管地租家世業販布至君業太盛占居于呉服街尋開支店者三一在天満第九街元治元年所創也一在平野坊淀橋街明治七年所創也一在同坊菖蒲橋十年所創也非勤精超衆焉能如此乎十二年己卯七月十二日病歿享年五十有五法謚曰感応自得居士衆痛惜之遂介田中君請余記其功余嘗有感之而今聞其伝豈可黙而止乎乃作其賛曰
支店維三既阜益殖公平接人人服厥徳非由感神神何来翼維勤与仁明神感格
三日晴訪肥田氏
四日晴吟会有故訪岡村氏
五日
六日
七日

田弥八君所養。為人温厚能勤、故為街正久矣。維新以降、為戸長、尋辞之、転計吏兼管地租。家世業販布、至君業太盛、占居于呉服街。尋開支店者三、一在天満第九街、元治元年所創也。一在平野坊淀橋街、明治七年所創也。一在同坊菖蒲橋、十年所創也。非勤精超衆、焉能如此乎。十二年己卯七月十二日病歿、享年五十有五。法謚曰感応自得居士。衆痛惜之、遂介田中君請余記其功。余嘗有感之、而今聞其伝、豈可黙而止乎。乃作其賛曰、

支店維三、既阜益殖。公平接人、人服厥徳。非由感神、神何来翼。維勤与仁、明神感格。

三日。晴。訪肥田氏。

四日。晴。吟会。有故、訪岡村氏。

五日

六日

七日

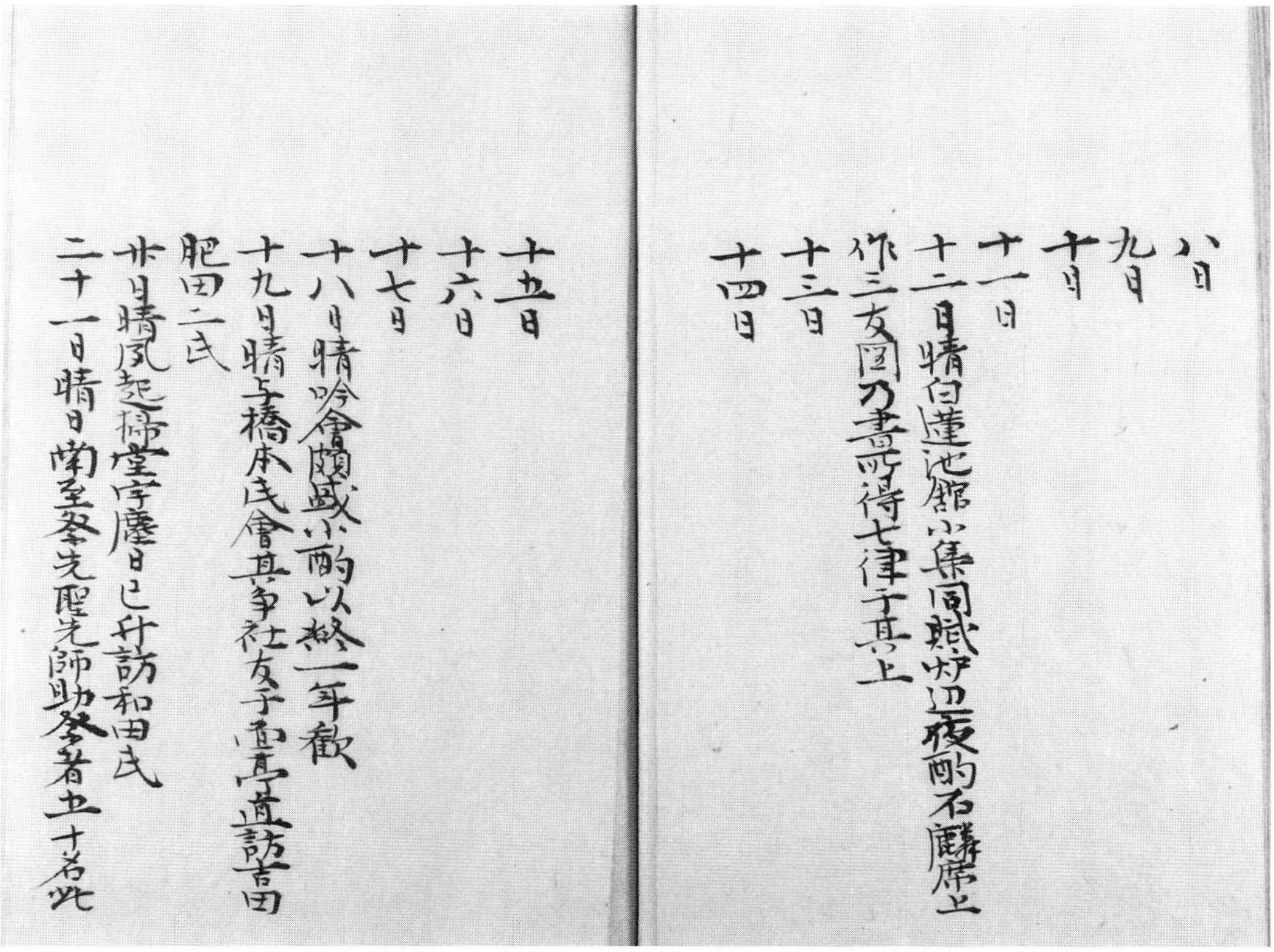

八日
九日
十日
十一日
十二日。晴。白蓮池館小集、同賦炉辺夜酌。石麟席上
作三友図、乃書所得七律于其上。
十三日
十四日
十五日
十六日
十七日
十八日。晴。吟会頗盛、小酌以終一年歓。
十九日。晴。与橋本氏会其争社友于面亭、直訪吉田・
肥田二氏。
廿日。晴。夙起、掃堂宇塵、日已升、訪和田氏。
二十一日。晴。日南至。祭先聖先師、助祭者五十名。此

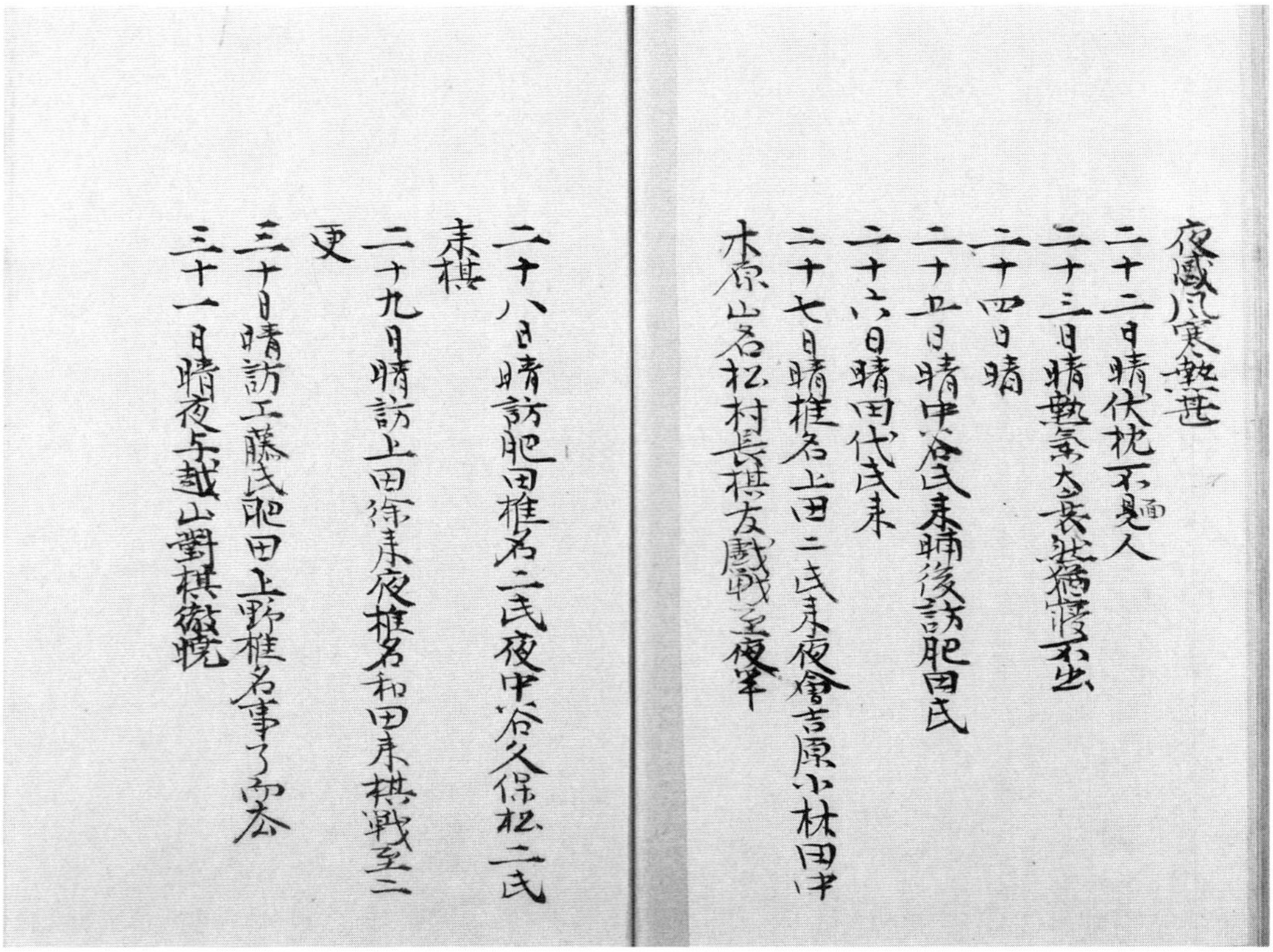

夜感風寒、熱甚。
二十二日。晴。伏枕、不面人。
二十三日。晴。熱気大衰、然猶寝不出。
二十四日。晴。
二十五日。晴。中谷氏来。晡後、訪肥田氏。
二十六日。晴。田代氏来。
二十七日。晴。椎名・上田二氏来。夜会吉原・小林・田中・木原・山名・松村・長。棋友戯戦至夜半。
二十八日。晴。訪肥田・椎名二氏。夜、中谷・久保松二氏来棋。
二十九日。晴。訪上田徐来。夜、椎名・和田来、棋戦至二更。
三十日。晴。訪工藤氏、肥田・上野・椎名事了而去。
三十一日。晴。夜与越山対棋、徹暁。

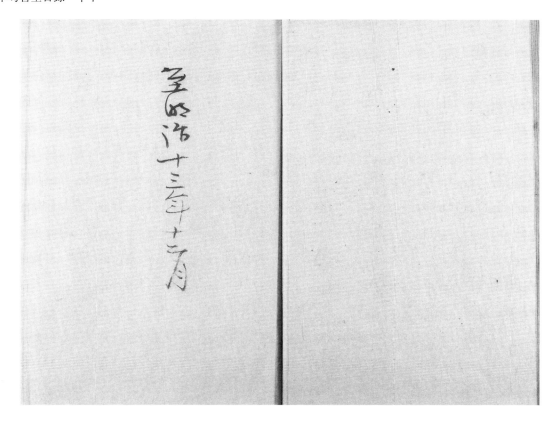

至明治十三年十二月

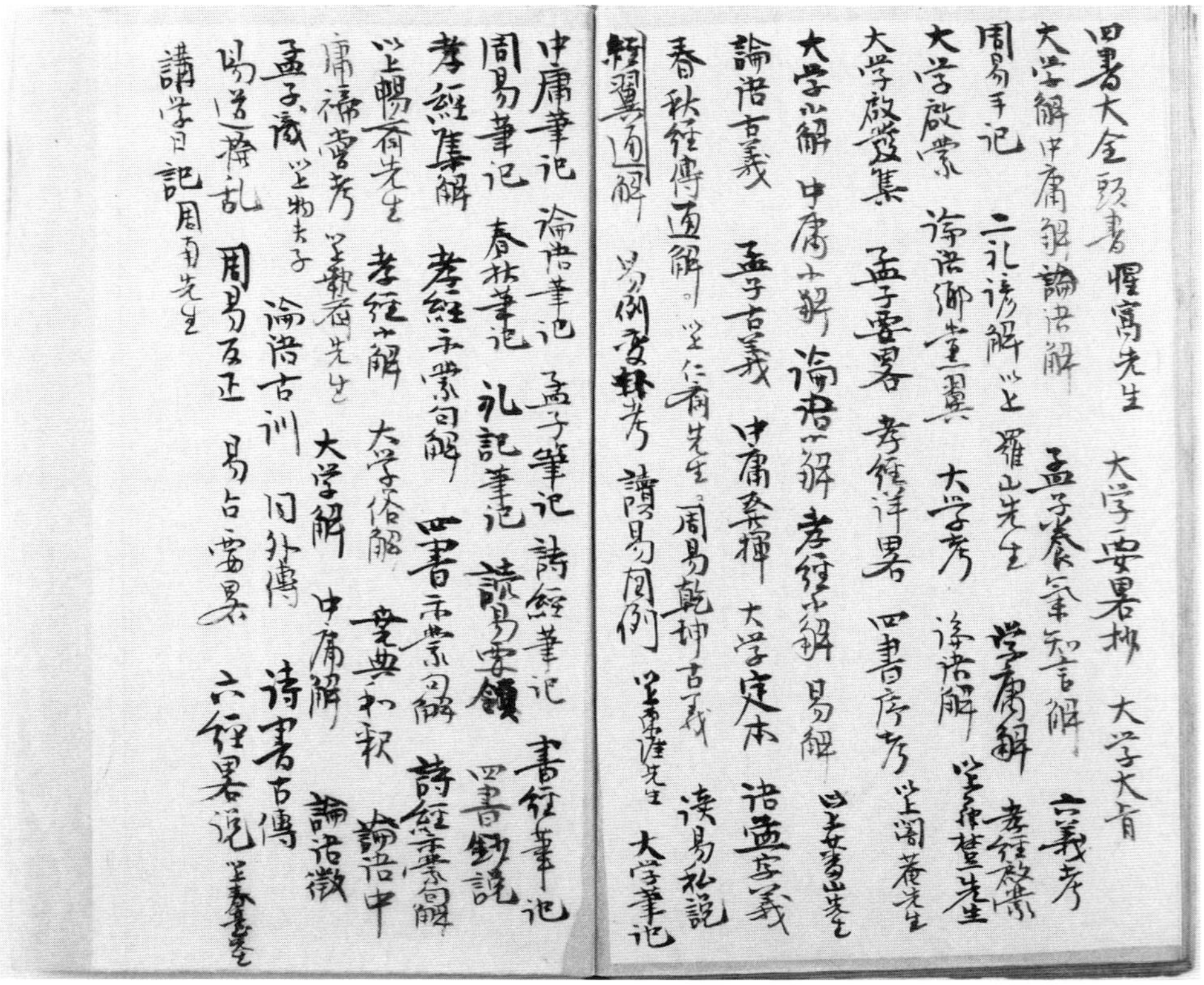

四書大全頭書 惺窩先生　大学要略抄　大学大旨
大学解　中庸解　論語解　孟子養気知言解　六義考
周易手記　二礼諺解 以上、羅山先生　学庸解　孝経啓蒙
大学啓蒙　論語郷党翼　大学考　論語解 以上、藤樹先生
大学啓発集　孟子要略　孝経詳略　四書序考 以上、闇菴先生
大学小解　中庸小解　論語小解　孝経小解　易解 以上、蕃山先生
論語古義　孟子古義　中庸発揮　大学定本　語孟字義
春秋経伝通解 以上仁斎先生　周易乾坤古義　読易私説
経翼通解　易例変卦考　読易図例 以上、東涯先生　大学筆記

中庸筆記　論語筆記　孟子筆記　詩経筆記　書経筆記
周易筆記　春秋筆記　礼記筆記　読易要領　四書鈔説
孝経集解　孝経示蒙句解　四書示蒙句解　詩経示蒙句解
以上、暢斎先生　孝経小解　大学俗解　堯典和釈　論語中
庸禘嘗考 以上、執斎先生　大学解　中庸解　論語徴
孟子識 以上、物夫子　論語古訓　同外傳　詩書古伝
易道撥乱　周易反正　易占要略　六経略説 以上、春臺先生
講学日記 周南先生

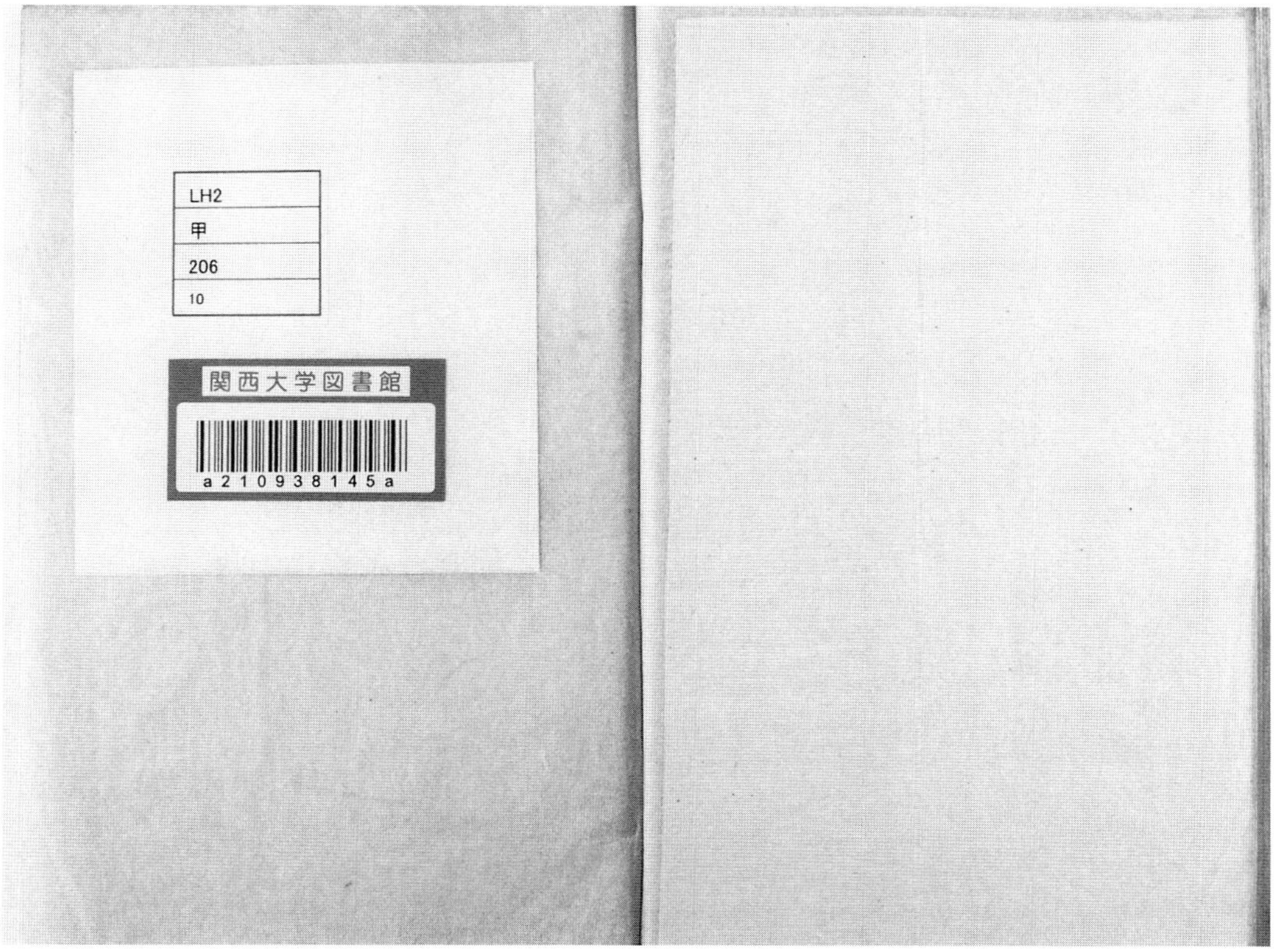
LH2
甲
206
10
関西大学図書館
a210938145a

# 欄外書入れ　翻刻

一一一頁

冲堂云、起手双関、以詩
擬兵化陳為奇

引戚南塘妙

溯下邳老人更妙

四其字

如顕微鏡

四悟字

一一二頁

一結周匝、毫髪
無遺憾者耶

二六七頁

土鳳洲曰、心胸云ゝ八字
見道之語

# 解説

# 解説

吾妻重二

## 一　南岳とその日記

関西大学総合図書館には泊園書院の所蔵資料が「泊園文庫」として保管されている。昭和二十六年（一九五一）、藤澤家から一括して関西大学に寄贈された同文庫は、図書・書軸・書簡・印章など総計一万七千点余りにのぼる資料群であり、まさに漢籍の宝庫にして近世・近代大阪文化に関する一大コレクションといえる。

この泊園文庫の図書の中には書籍のほかに、藤澤東畡・南岳・黄鵠・黄坡の歴代院主および石濱純太郎の自筆稿本が数多く含まれている。これらは大部分が彼ら自身の手になる写本であり、泊園文庫のうちでもとりわけ重要な意味をもつ。先般、筆者はこの自筆稿本を逐一調査し、その目録も刊行したところであるが[1]、この自筆稿本の中に南岳の書き残した厖大な日記がある。

南岳は天保十三年（一八四二）の生まれで、名は恒《つね》、通称は恒太郎、字は君成。号は盤橋、のち南岳。ほかに七香斎主人、香翁、醒狂子などの雅号がある。慶応元年（一八六五）、二十四歳で家督を継いで高松藩の士分に列せられるとともに、父東畡の開いた泊園書院を継承し、その第二代院主となった。

よく知られるように、泊園書院は東畡が文政八年（一八二五）、大坂市中の淡路町に開いた漢学塾である。東畡は四国讃岐の高松藩香川郡安原村（現：高松市塩江町安原）の農家に生まれ、地元の儒者中山城山について荻生徂徠の古文辞学を修めたあと長崎に遊学、のち大坂に出て泊園書院を開設したのである。書院を継いだ南岳は慶応四年（一八六八）、風雲急を告げる高松に戻り、尊王論者として藩の方針を佐幕から勤皇へと劇的に転換させて藩滅亡の危機を救い、その功績により藩主の松平頼聡《よりとし》から南岳の号を賜わった。その後、明治新政府の出仕要請を断わり、明治六年（一八七三）、三十二歳の時、泊園書院を大阪に再興するのである。

南岳は当代随一の碩学として名声高く、泊園書院は関西で最も著名な私塾となった。近畿・四国を中心に全国から学生が集まり、塾生は五千人を超えるとされる。書院に学んだ塾生が幕末から近代にかけていかに多方面で活躍したかは『泊園書院の人びと　その七百二人』（吾妻重二監修、横山俊一郎著、清文堂出版、二〇二二年）を参照していただきたい。

南岳には公刊された主な著作だけでも『自警蒙求』、『校訂史記評林』、『修身新語』、『評釈韓非子全書』、『論語彙纂』、『万国通議』、『七香斎文雋』、『七香斎詩抄』などがあり、未公刊の自筆稿本を含め、その著作が明治・大正期の漢学者として圧倒的な質量をほこっている点も重要である。

ここに公刊する日記は、南岳が三十四歳の明治八年（一八七五）四月五日から、七十九歳、死去二十日ほど前の大正九年（一九二〇）一月十二日まで、途中いくらかの中断を挟みながら、およそ四十五年の長きにわたって書き継がれたものである。漢文によって書かれている点は当時の漢学者としては珍しくないかもしれないが、四十五年という時間の長さは並大抵のものではない。

漢学者による漢文の日記として時代的に重なるものとしては、たとえば広瀬旭荘（一八〇七―一八六三）の日記『日間瑣事備忘』がただちに想起される。[2] これは天保三年（一八三二）から文久三年（一八六三）までの三十一年間にわたる記録であり、史料としての価値が広く認められているところである。他に当時の漢学者による日記としては依田学海（一八三四―一九〇九）の『学海日録』が有名で、安政三年（一八五六）から明治三十四年（一九〇一）まで四十五年にわたって書かれている。[3] ただし、当初の数年のみ漢文で、あとは和文で記されている。このほか漢学者ではないものの、漢学に造詣の深かった永井荷風の和文の日記『断腸亭日乗』は大正六年（一九一七）から昭和三十四年（一九五九）まで四十二年の長きにわたっている。[4]

これらが当時の世相や見聞、文芸、時代の動向を反映した記録としてそれぞれ特色をもつことはいうまでもないが、南岳日記もまた旭荘・学海・荷風らのものと並ぶ「記録としての日記」として勝るとも劣らぬ価値をもつと思われる。本日記の意義については今後の考察に俟つところが多いが、関西文化・文壇の中心人物だった南岳の存在の大きさを考えれば、当日記は明治・大正文化史、とりわけ関西地区における文運の消長を物語る第一級の資料たるを失わないであろう。

## 二　日記の書誌

南岳の日記の書誌事項については、かつて拙論「泊園文庫の整理――印章と日記について」において整理し、[5] また先に触れた泊園文庫の自筆稿本目録[6]にも載せているので、ここではそれらをふまえつつ必要事項を説明しておきたい。

まず、書名は『藤澤南岳日記』とした。そもそも南岳の日記は次に示すように『不苟書室日録』『七香斎日録』『七香斎日程』『丁巳遊草』『日録』などの名が内題等につけられているが、それらを包括する名称としてはこれがもっともふさわしいと思われる。

編次についていえば、四十五年にわたる日記は南岳自身により甲乙丙丁戊己庚辛の八部に分類され、浄書されている。さらに、これに分類されていない単編の日記や、日記の草稿とおぼしいメモが残っている。すべて南岳自身による墨書で、甲部の第一冊冒頭を除き、句読点や返り点などの訓点のないスタイル、いわゆる白文で記される。ほかに南岳長子の黄鵠が刊行し、また浄書したテキストもある。以下、順を逐って述べておこう。

なお、装訂は洋装の日記帳三冊（ＬＨ２＊甲＊145＊１～３）以外はみな大和綴じなどの仮綴じとなっている。ＬＨ２以下は関西大学総合図書館泊園文庫の請求記号である。

### 1　浄書・整理された日記

○不苟書室日録　甲部　十冊　藤澤南岳録　藤澤南岳筆（精写本）　ＬＨ２＊甲＊206＊１～10

一冊目　明治八年四月五日～五月二十日
二冊目　明治九年五月二十九日～七月十七日
三冊目　明治九年九月一日～十年四月三十日
四冊目　明治十年五月一日～十二月二十日
五冊目　明治十一年一月一日～五月三十一日
六冊目　明治十一年六月一日～十二月三十一日
七冊目　明治十二年一月一日～五月三十一日
八冊目　明治十二年六月一日～十月二十二日
九冊目　明治十三年一月一日～五月三十一日
十冊目　明治十三年六月一日～十二月三十一日

〔備考〕三冊目と四冊目のみ紺色・四周単辺黒魚尾印刷罫紙を用う。

○不苟書室日録　乙部　七冊　藤澤南岳録　藤澤南岳筆（精写本）　LH2＊甲＊207＊1～3，5～8

一冊目　明治十四年一月一日～五月三十一日
二冊目　明治十四年六月一日～十二月三十一日
三冊目　明治十五年一月一日～六月三十日
四冊目　明治十五年十月一日～十六年六月三十日
五冊目　明治十六年七月一日～十月六日
六冊目　明治十七年一月一日～五月二十二日
七冊目　明治十七年七月一日～十八年二月十五日

〔備考〕本来の四冊目すなわち207＊4を欠く。すべて黒色・四周双辺黒魚尾印刷罫紙を用う。版心上部に「鶏窗餘筆」、下部に「不苟書室蔵」、魚尾下表側に「巻」と印字。「鶏窗」とは書斎の異名である。

○七香斎日録　丙・丁・戊　三冊　藤澤南岳録　藤澤南岳筆（精写本）　LH2＊甲＊208＊3～5

一冊目　明治二十四年十月十一日～十二月三十一日
二冊目　明治二十五年一月一日～五月三十一日
三冊目　明治二十六年一月一日～三月十一日

〔備考〕すべて黒色・四周単辺印刷罫紙を用う。上層あり。版心下部に「七香斎蔵」と印字。

○七香斎日録　戊　五冊　藤澤南岳録　藤澤南岳筆（精写本）　LH2＊甲＊210＊1～5

一冊目　明治二十七年十二月二十二日～二十八年十月二十五日
二冊目　明治二十八年十一月一日～二十九年八月三十一日
三冊目　明治二十九年九月一日～三十年三月三十一日
四冊目　明治三十年四月一日～八月三十一日
五冊目　明治三十年九月一日～三十一年二月十七日

〔備考〕すべて黒色・四周双辺黒魚尾印刷罫紙を用う。版心上部に「鶏窗餘筆」、下部に「不苟書室蔵」、魚尾下表側に「巻」と印字。

○七香斎日録　己　十冊　藤澤南岳録　藤澤南岳筆（精写本）　LH２＊甲＊211＊１～10

一冊目　明治三十三年八月二十五日～十月三十一日
二冊目　明治三十三年十一月一日～三十四年三月三十一日
三冊目　明治三十四年四月一日～八月七日
四冊目　明治三十四年八月八日～三十五年一月三十一日
五冊目　明治三十五年二月一日～六月五日
六冊目　明治三十五年六月六日～十月三十一日
七冊目　明治三十五年十一月一日～三十六年三月三十一日
八冊目　明治三十六年四月一日～八月二十二日
九冊目　明治三十六年八月二十三日～三十七年二月四日
十冊目　明治三十七年二月五日～九月九日

〔備考〕すべて黒色・四周双辺黒魚尾印刷罫紙を用う。版心上部に「鶏窗餘筆」、下部に「不苟書室蔵」、魚尾下表側に「巻」と印字。

○七香斎日程　庚・辛　十八冊　藤澤南岳録　藤澤南岳筆（精写本）　LH２＊甲218＊１～18

一冊目　明治四十年九月八日～四十一年三月三十一日
二冊目　明治四十一年四月一日～十二月三十一日
三冊目　明治四十二年一月一日～七月十日
四冊目　明治四十二年八月一日～四十三年四月十六日
五冊目　明治四十三年五月一日～十一月二十三日
六冊目　明治四十四年一月一日～十月十六日
七冊目　明治四十四年十月十七日～大正元年十二月三十一日
八冊目　大正二年一月一日～七月十日
九冊目　大正二年八月一日～三年七月三十一日

十冊目　大正三年八月一日～四年六月三十日
十一冊目　大正四年七月一日～五年五月三日
十二冊目　大正五年六月一日～六年二月二十八日　以上、庚
十三冊目　大正六年三月一日～九月三十日
十四冊目　大正六年十月一日～七年六月三十日
十五冊目　大正七年七月一日～八年一月三十一日
十六冊目　大正八年二月一日～五月五日
十七冊目　大正八年六月八日～十二月二十二日
十八冊目　大正八年十二月二十三日～九年一月十二日　以上、辛
〔備考〕第一冊～第十二冊は紺色・四周単辺黒魚尾印刷罫紙（縦横罫）を用う。上層あり。このうち第一冊～第三冊は版心下部に「泊園書院蔵」、第四冊～第十二冊は「泊園書院」と印字する。第十三冊～第十八冊は朱色・四周双辺紅魚尾印刷罫紙（縦横罫）を用い、版心下部に「七香斎蔵」と鉛印する。

## 2　単編の日記

○七香斎日録　一冊　藤澤南岳録　藤澤南岳筆（精写本）　ＬＨ２＊甲＊209
第一葉以降　明治二十六年九月一日～十二月三十一日
第二十五葉以降　明治二十七年一月一日～二十二日
〔備考〕巻首に「七香斎日録巻之一」、第二十五葉冒頭に「七香斎日録巻之二」と記す。
○七香斎日録　一冊（三冊を合綴）　藤澤南岳録　藤澤南岳筆（精写本）　ＬＨ２＊甲＊146
明治二十五年六月　明治三十一年十月　明治三十七年九月
〔備考〕明治二十五年六月の冊は黒色・四周単辺印刷罫紙を用う。上層あり。版心下部に「七香斎蔵」と印字。明治三十七年九月の冊は紺色・四周双辺黒魚尾印刷罫紙を用う。版心下部に「七香斎蔵」、魚尾下表側に「巻」と印字。

○**七香斎日録**　一冊　藤澤南岳録　藤澤南岳筆　LH２＊甲＊147
明治三十九年六月
〔備考〕黒色・四周単辺印刷罫紙を用う。版心下部に「七香斎蔵」と印字。
○**七香斎日録**　一冊　藤澤南岳録　藤澤南岳筆（精写本）　LH２＊甲＊212＊１
明治三十九年九月一日〜十一月十一日
○**七香斎日録**　乙部　附 年中行事稿本　一冊　藤澤南岳録　藤澤南岳筆（精写本）　LH２＊甲＊213＊１
明治四十年二月五日〜四月十六日
〔備考〕内題「七香斎日録巻二」。内題下に「乙部」とあるが、時期的に上記の乙部の中には該当しない。後述参照。

## ３　日記の草稿（メモ）

○**七香斎日録**　三冊　藤澤南岳録　藤澤南岳筆　LH２＊甲＊145＊１〜３
一冊目「明治四十二年懐中日記」
二冊目「大正貳年懐中日記」
三冊目「大正三年懐中日記」
〔備考〕いずれも洋装本日記帳。一冊目・三冊目は博文館発行、二冊目は積善館発行。上下二段。
○**丁巳遊草**（七香斎日録）　一冊　藤澤南岳録　藤澤南岳筆　LH２＊甲＊148
大正六年（丁巳）五月
〔備考〕黒色・四周単辺黒魚尾印刷罫紙を用う。版心下部に「七香斎」と鉛印。
○**日録**　一綴　藤澤南岳録　藤澤南岳筆　LH２＊甲＊216
五月二十一日〜六月二日　年次未詳
○**日録**　一綴　藤澤南岳録　藤澤南岳筆　LH２＊甲＊217
十月二十七日〜三十日　十月一日〜六日　年次未詳

### 4　刊本および黄鵠浄書本

○『不苟書室日録鈔』一冊（刊本、著作兼発行者：藤澤元造、大阪、一九二一年）

南岳の長子の黄鵠（元造）が南岳の没後、追憶のためにその日記から数十条を選んで刊行し諸友に頒ったもの。句点と返り点、小字注がつく。大正九年（一九二〇）九月九日の黄鵠跋があることから、同年二月二日の南岳死去後ほどなくして編集されたものである。

この書は吾妻重二編著『泊園書院歴史資料集――泊園書院資料集成　一』（関西大学東西学術研究所資料集刊二十九―一、関西大学出版部、二〇一〇年）に影印収載してある。

○『不苟書室日録』十冊（写本、藤澤黄鵠浄書、LH2＊甲＊214＊1～10）

黄鵠により抄録、浄書されたもので、明治八年（一八七五）四月十四日から大正九年（一九二〇）一月十一日まで、南岳日記のほぼ全期間にわたる。分量としては全体の四分の一ほどを抜書きしており、あるいは次節にいう出版を計画していた南岳日記の底本になるものだったか。

＊

本書では右のうち1の「浄書・整理された日記」を中心に、2の「単編の日記」を併せ収載することとした。3の「日記の草稿（メモ）」は、必要に応じて収載する。また4の「刊本および黄鵠浄書本」に収載されている記事は、本書では当該条の冒頭に★および☆の印をつけて対校に便ならしめることとし、そのことは凡例に述べたとおりである。[7]

## 三　日記の名称について

『不苟《ふこう》書室日録』という名称については、南岳自身が当日記冒頭の「日録小引」（本書四頁）で説明している。ここには日記を書いた動機や目的を窺うことができるので、以下、全文を書き下して引用しておく。

日録小引

南岳子、不苟を以て其の室に命《な》づくるは、其の質を矯《た》めんと欲するなり。蓋し質たる駑鈍《どどん》、事に処すること鹵莽《ろもう》、其の始めて先業を承くるや、猶お千里を十駕に致すの志《こころざし》有るなり。而して近歳故《ゆえ》有りて業《ぎょう》を廃し、習い性と長じ、疎懶益《ます》ます甚しく、宿志殆《ほとん》ど泯《ほろ》ぶ。頃日《けいじつ》業を復《ふく》し、幡然として曰く、一事は苟《かりそめ》にすべく、一言は苟にすべきも、苟ゝの極、必ず将《まさ》に一生を苟にせんとす。則ち継述を如何せん。故に室に命《な》づけて以て警《いまし》むと云う。乃《すなわ》ち又た此の冊を作りて以て諸《これ》を日間の行なう所に験し、遊娯すれば必ず録し、尋訪すれば必ず録し、製する所の藻辞は必ず録して、以て一枝の長鞭《ちょうべん》に充《あ》つ。而も此の鞭の功名場中に向《おい》て著わるるを願わざるなり。

これによれば、「先業」すなわち父東畡から受け継いだ塾の経営を中止してから自分は当初の大志を見失いつつあった。しかし最近、塾を再開してからは、一事や一言を「苟」（おろそか）にするのはまだしも、それを続けていけば必ず一生をおろそかにしてしまうに違いないと気づいた。そこで書室に「不苟」（苟《おろそか》にせず）と名づけて戒めとし、駑《ど》鈍《どん》鹵《ろ》莽《もう》な性格を正そうと考えた、という。

これは南岳が幕末の慶応四年（一八六八）、泊園塾をいったん閉じて故郷讃岐に戻り高松藩の救亡に奔走したこと、その後、紆余曲折を経て明治六年（一八七三）に大阪に塾を再興したことが背景にある。そして「継述」すなわち学問・教育の継承・祖述に再度生きがいを見出した南岳は、日記を書くことで普段の行動を閲するとともに、娯楽や訪問・交遊、制作した文辞などを必ず記録として残すこととした。それは決して「功名」のためではなく、自分自身を鞭撻するためのものだという。確かに、この日記を読むと、身辺の瑣事から詩会や囲碁、旅行などの交遊、漢詩、書籍や書画の評論・序跋に至るまで日々弛みなく記されていて驚かされる。

もう一つ、『七香斎日録』というその「七香斎」は南岳の室号である。その由来を記した「七香斎記」にこう述べられている。

七香以命斎者何也。小盆花卉凡七、曰梅、曰蘭、曰薔薇、曰茉莉、曰荷、曰桂、曰菊花、各随其時香、亦殊其品、相補相続、以助文思、遂以命斎也。（『七香斎文叢』、LH2＊A＊21）

（七香以て斎に命《な》づくるは何ぞや。小盆花卉凡《およ》そ七、曰く梅、曰く蘭、曰く薔薇、曰く茉莉、曰く荷、曰く桂、曰く菊花、各おの其の時に随いて香り、亦た其の品を殊にし、相い補い相い続きて、以て文思を助く。遂に以て斎に命づくるなり。）

すなわち、住まいにある七種類の花卉の香りを愛するがゆえに書斎にこの名をつけたという。梅、蘭、薔薇、茉莉、荷（蓮）、桂、菊の七つの花である。ただ、これに続いて南岳は文章を花に譬え、さまざまな香りを発するこれらの花と同様に、さまざまなスタイルの文章（漢の賦、唐の序記、四六駢儷体、八股文など）を個性あるものとして愛するという意味を重ね合わせている。「七香斎」は風雅と文辞の豊かさを希求する文人南岳らしいネーミングといえよう。

## 四　南岳日記の公開性と成書過程について

### 1　公開性

さて、現在残されている南岳日記の大部分は、南岳自身が丁寧な行書によって浄書した精写本で、しかも推敲を加えて字句を校正している。これは、他人に読んでもらうことを前提にしていたからに違いない。自分一人のために残す記録ならそのような手間をかける必要はないからである。前述したように、南岳の死後まもなく、長子の黄鵠が『不苟書室日録鈔』を刊行し、南岳日記の一部を公開したのもそのことを示している。

しかも南岳の日記は、これ以外の部分も含めて黄鵠の手で出版される予定であった。『不苟書室日録鈔』の黄鵠跋文に、同書は南岳の全日記のうち数十条を抄録したにすぎないとことわったうえで、「若夫其詳、則異日附之於全集之後以問世耳」（若し夫れ其の詳しきは、則ち異日、之を全集の後に附して以て世に問わんのみ）といっているからである。黄鵠は、いずれ南岳の全集を編纂し、その附録として詳細な日記を載せ世に問おうと計画していたのである。この目論見は結局実現しなかったが、このことからも、南岳の日記が単なるプライベートな記録ではなく、公開を前提にしていたものであったことがわかるのである。

このことに関連して、明治四十二年九月二十日の南岳日記には「元（すなわち黄鵠）とともに明治三十年（丁酉）の日記を読んだ」（「与元読丁酉日録」、『七香斎日程』庚部、第四冊、LH２＊甲＊218＊４）とある。続いて「一紀年」の記事云々と述べているので、おそらく一年間の日記を一緒に読み合わせしたのであろう。こうしたことをふまえると、前述した黄鵠浄書の『不苟書室日録』十冊は、単に黄鵠の自習のためではなく、公開出版の底本として浄書されたものだった可能性もあるのである。

このように、公開を前提として書かれた日記は決して珍しいものではなく、前に触れた広瀬旭荘の日記などは、口述を門人に筆記させ、それを旭荘自身が添削したあと、再び門人が浄書してできあがっているほどである(8)。つまり、いずれも初めから人に読ませることを意識しているのである。

## ２　成書の過程

ここで、南岳日記が整理され成書される過程について考えてみよう。

南岳の自筆稿本を見ると、前述した日記の草稿（メモ）は文字どおり草書で走り書きされており、第一段階としてこの種のメモが覚書としてそのつど書き留められたと思われる。次に第二段階として、それらのメモが一定のまとまりをもった単編の日記として文章化され、浄書されたはずである。これは、或る範囲内で筆跡のぶれがないこと――たとえば六冊に収めた『不苟書室日録』甲部一冊目と二冊目、三冊目と四冊目の影印部分を見られたい――、記事が空行を挟まずに連続していることからもそう推定されるのであって、或る時期、日記の記事が確定した時点で集中的に書き上げられなければこうはならないはずである。そして第三段階として、浄書された単編の日記群が年次に沿って分類され、現在見られる甲乙丙丁戊己庚辛の八部に整理されたのであろう。

たとえば、『七香斎日録』のうちの「明治四十二年懐中日記」（ＬＨ２＊甲＊145＊１）はごく簡単な覚書にすぎないが、この時期の浄書本『七香斎日録』庚部の三冊目と四冊目（ＬＨ２＊甲＊218＊３～４）ではそのメモをふまえてであろう、日記が見事に文章化されている。「大正貳年懐中日記」（ＬＨ２＊甲＊145＊２）についても同様で、このメモは浄書本『七香斎日録』庚部の八冊目と九冊目（ＬＨ２＊甲＊218＊８～９）に吸収され文章化されている、といったごとくである。

もう一つ例を挙げると、大正六年五月の『丁巳遊草』（ＬＨ２＊甲＊148）は冒頭の五月十八日の記事として「夙起理行装」（夙《つと》に起きて行装を理《おさ》む）とだけあり、そのあと同月三十一日までメモが断続的に走り書きされている。一方、この時期にあたる浄書本『七香斎日程』第十三冊（辛部、ＬＨ２＊甲＊218＊13）を見ると、同日の日記が「十八日夙起理行装」と、まったく同様に書き起こされたあと、さらに記事が六行ほど続く。ところが、そのあと日記はまったくの空白となり、次に現われるのは「仲夏一日」すなわち六月一日の記事であって、五月十九日以降の日記は記されていない（仲夏は南岳の場合六月にあたる。後述）。このことからわかるのは、南岳はメモを書き留めたあと、一定の時間を経て記憶を整理し、日記として文章化しているということである。ただし、この場合、整理・文章化は十分にはできず、五月十九日から三十一日まではメモのみが『丁巳遊草』として残されたということになる。

これらの場合は偶々メモが残された例だが、成書の過程で当初のメモのほとんどは破棄されたものと見られる。

このほか、前述のように甲乙丙丁戊己庚辛の八部から漏れた単編の日記が数冊伝わっているが、これはいずれ整理したうえで八部のどこかに組入れる予定だったものが、何らかの理由で果たされなかったものらしい。たとえば『七香斎日録』（LH2＊甲＊208＊209）は明治二十六年九月から翌二十七年一月までの日記で浄書もなされている。これらは時期的には戊部（LH2＊甲＊5）の後にすぐ続くものだが、なぜかそうはならずに独立し、巻首に「七香斎日録巻之一」、第二十五葉冒頭に「七香斎日録巻之二」と記されたままになっている。

このほか『七香斎日録』乙部（LH2＊甲＊213＊1）は内題下に「乙部」とある。明治四十年二月五日から四月十六日までの浄書本日記で、時期的には『七香斎日程』の「庚部」冒頭に挿入されるべきものだが、なぜかそうはならずに放置されたことになる。

また、上記八部の浄書された日記にもところどころ空白部分（欠字や欠文）があるのも、あとで補筆しようとしてそのままになったものと思われる。このように、南岳日記はその大部分はよく推敲、整理されているが、分量が厖大なこともあって、それが完全には行き届かなかった面も少しあるのである。

## 3　南岳の整理メモについて

さて、このような南岳自身による整理の跡が知られる記述が残っているので触れておきたい。『不苟書室日録』甲部二冊目末尾に次のようにある（本書三四頁）。

甲　自八年乙亥四月至十二己卯七月

乙　缺自十四年辛巳一月至甲申十七年十二月至月半而

丙　辛卯十月至十二月

丁　壬辰一月至五月

戊　癸巳一部一月二月而已故直接甲午以下、以為

戊　甲午十二月至三十年丁酉八月
己　三十三年庚子至甲辰九月
庚　四十年丁未九月至大正六年丁巳二月
辛　六年丁巳仲春至十年辛酉十二月
壬
癸

これは南岳が日記を分類する際に作ったメモと思われる。これを現行の日記と比較すると興味深いことがわかる。

現行日記と当メモの記載年月が同じなのが丙、丁、己、庚の四部であるが、よく見ると記載年月が異なるものがいくつかある。まず甲部は「至十二己卯七月」すなわち明治十二年七月までとしているが、現行日記ではそのあと明治十二年八月以降、十三年十二月まで続く（甲部八冊目途中から十冊目まで）。つまり、明治十二年八月以降の部分がこのメモ以降に追加されたことになる。

乙部については「至甲申十七年十二月〔至月半而缺〕」とある。明治十七年（甲申）は十二月半ば以降は欠落しているというのだが、現行日記を見ると、確かに明治十七年は十二月九日までしか記されていないが、記事はそのあと白紙をはさんで翌年の明治十八年一月一日から二月十五日まで続いている（乙部七冊目）。ということは、この明治十八年の部分があとから追加されたことになる。

戊部については「癸巳一月二月而巳 故直接甲午以下、以為一部」とある。これは、明治二十六年（癸巳）は一月と二月の日記しかないから翌年の明治二十七年（甲午）以下にじかに連続させて一部にする、というのである。しかし、現行日記では戊部（甲＊208＊5）は明治二十六年の一月一日から三月十一日まで記事が続いている。つまり、同年の三月の日記があとで追加されたことになる。

続くもう一つの戊部については（なぜ戊部が二つに分かれているのかは不明）、「甲午十二月至三十年丁酉八月」とある。戊部の一冊目から四冊目（甲＊210＊1〜4）の記載年月は確かにそのとおりで間違いないが、現行日記はこのあと五冊目があり、明治三十年（丁酉）九月一日から翌明治三十一年（戊戌）二月十七日まで記事を載せている。したがって、五冊目がのちに追加されたことになる。

辛部については「六年丁巳仲春至十年辛酉十二月」とある。日記が大正六年（丁巳）の仲春（南岳の場合は三月）から始まるというのは現行日記と一致している。しかし、「大正十年（辛酉）十二月に至る」というのは正しくない。南岳は前年の大正九年二月二日に死去し、現行日記もその年の一月十二日で終わっているからである。このことは、当メモが大正六年三月以降、南岳死去までの間に書かれたことを示していると思われる。大正六年三月以降の日記が手元にあったため、起点をそのように明記することができたに違いないからである。またこの時、南岳は大正十年以降も生きて日記を書き続けるつもりだった。「至十年辛酉十二月」の文字がそのことを示している。そしてまた、これに続く壬部と癸部も書き続ける予定だったこともわかるのだが、結局は書かれなかったことになる。

考証がやや細部にわたったが、以上のことは先に述べた、南岳が単編の日記群を整理し、年次にしたがって分類していった過程をよく示している。また、現在見られる甲乙丙丁戊己庚辛の八部の分類が、南岳最晩年になされたことも物語っていると思われる。こうしたことからも、孜孜として倦むことのない、「不苟」にふさわしい日記だったことが窺われるのである。

## 4　日記における十二月・四季の表記

最後に注意しておきたいのは南岳の記す時候についてである。南岳は明治六年（一八七三）から採用された太陽暦に違和感を感じ、太陰暦（旧暦）のもつ季節感を生かそうと考えていた。この場合、太陽暦を世界共通の暦として用いつつも、二月を歳首とするのが最も実情にかなうという。寒暖や花鳥などの移り変わりやそれを表現する季語に敏感な漢詩人らしい発想であって、そのことは南岳の『万国通議』（一八九八年刊）暦数篇に説明が見えている。

こうして南岳における十二月と春夏秋冬の配当は次のようになる。

一月―季冬　二月―孟春　三月―仲春　四月―季春　五月―孟夏　六月―仲夏
七月―季夏　八月―孟秋　九月―仲秋　十月―季秋　十一月―孟冬　十二月―仲冬

これらは旧暦の季節配当とは一か月ずれる（旧暦では一月が孟春）。この表記は、南岳日記においてはすでに明治九年（一八七六）十月を「季秋」と呼ぶ例があり（本書四五頁右）、明治四十二年（一九〇九）に「孟冬之月一月」というあたりから頻繁に使われるようになるので留意しておきたい。ここで「孟冬之月」とは十月ではなく十一月をいう。

南岳の著作『新編林園月令』（明治三十一年序、明治三十三年刊、ＬＨ２＊１．10＊＊39‐１）は右の配当に沿って、十二の月ごとにそれぞれ異称、気候、公典（公式行事）、旧俗、韻事、時物、麗藻（模範となる漢詩）を列挙している。一月は季冬だからこれこれの季語や詩句を使うべきだというふうに、詩文制作のための手引きとして編まれたものである。ちなみに、自筆稿本内にある『新撰月令』（ＬＨ２＊甲＊43）は同書の稿本である。

これに関しては、『丁巳遊草』（ＬＨ２＊甲＊148）の巻末にも右の配当のメモが見出せる。さらに、明治時代に南岳に師事した川合清丸も暦に関するこの南岳の主張を記録しており[9]、南岳はこの時候の表記に相当のこだわりがあったようである。南岳日記を読む際に注意すべきことの一つとして記しておく次第である。

注

(1)吾妻重二編『関西大学泊園文庫 自筆稿本目録稿（甲部）』（関西大学アジア文化研究センター、二〇一二年）、および『関西大学泊園文庫 自筆稿本目録稿（丙部）』（関西大学アジア文化研究センター、二〇一三年）。これらは泊園書院のホームページ（ＷＥＢ泊園書院、https://www.kansai-u.ac.jp/hakuen/culture/index.html）からダウンロードできる。

(2)廣瀬旭荘全集編集委員會編『廣瀬旭荘全集』日記篇一〜九（思文閣出版、一九八二〜一九九四年）。

(3)学海日録研究会編纂『学海日録』一〜十一（岩波書店、一九九一年）。

(4)永井荷風『断腸亭日乗』一〜七（岩波書店、一九八〇年）。

(5)吾妻重二「泊園文庫の整理——印章と日記について」（アジア文化研究センター　ディスカッション・ペーパー一〇、二〇一五年）。

(6)注1、吾妻重二編『関西大学泊園文庫 自筆稿本目録稿（甲部）』。以下、本解説では冊子内にある挟みものに関する説明は割愛した。その詳細については当目録稿を見られたい。

(7)なお、前川知里「翻刻　藤澤南岳『七香齋日録』」（1）〜（4）（『書道学論集』第十七号〜二十号、大東文化大学大学院書道学専攻研究誌、二〇二〇年〜二〇二三年）は『七香斎日録』丙・丁・戊（ＬＨ２＊甲＊208＊３〜５）、単編の『七香斎日録』（ＬＨ２＊甲＊209）、および『七香斎日録』戊・一冊目（ＬＨ２＊甲＊210＊１）を翻刻し、人名などの語釈を付している。

(8)注2『廣瀬旭荘全集』日記篇九（思文閣出版、一九九四年）、多治比郁夫解説、四〇〇頁。

(9)橋本五雄『特製　川合清丸全集』（川合清丸全集刊行会、一九三三年）第十巻、三八三〜三八四頁。

# 編著者紹介

吾妻重二（あづま・じゅうじ）

1956年、茨城県生まれ。関西大学文学部教授、泊園記念会会長、東西学術研究所研究員。早稲田大学第一文学部卒業。博士（文学）、博士（文化交渉学）。

主な著訳書：

馮友蘭『中国哲学史　成立篇』（共訳、富山房、1995年）
熊十力『新唯識論』（訳注、関西大学出版部、2004年）
『朱子学の新研究 —— 近世士大夫の思想史的地平』（創文社、2004年）
『国際シンポジウム 東アジア世界と儒教』（黄俊傑氏と共編、東方書店、2005年）
馮友蘭『馮友蘭自伝 —— 中国現代哲学者の回想』1・2（訳注、平凡社東洋文庫、2007年）
『宋代思想の研究 —— 儒教・道教・仏教をめぐる考察』（関西大学出版部、2009年）
『家礼文献集成　日本篇』一～十三（編著、関西大学出版部、2010年～2025年）
『泊園書院歴史資料集 —— 泊園書院資料集成一』（編著、関西大学出版部、2010年）
『泊園記念会創立50周年記念論文集』（編著、関西大学出版部、2011年）
『朱子家礼と東アジアの文化交渉』（朴元在氏と共編、汲古書院、2012年）
『朱熹《家禮》實證研究』（上海・華東師範大学出版社、2012年）
『泊園文庫印譜集 —— 泊園書院資料集成二』（編著、関西大学出版部、2013年）
『『朱子語類』訳注　巻八十四～八十六』（共著、汲古書院、2014年）
『『朱子語類』訳注　巻八十七～八十八』（共著、汲古書院、2015年）
『文化交渉学のパースペクティブ』（編著、関西大学出版部、2016年）
『新聞「泊園」 附 記事名・執筆者一覧　人名索引 —— 泊園書院資料集成三』（編著、関西大学出版部、2017年）
『泊園書院と漢学・大阪・近代日本の水脈』（編著、関西大学出版部、2017年）
『東西学術研究と文化交渉 —— 石濱純太郎没後50年記念国際シンポジウム論文集』（編著、関西大学出版部、2019年）
『《朱子家禮》宋本彙校』〔宋〕朱熹撰〔日〕吾妻重二彙校（上海古籍出版社、2020年）
『「南岳百年祭」記念論文集』（編著、関西大学東西学術研究所、2021年）
『爱敬与仪章：东亚视域中的《朱子家礼》』（上海古籍出版社、2021年）
『泊園書院の人びと —— その七百二人』（監修、横山俊一郎著、清文堂出版、2022年）
『東亞《家禮》文獻彙編』全13冊（呉震氏・張東宇氏と共編、上海古籍出版社、2024年）

関西大学東西学術研究所資料集刊 29-4-1

**藤澤南岳日記　一**

泊園書院資料集成　四―一

---

2025年3月31日　発行

編　著　者　吾妻重二

発　行　者　関西大学東西学術研究所
〒564-8680 大阪府吹田市山手町3-3-35
TEL 06-6368-1121(代)

発　行　所　関西大学出版部
〒564-8680 大阪府吹田市山手町3-3-35
TEL 06-6368-1121(代)/FAX 06-6389-5162

印　刷　所　株式会社　遊文舎
〒532-0012 大阪府大阪市淀川区木川東4-17-31

---


ISBN978-4-87354-797-8 C3095　落丁・乱丁はお取替えいたします

Kansai University
Institute of Oriental and Occidental Studies
Sources and Materials Series

29 − 4 − 1

# The Diary of FUJISAWA Nangaku:
# a facsimile with a transcription
# volume 1

Edited by

Azuma, Juji

Kansai University Press